中国艺术研究院基本科研业务费项目

中國武俠電影人物誌

A BIOGRAPHY OF CHINESE MARTIAL ARTS FILM

贾磊磊 主编

CFP 中国电影出版社

图书在版编目（CIP）数据

中国武侠电影人物志：上下册 / 贾磊磊主编. —北京：中国电影出版社，2024. 1
ISBN 978-7-106-05482-3

Ⅰ. ①中… Ⅱ. ①贾 Ⅲ. ①功夫片—中国—人物志
Ⅳ. ①K825. 78

中国国家版本馆CIP数据核字（2023）第009317号

出版发行 中国电影出版社（北京北三环东路22号） 邮编：100013
电话：64296664（总编室） 64216278（发行部）
64296742（读者服务部） E-mail：cfpbjb@126. com
印 刷 河北赛文印刷有限公司
版 次 2024年1月第1版 2024年1月北京第1次印刷
开 本 787mm×1092mm 1/16
印 张 47.75
字 数 720千字
定 价 198.00元

谨以此书献给
为中国电影作出突出贡献的
武术指导、动作导演和动作演员

剑光斗法

最早出现于《火烧红莲寺》，利用镜头合成等特技拍摄的腾云驾雾、飞檐走壁、人物变小变大、剑光斗法等特殊视觉效果，将一切不可思议的想象不仅化为可能，而且极具真实感。40 年代后期，武侠片在香港复兴，并掀起武侠片的拍摄浪潮，先后诞生了《江湖奇侠》《如来神掌》等，很多武侠片的拍摄手法极为新颖，剪接节奏更为明快灵巧，对于剑仙斗法等奇幻场面的呈现更加震撼，让当时的观众耳目一新。

竹林大战

在《侠女》中，胡金铨利用光影设计、京剧武打、剪辑技巧等，把一场在竹林中发生的搏杀演绎得惊心动魄，观赏性十足，也对后世武侠电影产生较大影响。《卧虎藏龙》《十面埋伏》《剑雨》《绣春刀Ⅱ：修罗战场》都不同程度致敬了胡金铨的这一经典场景。

客栈大战

客栈是武侠电影必不可少的场景，客栈大战也成为武侠电影一个经典的叙事场景。胡金铨在《大醉侠》中，将杯碗筷碟、铜钱串子瞬间变成武器和制敌工具，敌我双方你来我往试探虚实，整个武打场面干净利落如行云流水。在《新龙门客栈》中，徐克把大大的“江湖”浓缩到小小的“龙门客栈”里，各色江湖中人汇聚一堂，动作指导程小东设计了多种风格的打斗动作，凸显出室内明争暗斗“剑拔弩张”的紧张氛围。

盘肠大战

从 1968 年《金燕子》后就被张彻不厌其烦地反复使用，强调武打动作的硬桥硬马和血肉暴力感，让男主角与敌人决斗时都是袒露胸膛，即使被打得腹破肠流，也是豪气冲天，上演惨烈至极的盘肠大战。盘肠大战是张彻的阳刚美学特色最直接的展现，并深刻影响了之后的吴宇森、林岭东等电影风格。

十大经典场景

擂台比武

对于擂台比武，无论是霍元甲在擂台上用迷踪拳打败外国大力士（《大侠霍元甲》）、陈雪娇上台大战日本武士（《武当》），还是叶问与洪震南的咏春拳与洪拳的圆桌擂台对决（《叶问2》），方寸之间，攻势凌厉，拳拳到肉，看得人热血沸腾。

十大经典场景

双雄对决

是武侠功夫电影中常用的桥段，《飞龙猛将》中成龙与宾尼·尤奎德兹的大战、《精武英雄》中李连杰和周比利的“生死相搏”、《猛龙过江》中李小龙和查克·诺里斯的“罗马竞技场之战”、《师父》中子午鸳鸯钺对战八卦战身刀……其中李小龙与查克·诺里斯在罗马竞技场大战的画面堪称经典中的经典。

舞狮大战

舞狮在第一部黄飞鸿电影《黄飞鸿正传》中便开始应用，此后舞狮也成为《黄飞鸿》系列电影的一个主要元素。徐克在《黄飞鸿之狮王争霸》《黄飞鸿之壮志凌云》等影片中，将武打招式与广东传统舞狮表演进行结合，招式舒展，大开大阖，虎虎生威，让人为之振奋和惊叹。

飞檐走壁

是武侠影视剧的经典桥段之一，指的是武功高强的人物能够在屋顶、墙壁等地方自由穿梭。《五毒》中郭追饰演熟习壁虎功的四弟子何远新，身手矫捷，擅长飞檐走壁；《卧虎藏龙》中俞秀莲与玉娇龙在屋顶与城墙上你追我赶，时而辗转腾挪，时而侧身疾步，再配上紧密有致的击鼓声，将飞檐走壁演绎得精彩绝伦。

凌波微步

出自金庸的《天龙八部》，意为一门极上乘的轻功。《天龙八部》《射雕英雄传》《神雕侠侣》等影视剧对此均有精彩的演绎，而电影《英雄》中无名与残剑的水上对决，其诗意流畅的动作、缥缈唯美的意境将凌波微步的这一武侠经典场景的魅力展现得淋漓尽致。

旱地拔葱

武侠电影 / 小说中常用来形容武林高手的一种跃起姿势，不需要助跑，直接起跳。中国早期电影《红侠》以及《卧虎藏龙》《英雄》等均有对这一神奇轻功的展示，后者更是通过特技将其演绎得更为出神入化。

目录

CONTENTS

序

PREFACE

优秀的武侠电影是中华民族的文化瑰宝

张丕民

我与磊磊结缘是在1996年，当时我在西安电影制片厂当厂长，他带着电影频道的几个年轻人来西影厂采访生产与创作的情况。他特别采访了张子恩导演，那时子恩是我们的艺术副厂长，也是中国武侠电影的代表人物。直到今天，我才真正知道他那次来西影厂的主要目的是研究中国武侠电影。后来他在电影频道制作完成了五十集大型人物传记片《中国武侠电影人物志》。这样一部大型纪录片，这么一个宏大的系列工程，磊磊带领的创作团队不知道要花费多少精力、多少时间呀！如今，在这部纪录片的基础上他继续带领着创作团队完成了《中国武侠电影人物志》的访谈录。其间历经二十余载，可谓呕心沥血，始终不渝。他这种做事始终如一的劲儿，特别像我们陕西娃儿。磊磊的祖籍恰是我们陕西的长武县。

我们中国武侠电影是根植于中国文化沃土之中的一种独特的艺术形式，它集中反映了中华民族的人文精神和审美理念，并以极具辨识度的银幕形态走进了历史、走向了世界，成为中国电影走出去的先锋片种和文化名片，是世界观众了解中国文化的重要窗口。我当年在西影厂时见证了许多导演创作武侠电影的历程，其中有张子恩导演的《神鞭》，何平导演的《双旗镇刀客》，芦苇导演的《西域响马》以及与香港导演合拍的《大话西游》系列片。在中国武侠电影这个引人入胜的世界里，武的技艺和侠的精神相辅相成，为波澜壮阔的中国电影的历史图景勾勒出壮丽的画卷。磊磊主编的这部《中国武侠电影人物志》正是对这幅壮丽画卷的核心人物的现场采访。

说起中国武侠电影，离不开我们传统文化中的武和侠。在我们的历史著作《左传·宣公十二年》载：“止戈为武。”又说：“夫武，禁暴、戢兵、保大、定功、安民、和众、丰财者也。”《说文解字》释“武”字，即采其说：“夫武，定功戢兵。故止戈为武。”可见，我们中国的传统文化中对于武的定义重点并不在于兵戎、暴力，而在于“止戈”与“禁暴”。中国的这种武者精神自然延续到中国的武侠电影中。武侠电影中那些抑恶扬善、行侠仗义的武者，从来都不会恃强凌弱，即便在不得以动武的时候，也总是后发制人。他们不仅仅是武术高手，更是心怀正义，追求和平与公平的斗士。

说到侠，司马迁曾作《游侠列传》，称“游侠”为“救人于厄，振人不赡，仁者有乎；不既信，不倍言，义者有取焉”，他赞美游侠“其言必信，其行必果，已诺必诚，不爱其躯，赴士之厄困”的品质。李德裕在《豪侠论》也说：“夫侠者，盖非常人也。虽然以诺许人，必以节义为本。”武者止戈，兴利除害，保家卫国，建功立业；侠者尚义，忠肝义胆，扶危济困，伸张正义。武者侠士，并非仅以勇武服人，而是要看其是否践行武侠的精神。武侠电影中的侠者，不仅是英勇无畏的战士，更是有着高尚品德和坚守原则的正直之人。他们用自己的行动诠释了侠义的精髓，为世人树立了文武兼修的道德楷模。

其实，我们每个人都有一个侠义的梦想，都向往着一个和平安宁的大同世界。我从小生活在文化底蕴深厚的陕西大地，儿时特别爱听人说书，《三国演义》《七侠五义》等等都是在说书场上听的。可以说听书完成了我对武侠精神的文化启蒙。后来受中国武侠精神的启发，8岁开始学习武术。我的师傅是著名北派拳师庞志杰，他是回民坊上的著名拳师，他为人正直，性格开朗，擅长北派武打，在江湖上声名远扬。后来我又投笔从戎，加入了中国人民解放军，在自己几十年的军旅生涯中，我的内心一直怀揣着一份武侠的梦想。后来解甲归田，先进入戏曲界后又进入电影界工作，其间切身感受到中国武侠电影创作者们的艰辛。像这部《人物志》中所采访的很多人，我对他们都非常了解。有的是在西安电影制片厂工作时与他们合作过，有些是在电影局工作时与他们一同走出国门，共同见证了中国武侠电影在世界上展现的风采。

中国武侠电影是一种文化的瑰宝，它以其独特的方式将中国的传统价值观和精神传达给世界，成为一个令人陶醉的艺术形式。武侠电影的繁荣发展，离不开一代代电影人的辛劳探索和不断创新。贾磊磊执导的大型电视纪录片《中国武侠电影人物志》，以“口述历史”的方式记录了中国武侠电影的发展历程和演变轨迹，学术性与观赏性并美，是不可多得的精品力作。自央视首播以来，获得业界和社会的良好反响。这本《中国武侠电影人物志》的论著，将为我们打开一个宝贵的文化之窗，让我们更深入地探索武侠电影的魅力和内涵，同时也将成为后人了解、传承和发展武侠电影的重要参考。

中国武侠电影的发展不仅仅是一种娱乐形式，它更是一种文化传承和价值传达的载体。武侠电影理论的深入研究，对于更好地理解中国文化、审美和精神追求，都具有重要意义。同时，武侠电影人物的口述历史，是珍贵的文化遗产，通过他们的亲身经历和见证，我们可以深刻感受到武侠电影的演变与发展，以及背后的辛勤付出和创作心路。我由衷希望这部著作能够在传承和发展中国武侠电影学术研究的道路上，起到积极的推动作用，为中国电影的繁荣献上更加璀璨的篇章。如今付梓在即，故乐为之序。

2023 年 12 月 12 日

中国武侠电影的动作设计在世界上独占鳌头

吴思远

《中国武侠电影人物志》的出版，是中国电影界的一件重要大事。书中访问了数十位与武侠电影有关的导演、武术指导、演员，都是第一手资料，弥足珍贵。

武侠电影是中国电影的重要组成部分，尤其在国际市场上更享声誉，大受观众欢迎。中国武侠电影从萌芽到发展，再到黄金时代，在本书对不同对象的访问中，脉络清晰可寻，诚属重要电影资料。

本人有幸忝为香港武侠（动作）电影编剧、导演及监制一员，在漫长岁月中悉知武侠电影发展之艰辛历程，对武侠电影的先行者一直表示崇高敬意，如前辈导演张彻、胡金铨、岳枫、楚原等，武术指导前辈韩英杰、刘家良、唐佳等。

香港粤语电影时代的武侠片，是脱胎于粤剧舞台打斗动作的粗糙翻版，无论节奏、视觉、美学等都无甚价值可言。直至20世纪60年代末看到了风靡一时的日本武士剑术电影，令我们叹为观止。它的动作打斗场面利落、逼真、潇洒兼备，电影中开打前的气氛营造更是一绝。不久之后，邵逸夫先生便派了徐增宏导演、摄影助理华山等一行人去日本取经，又聘用了日本武指（名叫青山）来港指导。于是我们渐渐知道，可以运用摄影机角度、演员的反应（包括喷血包）、夸张的效果声和观众视觉的误差等手段来拍摄出精彩的动作效果。当然也从来港拍摄外景的好莱坞制作中学到如何利用弹床、钢丝、大纸皮盒等帮助完成各种精彩动作镜头的拍摄。

香港电影人很聪明，也很幸运，将学到的动作拍摄技巧和我们中国固有的传统武术（香港称功夫）各门派招式结合起来，创造出我们特有的精彩电影动作设计。可以说，如今中国武侠电影的动作设计在世界上已是独占鳌头了。

将设计动作发扬光大，无数优秀的武术指导中，洪金宝、袁和平、程小东、元奎等名字应名留史册。在众多动作演员中，王羽、姜大卫、狄龙、陈星、陈观泰，以及后来的成龙、李连杰、甄子丹、赵文卓等，皆是时代之选。李小龙更以他的个人魅力征服了全世界！当然我们不会忘记无数的武师、替身，用他们的血肉之躯，为中国武侠电影添上更绚丽的色彩。

武侠片之动作固然重要，但电影的成败关键更在于剧本的优劣。锄强扶弱、宣扬正义，是动作电影基本之元素；为什么要打？为谁而打？动作节奏如何控制？俱是优秀武侠电影的灵魂。

感谢贾磊磊先生，历年来为武侠电影人作了无数访问并详加记录，现予以结集出版。这是中国电影业非常珍贵的财富，特向各位诚意推荐，是为序。

“侠”之人格，是支撑所有武侠文本的核心

张纪中

“武侠”二字，历经数千年积淀，寄予了不同时代人民的价值观念和追求，在时代的洗练下才成熟发展到如今。武侠精神，是中国传统文化中生长出来的民族精神。侠，是儒释道三家融合基础上产生的理想人格。“侠”之人格，是支撑所有武侠文本的核心，是在影视表达中绝对不能忽视和抛弃的重中之重！

“武侠”二字，从最开始就凝聚了民族精神和价值。从艺术上看，武侠文本集中了飘逸的动作、激烈的矛盾冲突、极具个性的人物性格、真善美合一的美学价值。金庸武侠还凸显了历史情怀，在大开大阖的时代背景下探讨武侠精神的极致表达与人性的丰富复杂。武侠电影曾涌现出很多佳作，比如《独臂刀》《醉拳》《蛇形刁手》……武打风格比较真实，也涌现出了如张彻、徐克、袁和平等优秀的导演。

随着影视技术的逐渐发展和成熟，武侠电影的表达方式也越来越神奇，直至陷入神怪表达之后丧失活力。在我看来，武侠源于现实而高于现实，但对武侠的表达不能脱离现实的土壤，更不能脱离人的价值。

说到底，“武侠”二字中，武为侠服务，一切时代背景、表现手段和情节设置都是为了表现“侠”。“武侠”之“侠”，不同于“仙侠”之“侠”，更不同于“鬼侠”之“侠”。武侠之侠的一切品格，都应立足于人。武侠之侠，是贴近于我们普通人的“平民英雄”。而武侠文化，正是中国最广大人民群众所热爱的文化，是各个社会阶层、各个受教育水平的人都钟情的文化；数千年来，武侠文化雅俗共赏，给予无数普罗大众以文化滋养，有的老百姓甚至一字不识，但仍然能听到武侠的故事，受到武侠精神的熏染；武侠精神，已经熔铸在无数中国人的骨血中，追求正义、忠义、情义、信义、道义的文化信念，

成为一代又一代中国人生活的信念和效法的准则。可以说，在中国社会稳定、文化发展的历史大潮中，潜在地蕴含着武侠文化对人生和社会的贡献。而武侠文化也因为如此广泛和深厚的群众基础而生生不息、历久弥新，始终充满着文化活力。这是一件了不起的事情，纵观人类社会的发展，能够始终保持文化活力的文化类型可谓凤毛麟角。

“侠之大者，为国为民。”如果侠成为脱离现实世界、脱离观众认知的“仙侠”“鬼侠”“科幻侠”，或许在表达手段上获得了短暂的新奇突破，在根本上却远离了“侠”的精神，远离了“侠”的受众。在突破了现实的物理原则之后，侠的世界变得光怪陆离，乃至莫名其妙，其中的人物也不可避免地失去了真实性和可信性的依据。由此导致的是，经由武侠人物传达的武侠精神因而失色，失去了与现实世界密切的勾连，也就失去了震撼人心的美学力量。

文化创造是艰难的，文化创新尤其艰难。在新的时代，要实现武侠电影的创新必定需要披荆斩棘。然而过度神怪化、科幻化的倾向只是在表达方式上求新求奇，吸引眼球的同时却远离了武侠文化的根基。这是一条歧路，我们应当及时掉头，对武侠电影的创新，还应回归国人精神生活的根基。武侠电影的创新之路，借用鲁迅先生的一句话：“外之既不后于世界之思潮，内之仍弗失固有之血脉，取今复古，别立新宗。”

磊磊是我多年的朋友，也是多年以来研究武侠电影的专家，贤弟又出新书，邀我作序，实在荣幸！他一直在一丝不苟地整理武侠电影的资料，扎实地进行访谈和写作，为武侠电影发展做了重要的贡献，也为后来人提供了翔实的资料和借鉴。本书收录了大量鲜活的访谈资料，是研究武侠电影必读之作。

中华武魂

贾磊磊

盖侠士，古为善武、重义、搏命者。

浮生于乱世，名噪于道衰。

披轻裘，挟长剑，策烈马，引狂歌。或扶弱济贫，救人于“急难之事”；或除暴安良，解国于“困厄之时”。

其言必信，其诺必诚，其行必果。

固常以勇武取重于诸侯，以信义显名于天下。鉴侠者之道，立乃立舍生取义之志，结乃结捐躯忘亲之情。

今日慷慨赴危难，明朝热血酬知己，垂其丹心侠骨，上惊天地，下泣鬼神！

导语

INTRODUCTION

论中国武术指导暨动作导演的历史地位和作用

电影，与其他艺术最根本的差异在于电影是一种通过不断“叠加”不同的艺术形式而构成的综合性艺术。它不像诗歌、小说、绘画、音乐那样千百年来就靠一个人的倾心创作便能够驰骋天下——电影不行。电影与生俱来就不是单靠一个人的奋斗来完成的。哪怕你有三头六臂也不能一个人把电影的所有活儿全干了。电影是将不同行当、不同门类、不同领域的人汇聚在一起，为电影艺术的成功精诚合作。那种将电影简单地判定为一种艺术形式，而忽略其与相关艺术、技术的相互整合的想法，无疑是一种关于电影的皮相之见。

一、 中国电影对京剧武戏的原初性传承

世界电影的发展历史一再证明，电影在某种意义上就是靠引进、整合、叠加不同的技术与艺术才得以繁荣、发展的。世界电影 100 多年来在这个不断引进、整合、叠加的历史进程中，在电影界创立了许多专业化的艺术行当，尽管这些行当来自其他艺术门类，但是，一旦它们进入电影就会内化为电影的特定职业，并且逐渐在电影艺术内部形成一套自身的美学形式。电影从文学中选择了小说变为电影剧作，电影从戏曲舞台中选择唱念做打变成了电影表演，电影从美术中选择了绘画变成了电影美工，电影还从音乐中选择了乐曲演变成了电影作曲……电影与生俱来似乎就有兼收并蓄的能力。现在几乎所有的电影行当都是由外国人创立的：电影的编剧、导演、摄影、表演、美术、作曲、录音，包括服装、道具、化装这些专业化的职业都是被外国人逐一确定的。但是，在电影所有的职业中唯独有一种特殊的行当——武术指导（Stunt Designer）暨动作导演（Action Director）是由我们中国人创立的。确切地说，它是在中国电影百年的历史发展进程中逐步形成、发展并且确立下来的一个电影的专业化职位。尽管现在电影的制作团队里也增加了诸多如特技设计、视效总监等职务，可是，不论是叫武术指导还是叫动作导演，这个行当的确立非中国人莫属。本文除了特指某部影片的专职称谓之外，凡是涉

及武术指导、动作指导和动作导演的一般性称谓，都采用武术指导来统而论之。

正像美国的百老汇为好莱坞电影，尤其是音乐歌舞片，提供了源源不断的创意灵感一样，中国的武术也为中国电影特别是武侠动作电影提供了取之不尽的艺术资源。中国电影最初的艺术形态大都是京剧中的武打场面。像 1905 年北京丰泰照相馆拍摄的京剧演员谭鑫培主演的《定军山》中“请缨”“舞刀”“交锋”场面就都是京剧中的“武戏”。在这部中国人自己摄制的第一部影片中，我们的电影前辈没有像法国人那样将镜头对准人们的日常生活，而是将电影的世界与中国传统戏曲舞台上的武戏合二为一。过去我们通常把中国早期电影的这种现象归之于与中国传统戏曲的融合、借鉴，其实中国早期电影对于中国传统戏曲的再现具有明显的选择性倾向。不要说对于戏曲的演出程式、舞台的总体面貌并没有全部呈现，即便是对于传统京剧中最富艺术魅力的各种表演形态也没有完整再现。中国电影在原初时期将镜头紧紧锁定在中国传统戏曲中最具有动作性的武打场面。所以说，中国电影最初的文化传承包涵着中国武术的基因，只是这种文化的传承是通过戏曲的舞台，而不是直接来自武术本身。

1906—1909 年，北京丰泰照相馆相继拍摄了由京剧演员俞菊笙、朱文英、许德义及俞振庭出演的京剧《青石山》《艳阳楼》《收关胜》《白水滩》《金钱豹》等剧目中的武打片段。这是中国电影史上最早的纪录片拍摄。那时中国电影不仅没有专门负责动作、武打的武术指导，就连专门的编剧、导演也没有。电影的拍摄主要依靠摄影师和演员。当时的电影演员大都是来自戏曲舞台的京剧演员，他们出演武打场面靠的是真功夫，至少他们都擅长戏曲舞台上的武功表演。这种内在的规定性为中国电影奠定了一种以戏曲舞台为表现空间、以戏曲表演为艺术程式、以戏曲动作为主要内容的美学样式，电影成为一种不折不扣的戏曲再现形式。在中国电影从“记录现实”逐步演变成“讲述现实”的时候，许多京剧的经典程式都被延续下来。不论是对于增强武侠电影的动作性、观赏性，还是提升武侠电影的艺术性，京剧中的武打场面都提供了符合电影艺术自身特质的艺术资源。

中国早期电影之所以选择舞台戏曲片中的武打场面，主要基于这些以动作为主的舞台表演适应当时无声电影的艺术表现特点，可以避免因录音技术的缺失对舞台演唱艺术的展现局限，这种电影艺术的先天缺陷反而将电影逼进了一种以动作为主导的高度视觉化的艺术路径。同时不需要声音（演唱）的银幕可以使观众直接看到影像中表现的运动内容，将动态的叙事置于电影的叙事中心。所以，在电影还仅仅作为一种记录的机器来使用的时候，早期电影的观众并不是以看故事为主，而是以看表演为主。而在电影诞生的那个历史阶段，正是以京剧为核心的戏曲艺术风行于世的时代，由于电影对传统戏曲艺术的接纳，京剧所拥有的巨大受众群体便直接把京剧的观众引入电影院里。可以确切地说，中国早期电影的很多观众都是原来的戏曲观众，他们为中国电影奠定了一个潜在的商业市场。在舞台上因相距太远而看不清的角儿，在电影中可以近距离地尽情观看，岂不乐哉。尽管电影摄影机是静止的，但是它所记录的却是戏曲舞台上最具动作性的场面武戏。为此，它也最符合电影作为一种“运动影像”的艺术本性。

二、替身、龙虎舞狮、武术指导、动作导演的角色转换

中国早期电影的拍摄方式是以摄影师为中心的纪录片的创作团队。在电影的演职员表上并没有电影导演的署名。进入故事片的拍摄后，电影演职人员中才出现导演的称谓。至于武术指导则是更晚才出现的职务。早期电影中的武打演员多以舞台化的表演为主，除了舞刀弄枪的群体戏份，很少有单独表演的机会。后来涉及的武打场面越来越宽泛，动作越来越复杂，对武打演员的要求也越来越高。

基于观众对于电影创作专业水平期待的不断提升，创作实践中对于武打演员的技术难度也随之提升。中国电影界在 20 世纪 20 年代中期就有了专门为演员作替身的“马立斯打武班”，开始有了接近专业的武术表演团队在武侠电影的片场中担任武戏的演出，并且为职业演员充当武戏的替身。“马立斯原上海跑马厅附近的一条马路的名字。打武班底就是介绍所的原始称呼。当时那一带住着好些擅长打拳舞棒并借以谋生的演员，别人叫他们为吃卖命饭的人。他们也自诩为拳头底下讨生活的人。”[1]“他们之中各色人物齐备，不管是需要一个代替主角表演各种惊险镜头的人物，如滚山坡、跳高楼、骑马摔跤，等等（这种替身在好莱坞特别多），或是需要一些流氓、匪徒、搏斗的群众，尤其这一类反派角色，更是人才辈出。”[2]这个武打替身演员的群体，是在武侠电影市场逐步兴起之后自发形成的。他们的出场费很低，一般的替身演员一天的报酬能够拿到七八角钱（银洋），有的可以拿到两圆银洋，除了介绍费或公司剧务的“回扣”，这些报酬可以维持一个人三两天的生活。当时有的黑心剧务因过分克扣临时演员的微薄酬劳，惹起受其害者的公愤。明星公司的张石川知道此事后，一怒之下把克扣替身演员的黑心剧务断然开除了。[3]时隔 100 年我们依然可以看到聚集在电影片场外的替身演员们，过去在北京电影制片厂的南门口，现在在浙江横店的影视基地，替身演员为中国电影、电视剧提供了难以计数的

---

1 龚稼农：《龚稼农从影回忆录（上册）》，中国大百科全书出版社，2013，第 69 页。
2 龚稼农：《龚稼农从影回忆录（上册）》，中国大百科全书出版社，2013，第 69 页。
3 龚稼农：《龚稼农从影回忆录（上册）》，中国大百科全书出版社，2013，第 70 页。

1949 年至 1994 年，关德兴共拍摄了 77 部《黄飞鸿》系列电影，也因此被业内人士称为“黄飞鸿专业户”。图为关德兴主演的《黄飞鸿鞭风灭烛》(1949)

人力资源。尽管他们当中绝大多数都默默无闻地离开了片场，但也确实走出了驰骋银幕上的电影明星……他们在不同形式的“马立斯打武班”的经历，都成为他们日后极其珍贵的历史记忆。回首相望那段艰难岁月，遥望电影未来的璀璨年华，它确实可以激励一代又一代电影的追梦者投身到这个充满朝气的历史行列中。

早期中国电影里的许多武打戏都包括在舞狮的表演之内，其中的演员被称为龙虎舞狮。中国民间的舞狮其实是广东佛山（黄飞鸿、叶问、李小龙的故乡）一种极具地域特色的民间艺术表演。其中有精彩绝伦的三狮争锋、异彩纷呈的双狮采青以及惊险不已的单狮过桥。这一系列精彩的舞狮绝活儿我们都曾在武侠电影中领略过。直到今天，在佛山黄飞鸿纪念馆的门外我们还经常能够看到精彩的舞狮表演。这些集舞狮与武打为一体的电影武舞表演已经成为中国武侠/动作电影的经典场景。黄飞鸿系列电影中的舞狮大战更是武侠电影的经典桥段。从昔日关德兴主演的黄飞鸿系列电影到李连杰主演的《黄飞鸿之狮王争霸》，舞狮场面中不仅打斗越来越激烈，而且舞狮的场面也越来越宏大，其中许多激越昂扬的舞狮场面伴着《将军令》的豪迈壮歌，已经成为一个时代武侠电影的历史记忆。在武侠电影的拍摄过程中，武术指导经常与龙虎舞狮相互合作，有时龙虎舞狮本身就由影片中的武打演员和武术指导担任。有些影片中龙虎舞狮还会作为一种演艺职务被写在影片的演职员表上。

在中国武侠/动作电影悠久的历史进程中，龙虎舞狮与替身演员的交替使用，武术指导与动作导演的角色转换，是一个不断演进的创作过程。特别是在那些武戏成分比较重的武侠电影中，武术指导经常会身兼武打设计、武打演员和剧中人物等多种身份，这种演员身份多元化的创作场面，是中国武侠 / 动作电影片场中特有的艺术现象。尤其随着武侠电影艺术、技术表达方式的不断升级，武师团队中的分工也越来越精细，一部影片中往往会同时出现武师、武术设计、动作导演等不同职务的人在一起合作。至于在不同电影中由于动作戏份的轻重、武打场面的大小、武术表演的难易程度，动作设计、武术指导、动作导演的不同称谓就更为普遍了。但是，不论他们的称谓怎样变化，武术指导这个电影的专属名词，已经得到业界和社会普遍的认可。在电影艺术的旧评价体系中，他们应当获得与摄影指导、美术指导、录音指导相等的专业地位，而不应将其拒之于电影艺术创作核心人物的大门之外。动作导演究竟是从什么时候开始正式出现在中国电影的演职员人物表中，仍需要做进一步的历史考证。不过，可以肯定的是，动作导演的出场与武术指导的现身并不会相距太远，因为武术指导本身就具有动作导演的职能，两者的工作职责有许多类似甚至相同的地方，只是动作导演在创作上比武术指导要更具有统领整部影片所有动作场面的全局视野，武术指导更集中于在武打动作的设计、表演方面。

遥望那些被变化无常的市场风云所席卷的武侠 / 动作电影，看看那些在电影的片场内为电影的艺术发展与市场生存奋力角逐的电影武（舞）者，他们的目光全部集中在如何表现电影的武舞形态上：要么飞檐走壁，要么凌波微步，要么剑光斗法，要么双雄对决……至于怎么在银幕上确定自己的称谓，不过是他们工作之后的断想而已。可是，对于以中国电影历史研究而命名的学术写作，对于这种对中国电影乃至世界电影的发展起到重要作用的创作群体，不能不给予特别的关注。

三、 中国电影早期武术指导群体的历史演进

专业化的武术指导早在 1927 年的中国电影创作过程中就出现了。迄今为止，他们已经在中国影坛上纵横驰骋了近百年，其间涌现出一批开宗立派的历史人物，开创出中国武侠电影的一方天地。尽管他们的承传关系有所不同，有的是子承父业的家族接续，有的是电影片场的师徒学艺，有的是武术行家的言传身教，不论他们的武术技艺来自哪里，他们在中国电影史上所起到的重要作用不应该被忽略。

20 世纪 20 年代那些最初进入中国武侠 / 动作电影的武术指导在片场曾是怎样的工作情景，我们现在没有看到任何影像的记录和图像资料。我们只能够根据有限的电影文献了解到当年的情况。中国早在 1927 年就在电影创作过程中出现了专业化的武术指导。任雨田就是中国最早的武术指导之一。他在 1927 年友联影片公司出品的描写劫富济贫的侠义影片《山东响马》中担任了武术指导。他还担任过影片《女侠红蝴蝶》（1927）的武术导演。[1] 后来他先后创作了《混世魔王》（1929）、《红衣女大破金山寺》（1929）、《铁血英雄》（1929）、《三门街》（第一、二、三集）（1929）、《海上夺宝》（1929）、《风尘剑侠》（1930）、《荒山奇僧》（1931）、

1 蹇河沿编：《感受戏剧——戏剧的理论与实践》，中国文联出版社，2001，第 268 页。

《矿山奇侠》（1933）、《楚霸王》（1939）等武侠 / 动作类的电影。可以说，他是中国电影历史上当之无愧的武术指导的鼻祖之一。李翰祥在回忆早年中国电影历史时曾经说："任雨田导演以前是武师出身，经常在武侠片里做替身。女儿任燕、儿子任大官都是他戏里的主要演员。人很风趣，也永远和颜悦色，大概从小喜欢刀枪棍棒，所以一念书就头痛，也和大皮包差不多，斗大的字认不了一升；不过拿起笔来一样开导演单。"[1] 据四川省合川县的县志记载："民国二十一年（1931 年）三月一日，合川县城天福巷天蟾宫（现久长街小学）'光华电影院'首次挂牌营业，放映了黑白无声影片《崔莺莺》《任雨田》《王楚琴》和《海上夺宝》。"[2] 这个史料证明，当时任雨田的创作业绩和历史地位已经达到可以单独拍摄纪录片的程度，其在电影界的重要地位可见一斑。其实，任雨田不仅是武术指导，他在"1931 年 7 月 1 日和顾无为合作创办的华光片上有声电影公司，完成了有声片《雨过天青》的拍摄，并且在上海新光大戏院上映"[3]。相对于任雨田在中国电影史上的诸多作为，在过去我们对其历史地位和作用显然有所忽视，正像我们过去对许多中国武侠电影的忽视一样。

1926 年，张惠民导演、吴素馨主演的武侠电影《乱世英雄》问世。导演张惠民是华剧公司的创始人之一，当时人称他"性忠直，怀大志，精武术。尤擅游泳射击驾驶诸技。盖一富于艺术天才之英俊男儿也。因鉴于吾国电影事业之暮气重重，专事摄制尚武冒险讽世影片，以一洗吾国病夫之耻。自《奇峰突出》片出后，君之武术，始崭露头角。其第二独能不随流俗。仍以提倡尚武精神为己任，其立志殊可嘉也"[4]。该片主演吴素馨在"片中并有种种武术，女士咸能应付裕如，盖其于骑射、驾驶、泅游、诸技能，均已练之有素"[5]。尽管就目前查到的电影史料我们很少能够看到关于武术指导的专门记载，然而，就大多数参与武侠电影的主创人员而言，他们都是精通武术的行家里手。武术指导对于他们来说只是一种尚未言明的职业术语而已，他们所介入的电影艺术创作的实际工作毫无疑问已经包括了武术指导的范畴。

根据 1927 年出版的《中国影戏大观》记述："凡爱看中国影戏者。莫不知电影界中有一擅长武术之张慧冲。慧冲在《情海风波》《五分钟》诸片中，咸以跌扑娴熟为一般观众所称赏。"这些短片中具有了武侠电影中的某些武打程式，具有了武侠影片中必不可少的"英雄形象"。张慧冲是目前电影史学界指认的中国第一位武侠明星。他早年曾在商务印书馆制片部拍过电影《莲花落》（1923），后来在联合影片公司拍摄《五分钟》（1924），他既是导演又是演员，后来加入明星公司，"专演武侠打斗片"。张慧冲 1927 年创立了专门拍摄武侠影片的慧冲影片公司，自导自演了多部武侠 / 动作电影。

1928 年的《火烧红莲寺》是中国武侠电影第一次创作浪潮的标志性作品。该片出现了"片

---

1 李翰祥：《三十年细说从头》，北京联合出版公司，2017，第 204 页。
2 合川县文化局编：《合川县文化艺术志》，第 312 页。
3 李姝林编著：《电影造星渊源考》，京华出版社，2008，第 115 页。
4 徐耻痕：《中国影戏大观》，1927，第 21 页。
5 徐耻痕：《中国影戏大观》，1927，第 21 页。

中诸侠，飞檐走壁如履平地，架着剑光御风而行”的场面。[1] 摄影师董克毅和美工师张聿光“合作发明‘接顶’（透视合成）技法，把绘在玻璃上的寺院房顶和无顶寺院布景摄在一起，造成了红莲寺的总体的画面效果”。“张聿光君之美术接顶、天衣无缝、董克毅君之玄幻摄影、奇巧百出”成为明星公司当时的一个宣传招牌。[2]影片还创造出空中“剑光互斗之神幻百出”的场景，“先拍两人斗剑的动作，然后再将底片上加叠绘出的飞剑放光的画面”，“只见万道金光中、利剑互斗、空气紧张、令人咋舌”[3]。在中国电影史上，《火烧红莲寺》所制造的这种奇异的视觉效果对后来的中国电影，特别是武侠电影所做的“视觉贡献”非同小可。中国武侠电影的诸多经典场景，像“剑光斗法”“飞檐走壁”，包括“凌波微步”都与早期武侠电影中的这些特技技术的研发有着直接的传承关系。那时的武打动作的设计大都依赖那些精通中国武术的武术指导来完成。在 20 世纪 30 年代驰骋在中国武侠 / 动作电影中的武术指导还有查瑞龙 (1904—1972)，他曾经担任过任彭年导演的武侠电影《关东大侠》（1928）、《大破恶虎镇》（1931）的武术指导。他还创造出“穿心花”“头顶摩云”“头花铁背”等一系列要石担、石锁的高难度动作，使中国电影的动作表演与民间的武术、杂技相互融合，为电影增添了来自市井文化的娱乐元素。为此，查瑞龙被誉为“东方大力士”。[4] 与他合作的任彭年是中国早期武侠 / 动作型影片的雏形《车中盗》的导演。这部在 1920 年由商务印书馆活动影戏部出品的影片，曾被称为是“神怪加武打”的影片。其实，它兼容了美国西部枪战片的动作成分与中国武侠片的故事内容，是中国武侠 / 动作电影代表性作品。

四、 香港电影界武术指导的一代翘楚

回望中国武术指导的历史演进，香港是必须要停下来驻足观看的一站。这是因为香港电影在中国电影史上具有举足轻重的历史地位，它因其特定的地缘优势，不仅成为东西方相互交流的天然良港，吸引着世界各地的商贾云集此地，而且作为中国南海的进出口岸，在改革开放前香港一度成为外来商品包括外来文化进入中国的通道。在现代工商业日趋发达的时代，香港渐渐从一个一日两餐的海边港口，变成了一座四通八达的现代海滨都市。香港密集的居住人口、拥挤的空间环境反而为市民们寻找公共的娱乐文化空间形成了社会基础。这种特定的居住环境为电影的繁荣发展提供了市场的可能性。另外，香港商业化的社会形态也为电影的商业发展提供了制度和政策方面的便利。实际上，香港电影从其诞生之日起就在商业市场的路径上不断前行。这使香港的电影从业者一直以来都有一种关注市场、适应市场、开拓市场的职业习惯。在

1 朱剑：《无法言说的痛 阮玲玉》，陕西人民出版社，2015，第 147 页。
2 吴迎君：《中国“影戏美学”的知识阐释》，复旦大学出版社 ,2015，第 80 页。
3 吴迎君：《中国“影戏美学”的知识阐释》，复旦大学出版社 ,2015，第 81 页。
4 黄聚云：《文化城镇化视角下的传统体育文化传承》，上海人民出版社 ,2015，第 160 页。

《火烧红莲寺》系列片（1928—1931） 是国内第一次将“武侠”与“神怪”因素结合在一起的大规模制作。首次使用镜头画面合成法，拍摄腾云驾雾、飞檐走壁、人物变小变大等特技镜头；还利用卡通摄影的方式拍摄了影片中著名的“剑光斗法”

这种文化境遇中成长起来的香港武侠电影作者，更是比其他类型的电影创作者具有更强的市场竞争意识，加上代代相继的家族传承，武侠 / 动作在香港电影界撑起了电影市场的一方天地。

自 20 世纪 40 年代末开始，由胡鹏执导、王风编剧的黄飞鸿系列电影逐步登上香港电影的历史舞台。片中的正面男主角由关德兴出演，他 13 岁开始演粤剧，早年因擅长关公和武松出名，后来进入电影界。在关德兴一生出演的 132 部电影中，黄飞鸿系列就有 78 部。在中国武侠电影史上，他堪称银幕上的黄飞鸿始祖。黄飞鸿系列片的反派由石坚出演。石坚 1939 年从影时最初为化装师，1940 年在《血海花》中首次现身银幕。石坚一生演出电影百余部，其中包括《龙争虎斗》和《行规》等，最著名的是黄飞鸿系列影片，他也是该片集的武术指导之一。[1] 黄飞鸿系列片“其中的女主角过半数是由有真功夫的任燕担当”。[2] 她深得父亲任雨田的真传，至少主演了 30 多部黄飞鸿影片。在黄飞鸿系列片中开始有武术指导的职位，由梁永亨先生担任。据陈步炜为梁永亨撰著《蛇猫鹤混形拳》一书所做的序中说，梁永亨“为吾粤近百年以武术驰誉大江南北黄飞鸿之再传弟子，林世荣之得以门徒者也。擅岐黄，精伤科，豪侠有江湖气，谈

1　朱玛主编：《电影电视辞典》，四川科学技术出版社，1988，第 616 页。

2　广东省南海市政协文史和学习委员会编：《南海文史资料 · 第 31 辑 · 南海黄飞鸿传》，广东省南海市政协文史和学习委员会，1998，第 166 页。

吐有儒者度，尝出其蛇猫鹤混形拳之术，摄而入于照，笔而书诸诀”[1]。据该片导演胡鹏回忆：当时出任武术总顾问的梁永亨师傅，由于他的“悉心策划，尽心尽力，加上石坚和关德兴的精益求精，一攻一守，一进一退，都依照武术的招式去发挥，结果非常理想”[2]。其实并不是每部武侠电影都设有武术指导，当时演员拍对打戏时主要还是依靠导演说戏，演员自己设计招式来拍武戏。这种方式在刀剑武侠影片中十分普遍。据影片《江湖奇侠》（改自《火烧红莲寺》）的导演徐增宏回顾说，到拳脚功夫片时这种依靠导演说戏的方式就行不通了，因为拳脚招式，不能像刀剑那样可以随意挥舞，一招一式必须要有武术指导。徐增宏拍《江湖奇侠》时就请唐佳、刘家良为他设计武打场面，当武术指导。

在20世纪中期以后先后登上香港武侠/动作电影武术指导宝座的有出生于北平（北京）、擅长北派武术的袁小田。他在1937年应粤剧红伶薛觉先之邀赴港，在粤剧中负责北派武打场面的设计。1939年，袁小田进入影坛从事武侠片中的武打替身工作。他首次担任武打替身是为影片《关东大侠》的著名女影星邬丽珠做替身。邬丽珠被认为是中国电影史上第一位武侠女星。袁小田1960年开始出任粤语片《铁臂金刚》的武术指导。他还参与了早期黄飞鸿系列电影的创作，使关德兴占据中心位置的银幕上尽展北派武术的绝技。当时香港整个武行里只有二十多个武师，袁小田和关正良都是香港最早的武术指导。关正良出身于梨园世家。其父关鸿宾相貌堂堂，双目炯炯有神，被称为戏曲界的“美男子”。[3]但是在戏曲里扮的是丑角。后来离开舞台后还曾担任上海戏剧学校戏剧科教务主任。关正良是上海戏剧学校“正”字班学生。在20世纪60年代，他先后担任了缪康义导演的《仙鹤神针》（1961）和陈烈品导演的《碧血金钗》（1963）、《雪花神剑》（1964）、《六指琴魔》（1965）和《碧眼魔女》（1967）的武术指导。那时正值香港武侠电影如日中天的时代，能够汇入这个时代的电影巨流，能够参与武侠电影的创作对个人来说无疑是一种历史的荣誉。此外，关正良还成立了龙国电影公司，自己做老板拍电影，为中国电影做出了历史性的贡献。

在香港武术指导的精英团队中，刘家良和唐佳无疑是可圈可点的两个人。作为黄飞鸿第四代传人，刘家良精通十八般武艺，刀枪剑戟样样精通，但是他从来不在电影中卖弄技巧，耍弄花拳绣腿，而是始终致力于建立武术动作在中国武侠电影叙事中的主导性，即将动作作为改变影片叙事情节、决定人物命运的重要因素。他的动作设计刚烈酣畅，威猛挥洒，攻如疾风闪电，有横扫千军的雷霆之力；如铁壁铜墙，颇具万夫莫敌的虎踞之势。他所创立的动作奇观为中国武侠/动作电影在商业市场上开疆扩土，攻城拔寨提供了非同寻常的历史贡献。特别令人敬佩的是，刘家良在数十年的电影拍摄过程中，始终承传中国武术的正宗血脉，将中国武术中蕴含的传统文化精神发扬光大。为此，他被认为是中国“功夫片最正统的继承人”。他一生从武打

1 梁永亨：《蛇猫鹤混形拳》，香港陈湘记书局，1970，序言。

2 胡鹏：《我与黄飞鸿——五十年电影导演生涯回忆录》，三和贸易公司，1995，第23-24页。

3 顾正秋、季季：《休恋逝水 顾正秋自传》，新星出版社，2017，第79-80页。

替身开始进入影坛，后来做武师、演员、武术指导、动作导演、编剧、导演，是武侠动作电影的全能型作者。

在20世纪中期，由于当时电影拍摄的设备比较差，人从10多米高处，跳下来也没有保护措施。所以，对于武术动作演员的专业要求相对较高。加上“当时的影片分镜比较少，一个镜头往往长达二百多呎，其间需要二十至三十招，又十分容易出错”[1]。武戏演员的表演难度很大，对动作导演的设计提出了很高的要求。这反倒促使了武术设计专业技能的提高，并使其在电影业内的地位不断上升。唐佳的师傅是著名武术指导袁和平的父亲袁小田，20世纪六七十年代唐佳与刘家良同为导演张彻的御用武术指导，可以说是张彻在武戏方面的左膀右臂。他们共同在银幕上创造了一系列武侠电影的动作奇观，后来又与楚原导演合作，共同创造了香港武侠电影的黄金时代。80年代唐佳转行为导演，拍摄了《少林传人》（1983）、《三闯少林》（1983）与《洪拳大师》（1984）等武侠电影的佳作。吴思远在回顾香港动作导演的不同特点的时候说过：“一般在处理群体的打斗方面，唐佳比较好；而单对单的对打，刘家良就略胜一筹。如果他们两人合作，影片的武打就会拍得很顺利。韩英杰擅长北派武术，像那种从弹床跳起、凌空飞脚踢的招式，是他的拿手戏。”[2]

在香港著名的武术指导中韩英杰的历史地位不可小觑。他1959年加入邵氏公司，拍摄的第一部电影是李翰祥导演的古装武侠片《儿女英雄传》（1959）。其中在动作方面最成功的尝试是利用马戏团的一名艺员充当女主角的替身，在一块神主牌后，以跳板飞人弹起后跳出大厅。这种“空中飞人”的传统特技在当今武侠电影中已经是司空见惯的常规技法了，然而，在当时确实是一件非同寻常的创举。20世纪60年代初，韩英杰到邵氏做“蛇头”的时候仍然没有完整的武师制度，武术动作的拍摄主要是靠片场积累的经验。1961年，他担任《文婷玉火海歼仇》的武术指导。同年参加岳枫拍摄的《燕子盗》，在这部电影中，他尝试将弹床技术运用武打场面中。他用一张七尺乘五尺的弹床，自己当女主角林黛的替身，在弹床跳起，一个镜头摇过去，便在敌人头顶飞过。1966年，韩英杰与胡金铨一起离开邵氏，到台湾加入联邦公司，参与了武侠影片《龙门客栈》的创作，出任武术指导。在拍这部影片时，他制造了两套兵器：一套是以真钢铸成的，与真兵器相差无几，只是没有“开刃”，以拍特写用；另一套则是由专人到日本买的用特种锡纸包着不会伤人的木剑，以拍打斗场面用。其中打斗招式完全是从京剧开打中变化而来，场面调度带有很强的戏剧性程式，人物的动作常伴着京剧的鼓点。影片中的打斗也带有很强的京剧武打的味道。人物在客栈内你来我往，仿佛就是在戏剧的舞台上穿梭。香港资深电影学者刘成汉认为：“武术指导韩英杰与胡氏合作设计的武打场面尤为精彩，以京剧北派武功为基础而加以变化创新，凌乱中有层次，一改武侠片过去抄袭日本武士打斗之弊。”[3]韩英杰还是首部立体武侠片《千刀万里追》（1977）的武术指导。在武侠电影达到登峰造极的程度

1 刘成汉：《访问韩英杰》，《电影赋比兴集》，香港天地图书有限公司，1992，第309—314页。

2 《香港功夫电影研究——第四届香港国际电影节》中英文说明，市政局主办，1980，第295—300页。

3 刘成汉：《电影赋比兴集》，香港天地图书有限公司，1992，第251页。

《千刀万里追》（1977），台湾首部3D立体功夫武侠电影，韩英杰担任武术指导，打斗场面精彩，既有龙虎卫将血滴子飞出银幕的震撼，又有“剑指观众”“万箭穿心”的紧张刺激。影片上映后，极为轰动

时，不少制片商认为要拍一部好的功夫片最主要的便是武术指导，于是便索性邀请武术指导兼任导演，这样还可以节省导演的费用，使武术指导在20世纪70年代中期纷纷兼任导演。中国动作导演转行做电影导演就是在这样一种历史条件下逐渐完成的。不同的动作导演具有不同的“看家本领”和各自的“独门兵器”。袁和平自幼随父亲袁小田习武，十多岁时开始在电影中担任临时演员和龙虎武师。1970年担当武术指导。首作是《疯狂杀手》（1971），其后有《荡寇滩》（1972）、《壁虎》（1972）等。1977年，他第一次执导动作喜剧片《蛇形刁手》，蜚声影坛！紧接着他又拍出了《醉拳》（1978）。在这两部影片中，袁和平与吴思远合作，将中国电影史上历来注重武打技击的武侠电影引入了一个嬉笑怒骂的喜剧世界，从而开创了谐趣武侠片之先河。成龙正是由于被选中担任《醉拳》和《蛇形刁手》的男主角，才一举成名，成为叱咤影坛的一代功夫巨星。袁和平在接到一个剧本的时候，首先想到的是这个演员用什么招式，那个演员用什么招式；主角跟反派各用什么功夫，要设计好他用什么功夫破他，他再用什么功夫反破他，要进行这种“连锁式的创作”。这样每一场打戏都不一样，观众才会有兴趣。[1] 袁和平对于推进中国内地武侠/动作电影的历史发展起到重要的历史作用。他是香港武术指导

1 贾磊磊：《电影的“连锁式创作”与谐趣武侠片——袁和平访谈录》，《中国武侠电影史》，文化艺术出版社，2005，第266页。

率先进入内地武侠影视创作的领军人物。1995 年开始，袁和平与袁祥仁共同北上担任中央电视台拍摄的大型电视连续剧《水浒传》（1998）的动作导演。袁和平还担任了《黑客帝国》系列片、《霹雳娇娃》（2000）、《杀死比尔》（2003）和《卧虎藏龙》（2000）的武术指导（动作导演），从而改变了西方电影暴力动作的呈现方式，将中国的武舞作为一种动作电影的构成方式植入外国电影之中，为向世界传播中国文化起到了积极的推进作用。与此同时，袁和平也成为国际最著名的武术指导。

五、 中国武术指导的历史传承方式

回顾中国武戏演员、武术指导所走过的艰辛历程，他们大都是在电影片场中历练出来的。在长期的艺术实践中，他们练就了一身能够适应电影特殊拍摄需要的武术表演技艺。其间所磨炼的功夫，所锻造的意志，所付出的代价，都远非一般的电影演员能够与之相提并论的。他们所经受的创伤、所经历的危险更不是通常的电影表演所能够做到的。而这些对于中国的武术指导而言，几乎成为他们走进电影片场的家常便饭。他们在电影片场内所创造的动作奇观，不仅对于电影的商业市场具有极其重要的保障作用，而且在电影拍摄现场所激发的艺术灵感和积累的宝贵经验，都为武术指导的发展与传承提供了生动、翔实的历史教案，并为中国武侠 / 动作电影的创作实践促成了一批又一批代代相继的武术指导巨匠。

武术指导的历练并不只是武术指导与演员之间的事，也不只是武术指导与导演之间的事。我们强调武术指导在电影创作中的重要作用是基于现在对武术指导和动作导演的偏见基础上，但是，这并不意味着我们要孤立地强调武术指导的决定性作用，更不意味着将武术指导凌驾于电影导演之上。中国电影的历史证明，一部影片的导演必须对电影中的武戏创作提出总体性的艺术要求，他们不可能让武术指导背离影片的总体风格而各行其是。像张彻旗下的武术指导刘家良、唐佳，胡金铨麾下的武术设计韩英杰，罗维手下的成龙，以及与张艺谋并肩合作的程小东，和李安携手共进的袁和平，和吴京并肩前进的李忠志，这些中国武术指导界的佼佼者都在导演总体美学理念的统摄下，为影片提供了不可多得的视觉贡献，并相继创造出了许多武侠动作电影的经典表现形式和段落。

谈到中国武术指导的历史传承方式，在中国武侠电影史上“七小福”是个不能被忽略的创作群体。“七小福”并不是由七个人组成的武术班子，而是京剧著名武生于占元在香港开办中国戏剧研究学院时所收的门徒的总称。他们每天都要按照京剧武生的要求练习拉筋、劈腿、翻跟斗、倒立等动作。除了练功，他们还要洗碗、扫地、做卫生。谁要是犯了错，轻则罚站，重则挨打。这种场景在电影《七小福》（1988）、《霸王别姬》（1993）中都有不同程度的再现。这个群体之所以叫“七小福”，是因为于占元在一次京剧表演中，选了元龙（洪金宝）、元楼（成龙）、元彪、元奎、元华、元武（周元俊）、元泰七人担任《七小福》的主角。后来因为演出非常成功，于占元于是借用此名组成七小福戏班，并从此一直沿用下去。他们当时除了获得了许多在梨园舞台上演出的机会外，还给达官贵人唱戏、表演。20 世纪 70 年代，由于香港电影、特别是电视机的广泛普及，香港传统戏曲的观众大量流失，以戏曲舞台为生的“七小福”的生存压力与日俱增。最终于占元个人回天无力，只能把中国戏剧研究学院就地解散。“七小福”只好各谋出路，寻找谋生之道。后来于占元培养的“七小福”，纷纷登上了中国武侠 / 动作电影的历史舞台，有的成了指点电影江山的武林盟主，有的成了雄踞天下的武学宗师，有的成了独树一帜的武术指导，翻开中国当代武侠电影史“七小福”的身影随处可见。特别是在香港，“七小福”时常成为武侠 / 动作电影的“金字招牌”。他们过人的武功和精湛的演技征服了一代又一代的电影观众。1988 年嘉禾出品了由罗启锐导演，罗启锐、张婉婷编剧，洪金宝主演的同名电影《七小福》。剧中演绎了“七小福”诞生的历史演变过程。洪金宝在影片中扮演于占元师傅，将对孩子们又恨又爱的情感表现得入心入骨。作者以影像的方式书写了“七小福”那段令人难忘的历史篇章。

在中国武术指导的历史传承方面，北京的什刹海武术学校也是一座必将被历史铭记的地方。在这所 1958 年成立的“北京市什刹海青少年业余体校”，1986 年正式命名为“北京市什刹海体育运动学校”。该校被誉为世界冠军的摇篮，建校 50 多年来，诞生了 40 多名世界冠军和一代又一代的中国顶级武术精英。他们当中的有些人已经迈入电影界的明星行列，如李连杰、吴京，还有第一位海外学员甄子丹。他们都是中国电影武术指导界出类拔萃的杰出人才。1974 年 11 月，经北京市体委批准，北京武术队正式组建。吴彬和李俊峰担任教练，领队是韩昭英。从 1974 年到现在，北京武术队共获全国武术锦标赛男女团体冠军近 20 次，摘取全国性比赛金牌 200 余枚，培养出了“武林奇才”李连杰、棍术名家王建军、鹰爪拳魁李志洲、剑术奇才李霞、刀中女杰郝志华、八卦掌冠军戈春艳、形意拳冠军梁长兴等。北京武术队教练吴彬曾与张丰毅、王姬一起合演了《塞外夺宝》（1982），队员除了李连杰因主演《少林寺》（1982）而一炮走红、吴京因《战狼》系列电影而蜚声影坛之外，王群、王珏、寇占文、崔亚辉、严平、薛建、戈春艳、孙建明、黄秋燕等也分别在《少林小子》（1984）、《大刀王五》（1985）、《南北少林》（1986）等几十部影视作品中担任主角。[1] 从北京武术队的队员现在分布在世界各地，为中国武术走向世界作出了不可估量的贡献。

家传身教，是中国武术界乃至中国电影武术指导特别重要的一种历史传统。特别是在电影市场的激烈竞争中，在不同门派的相互激励中，武术指导越来越注重彰显其个性的动作风格。同时，为了保持这种团队优势，带有家族色彩的武术动作合作班底渐渐开始组成。在香港电影界像刘家良带队的“刘家班”、唐佳指挥的“唐家班”、袁和平领军的“袁家班”、成龙挂帅的“成家班”、洪金宝引领的“洪家班”都是支撑中国武侠 / 动作片的有生力量，并且引领武侠 / 动作电影的创作风潮。这种家族制的传承方式在其他领域也许是应当废黜的，但是在武侠电影艺术的创作领域，特别是对那些依赖电影拍摄片场来教授武术技艺的武侠电影业而言，也

---

1 方元：《世界冠军的摇篮——热烈庆祝北京什刹海体校建校 50 年》，《教育与职业》2008 年第 11 期。

许真要靠这种世代承传的方法才能发扬光大。事实证明，在各家各派的班底中也确实诞生了许多杰出的武术指导和动作导演乃至导演。像刘家班走出来的刘家荣、刘家辉、熊欣欣，袁家班里走出来的袁祥仁、甄子丹，成家班里走出来的冯克安、陈德森，洪家班里走出来的林正英、元彪、午马，他们都是中国武侠动作电影中的佼佼者。他们参与创作的武侠 / 动作电影许多已经成为中国武侠电影史上彪炳千秋的力作。

中国的高等院校，目前设置了培养体育武术人才的专业教育方向。可是，现在还没有一所国家级的院校设置专门培养电影武术指导的专业。相对于培养摄影指导、美术指导乃至录音指导的相关专业，武术指导暨动作导演的专业培养明显存在着体制设计上的缺陷。尽管现在遍及全国的民间武术培训机构数不胜数，可是针对电影武术指导的专业教育、人才培养，依然尚付阙如。

六、 中国电影武术指导的职责范围

我们通常认为武术指导是负责电影拍摄时的武戏设计与示范。有媒体将其比喻为舞蹈艺术中的“编舞”。总之，武术指导是实现电影创作意图的灵魂人物之一。其实“编武”只是武术指导最基本的工作，因为在电影的拍摄现场，许多武术指导不仅负责武打动作的设计、编排，而且还会负责整个武戏部分的拍摄，直至亲自掌机拍摄那些高难度的动作场面。像程小东、唐季礼、赵箭、熊欣欣都是可以在电影现场亲自掌机拍摄的武术指导。有些电影会分为 A、B 两个摄制组，分别由文戏导演和动作导演负责，这样文戏和武戏的拍摄可以同时交叉进行，缩短了影片的制作周期、压低了制作成本。

在当代电影中，动作导演的工作除了武打动作的设计之外，还包括汽车追逐、撞车、枪战这些惊险动作场面的设计和处理。况且，动作导演的作用已经不再仅仅局限在武侠电影这样单一的类型影片中。像《如果・爱》虽然是一部爱情电影，但是剧中有一场女主角（周迅饰）从一座高塔上纵身跳下身亡的戏。对于这种高难度的动作场面，非要精通动作拍摄的武术指导来完成才行。制片方专门聘任董玮做该片的动作导演来完成这个惊险的动作。现在涉及枪战、追逐、格斗的影片越来越多，更是少不了武术指导和动作导演的参与。《战狼Ⅱ》之所以获得了空前的市场胜利，与吴京多年来在武侠 / 动作电影中积累的丰富创作经验有非常大的关系。他在香港只身闯天下的从影经历，包括他在北京什刹海武术体校所受到的专业化武术教育所奠定的武术基础，都是不可或缺的成功要素。除此之外，吴京多年的合作伙伴、武术指导李忠志同样功不可没。作为金马奖最佳动作设计得主，李忠志武打风格强劲硬朗，简洁明快，特别适合现代战争动作场面的表现。他与高群书合作的刑侦动作电影《西风烈》中甚至出现了两辆汽车在荒野上一前一后、一进一退，高速追逐的场面。难怪导演高群书在接受媒体采访时说他对李忠志下的军令是，如果《西风烈》的票房目标是 2 亿元，那么，其中的 1 亿元归李忠志完成。事实上，武术指导已经成为与美术指导、摄影指导同样重要的一种专业性极强的“电影行当”，是当今主流电影不可或缺的一种艺术、技术支持。

武打演员在电影界还有一种别称叫“武行”。这个行业不仅专业性很强，而且危险性极高。在某种程度上，他们是在用生命换取电影的成功，这是这个专业团体最为可贵的敬业精神。所以，他们的职责范畴并不是一般意义上的应该做什么，而是什么时候不应该干什么——这就是说，当特定的情况下武戏的拍摄可能危及演员生命安全的时候，那就是这场戏该终止的时候——不论在什么地方都是这样。在武术指导设计动作的专业术语叫“套招儿”和“拆招儿”。动作演员在影片中你来我往，前呼后应，看似是即兴随意的拳脚对弈，其实都是精心设计的动作套路。在武术指导的动作设计中，袁和平的设计路径堪称一绝。他不只是为演员设计动作，而是能够将一系列的动作整合为一种“连锁式”武打戏，甚至一张桌子，一双筷子，一根银针，一条丝线都在其设计之内。

在武侠电影的片场，有时在涉及惊险动作的设计时，必须要做到分秒不差，否则，轻的会伤筋动骨，重的可能会危及性命。过去，在相当长的历史时期内，武术指导的现场设计并没有精确的科学方法，也没有高科技的设备可以利用，基本上是靠平时的经验、靠娴熟的技巧，也靠过人的体能和胆魄。中国电影史上第一位获得最佳武术指导奖的洪金宝曾经说：“当我们想到一个动作出来，或者危险的时候，我会去想一想。首先，就是自己有没有可能做，有可能做的就做。摔下来会不会死，不会，就做。重伤，重伤没关系，不死就行了。”[1] 作为香港动作电影的“大哥大”，洪金宝的话其实概括了整个武行的工作常态。在香港甚至没有哪家保险公司敢让他们买人身保险，甚至汽车保险有时也不给他们上。因为人们都知道做动作电影这个行业极其危险，他们的生命很难得到根本的保障。特别是明星式的人物，保险公司都不愿意冒这种险。

客观地讲，在我们通常的电影评价体系中，对动作导演和武术指导的关注本来就不够，加之大众媒体的关注焦点始终锁定在电影明星身上，这似乎已经成为一种媒体毋庸置疑的“行业规则”。在行业媒体内也极少看到对动作导演和武术指导的相关报道和深度分析，甚至诸多媒体在对动作类型电影的报道中，对在整个电影拍摄过程中起决定作用的武术指导置之不理，只知道连篇累牍去追逐那些在前台舞刀弄枪的明星。应当说，《卧虎藏龙》如果没有动作导演袁和平创造的飞檐走壁的动作奇观，影片不可能在国际电影市场上获得如此辉煌的票房业绩；《英雄》如果没有动作导演程小东精心设计的凌波微步般的飘逸武舞，影片也很难开创中国电影史上前所未有的市场奇迹；《天下无贼》如果没有动作导演江道海用独特的艺术手法去演绎的人物之间的生死交锋，也不会产生如此不错的市场效益；《战狼Ⅱ》如果没有李忠志的鼎力合作，将激烈的战争场面与近距离的搏斗进行交叉呈现，也不可能产生如此巨大的经济效益。为此，我们现在已经到了对动作导演在整个电影艺术舞台上的地位给予历史性确认的“重要时刻”。

1　贾磊磊：《动作电影“三D”美学：洪金宝访谈录》，《艺术评论》2006年第5期，第28页。

七、亟待设立武术指导（动作导演）的国家级奖项

目前我国内地设立的电影艺术的国家级奖主要有华表奖、金鸡奖、百花奖、五个一工程奖。其中，华表奖（原为文化部优秀影片奖）的设立是在 1957 年；百花奖的设立是在 1962 年；金鸡奖的设立是在 1981 年。囿于当时特定的社会历史背景，这些奖项的设立不可能尽善尽美。我国又相继在 1993 年和 2011 年创办了上海国际电影节和北京国际电影节。在所有这些国家级的电影评奖中均没有武术指导（动作导演）的位置。随着电影艺术的不断发展和电影体制改革的不断深化，电影评奖的某些项目与评价标准已经和目前电影艺术的发展不相适应，特别是某些重要奖项的缺失不仅会影响到对于从事这个行业的电影创作者个人的公正评价，而且还涉及对于这个行业整体发展方向的引导。

我们知道，在国家文化软实力的建构过程中，关于制度、政策、规范、标准的缺位是最紧迫、最重要的问题。因为它直接涉及一个领域、一种行业、一项事业的健康有序发展的关键所在。目前在电影界最为突出的一个问题是：我们主要的国家级影视艺术奖项中没有任何一个奖项是为武术指导暨动作导演设立的。在电影艺术的主要评奖体系中，动作导演和武术指导的地位和作用还没有得到应有的重视。如果国家奖项的设立，其初衷是从创作上促进电影艺术与技术的发展，那么，这样一个如此重要奖项的空缺，又怎么能保证这些奖项初衷的真正实现呢？

目前，在整个华语电影地区，内地与澳门是空缺武术指导和动作导演设奖的地区。2017 年 11 月在广东佛山举办的功夫（动作）电影周上，会议的主办方特意成立了推选委员会，对选送的影片进行评选推荐。同时在 11 月 24 日举办了中国首届功夫（动作）电影高峰研讨会。在电影周的闭幕式上对于所设立十个项目进行了推荐表彰。一、国产优秀功夫（动作）电影年度推委会特别表彰路阳；二、国产优秀功夫（动作）电影年度编剧陈舒、路阳、禹扬，特别项目国产功夫（动作）电影终身成就演员甄子丹；三、国产优秀功夫（动作）电影年度传承人吴樾；四、国产优秀功夫（动作）电影年度动作场面陈木胜《危城》酒坛之战；五、国产优秀功夫（动作）电影年度动作指导洪金宝；六、国产功夫（动作）电影最优秀女演员（空缺）；七、国产优秀功夫（动作）电影年度导演唐季礼、林超贤；八、年度最具影响力国产优秀功夫（动作）电影《战狼 II》；九、国产功夫（动作）电影最优秀男演员甄子丹；十、年度优秀国产功夫（动作）电影《湄公河行动》。这是中国内地以非评奖的方式对于武侠 / 动作电影方方面面的首次表彰。其中重要的是对于新锐武侠电影导演路阳的推荐表彰显示了主办方对于《绣春刀》系列片所取得的艺术成就的充分肯定。在当今武侠 / 动作电影越来越趋于玄幻化、神秘化的倾向中，路阳以传统武侠电影的叙事方式讲述了一个关于人格锻造与生命意义的历史故事。至于年度最具影响力国产优秀功夫（动作）电影《战狼 II》的推选无疑是给予吴京的。他导演与主演的这部影片不仅以 56.94 亿元的历史业绩刷新了中国电影史上的票房纪录，而且将侠义与爱国的叙事主题嵌入当代动作、枪战的影片之中，完成了中国武侠 / 动作电影的历史性升级。尤其令人瞩目的是国产优秀功夫（动作）电影年度动作场面的推选，这是中国电影史上第一次给武侠 / 动作电影的场面设计设立荣誉奖。我们过去对于电

影的褒奖集中在编剧、导演、摄影、美术、录音、表演这些项目上，而忽略对于电影创意现场的关注。此次陈木胜以《危城》中的“酒坛之战”获此殊荣，表现出中国武侠动作电影的评价目光开始关注属于自身范畴的东西。这个推选项目的确立因陈木胜导演在 2020 年 8 月 23 日的不幸去世而显示出特别的历史意义。

中国香港电影金像奖于 1982 年创办，从第 2 届（1983 年）开始设“最佳动作设计奖”。洪金宝、林正英以影片《败家仔》赢得中国电影史上第一座动作设计奖的金像奖。紧随其后的是元彪的《奇谋计划五福星》（1984）。自 1985 年开始“最佳动作设计”更名为“最佳动作指导”。从此以后，香港一批武术、动作导演纷纷问鼎该奖项：成龙的《A 计划》（1985）、《警察故事》（1986）、《我是谁？》（1999），程小东的《奇缘》（1987）、《笑傲江湖》（1991）、《英雄》（2003），袁和平的《黄飞鸿之二：男儿当自强》（1993）、《卧虎藏龙》（2001），刘家良的《醉拳Ⅱ》《醉拳Ⅲ》（1995），唐季礼的《红番区》（1996）、《警察故事 4 之简单任务》（1997），董玮的《神偷谍影》（1998）、《紫雨风暴》（2000）、《特务迷城》（2002），元奎、元德的《方世玉》（1994）……香港的这些动作导演和武术指导高手几乎个个榜上有名。也许是基于香港武侠 / 动作电影广阔的市场前景和代代相传的历史传统，香港金像奖历来特别注意对动作导演的褒奖。中国台湾的金马奖于 1964 年创办。到 1995 年第 33 届开始设立最佳动作指导奖。其间相隔 30 多年，他们才意识到这个奖项的重要。1995 年元奎和成家班以影片《霹雳火》赢得金马奖第一座最佳动作指导奖。

1927 年，美国开始奥斯卡电影评奖，设立了“最佳技术效果奖”，给了《翼》这部电影。从第 4 届开始设立科学技术奖，授予在消除余音、杂音方面有贡献的电影公司。1935 年第 8 届曾经设立“最佳舞蹈指导”奖；1939 年第 12 届设立了最佳效果奖；1945 年第 18 届设立最佳特技效果奖；1963 年的第 36 届设立特别视觉效果；1977 年第 50 届设立最佳视觉效果。由此可见，在世界其他国家的电影评价体制中，对于与动作有关的艺术、技术能力的表彰与激励越来越突出。

尽管中国内地的武术指导也不乏驰骋江湖的精英人物，但就目前的总体态势而言，中国武术指导并没有形成代代相继的专业群体，也没有形成专业化的培养体系，面对未来国际电影市场的激烈竞争，我们的武术指导前景堪忧。随着中国的动作 / 武侠电影国际化的历史进程，动作 / 武侠电影的市场空间不断拓展，很有可能在未来的国际电影节上会增设动作导演（武术指导）奖项。现在，除了海峡两岸暨香港，日本、韩国、泰国也开始有动作导演来专门负责影片的动作戏的拍摄，甚至在好莱坞也开始启用自己的动作指导。他们的工作范围远远没有局限在动作设计和武术打斗上，特别是在数字技术越来越普遍地进入电影创作领域后，武术指导的触角已经进入电影的前期视觉设计与后期图像合成方面。有鉴于此，中国当下亟需在国家级的电影评奖如金鸡、百花、华表等评价体系中或者是在中国举办的国际电影节如上海国际电影节、北京国际电影节设立最佳武术指导（动作导演）奖。这不仅会给予武术指导这个为中国电影的历史发展做出了历史性贡献的群体以应有的尊严，而且还会极大地促进中国电影艺术的全面发展，提升中国电影武术指导的专业水平。同时，更加有利于实现中国电影强国的建设，推动实现中国电影走出去的国家战略。

一部电影不赚钱就可能被淘汰

何梦华

何梦华（1923年1月1日—2009年5月19日），广东人，1923年1月1日出生于上海，毕业于上海市立戏剧专科学校（现为上海戏剧学院）。1955年开始从影，曾任严俊的副导演，首部作品为《人约黄昏后》。其后二十多年主要在香港为邵氏工作，是邵氏公司商业电影的支柱性人物，先后执导影片五十余部，尤其擅长利用传统特技营造武侠世界奇幻诡异的视觉风格，在神怪武侠电影的历史潮流中独树一帜。代表作有《借红灯》（1958）、《西游记》（1966）、《女儿国》（1968）、《追魂镖》（1968）、《飞燕金刀》（1969）、《血滴子》（1975）、《猩猩王》（1977）、《少林英雄榜》（1979）等。他导演的文艺片《珊珊》（1967）曾获第十四届亚洲影展最佳影片奖及日本文部大臣颁赠的特别奖。何梦华于2009年5月19日在香港辞世，本文是何先生生前最后的采访记录，现发表于此谨表示我们对这位中国武侠电影前辈的深切缅怀与由衷的敬意！

香港电影是商业电影，最要紧的是观众接受，接着就拍第二集、第三集，很多电影都是这样子，越卖钱就越停不了。比如我拍的一部片子叫《西游记》，拍完一上映，很受欢迎，所以我停不了啦，第二集、第三集、第四集一路拍下去。

——何梦华

从上海剧专到香港电影界

贾磊磊（以下简称“贾”）：咱们就从早期您在上海的生活开始吧，聊一聊您最初怎么进入电影界的，后来去香港，再到后来您怎么拍电影的。包括您年轻时代看的电影，如果还记得，也希望给我们讲讲。现在能够回忆和讲述那个时代的人很少了。

何梦华（以下简称“何”）：我在上海完全是在学校里度过的，跟电影无关。当时上海唯一的剧专在虹口，我中学毕业以后就考进这个剧专，在那儿念书。我跟着几个教授学习，他们当时都是顶级的导演了，在话剧界很有地位。

贾：这些人的名字您还记得？

何：潘孑农，他是上海剧专的教授，也是上海电影界的一个导演，他教了我几年的书，头一次进片场拍戏是他带我进去的，在上海中电一厂。他在中电一厂导演的一部戏叫《街头巷尾》。还有熊佛西先生是我的校长，上海市立剧专的校长。

贾：《街头巷尾》的拍摄是您第一次进片场？

何：对，头一次进片场拍电影。

贾：那时的情景您还记得吗？

何：导演是我的教授，他是一位老资格的导演了，他让我去现场学一学，我整部戏从头到尾都跟着他在片场学。

贾：《街头巷尾》是一部市民剧？

何：对，描写三轮车夫生活和恋爱的样子。

贾：那时候的片场有多大？

何：很大，上海中电一厂是国家的片场，算大的。

贾：那时候拍电影，跟后来您拍电影的情况出入大吗？

何：相当大，那时候在现场都是用原来的声带来收音的，后来我们原声带都不用，所有的声带都是事后重新配过的。

贾：是完全按照剧本来拍电影呢？还是现场会有改动？

何：按照剧本来拍。潘孑农是位名导演，也是编剧家，所以他的电影都是按照剧本来拍。

贾：那您在中电一厂拍摄完这部片子后，还参与过其他的（片子）吗？

何：没有了，毕业之后我就到了香港电影界。

贾：从上海到香港这个过程是怎么样的？

何：上海当时已经解放了，我就到了香港来。进香港有几个导演都认识我，跟我联络，我就在香港电影界发展。

贾：那时候拍电影，导演有绝对控制权吗？老板完全把责任交给他，由他来创作？

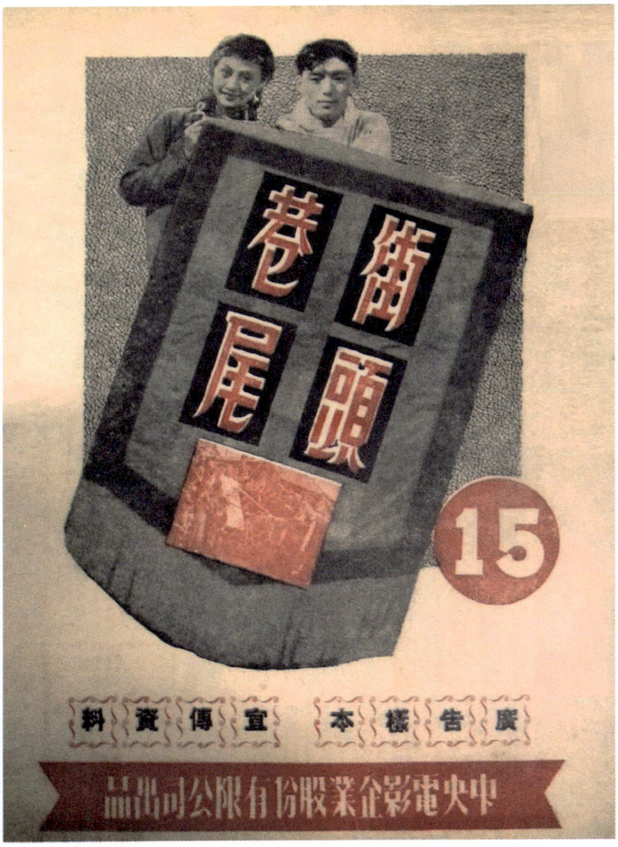

《街头巷尾》（1948），影片视角独特，聚焦于“惨胜”后沦落为三轮车夫的知识分子群体，上映时受到热烈的欢迎，观众逾 47 万人次

何：完全交给他，让他来创作，甚至他都有改动剧本的权力。

贾：包括演员也是由导演来决定？

何：完全由导演决定。当时我年纪小，20 来岁，潘孑农是剧专很出名的教授，我一边念书，一边就跟他进片场，跟着他做助手。

贾：那时候您看的中国电影多还是美国电影多？

何：凡是电影我都看，因为学这一行，都要看。很多电影拍的时候不是这样，配了音出来之后，剪接好出来换了样子，要学的实在很多。

贾：后来您从内地到香港以后，进了永华公司，一开始主要是写剧本？

何：（我在）永华公司待的时间很短，写了剧本，后来一直都是在拍国语片。

电影越卖座，越停不了

贾：您第一次拍武侠电影还记得是哪一部吗？

何：是郑佩佩演的。

贾：这部电影当时拍摄的大概情节您还记得吗？

何：《钟馗娘子》，好像拍了两三部才完成，才停下来。

贾：为什么要一下拍两三部呢？

何：因为香港电影都是商业电影，最要紧的是观众接受，卖钱。接着就拍第二集、第三集，很多电影都是这样，越卖钱就越停不了。比如说我拍的一部片子叫《西游记》，我都没想到拍完了一上映，很受欢迎，很卖钱，所以我停不了了。第二集、第三集、第四集一路拍下去，一直拍到那个演孙悟空的演员……

贾：岳华。

何：对，每天在化妆间里头要粘很长的毛，拍得他在化妆间大声地叫救命。后来我就跟老板讲我们休息吧，停停吧，拍点别的戏吧，老板就说好，你拍点别的戏停一停。结果只停了一部，后来又拍了《女儿国》《盘丝洞》，还有好几部我说不出名字了。

贾：您讲的这些很重要，当时拍这些电影的时候，动作场面是怎么拍的呢？

何：有武术指导啊。

贾：我们看《血滴子》这部片子，它好像是取自清代一个真实的历史故事？

何：当时是在武侠小说里找出来的。皇帝用了一批刺客来对付这群“血滴子”，反政府的人，那么这批“血滴子”后来跟政府对抗起来，一直越弄越僵，越弄越大这样。

贾：当时香港拍电影，公司能够完全掌控一部电影的拍摄，是吗？

何：最要紧的是公司跟导演吻合，导演认为这样能做才可以做。

贾：那是公司给你们一部指定的电影让你们拍，还是你们自己选？

何：两方面都有，公司给我指定剧本，有时候我认为这个剧本没办法做，就推掉它，不拍也可以。当年有两个情况，一个是有很多导演自己编剧本交给公司，公司认为蛮好的，就可以拍了。导演自己既是编剧，也是导演。但是我们邵氏公司有很多编剧，所以提供了很多很多的剧本，当然老板会选哪一种剧本适合哪一个导演去拍，他（导演）就会拿到这个剧本去拍。刚才说到这部《血滴子》，《血滴子》的编剧就是现在很著名的，大家都很熟悉的，倪匡先生。他其实是张彻导演推荐到邵氏公司，是创作数量最多的一个编剧，大部分邵氏导演都曾经用过倪匡先生编的剧本去拍电影。而且他写的大多都是武侠片。

《盘丝洞》(1967)，于倩、尤情和周龙璋主演。在当年不论从拍摄手法还是特效技术上都属于上乘，是邵氏《西游记》系列里面最用心、制作最精良的一部

创意的实现要靠特技

贾：影片《血滴子》里有个飞出去以后扣住人脑袋的东西，一个凶器，很残忍，您在拍摄的时候怎么能够让它设计成这样一种飞的很远的道具？

何：能。现在讲起来这个没有根据。这是一顶帽子，飞出去在空气里头转，转到人的头上能够盖住一个人头，帽子里头有几把刀，一拉这个绳子，几把刀合起来把头砍下来。这是我们拍电影的想象，其实有没有这个呢？我相信没有。

贾：在拍摄的时候，怎么能够保证这个东西飞出去能够落在一个演员的头上，这个过程是怎么样完成的？

何：那有很多技巧了，落在演员头上是用大特写，把那顶帽子落在演员头上，把头砍下来以后再换一个镜头，把一个假的人头拉出去，一边拉一边滴血，那是很刺激的。

贾：所以叫“血滴子”。

何：血滴子，一边拉一边滴血，那么这边就是接住砍下来的头，回去跟他的老板领功去了。

贾：设计的时候有很多特技。

何：完全靠特技了。

贾：那时候的特技都有哪些方法？

何：都是我们现场的工作人员在做。那时候没有电脑，只能用土法了，就是一顶帽子，帽子底下是几把刀，能够开合自如，那顶帽子盖在一个人的头上，一拉那个绳子几把刀就合起来把头砍下来。再用绳一拉这个绳子，那个帽子就回到他的手里，他就连帽子连血滴子，连人头

《血滴子》（1975），何梦华执导，倪匡编剧，武打巨星陈观泰、汪禹等主演，影片上映之后广受观众欢迎

拿回去就领功去了。

贾：您当时跟演员陈观泰合作，他是一个会武术的人？

何：对啊。

贾：这部片子的动作指导是徐二牛吗？

何：是徐二牛。

贾：您跟徐二牛的合作情景还记得吗？一起来商量这个事情？

何：当时这场戏要怎么打，我完全告诉徐二牛，然后他打给我看。适合我们电影的特技技巧才能用，不适合的我就叫他改，他将就我的电影技巧，我也将就他当时用的打法。

贾：徐二牛也演了一个角色吧？

何：对对，是有一个角色。

贾：邵氏拍的这种《血滴子》现在看来它还是有点残忍，这部片子后来是很卖座的。

何：很卖座，所以停不了，第一集上演了以后，老板就说还要第二集，第三集。

贾：那时候您在邵氏，等于是经历了邵氏六七十年代最辉煌的时代，您最多的时候一年连续拍过几部电影？

何：拍得不多，有时候一年多拍一部都有过，那时我欠了老板不少钱呢。我的合同是一年要交给他四五部片子，有时候我一年一部都交不到，拍得那么慢呢。但老板没有追我这个债，让我慢慢地拍，到完成为止，最要紧片子好。

贾：当时这些导演像你，像张彻他们都是这样吗？

何：张彻是比较快手一点了，我比较慢，还有一个程刚也是比较慢的，所以欠的片子数目也比较多。

贾：如果按照合同来讲就要赔偿了。

何：不赔偿，老板如果认为你这个导演的片子能卖钱的话，就算了。订一个新合同再重新来过了。我们都是旧的合同还没有完成，还欠得好多好多。我想想都怕，我这辈子离不开邵氏。后来老板就说不要紧你慢慢地拍，明天到律师楼去签一张新的合同吧。

贾：那您觉得拍得慢的原因是什么呢？

何：特技，就是电影特技所费的时间是片场以外的人没法估计的。当时电影的特技也并不是那么的好，都是用人手做的特技，比较慢。

贾：要停下来等他们做特技？

何：对，停下来等片场工作人员去做特技。比如像一顶帽子飞出的镜头，盖在一个人头上，清清楚楚地拍出来几把刀子合起来把头切下来。这样一个镜头可能就用了两三天。老板非但没有催我，（还说）你认为怎么样好就慢慢地拍，放心去拍好了。果然片子拍完了我欠他很多片子。我想想惨了，我这辈子离不开邵氏，结果真是欠债累累，离不开，老板也没有催我还债。

贾：武术指导参与这些特技的道具设计吗？

何：有参与，最主要是摄影技术指导。根据镜头能分开几个镜头，砍一个人的头下来，可能用了十七八个镜头，并不是一下子一个镜头能拍得完。剪接起来可能以为是一个镜头，其实是好多镜头剪接起来的。

在邵氏就可以完成一部电影

贾：那时候像《血滴子》这样的片子，制作成本大概有多少呢？

何：成本大了。老板曾经告诉过我，你不要去顾到成本，只要片子好，你尽量用你的意思去拍。这样我才放心拍啊。因为邵氏跟其他独立电影公司不同，邵氏所有的人都是基本员工，我们有自己的片场，自己的地方，所以呢，就是不用给人家钱，每一部片子我们都有预算。那时候一部武侠片不是什么很大的制作，因为我在邵氏也做过制片，那时候大概 300 万港币。

贾：相当于现在的多少钱？

何：那是 20 世纪 70 年代中期到末期，现在应该有 5 倍左右了。

贾：1500 万那也不算很多啊。

何：其实因为邵氏公司片场那么多，最主要自己有一条院线，不用去求其他人拍片，邵氏公司每一年平均要放映 40 多部的电影。

贾：40 多部电影？

何：对，才能满足自己电影院的要求。所以呢，我们是用自己地方，有很多各部门的工作人员都是基本的工作人员，就像中央电视台一样。我们每一年都有一个团圆饭，我们每年的团圆饭大概要摆多少桌呢？ 100 桌。100 桌就是从一张白纸写的剧本到在电影院放映，一部电影可以说在我们邵氏公司就可以完成了，不用走出公司大门。

贾：不用出片场就可以。

何：对，因为我们是一条龙服务，有编剧，有导演，有演员，有摄影器材，有场地，有片场，我们有十个摄影棚，有九到十二个外景场地，不用走出门就是后山。许鞍华导演在 1984 年左右，如果没有记错有一部很大制作的电影《倾城之恋》，就是在我们后山重新盖了一套房子，是浅水湾酒店，把它搬过来重搭，很真实，所以说我们邵氏公司不用离开公司大门口就可以把整部片子完成了。

贾：您讲讲。

何：每一部片子我们开拍以前不管是武侠片，还是什么片，我们邵氏公司所有部门会开一个工作会，包括武指都要看过剧本，他跟导演、摄影都要去研究比如《血滴子》要怎样杀人了，他们要做个试验，找出导演的需求，配合摄影还有道具、特技啊。

贾：还有一部电影《飞燕金刀》，在 1969 年是十大卖座武侠电影，当时拍摄的情况能回忆一下吗？

何：《飞燕金刀》也是武侠片《血滴子》延伸出来的。用一个能够飞的十字形的刀，老远飞出去能够把一个人的头砍下来，这个完全是电影的特技。所以啊，这个不是我们计划几天完成就能完成的，这场戏特技有什么麻烦的话，就要在特技房里头做了。

贾：那时候特技房是什么样的状态呢？

何：特技房是一个房间，能把摄影机放在里头，一格一格拍也可以，甚至一段一段拍也可以。把人的头砍下来以后，清清楚楚地离开了他的身体，这种程度很难预计（时间），所以《飞燕金刀》也是这样子，时间比较难控制。

贾：特技部分特别多。

何：对。

贾：这个跟过去的武侠电影比起来，它“新”在什么地方呢？

何：过去没有那么细的镜头，这都是电影特技了。

贾：设计这种道具，其实挺血腥，很暴力。公司对暴力血腥场面有没有在审查，导演完全

《飞燕金刀》（1969），1969 年十大卖座武侠片，讲述一个关于贪婪、欲望、死亡和复仇的故事

可以自己决定吗？

何：市场上很欢迎，所以拍完一部接着又一部。

贾：观众很爱看？

何：爱看，欢迎。

贾：你们在拍摄时候有没有考虑到暴力血腥的这方面？

何：那时候电影都是商业性的，后来拍得我要求老板给我停一停吧。好了，老板就说你要停就停，拍一部文艺片吧，或者时装片。那时候香港政府的电影检查也没有分级，还有就是观众喜欢血腥。其实我拍的戏不是太血腥，最血腥的其实是张彻导演。

贾：盘肠大战。

何：对对。

欠了邵氏很多电影

贾：后来您在 1967 年、1968 年的创作都是很旺盛的，一年拍好几部电影，《钟馗娘子》您还记得吗？

何：记得，《钟馗娘子》（的主角）是郑佩佩，详细的情景不记得了。

贾：当时您对她的表演满意吗？

何：《钟馗娘子》郑佩佩演得好啊，后来接着又停不下来了。

贾：你们现场拍这些片子，跟演员的沟通，或者跟武术指导的沟通会不会有一些分歧，比如你要求的他做不到？

何：不会不会，武术指导做不到的我们导演都用镜头特技来补救，一定要有镜头的特技来补救。

贾：我们昨天采访元华，他说 60 年代武行在片场，一天才挣 15 块港币，那时候像郑佩佩这样的演员，拍摄一部电影的酬金大概会有多少？

何：也不会太高。

贾：如果您愿意透露的话，那时候拍《血滴子》《钟馗娘子》这样的片子，一个导演的酬金大概有多少？

何：导演酬金我是合同制的，我订了合同以后，每个月公司自动就把薪水放进我的账里头了。所以只有我欠他，欠的没有办法脱身了，我自己都怕了。那么老板才告诉我，你不要担心，欠的债我给你去想办法搞定。你认为该怎么拍就尽管去拍好了。这样我才能继续拍戏，要不然没办法拍下一部戏。

贾：你们跟公司的结算方式是一部电影完了以后结算呢，还是整个年薪？

何：没有办法结算，我订一张合同，一年几部，三年几部这样算，我没有一张合同能够履行。

老板就叫我尽管去拍，这样我才能完成一部戏，完成三部戏，甚至完成不了我的合同。他也算了，不追我还了。

（贾补：邵氏公司每一个导演都不同，每一个导演合约支付酬金的方式不同。我理解导演说的，比如他让我每一年在邵氏拍三部电影，好了，三部算下来是多少钱呢？邵氏公司就每个月发薪水给他，到他的账上，但是我今年拿了三部电影的薪水，每个月发，但是真正只能够完成一部，所以为什么他说欠邵氏债很多）

何：那是常有的事情，我最后在邵氏那几年，简直我自己都恐慌了，这一辈子没办法离开邵氏。

贾：因为您该拍的片子没完成？

何：这个是条件制约，每次他（老板）说可以再签新约。假如你签了这个新约，以前的就不算了，现在重新开始，后来新的约也未能完成，那再签新的，以前的又算了。这是老板对付我的一种特别的办法，我没有完成旧合同，他说不要理它了，再签一份新合同，那么我再重新合同做了。

太太：其实以前外面好多人找他，薪金比邵氏多好几倍，他们没有放他走，他不能走。

贾：这也是邵氏厉害的地方。

何：我太太就说我这辈子没有办法离开邵氏。她跟我说，欠那么多（债）你怎么走？

何：我也在外面拍过一部片子，叫《山东响马》，一个特技片子，在台湾拍的。拍完上映后，我就灰心了，整个离开电影界了。

贾：为什么灰心呢？

何：因为在外头拍的完全达不到我在邵氏的要求，独立制片。一个特技镜头需要拍好几天，在外头办不到，那我就跑了。

贾：他们的拍摄条件远远达不到邵氏的水平。

何：达不到。在邵氏我记得一个镜头能拍三四天，今天拍不完收工回去，明天早上再来。在外面没办法做到，在邵氏我能做到。

《猩猩王》：真真假假剪在一起

贾：您刚才提到《猩猩王》，这是当时特技投资很大的一部电影？

何：是的，拍得我都慌起来，会计部告诉我说已经花了600万（港元），那时候600万（港元）不是小数目，而且请的欧洲女演员，还是第一部去印度拍的电影。

贾：您讲讲这部电影。

何：在印度拍老虎倒不是很难的事情，因为所有特技镜头都是回到香港拍的。但一个女孩子抱住一只老虎，在郊外走，这个就要在印度拍。

《猩猩王》（1977），受好莱坞《金刚：传奇重生》大热启发，擅长武侠片剧情和幻想相结合的倪匡编剧，把《人猿泰山》的故事也融合进来，并加入了一些本土化的改编，让故事更符合国人的需求。武术指导由袁祥仁坐镇，袁和平客串猩猩王

贾：怎么能让一个人抱着老虎走呢？

何：这只老虎很听话，能让女孩子抱着它，它乖乖地在她身上。要把老虎的嘴巴限制住，用针线缝起来。那天我真的听见老虎在叫，他们告诉我，这是老虎在哭啊，缝它的嘴巴，一定要缝上它的嘴巴，用针线缝，才能放心把它放在女主角的身上，让她抱着它在郊外走，这只老虎真会哭啊。

贾：很疼啊。

何：很疼啊，但也拍完了。这只老虎拍完一个镜头，赶它进笼它不进，跑掉了。工作人员告诉我，老虎跑到树林不见了，我说惨了，因为老虎不见了能闯出很多祸来，结果好多人进树林里头找了大半个钟头，果然把这只老虎找了回来。

贾：我们看介绍，在电影里这只老虎跑到城市里面捣乱，当时真把老虎赶到城市拍？

何：真把老虎赶到城市去拍，这只老虎训练得听人话了。它是在印度时我们的制片经理蔡澜先生找来的。有一家人是驯兽师，它很听他们的话，所以他们要领着这只老虎，这样拍摄比较方便一点。

贾：就是在外面驯这只老虎。

何：在镜头外，如果没有他们，我们不敢碰这只老虎。而且我记得还不止一只老虎，其中一只老虎专门做危险动作，还有一只老虎专门做凶恶的动作，比如大声叫的特写镜头就这只老虎完成的。

贾：还有分工的。

何：分工的，那么另外一只老虎能够趴在人身上了，跟女主角很亲密了。另外一只老虎这样，共几只老虎，剪接起来一点也看不出来。

贾：这部片子当时的票房怎么样？

何：这部片子我很担心呢，赶不上（制片）的时间。老板希望这部片子能够在制片的（英文）之前上演，我办不到，差得很远，老板就说干脆你慢慢地拍吧，拍好了我们再上映，结果上映成绩也好啊，一上映就满座好多场。

贾：这部片子还到美国去放映了？

何：也在美国放映，全世界发行，香港发行也很隆重。

贾：邵氏当时像您、张彻、楚原，你们相互之间有沟通吗？

何：几个导演手法都不同。比如张彻是以血腥镜头为原则，另外一个导演用的是人情味，手法都不同。我呢，比如《猩猩王》，真的假的合起来剪接在一起，你没办法分出哪个镜头是真的，哪个镜头是假的。在影院里上映就以为每个镜头都是这只老虎，其实不是，有好多只老虎。

贾：拍完《猩猩王》之后，里头有好多跟《血滴子》的情节比较接近，还有《血芙蓉》《飞龙斩》，您等于拍了一个系列。

何：《猩猩王》系列拍完了，我要求停一停，但又让我拍什么《血芙蓉》《血滴子》，也是特技杀人的戏。结果也是拍了一部两部我就不拍了。

（贾补：因为后来无论香港也好，海外市场还是华人地区市场，武侠片很吃香。邵氏公司一定要拍商业片，就是为了保证票房，保证售座，所以很多［中国］台湾以及东南亚地区发行商都要求邵氏多拍武侠片，所以那时候武侠片是邵氏公司一个很重要的品牌。）

何：其实我不说是没有人知道的，《猩猩王》一场戏花了多少人力、物力，这里包括真猩猩、假猩猩、人扮的猩猩、特技的猩猩，这样剪接在一起才成一场戏。

贾：就是真真假假分不清楚。

何：在影院里，观众虽然鼓掌，但是他们不懂为什么这个猩猩能做到这个地步。只有我们拍电影的人才晓得，真的假的特技都接在一起。

（贾补：那时候美国的一个电影杂志，专程来香港到邵氏访问导演何梦华，访问监制蔡澜先生，问他们现场怎么拍法，用你们中国人的土法怎么拍）

贾：《猩猩王》所有的设计都是您自己想象出来的？

何：想象出来的，老板找我说要拍部这样一部戏，我就把将真的猩猩和假的猩猩合在一起的想法告诉他，他说好啊，这个办法好，这样才做了。后来拍完了《猩猩王》，我就慌了，我再也不拍了，怕了怕了。我叫老板让我停一停吧。老板说，好你停吧。

贾：您拍摄的电影里面还有一些涉及少林功夫的，一部叫《少林英雄榜》，1979 年的。

何：姜大卫（主演的）。

贾：您拍这个片子的初衷，是想要拍这样一部电影，还是公司指定的？

何：公司指定的，还有一部特技杀人的影片，跟《猩猩王》同样的路子。

（贾补：《少林三十六房》，刘家良导演，刘家辉主演，在全世界都很轰动，海外市场卖得很好，邵氏公司一定要多拍，多找几个导演，拍少林题材的电影，所以何梦华也拍了一部少林题材的电影。最主要是公司的商业性决定的）

贾：当时拍《少林英雄榜》的情景您还能回忆一下吗？里面有少林拳，这部片子的武术指导是谁？

贾：唐佳。其实少林寺系列是那时候最火的，这个《少林英雄榜》简单说一句就是为了满足市场需求，没有什么特别的意义。

何：完全是因为市场需求要拍。

贾：片子后来销售情况怎么样呢？

补：如果没有记错的话，大概 100 万港币。

何：我不大敢到影院去看这部戏，一直到影院的几个演员打电话来叫我，已经满座了。一定要我去看，我才去的。

贾：您是觉得它太血腥不敢去看，还是怕票房不好？

何：我怕票房观众不接受，真的假的特技放在一起，怕他们（观众）不接受，结果他们看不出来，以为都是真的。

贾：姜大卫也不是一个会武术的演员，您在拍武侠动作的时候对他的要求是不是就困难一点？

何：是困难。

贾：对不起，我补充您刚才这个问题。其实姜大卫没有在武馆学过。但是他在电影界是动作演员出身的。他年轻的时候，在唐佳、刘家良的动作指导下，参演张彻导演的戏，那时候男主角是王羽、罗烈。当时姜大卫当个小武士，张彻看见他的身手很好，所以调查他的背景，原来他的爸爸跟张彻是世交，就提拔捧红姜大卫。姜大卫跟刘家辉不一样，刘家辉真的到武馆拜师学艺，姜大卫没有，但是他身手特别好，是自己锻炼出来的。所以也不见得都要去武馆学武术，对吗？

何：对。有一个很大的误区，电影观众以为这个演员武术功底很好，其实是假的。很多是电影特技做出来的，观众以为这个镜头很危险，其实一点都没有。

一部电影不赚钱，就可能被淘汰

贾：邵氏很多片子大部分是在棚里拍摄的，所以真实的景物很少，演员在不断轮换，故事在不断改变，它给观众的印象就是棚里的味道特别重。您当时有考虑过怎样改变这样的风格吗？

何：其实是这么一回事。第一，60 年代我们要现场收音，在外景拍很麻烦。第二，邵氏公司有很多古装布景，除非山路骑马或树林什么的，可以到北京、桂林等。桂林有山有水，但香港没有，这是一个现实的环境。还有，邵氏公司要拍古装动作电影跟武侠电影，一定要打坏建筑物，有破坏，你到了现场怎么拍呢？怎么打呢？另外还有费用的问题。我们自己的片场、影棚不利用，要拉一堆人去外景，吃住行都需要很庞大的费用。到了 80 年代中期，已经有很多香港导演跑到内地取景了。

贾：我们觉得电影要真实，比如树叶纹丝不动，云彩也没有变化，景物都是一样的，你们当时在拍的时候，考虑过这种棚景能不能跟真实景色再靠近一点，再改进一点？

何：我们常常在片场补拍一个镜头，跟外景接在一起。其实都不是同一时间拍的。接在一起就有真实感，就增加了戏剧性，所以最难就是这一点，真的假的接在一起。

贾：您拍的这些片子，有没有一个比例，大概百分之多少的镜头是在这个片场里。

何：这个不能做比例，只能说需要，需要的话接一个假的镜头（棚拍镜头）进去很精彩啊。有的接一个假的镜头（棚拍镜头）完全假了，那就不如剪掉它。

贾：有没有完全一部电影都是在片场里拍的，没有到自然环境里去拍？

何：也有，以前的古装片多数是在片场拍的。

贾：这样会比较节约预算。

何: 对，预算是节约了。不过在邵氏，老板是放开了让我们去做，所以只要做得好，做得真实，就什么都回来了。

贾：您那一代的导演在邵氏拍片子，片子也很卖座，票房都是很好。有没有一些导演拍的片子不卖钱，后来这些导演怎么样了？

何：我相信也有，很多电影工作人员都改行了。

贾：邵氏是怎么处理这些不赚钱的导演的？

何：淘汰了。

贾：一般要拍多少部，比如一个导演。

何：这很现实，一部不赚钱，就完全淘汰。电影界很现实，大家都晓得邵氏是很现实的一家公司。

贾：拍的片子不卖钱。

何：起不来了。

贾：那对人的压力是很大。

何：很大。我在片场里压力很大。

贾：刚才也跟您聊过，您现在在邵氏拍的片子应该说部部都是盈利的。

何：盈利，后半期都赚钱我才站得住，要不然我早就退休了。我退休到现在已经十多年了，十多年没有碰电影了。

贾：您觉得邵氏公司最辉煌的时候，除了那时候大家喜欢看电影之外，您觉得什么原因邵氏能够拍这么多让大家喜欢看的电影，为什么呢？

何：它（邵氏）不限制导演的做法，甚至一场戏我超出预算很多倍，老板都让我去做。如果用预算来限制导演，他只能草草了结，那影响可大了，对票房大打折扣。

贾：导演在真正制作一部电影的时候是不计成本的，只要好的。

何：我在邵氏拍片那么久，它是没有跟我算过成本的，就这一点对我比较好。

贾：比如您决定拍一部电影，有没有一些人、一些策划、一些参谋人员、一些顾问对您的片子进行讨论啊？

何：有啊，有策划，有顾问，比如策划、顾问都是以导演的意见为主，那才能拍得出好的片子来。如果策划、顾问叫导演这个镜头不要了省掉它吧，那就大打折扣。

贾：您跟邵氏的合作有没有过分歧，比如您认为应该往东走，他们认为往西走，遇到过这种情况吗？

何：也有。看后来怎么样，能不能按照它的意思去做，或者按照我的意思去做。

贾：那最后是怎样裁决呢？

何：如果必须要照我的意见去做，我就坚持自己的意见，老板就说好的你去做，就这样子。

只有票房能证明是否有机会拍第二部

贾：除了拍电影，你们对邵逸夫还有其他的了解吗？

何：那个时候我每个礼拜跟他吃一顿饭，这顿饭可是真难吃。

贾：怎么讲？

何：每个导演要把自己的工作报告出来，比如有什么困难。没有导演是顺利的，很多导演是困难重重，要用拍摄的技巧去解决，或者用制作费用去解决，那么如果能做到这一点就比较好了。

贾：每个礼拜要约你们吃一顿饭？

何：每个礼拜这顿饭都要吃。有一个礼拜，在香港，老板请每个人吃大闸蟹，结果放在桌面上每个导演没有一个人能吃，因为一提到工作大家就没有心情吃大闸蟹了，都摆在桌上了。

贾：是请所有导演吃一顿饭？

何：请所有导演吃饭，大家公布自己工作的情形，这个礼拜工作的情形。

贾：那时候邵氏旗下导演最多时有多少个？

何：十几个。拍文艺片、爱情片的导演就比较容易一点。像我们拍《猩猩王》这种就伤脑筋了。

贾：难度大多了。

何：难度大了。

贾：那一般（邵逸夫）要听到你们的这些困难，他会怎样跟你们沟通呢？

何：他有时候就叫制片按照导演的意思去做，有时候实在做不到的就先叫导演改一个方法再做。不过他都是很尊重导演的意见的。

贾：拍完片子以后，片子上市，你们会接到公司对你们的反馈吗？比如这部片子的商业情况怎样，会有这种沟通吗？还是接着马上就拍下一部片子？

何：我是没有。最难过的就是片子快上映的那几天，或者前几天，对我是很难过的。一过去，我就松了一口气。

贾：是怕它不卖座？

何：是怕当时的观众起哄“假的”，观众在影院里起哄，如果导演也在座，就难受了。其实每一个导演都很关注自己片子的票房，不用公司去问他，一上映，他自己就跑到影院去看反映，叫他的副导演去看。票房可以证明你在这家公司能不能有机会再拍第二部戏，很简单，这部戏不好了，你麻烦了。导演之间表面上沟通，其实暗地里大家都要竞争，这个我非常负责任地告诉你。

贾：如果他拍的电影不赚钱就马上离开邵氏？

何：也不是，就拍得没有那么顺利了。楚原导演有一部戏破了香港有史以来的纪录，叫《七十二家房客》。那时候两块多一张门票，他卖了500多万元的票房，现在等于过亿港币。老板对他很豪爽，他要拍新片子，老板叫工人把自己家里的古董道具给他摆设，这是真事。但是后来拍了两三部不是那么受欢迎了。后来他拍了《流星蝴蝶剑》，这部片子不好看。再后来楚原导演一年都没有戏拍。我们那一批徒弟很惨，没有收入了。

何：很现实。后来倪匡先生叫楚原在半岛咖啡厅等老板来喝茶，跟他推荐古龙的小说《流星蝴蝶剑》。其实楚原（之前）已经交上去给老板了，老板说不行，后来倪匡担保这部片子一定行，所以要拍。那时候在公司品牌方面，就是古龙、狄龙、楚原三个就像现在的刘震云、葛优、冯小刚，就是金牌搭档。

贾：您当时拍片子如果票房非常好，导演会得到公司的奖励吗？

何：有啊，很现实。

贾：就是拍得好会有分成的？

何：会。不过这个要真的很突出、很好才行，加导演费，都有的。

贾：您还拍过一部电影叫《情侠追风剑》？后来这部片子在特技里好像是特别突出，当时拍摄的情况还记得吗？

何：好久了，不记得了，好多片子我都不记得了。

贾：我们觉得您的电影除了武侠人物之外，还有好多都是跟特技有关的，特技部分的设计都非常重，这部分是从哪来的？您为什么这么关注一部电影里的特技技术的运用呢？

何：我是特别关注，因为我们在片场做不到的，一定要靠特技去做啊。

贾：其实那时候特技是难度很高的一件事情？

何：特技难度高也分两种特技：一种难度高是我们做不到的，是摄影的特技；另一种是我们当时在片场做得到的，我们尽量去做。

贾：就是用特技的这种传统的制作技术来弥补不足。

何：嗯。

离开电影界，对这一行已经厌倦

贾：您那一批的导演，比如您跟张彻有过合作吗？

何：张彻没有做导演的时候给我写过剧本。

贾：哪部片子的剧本是他写的？

何：名字我都记不得了，《野玫瑰》？我都忘了。

何：我感觉和我工作最投缘的是郑佩佩，她是很配合的，只要跟她提出一个要求，她都尽量去做到。还有一个是年轻时候的秦萍，我第一部戏《追魂镖》，好像就是她演的，影院上映效果不错。

贾：您跟郑佩佩合作过几部片子？

何：我记不起来了，好多部。

贾：郑佩佩也是有武术功底的吗？

何：不是，功底是有的，她是跳舞，最主要是靠电影的剪接，靠电影的特技来做出效果。

贾：秦萍呢？

何：秦萍（主演的）《追魂镖》，让我在电影界站住了脚。

贾：这个题材当时是谁决定的？

何：我决定的，我自己决定的。演员拍了一半去结婚了。

贾：那电影怎么拍呢？

何：要赶啊，拍完了让她结婚。其实正常应该三个月完成一部，但是为了提前放她走，在两个月就把它赶完了。

贾：您看还有什么可以补充的？您看有什么可以再讲一讲？

何：武打片是邵氏创立起来的，所有香港的武打片在市场上都很卖钱，那是邵氏的功劳，这是真的。邵氏有一个好处，就是老板从来不会限制我的预算去拍戏。我好几部片子超出很大的预算，全让我去拍，照我的意思去拍，结果卖钱了。

贾：就是他给大家自由。

何：卖钱了他加我人工，这样子。

贾：您说的很多事情我们觉得还是很重要。

何：我相信在邵氏拍的片子能够市场上站得住，（还因为）它的情色部分能够在检查通过范围之内完成，这一点我能做到。

贾：这个审查是邵氏自己的审查还是香港政府？

何：政府的审查。如果不理政府的审查，那很多题材可以做了。

贾：你们当时还是顾忌到？

何：顾忌，很顾忌。甚至我拍《血滴子》，一个人的人头砍下来，通得过通不过都是个问题，结果通过了。

贾：就是说在邵氏这么多年，您主要的创作精力在这儿。

何：黄金时期在邵氏了。

贾：邵氏的黄金时期实际上是有你们这样一批导演在这儿，帮他们创造了很多票房。我们现在很想知道，邵氏这么大一个片场，这样一个东方电影帝国，从历史上来讲它衰落的原因，您是亲历者，您觉得原因有哪些方面？

何：我在邵氏是邵氏最高峰时期，电影没落时我已经离开了，我也已经开始从电影界走下坡了，也是灰心才离开邵氏，离开邵氏就是离开电影界，我也老了。

贾：不想再拍电影。

何：对对，不想了，最要紧的是我老了，力不从心了。

贾：最后等于是您离开电影界以后，邵氏公司后来也就江河日下了，从您个人的观点来看，电影那时候为什么会这样？

何：我不晓得了，因为我一离开电影界就不问这种事。

《追魂镖》（1968），秦萍、岳华、沈依、张佩山、谷峰等主演，动作设计一流，武打精彩真实

贾：后来整个电影界都有没落的感觉？

何：没落了。

贾：为什么呢？

何：没有好片子上映，我只能这样解释。

贾：大家不愿意看了。

何：对。从前每个礼拜五都是一天午夜场，演员都拉我到影院看午夜场，我都不敢去看，就是不敢去看。有时候去看了，观众大声一叫我就慌了，跑掉了。

贾：不敢去看自己片子的公映？

何：不敢去看。

贾：那你们现在退休了以后，公司对你们还继续有养老金呢还是？

何：没有，没有，合同完了就没有来往了。

贾：那你们现在的生活主要是靠当时的积蓄了？

何：靠当时的积蓄了。

贾：任何的收入都没有了？

何：没有了。我离开邵氏的时候还欠公司一笔债，老板就不要我还了，不了了之了。

贾：您欠的债是没有拍的电影？

何：没拍完，我没办法完成了，欠的好多，一直都是欠的。

贾：大概欠了多少部呢？

何：制作费好多了，他不要我还，我就谢谢，就算了。

贾：您当时为什么离开邵氏？现在还记得吗？

何：厌倦。我自己对这一行都厌倦，最要紧的是厌倦了，才离开的。

贾：不愿意再拍了？

何：不愿意再拍了，拍了几十年不愿意再拍了。

贾：您离开现在有十多年了？

何：应该有十年了。

贾：离开邵氏以后您有再从事过电影的工作吗？

何：到泰国拍过一两部，香港的片商找我到泰国去拍。

贾：那就等于在邵氏之外又拍了两部？

何：又拍了两部，那就是真正退休了。

（2009 年 2 月 4 日于香港浸会大学影视学院）

武打，要为人物、为内容服务

李文化

李文化（1929年—2012年6月19日），出生于河北省滦平县，国家一级电影导演，中国电影摄影师、编剧。1949年调到北京电影制片厂任新闻纪录片摄影师，先后拍摄纪录片50余部。1957年毕业于北京电影学院摄影专修班，同年任北京电影制片厂摄影师，相继拍摄了《矿灯》（1959）、《粮食》（1959）、《花儿朵朵》（1962）、《早春二月》（1963）、《千万不要忘记》（1964）、《草原儿女》（1975）、《海港》（1972）等影片。其中许多是中国电影的红色经典之作。1972年自编自导自摄了故事片《侦察兵》。后来又导演了《决裂》（1975）、《反击》（1976）、《泪痕》（1979）、《海囚》（1981）等影片。其中《泪痕》荣获1979年第3届大众电影百花奖最佳故事片奖、文化部1979年优秀影片奖。1983年，自编自导剧情电影《泥人常传奇》。20世纪80年代中期以后进入武侠动作电影的创作行列，拍摄了《金镖黄天霸》（1987）、《无敌鸳鸯腿》（1988）、《血泪情仇》（1989）、《索命逍遥楼》（1990）等多部武侠动作影片，为中国武侠电影的市场进程开启了成功的道路。1993年，执导了故事片电影《龙凤娇》。李文化的创作经历了中国几个不同的社会政治时期，其与众不同的艺术创作取向与自我的美学风格彰显了其内在的个性特征。2010年，出版自传书籍《往事流影：李文化的电影人生》，2012年6月19日17时20分，李文化因病逝世，享年83岁。

武术精神的精髓是什么呢？我觉得最主要的是除暴安良、行侠仗义、惩恶扬善、打抱不平，这些方面就是精髓。要从技术上来讲，强身健体也是最基本的。

——李文化

不想当导演的摄影师不是好摄影师

贾磊磊（以下简称“贾”）：咱们先从您拍电影的早年经历聊起吧。您最早开始做摄影师，大概是哪一年？

李文化（以下简称“李”）：我拍了一辈子电影，没干过别的，50 多年吧。我做了十几年的新闻纪录片摄影师，当了十几年的故事片摄影师，又当了 30 年的电影故事片的导演，所以我这一辈子 50 多年过去了。那个时候故事片摄影师的职责范围就是光线、色彩、构图，所以局限性很大。关于编剧、导演、演员，就是涉及电影创作流动的这一部分，摄影师都无权干涉。

贾：那个时代中国电影界实行的是导演中心制，摄影师恐怕说了不算。后来很多摄影师都改行当导演是不是和他们说了不算有关系？

李：摄影师可以提意见，但是不容你干涉或者参与导演的决策。从那个时候开始，我当摄影师已经拍了十多部故事片了。我有一种感觉，就是我认为这个剧本在这些地方应该如何表现的时候我说了不算。

贾：那怎么办呢？对艺术创作来说这不是很痛苦的事吗？

李：我只能用光线、色彩、构图来表现导演的构思，所以我那个时候想，我将来要当导演——并不是说摄影不重要，摄影很重要。但是最重要的那一部分，编剧、导演、演员，属于电影创作的灵魂的这部分，不在摄影师的职责范围内。所以那时我就有一种潜在思想，我将来也要当导演。这是我当时的潜在思想，但是我没有提出来或者怎么样。

贾：您这个潜在的思想是在什么时候变成显在的现实了呢？

李：是我拍《侦察兵》的时候，就是走向导演这条路吧。拍《侦察兵》的时候，已经是“文化大革命”后期了。北京电影制片厂工宣队、军宣队领导对我们几个创作人员说，你们每个人写一个故事片剧本，现在需要拍故事片了，广大人民群众需要看故事片。你们写个能够拍摄的故事片剧本，限定三个月拿出来。我接受这个任务之后，就一头扎到图书馆里边看小说。后来就看到一本书，刘知侠写的《一支神勇的侦察队》。我把这个侦察队呢，就改成了现在的《侦察兵》这部电影。最后领导通过了，要拍这部片子的时候，我向领导提出一个要求，这个剧本是我写的，我能不能担任这部片子的摄影师。工、军宣队的领导丁子材说：“什么，你还担任摄影师？这个剧本是谁写的？是你写的，你写的剧本谁给你导啊，你写的剧本你不导谁给你导啊？你不但要当摄影师，你已经编剧完了，通过了，你不但要编剧，你还要当导演，你还要当摄影师。”后来我就当摄影指导了。从这部片子开始，我编导摄于一身啊。从那个时候开始导演第一部戏，就走上了电影导演的道路，一干就是 30 年。

贾：当时是一个强制性的、指令性的任务呀？

李：这是指定的，我不是说吗，有两个原因，第一个原因是刚才我说的那个，第二个原因就是服从分配，你不想干也不行啊。领导说你写的剧本你不导谁导？你还要编剧，还要摄影，所以我就从那时开始当电影导演，这是我的第一部戏。

贾：当时您拍这部戏的时候，您过去的那种愿望，比如说要实现自己的一些想法，在《侦察兵》里您觉得全部都实现了？

李：基本上是，所以说你曾问我，说是拍《侦察兵》的时候第一场戏有什么感觉？可以说，所谓第一场戏，有外景的第一场戏和内景的第一场戏。我们在外景拍第一场戏的时候，是在延庆的一个盘山路上。这个在电影里你肯定看过了。在盘山路上，王心刚主演的郭瑞侦察队长。他率领侦察队抓住了一个俘虏，是一个处长。被抓之后他逃走了。后来敌人发现了侦察小分队就在后边追，一直追到这个盘山路上。这个很惊险啊，在这个盘山路上，终于把这些匪徒消灭了。这就是第一场戏，我挺满意。在内景的第一场戏，是在敌师部，就是匪巢了。也是侦察队长王心刚扮演这个人物，以他为首的率领人民解放军勇猛地冲进了敌师部，一梭子子弹就把敌师长消灭在军事地图前面，就捣毁了敌人的匪巢。

《侦察兵》（1974），改编自刘知侠的小说，是李文化自编、自导、自摄的第一部故事片。影片虽然被批但被允许上映，上映后受到全国观众广泛的欢迎

对李小龙除了惊叹就是崇拜

贾：您从 80 年代开始拍摄武打动作电影，您出于什么样的考虑，受到什么样的影响？

李：可以这样说，第一个影响，武打片的影响是我在“文化大革命”期间看了一部李小龙的《唐山大兄》，这是我看的第一部武打片。看完了，我惊叹不已，我特别惊奇，我觉得特别钦佩。我当时就下决心，将来有机会一定要尝试拍这种片子。

贾：您觉得现在回想起来，那部片子最感动您的是什么？

李：包括两方面，一个是武打，另一个是它的内容。那很惊心动魄，打得也很精彩，（之前）我没见过，感觉真是佩服极了！那时候也是第一次认识，知道有李小龙，我当时就想怎么咱们不拍这种片子啊，太吸引人了，太惊奇了。

贾：那时候看电影很少，您是通过什么渠道看的？

《唐山大兄》（1971），功夫巨星李小龙当年返港的首部电影作品。在影院接连上映 23 天，一举打破香港影史票房纪录

李：什么渠道？当时刘庆棠是负责电影的，他是经常看电影。他在发行公司调了一部片子，让我们所有在场的主要创作人员看。那时候绝大部分人都在干校劳动啊，留在厂里的这些主要创作人员都归我们工、军宣队，归文化部领导。所以他调看这部片子的时候，就通知了北影厂的工、军宣队。我们北影厂的只要留在厂里的创作干部就都去看了。

贾：那个时代看这种电影应当叫“内部电影”，在某种意义上是一种文化特权。

李：就这么一个机会，我们平时还看不着，所以看了这部片子。这是我第一次看武打片，第一次知道有这么一个人叫李小龙。除了惊叹不已之外，我想将来也要尝试拍这样的片子。

贾：第二个是出于什么考虑呢？

李：实际上我对武打片并不是情有独钟。我就是看了那一部戏，当时还是摄影师，我就想将来我也要搞这个。我觉得咱们内地没有，所以我后来才拍《金镖黄天霸》，那是我的第一部武打片了。我对故事片都喜欢，不管是有武打的，还是没有武打的。所有这些片子我都喜欢，我曾经导演过《泪痕》《决裂》《爱与恨》，还有《绿色的网》等，我拍了不少，都是没有武打的故事片。但是我对武打片，刚才说了受李小龙影响是第一个原因。第二个是当时是在文化大革命期间，我拍了那么多故事片，为什么一下子非要拍武打片了呢？对我来讲，确实有一个艰难的选择过程。我担任导演之后，拍了三部电影，受到了很大的挫折。要再拍电影，我心有余悸，怕掌握不好，再受挫折，再受冲击，所以当时在思想上、感情上，就想怎么能够安安静静的，不受任何干扰的，踏踏实实的，没有审查风险地进行电影创作。这种思想很强烈，所以我就想，怎么样才能够既能进行电影创作，又没有风险，怎么才能够达到这个目的呢？所以我就绞尽脑汁地去想，想来想去，觉得拍古装方面的武侠片和枪战片最合适。为什么下决心拍这个呢？我当时就觉得拍古装方面的武侠片、枪战片，就是帮派之间，群体之间，个人之间的事，甚至打得你死我活都没有关系，怎么批，怎么斗？因为这些都和现实的政治挂不上钩，所以就这样做了。

贾：从那个时代过来的人确实心有余悸。

李：本来我还有一种想法，也想多拍一些好的电影，为我们国家的电影事业服务，为广大人民群众服务，同时又能塑造自己的形象。所谓能塑造自己的形象吧，无非就是让领导能信得过我。那时候都分配任务啊，你信得过，就可以多拍片子了嘛，是吧？另外还有可能出名，但是没有往利益那方面想。

贾：那个时代政治上的信任对一个人的一生显得最重要。

李：是的。因为那时候没有酬金制，你拍得再好再多，也没有酬金。所以对利益这方面没有人想。除了想为国家的电影事业服务，为广大人民群众服务之外，还要塑造自己的形象。这是一方面了。刚才我也说了，什么武侠片和枪战片，怎么打都行，都是历史的，不会和现实的政治挂上钩。同时广大人民群众还喜欢，喜闻乐见的题材，又能为国家的电影事业服务，同时也能为广大人民群众服务，就在这样的情况下，我觉得目的都达到了，何乐而不为呢？所以，我就决定从那时候开始，要改拍古装的武打武侠片和枪战片了。

贾：您第一部武侠电影是《金镖黄天霸》（1987），当时我看过一个资料，说卖了 300 多个拷贝，当时在国内是非常非常高的票房。当时您选这个题材是出于什么考虑？

李：当时情况是这样。北京电影制片厂的厂长胡其明，他本身是电影局副局长，兼北京电影制片厂厂长。我记得那个时候好像已经自负盈亏了。1993 年以后电影制片厂，好像是企业化管理，得赚钱了。所以胡其明厂长就找我，他说李文化，你看咱们能不能拍一部肯定能赚钱的武打片。你想想，咱们要拍肯定能赚钱的电影。

贾：1993 年，电影局就中国电影的改革下发了极其重要的一个文件，打破了中国电影计划经济的格局，首先是发行方面的改革。

李：所以，我就给他提议，有一个题材，肯定能赚钱。但是就怕领导不让拍。他说，这个你不要管，你说好了。我就说拍《金镖黄天霸》。因为黄天霸是几十年以来家喻户晓的这么一个人物。但是，几十年都被禁了。金镖黄天霸和宋朝的四郎探母一样，一直不能演。他说这个你不用管，咱们就按你说的，就拍这个。他说这事我去办，这不是你的问题，这是我的问题，我要跟局里谈。就这样他就下定决心，很果断，就拍这部肯定能赚钱的戏。后来他找到了编剧张弦同志，他是位编剧，现在不在了。让他写了《金镖黄天霸》的剧本。

贾：当年中国电影是靠一批像胡其明这样有魄力的领导才能够走向产业化的胜利之路。您了解到《金镖黄天霸》这个素材是什么时候？

李：我知道黄天霸这个人物还是幼年的时候。离我们家乡几十里路的一个山顶上有个供奉施大人的庙，就是施世伦庙。施大人旁边站着一个英俊威武的武将，就是黄天霸。我五六岁的时候就知道黄天霸。

贾：看来民间的传统文化对您的影响还挺深的。

李：我们那时候没有医院，大多数是去找跳大神的看病。我们家乡看病，就是到施大人那

《金镖黄天霸》（1987），王群、陈永霞、半日安、靓次伯等主演。情节架构自小说《施公案》中的《恶虎村》一节，讲述了绿林强盗出身的黄天霸被施仕伦招安并联手剿灭恶虎村的故事。影片和同时期的很多武打片一样，起用了具有真功夫的武术运动员

儿去，施老爷庙。从山底下到山顶上的庙那儿，要一步一磕头，要表现得真诚啊。磕了头，还了愿，病就好了。以后每年在那时候就到庙里磕头还愿，也是从山底下一步一叩首。所以，对这个黄天霸，我印象很深。

贾：可是您那时候毕竟是个孩子呀，长大了以后还那样认为吗？

李：那时候把施世伦作为清官看，跟包拯似的，所以为什么要拍这个，就是因为我对黄天霸的故事，对黄天霸这个人物，从幼年的时候就记忆深刻。我提出要拍这个片子，胡厂长就非常果断地就答应了。

贾：可是当时对这部电影还是有争议的。有的说法是黄天霸杀了他的兄嫂，投靠了朝廷，是违反了侠义精神，违反了武侠世界的游戏规则。

李：当时我们谈要拍这个片子的时候，没想到这么多，反正我们想从他和结义兄弟之间的故事入手，我们是从拍电影的观点来进行拍摄的。

贾：可什么才是拍电影的观点呢？

李：当时其实有两种观点。一种观点说黄天霸本来是对抗朝廷的，对抗清政府，后来被清政府收买了，成为朝廷的御用工具和打手。那么，他的结义兄弟也称他是叛徒。另外还有一种观点，说他没有被朝廷收买之前，他和两个结义兄弟盘踞在恶虎村的时候，他们并不是完全行侠仗义的英雄好汉。他们这三个结义的兄弟，还做了许多危害百姓的事情，也就是说他做了很多坏事，等于是土匪。从这个角度来看呢，黄天霸还具有弃暗投明的性质，所以当时有这么两种观点。

贾：这两种观点其实对黄天霸这个人物都有贬低的成分。

李：后来有人问我是按照第一个观点来拍还是按照第二个观点来拍呢？我说都不是，我们要从拍电影的观点来进行拍摄。当时拍这部片子的观点，就是把黄天霸作为一个批判的人物去表现、去处理的。把他作为一个批判人物，因为这个人物有争议，但是这个故事从清朝时期就

在广大人民群众中流传，广大人民群众对这个故事喜闻乐见。把这个故事搬上银幕的话，最起码满足了广大人民群众的需求。

贾：像黄天霸，您是怎样把他作为一个批判的人物去表现呢？批判具体表现在哪些方面呢？

李：我们是批判他无情无义地杀害了自己的哥嫂。他们三个结义兄弟，他是最小的一个，所以他跟他们兄弟结义的时候，在恶虎村，他嫂子最疼他，各个方面照顾他，无微不至。可是投奔了朝廷之后，他和他的兄弟反目，他对他嫂子，一刀从后心捅到她前心，插透心了。所以，他的嫂子在电影里捂着胸口流着的鲜血说，我这么疼你、这么爱你、这么照顾你，没想到你这样恶毒地对待我。说了那么一段话，她就倒下去了。

贾：电影中的黄天霸有一种天良丧尽的感觉。

李：最后还有他的两个哥哥，也都死在他的金镖下。他的大哥被他一镖正好射到咽喉这儿；他的那个兄弟也死在他的手里。所以我们主要批判他对结义兄弟无情无义，另外是他用他哥嫂的鲜血换来他副总兵的顶戴花翎，所以我们主要批判他在人格方面存在的致命缺陷。

贾：这就是你们所说的电影观点？

李：电影剧本是我们拍摄这部电影的出发点。前面的两个观点，我们都没统一，我们是按照我们的观点，也就是如实地、客观地表现他的经历。我们虽然在内容上这么表现了，但是在形式上对他并没有进行褒贬，没有有意地褒他或者贬他。所以我们觉得这个是客观的反映吧，如实客观地把他反映出来，就这个情况。

贾：可是，所谓真正客观的艺术几乎是不存在的呀。我们似乎总要就范于某一方面。

李：这就是关于武侠片和枪战片，是重思想，重艺术，还是重娱乐、重商业这方面的要求呢。我自己觉得这三方面缺一不可。

贾：您更倾向于哪方面呢？

李：作为我来讲呢，是偏重于思想，但是也不放弃艺术。如果内容不好，思想不好，艺术也不好的话，它就达不到娱乐的目的。所以，我就觉得三者都不可或缺。一部好的娱乐片，三者都不能偏废。但是我们拍武侠片，武打片，我们不是说是武打的就拍，什么都拍，我们不是。我们对选材和组织剧本还是很严格的，比如说在选材方面，首先要选择爱国的，民族的，伸张正义的，惩恶扬善的，除暴安良的。

贾：对人物的要求呢？

李：影片的这个主人公，一定要站在广大人民群众的一边，是人民群众所称赞、歌颂、赞美的，是受人民大众欢迎和喜欢的人物。剧本这方面，我们要什么呢？要选择故事性强的，娱乐性强的，矛盾冲突尖锐的，不是什么都拍，也不能拍那些白水一杯、淡而无味的剧本，要符合我们的要求。实际上我们拍摄武侠片、枪战片，对选材和选剧本必须遵循这样去做，必须遵照这个条件去做。我们拍出来片子，那些武打片、枪战片，群众都很喜欢，故事性都很强，都很好，味道都是浓浓的，大家都是喜闻乐见的，都是愿意看的。

贾：后来《金镖黄天霸》的票房很高，这个票房和你们的报酬有关系吗？

李：没有关系。那时候我们拍片子，还要自己拿行李卷呢，也不是住饭店，哪个学校空着，就在里边住。后来慢慢好了，就可以住旅馆了。另外，那时候都是薪金制，就跟现在的工人一样，就拿我的薪金。这个片子卖多少钱，和导演、创作人员没关系。那时候没有酬金。

贾：也没有奖励，什么都没有？

李：没有，都没有。

贾：那时候在电影的拍摄现场，还是导演负责制吧？

李：是导演负责制。那时导演的权利可比现在强多了。因为那时候电影没有私人投资的，都是国家出钱，都是各个电影厂，各个电影厂都是国家的电影厂，所以没有资金缺乏这一说。有多少钱就用多少钱，但是那时候到哪儿拍电影都不要钱的，什么场地费啊，这个费啊、那个费啊都不要。所以那时候成本也很低，是比较省钱的。

贾：当时《金镖黄天霸》投资多少钱？

李：那时候的成本我不知道。具体情况我就没问，因为我不管这个。制片管这个，据我了解好像没有超过一百万元，按现在来说，一百万左右吧。

贾：那时候演员的酬金，像王群这样的主要演员的酬金大概有多少？

李：没有吧？他可能有。有没有我不记得了。也可能有，因为他是外请的。

贾：不是本厂的演员才要付钱吗？

李：也不是。他那时给多少钱就记不太清楚了，给也是很少的，是请人家，那恐怕很少的钱。

贾：你们那时候拍武侠片、动作片和枪战片，有现在的动作导演吗？

李：那时候不叫动作导演，叫武打设计。那时候不太重视武打设计。你看武打设计的名字都很少上字幕。武打设计都是那些武师，当武师当时间长了就是武打设计。《金镖黄天霸》的武打设计就是王群本人，他是这部戏的主演，他演黄天霸，同时他又是这部戏的武打设计。所有这些武打（动作／场面）都是他设计的。刚才你谈到武打设计的理念，是吗？

贾：是。

李：武打设计不是为了打而打，也不是为了热闹。导演要求他怎么设计，他就怎么设计，也就是说武打要为人物、内容服务，要为每个情节、每场戏服务。这场戏属于什么内容，导演就要求他应该怎么设计。我们不太懂武打，但是我们可以提出要求。他按导演的要求进行武打设计，所以每部武侠片和枪战片都有武打设计。有的是专门设计，有的是武打设计兼演员，像《无敌鸳鸯腿》的王赤，他是舞蹈学院的教授，后来他辞去教授，专门搞武打设计。《无敌鸳鸯腿》里的反面一号人物黑沙掌的扮演者就是王赤。

贾：当时您是通过什么渠道找到王群的？

李：我看了他一部戏，是电视剧。我记不得了，好像是……

贾：《甄三》。

李：我的记性不好，老想不起来人，想不起来名字。你一说我就想起来了，是《甄三》。我一看这小子不错，又是搞武打的，很英俊，武术又很高强。听说李连杰第一部片子《少林寺》，开始还去选他。后来他也不知因什么原因，选了李连杰，所以他很棒。我们一确定要拍黄天霸，我首先就想到他。

贾：王群的表演怎么样？

李：他很用心，很好。你别看他是搞武术的，却很会演戏。他在《金镖黄天霸》里边挺不错。他很聪明，看了剧本后要根据剧本进行设计啊，他会主动跟导演说要怎么演，比如说他杀嫂那场戏，一刀捅过去，就是穿透啊，从嫂子的后胸进去，前胸出来，刀子见红了啊，所以够狠毒了。这样表现，实际拍电影，也不能真的把人穿透，那穿透人不就死了吗，我们就做了一种刀，在前面安一个按钮，衣服里边带弹簧的，演员一按，啪，就出来了。刀尖后边的是也带弹簧的。这么一插，给人感觉是捅进去了，实际它是缩进来了。演员那么一按，啪，出来一个刀尖，带血的，给人感觉是穿透胸的。他那种反应，特别是他听了嫂子那段独白，他也不能不动心。他蹒跚地后退几步，那把刀还在流血。嫂子对他那么好，他这么无情无义，这么恶毒，他也不是铁心肠啊。他意识到了这点，他演得特别好，我当时就这么跟他讲的时候，他现场发挥。包括他们那些武打啊，演得特别真实，特别到位，而且分寸感把握得特别好。

贾：拍《金镖黄天霸》，当时有没有遇到一些危险的动作？

李：没有，那全是武打。跟着王群对打的都是武师，我们要求是双方的刀碰来碰去，不要伤着人就行，但是也不能闲待着，也就是前面打着挺热闹，后面闲待着，那不行。大家都是乱打，反正你得打就行。但是前面是真打，和武师打，这就要功夫，要真实。后边群众演员的，就是乱打一阵，我们就要求不能闲待着，不能停，一直在打就行。一个一个的群众，都是找的一些学生、老百姓，他们哪会打啊，都是乱打。

贾：《金镖黄天霸》之后，导演《无敌鸳鸯腿》的时候，是不是比以前熟练了，是不是更有经验了？

李：对的，因为《金镖黄天霸》是我拍的第一部武打片。我看武打片，是从李小龙的《唐山大兄》开始，当时就有一个想法，将来我也想试试看，这个愿望在后来的《金镖黄天霸》中实现了。

《无敌鸳鸯腿》（1987），国内第一部70毫米6声道立体声宽银幕彩色故事片，故事来源于潮汕澄海地区的民间故事《鸳鸯铁屐桃》，在上映之后引发轰动，并入围了当年的百花奖

电影，就是导演的艺术

贾：在你开始当导演拍电影的时候，和做摄影师拍电影对电影的认识有什么不同？

李：拍完《侦察兵》的第一场戏，我可以简单说两句，感受确实很深。当时强烈地感受到一种我终于可以根据自己的想象力进行电影创作了。原来我只是想摄影师的事，和导演、剧本、演员都没关系，我就管着我的光线、色彩、构图。

贾：这种状态可能并不能满足很多人对电影创作，特别是思想表达的期待。

李：所以那时候很想将来也做导演，因为这一部分是属于思想闪光的部分，是吧？编剧、导演、演员啊，等等，导演都解决了。剧本要导演来处理，他怎么处理都是可以的，可以这样处理，也可以那样处理，也可以修改，也可以删除。演员怎么表演，也要经过导演来处理。所以，我觉得电影艺术实际上就是一个导演的艺术。因为什么呢？因为所有的事都要经过导演决定。编剧要经过导演的处理，是吧？导演本身如何进行创作，怎样进行导演，怎么安排，怎么构思，这也是导演。剧本固定下来了，要演员来扮演，怎么演，演到什么程度，怎么样才能够到位，这也要导演来决定，所以导演是电影创作当中的关键人物。

贾：所以现在电影界在创作中依然实行的是导演中心制。

李：这并不是说其他的不重要，其他的也都挺重要，但是他们有一定的局限性。过去我当摄影师，就管你造型那一部分，别的你也管不着。你可以提意见，但你提意见人家可听也可不听。

贾：听起来导演好像是很独裁的。

李：所以你刚才问《侦察兵》第一场戏拍完有什么感受，我最深的感受就是终于可以根据自己想象力进行电影创作了。拍完那部戏，也可以说是自己进行电影创作的一种享受。我后来拍了那么多戏，再没这种感觉了。你这个问题问得挺是地方，为什么呢？就是只有第一部才有这种感觉，后来就不是了。那我已经当了导演了，这一切处理都是我说了算了。没人敢说我了，就是把握到位没到位，分寸对不对，就掌握这些。所以说第一次很重要，等于是一次根据自己的想象力进行电影创作的一种享受。

贾：那时候拍电影主要的压力来自哪里？

李：电影后来不是要自负盈亏了吗？也就是你拍电影要赚钱啊。不赚钱电影厂就没法儿生存。不像过去，国家投资。过去有的导演三年拍一部片子，那也没有关系，反正是国家投资。导演没有赚钱这个概念，没有成本的概念，后来厂里自负盈亏了，拍电影必须赚钱，厂领导要求每一个导演必须考虑经济效益。

贾：这是个完全不同的时代了。

李：是呀。但是第一，要社会效益，第二，要经济效益。就是说你光满足社会效益不行，也必须有经济效益。就是社会效益和经济效益要双丰收才行。我觉得要达到这个目的，就是说能够为党的事业服务，又能为广大人民群众服务，只有武打片和枪战片能够满足这两个方面的要求。所以，我在这个方向一拍就是这么多年。一下就拍了好多部。

贾：一个人的历史有时就是这样，不可改变地被一个时代“绑架”了。

李：就是这样，一直到我离休，60岁离休又干了十年。不光是给厂里拍电影了。当时我拍片子赚了些钱，之后有很多人来找我去导演片子，比如云南电影厂、辽宁电影制片厂，还有企业投资也让我给他们拍。我就管拍，那个时候好像有点儿酬劳了，到后期，好像一部电影最多拿过几千块钱的，那时候就觉得不得了了呵！拍一部电影还能拿几千块钱，满足得不得了。

贾：时代不一样了嘛。

李：从那以后才慢慢有酬金。现在就不得了了。像我女儿，拍一部电影，可以拿不少钱呢。我从来没有拿过那么多钱。因为那时候没有，后来有酬金了，就几千块钱那时候，我已经离休了。所以说那时候拍电影，大家都是全身心地投入拍电影当中去，自己拎行李卷，吃饭也是自己掏钱，也没有任何别的想法。因为大家都不往利益上想。现在有了，据我所知是越来越高。听说演员拍一部电视剧一集就要十万块钱，原来不就几千块钱吗？反正越来越高，现在听说一部戏有要十万块钱的，有要五万块钱的。我都听人家说的。有利益嘛，人家就要往利益上追求，我们那时候就因为没利益，所以不往那上面想。

写实的武打，有种身临其境的感觉

贾：您是比较喜欢写意的武打片还是写实的武打片？

李：我还是喜欢写实的。因为写实有一种身临其境的感觉，一个真实，一个可信；写意的，我对这方面不太熟悉，我不喜欢这个。我拍的都是写实的，我也喜欢写实的，有一种身临其境的感觉。

贾：您对写实动作的设计在技术上有什么要求吗？

李：那个时候没条件，你说让他们在竹梢行走或飞行，就老费劲了。我想啊，大概是用最高的升降机，把一个人高高地吊起来。每一个人栓一根绳，吊在竹尖上，踩着竹尖，打来打去。那个绳可以用别的办法把它弄掉。我们那时候不行的，我们都是实打实的，一根细绳，一吊就看出来了，我们也有飞的，就是腾一下过去了。但是不像那种效果好。

贾：那时候弹床也没有？

李：有的。我们也利用那个飞来飞去的装置，从这个房子飞到那个房子。我们用一般的起重机、升降机就可以做到。我们也可以用弹簧，比如说一个人跳一下从另外一个人的头顶飞过去，这都是用弹簧，站在高处，用一个高的台子，底下是弹簧，啪一弹，从另一个人的头顶上过去。我们后来拍电影也有受伤的。它不是拉来拉去，也有飞的那种，可是一下子绳断了，撞到哪儿了，就把腿撞折了。

贾：当时拍《无敌鸳鸯腿》的时候，您印象最深的动作戏包括哪些？

李：其中瓷器店场景，打得比较精彩。王群是主演兼武打设计，剧本中瓷器店的部分原来不好，怎么办呢？已经上马了，我们都已经集合了，演员导演都集合了。那个剧本，我们一看根本不行，所以我和王群几个人，修改剧本，等于几个人临时攒了一个剧本，加了那些戏。

贾：你们在写剧本的时候对于这场武打的方式和武打的空间关系是怎么设计的？

李：当时我就跟王群讲，你想想什么地方打才最精彩，咱们就设计在什么地方。他说我早就想了，就在瓷器店里边打，那可真是热闹，都是瓷器，一打就碎，这才是最好的。我说好，咱们就来一个瓷器店。影片里的那个瓷器店都是我们自己布置的，里边的瓷器都是买的。那些瓷器花了不少钱呢。我们尽量买次品，反正一样。你看影片就知道了。瓷器店的打斗相当精彩，特别热闹。另外还有《无敌鸳鸯腿》里的黑沙掌。黑沙掌就强调他的掌很厉害，掌一劈，很粗的树就断了，像这些实际生活当中都是不可能的事。即使过去的古人也难做到，那么大棵树挺粗的，这么一掌就把它砍断了。既然是黑沙掌，就要见功夫。他就设计了一个动作，左一下子，右一下子，两掌，两棵树都倒下了，这都是比较精彩的动作设计。

《无敌鸳鸯腿》（1987），因出演《少林俗家弟子》中的“游侠”而出名的王赤饰演恶霸黑沙掌，与著名武术运动员王群饰演的于家泰有一场终极对决，最终恶霸“黑沙掌”不敌于家泰的“无敌鸳鸯腿”

以讲故事为主，武打为辅

贾：您还拍了一部电影《绿色的网》，是军事题材。

李：那不算武打片，就叫《绿色的网》。蛇也是绿色的网，蟒也是绿色的网，影片里的那女孩儿是我女儿演的。有一个和老虎斗的是咱们一个侦察员，是人民解放军侦察员和老虎斗。这个老虎斗我也可以说吗？你要真跟老虎斗，那哪行呢？那肯定有危险啊。

贾：当时又没有后期技术，可以虚拟老虎的状态，那你们是怎么拍的呢？

李：我们专门拍老虎，那个龇牙，那个眼神啊，吼叫啊，扑食啊，就在动物园。我们在栏杆外边，把镜头伸到里边去，逗那个老虎，老虎逗急了又龇牙，又扑打，还往前跑。我们多拍了一些镜头，然后再拍人的时候，有一个人把老虎皮穿上，作为背影，它正面扑来了，等它要扑向人就是假的。真老虎扑上去这个人不就完了吗，所以就用假的了。扑来扑去很真实，我觉得可以用这个东西，人和老虎斗。蟒蛇也是这样，前面那个人在前面跑，蟒蛇就在后面追。最后把人缠起来了，缠的过程没有了，最后把那条蛇砍断，把头砍掉。这是我女儿演的。她砍的，她也怕。原来她连蛇都怕，看见这个大蟒蛇她更害怕了，后来反正说没事儿，它不咬人的，你就砍就是了。还有那部《索命逍遥楼》里边单彪（王赤饰）和狗厮打，我刚才跟你说了，那条柴狗，所谓柴狗就是老百姓家里的狗，不能用那个军犬，军犬就不像了，要老百姓家里的狗，表演时演员王赤抱着它摔来摔去也行。最后怎么办呢，你不能让它咬人啊，可是你把它弄来弄去的，把它弄急眼了也咬人啊，后来我们就用很细的绳把狗嘴绑上，狗不咬人了，你再怎么着也没关系，吓不着人啊，所以演员王赤就抱着狗滚来滚去，很真实。

贾：传统的特技在武侠 / 动作电影里还是很起作用的。

李：现在时间长了，我忘记哪部片子了，过去老百姓管它叫销楔，我们管它叫机关。就是说你误入机关后，人一进来，机关石就把出口封住了。密室内墙壁上布满龙首式样的机关，很快龙头内就呼呼地喷火。这个人就得躲火，有时会把这个人烧死。但这个人就在里边跳来跳去，等于和火搏斗。

贾：你们当时有什么防护措施吗？

李：没有。那玩意儿没有危险，相当于京戏表演中演员嘴里含一种酒精，一吐，一溜火就一下子出来了。就是那种感觉。他当时怎么弄的我就弄不清楚了。我觉得挺好的，就是一些龙头啊，张着嘴，那火就一下子就下来了。这是王赤设计的，不错，挺好的。当时根据现有的条件想了些办法，不像现在可以飞来飞去。另外，我们不是以打为主，而是以讲故事为主，以武打为辅；武打始终是为影片中的人物塑造服务，为内容服务，而不是乱打。所以是拍故事，情节到这儿了，需要打就打。比如说刚才我说的那个火吧，他闯入那个机关里边来了，那不就得打吗，打就得设计一些动作。

贾：您在要求设计这些武打动作时有没有什么禁忌？

李：我导演的这些武侠片都没有什么可以禁忌的。为什么这么说呢，这个武打设计要为这个戏的内容服务，为戏中的人物进行设计。无论什么设计都要贴近生活。比如打，肯定要有流血，流血不是那种特别暴力的流血，该流血的部分，就适当地流血。比如说挨了一刀，这一刀可以适当地流血，不要夸张，所以没有禁忌一说。我导演的这些片子都没有这样的场面，都比较贴近生活，真实可信。

《索命逍遥楼》（1990），黄国强、杨凤一主演，讲述了清朝同治年间的一桩江湖恩怨。影片借鉴了古龙武侠的悬疑风格，情节曲折离奇，反转不断

侠客就是身怀绝技、行侠仗义的人

贾：您最初对武侠精神的认识是什么？

李：武侠精神的精髓，这个怎么说呢？所谓侠，侠客，从字面上来讲，所谓侠客都是好人，就是身怀绝技、武艺超群的好人。实际过去常把那些身怀绝技、武艺超群、为广大群众抱打不平的人称为侠客。侠客必须有非凡的武艺，必须身怀绝技，这样的人物才能被称为侠客。什么行侠仗义，侠肝义胆，这都属于武侠嘛。所以从这方面来讲，武术精神的精髓是什么呢？我觉得最主要的应该是除暴安良、行侠仗义、惩恶扬善、打抱不平。这些方面就可以是精髓，要从技术上来讲，强身健体也是最基本的。

贾：对武侠电影，比如说现在对武侠电影的历史还有很多说法，比如有的香港电影人他们叫功夫片。

李：那不一样，功夫片是它，武打片是它，武侠片也是它，动作片还是它，这就有很多叫法。一个地方一个样，咱们内地过去就叫武侠片，后来像我拍武侠电影的时候都叫武打片，研究者管这些武打片叫娱乐片。我们在拍电影的时候从来不说这是娱乐片，我们反对这样的说法。

贾：为什么呢？

李：我们认为，不拍武打片，拍文艺片就不是娱乐了吗？其实都是娱乐。我认为电影都是娱乐，武打的电影是娱乐，不是武打的电影也是娱乐，我就不同意那个定义。像我拍的《海囚》《霓裳传奇》《爱与恨》，还有《决裂》《泪痕》等，《泪痕》还获得了双奖，一个百花奖，一个文化部优秀影片奖，你说这不是娱乐吗？我觉得电影都是娱乐，所以不应该这么分。我认为凡是电影都是娱乐片，都是供人民娱乐的，是供人看的，看嘛就是娱乐嘛。就拿年轻人来说，他们到电影院看电影难道说是去受教育？绝不是。他们就觉得这部电影好看，就去看故事，要娱乐娱乐，肯定是。所以电影都是娱乐，不是说光武打就是娱乐片，不是武打就不是娱乐，不知道你同不同意这个说法。

贾：《海囚》这部片子对海外的华人、华侨认识（祖国）起到很好的作用。

李：（关于）《海囚》这部片子，那时候厂长汪洋跟我说，看完这部片子之后是惊心动魄的，是典型的爱国主义故事片，又是民族的，这些武打是对抗西方列强，这些英雄行为都是正面的，应该歌颂。当时汪洋厂长说，这部戏咱们要推荐到百花奖，参评百花奖。当时文化部的一个领导在没送到百花奖之前他看了一下——我当时还觉得他一定说好，结果他看了正好相反——他说拍得还可以，但是不是特别成功。还有这样那样的缺点什么的。比如说结尾，华工唐金龙对民族做出那么大的贡献，最后逃回来之后，却被买办阶级抓了回来送到清政府，清政府就开刀问斩，很惊心动魄啊！我觉得这部戏非常好，结果因为领导说不那么好，汪洋厂长就没有报送。但是我们厂那一年评小百花的时候得第一。

贾：《海囚》有好多戏是在船上拍的。

李：我们都是在船舱里，40多度的气温下拍摄的，很艰苦。那是夏天，船舱里边不透风。这种事多了，就不说了。咱们以后要说就专谈这个，很多的事。我到美国探亲的时候，接触到一些华人。一提到这部电影，他们都看过。因为他们都买了那部电影的录像带，他们就对他们的后代说，他们这些老祖宗就是被当“猪仔”（即苦力、契约劳工），被人抓了“猪仔”，弄到美国的西部、澳洲的悉尼。他们的老祖宗就这么去的国外，他们被抓了之后，在一个孤岛上，当牛做马，有的就被折磨而死，有的幸存下来，幸存下来的就一代一代的繁衍，就成了现在的华侨。他们教育他们的子孙辈，你们想知道咱们的老祖宗是怎么来的国外，我建议你们看《海囚》的录像带。看了这部片子，你们就知道老祖宗是怎么来到外国的，就是猪仔啊！我刚才说的这些，是活下来的，富有爱国精神、牺牲精神，敢于和洋人对抗，敢于反抗。总而言之，《海囚》是我拍的片子当中我最喜欢的。无论从哪个方面来讲，它都是拔尖的。从拍摄的艰难度上，也是拔尖的，也是最艰难的。从武打方面，也是最艰苦的。像演海上漂尸的群众演员，他们既是游泳健将也是武师，会武又会游泳。游完了往水面一躺，躺水面上一动不动，没有两下子，你往那儿一躺就沉下去了。

贾：能够躺在水面上漂着不动，这可不容易。

李：那些武师既有武打的水平，也有游泳的水平。他可以往水面一躺，像个死尸一样漂在那儿。我也能做到，也可以像死尸那样漂在海面，给人的感觉就是个死尸。实际这个要是游泳技能的，要憋一口气，谁都能做到，很简单，但是人人都怕。四仰八叉地往水面一躺，你憋着这口气，在那儿漂着，你要这一呼气就下去了，所以不会游泳的，不行。

贾：你要在海里一出气就沉下去了。

李：那还行啊，所以没有事的时候，我就率领大家到大海里去游泳。这是我们在拍《海囚》的一乐。没有什么，一个岛，平潭岛嘛，在那儿没什么可娱乐的。我们坐艘船，要漂到很远很远，看不到周围山的时候，也就是大海茫茫的那种感觉，周围什么都没有，在那儿拍的。我们在拍的时候，这个船一直在漂，漂了一天多，岸上解放军差点就要向我们示警了。

贾：为什么？

李：因为解放军看见这一艘大船向台湾方向漂去，好像要叛国似的。他们不晓得是什么船，所以要开炮示警，后来他们的领导就决定先查一查到底是什么船，后来一看我们到晚上回来了，再一看我们是拍电影的船，差点儿没把我们当叛逃的船给打沉了。

贾：拍电影真是什么事都有可能遇上，亏了是“差点儿”……

《海囚》（1981），达奇、张连文等主演。为拍好影片，主演达奇还向动作执导曾谋尧学了少林五祖拳的武艺。影片上映后引起观众的共鸣，风靡一时

李：我刚才谈到了关于内容的选择，我们要故事性强的，娱乐性强的，情节曲折动人的，还有就是冲突，戏剧冲突要是较强烈的。具备这些条件，才是我们拍武侠片，对选材和组织剧本所必须遵循的。就是说这些方面，我们导演选材和选择内容都要遵循，不是随便找个剧本就行了。

（2008 年 3 月 29 日于北京朝阳区李文化寓所）

丹心侠骨 塑英雄

张鑫炎

张鑫炎，1934 年 6 月 17 日出生于浙江省宁波市。在中国电影导演的行列中常有这样一批作者，他们的名字也许并不为大家所熟知，但他们的作品却家喻户晓。影片《少林寺》（1982）的导演张鑫炎就是这样一位电影作者。1951 年进入香港南洋片场，从事洗印技术，后来学习剪辑工作，在剪辑台上剪辑了大量的黄飞鸿系列武侠电影。1957 年进入长城电影制片公司，任剪辑、副导演。1965 年与傅奇联合导演武侠片《云海玉弓缘》，该片注重对于人物性格的生动刻画和形象塑造，被称为新派武侠片。1978 年导演粤语喜剧故事片《巴士奇遇结良缘》，改革开放之初在内地广为放映，获得一片喝彩。1981 年执导影片《少林寺》，从此成为蜚声海内外的一代武侠电影作者。他开启了内地与香港合作拍摄武侠电影之门，为两地的武术和电影沟通搭建了桥梁。后来导演了《黄河大侠》（1988）、《东瀛游侠》（1992）。在中国武侠电影史上张鑫炎可以算得上是一名承前启后的巨匠。他是承前者，继承了先辈留下的传统武术，并将传统武术与电影这门艺术高度融合，在银幕上继承着中国传统文化的血脉；他又是一位启后者，他与内地武术演员合作，不仅将他们的优势挥洒在电影竞技场上，更为他们开拓了更为广阔的影视舞台，造就了李连杰等名扬海外的武打明星。如今他虽然已年过八旬，然而对影视艺术依然抱有不倦的热情。2021 年 12 月 30 日，获得第 34 届中国电影金鸡奖“中国文联终身成就电影艺术家”表彰。

武侠至少有侠的精神，如果武侠电影中只有武没有侠，无非是一些精彩的动作，只适用于观众，赚一些钱。我注重人性的表现，人性如何转变，我们总是在想观众看完之后要受到影响去做一个正义的人。

——张鑫炎

要将中国武术搬上银幕

贾磊磊（以下简称“贾”）：您当时拍电影的最初想法是什么？

张鑫炎（以下简称“张”）：20 世纪 50 年代的香港还处在英国人统治之下，当时我就觉得中国人抬不起头来，心里有这种自卑感，希望国家强大起来。我估计当时很多我们这辈人都是这种想法。于是就愿意去健康的公司。我们的公司（“长城”）没有拍过黄色、血腥暴力镜头，公司内部大明星和工作人员关系比较融洽，阶级观念不强。

贾：《少林寺》当时拍摄的情况，您印象最深的是什么呢？

张：《少林寺》拍摄的年代是 1979 年，“文化大革命”刚刚结束之后，我印象最深的是我所在的电影公司遇到了困境。

贾：“文化大革命”期间的香港电影界是什么情况？

张：在“文化大革命”期间，我们公司也照搬内地的为工农兵服务的方针，影片的内容不能为小资产阶级服务，也不能让小资当主演。但是香港没有兵，有兵也只是英国兵，农民也很少，只有少数一些工人，所以拍摄出来的影片受众面就很窄。

贾：那你们当时是顺势拍了一些为工农兵服务的电影呢，还是找了其他的方案？

张：我们公司有一个制作方针，在香港制作，面向海外。我们也调查了像“凤凰”这样在东南亚很有影响力的影片公司。但是当时马来西亚、新加坡、印度尼西亚这些地方是不进口国产片的。“长城”“凤凰”算是中性的公司，可以进去。

贾：我记得《少林寺》是中原电影制片公司拍摄。

张：其实它就是长城公司。因为当时马来西亚不进口国产影片，但片商为了赚钱，就想了一个办法，改公司名叫中原，一改名字就没有左派的背景了。

贾：当时为什么会选择少林寺这个题材？

张：“文化大革命”之后，我们打通了内地市场。当时中国有两件东西值得骄傲，乒乓球外交和少林武术。少林武术没有什么政治背景，并且是大家公认的，所以就拍了《少林寺》。

贾：与内地打通市场之后，对香港的电影界有没有起到积极的影响？

张：当时台湾在电影方面控制着香港，内地开放之后就成了香港电影的生命线，包括吴思远他们都到内地拍电影，这样内地的市场就弥补了台湾的限制所带来的缺陷。

贾：我们知道您在《少林寺》之前还拍过《云海玉弓缘》，这两部武侠片中间的时间跨度特别大，为什么？

张：当时《云海玉弓缘》创新了票房纪录。但是后来在武打电影兴旺的时候，由于政治原因公司内部就不能拍武打片了。我们消沉了一段时间，“文化大革命”之后才被允许拍武打片，我们就开始筹拍《少林寺》。

贾：您是从这部戏里开始结识了袁和平吧？

张：对，包括他的几个兄弟，刘家良，他们都在帮我做武师，很讲义气，偷偷地跑过来帮

《少林寺》（1982），首先在香港上映，一直高居票房榜首。随后在内地上映，引发了一场全国性的“少林寺热”，之后在世界多个国家和地区上映，主演李连杰也成为继李小龙、成龙之后的又一位功夫明星

我们做武术指导。拍完《云海玉弓缘》之后，邵氏就把他们“收”起来了，后来他们都成了很出色的导演和武术指导。

《少林寺》，最苦的是念台词

贾：当年《少林寺》为什么起用李连杰这个新演员呢？

张：当时如果用香港的演员，没有成龙，没有李小龙。我拍了很多纪录片，这期间认识了李连杰，他当时只有七八岁，参加了亚非拉乒乓球友好邀请赛闭幕式上的三节棍对打表演，很精彩。之后他经常到我们摄制组来，然后他常跟我说：“叔叔，我想拍电影。”我说：“小鬼，走走走，过两年再来。”

贾：李连杰是多大演的《少林寺》？

张：十八九岁。李连杰拍《少林寺》之前经常参加国际交流会，有一年他们到美国表演武术，美国总统尼克松还接见了他们。他们在香港有一次表演，让我大开眼界，我从来没有看到过这

《少林寺》（1982），一部在武侠电影史上具有划时代意义的作品，一反旧式武打片中程式化的表演与镜头技巧的卖弄，李连杰的一招一式、于海的螳螂拳、于承惠的醉剑，精彩了得，由此轰动世界，也成为功夫片难以逾越的经典

么精彩的中国武术，可能那是当时中国武术界最棒的一批人。我想中国有这么多人才，为什么不用一下呢？所以我就提出在武术界找演员的想法。

贾：后来您是用选拔的方式选了李连杰吗？

张：对，但是当时李连杰只拍了几个镜头就要出国，我就跟领导说，把这个孩子签下来吧，一定有希望。

贾：当时您对李连杰这么有信心吗？

张：我说过，就算这个孩子在这部戏里不成功，他也会在别的戏里成功。武术演员有个好处是他们面对成千上万的观众不会怯场，所以在拍摄过程中，面对镜头甚至大场面的时候他们都没有恐惧心理。

贾：武打演员毕竟不是专业的艺术演员，如果让他们武打可能比不会武术的演员做得好，但文戏他们也没有问题吗？

张：对，最苦的是念台词。有很多演员是山东或者浙江的。但李连杰就占了便宜，他是北京人，普通话很好，很多人都顺着他说。我们的普通话都不好，都是听他讲，他讲起来一套一套的。

贾：其他演员就不那么顺利了吧？

张：于承惠是个典型的例子。当时他讲两句对白，要花一两个小时，还很着急。零下十几度在黄河边上，骑着马的台词讲两个小时大概不到十个字。

贾：当时这些演员的台词是靠训练还是通过配音？

张：配音，上海译制片厂配的。他们很认真，很严肃，对待工作要求也很高，对照剧本一个字一个字地对口型。效率也很高，上午配完下午就能给。之后还会对自己提出要求之后再改。

贾：《少林寺》是不是全都是在少林寺选的景？

张：不是，因为当时少林寺很旧，住着十几个老和尚，年龄超过现在的我。我们选在浙江的国清寺，当时去的时候，仿佛到了深山老林，树很粗，小桥流水啊之类的，环境很好。改革开放之后很多日本人来这边朝圣，很出名。

贾：当时在国清寺拍摄顺利吗？

张：我记得演员住在寺里边，晚上他们老说碰到鬼。其实听说那儿有狐狸、猴子老是来偷东西。方丈非常认真，他要演员们到大殿训练。每天早晨，演员们就去训练跪拜，大概一个礼拜，练完之后才正式开拍。

贾：《少林寺》的哪些镜头是在少林寺拍的？

张：大门在少林寺拍的，塔林、练功房是在少林寺拍的，别的都不是。骑马冲进去的那场戏是在登封的一座道教庙里拍的，现在恢复得也很漂亮。

贾：您还记不记得拍的第一场戏是什么？

张：第一个镜头就是在练功房里练功。但是外景拍的第一场戏是在郑州和开封中间的一个芦苇荡。当时所有的运动员都不会骑马，所以一早就要训练。有一匹是解放军拖炮的马，很狡猾。于海和于承惠都被它弄受伤了。

贾：演员受伤了怎么办？

张：没有人陪，都是自己回山东疗伤。

《少林寺》宣扬的是好好做人、不要自甘堕落的主题

贾：我们知道，80 年代其实对于武术电影有很多偏见，那么《少林寺》播出之后有没有受到过一些批评？

张：最大的批评就是《少林寺》公映之后，很多小孩都想去少林寺学武，很多人说我们害了年轻人。另外，当时李翰祥导演在邵氏看过这部片子之后说，据说“少林寺”这三个字是康熙皇帝写的，而这个故事是讲的唐朝的事。我的历史知识不是很多，而牌匾又不能动。很多人提出这样的意见。

贾：虽然受到了一些批评，但在热映的过程中更多的是褒奖吧？

张：有一点是很安慰的，这部戏在香港上映以后，演员去参加首映式，非常轰动。有一个观众在我旁边说，我们中国内地总算有了一个武打明星了。

贾：有没有影响到海外华侨？

张：有。海外华侨看了我们的电影之后都把子女送到内地来。我没有直接说社会主义好，没有说共产主义好，我就是宣扬一种好好做人、不要自甘堕落的主题。

贾：香港当时电影业是什么情况，应该和内地的电影业有很多不同吧？

张：可能就是体制不一样。国内的制作班底是拿厂薪的，设备比较齐全。香港就很不容易了，

全靠工作人员的理想，他们知道自己要做什么。当时我们的薪水和邵氏没法儿比，演员的工资也是最低的，就连最红的演员跟邵氏也是没法比的。但因为大家有理想，不是拍完一部戏就散伙，直到现在我们感情也都很好。

贾：拍完《少林寺》之后你们还会再联系吗？

张：拍完戏离开郑州的时候，他们往北走，我们往南方走。所有工作人员没有一个人不哭。现在我的感觉就是除了李连杰身份比较特殊之外，大家接触很多，到现在都是好朋友。

贾：《少林寺》得到很大的关注之后，您又指导了《少林小子》，而且同样是和李连杰合作，这期间有没有很让您难忘的事情？

张：《少林寺》公映之后，李连杰又去参加比赛，练功的时候两条腿的韧带断了，等于是残疾人。当时片商要求李连杰再来拍功夫片，但是李连杰根本没有心思拍，但大家都劝他，为了国人不拍不行。

贾：《少林寺》之后就已经定下拍《少林小子》了吗？

张：李连杰说腿伤好点了之后再说。我带着三个编剧就去旅行了，途中我们看到武术队里的小孩非常可爱，就商量找这帮小孩儿来拍部电影。

贾：这岂不是一个两全其美的办法，李连杰的打戏就不是很多了吧？

张：对，我告诉李连杰，你不要动了，站在那儿教就行了。后来剧本里很多故事都是他在电影里的一些生活。拍《少林小子》的时候，前面的打戏基本都是替身。最后一场在杭州的黄龙洞拍的，当时李连杰的腿伤也好点了，我告诉他说你必须打一场。

贾：拍摄完《黄河大侠》到《功夫小子闯情关》这段时间，好像您就很少再亲自指导电影了。

张：对，这部戏下来之后我的身体不是很好，就开始做行政工作。退休之后，袁和平找到我说，你可以出来工作了，一起拍《功夫小子闯情关》。当时他在南江县有一些名气，拿到了几十万

《少林小子》（1984），由《少林寺》原班人马主演，并加入了黄秋燕等一批武林新秀。影片风格轻松活泼，剧中故事情节与环境的风光搭配很好，武打场面的设计与作品的格调十分和谐。《少林小子》携《少林寺》的未尽雄风，再创票房新佳绩。李连杰以及众多“少林小子”的形象更加深入人心

美金的投资，我们俩不拿工资，两个好朋友就拍了这么一部戏。

贾：您是从什么情况下想到从指导电影转入拍电视剧的？

张：我碰到一个做高档杂志的老板，他很喜欢文化，想拍电影或电视剧。我说，台湾是电视剧很大的销售点，如果把《少林寺》的故事搬过来再拍电视剧，一定能保证在台湾的销路。其实，拍这部电视剧也是一种商业操作。

武侠电影人要了解武术，宣扬武术

贾：您是怎么走上武术指导这条路的呢？

张：因为我喜欢运动，另外我在做学徒的时候就做剪辑。关德兴当时拍了大概一百多部黄飞鸿的片子。导演就要求我来剪，一个月大概要剪三四部黄飞鸿的武打片。

贾：当时的香港电影是怎么想到从中国武术中借鉴经验的？

张：50 年代的香港武侠片的动作都很简单，导演就要求速度快，只有几招动作，剪辑的时候两个镜头可以剪到十几个镜头。但是像袁和平、刘家良这样的龙虎武师就开始提高要求。当时中国武术表演很精彩，就想去表现它。从那时起开始从武术中借鉴。

贾：当时中国武术在哪些地方影响了您之后的创作？

张：对我自己来说最重要的是，我看中国武术运动员在比赛过程中会变套路，什么三节棍对打、枪棍之类的。对拳的表达跟电影中的对白差不多，所以我想这样借鉴过来，而且这些武术运动员打斗的时候动作比较真实。

贾：这也是您当时决定用武术运动员来做电影演员的原因吗？

张：是的。比如被对手踢到之后，他就会有一个反应，如果对手不使劲儿踢的话，他就根本不会反应，现在看很真实。但是当时拍摄条件很差，也没有什么软垫子，如果放到现在完全做不到。

贾：20 世纪 80 年代内地对外开放之后对武侠电影的积极影响应该是相互的。

张：对，我们来内地拍戏之后，几乎香港的武术指导都来过。我们的武术运动员经过他们的指导，也慢慢地懂得武打电影中所需要的技巧了。后来有几个人在内地做了导演，也比较成功。

贾：内地和香港的武术指导在当时还是有一些差距吧？

张：内地的武术指导很懂武术，创造各个门派的动作比香港强。而香港的武术指导和动作导演，他们在把握周期方面控制得很好，临场变化的经验丰富。

贾：当时其实内地一些人有很好的学习机会，那么您觉得造成这种差距的原因是什么？

张：真正用心学这个的人不多。很多人已经懂得了电影。但是，后来没有给他们正式挂名武术指导的机会，如果不断研究的话，在武学上会超过香港。

贾：像袁和平这样的武术指导是从什么环境下成长起来的呢？

张：像袁和平那个年纪的人，从小就很苦，为了生活在摄影棚里工作。他们每个人至少经过了几百部电影的实际工作，实践增加了，国外的优点也吸收了。

贾：武侠电影应该是从他们这一代人发展起来的，那么您怎么看现在的武侠大片？

张：像《卧虎藏龙》这样的大片，我总说像踩着风火轮一样，外国人看起来觉得很新奇。我们看起来就觉得很笑话，不协调也不统一，至少吊钢丝的时候，人在瓦片上要有个落脚点。

贾：您做导演这么多年，那么您的创作道路有没有受到前辈们的影响？

张：有，吴思远是我的前辈，后来他成了国际导演。他的修养很高，很有抱负，比如他拍放烟的镜头，因为他是美工出身，画面很好看，很新奇。另外，他吸收了日本电影的风格，影片很有意境，不是单纯的打斗，完全是写意的。

贾：那么他对您的哪部影片影响最大呢？

张：《云海玉弓缘》影响就很大。当时我们刚刚开始拍武侠片，我们不满足于当时的武侠片。当时只是打来打去，故事的内容比较简单。我们就想到了梁羽生的小说，男女感情描写得很好，很有意境。

贾：你们对于当时的香港武侠电影应该算是一种革新，并且演员阵容也比较强大。

张：当时用了我们公司最好最强的阵容，一个最红的小生配两个花旦。票房非常好，在东南亚那边也很轰动。

我们希望观众看完电影之后要做有正义感的人

贾：您接触电影这么久，您觉得武侠电影是如何表现侠的精神的？

张：我从小受黄飞鸿电影的影响，不喜欢《火烧红莲寺》之类的。关德兴的黄飞鸿系列就是讲了一种侠的精神，他永远都是把敌人打败之后，只要对方跪下说，师父，我知错了，他就放他走。他的兵器无非是一把伞、一根棍。我们当时最崇拜他，作为一种侠的精神，他不会无端去杀人，他会宽容每一个敌人，最后让敌人重新做人。

贾：您对于中国武侠精神是怎么理解的？

张：武侠至少有侠的精神，如果武侠电影中只有武没有侠的话，无非只有一些精彩的动作，只适用于观众，赚一些钱。

贾：您在指导武侠电影和武侠电视剧的时候比较注重什么？

张：我注重人性的表现，比如在《七剑》里，人性如何转变，人都具有两面性。我们总是在想观众看完之后要受到影响去做一个正义的人。

贾：观赏性在您的创作当中通过什么途径来体现？

张：观赏性无非是画面好不好看，人物漂不漂亮、善不善良。另外，就是人物之间的感情，都是观赏性的东西。电影的商业性就是想要达到观赏性，应该是各个部门配合，大家相互包容。

贾：之前拍武打电影会使人觉得打打闹闹，那么在香港的电影审查制度方面也会受到干预吗？

张：香港的电影审查制度之前比较严格，叫电检处，但它有不公平的对待，而且还会给一个冠冕堂皇的理由。比如对我们说，你们公司的立场不应该拍一些血腥的镜头之类的话。

贾：对于别的公司他们审查得不严格吗？

张：比如邵氏的一些影片，很血腥，电检处也会通过。后来就不一样了。真正的武打片要宣扬中国的武术，必须要清清楚楚地了解中国的武术，这一点上我非常敬佩袁和平。

贾：随着科技的发展，电影中也越来越多地运用了科技的手段，您怎么看高科技带给电影的这种革命？

张：大家都在创新，高科技带给电影很大的帮助，但是还是不能离开现实的，如果离开现实，超越了本能就很魔幻了。比如《封神榜》，从观赏性上来说很好看很飘逸，再比如《卧虎藏龙》里边的一些东西我就接受不了。

贾：也就是说科技与武侠电影融合之后不应该抛弃现实？

张：对，我喜欢真实。所以我佩服袁和平，至少他能够告诉观众人为什么要跳起来，借助身体哪个部位达到的力量，即使是超越了一点极限，也显得合情合理。除非像《西游记》，小说里边孙悟空是可以一个跟头翻十万八千里的人物。成龙也是另一个类型，他的动作很夸张，但是他能做到，可信性比较强。

贾：您的意思是每个动作的表现是需要原因的？

张：对，每个人有每个人的风格，比如李小龙的影片，他的打法很简单，一招一式都很清楚，没有摄影上的气氛渲染，这就是他的风格，没有人可以模仿得了。同样的道理，每个导演都有自己的风格，但既然叫武侠电影，有武就得有侠，不能乱打。

武侠电影要诠释人性

贾：《少林寺》中觉远最后胜利，却出家了。这种结尾设计，您觉得是出于一种宗教的理念还是有什么别的原因？

张：因为《少林寺》中觉远有个承诺，事情办完之后必须按照自己的承诺去做，所以牺牲了爱情是出于对承诺的兑现。另外，可能宗教的大爱熏染了他，所以他牺牲了爱情去报答少林寺。如果结尾是个大团圆的结局，我觉得会对这个人物有损害。

贾：您之前提到了武侠电影需要对人性做一种诠释，那么您是怎样表现人的正义与邪恶的？

张：我想正义与邪恶大家终究还是能够分辨出来的，为正义做的一些行为，孩子应该会分得很清楚。现在很多片子善与恶讲得不太明显，尤其是警匪片，故事叙述到最后都会有一个反派临死时想到自己的老婆孩子，无非是让观众对反派表示同情。这是一种惯例，也是很教条的。

贾：武侠的未来发展您觉得是用一种精神来支撑内容还是用电影的形式来美化它？

张：我不知道，现在的影片借助了很多新的技巧。我们看了李连杰演的《霍元甲》之后觉得怎么李连杰扮了霍元甲，但是老百姓很喜欢，票房很高，因为有正义的精神在。

贾：那部影片的动作设计，您觉得有没有创新之处？

张：打斗的部分无非是把台子搭得高了点，没有新的招式，它一样受欢迎，因为始终让观众感受到了正气。

贾：您觉得中国武侠电影的发展应该呈现什么方向？

张：武术指导不应该完全接受（中国）台湾的或者日本的武术，而没有了自己的风格。到底中国武侠电影应该怎样创造自己的风格呢？我觉得不是飞来飞去，武侠小说中的“侠”非常重要。

贾：侠之所以重要，您能给我们举个例子吗？

张：当时拍《云海玉弓缘》的时候，我在想武侠小说中的女剑客该怎么表现，后来看到摄影棚上面有个轨道，当时让刘家良做替身，代替女侠飞过去。我当时觉得好了不起，至少它做到武侠小说中的感觉，飞起来一剑就刺中对手。但是也有条件达不到的，比如很多大的战争场面。

贾：武师、武术指导和动作导演怎样命名才更贴切？

张：现在分工细了，负担轻了，但是我发现了一些问题，比如文戏导演拍完该拍武打部分了，就完全交给武术导演了。但很多方面比如演员的心理状态是怎样的，怎么处理，等等，这些都没有沟通。武术指导和动作导演这两个名字是名气的问题，其实像袁和平这样的导演文戏拍得也不错。

贾：您刚开始说过您是从剪辑开始做的，那么进入电影行业最初的职业有没有对您之后的生活有所影响？

张：因为一些客观的条件才有机会进入电影业，但是后来通过我的观察这个行业很复杂，不是普通工人能应付得了的。比如我剪片子，和现在的一些民工差不多，总是很难拿到报酬。

贾：之后您就选择了长城电影公司吗？

张：后来我去过，感觉那里人跟人比较平等，人际关系很好，是另一番天地。虽然生活清苦，一路也有过很多波折，但一路到退休，也算是一生无悔了。我经常跟我爱人说，我们不需要占有太多的东西，现在我们已经有很富足的生活了，看一些民工、农民啊生活多苦。

贾：对，人经历了苦难之后，可能悟出的东西比较多。

张：对，人的一生就是要宽容一些，现在没有什么要跟人争的，或者是追求些名利，比较平静。还是希望国家能够富强一些，这样什么东西都有了。

贾：您拍了很多和少林寺有关的影视作品，少林的思想有没有影响到您？

张：每个人悟道以后都可以成佛，怎么悟道就看每个人的修养。我想禅道是很难理解的，但它至少要求你去追求一种东西，得有某种看法，悟得多了就可以成佛了。很多东西是我到死都没有办法悟到的，太深奥了，但有些东西可以放弃，尤其是名利。

贾：武术是少林寺主要的东西吗？

张：以前总是宣传少林寺的武术，其实武术里也有禅宗的思想。武术只是其中的一部分，不是主要的，禅和医是主要的。现在练武之人很少讲到禅了，禅宗的很多东西也是为了锻炼身体，为了修炼而练的。

贾：经过电影和电视剧的宣传之后，少林功夫已经成了某种代名词，很多人也是慕名来学习武术，他们会真正的出家吗？

张：我问过少林寺的方丈，现在少林寺的武僧学好了会不会做和尚？他说不太可能，孩子们学武是慕名而去的，练武之后让他们真正出家，他们都要考虑考虑，只能愿意的留下，不愿意的做俗家弟子。

贾：您觉得《少林寺》所传达出来的少林精神是什么？

张：少林精神不单单是从“武”的方面来理解，还有很多佛教的深奥道理在。我不是宣扬迷信，宣扬烧香拜佛，而是在强调一种武德，宣扬中国的传统思想。

（2006 年 10 月 27 日下午于浙江杭州张鑫炎寓所）

中国武侠电影的正宗传人

刘家良

刘家良（1934 年 7 月 28 日—2013 年 6 月 25 日），中国香港男演员、编剧、导演、武术家、武术指导、南派功夫洪家拳的嫡系传人。1950 年，随父亲刘湛投身电影界，开始在幕后工作。1953 年，出演第一部电影《黄飞鸿》。1963 年，开始与唐佳合作担任《南龙北凤》《云海玉弓缘》的武术指导而被人们所熟识。其后陆续为《江湖奇侠》《独臂刀》《方世玉与洪熙官》等多部电影担任动作设计。1975 年首次独立执导电影《神打》之后，陆续执导《少林三十六房》《长辈》《南北少林》等脍炙人口的影片。1990 年，担任美国电影《忍者神龟》的动作指导，成为首位赴好莱坞的华人武术指导。1994 年，因为电影《醉拳 II》设计动作而捧回金马奖和金像奖两座最佳动作指导奖杯。1995 年，因身体不佳而减少电影制作。2005 年，参演徐克执导动作电影《七剑》。2010 年，获得第 29 届香港电影金像奖终身成就奖。2013 年 6 月 25 日，刘家良在香港仁安医院因病逝世，享年 79 岁。

刘家良的动作设计刚烈酣畅，威猛挥洒，攻如疾风闪电，有横扫千军的雷霆之力；守如铁壁铜墙，颇具万夫莫敌的虎踞之势。他所创立的动作奇观为中国武侠 / 动作电影在商业市场上开疆扩土提供了非同寻常的历史贡献。特别令人敬佩的是，刘家良在数十年的电影拍摄过程中，始终承传中国武术的正宗路径，将中国武术中蕴含的传统文化精神通过影像发扬光大。

我觉得动作可以改变文戏，带动文戏。但是武戏、文戏不一样，关联不一样，还要把武戏融合在文戏里面，有些动作不行要变一变、改一改。

武术设计的招数不论怎么变化，都是以招拆招，这才是关键。

——刘家良

自古功夫出少年

贾磊磊（以下简称“贾”）：我们采访您是想请您回顾一下自己从事武侠电影创作的经历，我们想知道您最早开始接触武术是什么时候，大概几岁？

刘家良（以下简称“刘”）：我7岁学武的，学的南派洪拳，我的师父是我父亲刘湛，在广州。1949年来香港之后我们没什么事情做，很多朋友说要我父亲开武馆，我父亲说好，开武馆。我差不多13岁时跟父亲开武馆，开了两个，一个在中环，一个在西环，一个礼拜三天在西环，四天在中环。我父亲很胆大，他说西环我不去了，你去。就这样13岁的我就是教头了。

贾：当时您家里的情况怎么样，有经济的压力没有？

刘：我们练武术是不能停下来的，停下来就没饭吃了。当时生活很贫苦的。我有6个兄弟姐妹，两个姐姐，一个弟弟，两个妹妹。一个弟弟叫刘家荣，很小。为了供兄弟姐妹读书，我养大他们，我不读书，我教人家打拳。

贾：那时候学武术的人多吗？

刘：很多。当时是50年代，很多人愿意学武功。我是黄飞鸿学派的，教洪拳。很多香港人不知道什么是洪拳，很好奇，学了觉得不错，学生就很多。有的人说，刘家良，是因为每天有你在。我每天都教，很累。

贾：那怎么就拍起电影来了呢？

刘：以前有一帮唱戏的朋友，问我有没有兴趣拍电影。我父亲让我试试看。最开始的一部戏，我父亲客串了一个角色，戏里有一个小孩角色，差不多13岁，跟我一样大，我父亲说没有对手，跟大人打不了，要找小孩。我父亲说有了，叫儿子来。这样我就跟着父亲一起进电影界，大概是1957年。

贾：您拍的第一部片子叫什么记得吗？

刘：《山东小侠》。

贾：这是您拍的第一部电影。

刘：拍完就没了，没机会，没人认识我们了。电影还没放出来，不知道好不好，等很久，一两个月才放出来。后来打电话说叫我过来拍几天可以吗？然后就断断续续地去拍电影。前边有人打的时候，我在后边摆架子，没得打就“走了，杀了”。因为当时我没有资格打了，很主要的，主角很怕你碰伤他，碰伤他，别的戏不能拍了，不能伤，碰伤他倒霉了。一定是固定几个人，跟三五个人打，其他的人在旁边走位，好像中彩一样，没机会只有等。

贾：等到哪一天才是个头呢？

刘：有一天四五个武行，一个都不来。

贾：一个都不来是为什么？

刘：不记得了。怎么办？不能停，这个主角走了，我在旁边站着，导演说你来！我心快跳出来了，一个小生一样的人出来了。他说你一拳打过来。我打过去，主角说不许接触，不许碰

刘家良与刘家荣、刘家辉

到他，记住了。之前没有排练，我就打过去，这时候他一挡，停下来了，大喊，救命啊。太用力了，他的手肿起来了。他们看医生看了三个礼拜，以前 X 光没有那么好，医生说骨折，一摸他很怕，他一看到我就说，不要看到你。没有戏拍，怎么办？父亲说以后不拍戏了，这碗饭不是我们吃的，我还是到武馆。差不多六七个月，有人打电话来，有机会拍《黄飞鸿》。可是我们不是用北派的打法，我们用另一种打法，是在武馆学的，我们派上用场了。开始我用南派，可是不够用，所以我学用南派的，动作柔一点，打轻一点，不要碰到主角，而且打得要漂亮。这样就开始有很多人认识我了，男主角都找我，说叫他打，他打得不错。我打的时候就把北派和南派并起来。自从拍《黄飞鸿》后被很多人看到，我就开始有很多工作了，作为武师也就红起来了。

父亲传给我的第一是功夫，第二是电影

贾：那时谁来指导您呢？

刘：以前没有武术指导。他们打就是唱戏的打法，一套一套的，大家知道怎么打。主角打的时候可以碰到你，但你不能碰到人家。以前不怕穿帮，看你的表演。我们学功夫是南派北派，很多人不敢跟我打，站旁边，不会让我打的。有时候正在打，以前的导演很怕明星，再来再来，可以这样的。每个主角都有自己的对手，分镜头，打两次，前边两个人打，后面再打。很辛苦，但是没办法，得考虑观众的观感。

贾：你学的是南派？

刘：南派。

贾：后来又学了北派？

刘：我从小学很多功夫，学过“太极”，学过“鹰爪”，还学“螳螂”，什么都学，我很喜欢功夫。我看到一个老师打拳就能够把他的动作马上记住。但是，毕竟武术和拍电影是两回事。电影不能跟武术一样。

贾：后来您的武馆还办吗？

刘：后来我父亲去世了。父亲跟我讲：“我没有什么传给你的，我传给你两个，第一是功夫，第二是电影。你没有读书，电影是最适合你的。”我学的是父亲的真功夫，电影是我终生的追求，一直到现在还在拍，我从来没拍过文戏、爱情戏，就是拍功夫电影。

贾：看您的简历在做武术指导前还当演员拍了很多戏呀！

刘：因为在当武术指导之前，我还是武行。以前没有武术指导，后来有武戏，主角拍打戏很累，跟这个打，跟那个打，太累了，找一个人来代替他，后来这个人要一直代替主角走位。以前导演安排怎么打，怎么走位。现在要领导走位的人，就是武术指导。

贾：您记得做武术指导是哪一年？

刘：以前的武术指导是上海人，不是我做的，我没有资格。以前拍国语片，我不会讲国语，他们说国语 / 普通话。他们打的时候，都是套路，没有真实感。有一部戏的导演叫胡鹏，他说：“你过来，以前有一个搭档，是很好的朋友，是行家，下部戏你给我当武术指导好不好？”我说，不好，那么多人，我说不行。那部戏是 1963 年拍的《南龙北凤》。

贾：那是您第一次做武术指导。

刘：后来我为他们拍，打南派，同时打北派。我想了想，《南龙北凤》的女主角是南红、男主角是林家声。拍出来了，好费劲，想把自己的东西打出来，但是不知道效果好不好。一出来效果非常好，每个人都拍手称赞。从那时开始，我们就当武术指导，开始用我们广东的武行。

《南龙北凤》（1963），南派武术传人刘家良和北派武术弟子唐佳开始联手做武术指导，自此，开启了和唐佳多年“伙伴关系”

贾：您做武术指导之前的那个年代，拍《黄飞鸿》系列片里有个叫梁咏亨的武师。

刘：那是我师叔。我父亲的师弟，也是黄飞鸿的传人，我的师公是林世荣。以前拍《黄飞鸿》的时候没有请他，是武馆拿钱出来拍。

贾：那时没有人投资？

刘：没人看得起《黄飞鸿》是什么。当时的老板都拍文戏，《黄飞鸿》没有老板拿钱出来拍，武馆就出钱把《黄飞鸿》拍出来，请关德兴过来拍，从新加坡请他过来，拍了四部，上映后很卖座。后来有公司再请他，一口气拍了六部《黄飞鸿》，那时候拍戏没有很多钱，但他说这戏好。

贾：那时候拍一部电影，武馆的人集资拍电影要多少钱？

刘：一个学生 10 块钱，

贾：你们的报酬是 10 块钱？

刘：集资的。开始拍是没有报酬的，这个事没有人谈过，我知道。《黄飞鸿》那么成功，全是武馆的人把它捧上去的。

贾：从《南龙北凤》之后，您做了很多片子的武术指导，还和许多著名的导演合作过，像《金燕子》《大刺客》之类的。

刘：我主要还是拍广东戏，拍粤语片。谢贤、罗艳卿这批人。国语片没有拍，普通话讲得不好，南北分开一样。

贾：您那时候主要在哪家公司？

刘：以前没有公司的。在这里，凡是粤语片都是我们拍的，我也去台湾拍，拍了很多年。

贾：在台湾跟哪个导演合作？

刘：很多，像蔡扬名、黄宇等。

《大刺客》（1967）、《金燕子》（1968），刘家良一贯主张硬桥硬马的真功夫、拳拳到肉的武打路线，为电影界打开一条刚强有力的武术风格

招数的关键是以招拆招

贾：您特意从新加坡赶来不容易，我们要好好记录一下，我们需要把您的历史整理出来，留给后人。

刘：我一直拍广东戏，有电话打来，说长城公司的傅奇、张鑫炎正在指导一部电影，他们邀请我们喝咖啡。台湾对电影分“左”“右”，假如你碰到左派，台湾就不能去了。所以，我就推掉它了。他再打电话，说我们秘密的，他想叫我们拍《云海玉弓缘》，要我们考试……我说拍没关系，人家知道我们拍“左派”的戏，台湾不能去。他说有办法，把我秘密送去拍戏，没人看到。我看傅奇很老实，很忠心，后来才拍国语片。他的拍摄方法，每件事都画图，有的还制造模型，工作态度很好。他们说走过去不好，要飞过去，我说可以飞过去。

贾：怎么飞？

刘：当时还没有威压（钢丝）。我就想，以前看过一部戏，这部戏要吊钢丝，用什么吊，用大卡车吊过去。浅水湾有很多人，马路很窄，不能进去。我说我有办法。两点半我在天桥靠轨道把人吊起来，再加两条“威亚”，前后固定他。三条就穿帮了，要想办法，在棚里边，用干草，他们说可以。拉快一点，往后拉，等于四个人把人飞起来了，拍出来很好看。

贾：后来你们采取什么办法？

刘：在打灯的棚顶上搭一条路轨，把移动车摆上去，上面推着车，吊着威亚，但是不能晃，要固定人，四个人控制一个点。我们搭一个棚，一条条滑竿吊下来。做一条轨道，八车的轨道，远景拍下来。看这个地方，一动手，视觉的感觉出来了。将那个人打到地上去，寒冰掌把人压到底下。在戏院放映很卖座。

贾：《云海玉弓缘》也很卖座。后来您还和谁合作过？

刘：跟我们熟悉的导演徐增宏。拍的第一部戏是《江湖奇侠》，拍完出来太好了，又拍了

《云海玉弓缘》，刘家良用钢丝让演员飞起完成武术动作的方法在香港影坛还是头一个，其他武术指导更是纷纷效仿，运用威亚来展示打斗和轻功，刘家良的这个创意为电影界注入一股新鲜血液

《断肠剑》，非常好看。徐增宏的剧本都是我帮他写的。还有导演陈嘉上说，我请你拍一部戏，我说好，我跟别的拍档的话就不给他面子了。另外有两个导演，岳枫、陈江。别的导演要想叫我们拍，我们不一定去。后来有一部戏，是张彻导演的《独臂刀》，独臂人打起来蛮过瘾的，我问是左手还是右手，他们说右手打好看。这个片子里有很多兵器，有把金刀，怎么把金刀弄断，用一种兵器叫金刀锁。一个弯一个弯的，最后把金刀锁住了。

贾：金刀锁是您设计的吗？那个设想不容易。

刘：电影的招数不论怎么变化，是以招拆招，这才是关键。比如铁砂掌打过来，用什么来拆（破）它？要考虑到有变动才好看。

《独臂刀》（1967），刘家良专门设计的一种兵器——金刀锁

每场打斗的动作都不一样

贾：您觉得到台湾以后的创作方式与香港有什么不同？

刘：到台湾，我就去了“长弓影业”。那边把武侠片叫动作片。我拍了两年多，把我最拿手的真功夫展示出来。南派很多种拳法，龙蛇虎豹鹤。我说好看，我打给你看，什么是龙，什么是蛇，他们说不错，能不能拍出来，我说当然可以。我拍了《少林弟子》《洪熙官》《方世玉》。他们说不错，问我再想拍什么，我说拍《洪拳小子》。后来我回香港了。

贾：在台湾拍了很多戏，为什么回香港呢？

刘：因为发生了很多不愉快。而且我在电影界已经觉得待够了，我不拍了。我又开始教徒弟，有个朋友在武馆打拳，会跆拳道，他教我跆拳道，我教他洪拳。邵氏电影公司后来听说我回来就打电话给我，说不雇你了，因为违约了。有一点事情闹翻了，不能收拾的……电影，我不做了，我回去教拳了。后来我的妻子和小孩跟我说，如果你去美国，不一定能赚钱回来，家里怎么吃饭？那怎么办？后来说还是回公司，报酬多一点，当导演。

贾：在您的电影创作经历中，哪些事情是令人难以忘怀的，能不能给我们讲讲？

刘：很多呀！有一次拍戏河面结了冰，要在冰面上打。我记得当时是我弟弟刘家荣演的。正在拍的时候，冰裂开一样，冷得不得了！他很能挨的，很能吃苦，他后面右手绑得很紧，很冷，差不多结冰了。拍了差不多五天。

贾：那个时候除了你们设计这种武术动作以外，这样的故事情节有没有在现场做过修改，比如说你们是完全按照剧本进行拍摄还是根据动作来拍摄？

刘：开始有跟着动作来编，后来我觉得动作可以改变文戏，带动文戏，比如说武戏、文戏不一样，关联不一样，还要把武戏融合在文戏里边，有些动作不行要变一变改一改，这都是由我们做的。导演看怎么接我们的动作。有的导演非常好，有些导演不放心，老是在镜头后面看动作。我跟你讲，我拍摄了四百多部戏，每个打斗的动作都不一样。因为我学的功夫多，我每天都要想怎么打斗，在什么环境下打，假如说一个导演有这个头脑，有这个功底，不是说就行了，我是做出来给别人看，甚至打出来，看怎么打。

功夫和武术是两回事

贾：您觉得现在中国电影在动作设计上有什么亟须解决的问题？

刘：指导每个演员，做出来给他看，不光是讲，现在很少有这种功夫，就算有，但是电影没将它发挥出来。现在我就是看不出有很好的动作设计。

贾：过去内地拍的片子因为投资有限，比如说一分钟的影片，内地的完成片和使用胶片的比例是 1：3 或是 1：5，您拍出来的 1 米胶片，内地只能给 3 ~ 5 米的胶片来进行拍摄。武侠电影在拍摄上需要不断试验，所以很费胶片，当时你们在香港拍片子的时候有没有片比的概念？

刘：没有。

贾：从来没有？

刘：是。因为开始拍功夫片就知道，有时很多 NG，每个镜头打的时候，打得很长，长镜头很少拍。因为一条长轨道的长度有限。

贾：您怎么看现在电影里使用特技这个趋势？

刘：特技很好看，我从小看，看得多，现在看得更多，尤其电影。电视也是这样，包装得很多，而且他们打的剑法很不同，拔剑、拿刀、耍棍、提枪，有时候摆一个架子。主要看剧情怎么样。

贾：现在的武打设计光追求好看，不追求其他。

刘：我们现在比较实际，功夫和武术是两件事情，功夫是广东话说的，北方人叫武术。武术都是在表演，表演给别人看，动作很大，要不然就拿不到分。我们学过功夫的一般叫徒弟，现在叫学生。比如我收你做徒弟，你就永远是我徒弟，一天为师终生为父，这是我们南派的宗旨。所以，我的徒弟正式跪下来的有十几个。说起功夫来，一说就说不完。

贾：跟您学的十几个，亲手教的徒弟都有哪些人？

刘：有傅声、郑少秋，比如说刘家荣，其他已经做其他行了，不做武生了。

贾：还在拍电影的，真正还在做武术导演的还有谁？

刘：那些就不用讲了，太多了。我不能说出来，说出来不好意思，你明白吗？

贾：在香港，武行有家族传统，比如像您父亲、您，还有刘家辉、刘家荣，你们是一个家族；还有像袁和平，他父亲袁小田，也是一个家族下来，都有家族血脉的联系，或者有一个传统贯穿下来，您觉得经过家族的方式来继承武术这样一种习惯，对电影有什么影响吗？

刘：本来是没有影响的，看功夫硬不硬，他们就会提到刘家良，想到能飞的他们就会说程晓东，老爱打的就会说袁和平，很自然的，把大家分开了。

中国武侠电影的正宗传人

贾：现在很多人都把您称为香港甚至中国武侠电影的正宗传人，您的电影始终是沿着武侠电影正宗流派传下来的，而没有去拍搞笑、神怪的，您觉得这种评价自己能接受吗？

刘：我接受。我喜欢拍我们中国的传统，中国的武术功夫不能退化。长辈就是长辈，尊师重道。我跟父亲说要学别的功夫，父亲说，去。他如果说不好，我就不去。

贾：很多动作导演，像洪金宝、唐季礼、赵箭……他们在现场都自己拿摄影机来拍动作戏，您在拍摄现场从什么时候开始掌机？

刘：不用了，我要拿摄影机去拍，就没有办法看他们怎么打，在现场和通过镜头看是不一

《十八般武艺》（1982），刘家良几乎把中国所有经典武术套路都搬上了银幕

样的，而且还要和摄影师沟通怎么拍。自己拿摄影机去拍，我觉得这个太不舒服了。后来我就把镜头交给他们。有时候我喜欢拍我就自己拿来拍。

贾：现在您怎么坚持这个正宗武术的流派？现在电影已经是一个商业或者娱乐的产业，如果大家对正宗的武术失去兴趣，您是继续坚持拍正宗的武术电影还是改变自己？

刘：我坚持要拍，因为我不拍没人拍。

贾：您要坚持到底？

刘：对，我不要失去它。电影有很多人看，有人喜欢看这种，有人喜欢看别的。比如说我喜欢看这种，有人会说这种戏是不是刘家良拍的？像我就喜欢拍这种类型的，别人就知道是刘家良拍的。

贾：您拍过《十八般武艺》，电影几乎把中国整个经典武术套路都搬上银幕，带有对武术普及的意图，当时您拍这部电影出于什么考虑？

刘：当时，因为我要到北京拍一部《南北少林》，拍《南北少林》之前，我就拍一部刘家良懂得的十八种功夫，我兵器打得好，只有这样。这个是也不错喽，大卖。

贾：您后来拍《少林三十六房》，这部片子当时是别人写的剧本还是你们自己拍的？

刘：《少林三十六房》是我想到就马上去拍的。因为老板说要我拍一部电影——《螳螂》，要想拍《螳螂》，就还要再拍一部。我说好，答应了。他们马上问第一部什么戏。我当时就随口说《少林三十六房》。

贾：是随口而出的？

刘：后来到家想想，一房什么，两房什么，想出来了马上打电话让人写。

贾：您去过少林寺吗，对少林寺有了解吗？

刘：没有，我不拍河南嵩山少林，拍南少林，你们看过吗？现在没人提，南派少林寺是福建的。我还有一个想法是，谁做过和尚，以前没有演员剃头的，谁剃头？谁来演，刘家辉。我们拍外景下雨，看到一块很大的石头被雨打得啪啪响，很好看，想到剃光头，雨打到头上练功的场景，然后我就想这么拍。

《少林三十六房》（1978），刘家良以真实搏击风格再现传统少林功夫，鲜明地表现出中华武术文化传统精粹

贾：刘家辉是不是跟您拍过片子以后才改的名字？

刘：对，他的名字是我妈起的。他是我妈的干儿子。他现在也不错，他所有的武功都是我爸爸教的。

贾：《少林三十六房》后，您又拍了《少林搭棚大师》，您是怎么想到把功夫跟搭棚子的活动联系在一起的？

刘：那时在香港，我晚上看到山上很多棚子，小孩子在旁边爬上爬下。我就想到假如说有一种功夫，用很长的竹竿连起来，很过瘾。很多次我自己马上想到，但是好不好看我不知道，拍出来每个人都说，不错。后来我又拍了自己觉得不错的一部戏，叫《武馆》。

贾：您最喜欢的？

刘：对。

贾：哪一年的？

刘：1981 年，是刘家辉演的。这场戏是南派的戏，从来没有人拍过的。我拍给人家看，这个一层一层叠上去，在上面叠罗汉。

贾：当时有什么保护措施？有没有威亚？

刘：没有，我就是喜欢这样，当时我在最高层，一层两层三层四层……

贾：您有没有想到这样拍有危险？

刘：不，习惯了。我从小就是这样练的。在广东，就是一层一层地叠上去的，我不怕的。这个片子是在一个巷子里面拍的。

贾：您和张彻还拍了一部《十三太保》。这部影片里有比较血腥的一场戏，叫五马分尸。当时这个场面你们怎么拍的？

刘：当时导演说五匹马把人拉出来，很残忍。他说不让马拉，让马把棚子里的人的肢体拉出来。OK 呀，这样好看，很精彩。当然说得很快，拍得很慢，拍了两天，就是拉出来那个镜头。

马不听话，一开始拍的时候，一匹马跑，另一匹马不跑，拍得很困难。

贾：你们设计得非常有意思。

刘：对，当时是一边想一边拍的，也很好，不错的。

贾：五马分尸这个场景，把暴力血腥掩盖住，而把暴力的残忍拍了出来。

刘：对，张彻是个很好的导演，有一场戏是开膛破腹，肠子流出来，把肠子收回肚里，拿腰带扎上继续打，是不死的精神。我最喜欢的一部戏叫《刺马》。

贾：现在又重新拍了，叫《投名状》。您特别喜欢这部电影吗？

刘：是，我和唐佳两个人，现在很多人学我们这种打法，敌人围着他，“不要杀他”，两兄弟的事，两兄弟自己了断。

《武馆》（1981），刘家良用复杂又华丽的场景布局和设计来展现舞狮采青的过程，精彩的叠罗汉行云流水，如好莱坞歌舞片般奢华

练武者要知道习武的宗旨是什么

贾：您是成龙主演的《醉拳》动作设计，对吧？

刘：动作导演。

贾：当时您是《醉拳Ⅱ》的动作导演，《醉拳Ⅲ》的导演，那部片子有喜剧成分在里面，您怎么考虑的？

刘：成龙一贯是演喜剧的，你叫他不拍喜剧他不行，成龙有他自己的一套，有些武打戏我向他讲了我的一些 idea，他自己就可以拍了，最好看的当然是我设计的用枪。

贾：您在《醉拳Ⅲ》拍了一场在房顶上的慢镜头，那是很惊险的场景。

刘：对啊，很危险，但是没钱拍，没有吊钢丝的钱，吊钢丝的钱要给武行的。就这么直接拍吧，

《醉拳Ⅱ》（1994），1994 年刘家良凭借该片获得第 31 届金马奖最佳动作设计奖

到上海的一个街头，新盖的房子上拍的。

贾：那是一个红瓦的房子，您在房顶上翻跟头，这很危险的。

刘：是很危险，但不怕。过去是不怕，现在怕，后怕。

贾：2003 年您还拍了一部《醉猴》。

刘：我不喜欢这部戏，拍了一半我母亲去世了。本来投资那么多钱拍的，后来资金不足，很多东西想起来没有拍。而且很多因素的，很多人说这部戏拍得不错啊，但是还能拍得更好的，还没有发挥出来。有的镜头我跟他们说，这个拳打出来不一定我要拍，想怎么打就怎么打，还要先想好。很粗的就拍完了，拍完之后我就很后悔，本来是要把它拍好的。

贾：您拍那么多电影，我们内地习惯叫武侠电影，有人叫功夫电影和武打电影，但是不管怎么讲是侠义精神和武术动作结合的片子。通过武术创作表现侠义的精神，这种侠义精神，您觉得指的是什么？或者说您觉得什么样的东西体现了这种侠义精神？

刘：我的意见是每个练武者，第一，一定要知道练武是什么样的宗旨，为什么要练武；第二，练武者不是要跟别人打，你不打就不能表现自己吗？第三，练武者不是为了讨饭吃，是为了工作；第四，练武是为了强身健体；第五，就是修炼自己。动手打出来之后，一个正派的武功打出来和一个邪派的武功，为什么邪派要输给正派的，因为没有正义。比方说两方打，正派就把邪派打倒，那这场戏要拍出来，邪派为什么会输，就是因为他很孤立。即便反派被打倒，不要再赶尽杀绝，也要扶起他，养好伤再和我打，没有养好伤不要和我打，这样就有意义，有武侠精神。退一步马上就海阔天空。你没有打死他反而把他扶起来，他就会永远信服你。我看到很多英雄都是这样做的。人有时候为很小的事情搞得自己一生不好过，没有脑筋，鲁莽，还有别的。这些人不是英雄，英雄是有内涵的。

贾：您的意思是不是武侠精神不是以消灭人的肉体为目的，而是要感化别人？

刘：对，就是这个意思。

贾：您拍过这么多武侠电影，您怎么看现在西方的动作电影，包括好莱坞的西部片、日本的剑侠片？

刘：他们的特技拍得很好，我们拍不了。他们以前看不起我们中国的动作 / 功夫，结果他们拍了以后没有市场，就找我们做顾问，现在反而拍得很好了。但是老外一打起来那个神情没有中国的好，而且我看了那么多洋人穿中国的唐装，很难看，现在他们拍电影已经改变了很多了。可以想象的是中国的《西游记》很厉害，孙悟空的金箍棒可以变幻无穷，可以变出很多东西出来，好不好看我觉得看得多了就不好了。

贾：技术上比我们高明，可是内容上不如我们，是吗？

刘：内容是大同小异，比如《哈利·波特》没有什么好看的，我觉得没有什么，只有变来变去，后来的都没有第一集好看。

要让观众知道我们的功夫是怎么来的

贾：您是《七剑》的武术指导，又是演员，是和徐克导演合作，拍这部电影您觉得最令人感动的、最有意义的是什么？

刘：最有意义的是有一场拍我在水下潜伏的戏，突然从水里面站出来的那个人应该是我。那时河水已经结冰了，徐克爱护我，不让我拍，他只拍一个背影，他说其他用武行替身来完成，我们看着他拍。不料一开拍，替身马上就说不拍了，太冷了！一层一层的冰，他的脚踩下去就马上缩回来，说不拍了。我不知道怎么形容，一脱衣服非常的冷，我说一下水马上把那么多的镜头一次拍完，两三个机器不要分开。徐克说 OK！一开拍，我就感觉到再往下，下面很硬，不是泥，都是冰。

贾：你们用什么办法来抵御寒冷吗？

刘：在冰水里，什么都没有用。比如杨云骢等从天山骑马俯冲下来，他们说用替身，杨采妮、黎明却都要自己来。从远处跑过来，跑近了以后，要再回去重新拍。后来黎明坚持不用啦，替身做就行了，我在旁边等，马都冻得不行了，拍了五次才完成，我 OK 以后都不愿下马，冻硬了。

贾：您拍武侠电影受了很多苦，做动作导演、武术指导或者武术演员也好。您觉得武侠电影，未来在这样的市场，比如说在非常娱乐、非常搞笑、非常商业的这样电影市场中，如果还去做正宗的武侠 / 动作电影，它的前途会怎么样？

刘：我觉得一定要看到地球是圆的。我们中国看世界，无论什么东西，它的起源是各种各样的。我拍电影，不一定要很死板地去拍，一个动作、一段戏让观众知道我们以前是怎么来的，功夫是怎么来的，配合现在时代的戏。当然了，特技应该有标准，应该不要的就不要，我觉得最好不要。看剧本怎么写，假如我是导演，我要拍一个戏，比如《火烧少林寺》，当然火烧的

刘家良作为《七剑》的武术指导，不仅要为剧中人物设计打戏，并客串莫问剑傅青主

时候一定要有特技，可是为什么要烧，我们要想想。

贾：为什么？

刘：因为要反清，因为我的祖师是从那里逃出来的，黄飞鸿的师父也是，他是俗家弟子。当然拍山崖、下雨、雷电这些都要靠特技去搞定，火烧这些也要特技，有时候打的时候震动的效果也要有特技才好看。

贾：您觉得还有其他的限制吗？还有什么武功？

刘：很多天都讲不完，有机会我再说，因为太长了，太多了。

贾：我们下次再约个时间谈。

（2007 年 8 月 15 日下午于香港日航酒店咖啡厅）

侠义就是即使事不关己，仍奋勇向前

丁善玺

丁善玺（1935 年 5 月 29 日—2009 年 11 月 22 日），中国台湾著名电影编剧、导演。祖籍江苏，生于山东青岛，毕业于台湾艺术大学影剧编导系。早年因剧本《杜十娘怒沉百宝箱》得到李翰祥导演的赏识进入香港“邵氏”工作。后来前后在“嘉禾”“万声”等电影公司任编剧、导演等职务。1971 年执导影片《落鹰峡》，获第 9 届台湾金马奖最佳剧情片等三项大奖。曾以《英烈千秋》(1974)获得亚太影展最佳导演、最佳编剧等奖项；以《八百壮士》（1975）获得亚太影展最佳影片、最佳女主角及金马奖最发扬民族精神特别奖；更以《辛亥双十》（1981）获得 1982 年金马奖最佳剧情片、最佳电影插曲奖。

丁善玺的作品充满着中国传统文化自强不息的民族精神，彰显着华夏儿女至死不渝的爱国情怀和对故乡的深切眷恋。他依循电影的经典叙事法则，追求影像逼真写实的艺术效果，在 20 世纪 70 年代的台湾电影界独树一帜。他的电影多次在台湾及亚洲电影节上获奖。晚年他多次到访大陆寻求与大陆影视界的合作。丁善玺生前原本想执导电视剧《岳飞》，但未能如愿。2011 年获得第 48 届金马奖终身成就奖。2009 年丁善玺因病溘然长逝。

很多动作片，不能称之为武侠片，或者侠义片。因为它只有动作，只有武的部分，没有侠的部分。

我把侠客的行为扩而大之，变成了“大武”，不是为了个人的恩怨，也不是为了公务，只有为了民族牺牲自己，基于这个信念，才叫“大武”，也就是侠。

——丁善玺

侠义精神在各行各业依然存在

贾磊磊（以下简称“贾”）：1971年，您拍了《落鹰峡》，您当时是怎样想到把侠客精神和现代战争结合在一起的呢？

丁善玺（以下简称“丁”）：因为台湾动作片很多，为了找一个不同的题材，我们把侠客的行为扩而大之，变成了“大武”。不是为了个人的恩怨，也不是为了公务。只有为了“大武”，为了民族，牺牲自己的事情，基于这个信念，才叫“大武”，也就是侠。所以，我们拍了《落鹰峡》，那部影片获得当年的台湾电影金马奖的最佳剧情片奖。

贾：我们看到20世纪70年代的台湾电影，包括您的电影，都比较关注战争题材。这跟当时的历史背景是不是有关系，比如您拍的《英烈千秋》。

丁：《英烈千秋》讲的是张自忠将军殉国的故事。张自忠将军是西北军系，不是黄埔军系。所以，在黄埔军系主政的台湾，拍西北军系的故事，基本上是蛮困难的。

贾：那怎么会拍出这样一部影片来呢？

丁：因为当时我在拍《秋瑾》。记得那天晚上在拍八国联军进北京的情形，炮火连天，浓烟四起。我们的爆炸师有装置错误，把拍电影的时间延迟了，超过我们申请的晚上十点钟，到了十一点钟才开拍。这样就惊动了很多方面，包括蒋介石的官邸。因为当时蒋介石住在我们拍片的“中央电影公司”不远的地方，听到片场的炮火声就被惊醒了。他的卫队长马上就过来查看情况。我就告诉他是在拍电影《秋瑾》。没有办法，今天必须拍完，因为请了很多外国演员。他说好，他回去请示一下，就回去了。我们等了将近半个小时，这个队长又回来了，手里拿了一张照片，就是张自忠将军的照片。他说，老先生知道你们拍《秋瑾》，很高兴。老先生说为什么不拍这位将军的故事？

贾：这么说拍《英烈千秋》的起因是蒋介石喽？

丁：当时我们并不了解张自忠这个人。自从得了那张照片之后，我们就努力地去了解他。当时“中央电影公司”的总经理梅长龄非常支持我。所以，就很顺利地开始了《英烈千秋》的拍摄。这部影片本来是跟香港的邵氏公司合作的。台湾和香港分别投资三百万台币。在开拍前两天，邵氏公司派了制片主任过来，提出两点要求：第一，整部影片里不能出现青天白日满地红的旗子；第二，军人头上的帽徽，青天白日的帽徽必须去掉。当时我们开会就决定了，没有办法接受这些要求，所以“邵氏”就撤资了。我们在一半的预算之下，艰难困苦地把这部戏拍完。当年获得亚洲影展的最佳导演、最佳编剧等四项大奖，后来才有了《八百壮士》第二部影片的产生。

贾：当时您的制作经费那么少，是怎样拍出宏大、壮观的战争场面和比较丰富的历史内容呢？

丁：内容的丰富呢，倒跟预算没有太大的关系。但是场面上，参加的演员，大概都抱着以参与为荣的心情，包括像《八百壮士》里演杨惠敏的林青霞。当时她的片酬是台币50万元，那是相当高的。但是她为了争取《八百壮士》里杨惠敏这个角色，她就半价来参与。那时她为了训练自己的游泳技术，包了一个游泳池，用一个月的时间请了四位教练，把自己苦练成一条美人鱼。后来在高雄爱河的外景地，虽然河水很脏，但是她还是很勇敢地跳了下去。

贾：《英烈千秋》这部戏是您编剧并且导演的，当时您是否考证了历史史料？

丁：当时是台湾很著名的编剧张永强先生写的大纲，能够在台湾找到的史料我们都去看了。然后，请当时西北军还健在的一些老将军们座谈。我记得很清楚，有一对兄弟，刘氏将军，住在很偏僻的地方。我们到那儿，谈了一天，他们没有讲一句有用的话。后来我就非常诚恳地跟两位老将军说，我们劳师动众从台北来的，聊了一天没进入正题，所以很希望了解一些细节，但是两位老将军讲，他说你只要拍张自忠将军和西北军光荣的一面就可以了，至于那些细节，衣服什么样的，帽子怎么戴，吃的是什么，拿的是什么，他说这个都不重要。我觉得他讲的话对我后来拍这部戏有很好的启示。

贾：在《英烈千秋》中，中国军队和日军的作战，包括张自忠将军最后的自刎，这是不是都体现一种侠义精神？

丁：基本上是一种侠义精神。因为当时来讲，张自忠将军并不需要身先士卒，到山阳十里长山走这一趟，他完全是为了鼓励在战壕里留守的弟兄们。没有想到被日军包围了，所以他也知道在当时的情形之下，没有高级长官殉职是没有办法打那场仗的。他当时是中将，以中将的官阶殉职，是当时国民党军队里殉职的最高官阶。在他去世之后，他的遗体被送到重庆，当时在重庆码头上迎接张先生遗体的群众有十万之多，非常拥挤。这个时候日本军队的飞机过来了，非常危险，大家就很慌乱。但是日本飞机并没有投一颗炸弹，只是投了很多纸做的炸弹。扒开纸做的炸弹，上面写着向中国战神致敬！所以，侠义精神不仅在于黄天霸、白玉堂他们这些人，中国的侠义精神贯穿到各行各业，一直到现在还仍然是存在的。

贾：我们知道柯俊雄是当时琼瑶的第一代男主角，您为什么挑选他来演《英烈千秋》，您觉得他身上是有一种侠义精神吗？

丁：他身上没有侠义精神，有浪漫精神，但是他的身材、脸形轮廓和年龄非常合适。他的身材比较高大，对我来说，是一个实验，我作为导演必须具有改变演员原有个性和原有作为以及他原有成就的一种能力。当时台湾军方非常反对柯俊雄来演张自忠，他们指定了一位香港演员。我们做了什么样的努力呢？我们就让柯俊雄用沙子磨自己的脸，别人是美容，要把脸变得细嫩，我们要柯俊雄的脸变得粗糙。开拍前一天，他整个的造型起来以后，有几位跟过张将军的下属被我们请来看，因为那时候他们还小，老实讲记忆也不是很清楚，但是觉得柯先生的神采确实有张自忠的影子。有一位属员说，张将军每天要骑马走很多的路，他有痔疮，痔疮发作的时候很痛苦，而且军需药品常常不足，所以他常常有一个动作，用手去塞臀部的痔疮。下属提供了这个资料，我们就要研究，作为一个上将来讲，他训话也好、检阅也好，乃至指挥也罢，经常去摸屁股，似乎不太好看，不够庄重。但这是角色的特征之一。柯俊雄就学这个样子给我看，大家都哈哈大笑，不是很好。结果很奇怪的事发生了，就在当天晚上准备开拍时，找不到柯俊雄了，全片场找遍了，找不着柯俊雄。后来发现他躺在操场的中央，头向着天，四肢摆平了，闭着眼睛，昏过去了。他为什么会在那个地方昏倒呢？到今天我都不能理解。

电影是影响人心非常有效的艺术

贾：20 世纪 30 年代在中国内地曾经拍过《八百壮士》的默片版本，您怎么会想到要再拍一部新的《八百壮士》？

丁：因为当时台湾当局受到一些批评，说国民党不参与抗日，在这个状况之下，老先生刚刚过世，气氛非常压抑。经国先生那时候满脸憔悴，戴孝中亲自打电话给我。当时我和柯俊雄在香港拍戏，经国说你回来，我们拍《八百壮士》。柯俊雄现在还欠我一张飞机票，我们买了机票回台北去看经国先生。他说，我知道你们拍戏方面有很多困难，说我们尽量配合。这说明一点，就是什么人玩什么鸟。你要什么样的影片出现，必须领导者要参与，不只我们如此，全世界电影发达的国家都是如此。国策可以领导电影，包括韩国，这个例子很明显。所以当时我们就放下在香港的合约尽快回到台北，开拍《八百壮士》。

贾：您觉得《八百壮士》拍起来有一些什么困难？

丁：因为抗战基本上是全民的，我们是抱这个信念去拍的，所以上至总司令，下至士兵，都要表现出让世人重新了解抗战的价值样子。人物是多了一些，但是大家看的应该不是一个人的故事，不是一个人的恩怨情仇，是整个的上海市，是当时整个中国所沸腾的抗战热情。我最近用 DVD 机在洛杉矶放给一些年轻朋友看，他们虽然听得不是很清楚，但是我可以看得出来，他们久久不离开，互相讨论。我觉得一部比较有意义的影片，它的价值和影响力是可以保持很长时间的。很多华侨希望中国能够有机会多拍一些对后代的子弟有教育意义的影片。

贾：当年《八百壮士》公映之后，大众的反应是什么样子的呢？

丁：《八百壮士》获得亚太影展最佳影片和金马奖最发扬民族精神特别奖最佳。我可以举

《八百壮士》（1975），被誉为台湾主旋律电影第一人的丁善玺因该片获得第 13 届台湾电影金马奖最佳发扬民族精神特别奖

一个例子。我在台北的家是十楼，一楼住的是位医生，我们常见面，但两年都没有讲过一句话。有一天医生哭着回他的诊所，看门的警卫就问他怎么了？黄医生说他刚刚去看了一部影片叫《英烈千秋》，很难过。警卫就告诉他《英烈千秋》就是十楼的丁导演拍的。后来我听到门口有人用力在敲门，打开一看是黄医生，满眼流泪，说不出话来。他说他看了这部片子之后产生一种欲望，想要走到街上，看见所有穿绿颜色制服的人都想拥抱。所以一部影片，不管它的时代背景怎么样，它能够影响人心是非常有效的。很可惜，台湾当局在这么多年来，荒废了使用这个有利的教育工具，很可惜。

贾：您觉得电影应该作为一种教育工具吗？

丁：电影有两种，一种是个人的，一种是大众的。个人的，导演在乎发挥他的个性，能否看懂是观众的事。大众的，它必须是广大群众能接受的，艺术性和商业性完全融汇在一起的。这个我想这应该是今后影坛的一个发展方向。

贾：您曾经说过，武而不侠少拍，侠而不武多拍，能给我们解释一下这句话的意思吗？

丁：我的意思是，我们看了很多动作片，不能称之为武侠片，或者侠义片。因为它只是有动作，只有武的部分，没有侠的部分。武而不侠，这种片子拍多了，并没有太大的教育意义。只是为了商业利益，大家在银幕上看着一通乱打，反正开心爽快就好，没有其他作用。但是，还有很多侠而不武，比如被清政府杀掉的六君子，宋朝的岳飞也是这样子。他早年是主战派，可以说是在战场上立的功，他的所作所为是为了民族的生存。所以，类似这种的侠士，我希望今后的影坛可以多拍一点儿。

偷渡香港，加盟“邵氏”

贾：您曾经多次说过是李翰祥导演带您入行的，算是您的恩师，但是您后来并没有和他合作，而去了香港，当时出于什么考虑，香港那边有什么吸引您的呢？

丁：当年我从艺专毕业，当了一年半的阿兵哥。然后我要找职业养活自己，于是我就写了一个剧本，叫《杜十娘怒沉百宝箱》，直接寄给了李翰祥导演。他当时在香港邵氏公司，看完剧本以后，他对男主角念书的情形特别感兴趣，就抽了一些素材放在他正在拍的《梁山伯与祝英台》里。后来他就让张策有名的编剧写信给我，问我愿不愿意到香港来？如果愿意的话，他们支付片酬。当时我是一个刚毕业的学生，能够进入邵氏银色王国，那是非常兴奋的一件事情。我也没有办法等三五个月去办出境手续，就用偷渡的方式从台湾到香港。我到达邵氏公司的那一天，李导演就来看我，他说你是不是丁善玺？我说是，他说你现在就跟我回台湾，我当时不能理解，因为我是冒着生命危险，好不容易才偷渡到了香港，现在怎么还叫我跟你回台湾。我回不去，我没有正式出境，没办法正式入境，还得偷渡回去。我说台湾的海防跟香港不一样，那是要真开枪的。他说那你尽快想办法回来，我后来才知道，是李翰祥先生带了 20 多位技术人员从邵氏到台北自己开了国联影业公司，所以我们就分手了。我在香港两年，之后我回到台北，还是加入了他的国联影业公司。我的第一部影片《虎父虎子》，就是李翰祥先生策划的，所以我们还是合作过。

贾：您在香港的两年，一直都在“邵氏”吗？合作愉快吗？

丁：对，当时在“邵氏”担任编剧，大概写了十几个本子。当时写戏的方式，我也可以告诉一些年轻的朋友，你进到一个组织严密、规模庞大的影业公司的话，如果没有特殊的人事背景，你只有一件事情就是勤快。我记得我当时非常勤快。人家不能完成的事情我就抢着去完成，人家写不了的东西我就抢着去写，还不计酬劳，给多少我拿多少，我觉得这个方式在“邵氏”蛮管用的。在这期间，我跟胡金铨导演合作得最久。

贾：我们想问一下新派武侠片的诞生，大家都觉得《大醉侠》是新派武侠片开始的一个标志，也是您作为助理导演、编剧和胡金铨导演的一次合作，您能不能跟我们谈一下这部影片的创作过程？

丁：我在“邵氏”时大概 30 岁，可以说是编剧部里最年轻的一个，因此也得到了胡金铨导演的关照。我发觉胡导演不只是一个拍喜剧和表演喜剧的人，他的国文和英文都有很好的基础，所以我跟他很谈得来。提到动作片的方面，他问我，对当时“邵氏”所拍的影片有什么感受？那个时候我觉得“邵氏”还是在走所谓的粤剧的路线，比如服装，花里胡哨的，刺绣的，都是大团花；动作都是舞台化的，尤其是打斗，都是套路化的。一套，二套，三套，四套，差不多五六套，上手跟下手分得很清楚。打斗的时候，主角跟上下手配合起来，是第五套就打第五套，第八套就打第八套。若是 20 个导演，20 部不同的影片打出来都是一个样子。我就觉得这不够真实，因为我有一个比较占优势的地方，就是我在（中国）台湾可以看到日本的片子，而香港当时不准进口日本的片子。我发觉日本的剑戟片里面有很多东西是我们可以学习的。剑戟片本身就是一种舞蹈，韵律性很强，设计性很强。我就提供了胡导演这些资料，包括《宫本武藏》。后来邵先生到日本去买了一批日本的剑戟片，供我们做研究。我记得最清楚的是日本剑戟片中的武器，那雪亮的长剑，杀气腾腾，但是演员打斗的时候是毫无畏惧的，没有多余的躲闪。所以我们就研究他们这样的剑，一定是用钢片打造出来的，因为当时我们的刀是木制的，表面刷了一层银漆，非常之假。当时很多演员都可以把没有刀鞘的刀，插在腰带里，晃荡晃荡地就上场了，为什么呢？因为大家都知道那刀是假的。我们“邵氏”有自己的工厂，专门打造了很薄的弹性很足的单刀，我们就拿那个单刀去拼杀了，后来一位日本摄影师笑我们说，你们都不要命了！他说日本电影中的刀，都是用最好的竹片削成，修到一点儿棱角都没有，然后贴银纸，这样我们才学会了怎么样制作道具单刀。然后，就看日本演员非常流畅的姿势，刀甩到刀鞘里，我们找了很多武师来表演，眼睛必须看着刀鞘口。后来我就觉得要研究。

贾：那怎么样研究呢？

丁：我们把影片放在剪接机上一格一格地看，发现有些日本演员手上根本没有刀，只是用手做的那个动作很快，你都没有看见，他“咔嚓”一声，就已经配音了。诸如此类的一些关键

《大醉侠》(1966)，相较于以往的武侠电影，影片没有武林绝学，也没有拜师苦练，更没有什么深仇大恨，整个情节十分自然，是传统的武侠电影向新武侠电影的一种过渡，是中国武侠电影中的经典

地方，就是你从细微的地方去了解、去学习，胡导演是有这种精神的。我发现胡导演对新派武侠最大的一个贡献就是注重质感。他对服装的要求是平民化，大众化，该用布用布，该用麻用麻，绝不去随便绣朵花，弄得五颜六色的，这是他的一个写实的风格。另外，他的道具，尤其武器，都是很有质感的，包括动作形式。例如过去粤语片中，拍飞檐走壁，演员一蹬一跳，就接着倒拍那个人从墙上翻下来，那就是让观众看起来这个人可以飞两丈。但胡金铨不会这样做，他一定让角色脚踩着一根柱子，踹一下，借力，用人力能够办到的高度跳过这堵墙。所以你想在他的片子里看到人飞来飞去是很难的。但是他用各种方式，用壁虎功或者是用脚尖踩到任何一点点可以借力的地方，翻过高墙是常有的。在这个基础上，就拍出了《大醉侠》。我那时候是编剧兼副导演。我们拍完这部戏之后，邵逸夫先生看完毛片，慎重地决定了一件事，要把这个片子烧掉！《大醉侠》是被烧掉的。

贾：为什么要烧掉呢？

丁：因为这个完全跟“邵氏”过去出来的花里胡哨的那种武侠世界是不同的，它的打法也是不同的。在这种状况之下，制片主任邹文怀先生，后来他成立了嘉禾公司——他为什么脱离“邵氏”，这也是原因之一。他觉得我们需要改良，我们不能再沉默在过去一贯的作风里头。他把这部片子拿到韩国去放映，没有想到在韩国产生了很大的票房轰动。这时候“邵氏”才全力把这部片子修剪好，然后配音，然后大力发行，创立了新的武侠世界。

动作导演有时会把艺术导演“吃掉”

贾：当时《大醉侠》有动作导演吗?

丁：当时我们都没有这种观念，说要有个动作导演。片场有一位叫韩英杰的，他过去是舞台班子，后来在粤语片里担任龙虎武师，他是胡先生的朋友。一般的动作，比如就翻滚，前后翻啊，乃至翻台子，他都可以办得到。那时候我想他将近四十多岁，所以我们并没有所谓动作导演或武术指导，等等。因为这个新职务会产生一个职务必须有的薪水，这个薪水跟“邵氏”的预算不合，就出不来。所以，大家都是你一言我一语编排了这场戏的走势，然后就拍摄。到后来越来越发展成一个专业，但是这个专业的形成，到目前为止，可以说是有新的贡献，也可以说有新的损失。

贾：为什么会有损失呢?

丁：因为动作导演常常把艺术导演“吃掉”了。比如讲我在西安合作一部《将邪神剑》，女主角是一个铸剑师的女儿，她一生的梦想就是铸一支非常强的钢剑。因为那时候还没有钢，那为什么要花一辈子的时间，乃至子子孙孙要去练钢，练出这样的剑，就是因为当时的战斗是靠剑，靠剑来伤害对方，也靠剑来保护自己，而不是武术，假如说是武术，它就不需要练钢，也不需要花精力去练剑。我们从香港请来很多武术指导和武术演员，那时我是拍白天班，他们是拍晚上班，拍打斗场面。等胶片冲出来一看，跟我拍的文戏是两回事，是两种要求，表情也完全不一样，就等于是这个人物被分成两半，而比较倾向于动作的制片人认为港片的动作是赚钱的保证。

贾：面对这种分化的现实，您当时是怎么处理的?

丁：我面临两条路：一是辞职，我没有办法弄下去了；再一个就是坚持。女主角是非常专心、投入地去练一支剑，这是一个工程问题，也是一个古代的工业问题，是研究这些生铁、熟铁、钢等。我联络了西安大大小小所有的制钢公司，我请他们打出越王勾践的剑。在我的想象中以现在的技术打出古代一千多年前的剑应该不成问题。但是两个月下来，我跑遍了所有的钢厂，大家都告诉我没有办法炼出像越王勾践的剑，因为那把剑现在都在博物馆，我们也没有办法打出剑上的花纹。我们都不知道我们的先民是怎样把这把剑打造成功的。我们先民的智慧和先民炼钢的过程，是不是应该借这部片子来告诉大家，而不是看女主角活蹦乱跳，飞檐走壁，她不能靠飞檐走壁去取胜敌人，她必须靠她的这支剑来取胜敌人，那才回归我们的主题。但是观众的要求、观众的趣味以及制片人的保险，是要打成一锅粥，而不是看中华民族先民的智慧，所以在那一部戏的制作上，我承认我是失败的。但是也让我深深觉得艺术导演如果跟动作导演配合得很紧密的话，是没有办法把这个武侠世界中侠的部分强调出来，而只是一些武的部分。这个是我要提醒现在的武术指导，甚至现在的导演要注意的事情。

贾：一般内地的副导演都是负责选演员的，当时在拍《大醉侠》的时候，您做副导演有没有进行选演员这样的工作，您是怎样选的?

丁：那部戏所有的演员全是现代的，因为“邵氏”当时有训练班，男女主角统统都是第六届，也是我教过的那一届。当时这也是邵先生要烧这部片子的原因之一，说没有一个人是明星，包括郑佩佩，所有的一线演员都是年轻人，没有一个明星。这也证明一点，只要制片人有眼光，有冒险精神，大量发掘年轻一代的是办得到的，而不是办不到的。

贾：当时这些演员也都没有武术的基础吧？

丁：有，在训练。但不会像李连杰得过全国武术冠军，这个是没有的，只是有这方面的训练。

武侠电影最重要的是气势

贾：您从 60 年代就开始拍片，见证了一些动作 / 武侠片的历史发展，而且您曾经也跟比较重要的一些人物合作过，比如说像张彻，您能不能跟我们谈一下跟他合作时候的一些事情？

丁：胡金铨导演，我认为他对武侠片最大的贡献，是质感。第二位张彻先生，他拍了很多动作片，虽然没有所谓的代表作，他的片子里对服装布景道具，等等，甚至演员都不注意，他都不怎么要求，他要求的是从头到尾的一股气势。他要求的是理性，就是我刚才写的侠而不武和武而不侠的问题。

贾：您说的这个气势，我们在他导演的片子中确实能够感受到。

丁：在他的戏里，你感觉演员可能搭配得不太对，服装也不太对，布景也不是很合适，但是他的戏很卖座。他的戏里除了武戏之外，还有一种侠义精神，有一种气势在里头，所以我觉得张彻先生对新派武侠剧的贡献就是这个气势。还有李小龙，他生前我们没有合作过，他在嘉禾公司，我也在嘉禾公司。他去世之后，拍摄的一部戏叫《死亡塔》没有完成。公司已经跟外国片商签了合约，必须把它完成，那只有一个办法，找代替的人，那由我来主持这件事情。

贾：这在当时是一个难度很大的工作。

丁：我就一个人在放映室里看李小龙的影片，他拍的毛片，一天一天地看，一天看十几个小时，找出一个方法能够剪接成一部影片，同时不能完成的镜头要找人来代替。那时候就觉得不能在台湾和香港找，因为太熟悉，就到日本去找，当时经过考试，说有 32 位“李小龙”要到香港来应征。我奉命到机场接待他们，这是我们的青年所不及人家的地方，因为我们中国的孩子比较含蓄，比较内敛。可当时在我眼睛里头看到的所谓“李小龙表演团”，他们在下飞机的时候，在舷梯上，就已经开始表演了。每个人都穿着黑衣黑裤，头发都修得像李小龙一样，手持双截棍，没有一件行李，从飞机上就一路蹦啊，跳啊，一直到大厅里头。因为他们听说导演就在楼下，他们尽量表现自己。所以后来在很多次招考演员时，我也鼓励年轻的报考者有这个精神，既然来了，就要放开，既然放开，就彻底，不能保留。

贾：当时是您决定从日本找演员，而不是从（中国）香港和台湾找？

丁：这是我们会议决定的，后来这部戏完成了，李小龙的戏有一定的票房，公司还是没有白辛苦。李小龙的影片，他的表演跟其他武打演员的表演不一样，为什么？因为他有实力，他开始用四肢来打斗，以前都是用两只胳膊打斗，从李小龙开始用脚踢，脚上来了，脚有时候比拳还有用，还有力，所以他外号叫“李三脚”。

贾：在武侠电影的历史著作中称之为“凌空三弹腿”。

丁：所以武侠动作从两肢双臂走到四肢包括左右脚，是从李小龙开始的。虽然武术本身已经存在很久，却是李小龙第一个把它带到银幕上的。后来套招就多了两只脚，以前的武术指导不懂得用脚套招，是从李小龙开始，大家才研究出他这个别具一格的打斗动作，原来脚是怎么样有力，一直影响到今天。有很多欧美的练习武术的演员也好，一般的人也好，你看他们的腿伸出来漂亮的，是有力的，因为他们的腿脚长，他们套出来的拳脚功夫跟中国人套出来的拳脚功夫不一样。中国人如果再不走回实力，只弄花招的话，这个动作片很快就消失了。中国的优势会很快就被占领，因为西洋人的腿脚、胳膊长，他的拳伸出来，手伸出来，脚伸出来，距离都大、宽，好看。李小龙的武术带有两样东西：一是凝重，你看他一个镜头停下来，送到他脸上，他带给你的感觉是非常凝重；二是韵律，他的动作里有快有慢，所谓静如处子，动如脱兔，他做到了。当然这在舞蹈里是很普遍的要求，但过去在武侠片里，还没有像日本人做得那么彻底，分不出来阴阳快慢。但是李小龙打几下后，一个停顿，然后又几步之后，予以停顿，打一拍打两拍，还是打两拍打三拍，这个时间都有估算，这是李小龙给中国武侠电影带来的新活力。

成龙对中国武侠电影最大的贡献是他的拼搏精神

贾：您谈到胡金铨导演比较重视质感，张彻重的是气势，李小龙注重韵律，那么成龙的特点是什么？

丁：成龙导演，其实我跟他合作很久，《大醉侠》里头有一群小丐帮，他就是其中之一。但是现在我已经不能分辨出哪一个是他。实际上的合作，大概是 1983 年，拍摄《A 计划》。我觉得成龙最大的贡献是他个人的拼搏奋斗。他小时候没有机会好好念书，他觉得人家会排斥他，所以当他的功夫练到一定程度之后，他就更努力地拼搏，他的每部戏总要找出一些使自己致命而能换得观众欣赏的卖点。比如说在《A 计划》里头，有一个 52 英尺（约 15 米）的钟楼，剧情上是他支撑不住，从钟楼上掉下来。按一般来讲，这应该是替身，可是成龙坚持要自己做。他说我们不能欺骗观众，也不能欺骗自己，我既然拿这么高的酬劳，我就摔给你看。可是作为制作单位，包括我在内，承受的压力很大。老板一天到晚盯着我说，千万不能让成龙受伤，那我们就从 52 英尺钟楼的布景做局部具体的研究，给他设了三层障碍，做了两层遮阳棚，他从 52 英尺上面掉下来的时候，他要看准了，唯一的工作就是看准了从第一层摔到第二层，再摔到第三层，然后直接落地。一般下面都垫着纸箱或纸盒，那个重量下来以后，很多纸箱都被压扁。

但成龙的要求要有三台机器，一台机器至少跟着他从 52 英尺上面一直到地上，这个难度比直接跳下来要难得多，因为你接近地面的时候，人体的重量要完全消失，有一点重量就会受伤。我们就考虑用帆布还是用皮革，还是用其他什么的布去做遮阳棚，能够承受一个人的重量？人一压上去之后又能滑到第二层，从第二层又能滑到第三层，最后安全落地。我就用纸做实验，然后用布做实验，这中间用刀划破它一点点做实验，因为稍有不慎，演员的手和脚碰到遮阳棚周围的金属架子，都会受伤，还会改变方向。虽然在地面已经挖了五六尺深的坑并用纸箱和土做了伪装，但是如果中途改变了方向，演员就会摔到外面去，摔到很硬的地面，那就不堪想象啦！

贾：真是惊心动魄呀，一个动作却要花费如此多的精力设计。

丁：在开拍的时候，所有的投资人跟老板都站在下面，等导演喊一声："开始！"我就上去，好几个人把我扶上去跟成龙对话，因为我看得出来他坐在上面很久，没有下决心。因为这个不能试。他的成家班也没有一个人出来代他试这个镜头，他那时已经结婚了，也有孩子，他当时所想的问题比过去要多。他看一看下面，看看我，看看自己，然后有很大一会儿功夫的思想斗争，

1983 年，丁善玺为成龙、元彪策划了一部名为《海上剿匪记》的电影，因一场"海战大戏"的制作经费过高而被迫搁浅。为了不让之前搭建的布景浪费，成龙接手这部影片的拍摄，对原来的剧本进行了大刀阔斧的改编，片名也被改成了《A 计划》。"没钱造战船"的这段幕后轶闻，也被成龙融入电影故事的创作之中，成为《A 计划》前半段故事的主线

才决定跳下去，很万幸每一步都正好在提前设计的范围之中，安全落地。他就是这样在每一部片子里，找那个决定致命的点，自己去拼，所以他的片子里散发的一种气息，是鼓励演员以及鼓励青年的群众勇敢地去面对困难。他的戏不论故事好坏，展现的都是一个奋发向上、生死无惧的主题。我想中国的动作片，经过这些先驱者的努力，目前在国际上已经有了开花结果的现象。但是我听说实力最好的李连杰，最近希望退休，我不知道他遭遇什么样的困难，和有些什么样的想法，是不是跟成龙一样，在52英尺上，在功成名就之后，已经不敢尝试危险的动作了。

贾：武侠电影真是要靠一代接一代人的拼搏努力才成。您跟成龙除了《A计划》后来还有什么合作？

丁：没有了。现在，我过两三年就退休了。因为成龙第二年就到外国去拍戏，因为防护的问题没有做好，从树上摔下来，一直到现在他的一只耳朵是聋的。所以动作片除了表演者的动作之外，防护措施非常重要。

贾：当时《A计划》中两层帐幔的设计是您想出来的吗？

丁：是我们跟美术师，跟大家商量出来的。那时候香港有很多西洋建筑，不过它们很考究，外边还有一层铁皮。我们不能装铁皮，摔到铁皮上蹦到哪儿就不知道了。

贾：您从影这么多年，看着武侠电影一步一步地走过来，对现在一些比较写意的武打设计的影片，有什么看法呢？

丁：基本上现在的动作片有水柱和爆破，可以在水里哗哗起来很高的水柱，手掌一拍，弄得烟雾瘴气的，演员在哪儿也不知道，这是一种炫。这种炫是年轻导演追求的目标，但是越炫实力越少。我还是希望能够在故事上、在精神上、在意义上、在侠义方面多下功夫，最好能实打，不要虚打。说谁都可以拍武侠片，这句话是不对的，观众不信服你。让我去演霍元甲，观众就不会信服，所以说不是谁都可以摆个姿势演动作片的，没有十年八年的苦功你演出来就不像，既耽误自己的时间又耽误观众的时间。

将《与妻书》搬上银幕

贾：当时您拍《辛亥双十》这部电影的时候是什么样的一种情况，为什么创作这个电影？

丁：《辛亥双十》是讲武昌起义的。前一部我选了《碧血黄花》这个题材，就是“三二九”广州黄花岗起义，有72位烈士葬于黄花岗。其中有一位主角叫林觉民，他最著名的是《与妻书》，曾经入选台湾的国文教材，也就是说台湾的学生会读到这一篇文章。既然大家都了解林觉民这个人，也读过他的这封信，用他来拍摄一部影片，应该是可以的，所以我们就开拍了，女主角是林青霞。影片中有一场戏是林觉民的妻子读这封信，这要怎么拍。它的重点是在这封信上，但这封信非常长，摘取哪一段都不能代表。所以我当时就下了决心，虽然影片只有90分钟，我们用12分钟来拍这一封信，把信上的每一个字都读给观众，再配上画面，结果这部戏在亚洲影展得了最佳导演奖和最佳男演员奖。

贾：电影界有一句箴言，叫“沉默是金”，看来并不全是，要看具体的的题材了。

丁：在银幕上读十分钟的信，是非常大的忌讳，几乎没有人这样做，但它能够促进其他的民族对这部戏的了解，在那么多的作品里获得最佳导演奖。当时我们的公司是个非常穷的公司，我连酬劳都拿不到，没有派任何代表，也没有带任何礼物到印尼去参加这个会。邵逸夫先生拍了一部电影，叫《孔雀王朝》，十分有把握拿到最佳影片奖，他还带了很多名手表送给评判员，结果出来的时候，是我们的这部片子得了最佳导演奖，他非常吃惊。邵先生跟我认识多年，我在他的领导下也工作了好几年，后来我到台湾去，他包戏给我，我也拍了四五年，但是他没有想到这样的一部小片子，能跟他全力制作的《孔雀王朝》争夺最佳导演奖。《孔雀王朝》是楚原拍的。后来邵先生就对我说：“小丁，我们再合作。”

贾：我们发现您在 1987 年拍了《旗正飘飘》之后，就再也没有拍过战争题材的电影，这是为什么呢?

丁：因为李登辉和陈水扁基本上是亲日派，从那之后所有的抗战影片乃至革命影片，都不会再有可能拍摄。

贾：刚才您谈到 1993 年和西安电影制片厂合作的一部电影，您觉得古装武侠片和现代题材在动作设计上有什么区别吗?

丁：基本上节奏应该都要注意的，但形式很不同。现代的打斗没有兵器，都是靠身手，也就是说肉搏战居多。古装的起码有马匹，有长兵器，所以在形式上是不同的，但是马战到现在，中国、外国没有人拍好过。外国的马战处理很简单，它是对冲，对撞。枪很长，一对冲，谁的剑挑了、枪折了就算谁输了，这个设计太简单了。中国因为小说的关系，描写的都是五花八门，但实际还不错，也不是一定拍不出来，而是制片人给你的时间不够。现在因为电脑特效已经搞尽了花样，这也是我们比较担心的地方。因为电脑特效是比赛钞票，不是比赛艺术创作，你只要钞票够了，对方就帮你拍了，帮你设计，导演等于是看片的人。我看到有一些导演看完影片哭了，因为他没有想到他当初的构想是这样子的。许多动画做出来的东西，那种力量是创作者所想不到的。所以，日新月异的是技巧，对于情节，对于表演，对于内在的东西可能越来越淡，这是一个危机。

贾：您能不能回忆起到底是从哪个确切的时候开始有动作设计，或者动作导演出现的?

丁：“邵氏”大概在《大醉侠》之后，就开辟了所谓的武侠世纪，这个武侠世纪就开始注重这一方面。那时还不叫动作导演，叫武术指导，开始设计兵器，固定的、活动的、可以转弯的、可以增强想象力的。但是没有一个人想到李小龙用那么简单的双截棍打出了一片天下。

贾：您认为中国最好的武侠片是哪一部?

丁：没有。我们很简单，在台湾是以电影谋生的，以电影谋生的人是根据老板的时间和意图拍片。我最大的长处是绝不超过计划时间，是绝对让老板赞成。

贾：那您之后跟《大醉侠》中的郑佩佩还有没有合作?

《虎辫子》（1974），丁善玺执导，影片讲述了一个为父报仇的故事。丁善玺自己回忆说："《虎辫子》的故事是组合了中国技击和中国古玩的一部佳构剧，技击是激烈而野蛮的，古玩却是纤美而幽丽的，这两种完全不同的戏剧气氛是很难以融汇在一处的，而我们决定这样做，是嘉禾的勇气，也是我和佩佩的勇气。"

丁：之后我们也拍过《虎辫子》。《虎辫子》是我自己出钱拍的，是讲一个很强悍的女子在山里头跟一群土匪复仇的故事。没想到整部片子充满了蛮荒气质，因为山林里没有什么豪华背景，也没有什么大情节可看。

贾：武侠和言情电影，就是这两种类型片，曾经是台湾电影的两大支柱，有人为此把武侠作为中国特有的电影品牌，您认同这个观点吗？

丁：过去的确是。过去台湾年生产影片最高到320部。台北有个热闹的街，叫西门町，说台风时西门町吹掉一块招牌来，砸死三个人，其中有一个人就是导演。导演之多那是不可以理解的。在西门町某餐厅大喊王导演电话，结果站起十几个人来。你拍一部戏容易，你自己出钱或者你父母出钱，或者你家属支持你，拍一部、三部戏的导演很容易，但是你能不能拍到五部，拍到十部，这就是说你有没有商业价值，这个是很不容易的。拍到30部以上，对于台湾人来讲，因为地方很小，任何问题都很容易被放大，就非常难应付。我算是朋友多，大家照顾我，所以我还没有停下来休息。

侠，即使事不关己，仍要奋勇向前

贾：现在我们看到武侠片在世界上的地位越来越高，而言情片比如琼瑶的言情戏基本上慢慢消失了，对这种现象，您有什么看法？

丁：我有一个看法，香港的嘉禾是宣传国语片非常重要的一个公司，介绍中国武术的影片和机会，都是嘉禾老板做的。因为他的外文非常好。其次就是过去中国还没有这么强盛的国力，中国的影片在国际上并没有得到瞩目。而近30年，中国国力增强，所有的艺术品，包括绘画，甚至包括一支歌，都成为国际上瞩目的标志。所以中国的电影导演，如果不把握现在这个机会，那是很可惜的。

贾：有人说是功夫片，有人说是武打片，有人说是动作片，您觉得武侠片这个界定准不准确呢？您对这个说法有什么看法？

丁：武侠片基本上是一个总称，最好在动作之余有侠的行为。警匪片不算侠义片，因为警察是拿薪水的，责任是抓贼，尽职而已。战争片，军人也不是侠义，是尽国民义务。所谓的侠，基本上就是事不关己，而奋勇向前。这事情跟他一点儿关系都没有，完全置身事外，但是他奋力向前，去救助他人，包括拯救别人的生命，这才叫侠义。

贾：台湾地区在60年代的《大醉侠》之后是武侠片的兴盛期，但是慢慢又有一个回落，到现在又开始兴起。您觉得作为一个从影多年的老导演，能不能跟我们讲一下当时的一些背景，或者说讲下这个过程？

丁：至于台湾的动作影片，目前台湾可怜到一年出不到十部影片，都是小资金的，主题也很狭窄，像排解家庭问题。乃至于出现了所谓的情色影片，因为新导演给这个名词，跟色情影片不太一样，就叫做情色影片。原因很简单，现在的台湾领导者没有时间来顾及这方面。它确实在没落，想尽办法它仍然在没落，一方面是它的学习力不够，因为目前的组织对文艺宣传不注重，不像国民党在大陆那些年，具有中央电影公司和其他的一些报纸等各方面的宣传人才。现在每年台湾政府会补贴优秀影片相当多的资金，曾经听说有片子达到1000万到1500万新台币，但是却没有什么精彩影片出现。

人类的想法基本上是相通的

贾：既然有这样的资金来支持，为什么还出不了好电影呢？

丁：原因也很简单，我们这一代导演是为了谋生，不得不做。下一代的年轻导演有两派，一派是为了创作理想，不合适自己的影片不拍，这是艺术派的；另一派是学会了很多现代的交际手腕，弄到一部分资金，就匆匆忙忙开拍了，很简单地收工了，这些影片多半都是躺在仓库里。

所以总的来讲，产量完全不能跟过去相比。过去以产量来计算的话，占全世界第三名，第一名是美国，第二名是印度，第三名是（中国）台湾。现在这个盛况可能一时之间也没有办法恢复。我可以讲一个简单的情形，我曾经想跟内地的几个厂合作，拍摄《西楚霸王》。《西楚霸王》是西安厂提出来的一个拍摄可能，我们已经到了双方签约的地步，却被台湾政府制止，那就单独跟西安厂拍摄《将邪神剑》，没有完成《西楚霸王》。为了拍《西楚霸王》，我曾经专门到日本去，因为日本当时在上映一部大型战争片，叫《天与地》，讲两位敌对的将军，两个人都对《孙子兵法》很有研究，他们对阵，所以叫做《天与地》，一天与一地。当时是东映株式会社拍摄的，我去拜访会社主管，他说他们很欢迎合作，让我先去看影片，看完影片再谈合作。他们的戏院就在公司下面，他送我到戏院去看戏，那是下午三点钟左右，到六点钟结束。我看完《天与地》之后，已经没有勇气再爬楼，再上去找他们，因为我觉得影片写实的主题很鲜明，场面很浩大，颜色拍得非常之美，民乐乐器配得好，各方面都是非常有水准。就作为合作者来讲，我们知道自己的斤两，我们知道跟东映合作是肯定被全盘吃光，因为他们太强了。但是人家还没有下班，几位主管都在楼上等我，所以我不得不上去，他们问你是不是有些震撼。我说不止震撼，我们的合作恐怕没有办法完成。他们说，您不要被这些场面吓住，我们很轻松地就完成这些场面，您在银幕上所看到的一人一马都是真实的，但这是一个策略的问题。在东京附近没有这么大的草原，也没有这么多马匹和骑师。但我们在全球做了调查，在加拿大有一个地方，可以动员 6000 匹马，而且有骑师。这些骑士都是什么人呢？您猜猜看。是当地的高中女学生，她们身高马大，听话，酬劳少，日本的盔甲穿戴起来，嘴巴遮起来，你根本看不出谁是谁。我们把服饰、武器运过去，在加拿大拍摄的这场战役，这场战役虽然很浩大，需要花很多钱，但是我们克服了这个难题。我们的器材、人员、服装道具太庞大了，引起了欧美与我们有合约、没有合约的电视台的注意。各处的电视台派了摄影师，到现场和我们一起拍摄，我们原定 20 天的拍摄日，但我们拍着玩，拍了 30 天，为什么呢？就是越来越吸引那些欧美的电视台和片商。在那 30 天里，我们已经把这部戏的欧美版权都卖光了，所以我们回来之后，才开始拍摄搭布景的戏。由于这位主管非常难得地开门见山地把《天与地》的拍摄过程告诉我，我才觉得有很多方法还是要学，这种方法就是一种经营手段，后来我把整个情形写了报告，给了当时的新闻局负责人。他们请了台湾所有方面，开了三次会，希望他们帮助台湾电影的成长。

贾：后面有什么结果吗？

丁：当时只提出一个要求，请“中央电影公司”提供三年的财务报表。在当时来讲，电影公司三年都是亏空的，所以没有办法推出完整的报表，因此这个合作也就没有谈成。但是可以看到，每一个国家和地区都积极地想办法替电影界打出去，但是没有实行成，因为经济跟文化是相对的，但是你看现在的韩国就不一样。台湾每年发展电影的经费是 2.5 亿新台币，而韩国每一年发展影剧业是 100 亿美元，但是利润呢，是几个一百亿。《大长今》一出来，五个月之内向全世界发行。现今，韩国影坛已经声明要花 1 个亿来拍《孔夫子传》，所以我们的孔夫子已经变成“阿里郎”了。我不晓得中国内地政府有没有看到这个消息，如果一年或者两年之后，我们看到一部伟大的韩国影片诞生是《孔夫子传》的话，我们的电影界只能是惭愧啊。

贾：后来您跟日本有过合作吗？您的电影会受到日本电影的影响吗？

丁：没有，我想人类的想法是大致相同的，比如我在《英烈千秋》里拍到张自忠将军在台儿庄胜利之后，下属跟他报告，130个连死了157位连长，就是说130个连的连长都死了，然后替补上来的连长又有相当多的阵亡。在我的影片里，张自忠流下眼泪的这个镜头很难拍，柯俊雄他不习惯演这种感伤的东西，花了很长的时间。我觉得拍得还可以，但是最后被剪掉了，因为这是厌战的一部分，将军流泪是懦弱的。可是第二年，我们看到日本电影《明治天皇与乃木大将》，得了当年日本电影的最佳导演奖，这个乃木大将从战场上回去，向明治天皇汇报战况的时候，泣不成声，一句话都没有讲，跪在地上就哭，从头哭到尾。所以，刚才你问，是不是受到日本片的影响，也许日本导演看过我们的《英烈千秋》，有了更新的想法，他的想法是乃木大将从头至尾没有讲一句话，却非常感人。

（2006年11月11日下午于北京锦江酒店安贞店）

为弘扬武术精神 拍武侠电影

张华勋

张华勋，1936 年 3 月 7 日出生于四川彭县。1951 年，他进入彭县一中学习，两年后应征加入了中国人民解放军。其间还到越南打过一年仗，后来因受伤转到北京海军某部当文书。也就是那个时候，他迷上了电影，并立志做一名电影人。1958 年，他信心十足地报考了北京电影学院导演系，并且如愿以偿。毕业后分配到北京电影制片厂，开始了他的电影艺术生涯。他曾经为著名导演崔嵬当助手，参加了《小兵张嘎》（1963）、《风雨里程》（1978）等片的拍摄。张华勋从老一辈电影人那里学到了电影导演的实践经验，后来逐步走上了导演艺术的道路。1980 年导演了影片《神秘的大佛》，为此成为中国内地武侠动作导演第一人。此前新中国电影史上我们几乎看不到激烈的、表演性的武打场面。其实从电影的叙事形态上看，《神秘的大佛》更像是一部风光旅游和寻宝、护宝相结合的传奇故事影片（张华勋为此还荣获了乐山市荣誉市民的称号）。1982 年，张华勋又完成了他的第二部武侠电影《武林志》的创作，传统武侠电影的经典场面——擂台比武已不再是一种技艺和动作的竞逐，在不同武术技击方式（中国的八卦掌和西方拳术）的交锋中，包含着奴役与抗争、侵略与反抗、正义与邪恶的尖锐冲突。东方旭，代表了中国武侠电影中那种典型的集道德与武艺于一身的双重英雄……

应该说我是一步一步地接触到中国武侠文化的，接触之后我觉得中国历史上冷兵器时代的武术是军事斗争的需要，不仅是实际力量的对抗，更是一种谋略。

武术也好，擒拿格斗术也好，都是外在的，内涵的东西是写人。文学是要写人心，引申到影视艺术中也是一样，这个意义是相通的。

——张华勋

古典文学带来了创作灵感

贾磊磊（以下简称“贾”）：您作为中国第四代电影导演，在20世纪80年代初期，就开创了中国内地武侠电影的先河。您在踏上中国武侠电影历程之初，对中国武术的理解是怎样的？

张华勋（以下简称“张”）：在冷兵器时代，中华武术实际上是中国军事斗争的主角。我涉猎这个领域以后，就在一篇文章中举过例子，《三国演义》中关云长用青龙偃月刀，张飞用丈八蛇矛，都是根据人物性格来的。

贾：每个人物用什么兵器都是根据性格来选择的。

张：对，什么人物用什么兵器，和性格是密切相关的，而且整个《三国演义》就是写的权谋，计策和争斗，斗智斗勇。

贾：您怎么理解《三国演义》中对军事场面的描写？

张：很多军事场面都是在写主人公的勇敢和智慧，比如关云长温酒斩华雄。武术就是武和术的结合，武是表现了装备和实力，术讲的是计策。

贾：看来我们的祖先们给我们提供了宝贵的经验。

张：对，在文学创作方面，我们的祖先已经给我们提供了很多宝贵的经验，比如《水浒传》也涉及了中国的武术，写了一百单八将，不同的人物使用不同的兵器。

贾：这些古典文学作品有没有给您带来创作的灵感？

张：我改编过一个剧本，在改编的过程中，我查了宋江的很多历史资料。宋江其实也很有功夫，他的功夫就是玩一条铜链子。

贾：中国的武术给您创作武侠电影还带来了哪些有用的东西？

张：在中国古代，懂武术的人都是带兵带得好的人，比如岳飞和岳家军、戚继光和戚家军。他们研究的是军事斗争，所以中国武术有很丰富的历史文化内容供我们研究和学习。当武术融入电影之后也有很多值得我们学习的地方。

为弘扬中国武术精神拍武侠电影

贾：您在进入电影之前接触过武术吗？

张：我当过兵，除了队列训练以外，我还到越南打过一年仗。在原始丛林中跟战士们一起摸爬滚打。现代军事斗争训练的基本科目中，也有一门体能体质的训练，其中就包含了很多武术的套路。

贾：您是怎么接触到武侠电影的呢？

张：我当时住在上海，和几个作家一起完成了《白莲花》的剧本，后来就想拍《神秘的大佛》了。

贾：《白莲花》是你们一起创作完成的？

张：对，我们在一起研究，那个时候我们提到一个观念，叫新，奇，怪。

贾：新，奇，怪？是怎样的概念？

张：新，就是文学艺术创作贵在创新，这个创新包含了内容新，有新的视点，思想信息能够开辟新的领域。另外就是奇，在中国文化中，奇也是独树一帜的，我们的观念就是无奇就不传，如果能够流传一定有它奇特之处。第三个就是怪，主要是来体现作家或者编剧的风格。

贾：您也是根据这个思想来完成《神秘的大佛》的剧本吗？

张：是，当时没有人探索这种风格样式的片子，并且当时还没有设计武术动作的处理。

贾：那么您在没人尝试的情况下来探索，遇到什么困难？

张：当时武术是个禁区．大家都认为打打闹闹的没有意思。我觉得动作场面的处理只是一种场面，只是传达我的思想，所以就在片中涉及了武术动作的处理，没想到片子出来之后引起了全国的一场轩然大波。

贾：但是在现在看来，《神秘的大佛》已经成为将武术成功地融入电影叙事的标志性影片。

张：这部片子当时就创造了全国很多第一了。虽然今天看来比较粗糙，艺术性也不是那么好，但面向观众能达到那么一种效果，我已经很满意了。

贾：当时您是出于什么想法来拍《神秘的大佛》这部电影的？

张：我听说了乐山人民为了保护乐山大佛的行为，我为之撼动！我们电影工作者必须提出一种命题，就是人民是如何保护中国文化的。《神秘的大佛》主要讲的就是这个思想。河山永存，民众之功，这是《神秘大佛》要达到的目的。

贾：《神秘的大佛》产生这种强烈的反响之后，您又是在什么心态下创作了《武林志》？

张：《神秘的大佛》之后，也有很多人说武打得不精彩。我就立志要拍一部真正的武术片。我开始深入生活，参加各种武术大会。从武术是怎么产生开始，做足了思想上和知识上的准备。我还访问了一些武术家和一些武术队的专家，这些知识慢慢地融入到了我的思想中。最后不仅完成了剧本，还发表了一部长篇小说《武林志》。

贾：您是在这个过程更深刻地了解了武侠文化。

张：对，应该说我是一步一步地接触到武侠文化的，接触之后我感觉武术在中国历史上的冷兵器时代是军事斗争的需要，不仅是实际力量的对抗方面，还是一种谋略。

贾：您刚刚谈到了冷兵器时代，那么当人类历史进入热兵器时代之后，枪、炮等这些热兵器已然成为战争的主要力量，那么武术这个问题您怎么看？？

张：历史进入热兵器时代之后，武术慢慢地消失了一段时间，慢慢地不太为人所重视了。很多练武之人流落成了街头艺人。解放之后，武术被人重新认识，我拍《武林志》时和武术家们接触的时候，我们都有一种宏愿，就是要把中华武术弘扬开来。

贾：弘扬武术精神成了您拍《武林志》的目的？

张：对，这是一个很重要的目的。我想拍部真正能够代表中华武术、代表武术志士仁人意愿的电影。中华武术有它存在的价值，它应该为人们所认识，这里头有丰富的文化内涵。

贾：我们之前提到了古典文学对于电影创作的重要意义，那您认为古代战争题材的电影对武侠片有什么样的影响？

张：谈到古代战争题材，比如电视剧《水浒传》《三国演义》中都有战争场面，这些都离不开中华武术。中华武术中有很多宝藏值得我们电影人去开发，不止武侠片，还有拳脚功夫片，以及现在描写特警题材的动作影片中的擒拿格斗术，都值得我们从中华武术的传统中进行挖掘。

贾：您觉得对于一部武侠电影除了对中华武术的继承之外还有没有更重要的东西？

张：武术也好，擒拿格斗术也好，都是外在的，内涵的东西是写人。文学是要写人心，引申到我们影视艺术也是一样，这个意义是相通的。

贾：我看您除了拍一些武侠电影之外，还拍了像《天音》之类的主旋律影片。您当时为什么会有这样的改变？

张：当然很遗憾没有坚持一直做武侠电影，当时承受了一些压力。如果沿着《武林志》的风格一直走下去那应该取得的成功比现在高。

贾：80 年代的香港电影也已经涉及了中华武术这样的内容，怎么没有想到和他们合作拍电影？

张：当时有和金庸一起合作拍《书剑恩仇录》的机会。但是因为种种原因回绝了。虽然开辟了新中国武术电影的先河，但我并没有一直坚持把它努力做下去，挺遗憾的。我们的老厂长汪洋同志还批评我说，如果继续做下去，我就是大师。可能是时代的原因吧，没有和香港导演合作，现在看来当时我的思想没有提高到一种高度。

贾：1987 年的《书剑恩仇录》是许鞍华导演的作品吧？

张：对，后来他们请许鞍华拍摄的，还得了奖，酬金也比较高。

贾：后来您又拍了《天音》《瀚海潮》这样的主旋律影片，还拍摄了《OK! 大肚罗汉》这样的喜剧片。

张：是，当时只是想证实一下我张华勋不仅仅拍武术片、动作片，我也能拍艺术片，还能拍主旋律。于是就拍了《天音》，还参加蒙特利尔国际电影节。之后又拍了《OK! 大肚罗汉》《瀚海潮》等。

贾：之后您拍的《五台山奇情》好像对于武术的理解又不一样了。

张：对，虽然一些历史背景下的特定因素会让我有时觉得很遗憾，但现在觉得当时拍《武林志》的时候对武术的认识还没有特别清晰。直到拍《五台山奇情》，我对整个武术文化的认识才提到了一个新的高度，一个新的境界。

《神秘的大佛》：得到人民认可就是安慰

贾：您在拍武侠电影的时候是您自己选择专业的武术演员还是根据厂里的要求选择演员？

张：这有个过程的，比如在《神秘的大佛》中，剧本设定初期我想让会功夫的演员来演，因为很多地方可能做得更真实，动作也不用去代替。但是后来牵扯到剧本中有很多文戏，专业武打演员是演不好的，所以汪洋同志就提议让刘晓庆来演。

贾：开拍之前是不是也要对刘晓庆进行专业的训练？

张：对，我跟厂里请示，找了两个教练来指导刘晓庆，一个教拳击，一个教武术。另外还找了一个武术设计。刘晓庆不会功夫，我想拍戏的话可以代替，但我要求她必须有那种感觉。因为影片中刘晓庆要打神鞭，我们就专门请了一个师傅来教她，包括舞剑、翻腾、闪转、腾挪，这些动作，我都要去她做得很像。

贾：刘晓庆不是专业演员，那拍摄过程中有没有意外发生？

张：有啊，刘晓庆确实非常刻苦。一次练习过程中跟演翁剑鸣的演员对踢，不注意一脚打在了她的眼睛上，眼睛肿了，我们停机停了半个月。虽然刘晓庆不是练武的，但是真的很辛苦。夏天拍戏的时候她几乎拍一个镜头一身汗，所以这种吃苦精神跟她日后取得的成就是相关的。

贾：看来汪洋厂长在挑选人才方面还是独具慧眼的。

张，对，汪洋能够识别人才，刘晓庆文戏演得也很到位。比如说影片中的追逐啊，暗中保护啊，跟沙少爷的对话啊之类的。

贾：当时的动作处理也是请专业的武术教练来指导吗？

张：对，后来片子上映之后很多观众还问我刘晓庆是不是真会功夫，她是不是真的很厉害。我开玩笑地说，你们两个不是她的对手，他们还很吃惊。总之，通过动作的处理完成了形象的塑造就会给观众留下美好的印象。

贾：您现在还记不记得在拍《神秘的大佛》过程中比较有意思的事情？

张：我记得当时饰演沙舵爷的葛存壮，他不会武功，那么，要在影片中表现他会气功，我就想到把神鞭缠在他身上，气功一震，鞭子就断了。除此之外在影片中还有很多类似的处理。

贾：在拍摄《神秘的大佛》过程中有没有遇到过什么困难？

张：其实在影片创作初期就有一些困难。当时在《白莲花》的剧本创作完成之后，我就想把它拍摄成为电影，汪洋同志就给当时的上影厂的同志写信说希望由我来拍这部片子，但当时上影厂只认剧本不认人啊，就没有答应我来拍。

贾：等于说您只完成了《白莲花》的编剧工作。

张：是的，谢晋听到这个消息之后找我谈，他说："华勋，你就别当这部戏的导演了，抓紧换个题材。"再有我刚才说的因为看到乐山人民为了保护大佛而做出的事迹，就有了《神秘的大佛》这样的构想。

贾：您写完这个剧本之后有没有再遇到上次类似的情况吗？

《神秘的大佛》（1980），刘晓庆扮演的女侠梦婕所用的兵器是软鞭，平时她总把软鞭带在身边，一有空就练

张：当时我们几个编剧有个口头约定，这个片子的剧本完成之后由我来当导演，这是前提条件。可是后来剧本送到上影厂之后迟迟不表态，我就说我要把剧本带回北京，他们就说弄丢了，我就说如果再不把手稿拿出来，我就报案，他们看我认真了就把手稿给我了。

贾：那您回北京之后北影厂的前辈们有没有给予您支持？

张：我回北京之后在汪洋厂长的住处如实汇报了情况。过了几天汪洋厂长回复我说剧本很好，很精彩，所以北影厂决定投资拍摄，并且已经把摄制组的人都安排好了。制片主任来找我说，华勋啊，这次北影厂的决心很大，决定下个月就开始部署。

贾：那么之后就很顺利地进入了拍摄阶段了吧？

张：没有。紧接着的一个困难是厂里没有摄影机，没有胶片。厂里把一年的胶片指标都分给其他组了，而这个片子是汪洋厂长临时决定的。最后我们的摄影师梁子勇认识中国新闻社的同志，得知中国新闻社有摄影机也有胶片，我们就用借来的摄影机和借来的胶片来拍摄。

贾：虽然您遇到了一些困难，但是还是有很多人来支持这部电影的拍摄。

张：是，拍摄过程中还传来风声说这部电影不让拍，汪洋同志亲自打电话告诉我说："华勋，谁的意见都不要听，哪怕一天拍两个空镜头也不要停。"后来电影局局长陈荒煤和分管电影的文化部副部长司徒慧敏亲自看了摄制组的样片，看望了同志们，并且进行了座谈。之后陈波儿同志又给我写了一封亲笔信，这封信对我是很大的鼓励。

贾：在这部影片拍摄过程中有没有演职人员受伤，或者有没有意外发生？

张：除了刚才说到的刘晓庆受伤之外，在拍摄过程中还发生了令人非常遗憾的事情，我们的美工师王一，拍完《神秘的大佛》之后受伤成了植物人，十年之后去世了。

贾：当时怎么造成这个意外的？

张：拍完最后一个镜头的当天，我们到了现场，王一听说北京来了两个画家没有征得我们的同意就去大佛寺一个叫东博楼的地方看别人画画。他听说我们拍完之后就匆匆赶往摄制组，途中失足在石阶上摔了下来。

贾：当时上映之后的上座率可谓是空前的，您能不能回忆一下当时火爆的场面？

张：当时观众看过之后就说从来没有见过这种风格的影片，连我们厂的党委副书记也吓了一跳，说张华勋，你搞什么名堂，这很惊险，但这个样式很吸引人。我们收到了很多观众的来信，看了十几二十遍的人很多，还有观众说从开始到结尾的台词都能背下来，并且国际上也产生了很大的影响。

贾：能不能给我们举几个国家的例子？

张：当时我作为中国电影代表团成员去访问罗马尼亚，了解到那年罗马尼亚放映《神秘的大佛》的票房收入超过罗马尼亚全年放映其他影片收入的总和。这个是多么惊人的事情啊！另外，就是影片放映一年多以后，日本驻华大使符浩来北影厂，点名要看《神秘的大佛》。当他听我们陪同人员中评价这部片子还可以的时候，他有点生气地说，什么叫还可以？我这个外国人看了之后都觉得你们中国的伟大，这样的片子还不好吗，你们还这样责难？

贾：当时真的受到很多人的责难吗？

张：有人认为这属于搞感官刺激，血淋淋的，没有意思。《光明日报》还发表一篇名为《一个值得深思的现象》的文章，对《神秘的大佛》进行了全方位的否定，说我们颠倒黑白，明明厂里给了我们最好的设备我们还说是借来的。

贾：那你们就这个问题有没有进行辩驳？

《神秘的大佛》（1980），一部神秘、惊险、风光、武打相结合的，具有民间传奇色彩的影片。影片上映之后引发全国轰动，发行了近三百个拷贝。图为张华勋指导演员拍戏

张：我写了一篇《深思的深思》，提出了反驳的理由，但是《光明日报》不想在报上引起争论，就回绝了我的文章。当时我们的党委书记说，要把这件事上报给中纪委，中纪委还来调查这件事。

贾：最后问题是怎么解决的？

张：《北京晚报》就这件事展开了讨论，几乎全国各地方的媒体进行了讨论，最后得到的结论是这部片子是一部弘扬爱国主义的片子。尽管受到争议，但不否认这部片子存在的价值。除此之外，80年代的观众意见汇编中，各大城市的观众也围绕着这部影片进行了讨论，得出的结论几乎一致，都是肯定的。

贾：看来当时的绝大部分观众还是非常肯定这部电影的，当时这部电影是以乐山大佛为题材的，那么就现在的电影产业观念看，有没有带动当地旅游业的发展？

张：有！后来乐山大佛申请了列入《世界遗产名录》，联合国教科文组织派人来考察，塞尔博士说乐山大佛可以与埃及的狮身人面像相提并论，并认为这是中华民族的一种伟大创作，是世界级的文化。《神秘的大佛》不仅把大佛推向了全世界，而且这部片子的经济效益带动了乐山市的整个旅游事业的发展。

贾：当地人民的生活有没有发生变化？

张：我拍《OK！大肚罗汉》时再次去了趟乐山，有个年轻人专门给旅游的人拍照。他听说我是张华勋之后给我跪下了，说他的这碗饭是我给他的。我指着大佛说，你错了，你和我的饭都是大佛给的。乐山市的外办主任写信说，乐山市政府研究很久之后，决定授予我荣誉市民称号。我觉得这个称号在我心中和金鸡奖分量一样，因为我得到了人民的认可。

贾：虽然经历了那么多困难，但《神秘的大佛》不仅受到了全国乃至外国人民的褒奖，并且您自己也得到了一种安慰吧？

张：对！我现在感到一种安慰，经过了这么多困难和曲折，但是最后它的结果是好的。我为弘扬中华文化，做了一名文化工作者应该做的工作，在这一点上讲我是满意的，我是无憾的。

《武林志》：完成了弘扬中国武术精神的夙愿

贾：在《神秘的大佛》拍摄成功之后，您又开始了《武林志》的拍摄，为什么还要在武术动作方面继续呢？

张：由于《神秘的大佛》的武术动作的处理并不精彩，我立志拍一部武术动作精彩的片子。因此从剧酝酿本到后来动作的实施，《武林志》完成了这个意愿，也对弘扬中华武术起到了一定的作用。

贾：当时为什么会选择八卦掌作为电影表现的主要竞技方式？

张：八卦掌和太极一样，讲究刚正、内在，就是我们常说的外练筋骨皮，内练一口气。但八卦拳和太极一样刚柔并济，涉及走桩、晋级的话比太极更偏柔韧。

《武林志》(1983)，李俊峰、李德玉、张云溪、戈春艳等主演。不同于《神秘的大佛》的花式武术，《武林志》的演员均有真功夫

贾：您这部影片的武术教练是门惠丰，他本身就是练八卦掌的吗？

张：对，他和他爱人都是八卦掌的传人。我们当时的演员都是按照门教练的一招一式来进行训练的，根据他的套数来设计影片的走桩、晋级以及打擂台。

贾：上映之后观众的反应如何？

张：上映之后我到新街口影院去看了几场，当观众看到东方旭把外国人打下擂台之后，在他的一个八卦掌的亮相之后，观众都站起来鼓掌！我当时心里特别震撼，热泪横流。

贾：您真的做到了弘扬中华武术。

张：对，当观众看到东方旭站起来的时候，中国人也站起来了。我真正把中国人多少年来受外国人的侵略和屈辱之后的振奋精神弘扬了出来。

贾：《武林志》的演员都是专业武术演员吗？

张：基本都是武术演员，除了葛存壮演得买办，还有几个警察局长。这些武术演员演的时候动作都很到位，一看就知道是行家。

贾：那在动作处理上有什么特别之处吗？

张：因为他们是专业的武术演员，所以动作处理上都很到位，包括走桩、穿桩、上桩等一系列的动作。

贾：当时拍摄的时候有没有有趣的事情，能不能和我们分享一下？

张：当时还有个插曲，在《武林志》之前没有在桩上练八卦掌的电影，我还有个更大胆的设想就是要让演员们上高桩。

贾：那危险性是不是很高？

张：开始演员们不愿意上。我说我上。我不是练武术的，都可以大胆地走，当然动作没有他们专业。后来这些演员也敢上了，并且还有交手的动作，还要翻跟斗。他们有功夫，都可以做得很到位。

贾：群众演员也有会功夫的吗？

张：当时北京市公安局刑警队的一些人来协助我拍摄。我们先用电视胶片拍了一些，总结之后觉得动作速度都合适了之后，整套动作也都合适了。

贾：在动作设计上您认为《武林志》比《神秘的大佛》有哪些进步的地方？

张：《神秘的大佛》用的是一些川剧团的戏曲演员，没有更符合章法的招数，没有按照武术的规范来设计，包括造型之类的。《武林志》就不一样了，动作的规范、摄影的角度、演员的造型以及一些动作的衔接等都要求很高，并且都是实打实的东西。

贾：《武林志》应该和《神秘的大佛》一样，对中国内地的武侠电影都具有开创先河的作用。

张：对，它不仅弘扬了中华武士们那种爱国情怀，它代表的是中国人民受到屈辱以后一定要站起来的这件事。我想它可以和《少林寺》相媲美，而其他同年代的片子都超不过它。《少林寺》这部片子，张鑫炎、于承惠他们完成得很好，很有力度。

贾：上映之后武术界反响是不是和普通观众一样反响强烈？

张：对，我有位武术前辈，当时他到河南开武术大会，看完片子之后非常感慨。他认为影片中从八卦掌的训练方式到竞技的过程，一直包含着学武之人该具有的品格。

贾：对于观众的反响您还记不记得有什么有趣的事情发生？

张：当时还有一个小插曲，一位中央领导要和外国使节来北影厂看一部电影。最后厂里决定让他们看《武林志》，看完之后他带头鼓掌，还把这部片子推荐给了柬埔寨的外宾看。说你们不要怕弱小，弱小的也可以打倒强大的。

贾：之前《神秘的大佛》上映之后理论界展开了激烈的讨论，那《武林志》上映之后，理论界有没有像上部片子一样也有激烈的讨论？

张：听电影局秘书说审片子的时候，陈荒煤带头鼓掌，而且最后写的鉴定还说这部片子不仅主题思想好，而且剪辑流畅，音乐设计得也不错。后来《中国青年报》组织了一个专版的讨论会，电影界的领导给了很好的建议。

贾：您导演的《铸剑》在 1994 年上映，这部电影是根据鲁迅的小说《铸剑》改编的吧，您当时拍这部片子是为什么？

张：当时想拍《铸剑》，实话实说我并没有从武术方面考虑，当时主要是想，西方讲究人与人之间应该博爱和平等，其实这种追求中华民族早在几千年之前就有了。在文化渊源上讲，这就是鲁迅写得这本小说。

贾：当时除了鲁迅的这本小说之外，拍《铸剑》还有其他历史资料吗？

张：最早是《生存记》上关于三王冢故事的记载。这个故事告诉我们一个很深刻的含义就是，人是平等的，所以当时就想把《铸剑》这部戏变成武打电影。

贾：当时怎么想到和徐克合作拍这部电影？

张：那个时候他正在北影厂拍《青蛇》，我和他聊起这个故事之后他很感动，之后就确定要给我这部片子投资。

中国武术的精髓在于为人之道

贾：您怎么理解武侠电影中的侠义精神？

张：首先，武侠片中侠义精神的存在是人民群众的需求，并且也是我们的祖先给予我们的财富。我们从中汲取精髓所在。比如《封神榜》中就有很多超凡脱俗的功夫，虽然如今看像是科幻片，但是有它的存在价值的。

贾：您一直比较重视祖先传承给我们的这些东西，您还能再给我们举个例子吗？

张：比如司马迁的《游侠列传》，它就是给我们传递一种很重要的侠义精神，称得上侠客的人都言必行，行必果。所谓风萧萧兮易水寒，壮士一去兮不复返，这是一种敢于为承诺赴汤蹈火的精神。

贾：从传承的角度看，您觉得如今的电影有没有继承这种武侠精神？

张：广义上讲，比如说张杨拍的《落叶归根》虽然不是武侠电影，但依然传承了承诺的这种精神，依然传承了侠义精神应当具备的正义感，这也是武侠电影应当存在的理由之一。

贾：现在的武侠电影比如说《新龙门客栈》，比如《卧虎藏龙》等，都把武术诗意化了，您怎么看待现在的武侠电影？

张：这方面做出突破性进展的大师应该是徐克，特别是《新龙门客栈》，比如林青霞的武功已经超越了实际功夫所能表现的范畴，这种唯美的动作表现了一种意境。而《卧虎藏龙》达到了一种极致，表现出了功夫的飘逸感，达到双重美的意思，用诗一样的语言动作和节奏来处理就是审美层次。

贾：这种审美层次是不是东方电影所独具的？因为我们看一些西方电影中没有这么飘逸的感觉。

张：对，比如西部片中枪可以玩到观众眼花缭乱，但西方有西方的审美观念，而我们的动作处理就是东方的审美观念。不仅中国的武侠电影，日本的武士片也是，比如黑泽明的《七武士》，都有一种东方的审美情绪在里边，中国的武术片应该是可以达到更高的层面。

贾：如今科技的发展使得电影中的很多特技都可以通过电脑来完成，您对这一方面有什么看法？

张：电脑合成人和物或者任何场景都是一种假定性的空间，但从另外一个层面讲，中国武侠电影还需要在这种假定性空间中更加真实，需要彰显它的东方的审美内涵，这样才可以让世人所欣赏。

贾：您从 20 世纪 80 年代就开始拍武侠电影，您觉得武术的精髓是什么？

张：中国武术的精髓还是做人之道。在中国传统文化中，道家、儒家等都是谈到了人的价值，这是真正的价值观念。从岳家军、戚家军至今真正做好将领的人都会教育自己的战士做真正有价值的人。

贾：中国文化是一个大的整体，不管在什么方面都是在讲究做人的价值。

张：对！中国对人的评价尺度随着时代变化而变化，总之就是要求人正直诚信。所以，武术的真正内涵就是讲究正义感，讲究为人之道。

贾：您对武侠电影有没有一种自己的定义？

张：我觉得武侠片的范围比较狭隘，比如李小龙的片子，能单单说是武侠片吗？比如《精武门》，陈真是一个非常真实的人物，他立志要为师父报仇，所以我觉得用武术片可以概括这些门类。

贾：您觉得武侠电影是包含在武术电影之中的？

张：对，我觉得单纯用武侠电影来概括中国的武术片是不合适的。

贾：您认为武术片包含哪些影片？

张：有几种类型：第一，拳脚功夫片，这类影片讲究拳拳到位，招招式式都很清楚，比如《少林寺》；第二，刀剑武侠片，中国的武侠小说是中国特有的文学样式，但武侠小说只能说是包容了武术的一部分；第三，现代格斗片，比如成龙拍的现代的警匪片，也有很多武术动作，比如擒拿术、格斗术等。

贾：您概括得很全面，这几种类型就已经将中国的武术融进了电影中，在这个方面您怎么看？

张：中华武术片是特有的，中国武术文化跟电影文化结合之后产生了一种特殊的品类，所以我觉得用武术片来概括比较全，这是我的理解。

贾：当武术与电影结合之后，在中国电影史上就出现了一个区别于其他国家地区的电影工种——武术导演，对于武术导演这个命题很多人有不同的看法，您是怎么看的？

张：我觉得这个名字是不准确的。我是从另外一个角度考虑的，我们研究演员的表演是研究演员的形体语言和动作语言的艺术，导演是处理整个影视作品中的动作，比如睡觉、思考、走，当然也包括武术，所以武术动作只是整个动作系列的一小部分。

贾：您觉得武术动作只是属于一部影片中的一个单元？

张：对，所以我觉得要么是武术设计，要么是武术指导，这样就变得合理了。一部影片是导演按照他的想法来叙述来讲故事，动作只是种手段。

武术动作服务于影片主题

贾：您有这么多年的电影工作经验，自己有没有给自己的片子分类？

张：如果归类的话，涉及武术动作的影片有《神秘的大佛》《武林志》《五台山奇情》《白衣侠女》《铸剑》等几部影片。

贾：您在拍这些影片的时候是怎样和武术指导进行合作的？

张：拿《神秘的大佛》来说吧，当时我请了成传锐和王金宝，我们先就剧本进行了交流，因为他们要了解这部影片需要表达的思想，就是山河永存，民众之功。武术动作是服务于人物，

《五台山奇情》（1989），导演张华勋继《神秘的大佛》和《武林志》之后拍摄的第三部武打片，依然是多种类型融合——古装、悬疑、探案、武打。主角圆空和尚由多次荣获全国武术比赛的全能冠军及单项冠军的王建军饰演

服务于影片主题的。

贾：您觉得在一部片子中怎样让武术动作处理得更好，或者说更符合影片的主题？

张：动作设计的处理只是帮助和完成人物塑造，比如《神秘的大佛》中的梦婕这个角色。她表面上是一名家庭教师，所以文质彬彬，实际上她暗中保护司徒骏，有武功高强的一面。

贾：那么现在想想，如今您的两部影片真的是中国武术电影的领军影片。

张：实际上我认为有拍摄不满意的地方。

贾：是不是因为国内没有这样的先例，您没有太多拍摄经验？

张：对，没有经验，不知道一拳出去有没有力度，能不能造成真实可信的节奏感。

贾：之后问题如何解决的？

张：先用录像带，让演员做一些录像处理之后，我们通过剪接先看一遍，不满意的地方再调整。包括当时做武术设计的人，他们也没有从事过这类的影片的经验，我们只能在摸索中进行拍摄。

贾：是不是到了拍摄《武林志》的时候就好多了？

张：对，那时候就有经验了，动作处理得也很漂亮。

贾：对，并且也反映了中国在处于八国联军侵华的特殊历史时期，中国人民所表现出来的爱国主义精神。非常谢谢您能有这么多的作品来弘扬武术文化，弘扬中国武术精神。

（2006年11月2日上午北京市西城区张华勋寓所）

武功是真实的，但拍出来要巧妙，要好看

唐佳

唐佳，1937年1月7日生，又名黄龙基，著名武术指导，师承香港著名武术指导袁小田（袁和平之父）。曾在20世纪60年代与刘家良一起用动作开创了一个气势恢宏的武侠电影时代。他早期为张彻的很多电影做动作指导，被称为张彻的左膀右臂，后又与楚原等邵氏其他导演合作。在多部楚原导演的古龙武侠片里设计出花样迭出又不断翻新的武打动作。他为《楚留香》（1977）一片设计的楚留香和无花和尚的决斗场面成为武侠电影经典的双雄对决场面。据说他最忙的时候，一天在四个摄制组里来回奔波。在做了将近二十年的武术指导后，1982年转做导演，执导了《少林传人》(1983)、《三闯少林》（1983）、《洪拳大师》（1984）三部影片。每部片子都呈现很多武打动作的新花样，其中十八罗汉阵和板凳阵堪称经典。1992年，TVB首部赴内地取景拍摄的台庆剧《大运河》，唐佳担任武术指导。徐克导演的《青蛇》（1993）是唐佳作为武术指导参与的最后一部作品，之后他就开始一心一意地陪伴夫人雪妮拍戏。唐佳为人极其低调，在谈及曾经参与拍摄的很多优秀影片时，多次将功劳归于他人。如今我们很少能看到他的身影，但他为武侠电影做出的卓越贡献将永远被青史铭记。

以前我们拍戏很惨的，从十三四尺高的地方跳下来，地下没有保护垫，受伤了，没有保险，只能自己回家养伤，也没有钱。

每天在片场工作八九个小时，忙不过来，没有时间坐。导演问这个镜头怎么样了，你就要找人去弄，每天打给他看，他喜欢就用了。那个时候不像现在有这么多的技术设备，都是靠人的勤劳做出来的，要动脑子。

——唐佳

我是随着电影一起长大的

贾磊磊（以下简称“贾”）：唐佳导演，您好！很高兴您能接受我们的采访，您最近在忙什么？

唐佳（以下简称“唐”）：最近做太太的跟班，她拍电视剧，我在片场帮她做事。

贾：您现在去片场和您过去去片场的感觉一样吗？

唐：一样，好多朋友以前都合作过。

贾：他们还在拍片子？

唐：是。

贾：那都是您的晚辈了？

唐：也不是晚辈，他们年轻有为。

贾：您真正脱离电影是哪一年？

唐：大概 1984 年离开电影，我就进入武术指导，做了四年，就没有做了。

贾：那就是到 1988 年以后您就没有……

唐：没有做电影了。

贾：您喜欢做电影不喜欢做电视？

唐：是。

贾：为什么？

唐：因为我是随着电影一起长大的。

贾：您觉得拍电视和拍电影有什么差别？

唐：电视比较快，电影有时间思考。

贾：也就是说电影会更精致一点？

唐：是，精致一点，制作费也大一点。

贾：电视有点快节奏？

唐：都要快，老板要快赚钱。

贾：快赚钱的话很多地方就会被忽略。

唐：那没有办法，时代变了。

贾：您脱离这个行业后，怎么谋生？

唐：下雨天挣（钱）好天用。

贾：过去的积蓄很多？

唐：也不是很多，够两顿饭，可以了。

贾：过早离开工作岗位，您会不会很失落？

唐：没有。我从小就很穷，大了会赚钱了，省一点，将来年纪大了要用。

贾：您有很节俭的习惯。

唐：对。

贾：您到香港是哪一年？

唐：我来的时候才 12 岁。

贾：从内地来？

唐：从澳门。

贾：是哪一年？

唐：1952 年，给唱广东大戏的做跟班。小孩帮他们做小事情，比如去买东西。后来长大了，跟一个叫陈锦棠的，是广东大学文武生，他把我收容了。我帮他做事，我算是他徒弟了。过了几年，刚好一个以前的好朋友陈英，他是跟袁小田师父做事情的。袁师父当时有两个徒弟，一个叫袁成就，是大徒弟，第二个就是陈英。袁小田师父想找人帮手，陈英问我去不去？我说好啊，我就跟他去袁小田师父那里学艺了。袁师父教我翻跟斗，教我刀枪剑戟，大概学了两三年。后来我又跟着于占元老板，他去新加坡做京戏。那个时候很穷啊，一个月才 400 块港币，100 块给我师父，100 块给我妈妈，100 块留给我自己用。很辛苦，每天打，一天打好几场，学了东西回来跟袁师父拍电影，赚点钱，得存起来，慢慢用。那个时候拍戏很苦啊。一个月不是天天都有戏拍，也许一个月拍一两天，也许拍十几天，也不一定，所以觉得长大了赚的钱要存起来。

贾：您当时一个月只拍一两天戏的时候，有没有想过去做别的？

唐：别的也没得做，自己不喜欢，喜欢做戏这一行。

贾：所以，这么多年就一直坚持下来了？

唐：是。

从未动摇过做电影的决心

贾：袁小田当年教您武术的时候，对您严厉吗？

唐：不严厉，师父很好，从来不骂人不打人，所以我很尊敬他。

贾：但是很多武术指导包括“七小福”这批人，好像跟您的经历不完全一样。

唐：我大概十七八岁才跟他，“七小福”从三四岁就跟他，从小跟他的话，不下苦功练不到东西。

贾：当时练功是不是很苦？

唐：很苦，但自己喜欢。

贾：这么多年来从没动摇过吗？

唐：没有动摇过，自己喜欢。

贾：后来跟您一起的有韩英杰吗？

唐：他是找过我做帮手。

贾：他比你们要大一些？

唐：大一些，那个时候他们有三个人了。一个是徐松鹤，另一个是关正良，于占元的徒弟，他们都是我的前辈。

贾：韩英杰现在还在吗？

唐：已经去世了，另外两个还在。

贾：您现在跟他们有联系吗？

唐：很少。

贾：在您的记忆中，最早拍的电影是哪一部？

唐：这个忘了。

贾：印象比较深的呢？

唐：印象深的是一部粤语片。拍的时候是很危险的，要从帆船的高顶翻向水里，我当时才18岁。

贾：没有任何保护措施？

唐：没有，够胆就可以了。

贾：导演让你们做这种危险动作，是怎么跟你们讲的？

唐：他自己也不知道，他说要这个动作后也不勉强你，你够胆你就做，那个时候一天15块港币。

贾：15块港币在当时是什么概念？

唐：当时大概40块钱可以满足一个人一个月的日用。

贾：那个时候您做这种动作心里有没有犹豫过？

唐：没有犹豫，就是年轻，年轻什么都不怕。以前我们拍戏很惨的，从十三四呎高的地方跳下来，地下没有保护垫，受伤了，没有保险，自己回家养伤去，也没有钱。

《江湖奇侠》（1965），摒弃原著《江湖奇侠传》的神怪元素，加强动作和布景实感，别开生面

贾：您跟张彻合作之前还跟谁合作过？

唐：我跟张彻合作之前是跟拍《云海玉弓缘》的张鑫炎。

贾：那部电影的男主角叫傅奇。

唐：对，女主角是王葆真。

贾：您是先跟张鑫炎合作，后跟张彻合作？

唐：不是，以前有一个导演叫徐增宏，他先找我，帮他去拍《江湖奇侠》，拍了几部以后，张彻又找我们过去。

贾：您跟徐增宏拍《江湖奇侠》时是做武术指导吗？

唐：是的。

贾：那个时候的武术指导您觉得主要突出什么？

唐：那个时候我们也不懂，导演要求怎么样，我就尽量帮助他去做。

贾：比如剧本上有一场打斗，那所有的工作就交给你们了？

唐：不是，那个时候教他们怎么去打，主要是导演的要求，靠导演，他要让我们打出来给他看，他看这个好，他就要这个动作。以前打的方法比较繁复，一个动作大概十几招。

贾：应该说难度更大。

唐：难度大，都是拿着真刀真枪。

贾：没有什么特技？

唐：没有，完全没有。

贾：跟徐增宏拍完之后，后来就跟张彻？

唐：是的。

观众不喜欢没有故事的电影

贾：跟张彻拍的第一部电影是？

唐：好像是《大刺客》，王羽主演的。

贾：那个戏很暴力。

唐：是的，比较暴力。

贾：您觉得当时张彻的电影为什么用那么多血腥的动作？

唐：也许是他自己的构想，还有一个《独臂刀》。

贾：《独臂刀》的整个武术动作是您设计的吗？

唐：是的，他要求怎么做我们就帮他做出来。我们打给他看，他觉得这个好就要这个动作了。

贾：电影里王羽的对手拿了一把金刀锁，这个构思是从哪来的？

唐：是张彻自己想的。

贾：这部电影现在看起来依然非常好看，当时你们有没有感觉这部电影会这么重要？

唐：主要是剧本好。动作太多也不好看，没意思。动作用的巧妙一点，观众就喜欢了。

贾：那个时候您自己是不是有团队？

唐：是，三十几个人。

贾：您是不是也有个唐家班？

唐：是，唐家班是两个人的，我跟刘家良一起控制的。

贾：如果不拍戏这三十多个人怎么办？

唐：不会想到没戏拍，那个时候有很多很多戏拍，忙不过来。那个时候流行武侠片。

贾：香港因为做武术指导的人很多，您跟刘家良好像特别注重硬桥硬马，这跟你们小时候受到的武术训练有关吗？

唐：也不是，他是南派的，我是北派的。我比较喜欢轻巧，他喜欢硬桥硬马。

贾：您北派的武术理念是从什么时候开始形成的？

唐：我跟师父去拍戏，拍了好多戏，一部一部戏慢慢积累的。

贾：您指的师父是于占元还是袁小田？

唐：袁小田，于占元不是我师父，是我老板。

贾：您跟着袁小田拍的电影现在还记得吗？

唐：不记得了，很久以前了。

贾：您独立当武术指导的电影最早是哪一部？

唐：是跟楚原导演。

贾：还记得是哪一部吗？

唐：忘记了。

贾：楚原当时跟您拍戏的时候，他对您的要求和过去的导演有什么不一样？

唐：他要画面漂亮一点，唯美一点，动作的设计要飘逸一点，好看一点，他是唯美派的导演。

贾：中国武侠电影动作设计里面的吊威亚是谁发明的？

唐：这个吊威亚是很久以前的事情了，广东戏也有，从台前飞到台中间，就是用了威亚。后来我们看外国电影里人中枪的反应是用威亚拉的，我跟刘家良一起拍《圣保罗炮艇》，他们在用威亚，我就灵机一想，把威亚拿过来用了。

贾：您跟张彻拍了很多部电影，《十三太保》是您做吗？

唐：是。

贾：您能不能讲讲《十三太保》当时设计的五马分尸的场景，这个场面其实很血腥。

唐：都是导演想出来的，他想出来后问我们可不可以做到，我们说可以。用五匹马拉走的都是假东西，拉开以后用白布挡住了，看不出来了。

《十三太保》（1970），取材于《残唐五代史演义传》，表现的依然是张彻永恒的主题：兄弟之间的恩怨情仇

贾：《十三太保》当时拍的时候是不是很难？

唐：那个时候没有办法组织，没有钱组织，有本事你就用钱，只要出来有效果怎么用都可以。现在不行了，要快、好、省，现在拍这部戏拍不到了。

贾：现在拍武侠电影更注重的是周期，是吗？

唐：是。以前你当天拍不完明天拍，明天拍不完后天拍，有的是时间，有的是钱，主要是真正去做就可以了。

贾：你们拍《十三太保》《独臂刀》的时候，最起码不用顾及在非常短的时间内赶紧做完这件事。

唐：是的。尽量想动作怎么做好看。

贾：那时候用的是真刀真枪吗？

唐：有真刀真枪，也有假的，人多的时候就用假的了，怕演员有危险，单对单的时候都是真的。

贾：有没有伤过人？

唐：有，很普遍的。

贾：您是不是也受过很多伤？

唐：受过很多伤，我这双腿已经跳坏了。以前从十二三呎的地方跳下来，底下没有保护垫，那时候年轻不怕，跳伤了回家养伤。

贾：最高从多高跳下来过？

唐：十四呎。

贾：您有没有害怕过？

唐：没害怕，当时年轻就没有害怕了，现在不行了，四呎都不行。

贾：您觉得张彻的电影为什么那么受欢迎？

唐：受欢迎的有，不受欢迎的也有，有成功也有失败。

贾：您觉得他的电影受欢迎的原因是什么？

唐：有故事，没有故事的电影观众不喜欢，对不对？

贾：就是说首先剧本写得好？

唐：最要紧的是剧本，剧本出来导演构思，说这个好，他会用的到，没有剧本自己空想没有用。

贾：您跟张彻大概合作了多少部电影？

唐：很多。

贾：您觉得张彻对武侠电影的贡献在哪儿？

唐：他很喜欢拍电影，满脑子都是拍戏。他想到拍什么就拍什么，只要老板相信他，他就可以拍戏了。

贾：一些动作场面的设计他会征求你们的意见吗？

唐：会。

贾：您觉得电影里拍的武术和你们真实学的武术一样吗？

唐：完全不一样，练功是真实，拍出来要巧妙，要好看，也就是说画面里动作好看就可以了。你如果真实的打一拳，打死了怎么办？

贾：这个分寸难把握吗？

唐：拍多了就容易了。

《新独臂刀》（1971），导演张彻对武打设计有更高的要求，用快展现激烈刺激的武打场面，用慢将人物受伤垂死的局部放大，营造了一种酣畅而悲凉的氛围

做武术指导要专心致志

贾：在跟张彻合作的时候，没有什么特技，有些镜头里要好几个招式一口气打下来，那演员必须会武功才可以？

唐：不会也要练一点，以前有训练班，请师傅教他们，演员都要会练功的。演员在拍摄一部电影之前，要去练功，现在没有，现在快了嘛，都找替身搞定。

贾：您过去给人当过替身吗？

唐：当过。

贾：给谁当过替身？

唐：当过好多人的替身，王羽我也替过。

贾：王羽应该是会武术的。

唐：太辛苦的他就不肯来了。

贾：是公司安排你们去替？

唐：是。

贾：我们看过一些资料，武术指导在片场承担的工作量是相当大的。

唐：相当大。在片场每天工作八九个小时，忙不过来，没有时间坐，每个镜头都要导，导演问你这个镜头怎么样了，你就找人去弄，每天打给他看，他喜欢就用这个动作了。那个时候没有像现在这样有那么多技术设备，都是靠人的勤劳做出来的，要动脑子。

贾：拍电影的时候，您一般都要看一下剧本吗？

唐：要，每个剧本都要看，看了跟导演商量，导演有时候说好，有时候说不好，要遵从他的意见。

贾：您可以讲讲《独臂刀》当时是怎么设计的吗？

唐：都是导演想出来的，他想出来一些招我们就打给他看，他觉得哪个好就用哪个，以前都是这样拍。

贾：就是说他提要求你们来完成？

唐：对。

贾：你们合作那么多年，证明你们的东西符合他的要求？

唐：对。

贾：那个时候香港的武术指导多不多？

唐：也多。我师父老了，我 20 来岁时他已经 50 多了。好多年纪大的不要年轻的，28 岁到 30 岁都是很年轻的，那个时候韩英杰和徐增宏都四十几岁了。我们每天都工作很长时间，每天都打。

贾：当时最危险的动作有什么还记得吗？

唐：当替身。从六楼跳下来，有 20 多呎，一个四方凳三个人去跳。有一个不敢跳，想跳不想跳最后就把我脑袋砸了一下。

贾：是哪部电影？

唐：好像是《十二金钱镖》。那次我们已经学会了用纸在下面垫着，三个人要一起跳，慢半秒都不行，好危险。

贾：那个时候越惊险越赚钱。

唐：只会拼命去做，拼命赚钱。

贾：那时候替身一天多少钱？

唐：大概 120 块一天。

贾：您觉得香港武侠电影最辉煌的时代是？

唐：是张彻时代了。我们兄弟每天都赚钱。

贾：这样的热潮持续了多长时间？

唐：有三四年。

贾：就是在 60 年代中后期的时候？

唐：对。

贾：您现在身体依然很好，是不是那时候锻炼出来的？

唐：那个时候练，现在也要练。我太太不上班的时候，我就练功，跑跑步，遛遛腿。

贾：您跟李小龙合作过吗？

唐：没有。他来的时候把我们打垮了，没得做了，观众看他不看我们了。不过我们很熟，他小时候和我们是一起的，后来长大了分开了。他父亲李海泉是做丑生的演员。

贾：您跟他父亲一起拍过戏吗？

唐：拍过，我以前是跟班嘛，我们很熟的。

贾：就在剧场里很熟？

唐：很熟。都是来看看他爸爸的。

贾：拍电影以后就没有合作过？

唐：他去了美国，后来就没有合作了。

贾：您认为李小龙的电影厉害在哪儿？

唐：观众喜欢看，相信它是真的嘛。

贾：有人说您特别善于把握宏大的武打场面，比如像演员过桥的时候能打好几十人，您是怎么做的？

唐：我试给导演看，每天几十个人一起排练，控制每一个节奏。

贾：您那时候掌机吗？

唐：不掌机。那个时候摄影师跟着我们是很困难的，机器很大，我们就靠摄影师了。我们打到哪里，机器就跟到哪里，导演是看的，他说这样好看那就这样做，每天都这样。

贾：这种大场面的设计您觉得困难在哪儿？

唐：人太多了。以前那些兄弟都是拍档，我让怎么做动作，他们都知道。

贾：就是他们能够完全按照您的要求来做？

唐：对，这种大场面的拍摄难度特别高，对每个演员的要求也很严，镜头过来不能有一点错误。

贾：您觉得重要的是控制摄影机还是控制演员？

唐：都要。我先示范给演员看，问能做到吗？他说可以，就做了。每天我都示范好几遍给他们看。以前的机器很大，很笨重，所以说摄影师也很困难。

贾：当时香港的经济应该比内地好很多吧？

唐：好很多，每天糟蹋很多片子。

贾：比如完成片是 100 呎，那拿来拍这 100 呎电影的胶片有多少呎？

唐：得有三四百呎被浪费。

贾：你们那个时候拍片子，会考虑电影的成片比吗？

唐：完全不考虑，那个时候拍电影很浪费，不论多少呎只要完成这个镜头就可以了。

贾：那成本很高。

唐：对，那个时候王羽一天 NG 很多次，邵氏那个时候也是 NG 很多，一个镜头不可能一次就 OK。

贾：您觉得这些导演最浪费镜头的是哪个？

唐：张彻。李翰祥导演是不浪费的，他做老板，自己把控。

贾：您做了很多动作设计也读了很多剧本，有没有剧本您看了后觉得不满意就不拍了。

唐：不可能，我们都要赚钱。导演拿一个剧本给你看，不管喜不喜欢，你主要是拍动作，为了赚钱就做了，不拍戏就没有钱赚了。后来我结了婚才打了合同每个月多少钱。

贾：就是按工资拿？

《流星蝴蝶剑》（1976），楚原和唐佳以全景镜头展现武术动作，浪漫且写意的动作展现与奇峰迭起的情节堪称完美结合，为观众呈现了一个奇异的武侠世界

唐：是的，拿工资了。

贾：那意味着拍不拍都有钱了？

唐：是，有钱了。

贾：这是在什么时候？

唐：那个时候我结婚，养妻儿要钱。

贾：香港那时候大家是不是都这样生活？

唐：是。

贾：就是说导演确定了让您来做动作指导，那个时候就没得选择？

唐：没得选。

贾：那您最喜欢拍什么样的电影？

唐：我喜欢剧本好的。我跟楚原拍了好几部戏，很好，跟孙仲拍了好几部戏也很好。

贾：您觉得哪几部戏跟楚原合作的比较好？

唐：《流星蝴蝶剑》。

贾：作为武术指导要设计如何打斗，但是时间长了会不会重复？您在设计的时候怎样把不同的要求变化成动作的场面？

唐：这个要构想。比如一个人是拿短刀的，另一个人是拿长刀的，就要设计长刀怎么破短刀。每个剧本不一样，每场打的动作不一样，就构想，之后跟导演讲，导演说好，就尊重导演的意思了。

贾：有的演员达不到你们的要求怎么办？

唐：有好多演员不一定能够做得到，问他能够做到怎么样，尽量帮助他。

执导人生中的第一部戏

贾：您自己独立执导的电影有三部，《少林传人》《三闯少林》《洪拳大师》。80年代其实香港的古装，包括传统的武侠电影，已经慢慢开始走下坡路了，但您在这个时候出任导演，为什么？

唐：那个时候我跟楚原已经不合作了，主要是我手下有好几十个人呢，我不做跟我混饭吃的兄弟就没饭吃了，所以我要做。我不是做导演的料子，我读书少。

贾：还在“邵氏”？

唐：还在“邵氏”。

贾：当时为什么不跟楚原合作了？

唐：我跟他不合作是为了跟另外一个导演孙仲。他们之间有分歧，我就跟他分开了。分开以后孙仲又走掉了，那没有办法，公司要开戏了，有一个剧本叫《少林传人》你拍不拍？我硬着头皮上了，那是我的第一部戏，压力很大。

贾：拍第一部戏最困难的是什么？

唐：难度很高，这场戏怎么拍，镜头怎么弄，完全不懂，就是靠经验。

贾：后来那部片子您满意吗？

唐：满意。不过我满意没用，主要是观众觉得满意，老板觉得满意。

贾：赚钱了吗？

唐：那个戏还好，还拿到奖金，老板也很高兴。

贾：您拍的第二部电影叫《三闯少林》，跟《少林传人》有关系吗？

唐：没有。那个剧本本来是张彻叫倪匡写的，后来觉得不好，我就找另外一个导演给改了。那个时候整个大环境已经不好了，拍完三部戏后，我们兄弟都散掉了，另外找老板了，我自己没有老板，后来我进了 TVB，继续做武术指导。很烦那个时候，已经走下坡路了，观众已经不

《三闯少林》（1983），影片中的“大刀阵”“十二金刚阵”“板凳阵”令人拍案叫绝

看了，你怎么拍也没有用了。同时那个时候“邵氏”的所有场地都租给 TVB，卖给 TVB 了，监制说快点完成啊，这样子心里很不舒服，拍得不开心了。那时候电影是真正的没落了。

贾：您觉得香港电影在 80 年代初到中期没落的原因是什么？

唐：太多了。我觉得有电视了，它不用钱又娱乐。

贾：除了这个原因，您觉得电影本身有什么问题使观众不爱看了？

唐：票价太贵。

贾：那个时候票价是多少钱一张？

唐：大概二三十块，现在更贵了，现在五六十块钱一张票，一家三口出来吃个饭五百块钱不见了，所以那个时候不愿意看现在更不愿意看了，太贵了。现在外国都拍小电影，大规模的都不拍了，成本高。

贾：您后来参与了电影《青蛇》的动作设计？

唐：那是元彬关照我的，问我回不回来帮他做，我说可以，就回来帮他做，人家说我好像是抢他饭吃，那我就不做了。

贾：您自己后来就不开工了？

唐：不开工了。我年纪大了，年纪大了还做什么？那个时候他才三四十岁，我五十多了。

贾：《青蛇》还是蛮好看的。

唐：蛮好看，导演拍得不错，《青蛇》的动作都是徐克的构想。

贾：《青蛇》的打斗包括赵文卓演的那些激战场面你们是怎么完成的？

唐：他拍得很辛苦，每天拍，拍了好几个月，香港拍这种戏不行，没有地方。

贾：如果现在有人愿意给你提供非常好的拍摄条件，周期也不要求的很严格，又选你喜欢的题材，你还会来拍电影吗？

唐：会，但是要帮手很多，我自己吃不消。

贾：您就指挥指挥？

唐：我要亲力亲为，怕别人做的不合我心意。

贾：如果现在有一些电影让您做武术指导或者顾问您愿意吗？

唐：可以，看时间了。

贾：武侠电影的风格有很多，类型也很多，您最喜欢的是哪一种？

唐：我最喜欢的还是南跟北合起来。

贾：南拳北腿这句话您觉得对吗？

唐：对，很好。

贾：就是您很注重手脚合起来？

唐：对，合起来，北方很多兵器用得很好，南方的拳打得很好，结合起来就好了。

贾：您觉得鬼脚七是不是这一类？

唐：都算。

贾：您觉得舞台打斗和电影打斗的区别在哪儿？

唐：电影主要就是劲道、力量，也要飘、美全部合起来。

在《黄飞鸿》系列片里当打手

贾：胡鹏的《黄飞鸿》系列应该是香港电影的经典，您在《黄飞鸿》这些片子里是当演员吗？

唐：都是打手了，给人打的，我跟刘家良都一样，是拍他电影长大的。

贾：《黄飞鸿》系列的电影您大概参与了多少部？

唐：大概有几十部，都是给人打，那个时候混饭吃了。

贾：张鑫炎做那个片子的剪辑？

唐：是。

贾：那个时候有个叫梁永亨师傅的，也是做武术指导，还记得吗？

唐：梁永亨那很早了。

贾：您拍《黄飞鸿》的系列片时武术指导是谁？

唐：没有指导。

贾：就是胡鹏在那儿？

唐：有时候是关德兴和胡鹏两个人对招，有时候找刘家良的父亲刘湛对招。那个时候一打打十几招，对着演员的头打，尤其石坚，打起来就忘记了，他练过功，打得不错。

贾：关德兴也会武术？

唐：关德兴舞台戏重一点，他是唱大戏的嘛，他的动作没有石坚好，石坚是真正的武术。那个时候没有武术指导，有时候请我师父做，有时候请刘湛的师父做，有时候刘家良也做，他们纯粹是帮忙。现在像我们以前那样打动作已经不行了，时代进步了，都改进了。

贾：《黄飞鸿》系列片我们统计过，它是中国电影史上最长的一部系列片，为什么会延续那么久？

唐：我不太清楚。观众看就可以了，那个时候没有什么娱乐，就是看电影。现在打开手机、电脑，什么都有。电视对电影的冲击很大，有时候电视投资很多钱到内地去拍，拍一部戏也不简单的。

贾：后来您的这些徒弟跟随您？

唐：不是徒弟了，是大家合起来混饭吃。

贾：您觉得后来唐家班出来的武术指导哪些是比较出色的？

唐：都很好。元彬、元奎、元彪，他们都是帮我做事情，到我那里赚钱，不是跟我。

贾：实际上也得到了您的真传？

唐：也不是真传，是他们自己的构想，他们有他们的师父。元德他们现在很好了，元家班都很好。

贾：您觉得武侠电影现在没落了吗？

唐：不是没落了，有老板肯出钱也会拍出好戏的，像最近国内拍的好几部大片，比如《赤壁》《投名状》的动作设计好、剧本好，导演拍得也好。

贾：《赤壁》的上下集您都看了吗？

唐：都看了。

贾：您觉得上集好还是下集好？

唐：上集比较好一点，下集动作太多。不过我感觉我拍的话会很惨，很辛苦，难度很高，工作量太大，年轻人还可以。

贾：您觉得现在电影传达的精神理念包括动作设计，比得上您那个时候拍的吗？

唐：比得上多了，我们那个时候比较浪费，今天拍不好明天拍。他们现在有时间控制，压力很大，不会浪费，几个月里要拍完，很辛苦，我们没有时间控制，我们比较幸福一点。

贾：您觉得现在这些打斗能让您满意吗？

唐：满意，现在进步了，更好看了，我觉得拍戏安全又好看才是成功。现在竞争也很厉害，观众要求高，要赚钱不容易。

贾：您有没有遇到过非常危险、无法拍摄的戏？

唐：会有意想不到的危险，原本很安全的，结果很危险。有一次才四呎高，有一个演员掉下来，腿断了，拍电影都是这样，所以拍戏尽量要安全，要好看，观众接受就 OK 了，不要硬来，硬来不行的。好多电影为了达到真实的效果，或者刺激紧张的情景，出意外了，所以想办法弄出像真的一样就行。

贾：听说香港很多保险公司不愿意保武术演员？

唐：是的，做武行的不保，买的车人家都不愿意给上保险。

贾：您觉得这些人为武侠电影付出了这么多东西值吗？

唐：要看他自己了，自己觉得值就值，自己觉得不值就没办法了。

贾：现在很多导演包括武术指导，都办了学校，把武术的技艺和拍电影的技艺传授给其他人，您为什么不办这样一所学校？

唐：有人找过我，问我收不收徒弟开馆，我说不开。你教会他，拿着他的费用，自己走了，那他以后怎么办？他学的东西没地方用，不糟蹋了吗？这就是误人子弟。有老板请我教他们可以，主要你有地方容纳他们，他们学成了出来可以做事情，对这个社会有用。

贾：80 年代以后有没有内地导演请您去拍片子？

唐：没有。

贾：有没有美国人请您去拍？

唐：没有。

贾：您对武侠的动作技术传到国外怎么看？

唐：很好嘛，大家交流交流，以前我们一样学外国人的东西。

贾：比如现在有人请您给美国人做一些武术指导，您愿意去吗？

唐：我现在年纪大了，不行了，出出主意可以。

贾：您觉得现在香港的很多年轻武行和你们那个时候有什么不一样？

唐：现在很多武行一下子做武术指导，没有经验，以前像董玮他们都是靠经验积累出来的，现在已经没有这种人了，没有条件让他们在片场积累经验了。

贾：现在很多外国电影把咱们的动作拿去，像美国人也开始自己设计一些动作，而且很好看，这会不会对我们以后的武侠电影构成威胁？

唐：不会，外国人拍出来的跟我们中国人拍出来的完全不一样，他们比较有力量一点，把假的做得很真。我们拍戏学他们一点，他们学我们一点，交流交流很好。

贾：将来动作设计您觉得会向哪个方向发展？

唐：看潮流了。观众最近喜欢看什么戏就用哪一种动作，这种看得多了就用另一种，每个动作不一样，每个戏不一样。

贾：现在国外把武侠动作电影叫功夫片，您认可这种叫法吗？

唐：外国人不懂，以为功夫就一种，把少林、武当、峨眉配在一起叫功夫。南拳是功夫，北腿是功夫，两种不一样。

贾：武侠电影，您最看重的是什么？

唐：主要就是剧本，每部戏都不一样，人物写出来是有义气的你拍出来就是有义气的。

贾：除了好剧本外，现在在动作设计上，您觉得有没有需要改进的地方？

唐：要改进，但是我看到现在变化不大。主要是老板、导演跟武术指导不配合，你没有办法拍得特别好。

贾：动作层面上也没有什么新的？

唐：没有新的，不进步。动作要创新，要时间，要钱。现在追求快、好、省，要想我怎么破你这一招，要想动作怎么设计出来好看，有时间吗？今天拍得不好，老板说快点，怎么拍？拍不到东西。要时间，没有时间不能拍。

贾：您怎么看待现在的一些动作导演？

唐：他们没有经验，自己也不动脑筋想新的方法、新的招式，就看看电影带子，可以拿出来用的就用了，所以看起来都差不多。这个主要是时间和本钱，他们有多少时间呢？我以前就幸福了，今天拍不完明天拍，明天拍不完后天拍，我以前拍一场戏最少十天，他们现在不行，很抢时间。

贾：现在比如遇到一些不愉快的事，或者不公正的事，您会出来跟他们做斗争吗？

唐：现在不会。现在的人很狡猾，跟原来不一样，以前单纯，现在的人看得太多了，他就想办法要你跳进圈套。

贾：您怎么看待现在的一些武侠电影把搞笑、动作、色情搅到一起？

唐：商业就是这样嘛。

从未后悔做电影这行

贾：您有没有后悔过做电影这行？

唐：从来没有后悔过，拍的太多了，太辛苦了，后来想想你不做这个做什么呢？你做了这行跑不了。做哪一行都一样，都有辛苦都有快乐，你自己觉得满意就可以了。

贾：后来张彻离开了“邵氏”进了长弓公司，当您知道他做这种选择的时候您是怎么决定的？

唐：我家里有小孩、老婆，不想跟他去。我觉得跟他是没有用的，他不进步，他老是这样拍下去，你跟他讲他不听你的。那时候时代变了，人要动脑筋，老打来打去，不合情理也打，观众看厌了就不看了。剧本写得好一点，每一个戏不一样，才吸引观众，不然观众会脱离你，你要跟着潮流走嘛，他不跟潮流走，没用，到头来没用。

贾：历史证明您对这个问题的判断是正确的。

唐：我觉得时代一直在变化。

贾：您跟刘家良合作过很多电影，在同一部电影里分别担任武术指导，但是你们俩又各有所长，那合作的时候怎么切磋武义呢？

唐：每个镜头我跟他都交流交流，导演接受就 OK 了。从小他父亲就教导他，所以他功夫很好，我是半路出家，我仰慕他嘛。如果我用北派跟他配合将来会有成就，我们心里是相通的，所以合作了好些年。后来他心气高，想做导演，我知道自己不是这块料，我文学知识不够。光拍动作不行的，要靠剧本，我就跟他分开了，但不是不高兴分开的，是他想做导演，我不想做，我还是做自己的武术指导。

贾：现在这个武术指导没有专门的培训机构。

唐：我们国家应该训练一班武术指导。

贾：我们现在也在呼吁这个事。

唐：应该呼吁这个，有专门机构训练做武术指导的人，对国家有用。

贾：香港有最佳武术动作设计奖，内地现在没有，证明对这个行当的关注还是很不够的。

唐：香港那么小都有，内地应该有，你们应该找程小东、袁和平、洪金宝、成龙，他们可以说上话，

贾：香港地方小，但对武侠电影的贡献巨大，像您那一批人。

唐：那已经过去了，现在内地也流行好多武侠片。

贾：能不能回想一下当时拍片子的经历？

唐：都是导演要求。以前很简单，是导演控制，要打多少要怎么打，你弄给他看。现在不是了，你想打多少都是武术指导控制的，完全两回事。

贾：过去您掌机吗？

唐：我不掌机，就是管动作，自己负责太多，要对招，要掌控镜头，不可能的。对招就对招，摄影就摄影，应该分开。后来拍电视剧，我也不掌机，人家有摄影师，我不是这一行的，我把动作弄好就好了，出来不满意你可以讲，这是我的观点。

贾：后来您涉及过时装动作的片子吗？

唐：也拍过，我太太第一部戏就是时装了。

贾：是哪一部戏？

唐：《女黑侠木兰花》。

贾：您在这个片子里是做动作指导吗？

唐：是的，动作片后来的范围也在不断地扩大。

贾：在整个武侠电影的创作中，哪些人对您的影响特别大？

唐：没有了，我是跟导演的，导演跟剧本走，我也看剧本跟他配合，整部戏都是他领导的，如果我拍就是我控制了。

贾：每个导演的要求不一样。

唐：不一样。我和刘家良两个就一样了，一对招就是导演一定喜欢的，我们两个一天到晚对招，心灵相通。

贾：您跟刘家良合作了多少年？

唐：差不多十几年，从小就合作了，但是他做他的我做我的，能达到这样的默契很不容易。

贾：电影就是你中有我，我中有你。

唐：是啊，综合电影，一个人做不了什么东西，都是配合嘛。

贾：您还有没有什么需要讲的？

唐：内地可以提供一下训练武术指导的机构，对国家有用。你刚才说的最佳武术动作设计奖也应该提供一下。

（2009 年 1 月 29 日于香港浸会电影学院）

2009 年 1 月，唐佳接受本书作者贾磊磊的采访

侠，就是为了帮助他人而发展自己

于承惠

于承惠（1939 年 8 月 16 日—2015 年 7 月 4 日），山东省烟台市蓬莱市人，国家一级演员、武术家、编剧、武术指导、策划、导演。1965 年毕业于山东体育学院运动系，1979 年任宁夏回族自治区专业武术队教练。1982 年任山东省体育学院武术教员。1982 年，主演的电影《少林寺》在中国香港公映，从此进入演艺圈，其后陆续出演《武松》《少林小子》《南北少林》《黄河大侠》《东归英雄传》《笑傲江湖》《少林武王》《连城诀》《神雕侠侣》《碧血剑》《倚天屠龙记》《白发魔女传之明月天国》等影视剧。

在他所创作的影视作品中，既有《少林寺》（1976）中王仁则这样十恶不赦的反派人物，又有《黄河大侠》（1988）中出生入死的侠者形象。2008 年，饰演电视剧《李小龙传奇》中李小龙的师父叶问一角。2013 年，主演电影《四大名捕》系列最大反派安云山……

不管塑造什么样的银幕形象，不管创造什么样的影视作品，于承惠都坚持着自己习武之初对于武侠精神核心内涵的一贯理解——侠，就是为了帮助他人而发展自己。

过去的武学很注重教育功能，是培养栋梁之才的必修之课，是文武兼修。文明是在文化大系统中延续的东西，好的东西保留下来一定是文明的。

——于承惠

身体教育是整个文化教育中的一部分

贾磊磊（以下简称“贾”）：想说的话太多了！于老师，请您结合这么多年拍摄武侠电影的经验，谈谈对“侠”这个概念的理解，以及您认为中国文化中的侠来自哪里？

于承惠（以下简称“于”）：我很小的时候听评书《三侠剑》《七侠五义》《包公案》，以及《岳飞传》，对侠的理解和武术就分不开了。后来，随着年龄增长和知识结构的发展，我觉得“侠”这个课题是非常非常大的。中国传统的三百六十行可能都会有侠的概念以及对侠文化的追求。所以，有时候你会感到我们的民族文化中侠的积淀都非常非常深，它好像积淀在自己的精神家园里面。

贾：现在大家谈到侠都爱说是武侠，我们也爱从这个角度看，您觉得这样划分是不是太简单，或者不全面？

于：就现在来说呢，我觉得已经不简单了。作为武术，它本身就是一个专业，它又分了很多其它门派，包括跆拳道、空手道等。

贾：对，那就现在而言，和过去相比有什么不同呢？

于：过去它是统一的，因为我们传统的教育始终是文武兼修。比如小说中讲周侗教岳飞的时候，岳飞单日习文，双日习武。他不是每天死活都在那里练武。因此，在传统体育里面，武学就变成了少儿时代接触、感受、了解自身文化的一种方式，可以让人感悟到很多东西。

贾：看来在传统意义上讲，武学与各个学科门类共同组成是一个系统。

于：对，中国文化是一个系统，是一个通过审美教育能够达到的平台。比如毛笔和筷子，用法上很相似，但毛笔落到纸上与筷子落到纸上的感觉很不一样，这一方面它又会和身体其他运动的感受结合在一块儿。如果把传统的体育安排好的话，对少儿时代的精神教育和身体教育是很重要的。

贾：我们现在面对得更多的是一种精神教育，您能不能谈谈对于身体教育这样实行的一个方案，它的基本目的在哪儿？

于：比方说身体运动的协调性，动作协调就漂亮，运动的速度就快并且越能节省能量。但是，人可能意识不到，因为运动是受运动中枢和大脑皮质双重控制，也就是说它既受有意识的控制，也受无意识的控制。那么，如果在运动学上、心理学上，各个方面你都涉及了，可能就会对此有所认识。

贾：是不是身体教育需要和其他教育有机地联系在一起，这样才能达到一种科学的目的？

于：对！为什么大学里面现在课程也蛮丰富的，因为这样学生会了解很多，真的会改善他们的知识结构，但体育重要在哪儿呢？人生有三件事是不能代替的，生不能代替，死不能代替，运动不能代替，谁练了就会受益。了解了人体动力学、心理学之后就会无形中开拓想象空间。

贾：包括武术在内的运动，您觉得对人的精神道德起到的作用大概是通过什么途径来表现的？

于：比如说，如果我们与别人发生了矛盾，那我们会想到用打架的方法解决。但是当你的道德提高到相当水平的时候，那就不见得非要用这个办法。但是武术的训练会有一个理念，就是壮大自我是为了帮助别人。

贾：这是武侠的核心吗，您觉得？

于：应该是核心。人的力量一靠先天遗传，二靠后天积累，因此或多或少都有很多不足的地方。因此人一生下来就面对如何壮大自己的问题，但是壮大了自己，并不是去欺负别人，而是在道德的支配下帮助别人，这就是侠的核心。

贾：那么您觉得这种核心的来源是什么呢？

于：我们现在可以理解成它来自天意。我说的这个天意不是迷信，而是从离子，从宇宙，从产生时间和空间上看，比如漩涡。中华民族是一个崇拜上水的民族，而且崇拜漩涡。人体动力学本身就是在你身体里面去制造漩涡，而且驾驭漩涡。所以就要多动脑子，多训练，在这个过程当中丰富自己，你会认识到很多新奇的东西，是科学，不是迷信。

武者、演员、武术指导，共同将武德带入武侠电影

贾：您还记得当时是怎样进入电影界的？

于：当时我编了双手剑和组建双手剑队，带宁夏队在宁夏回族自治区训练了大概一年。参加比赛之前在什刹海训练。因为和吴冰很早就认识，见面之后就谈到电影，当时他们正在筹拍《三百夺宝》和《云冈石窟》，都比《少林寺》拍得早。后来《少林寺》剧组找人，吴冰、何佩奇他们就推荐我来演王仁则这个人物。

贾：那您就是从那时进入了电影《少林寺》剧组吗？

于：在这之前还有长春电影制片厂的杨晨来找我拍电影。但当时我有这种感觉，就是我正在武术专业领域出成绩的时候，我没有必要去改行。我觉得改行会很困难，毕竟是隔行如隔山，对吧？只是后来可以说也是命运的关系吧，还是干了电影。

贾：您刚刚说到了双手剑，这是您自己编创的吗？

于：是。其实这也和电影有些渊源。我编创了双手剑以后，国家承认了，可以参加国家的比赛，是在山东。可是还有人感觉自古以来就没有双手剑，双手剑不可以参加比赛。其实，东西方自古以来就有训练两只手用一把剑的方法，说没有就很奇怪。于是我就利用一个采访的机会，练给裁判和导演看。之后就有剧组找我和我说起了拍电影的事情。

贾：从那次开始，您就真正开始了您的电影生涯。从《少林寺》开始，您的电影之路就一发不可收拾。您印象最深的是什么？

于：我印象比较深是张鑫炎导演，他是我们搞电影的一位启蒙老师。我们很敬重他的。直到现在也经常来往，相互谈一些东西。他很有眼力，他可以看到我们身上连自己都意识不到的

《少林寺》（1982），于承惠饰演大反派王仁则，在影片中与李连杰饰演的觉远有精彩的打斗

东西。

贾：你和他有没有特别令您难忘的事情？

于：他让我演王仁则的时候有一个理念就是：“你平时生活当中的任何表情我都不要，你必须给我表现出来另一种表情。”有一天早晨我们在院子里跑步训练，院子本身不大，跑到院子尽头之后我就跳到墙上然后转身再回来。他一看说这个动作可以用上，所以在拍《少林寺》对打时在桅杆上就用了这个动作。

贾：张导演对其他人也这样要求吗？

于：对，他对其他人也是一样，能发现演员身上优秀的地方。

贾：《少林寺》您拍的第一个镜头是哪个镜头？

于：我记得是黄河滩的一场戏。我们一开机就拍黄河滩边对打。零下四度跳黄河，很冷。我们选择了下午两三点钟，导演说今天天不错，我说今天就拍了吧。

贾：《少林寺》里面很多武打场面都是用长镜头来拍摄的。当时这种带有记录性质的长镜头在国内动作片还是很少见的。面对这种长镜头的拍摄，又是第一次拍电影，您觉得会有什么压力，或者说当时的困难主要是怎么克服过来的？

于：作为长镜头来讲，恰恰是需要演员具备一定的素质。《少林寺》是张导演一种新的尝试，一种新的思路，应该说是成功了。现在看起来，我觉得它不是什么困难，反而是北方拳的长项。

贾：您认为北方拳有什么特点？

于：因为它脚底下很灵活，什么步伐都可以完成动作，实际上腰法和步伐是相互调节的，老前辈就说无法不能练功夫，法为武术之先祖。

贾：《少林寺》拍完之后，您紧接着就拍了《黄河大侠》，从反派到侠客的表演您是怎么转变过来的？

《黄河大侠》（1988），《黄河大侠》的动作戏由于承惠、于海、计春华、胡坚强、孙建魁、刘怀良设计。片中的武打动作，无论是逼真、写实、流畅、洒脱、精美还是细节、技巧都达到了一个新的高度。影片上映后，全国影院总共卖出了450多个拷贝，创造了当时国产片的新纪录，也成就了武侠片史上最经典的侠客形象之一——“黄河大侠”

于：我觉得主要还是人物的心理状态，人们在做事情之前都会有一种行为基础，心理上会有一种逻辑关系，比如说犯罪学叫犯罪动机、作案动机等。

贾：这种心理状态在剧本中可以体现吗？

于：编剧有时候会忽略武打这个方面。比如小孩子看《水浒》，会问妈妈，为什么梁山好汉动不动就杀人，这就说明需要有人物行为的原因。

贾：好像拍文戏，如何开始如何结束都是要通过镜头交代清楚的。

于：对，这有用动作编剧的过程，然后靠镜头来完成。

贾：张鑫炎导演会用什么方式来完成呢？

于：他会自己设计镜头，设计机器（摄影机）的运动，当然我们会给他一些武术方面的意见。就动作片来说，我觉得机器（摄影机）是裁判的眼睛，是观众看不到的地方，这样就会看起来既丰富又真切。

贾：刚才您谈到摄影机实际上是观众的眼睛？

于：不是，摄影是裁判的眼睛，非常刁钻的。但是作为镜头的剪接又得非常流畅，因为这是它的语言表达方式。

武打必须是抒情的手段

贾：于老师，您刚才讲到创立双手剑，是两只手握着一把剑。我们看到早年日本武士电影中，武士几乎全是用双手持剑。但是从黑泽明的《七武士》开始，日本人开始采用边骑马边单手挥剑的。您设计的双手剑和日本武术片里的双手持剑的区别在哪儿？

于：首先是形式上，日本剑是单面刃，像刀。但中国剑是双面刃，双手剑是专门训练两只手用一把剑的方法，因为有必要的时候，可能用一只手不行，只有用两只手才够有力量和速度。

贾：那双手持剑有什么难度吗？

于：双手剑比单手剑难，需要全身的协调。中国剑很巧，不是大砍大劈而是在寻找静脉和动脉，因为盔甲在经动脉处都有空隙，是盔甲无法保护的。

贾：您设计的双手剑与日本武术片里的双手剑有什么关系吗？

于：应该有一定的关系。据说中国的双手剑传到了日本。他们会派留学生来学习。学了之后变成了武士道，可是最后被军国主义利用了，挺惨的。但好处是它还保留了那种他们自己所开创的技法。

贾：在电影中对双手剑有什么要求吗？

于：因为剑是双面刃，它本身没有弧度，所以它必须有一个切地劲。那再抹回来的时候在刀刃上就得有劲，只有这个劲出来，才能达到伤及动脉的深度。

贾：《黄河大侠》中您饰演了盲人剑客，您是基于什么样的理念来设计这几场打戏？

于：首先是剧本，剧本限制了打戏的时间。我估计片商喜欢打斗多的戏。另外，拍《黄河大侠》和《少林寺》有一种区别，《黄河大侠》演绎的是大侠，所以不需要摆 pose 亮相，它要你对内力的调动，即招之即来，一触即发。再者就是对双手剑的要求，就像前面说的必须把力量用在刀刃上。

贾：您做过武侠或动作电影的策划、演员、导演以及武术指导，您有没有因为某种原因拒绝过拍某部电影？

于：也有过。往往是因为感觉里面有一些打斗没有道理，导演说我已经改剧本改到没法儿再改动了，如果这场戏再不打的话，老板就不愿意了。我说那就算了吧，如果不用打却非要打的时候反而把主角的形象都给破坏了。

贾：那如果遇到和别人想法不同的时候，您是怎样让别人接受您观点的？

于：比如我拍了《武松》以后，我在一篇文章中说“武打必须是抒情的手段”。当时有人就提出来，说抒情就是抒情，武打就是武打，怎么武打也可以是抒情的手段？我说如果根本没有打架的心，你怎么会打，那么这情感算不算抒情？后来这个观念就被人接受了嘛，感觉编武打动作也是要根据故事情节来刻画他的人物性格。

贾：《少林寺》中的反派和《黄河大侠》的大侠剑都用得很好，这两个人的身份和性格有很大的区别，那么用剑术本身能够区分吗？

于：我觉得只要把心理上的差别把握好就好了。比如《少林寺》中王仁则是代表官方，他认为少林寺的和尚们才是坏人。他感觉自己做的一切都是对的，所以他这个人就是狂。但是《黄河大侠》中的马义不是狂，他是有侠义的，他不会像王仁则那么狂傲，所以说在动作上他比王仁则用得要巧。

贾：除了在性格上的差异之外，别的还有什么差别吗？

于：有。打斗的对手不同，人物用的兵器也不同。比如《少林寺》中我是用剑和棍、双刀对打，那么这种打往往是有区别的。

贾：后来您从一名演员迅速地到一名武术设计的地位，您觉得您真正开始从剧作或者从总体上来考虑一个演员在动作电影中的位置，是从哪部电影开始的？

于：其实从第一部电视剧《武松》就已经开始了，拍完了第三集之后又去拍电影了。

贾：除此之外您还在哪部电影中担任武术设计？

于：珠江电影制片公司的《险恶江湖逍遥剑》（1989）。

贾：您能不能给我们分享一下您的拍摄过程？

于：那部片子中有三百对三百，六百人的大场面。邪教和道教征战。首先得梳理剧本，打斗的原因结果等，而且还有就像你刚才说的我会在意人物行为的逻辑基础。往往是先改剧本，把武打的脉络以及各个细节设计好。

贾：那您在改剧本的时候，是怎么和导演去商量的？

于：我们好处是在拍《少林寺》以及其他戏中，就我们提出来的东西，导演都会彻底调整。就好像中国的盔甲本身是鱼鳞甲和叶子连环甲，如果搞成了一个整体，技法表达不出来，最后连动都不能动了。

贾：在拍摄一部电影中，大家默契地合作应该很重要，记不记得当时拍戏的时候大家是怎

《险恶江湖逍遥剑》（1989），珠江电影制片厂制作，于承惠担任武术指导，是一部成功的武侠经典

样合作的？

于：拍《黄河大侠》时，导演要求把你所有的东西都挖掘出来，然后大家共同提高。拍《少林寺》的时候，导演的意思不是为了李连杰，而是大家一起来完成一件事，这件事捧红了大伙儿，也就捧红了李连杰。

贾：就像一个合唱的感觉。

于：对，如果一个人赢了话，很难做到整体都出彩，整体合作的感觉。

面对危险，其实需要的只是一种心态

贾：《武松》里面您除了做武术设计之外，还做了什么？

于：我还演了张传练，当时地板都是滑石粉的，因为他们平时还要跳舞，很滑的。

贾：当时的道具是真的还是假的？

于：那时候我们用的刀都是真的铁刀。盘子也是真的，一刀过来，盘子一顶上，就两瓣了。条件也比较艰苦，但也有好处，就是更加真实。

贾：真刀真枪会不会特别危险？

于：拍戏毕竟可以假交替的，真的太危险。一旦出了问题，整个戏要停下来。但是道具要做的非常细腻才行，戏也要演的像真的一样，比如一拳打中你了，为了在镜头上看出力量，必须像抽风一样的反应出去才行。

贾：一般拍电影的这种反应您觉得是非要那么要大吗？

于：大，并且夸张。这个反应是一瞬间的内力调动，比打一拳还累。我拍过挨打的镜头，就是很多人打，得不停地做抽风的那种反应，拍完以后就感觉很累，它没有任何招，就是追求这种反应，这是一个情节的需要。

贾：您在《少林寺》拍戏受伤了？

于：那是《黄河大侠》拍完之后，公司想再和我签几年合同，可我想自己支配时间。

贾：为什么会有这种想法？

于：我确实想电影和武术研究双方兼着，武术上有太多的东西需要梳理，需要研究。如果不，就很难在现代社会里强化它的教育功能和修炼的功能。

贾：是不是就在这段时间内受伤的？

于：是，有一天我开摩托车，正好路上修路拉了绳子，那绳子刚好在我视线的死角。当我的摩托车一开过去的时候，前轮轧过去时，带倒了绑在电线杆上的铁牌子，一刹车绳子就拦着我的脚，就砸碎了。周围有个小伙子还帮我打火，我又开车到学生家里，他把我送到了医院。

贾：当时是不是受伤很严重，骨折了吗？

于：是，我开始摸到起码三块，之后到医院一检查，八瓣，有七块碎的在前韧带上。大夫

《武松》（1983），于承惠参与武术指导的电视剧，是国内第一部起用专业武术演员、精心设计武打、讲究视觉效果的电视剧，播映时万人空巷

说要做手术，等 5 天消肿后手术，打了石膏 28 天不会走路。

贾：您在受伤的过程中就没有再拍电影了？

于：我正在家里练习走路的时候，孙周带着《险恶江湖逍遥剑》的编剧、导演邓原来找我。我说你看我这个赖样怎么拍戏啊？他说遥控。我说这活儿哪能遥控啊。我就给他推荐了几个人，邓原说你要是不能干，我就先不拍了，等你好了以后再做。后来就去了，干了三个多月，获了农民电影节的二等奖。

贾：那看来你们合作得非常默契，是吗？

于：是的，我们俩人一个是导演，把握文戏；一个是武打设计，把握动作。其实这两个人应当最清楚这个片子出来会是什么样。他有一种预见的能力，其他人很难。

贾：当时拍这部电影的时候印象最深的是什么？

于：拍这部电影的时候，就有最后一场难点的打戏。我本来是翻四个翻，后来因为没钱做了三趟就结束了，很受制约，不够跌宕。当时我跟制片说我刚卖了一辆摩托，还有 9900 块钱，我们来拍戏，赚了钱还我，赚不了钱，就算了。后来制片没要我的钱，大家也都没介意这件事儿，都是特别好的朋友。

贾：对待伤痛也是有不同的态度。

于：对，其实生活中遇到很多难题，就看你持什么态度。比方说刚才说的那个摩托车意外，当时就有人说我应当告城建系统，那么我尽管可以赢，但我的腿就完了，我就不可能积极地去治疗我的腿了，我绝对不会有今天。我有很多事情要做，哪有空跟他们玩官司。

经验是生活中冒险精神的积累

贾：您从什么时候开始练武的？

于：我是从十一二岁开始，但是我十岁以前精力过剩，参加过各种体育活动，以至于现在回家有位 96 岁的老太太都记得我小时候特别调皮。就是喜欢攀墙、上房、爬树、举重、踢球、撑竿，这说明很多运动其实都有相通的地方。

贾：您说您武侠精神是从您小时候听评书开始的，这是怎么样的经历？

于：对，听了评书之后就对武术情有独钟，才开始练武术。那个时候听《三侠剑》《七侠五义》《包公案》《岳飞传》《杨家将》这类的。

贾：当时您不上学吗？

于：上啊，但当时说书的，说到接节骨眼上就结束了，我就总是听。上学经常迟到，家里人就会跟着我拽着我的耳朵就走。

贾：后来又怎么开始练武术的？

于：每年放暑假就得回农村，我不想回农村。因为不能洗海澡，就跟爷爷提出了练武术。

贾：您觉得从小听评书，对您理解武术有没有影响？

于：开始练武术的时候我爷爷就说功课如果出问题或者跟人打架就不准练了，于是我很谨慎。然后随着知识的慢慢积累，我就开始喜欢看书，思考问题，知识和心理结构都慢慢成熟了。

贾：您年轻的时候打过架吗？

于：打过，应当是路见不平，但总是对方先打我才打起来。

贾：后来您做了《东归英雄传》的策划，您跟麦丽丝夫妇是在什么背景下开始合作的？

于：其实当时他们夫妻俩在做广告，我也是。最后大家感觉都很无聊，感觉广告充其量是时代商业文化的前卫，它不可能是一种大时代艺术的感觉。后来朋友要投资拍戏，就选择了蒙古题材的《东归英雄传》。

贾：当时你们取材的背景是什么？

于：我们实际取材东归的历史背景，那是人类历史上最后一次大迁移，20 多万人，最后回来了 6 万人。

贾：我们跟麦丽丝也讨论过这部影片的创作，包括骑马、打斗。

于：我们是设计了一个小分队的故事，这样就可以拍动作了，所以国家电影局当时也感觉我们取材比较精巧。另外，设计上是马群，用马群的这股气势淹没了对方的那些人。这种感觉就会很好，如果说马群来了以后，再打的话就没有意义了，所以整个感觉还是蛮紧凑的。

贾：您在电影中主要负责什么呢？

于：我主要是做的武打设计的总体脉络，和一个学生谢维崇，当时他干活已经非常了得，脑子也很清楚，所以只把意见说给他就可以了。

贾：你们是多久完成拍摄的？

于：我们是两个月零七天，前期就完了，干得还蛮轻松。通过那部戏，感觉整个班子还是要“一个萝卜一个窝”，这样干起来就比较专业比较快。

贾：您能具体谈一下当时的拍摄经历吗？

于：比方说那场五匹马，五个人桥断，人马摔下来的戏，都要坠到河水里面去。要求河水不深，水流不急，我跑了很远的地方，找个位置，搭了一座特技桥。

贾：您当时怎么会这样构想？

于：一是根据剧本，而且我如果没有在工厂做起重工那段经历的话，我不敢在电影设计上搞特技。并且桥断、人马落进去还要考虑安全问题，因为特技不是玩命，必须百发百中。

贾：有没有觉得害怕出问题而放弃？

于：不会，事先找好了位置，流水的速度很快，才敢设计五个人往下落并且不会砸到一块。

贾：当时是不是拍了一条就过了？

于：是，但其实我最担心的是人的安全。前四个人很顺利，第五个人没上来，这时候全场特别紧张，我就开始要往下跑，跑了没几步，他就出来了。后来导演碰见我，我说了这个镜头，他说好。我的特技就是要设计好，一定要百发百中，不能撞运气。

贾：有的时候它可能也是有点儿冒险吧？

于：冒险肯定是冒险。比方说我拍《少林小子》（1984）有一个从二层小楼上跳下去的镜头，就是要撞破窗子掉到地上。我也是第一次做这个东西，每天都在考虑整个的节奏、助跑、路线，但不能开窗，我就瞄了一条线，三点成一线，这就是我助跑的方向。

贾：我记得那个镜头不是正常速度拍的吧？

于：一开始它是准备用正常速度拍的，但感觉 24 格太快了，最后用高速拍的。所以说有些东西一开始就要设计好，当时不像现在可以后期做。

贾：那时候危险性是不是特别高？

于：当时没有钢丝，如果设计好了，应当没有什么问题。有一定的危险性，另外是落地不好问题，但只要完成动作就应该没问题。

贾：我看还有很多是人剑配合的镜头，比如人落地之后和剑的配合。

于：对，剑一落地人就开始滚，就有了支撑。一支撑，就增加了滚地的速度，那动作完成得很舒服。

贾：后来您跟徐克拍了电视剧《七剑下天山》（2006），是在新疆选的景。

于：我觉得新疆的景蛮棒的，而且有大漠风情，雪山、戈壁、沙漠、鬼城。这些地方都对电影起一种壮观的作用，它有种给天山七剑带来一种风尘仆仆的大英雄的背景。

贾：但是这样的地理环境应该也是很有挑战的吧，是不是很辛苦？

于：是，过程是蛮辛苦的。尤其是乔尔玛峰是终年积雪不化的，马踩到雪里面，会踩出鹅卵石来，而且在高原上，马跑起来很吃力，嘴都吐白沫。那时候就感觉它们不会表达自己的情感，我们挺同情它们的，所以收工的时候，我们都是拉着马，不骑它。

贾：在那么恶劣的环境下，人和马都很不习惯，你们是怎样配合的？

于：在《七剑下天山》跑马的时候，我总是在第一个跑，也顾不上后面。他们就说我应该跑慢点，不然镜头不好处理。后来我告诉他们马是四条腿，它的平衡能力比我们好。另外，地面水半米深，水底下都是鹅卵石，如果马蹄子插到缝里，马腿就会别断，如果速度越快，插进去的可能性越小。

贾：《墨攻》（2006）这部电影有场打斗戏就像古战场那样，您参与这部片子跟过去有很大的区别？

于：我以前也打过这种风格，像走路一样，因为人多，你要充分地节省体力，这样才接近于实战。尤其是穿上盔甲以后，像演西方角斗士那种打法，不会像武术一样。

贾：您觉得这样处理真实吗？

于：真实，并且越真实越好看，因为有戏了。戏首先要真实，然后动作要真实，但是这个真实不是去伤人，如果不真实就会觉得有点儿犯傻。

《七剑下天山》（2006），对故事以及人物的大胆改编，打破了传统武侠剧的模式，打破了金庸定下的中国武侠世界的标准，于承惠在该剧中饰演傅青主

传统文化有助于审美能力的提高

贾：您当时是在怎样的心理下决定自己拍《剑痴》的?

于：拍完了《东归英雄传》以后，我感觉有一些东西应当通过一种接近纪实的手段拍出来。当时我想拍《剑痴》作为序，想树立武术文化的东西，就是一个人在时代文化的定势上如何去追求自己的传统，与世界的现状相比较。

贾：那么您一开始的出发点就是去反思吗?

于：是。我当时就想拍一部关于对武术文化反思的影片，当时还没有想到对传统文化整体进行反思。当时投入了 30 多万元，还拍了一部教学片，但是因为盗版很厉害，就没有发行。

贾：那您现在有没有把您之前的想法完成?

于：去年有人支持我来完成这件事，看看以后的时间吧。因为它是一种比较学术的研究成果，并且因为有大量的动作又能说明武术文化的渊源和脉络，以及与其他文化如何交叉的。

贾：您刚才谈到很多就是说关于这个美学体育，并把武术归于在体育这一个大的范畴里，您是出于什么样的考虑?

于：比如王羲之，将军出身，从小就受体育的训练，否则不可能有修身、齐家、治国、平天下的想法。修身是一生的事，因此又是终身体育。所以武术达到了终身体育的水准，而且不管在理论方面，还是动作方面，都达到了一个高度审美的平台，甚至将来是一个高科技的平台，比方说理解了人体动力学之后运用方程来完成电脑动画。

贾：您现在主要的工作除了拍戏，当武术指导，当演员，还在学校教授体育，您自己也写书法，作诗，还画画。您现在已经是涉及了不同的领域，是什么促使您这样的呢?

于：没有什么特别的动机。应该说是来自生物追问的天性。当我对问题不明白的时候，总想弄明白，追问清楚。因此从小喜欢独立思考和动手，对很多事情也都很感兴趣，比如缝纱布袋，缝毽子。

贾：您自己写书法、画画都是小的时候培养的兴趣吗?

于：因为我奶奶是教师，小的时候教过我毛笔字。随着年龄的增长这部分功课就放下了，但是随着生理和心理成熟之后会更加喜欢。

贾：您觉得学习书法对修身养性有什么好处吗?

于：毛笔字往往长篇都是竖着写，没有横着写的，因此就是你必须正襟危坐。但是现在有些人为了训练自己气宇轩昂，仪表堂堂还要花钱请外国人来训练。其实这些都是自己小时候就有的，只是你不用而已。

贾：对，我们现在需要追求的事情，都是之前不是太在意的。

于：就像法国的一个竖笛，有 700 年的历史，是用仙鹤骨做的。在被音乐教材取消了之后，人们才发现它的材质以及做工会使孩子们产生联想而启发他们的智慧，并且随着信息量的增加而启发灵感。

贾：现在很多人也在重视传统文化、传统艺术的作用。

于：毛笔和竖笛一样会引发灵感、记录美。中国人写字要有间架结构，因此在间架结构的完整的状态下，去寻找你认为的美。基本功训练，加上你的审美理念，就是你的水平，不管哪一门类的艺术，可能都是这样。

贾：您认为在武术、绘画、作诗等这些领域是怎么从一般境界到更高境界的？

于：这个途径很自然，以前的老拳谱都是歌诀，拳论也是诗化的俚语顺口溜。往往有三种，套路的歌诀、理论的歌诀和方法的歌诀。必须通过练，才能懂，光靠文科不行。这些歌诀帮助去联想动作的境界，比如老松扑蝶，就是松鼠扑蝴蝶，还有金蝉脱壳等。

贾：看样子，这个过程又是系统提高的过程，除了习武会提高之外，文学上也会提高。

于：是的。当你用心去练武术的时候，你才会用心去看那些理论啊，文字之类的东西，并且觉得很有意思。像毒蝎翻尾、点石寻金、金蝉脱壳这些都会让人感受到一种境界，所以中国美学往往讲究气韵生动，栩栩如生，并且这种境界是无止境的。

贾：电影发展很快，有些人不会武术，但是他借助于数字技术在银幕上变成一个武侠高手。您觉得这对武侠或者对武术动作的表现有什么影响？

于：我觉得应当是不会有太大的影响，因为很多东西只要出现，它就存在一定的合理性。如果有人拍动作片，就不会用太多科技手段，如果是拍科幻片就只能用科技手法。这是两个类型，题材不同市场不同，逐渐根据市场的需要来做。

贾：武术是中国的传统文化（之一），但整个中国文化在现代化进程中落后了，比如科技层面落后于西方。在未来的整个中国文化发展以及经济发展中，您觉得武术应该起到什么作用？

于：过去的武学很强化它的教育功能，它是培养栋梁之才的必修之课，就是文武兼修。就像在中国筷子是吃饭的东西，而刀叉我们在厨房用，不在厨房就是凶器。那我们是不文明吗？文明是在文化大系统中延续的东西，好的东西保留下来一定是文明的。

贾：武术也是经过文化积淀所保留下来的文明，您的意思是说我们要延续武术的教育功能吗？

于：武术可以让人联想到太多的东西，因此要强化它的教育功能，它很容易让你有成功的体验，但这个体验并不是超越了几个人而是一种自己之于自己的超越。它是一个文化系统，我决定花大力气把它梳理清楚，目的是既简约又能解决问题，最终又能作为一种普及的事情。

贾：如今不管东西方，武侠电影票房都很高，但是它存在有文化负面的东西，比如血腥、暴力。您怎么看待武侠动作电影在整个电影史上跟文化观念对立的东西？

于：任何东西都有负面的消息，一个钱币都会有两个面，所以这个时候我们面对的就是审美能力的判断和选择了，要区分哪是善哪是恶。

贾：所以您现在也在教授您的学生如何来进行这种审美选择吗？

于：是的，我现在在做美学体育。现在不同于之前，之前是要向师父发誓不干坏事师父才教你。现在面对的大学生、研究生、博士生，只有靠审美理念、审美判断和选择能力的提高，

进入新千年后，于承惠在多部电视剧中扮演前辈高人，如《神雕侠侣》中的东邪黄药师、《笑傲江湖》中的风清扬、《倚天屠龙记》中的张三丰等，并在《墨攻》《倭寇的踪迹》《四大名捕》系列及《白发魔女传之明月天国》中出演一些武艺高强的角色。图为已经74岁的他在《白发魔女传之明月天国》中扮演紫阳道长

才能明白哪是该做的，哪是不该做的。前两天在电视上看的有些孩子为了杀人练胆，这就是教育的失败，最终还是心法的问题。

贾：您觉得审美的提高，是对人的内心有一种约束，是一种道德或者伦理，这都是大的审美范畴，那么在提高人的审美能力它最关键的是依靠什么帮助？

于：我感觉是一个是知识结构的改善，比如当你的知识结构改善之后，它就变成一个有逻辑的有生命的整体。这样会派生你的宇宙观、世界观、人生观、价值观，以及你的行为方式。那么当你的知识结构没有完成一个整体时，这里边不会派生信仰层面的高度的东西。

贾：知识结构的改善促使了审美的提升，也有助于我们中国武侠文化价值的产生，您觉得是这样吗？

于：你说得非常对，当知识结构改善之后就会逐渐完善自己的价值观念，侠文化的价值观念就是一个代表。但是文化的发展是有传承关系的。历史的渊源把那些善的东西积累起来，让后代明白孰对孰错，而今后绝对是栋梁之材，而且会进入一种自由王国。

贾：所以您很注重文化传承吧？

于：对，我觉得应当梳理清楚自己的文化系统，然后再搞清楚个体的意义。

贾：但如今社会变化这么快，我们该如何坚守自己的传统并发扬光大？

于：发展再快也肯定有不变的东西。六千年以前的经书，就是以“天行健，君子以自强不息”

为开篇，现在的孩子会是什么感觉？会激发他的联想，所以应当以审美能力的提高为主。

贾：那么在您的观念中，我们应该如何做到审美能力的提高？

于：应该是心态的问题，比如说武德武技，比如说字如其人，就是说和你的境界是一样的。你用什么心态就会练出什么样的字来，运动也是一样，有时候和心理是呼应的。

真正的经验在于向善的理念

贾：现在很多拍武侠电影的导演和演员，都受过早期的武侠电影的影响和感染，其中有一个特别重要的人物就是李小龙。李小龙实际上是中国武术电影走向世界的一个先驱，您早年看过他的片子吗？您怎么看待他？

于：像你刚才说的，作为一名偶像，确实最早的是李小龙。但是作为侠的这种感召力，全世界各个民族有个共性，比如美国西部片，壮大自己，救助别人，日本电影《七武士》也是这样。这种共性实际上是向善的一种共性，是替天行道的一个共性。另外，就是李小龙彰显了我们民族的心理，让我们觉得很过瘾。

贾：所以在您的意识中，您觉得人们之所以把李小龙作为偶像，实际上是因为人们对于这种人类共性的追求。

于：对，人们喜欢侠的精神甚至喜欢侠和义的行为，侠、义是分不开的。李小龙把故事中的人物塑造成功了，所以人们采取崇拜。这就是说人类是有种共性的，就是向善的共性，起码这个大文化背景下所产生出来的这种理念是要向善的。

贾：那么在您拍戏的过程中有没有这种感受？

于：有啊，《少林寺》的成功也是这样，当时武侠小说已经把少林功夫写到极致了。华人的武术确实和其他民族的武术不同，它不是野蛮的而是一种很文明的方式。所以说，文化性是很重要的。

贾：您留胡子，听说您一直有一个愿望就是演周侗，您能不能讲讲这个故事？

于：留胡子实际上倒不完全是为了拍周侗，留着这么长，是为了这个人物。林冲、卢俊义、史文恭都是他的学生，而且教过武松，教过鲁智深，晚年教的岳飞哥五个，他的孙子小霸王也在梁山。

贾：那么在您的内心中，周侗是什么样的人物？

于：陕西大侠铁臂膀周侗——小说是这样写的，而且他是有史书记载的唯一的一代拳师，又是行义拳的鼻祖。并且又是岳飞等人的老师，跨越了南北宋，也是单日习文双日习武，又教兵法。所以这个人物蛮重要，我决定以现代人的眼光去塑造一位现代人喜欢的人物。

贾：您是要演他吗？

于：我会演的。《水浒传》中的《武松传》有写到两个人月下传刀的故事。两人认识是在桥上，周侗下桥武松上桥，周侗把武松撞倒了，武松非但没有生气反而很客气，周侗就觉得这个孩子品德很好，就教他武术。

贾：那么您觉得周侗这个人应该怎么样？

于：我在书中了解到，周侗做过捕头，有自己的监狱。那么我就设计他离开了监狱浪迹天涯，结交了很多人。这样他的故事就好编了，现在我听说有人在搞这个剧本。

贾：拍电影还是拍电视剧？

于：其实都可以，拍电影的话就得做得很精细，还要分上中下集，太短了不行，这个故事含量很大。

贾：现在西方电影除了西部片之外，很多动作片实际上是现代的枪战。它的市场很大，很具有商业性，包括香港的很多武术指导，也将东方的武术动作汇入了西方的电影潮流当中，您对这个问题怎么看？

于：我觉得这还是要看发展，因为一开始很多人会喜欢的东西，时间久了未必会喜欢。那么真正的经典是若干年之后看依旧觉得很好的片子，手法并不重要，关键是故事讲得好不好，剧中人物有没有人格魅力。就像很多史书不是在讲故事，但随着人年龄的成熟，他就愿意看这个，因为一行字就讲很多东西给你。

（2006年12月5日下午于北京朝阳区于承惠住所）

塑造人物是亘古不变的真理

孙 沙

孙沙，1939年生于吉林东丰。1958年肄业于鲁迅美院附中，后入长春电影制片厂演员剧团表演班学习，1959年任演员，1962年为沈阳空政文工团团员。1969年回长影任导演，执导的影片《大城市1990》获广电部1990年优秀影片奖，导演的武侠动作电影《武当》(1983)和《西门家族》(1989)是其武侠电影的代表作。作为长春电影制片厂导演群体中的一员，他或许不是最亮丽的那颗明星，但一定是曾经闪亮存在的一位。早年美院学习绘画的经历，冥冥之中为他的导演事业铺设了道路。其处女作《第三个谋杀者》(1981)突破长影固有的风格惯例，使其获得了独立拍戏的导演资格。此后《武当》的问世，成为国内武侠片的前沿之作，受到海内外广泛好评。《西门家族》凭借丰富的内涵与创新的思路，成为日后类型片竞相模仿的对象。孙沙的多部武侠片创作均成为中国武侠电影史上可圈可点的佳作，而他也从未停止学习的脚步，对影片的题材、样式、风格都进行广泛涉猎与尝试，多样化的创作道路锤炼了他游刃有余的创作心态，水滴石穿的武当品质更成为他一生艺术精神中内在的执着与坚守。作为一名艺术家，他用自己的责任感和真性情在中国武侠电影史上书写下绚烂的一笔……

武侠的本质应该是惩恶扬善，这是它存在的意义，也是人们崇拜大侠的根基。大侠能把人世间的丑恶一扫而光，把正义正气发扬光大。在特定时代、特定背景、特定生活习惯下，侠义精神感天动地，留存甚远。所以，我认为的武侠之士是伟大与崇高的，就像现今社会的科学家与文学家一样让人肃然起敬。

——孙沙

人生道路不是设计好的

贾磊磊（以下简称“贾”）：您一开始进入电影界是做演员的，那后来您是怎样走上导演这条道路的呢？

孙沙（以下简称“孙”）：这个问题其实挺不好回答，人生不是自己设计好的或者按照自己的路一步一步走到终点，它是阴错阳差，赶到那儿就变成了导演。我本是鲁迅美术学院学绘画的学生，早年的理想是当个画家。在学校的时候，我素描的基本功挺不错的，但是我文化课不太好，那时候非常喜欢看电影，在考试之前的时光基本上都是在电影院度过。

贾：小时候您最喜欢看什么片子，或者什么样的片子对您影响较大？

孙：谢晋导演的《女篮5号》给我震撼挺大的，没想到居然还有如此生活化的影片能打动我，所以我挺喜欢。当然，它不是我接触电影以来最好的影片，但起码给我一个非常不错的印象。后来长影公司到沈阳招演员训练班，要培养一批新的年轻演员，经过类似于大专本科的四年教育，毕业以后就可以成为演员了。我就随便地考了一下，没想到就考上长影了。

贾：考上长影之后就开始了您的演艺生涯。

孙：到长影以后，不同往日学校时光里的那种哥们儿义气，我感觉进入了一个新的天地。因为当时长影很辉煌，拥有众多大师级导演和著名演员，除了大家熟知的王家乙、苏里、武兆堤以外，还有我非常崇敬的林农、赵浠水等一些很大牌的导演。不过在当时来讲，他们并没觉得自己是大牌，反倒非常用功，特别是林农的几部影片，有一部是浩瀚恢宏的爱国主义战争片《兵临城下》（1964），还有一部是《边寨烽火》（1957），再有就是《甲午风云》（1962），其中《甲午风云》对我震撼最大。

贾：为什么林农的电影对您震撼较大？

孙：因为这些电影里的人物都非常结实，所使用的演员都属于当时舞台上非常有成就的演员，像李默然、王秋颖这样一批现在看来非常大牌的演员。我就觉得特有趣。其实在演员训练班学习表演的时候，我对真正表演的东西并没有太多琢磨，因为我认为演员不是学出来的，而是悟出来的。当你对一个东西产生了自己的感想，悟到了它的精髓，可能不需要那么长时间训练，自然而然地你就能把它表达出来。做导演其实也是同理，要不然为什么电影学院培养一批又一批的学生，怎么就出来那么几个导演呢？我认为但凡有悟性的人，他在艺术上也会有成就的，这是我从影的简单经历。

贾：早年学习绘画的经历是否对您从影产生了一定的影响？

孙：当时我学画画的时候并没想到去拍电影。但不可否认，学绘画跟电影是有直接关系的，绘画在抠人物和电影塑造人物方面的道理是完全一样的。首先在画面上勾出来草图，然后一点点把鼻子、眼睛、嘴巴抠出来，最后再从整体形象上来观看，如果哪儿不完美就进行及时的完善与补充。拍电影的过程也是如此，一步一步地把它完成，需要自己的内心感悟。如果一个导演没有内心感悟力，他的片子也拍不好，即使拍出来也没劲儿，没人看，这也是很多人经常谈及的风格，就是创作者本身气质素养的具体体现。

贾：所以您就是这么当上了导演？

孙：刚开始的时候呢，挺艰难的。长影作为全国知名的大电影厂，导演实力是最雄厚的，而且厂里每个导演都有自己的风格，也有自己的代表作，每部代表作也都被观众所熟知，甚至有的影片都是被人观阅无数遍，我就是在这种情况下被陶冶出来的一个导演学生。

从演员到导演的转折

贾：讲讲您逐步成为一名导演的经历吧。

孙：大概是在（19）80 年以后吧，咱们中国电影出现了一个非常辉煌的时期，电影人将其称之为“新的浪潮”，比如张暖忻和她爱人李陀所研究的新的电影语言，完全不同于上一辈的成果。我对此特感兴趣，因为他们的电影研究是在法国新浪潮、意大利的新现实主义的基础上，对国产电影语言的研究，应该说是挺伟大的一项运动，也出现了很多非常优秀的影片以及非常有才华的导演。我们厂长苏云就觉得应该有一批新人出现了，比如像林农、王家乙、朱文顺、赵浠水，还有郭维等这样一批非常有成就的导演，应该带一批学生出来。

贾：那时候老导演带一批新人出来应该是非常艰难的。

孙：对，要想当导演是很难的，就像贾樟柯在广告里说的那样，他想拍电影，在当时就觉得很可笑，因为像我们小字辈的想做演员都很困难，更别说导演了。那时候有一大批非常优秀的演员，根本轮不到我们上戏，我们只能跑龙套、端大枪、演个小战士等。真正轮到我们来演戏的时候，恐怕年龄已经大了，也就没那种机会了，所以就想在导演方面发展一下。

贾：那是源于怎样特殊的契机促使您往导演方面发展？

孙：苏云厂长想培养一批新的导演，那么就在年轻人里来选拔一下，当时物色了四个人，一个彭宁，还有一个李前宽，然后是陈家林，再就是我。当时我们每个人报了一个题材拍拍看，如果拍好了就当导演，拍不好被淘汰之后，那基本上就是你该干什么就干什么了。

贾：您当时报送的题材是什么？

孙：我当时第一部影片《第三个被谋杀者》，是在我爱人的帮助下完成了剧本创作。后来她个人创作了《九香》（1994），成为长影编剧室的一个编剧。但是在当时我们俩什么都不是，她是个化妆员，我就是个场记。我从场记角度出发考虑究竟该弄个什么题材好呢，她就从资料室给我抱回来一大堆文史资料，然后就现编，完成了《第三个被谋杀者》。

贾：也就是在您妻子剧本创作的帮助下，您完成了《第三个被谋杀者》的创作，并且也取得了不错的效果。

孙：这部片子是由天津的一个叫孔祥玉的演员主演的，拍完之后厂里觉得挺有新意的。因

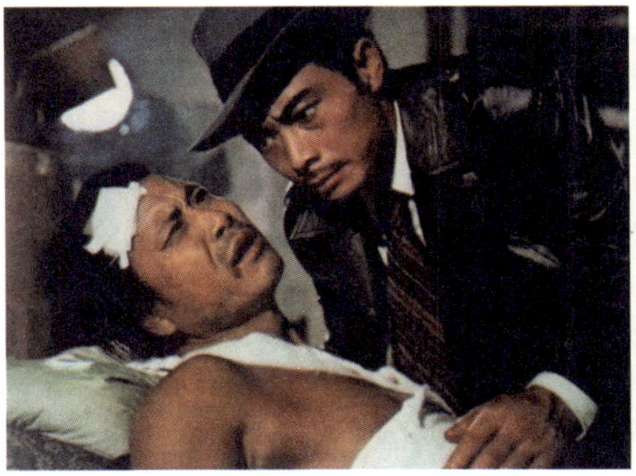

《第三个被谋杀者》（1981），孙沙首部导演作品，谋杀、侦破、悬疑等类型元素非常具有看点，题材新颖，情节紧张，上映后取得了很好的票房收益和社会反响

为当时拍电影受到张暖忻、李陀提倡新电影语言的影响，然后就觉得当时拍电影，应该是出现类似像《保密局的枪声》那样的作品，但是我拍的这部片子跟他们拍的完全不是一个风格，比较有新意，给人眼前一亮的感觉。大家都觉得孙沙可以做导演了，就觉得长影还能拍出来不太像长影风格的片子，这个人就是孙沙，不过这部片子不算非常火。

贾：虽然片子不是很火，但是您作为导演受到了基本的认可。

孙：本来经过厂务会研究觉得我可以当导演，但是我之前提到的那些前辈，他们都有自己非常棒的作品，也有极高的艺术造诣。当时，我是属于小字辈的，眼巴巴地看着领导能不能批准自己当导演，但是厂务会决定说还不能作为导演拍戏，至于怎么称呼呢？就称呼可以独立拍戏的副导演，从这时候我就开始从事导演工作了。

贾：现在回头去看您的处女作，有什么感想吗？

孙：在拍摄《第三个被谋杀者》的过程当中，我很用心地投入，包括画造型、设计镜头调度等，在今天看来还算有想法的。主要是跟这帮大师级的老导演们学到了要紧紧把握住创造鲜活的人物，那么这个作品基本就成功了，如果在其他方面也做得更细腻的话，那就挺有代表作的意思了。不过这部影片不算我的代表作，只能是作为我的处女作。今天回头看呢，尽管挺幼稚，不过也依靠自己的知识积累尽最大努力了，如果现在再拍一部这样的影片的话，那绝对不是这样子了，一定会更精彩。

童年记忆在艺术创作中的影子

贾：能谈谈您的第一部武侠作品吗？

孙：那就是《武当》。这部片子作为武侠片，至于说我在里面想要追求什么东西，其实没有明确的目标，但心中的艺术目标是始终有的，它存在于我的内心深处，我在学绘画的过程中就已经有了这样的积累，不用梳理，它自然而然地就会有一种抒发。我觉得电影，尤其是武侠类型的电影，跟每个艺术家的童年密切相关，比如说人在小的时候，脑子里总存在不同的幻想，飞天、骑马、拿刀等。小时候我是孩子头，基本上脑瓜子里就这些东西，所以自然而然地就会出现一种对武侠影片的兴趣。

贾：当时国内并没有很多武侠片。

孙：这部作品的诞生，是由于 80 年代的时候，厂里经济困难，需要考虑到赚钱，所以就考虑应该有一部动作比较突出的影片。因为我的《第三个被谋杀者》已经有了这样的一个因素在里边，但是没有向前更强烈地走一步，当时苏云就考虑到应该有这么一部影片，那么应该是谁来搞呢？后来顺理成章地就物色到我了。

贾：那意思是说《武当》这部影片是您被动接受的命令式创作？

孙：不算是，我不是很主动地自己发现题材，那时候拍片子主要看自己感兴趣与否，拍好了就好了，不好了也没有什么责任。因为厂里每年生产二十多部影片，一部影片亏了，另一部影片还可以赚钱呢，厂长是这样来平衡考虑的，而对于我们拍电影的个体来讲，就要考虑自己是否感兴趣。我一看挺感兴趣，但是题材挺老旧的，大体上跟《武林志》（1984）的内容有点儿相似，都是中国武师与俄国人拳击的故事，略显老套，我就不满足，后来我跟厂里说，如果我拍摄的话，我就把它改造成我的故事，后来厂里就同意了。

贾：也就是改造成了我们现在所看到的故事版本？

孙：对，因为日本也讲究武术，据说日本的武术来源还是中国，包括现在的韩国武术也是源于此。如果日本的武术跟中国的武术凑在一块儿，能不能产生一个非常具有观赏性质的东西呢？我想肯定可以，因为日本忍者的武术近似于中国的武术，但是日本武术更讲究玄妙，而中国武术更讲究实在。那么两者结合在一块儿就形成了我现在的这样一个故事，一个集家仇国恨于一身的爱国题材故事片就诞生了。

贾：事实证明，这部片子还是相当成功的。

孙：当时厂里说那就拍吧。可是当时中国电影没有过这样的潜力，也没有参考系数，我只看过一部，叫《少林寺》，虽然挺震撼的，观众也很多，但是我不太满足。我觉得《少林寺》比较花哨，恰恰是当今观众所喜欢的那种花哨，所以香港走向商业也是必然的，因为他们很早已经体悟到市场所需要的商业元素了。而我们内地那时候没有市场意识，就觉得要拍一部挺艺术的作品，不是为了票房去拍电影，否则大家做电影导演就没劲了，或者说为了票房而拍电影就觉得挺可耻。

贾：那时候拍片子的导演应该也挣不了很多钱吧？

孙：那时候挺苦的，如果一部片子挣了几百万元之后，没有高酬劳，顶多给你 3000 到 5000 块钱的补助费，已经算是最高的了。当时这部片子拍完之后给了 3000 块钱，我还挺高兴。

贾：其实总体来看，受当时社会因素的影响，您拍摄《武当》的时候，还是比较重视艺术性而轻商业性。

孙：对，那时候大家生活水平都一样，也没什么高低之分，人与人之间的相处也是情同手足、互帮互助。今非昔比，现在大多数人都是从利益出发，你给我什么好处我才给你效劳。所以，其实往日的情境挺让我怀念的。一般只要有点儿想法，拍摄出来就会挺精彩，不管是摄影师、美术师还是录音师、剪辑师等，大家都是分工合作，齐心协力做到最好。

贾：随着时代社会环境的变迁，确实今非昔比。

孙：《武当》这部影片拍完之后赚了很多钱，中影公司做了一个统计，并在简报上说了很多相关方面的情况，通过米兰电影节向全世界发行了很多拷贝。除了好莱坞以外，全世界大概有 80 多个国家和地区购买了《武当》的拷贝，观众人次也是很高的，咱们国家基本是每五个人中就有一个人不止一次地看过《武当》。拍完之后，我们长影有个小礼堂在审查片子，我就进不去小礼堂了，因为人山人海，到最后门都挤掉了。我就知道这部影片未来定会有轰动效应，也知道我孙沙可以做导演了，就挺高兴的。

贾：如果说《第三个被谋杀者》是您的起步之作，那么《武当》这部片子就是您作为导演身份的奠基之作。

孙：因为常人讲，一般的导演如果第一部戏和第二部戏拍得不像样子，那这人将来也不会有什么太大的发展，但是如果第一部戏和第二部戏弄响了，那基本上就可以认定他是个好导演的坯子。于是我的兴奋之情就是从这儿来的，虽然钱没赚着，但是作为导演是受到认可了。

像拍文艺片那样去琢磨武侠片

贾：您能给我们讲一下拍摄《武当》时候的一些故事吗？当时有没有武术指导？

孙：这部片子没有武术指导，因为成本很小，也就 100 万元左右吧，要制作一部规模挺大的片子，在当时也不是很容易的。在拍摄这部片子的时候，我只是一个初出茅庐的新导演，但是拍这部片子肯定需要用一批会武术的人，这批人肯定是国家武术队。

贾：作为一个新导演，您使用国家武术队的人做演员应该不是很容易得到支持吧？

孙：因为我喜欢看武术表演，像李连杰、赵长军他们的比赛我基本上都看。我觉得这能产生出来很多故事，而且我们对这种题材也特感兴趣，一心想把它拍好。于是我们就跟国家体委联系，国家体委非常支持，用谁我们就点名（所有的武术队员都属于国家体委管理）。

贾：你们如何从武术队员中筛选演员？

孙：我们需要的应该是武术的尖子，而不是会一星半点武术的人，所选的基本都是冠军级的队员，比如林泉、孙建明、赵长军等这样的优秀武术运动员。这些历届冠军获得者，一出场就给人的感觉不一样，不管是姿势还是范儿，都准确有力、自然大气。我当时想，如果这样一批人参加到我的片子里，成功系数肯定非常大。因为这些武术运动员在进行现场表演时，是有套路的，就像体操运动员表演的套路一样，那么武术运动员的武术套路，经过教练的精心设计与指导，可以达到前所未有的高度。

贾：您能举个简单的例子吗？

孙：以赵长军为例，一般的高难度动作，他都能完成，比如在武当山上有一个很高的台阶（大概能有一间房子那么高），要求演员翻跟头跳下来至地面上。试想，在当时没有真功夫是不行的，不过现在就用不着了，现在拿个大机器把他一吊，然后一摔就过来了。可是在当时的情况下，即使出现威亚的类似工具我也不会采用。因为我想拍一部特真实的武侠片，所以在造型方面，就要求化妆组不要太戏曲化，尽管我们没有看到当时这个人的生活状态，但是我们要尽可能地回归到特定年代下那个人的生活状态中。

贾：用纪实的办法来完成武侠创作。

孙：对，我觉得如果保住这样一条准则，会达到与《少林寺》完全不一样的效果。在我看来，《少林寺》是完成了一个虚幻化或者说理想化的武侠片，而《武当》这部影片，我想把它做成一部有思想、有意义的武侠片，而不是苍白无力，看完热闹就结束了的一部片子。我就像拍文艺片一样用心地去琢磨这部武侠片，可当时的气氛并不是每个人都对武侠片、艺术片感兴趣。

贾：您的出发点是好的，但是囿于社会环境的影响，可能需要作一些妥协。

孙：一部《城南旧事》造就了吴贻弓导演，可是他以后却再也不出作品了。我不希望走这样一条路，我喜欢走多样化的道路来锤炼自己的功力，锤炼自己作为导演能够拍摄各种题材影片的一个本事，就像斯皮尔伯格那样，每个类型都能操作，每个类型制作得都非常不简单，我想这应该是一个优秀导演的目标吧。不过在拍摄《武当》的时候，我没有意识到这样一个问题，只是从兴趣出发来进行拍摄，比如人物的塑造、形象的造型设计等。这些都还是我在从事电影之初的一些想法，就是实实在在地完成一部动作较多的影片。

贾：您之前提到像拍文艺片一样用心去琢磨武侠片，那么您认为两者的相似处在哪里？

孙：武侠片与文艺片在塑造人物方面，我觉得基本没什么区别，也没有高低优劣之分，规律都是一样的，它需要一个艺术家使自己的内心感悟、正义感以及对社会的看法流露到他的艺术作品中，就会产生大量的细节。《武当》这部影片的优点就是挺实在的，说的都是大实话，人物做的事也都是很实的，就是一部结结实实的武侠片，而且很多细节也体现了武侠的精髓。

贾：您能具体举例说明哪些细节体现了武侠的精髓吗？

孙：比方铁杵磨针、水滴石穿等，比如北宋大学者司马光、苏轼诸如此类的大文豪，他们的用功方式基本上都是如此，当读书日渐增多，那本事自然也就变大，这个在我的影片里也都有所体现。一滴两滴水啪啪地往下滴，前两天看着没什么效果，一旦时间长了，石头也能穿出一个洞来。

《武当》（1983），起用全国武术冠军赵长军、武术运动员林泉等具有武术功底的演员，使得打斗场面快如流星，敏捷迅疾，令人目不暇接，带给观众热血澎湃的感觉

充分挖掘演员气质的导演是好导演

贾：《武当》里面的武术是您自己设计的吗？

孙：这群武术运动员进组以后，他们挺愿意演电影的，因为李连杰的《少林寺》火了之后，一下子把他们都号召起来了，但是怎么演呢？其实是不会演的，我们先把演员集中起来，进行一个阶段式的表演训练。作为老师的我，不能告诉这些非职业演员应该怎么演，这样是徒劳无益的，那么我就把他们放在规定情境里去帮助他们表演。

贾：您具体怎么帮助他们建立规定情境？

孙：比方说一开始我就给他们分析人物，林泉扮演的陈雪娇是个什么人物，赵长军饰演的司马剑是什么性格。其中饰演南山道长的是马振邦，在剧组里年龄挺大，是他们的老师和教练（比如赵长军等一批运动员都是在他手下成长起来），威望也挺高。因为他不知道怎么演电影，所以就让他演老头，他不知道怎么才能演好，我就让他不要去扮演，想想马振邦是什么样，你就是什么样，你怎么喝水？怎么抽烟？怎么走路？这些是不需要演的，你就是你就行了。并且我告诉所有人，之所以让大家来演，就是觉得每个人都挺合适的，所以尽管大胆放开，不要紧张，松弛下来的自然状态即可。

贾：自然状态下往往能收获意想不到的效果。

孙：他们都很聪明，大概经过一个礼拜的时间，基本上再搭戏的时候就有点儿意思了。我一想这时候就可以开拍了，不能再闲着，因为一旦闲着搁置一阶段可能就忘了那种感觉，所以就赶快进入拍摄现场，实地进行演练。一条如果不成功就接着拍第二条，不再等待下去，可能越等待对他们来讲越紧张，越紧张负担感也会越重，估计那时候就很难达到放松的状态了。

贾：据我们了解，在你们之前，似乎并没有去武当的拍摄者。

孙：当时的武当山并没有人去拍过电影，我们是第一波拍摄者。他们松弛下来以后，我们就开始出发去武当山。不得不说，武当山的风景简直是中国的一绝，我去了之后肃然起敬，特别浩瀚，非常伟大。除了给人大好河山的感觉之外，还能感受到一种个性内含其中，这种个性让人产生联想，内心也充满力量，想想武术演员在这里打斗就觉得充满味道和激情。

贾：每次拍摄都要徒步攀爬武当山，一定非常辛苦。

孙：当时每天爬山，陡得厉害的山需要爬两个小时才能到达拍摄地点，然后下山再花费两个小时。一天中除去爬山的时间，就没有多少时间来拍戏了，而且大山里的日出时间很短，也就是太阳光很快会被山遮挡，所以我们需要拍摄很快。为此，开拍之前大家都非常积极，做好充分的思想准备和形体准备。

贾：所以开拍之前的训练与准备显得尤为重要。

孙：我们当时就住在一个叫老龙营的招待所，在很大的房子里铺上借的大地毯，坚持每天早晨六点半起床，由马振邦带头练功，我当时也跟着他们学习了一些动作，所以这部戏拍完以后我还学会了几招。他们练功的时候非常刻苦，经常满身是汗，他们也会腿疼、腰疼的，但是他们从来不给自己找休息的借口，而是继续坚持训练。原来这是马振邦对他们的要求，这项纪律我是事后才知道的，原来大家都这么苦。

贾：马振邦作为他们的教练老师兼剧中演员，发挥了很好的带头作用，很多动作应该也是马振邦设计的吧?

孙：他们在练习的时候，都是按套路的训练动作，通常是马振邦出动作。因为他了解这些武术运动员，也了解功夫，更了解什么地方出招能体现演员的功力等。一般情况下，都是他编好动作之后展示给我看，如果不行的话那就重新再编，所以在本质上来讲，这些演员都是兼武打设计了。

贾：每个演员似乎都在自己设计自己戏份的动作?

孙：是的，包括赵长军、林泉他们，都可以自己设计动作。比如说片中有一场戏是在坟头，林泉饰演的陈雪娇在给她父亲上坟的时候遇到了敌人，敌人当然知道她是老英雄的女儿，就想下手，林泉看到纸动了，就觉得后边有人，立马站起来拔剑，然后啪啪几下子就把匪徒打得落花流水。如果这个是很简单的设计，就没意思了，要是观众直接都能想到那就真的没有意思了。

贾：所以林泉这个人物的动作在剧中是怎么设计的？

孙：这个场面是最能展现陈雪娇这个人物性格的一个点，所以从外表上看，她要像村姑似的，穿着与普通百姓没什么两样，但是当她给父亲上坟遇到敌人时，就一下子变了样，立马进入战斗状态。总的来说，林泉的表演非常出色，这种内在的东西不是教练可以教出的，即使是动作导演可能也无法指导出这样的设计，那是演员自己内心的体验。

贾：您当初是怎么找到林泉来饰演陈雪娇的？

孙：在烟台的全国武术比赛中，我发现了林泉，我当时几乎是把所有女演员都过目了，但是只有她的精神气质给我的感觉最佳。其实那次在烟台的比赛，她的成绩不算最好，但眼神很犀利，甚至只要动作起来，立刻就像一只展翅飞翔的小鹰，平时与常人没有分别，只要一进入战斗状态，气质一下子就出来了，所以非常符合片中陈雪娇的人物形象。在具体的表演中，我就让她充分发挥自己的特点，不设置类似规定式的条条框框。

贾：所以这跟您之前提到的让演员充分发挥自我的特性是相近的。

孙：《武当》这部戏为我打下了基础，也积攒了很多个人经验。之后我所拍摄的每部戏，基本上我对演员的表演都不做出具体要求，因为有的时候你一说就说不完了，更甚至说得有的演员自己都糊涂了。我认为优秀的导演应该充分挖掘演员的内在气质，以及他们自然状态下流露出的个性，能捕捉到这些的一定是非常优秀的导演。

贾：在这方面您有比较佩服的导演吗？

孙：我挺服张艺谋，比如《一个都不能少》中，里面都是非职业演员的本色出演，一点儿表演的痕迹都没有，可能有人会说本色谁不会演啊？实际情况并非如此，本色出演也非常难，比如在大街上随便拉一个人到现场来，然后让这个人本色一下，他其实很难还原自己的本色。所以我认为一个导演可以把演员还原到如此地步，那是相当优秀的导演。当然，这种经验不是每个人都能遵循的，因为每个导演的习惯都不一样。

事虽难做，做则必成

贾：不可否认，遵循发掘演员气质的特点，《武当》里面林泉的表演可圈可点。

孙：我也是逐渐摸索，才打造出陈雪娇这样一个形象。《武当》这部片子放映之后，林泉立刻轰动了，所有武术界的人都知道她了，虽然她在这部影片里面的表演不算是出类拔萃的，但是她起码是自己的真实演绎，那么这就为角色的成功塑造奠定了基础。其实回头看看，林泉并不是非常靓丽、青春时尚的代表，但就是她的精神气质异常出彩，所以拍片子形象固然重要，但是人物的语言、动作更重要。

贾：其实现在很多武侠片中男女主人公形象似乎大于人物的语言和动作。

孙：以前的武打设计，他们都非常认真，但是再看看当下，这种精神几乎没有了。现在都依靠威亚，依靠动作导演的安排，即使一个不会武打动作或者武术的演员，也能完成的八九不离十。简言之，只要有个形象就行了，但是我对这种办法一直是持不拥护的态度。

贾：您对此行为怎么理解？

孙：我觉得那就是一种商业行为，为取悦观众、吸引买票的行为。但当时我们拍摄明确了我们要做的是一个艺术家应该具有的作为，所以他们那时候的武术设计是真刀真枪地干。有时候为了避免他们受伤，也做了一批木制的刀枪剑戟，可他们都不愿意用，觉得那样不够真实。所以通常情况下，几天过后，演员胳膊上、脸上、身上都是伤疤。除此之外，在拍戏过程当中不要把演员弄得干干净净的，那个年代的人，尤其是会武术之人，一拍身上的灰，啪就起来了，当灰土扬起之时就能让观众产生一种共鸣。

贾：您给武打演员如此广大的发挥空间，会不会在摄影上有一些难度呢？

孙：摄影肯定有难度，这也是我们长影如此自由化的第一次尝试，因为你无法规定这些演员从这儿走到这儿，也无法规定演员做出什么样的表情。在具体的拍摄过程中，这些非职业演员的走位和动作，演员和摄影师都是明白的，但是当演员打起来之后，他们就忘乎所以、不顾一切了，此时摄影师拥有自主选择权，比方说赵长军在同日本武士打斗的时候，摄影师的镜头究竟要跟着谁？

贾：您怎么让摄影师拥有这样一个自主选择权？

孙：我认为摄影师应该像拍纪录片一样去拍摄，即使出现画面不规范，甚至是画面只露一

两位女演员林泉和唐亚丽因《武当》成为《电影世界》1983 年第 1 期封面人物

只手或半个脑袋也没关系。但是摄影师们通常有一个固定的摄影习惯，总认为人物出画面，就意味着他们的业务没有完成，所以一旦遇到这种情况，他们就会停了，一停下我就不高兴了。

贾：为什么？

孙：因为有的时候非常精彩的瞬间只有一次，特别激情、特别真实的场面如果再重拍可能就达不到第一次的效果，比如说演员在第N次也能挤出眼泪，但往往没有第一次那么震撼心灵，所以我老想抓住第一次。这是我的难题，也是摄影师的难题，甚至是整个摄制组的难题。

贾：这部片子拍摄结束后有给您留下什么难忘的回忆吗？

孙：最后完成影片，演员们都特别开心，因为他们当了一辈子武术运动员，没想到自己还能演武侠，总之就是特高兴。包括演日本武士的孙建明，在大殿里拿一支剑在练功，那种剑术的美，非常有味道，现在武术队里恐怕是很难再找到了。他后来开了武馆，每年从日本给我寄贺卡，我们的友谊就是这样一路走来，念念不忘。

我非常喜欢艺术型武侠片

贾：当时是厂里给您的要求，还是您自己的个人表达？

孙：完全是自己，厂里不会对影片有什么要求，厂里所要求的只是拍片的好坏与否。如果我拍坏了，那我未来做导演的可能性就没有了，相当于是对我的考验。我知道无数双眼睛在看着我，所以就尽心尽力去做好。其实我也没想到能拍到这种程度，拍完之后也没觉得好或不好，就是觉得挺过瘾。因为评价好坏与否是评论家的事，我从来不在我过去的影片中停止脚步，也没有总结和琢磨这部片子好在哪，不好在哪，后来的很多年都没有再拍武侠片。

贾：后来您又拍了《西门家族》（1989）？

孙：《西门家族》跟《武当》就不太一样了。我认为武侠片虽然可以作为类型片，但是我更认为拍武侠片不应该脱离像拍艺术片的一个基本规律。比如黑泽明的《罗生门》（1950）、《七武士》（1954）里面都有武侠的意味，但是品位和内涵也是极高的，那么这些影片既可以称之为艺术片也可以称之为武侠片，我想遵循这样一条道路走下去。所以当机会来临之时我爱人就编写了《西门家族》，我觉得这个可以发挥一下，通过动作来表现一种人们心里都有、笔下皆无的思想，后来也就完成了《西门家族》的拍摄。

贾：您能简单回忆一下《西门家族》吗？

孙：《西门家族》是个大制作的故事构架，不同于小打小闹的故事情节，它涉及一个家族兴亡的过程。起初拍摄这部影片的资金也是非常紧张的，对于如此大规模的影片，其实120万元在当时是很难拿下的，但是我们的服装、化妆、道具、摄影、美术都非常棒。当然如果现在重拍的话，一定同样精彩，也不会借助威亚等道具去表现。

贾：如果重拍的话，您为什么不打算借助威亚？

《西门家族》（1989），写意与写实结合，融入玄幻色彩，背景、造境、人物似真似幻，具有强烈的悲剧色彩

孙：在《武当》里有这么一个细节，是司马剑从树上跳下来打跑几个敌人以后，看到更多的敌人来了他就又跳到树上去了。我们当时基本都是人工化，后来在剪接台上才偶然发现，原来往回一摇他就跳上去了，不过仍然是手工做法来完成的，但是现在使用技巧来制作是非常简单的，使用电影工业流程可以方便快捷。相比之下，我反倒觉得当时的做法表现出来的更真实，也更能打动人。

贾：您觉得武侠片分艺术型的武侠片和商业型的武侠片吗？

孙：我觉得有所分别。我刚才提到的《七武士》《罗生门》都属于艺术型的武侠片，绝不能简单地归类为动作片或类型片，因为它们里面均有深刻的思想与丰富的内涵，让受众去感悟、去化解，以此达到陶冶的目的。至于什么是商业型的武侠片，可能挣钱的商业性质更为突出，没有深刻的思想蕴含其中，基本上看了一半就不想看了，过于展现花里胡哨的东西就很难再现某个历史时期人物的内心世界。

贾：显而易见，您更倾向于艺术型的武侠片。

孙：我非常喜欢艺术型的武侠片，黑泽明也是我非常崇拜的一位导演。尽管我没见过他，但他对我影响着实大。他的作品我一般都会反复观看，比如《乱》这样的影片就不简单，完全是黑泽明内心世界的展现，也是他思想的产物。他从来都不是简单地复述一个生活故事，这一方面一直是我学习的榜样。

贾：您有在您的片子里去学习黑泽明吗？

孙：我拍的时候也想尽可能地靠近去感悟一些东西，当然无法跟大师相比，虽然故事跟自身的经历或相关或不相关，但在故事的具体运作过程中，完全是一个艺术家自己的内心世界在作品中的反映，这些是不会掺假的。至于说是否真正做到了上述的方面，其实是有点说不清道不明的，哪些东西是你的，哪些东西是作品的，可能会分不太清。但是我始终相信一句话，作品即人，不管是绘画、雕塑也好，还是舞蹈、音乐等艺术门类，它们的基本规律都是如此。

贾：您觉得您心中的中国武侠精神是什么？

孙：武侠的本质应该是惩恶扬善，这是它存在的意义，也是人们崇拜大侠的根基，关键在于大侠能把人世间的丑恶一扫而光，把人世间的正义正气发扬光大。在特定时代、特定背景、特点生活习惯下，侠义精神感天动地，留存甚远。所以我认为的武侠之士是伟大与崇高的，就像现今社会的科学家与文学家一样让人肃然起敬。

能让我拍戏，就胜利了

贾：当时的电影界对动作片是一种什么态度？这种态度有没有影响您的创作？

孙：当时很多人有一种感觉，就是谁都能拍动作片，其实他们不明白动作片是很难拍的，对技巧的要求很高，剪接的手段也很复杂。但是不知道怎么搞的，那个年代有种感觉，就是拍艺术片的基本都是大师，拍动作片的基本都是草芥，拿不出高深思想的人才搞动作片去取悦观众。当然我不那么认为，不管什么类型，只要我运作好了都是好作品。

贾：您在拍《武当》的时候有没有什么压力？

孙：没有，观众是非常喜欢的，我们拍摄了很多场地，像广州、武当山、武汉。

贾：对于武侠电影来说，您认为最重要的是什么？

孙：这要从剧本开始谈起，武侠片最好的剧本应该是很简单的，而不是很复杂的。其实跟艺术片相通，艺术片也不需要太复杂的东西，越简单越能出思想，因为简单可以纵深挖掘，复杂就平面了，就铺排开了，铺排开每个问题都解决不好。黑泽明的作品基本上都符合这个规律，他没有太复杂的情节，但是看了之后，你又觉得挺复杂，这就是艺术。他会真实地去表现一场打斗，真实地去表现一个人的思维演绎过程，所以他的镜头不是太快，打斗的过程也切得不是太碎，这样我们就能看到打斗过程中角色的心理变化。现在一些影片特别是好莱坞的一些类型片，切换得特别快，角色在打斗当中几乎没有喘息的过程，基本是作为一个符号存在的，比如《碟中谍》只给观众喜欢的奇景，只为制造一种紧张的状态，不考虑别的，那演员的心理何时转变的？下一步动作从哪个地方开始的？这些都没有，我不主张这样拍电影。

贾：您是怎么看待好莱坞影片中的中国功夫的？

孙：好莱坞的工业流程不做别的，就做赚钱的东西，现在他那点东西已经玩得差不多了，就把手伸到中国来了，把中国的武术引到他们的电影里去，他们并不是想研究中国武术到底是怎么发展的，思想内涵是什么。他们的目的很纯，就是要赚钱，于是就在他们的片子里塞一些不伦不类的武术，不像日本的武术也不像中国的武术，看着挺新鲜，就达到上座率很高的目的。而我们不行，我们要做一些更严肃更深远的工作，才能保护好自己的遗产，使其发扬光大，并继续前进。我觉得如果说我们给非常精彩的影片排序的话，那么武侠片应该有历史地位了，这个时代已经到来了。

贾：在好莱坞影片的冲击下，我们怎么留住我们的观众呢？

孙：我们现在的电影缺乏一个让观众能悟到电影还有深厚文化的过程，我总觉得应该有人来呼吁一下，就是要告诉观众，武侠片是有深厚的文化内涵的，动作片是能够掀起更大热潮的。而你们现在就在做这样一个非常伟大的工程，特别了不起，所以我说这个采访挺重要的，这是对中国电影的责任感的问题，挺宝贵的，我非常支持。

从事电影就要热爱电影

贾：您觉得现在武侠片当中的一些打斗和过去的一样吗？

孙：现在影片里的打斗都失真了，噼里啪啦打起来没完，倒了起来再打，打不死，一部影片里打斗的成分几乎占到百分之六十到八十，体现的人文因素就很少很少了。所以老百姓管它叫动作片是很准确的，但其实动作片也要挖掘深厚的思想内涵，这是作为一个艺术家的责任所在，你不能忘了自己的本，从事电影就要热爱电影，你总得有自己的艺术目标。如果丧失了目标而去追求廉价的票房，那当不当导演我觉得就没太大的意义了，你可以去做房地产商赚大钱。我觉得艺术家的责任感是特别重要的，包括社会责任、自身建设的责任，也包括对自己人品人格锤炼的责任，因为这个可以自然而然地带到你的作品中，这样你的作品就能感染人。

贾：正义和非正义您觉得应该怎样去区分呢？

孙：正义和非正义这个没法儿区分。当然作为国家的影片基本上都是正义的力量占绝大地盘，非正义的力量占小的地盘，这样观众才能够认可。但好莱坞不这么想，他们认为人性恶也可以作为一个审美因素存在，而我们国家有一个主导，叫善为主，恶为辅，这样才能够安定团结，才能够建立和谐社会。艺术家恰恰也是这样的，只要是有责任感的艺术家，我想这种分寸会掌握得很好的，不会去欣赏罪恶，也不会无止境地宣扬血腥。有些人是喜欢看刺激性很强的东西，但是更多的人是喜欢美的，就像房屋装修，肯定要把它装饰得美才放心，没有人把自己的房间装得挺黑暗就觉得舒服了，人的总体心态是向善向美的。所以，导演在基本人格上还是要把握好，极丑恶的一部影片不会长久，播完就过去了，就什么信儿都没有了，还叫人骂，不值得，基本上没有见过咱们国家还有宣扬丑的导演。

贾：《武当》电影片头有“武当”这个书法的题字，背后有什么故事吗？

孙：《武当》拍完了之后就涉及字幕了，字幕组一下子就想到了绝世大家李苦禅，他在书法方面应该是全国首屈一指的大师。他苍劲有力地题了“武当”两个字，然后题了自己的名字，盖上章。负责字幕的吴自然从北京把它带回来，就用了，所以在这部影片开头，字幕做得很细致，很精巧，到现在为止我还没看到过哪部影片片头有“武当”这么苍劲有力的字。现在真迹保存在吴自然的手里头，那是李苦禅在世时最后一件作品，观众都不知道。

贾：您在《武当》之后有一段时间没拍武侠电影，为什么没有一直延续下来呢？

孙：我不是不想拍，是在当时那种大的社会气候和电影界的气候之下，像我们这样一些小字辈的导演，基本厂里给你什么你就拍什么，自己选择的机会很少，无所谓喜欢和不喜欢了。不像现在，可以自由地选择喜欢的题材，不喜欢基本上就可以放弃。

我喜欢追求新东西

贾：我们知道您拍的题材是比较丰富的，为什么会进行各种各样的尝试？

孙：我不喜欢停留在某一个题材里面。我想一部影片一个样式，一部影片一个类型，出来之后让观众有新鲜感。我这人的性格就是这样，老追求一种新的东西，不愿意死守着一种题材走下去。《西门家族》这部影片是1990年左右诞生的，我特别喜欢，因为它的内涵挺丰富的，不像《武当》那样很朴实的故事，而是写一个可以成王的大家族的衰亡过程，这个特有意义。《西门家族》对当时的电影有点儿颠覆的味道，就是格局上变化了，觉得挺大气，有大片的味道了，因为涉及一个复仇的故事，还涉及一个灵与肉的交互过程。很快这部影片在全国上映，观众挺喜欢，也得了很多奖。

贾：《西门家族》这部电影您主要想表达什么思想内涵？

孙：这部影片体现了我自己的追求，所要表达的思想就是一种和平观念，就是家族之间和谐相处才能长久，互相倾轧很快就会消亡。这部片子拍完以后，电影局挺震动的。当时阎晓明在电影局，还有费俊，看完之后非常激动地说，孙沙到巅峰了。其实不是，我自己心里有数，我自己处在什么位置上我一直都很明白，那只是我探索的一种结果。

贾：这部电影您做了哪些突破或者说创新之处？

孙：通常这类影片的内容是通过外在的情节和动作来完成的，但《西门家族》我就有意不让它打起来没完，其实武术的真谛不是打起来没完，你修炼了几十年，可是解决问题就几分钟，几下子那人就倒下了。在有些影片中，谁出拳快谁就是胜利者，一声枪响就解决问题，我看到几部日本影片有这种特征，后来何平的《双旗镇刀客》也基本用了这个手法，结果挺震撼人心的。过程是埋藏在影片里的，就是做一个框给观众，然后让观众用自己的体会再把这个框装满，这是很艺术的一个创作过程，我非常欣赏这样的武侠片。《西门家族》我就有意识这样追求，结果效果还可以，后来我发现很多古装片都用了我的一些手法，像很多壮汉光着膀子、乡野村民推着大碾子轧火药，黑箭和银狐箭穿心后都死在战场上。这样一些场景在好几部影片里都被用过，说明当时震撼了他们，然后他们就引用了，那我挺高兴的，起码也是成绩啊。不过当时有历史的局限，没什么条件，就是傻干，很朴素地去营造需要的氛围，钱很少又想把它拍好，很困难。如果今天再重拍的话会非常精彩，这个就不多说了，将来你们看片子的时候会有所体会的。

贾：但其实从某种程度上说，很多导演也正是在历史局限中创作出了很多后人无法企及的东西。

孙：我当时拍《武当》的时候，可能存在和可能发生的事情我会做，不可能存在的事情我就不做，这能给人一种很真实的人生体验。现在基本上能发生的不能发生的，一律都能给你做，于是电影离电影的本质就越来越远了，它就科技化了。科技化的东西不是电影，民俗就叫洋片，拉洋片似的，一个画面一个画面地做，人和动物在一起昏天黑地，那是美术片完成的任务，不是故事片完成的任务。

贾：那在您的理解里故事片要完成的任务是什么？

孙：故事片追寻塑造人物这样一个亘古不变的真理才有生命力，才能长久。现在咱们回忆起一些非常优秀的影片，都是人物让人久久不忘。如果人物让人记不住，很快这部影片就消失了，这就是艺术魅力永存的根本原因。今天再回想《魂断蓝桥》也好，《乱世佳人》也好，黑泽明的片子也好，斯皮尔伯格的片子也好，脑子一定是立刻出现片子里的人物，我永远忘不了《辛德勒的名单》中德国军官在平台上把人一枪打死的瞬间。那个画面会永远在人们心中产生作用，艺术就应该起到这样的作用，而不只是在市场上打票房冠军。可能一部影片诞生之后没挣到那么多钱，也不像理想中那么轰动，但多少年之后，再提到这部影片会觉得非常感人肺腑，这是我们做这个工作的一种荣耀，也是喜欢这个工作的缘由，抛弃了这些缘由，你干这个工作还有什么意思呢？基本上现在将电影视为生命的人很少了，将金钱视为生命的人很多了，这种现状挺可悲的。那怎么调整呢？我也没办法，我只能从自身做起，凡是我接触到的电影，不管是什么题材，我都要兢兢业业的，像第一次当导演一样去运作，这样的话就会得到比较好的结果。

贾：您是拍摄了一些电影之后将目光转入电视剧的，为什么会出现这个转变？

孙：电视剧越来越精致了，自从一批电影导演加入电视剧的拍摄之后，电视剧的质量提高了，就是完全可以拿出来跟国外的同类作品相媲美。最近几年因为没什么片子可拍，又不满足老停留在一个基点上，所以遇到电视剧我也就好好拍。我觉得电视剧跟电影有很大差别，要把每个人物做得都性格特征鲜明不容易，要花费很大心血。电视剧我原来是不愿意拍的，其实接手以后，特别是最近，《美丽的田野》《希望的田野》拍完之后，我觉得将来还有“田野”系列第三部，会形成一个规模的，去表现新时期农村人和新时期东北黑土地的生态状况，挺有艺术价值的。

贾：您觉得现在的武侠电影在整个电影界处于什么样的地位呢？

孙：武侠电影在中国电影界还不能成为主流，它仍然是边缘的，但是市场面很大，观众喜欢看，观众说好莱坞有大片，那么多辉煌，咱们国家没有大片，这种想法其实对武侠电影起到一种推动的作用，希望中国也出现能跟好莱坞媲美的大片。观众是抱着这样一种心理走进电影院的，那么如果一味地只使用高科技，观众会腻的。现在很多观众就在网上反映那个东西不可取，如果多出现些我们民族性的电影该多好。这当然是有一定文化的观众写的，更多的观众喜欢娱乐，到电影院发泄一下就完了，至于你这个片子最后怎么样他不去想。我不想走这样一条道路，但是这个情况还得些年才能有所校正吧。

贾：您觉得武当功夫和少林功夫有什么区别？

孙：武当拳跟少林拳相比速度会慢一点儿，少林拳很快，打起来之后几乎看不到人物，武当拳在打斗过程当中，你能看到使拳者内心的力量，有时候他的气质也能震撼人。武当派武术的核心是内行功，少林武功基本是外边功夫，用武当功夫打击对手，被打击的对手可能当时没什么感觉，但回去以后会感觉内部受伤了。

贾：那这两者的相同点，您觉得是什么？

孙：中华民族有后发制人的办法，你欺负我，开始我可以跟你讲道理，可以不还手，但是如果你不听我的话还欺负我，我就要打击你了，就是毛主席说的“人不犯我，我不犯人；人若犯我，我必犯人”。武当武术和少林武术的核心，就是都讲义德，讲武德，就像咱们讲艺德一样，如果实在用言语改变不了你，那我就用拳头了，就用剑术了。这个观念在《武当》这部电影中表现得是比较充分的。

贾：内地和香港的武侠电影有哪些差别？

孙：香港这类影片的商业味非常浓，内地的一批艺术家基本是在红旗下长大的，包括后来的第六代，甚至也许以后会有第七代、第八代。这个分代的办法也不是非常科学的，其实都是同代人，完成的都是一个使命。

电影创作要遵循艰苦朴素的定律

贾：如果让您给自己的电影生涯划分阶段的话，您会怎么划分？

孙：大概就是三个阶段，《第三个被谋杀者》《武当》算是起步，起步阶段奠定了我做导演的基础，这个阶段是尽可能把片子拍得好看一点儿，观众喜欢，领导高兴，目的就达到了。然后就到探索阶段，探索电影的本体到底是什么，能不能让一部作品内涵更丰富一些呢？于是就拍了像《怪圈》这类的影片。然后就进入我认为比较成熟的一个阶段，就是从《九香》开始完全进入全身心的创作状态，《九香》《喜莲》《巧凤》等影片出现了。第三个阶段其实对我来讲是一个漫长的过程，在这个过程中，我对电影艺术的本体认识不断加深，应该说我的思想和影片的成长是同步的。对导演来讲，艺术没有止境，还要不断地纵深发展下去，不断探索下去。

贾：您对现在这些相对年轻一点的导演有什么期待？

孙：现在我觉得像第六代也好，第七代也好，这帮小兄弟拍摄电影，应该从自我的圈子里走出来，把视野稍微放得宽一点儿，那样作品就会更精彩。这些年轻人不乏才华，有塑造能力，而且对生活的看法挺尖锐，所以作品往往都带有颠覆性。这对于电影创新来说是一个很好的契机，但是内心的积累也很重要，如果能大量看些古今中外的东西，多吸收一些自己不愿意吸收的东西，那样驾驭任何影片都会有非常深厚的文化内涵，这应该是他们的使命。但是现在还没有形成这样一个规模，都是自己走自己的路，偶尔拍摄一部影片可能挺好，但是带给观众什么感觉却不去思考。电影离开观众是无法生存的，所以如果他们能在艰难的环境里积累丰富的内心，创作出更多更好的片子，这样对自己、对观众、对国家都会有所贡献，这是我对那些小兄弟们的期待。

贾：知识和生活的积累是一个很漫长的过程，但是如果用心留意的话，真的是可以给电影创作带来很多惊喜的。

孙：反正我干了那么多年电影，觉得自己的知识还是不够用，每天都在不断地学习，以前没有接触到的东西都要看一看，平时闲下来基本就在书本里。现在有的大学生用词都不准确，字写得很难看，依赖电脑电视供给他们知识和营养，那是远远不够的。书本和电视是两回事，我不是说水滴石穿嘛，也是武当精神的一部分，你哪怕一天看一点，一天看一点，十年二十年后你就不得了了，你要通过学问去达到目的的时候就得心应手了。可惜我们没遇到现在这么好的时代，创作自由，摄取知识的环境自由，观众也会纷纷走进电影院，在这样好的背景下，就看我们这帮年轻导演能不能冲上去，能不能有所成就。现在是个体时代，任何一个人只要有才能、虚心、肯努力，将中国优秀的传统文化延续，然后再去颠覆，我觉得就能够升华了。所以我们这代人也好，下一代的朋友也罢，咱们要遵循艰苦奋斗的定律，就会取得非常辉煌的结果。

（2007 年 10 月 6 日上午于北京郊区影片《红月亮》拍摄现场）

2006 年 11 月 13 日，本书作者贾磊磊与孙沙探讨采访细节

暴力，拍得优美才算上品

张子恩

张子恩，1941年11月17日出生于浙江省宁波市，中国内地美术设计、导演、编剧。毕业于西安美术学院工艺美术系装潢专业。1979年，担任西安电影制片厂出品电影《生活的颤音》的美术设计。1984年，首次执导电影《默默的小理河》，该片获得文化部优秀影片二等奖。1988年，自编自导战争电影《神凤威龙》。同每一位杰出的艺术创作者一样，张子恩对自己的电影创作总是不断提出创新的要求。他对自己的创作有两点要求：标新立异和雅俗共赏。标新立异突出作品特性，雅俗共赏要求作品的共性。谈及“标新立异”，《默默的小理河》中，第一次对国民党军官进行描写；《神鞭》中为了表现战争，尝试用航拍镜头表现冲锋陷阵的场面。谈及“雅俗共赏”，《默默的小理河》虽然战争戏不多，但透过他能够感受到对于战争本质的反思；《神鞭》通过辫子这一意象阐述了当时人们对于中国传统文化的历史反思。包括他拍摄的电视剧，如《宰相刘罗锅》（1996）、《康熙微服私访记》（1995）、《上错花轿嫁对郎》（2001）、《京华烟云》（2005）等，都传承雅俗共赏的艺术追求。2008年，他获得中国电视剧辉煌30年最具影响力导演奖。2013年，由其执导的家族剧《郑氏十七房》播出。2016年，由其执导的传记剧《老子传奇》首播。

对于电影，我更喜欢实在的、比较现实的打斗。有很多电影很飘逸，刚开始觉得新奇，看多了就没劲了。电影最核心的不是形式好看，而是内容隽永，让人有思索的余地。

从传统上来讲，我觉得武侠的精髓应该是忠义孝悌，恐怕最重要的就是人性的忠诚和善良。电影的刀光剑影本意是表现人的善良，人性中最好的一面，这是武侠精神最本质的东西。

——张子恩

《神鞭》是对历史的反思

贾磊磊(以下简称“贾”)：张老师，您好！首先和我们讲一下您是怎样走上导演的道路的？

张子恩（以下简称“张”）：我在做学生的时候就喜欢电影，看了大量和电影有关的书，当时年轻，很迷恋蒙太奇，觉得电影太神奇了，能够表现出来新的含义。做美工的时候和很多非常好的导演合作过，给池宁做助理拍了《天山的红花》，还有成荫导演的《西安事变》，和他们交流合作对我很有益。

贾：您的导演之路应该是您的兴趣和做导演的前辈帮您一起铺就的，和导演合作都很顺利吗？

张：也有不愉快的时候。作为美工师，关于布景、服装设计的设想得不到很好的发挥时，就觉得很可惜。

贾：当时您是什么机遇下导演了您的第一部影片？

张：拍完《生活的颤音》（1979）之后，厂里很缺年轻的导演，吴天明厂长问我愿不愿意来做导演。我就很欣然地同意了。第一部片子是《默默的小理河》，张子良编剧的。当时他编剧了《一个和八个》（1984）、《黄土地》（1984），在编剧上有独到的视觉感觉。他写了这部战争片，但是战争里看不到硝烟和战火，是一种心理的战争。我觉得很有意思，当时也得到了厂领导的同意。

贾：拍第一部，当时的心情是怎样的？

张：说实在话，挺紧张的。因为要面对全组的各个部门，和很多人交流，不像美工那么单纯。不过我之前做过很多部戏的美工，所以跟导演之间有很多合作交流，对导演的风格比较熟悉。

贾：您印象最深的是和哪位导演合作？

张：印象最深的是在做《西安事变》（1981）美工师的时候，跟成荫导演交流得就很多。我经常拿布景设计图让他去审查。他看了都很满意，因为我是从导演的角度考虑美术设计。

贾：您觉得导演和美工之间的鸿沟大吗？

张：不是很大，艺术之间是非常相通的，所以转型的过程不是很困难。另外我从小对文学很感兴趣，在西安的这块土地上受黄河文化的影响很大，文学跟导演之间更有相通的地方，所以第一次做导演很容易。

贾：您改编的作品是冯骥才的小说，您是不是先看了作品觉得比较感兴趣，才会想到要拍这样一部电影？

张：对，1978 年和 1979 年之间滕文骥和吴天明拍电影的时候，我们去福建采景。当时商业文化的冲击力很强，信息量很大。欧美电影、港台电影都引进了，我们很震撼！

贾：那么当时您对做电影的看法是什么？

张：当时我觉得用以前的方式做文艺肯定不行，恐怕电影还要走通俗的路子，要探索出一条在商业上新的路子，就是雅俗共赏。

贾：电影《神鞭》就是您探索的第一部影片？

《默默的小理河》（1984），影片围绕在一农家小院发生的一场微不足道的战斗，探讨并展示了战争对人性的冲击

张：对，当时和张暖忻的爱人李陀聊天。他说最近有一部很好的小说，叫《神鞭》。我一看就觉得很震撼，不仅仅是讲武侠，实际上它的内涵很深。

贾：您和冯骥才先生应该一起聊过这个剧本吧，他对这部影片的定位是什么？

张：他特别害怕人家把这个看作武侠片，它应该是另类的艺术片。我当时也这样讲，它看起来有武侠的包装，实际上内容非常丰富，非常深刻。

贾：是不是还有一种反思？

张：对，有对历史的反思，对八国联军侵略中国的反思，对义和团辫子事件的反思。他包含的内容不是一部武侠片所能包含的，是很深刻的影片，它有后现代的内涵。

贾：您是自己设计的这些动作，还是找一些动作指导一起来设计？

张：这部影片中的辫子功，实际在民间以及在武侠电影中经常出现，还有醉拳等。小说里写到的这些我很难把它们搬到画面上，让它们立体起来。这就需要跟演员一块儿去琢磨，设计很简单，因为小说本身已经提供了很多东西。

贾：当时有没有武打设计？

张：有一些简单的武术设计，戏里演日本人的一个散打武术演员，他来设计神鞭之间怎么较量以及一些打斗的动作。

贾：电影中有的特技，你们是怎么做到的？

张：当时的特技非常简陋，就是用鱼丝、电风扇等很土的办法来做的。《神鞭》这个套路很好，实际是为了适应傻二这个人物，所以动作部分不是特别多。

贾：电影中有一发怒辫子就翘起来的特技，具体是怎么做到的？

张：我们当时没有条件一个镜头完成，只能用鱼丝钓，一发怒，镜头就要下来，把鱼丝钓起来，再用小风扇吹辫梢，当时觉得很神奇。其实都是骗人的，镜头一剪辑，感觉就出来了。现在没问题了，可以通过电脑解决。

贾：演傻二的王亚为会辫子功吗，他是不是武术演员？

张：王亚为当时在青岛的一家医院干锅炉工，他从来没有演过戏。我想找一个憨厚高大，有山东人个性，少言寡语，比较英俊的人来演。当时在武术学校没有找到，后来听人说青岛有个在全国散打比赛中拿过名次的人，我就请了他。

贾：像辫子的辫梢会打人这样的镜头，他需要练习吧？

张：剃头的时候我们在他的头发后边留了一撮，用头套把最后一撮头发编到一起。辫子很粗很沉，每天都练习，连续好几个小时，晚上回去头皮都充血了，所以演员很苦。

贾：有没有吊威亚的镜头，怎么处理的？

张：有，但当时威亚不像现在可以用电脑技术抹掉，当时都是用墨水涂掉的，摄影也得找特别合适的角度，把威亚避开。有些镜头观众看着很奇特，其实都是用他本身的一些动作和镜头的衔接造成的一些感觉。

《神鞭》改编自著名小说家冯骥才的同名小说，饰演主角傻二的是中国国家拳击队队长王亚为

雅俗共赏是值得探索的课题

贾：当时厂里赞成您的想法吗？

张：当时电影界很推崇艺术片和探索片，商业片是很羞于提的，电影应该是艺术。但说老实话，各个厂也很需要钱，只有卖座的好片子，才能在商业上取得成功，拷贝数量才能高。

贾：虽然大家羞于提，但还是希望有商业价值？

张：对，领导口头上说是艺术要高雅，实际上他们对商业是很期望的，因为厂里的职工需要发工资，需要发奖金，需要盖房子。

贾：那当时他们对于《神鞭》是怎么看的？

张：其实是挺支持的。另外，《神鞭》作为得奖小说，在文学界也是一件很轰动的事，所以当时提出拍这个戏以后，他们都很支持。

贾：当时投资了多少？卖了多少拷贝？

张：当时的投资大概是两百多万元，拷贝数量全国第一，商业情况非常好。

贾：是不是也和这部小说有关？

张：对，我根据小说改编的剧本，基本保留了小说的精华部分，没有做太大的改动。它本身就具有很强的商业性，因为冯骥才写的时候，也是用一个通俗的外表包装了一些思想内涵。

贾：《神鞭》的观众群体主要是哪些人，您知道吗？

张：我在导演阐述里头提到，像剥洋葱，各个不同层次的观众，从不同层次中去吸取营养，那么大家都愿意看，就老少咸宜。各个知识阶层的人都喜欢看，事实证明也是那样，这部戏放映之后高级知识分子、老百姓、小孩子都喜欢看。

贾：看来这部片子真的可以说雅俗共赏。

张：对，雅俗共赏这个课题是非常值得探索的。这条路应该很好地研究下去，比较遗憾的是很长一段时间内，电影界不太重视这个课题。如果继续走下去，中国电影可能会有很大的收获。

贾：雅俗共赏也是您拍电视剧的目标吗？

张：对，像《宰相刘罗锅》《京华烟云》等这样的电视剧，其实都是在一个通俗的外壳下传达自己的思想，像酒心巧克力，文化内涵都是酒心。这个核心是很纯美的酒，但包装是巧克力，要甜，要好吃，所以实际上是想告诉大家本质是酒心。

贾：我想到清朝有一位大戏剧家李渔，他说作品应该是枣泥包橄榄。

张：对，《神鞭》是一样的。外表很好玩，很甜，很奇特，吃到里边的橄榄实际是苦涩的，但可以长久回味。这部片子基本上是一个典型，当观众看完以后，会思考八国联军是怎么样，祖宗头上的辫子会怎么样，这个辫子其实不过是一个象征。

贾：其实是对历史的一种反思，是吧？

张：对。每个民族都有自身优劣的东西，是一个复杂的组合体。我想观众看了一个荒诞的东西之后，会品味较深刻的东西。比如说黑色幽默、后现代主义，都是用枣泥包一个橄榄，这样出来的影片观众才喜欢看。

贾：对于雅俗共赏这个课题，您有没有自己更深层次的读解？

张：《宰相刘罗锅》是一脉相传的，实际上就是雅俗共赏的问题。朱自清先生写过一本雅俗共赏的书，他说，雅为主，雅为先，雅是讲主旨。我的影片的主旨就是对历史和对中国的民族性的反思。

《神鞭》，陈宝国饰演混混儿玻璃花，眼睛需要变成玻璃花状态。1986 年还没有隐形眼镜，陈宝国就将一枚扣子磨成类似隐形眼镜的样子放在眼睛里，一放进去眼泪就往下流，老眨巴眼睛

贾：通过一些历史事件进行反思？

张：对，通过神鞭，通过八国联军的侵略等进行反思。武侠片是一个包装，一个外壳，里边有幽默、有爱情、有动作等，这样才可能好看。无论什么电影和电视，只要能够做到雅俗共赏，让观众得到美和哲学的思考，就会有票房。

贾：您的电影是不是在现代科技面前宣判了中国武术的死亡，这个结论是不是有点儿悲观？

张：倒不是，我想这其实是个寓言故事，寓言就不必当真。比如中国人玩辫子的时代其实是象征着封建主义的高峰，最鼎盛时期；但到了民国，时代变了，资本主义和民主思想来了，固步自封地还留辫子，认为自己是天下第一就不行了。

贾：您的意思是要顺应时代的发展？

张：对。必须顺应历史的潮流，思想要变化。现代的东西不等于武术的死亡，不等于传统的死亡。我想应该是传承，让传统也向前走，也应该变化，所谓与时俱进嘛。我想这也是冯骥才小说的核心，有哲学思考在其中。

贾：您为什么选陈宝国来出演您那么多部影片？

张：我第一部影片叫《默默的小理河》，其实是第一部探索国民党军官形象的影片。过去国民党军官的形象往往都比较模式化，这部戏中，张子良写得很人性化，性格比较复杂。我看了陈宝国的形象之后就觉得很符合。

贾：合作期间有没有发生什么有意思的事情？

张：有呀。有次陈宝国回家办事儿，突然拉肚子了，就被关到了传染病院进行治疗。回到剧组之后他的脸瘦到跟原来的形象不符，所以我就全用背身戏，几乎没有用正脸。剪接到戏里之后大家都说，他演得这么好，怎么能用背身呢，其实是迫不得已。

贾：您觉得《神鞭》中玻璃花是什么样的人？

张：玻璃花是个混混儿，游手好闲但又很聪明。当时我让陈宝国在天津找了几个有混混经历的人跟他座谈，他很快就了解了这些人的行为举止。玻璃花是一种象征，就代表我们民族中落后的典型。

贾：为什么叫玻璃花啊？

张：就是把眼睛弄得和正常人不一样，眼睛被人打得晶状体都流出来了。

贾：当时的眼睛是怎么做出不一样的效果来的？

张：当时没有现在这种隐形眼镜，用很土的办法，找了一个玻璃片，把它磨得很薄，黄黄的，镶到他眼睛里。陈宝国很吃苦，开始的二十几天不停地流泪，不停地擦。为了塑造这个角色，他把这些痛苦都忍受下来了，最后角色塑造得很好。

贾：您记忆犹新的玻璃花的镜头有哪些？

张：商业电影很少用长镜头，但偶尔用一两个特别出效果。玻璃花到了洋人的领事馆之后看到洋人的东西感到十分新奇，比如沙发、裸体画，他抱着落后的封建的心态去摸。那个镜头没有台词，从他一个人进去之后就用摄像机跟着他，走到哪儿跟到哪儿。

贾：那个镜头大概多长时间？

张：大概两分钟，放到戏里面特别精彩。所以作为一个导演学到的东西就是如何掌握节奏，动作片武侠片必须是一张一弛，一动一静。有的时候是零点几秒的镜头，有的时候则需要很长的镜头。

贾：您说得非常对，节奏在武侠电影中是非常重要的一点。

张：是。动作的优美，武侠形体的舞蹈性主要是通过节奏来表达的，所以对节奏的表现，电影的长处在于剪辑，在于蒙太奇的运用。

贾：您刚刚还说，进入电影业之前就对蒙太奇非常着迷？

张：对，蒙太奇对于导演来讲是特别享受的一个课题，所以在后期剪接的时候，动作片尤其使人兴奋，有时候完全不同的剪接方式就会出来完全不同的效果，这对我以后拍文艺片和电视剧帮助都非常大，因为懂得怎么处理整体的节奏。

贾：当时您在拍《神鞭》的时候有没有受到一些压力？

张：陈凯歌当时在做《黄土地》的后期，在录音棚里，他们知道我导了《神鞭》之后，凯歌说，张导，你怎么拍武打片呢，多没意思啊。我说，武打片有独特的地方，结果风水轮流转，20 年之后他拍了《无极》，说明老百姓还是喜欢看。

贾：当时面对这种心理压力，您怎么想的？

张：部分中国人的生活比较沉闷压抑，这些人心里都想去奔跑、去格斗，但是现实不可能，总会受到制约。所以只能在电影里看动作片得到发泄，觉得很放松，这是观众喜欢武侠片的道理之一。

贾：您觉得观众之所以喜欢武侠电影和观众的心理密不可分？

张：对，电影是表现动作最擅长的艺术门类，绘画、戏剧都达不到。只有电影可以，那么这种节奏感，这种痛快淋漓的感觉，只有在武侠片中才能得到满足。比如《少林寺》《倩女幽魂》，以及《新警察故事》都是观众想看的东西。

暴力，拍得优美才算上品

贾：您是怎么和张鑫炎导演一起合作拍《黄河大侠》的？

张：我拍《神鞭》的时候，张鑫炎导演他们看到了，觉得有共同的地方，就找到了我。

贾：是西影厂和香港合拍的片子吧。

张：对。我小时候在广东待过，所以我广东话讲得非常好。他们很惊奇在内地能够有讲广东话这么好的导演，所以我们很容易沟通。另外，我们都喜欢对方的作品，很能谈得来。

贾：您是在这部影片中结识了于承惠、于海他们吗？

张：对。在这之前跟他们都不熟悉，但是通过这个片子跟他们非常熟了。《黄河大侠》应该是一部武侠片。节奏对一个导演来说很重要，在和张鑫炎导演以及这些武术演员合作的过程中我真正体会到了武侠片的痛快。

贾：《黄河大侠》的拍摄对您的影响是什么？

张：收获非常大，特别对于动作部分。因此在我之后的电影和电视剧中，虽然不是专门讲动作和武侠，但也有动作这部分。

贾：您为什么会在每部戏中都加入这个元素？

张：因为我知道动作是商业电影中很重要的一种元素，包括艺术片，只要有动作，节奏就会提起来，就不会沉闷。

贾：当时拍摄的条件应该是非常艰苦的，你们有没有遇到什么困难呢？

张：拍《黄河大侠》是非常苦的，拍的时间很长。在甘肃嘉峪关拍嘉峪关城墙那一段武打的时候非常冷。还有在陕北壶口的冰川那儿拍马的奔跑。

贾：当时的拍摄周期应该不像现在这么短吧？

张：对，周期很长，张鑫炎导演对动作的要求特别严格。就像拍对打的时候，一个动作拍十几条，还有一次把演员的头削了一个大疤，缝完针之后还得接着拍。

贾：看来当时你们都是为了一个目标去努力的。

张：对，当时对艺术的追求和对动作片的完美要求是非常强烈的，所以现在看影片拍得很仔细，很完美。

贾：还有没有令您难忘的事情，给我们分享一下？

张：当时我们住在伊川县，每天早晨都要坐三个小时的汽车到黄河瀑布旁边，风沙很大，吃饭就在很强烈的风沙里吃，找不到躲沙子的地方，最后就躲在大石头后边。吃完饭接着拍，拍到很晚，再坐车回去。

贾：我记得有冬天的戏，那些场景是怎么处理的？

张：我是美工出身，拍冬天戏的时候我们就买了化肥和盐，把整个黄河渭河滩都铺白了。河滩上需要芦苇，我们就去别的地方拉了很多芦苇，带着他们一起插。当时拍得非常辛苦，也非常危险。但当时年轻，不知道危险。

贾：《黄河大侠》中有很多血腥的场面，您是怎样看待武侠电影中的这些暴力呢？

张：我不太喜欢过分的暴力，我拍了电视剧之后就很少拍动作戏了，而且我感觉到暴力应该拍得优美或者幽默，这才是上品。

贾：就像成龙拍的那些动作片吗？

张：对。他经常把幽默加到打斗中，叫谐趣打斗，这就有意思了。电影跟电视剧一样，过多的血腥观众是不爱看的，也是不好的，所以我也反对暴力。

贾：您觉得好的武侠片应该是什么样子的？

张：应该把武打动作优美表达出来，像艺术体操一样，而不是要突出血腥的部分，血腥越少越好。但是动作不存在问题，比如高潮部分正的一方把邪的一方杀了，大家就觉得很宣泄，这样就可以了。

贾：您觉得武打可以有，但是血腥的东西要避免是吧？

张：对。今后的武打片不要程式化的武术，现在好像大家都沉迷这个。真正好的东西应该是有内涵的，不是只简单表现忠孝仁义。

贾：您所指的程式化的东西是什么？

张：比如现在很多人改编金庸的小说，我看到的更多是一种乌托邦式的，没有法律和道德，只讲哥们儿义气的世界。我不认为应该过度宣扬，我们应该重视内容本身，真正值得观众回味的是有思想内涵的艺术作品。

应该用新的思想来包裹传统文化的核儿

贾：在过去，李小龙的作品应该说是非常风靡，很多人喜欢看他的动作电影，您怎么看李小龙的作品？

张：李小龙的作品其实就是讲外国人欺负我们之后我们怎样对付，讲我们要自强，中华民族要站起来。这个主题非常清晰，是值得赞扬的东西，所以受到很高的评价，值得流传下来。

贾：您怎样看待武侠电影中武和侠的相互关系？

张：中国自古以来就有武侠小说，比如《水浒》《三国演义》等，这是个传统。但是传统中也有糟粕，我们今天在继承的同时也需要有一定的批判，现在的武侠电影应该用新的思想来包裹传统文化的核儿。

贾：您是不是因为想有意识地去探索动作片，才拍了《神凤威龙》？

张：这部电影不算是动作片，讲了抗日战争的故事，和潍坊的风筝有关。我想通过民俗和动作把通俗电影的课题再做一次，动作方面的内容不是特别多。

贾：龙灯王还是张纪中演的。

张：对，现在大名鼎鼎的张纪中。当时他还是山西话剧团的演员，在新街口吃饭的时候，我看他形象很符合龙灯王，就和他谈的。

贾：拍摄期间有没有有意思的事情发生？

张：电影做完之后，被人告了，很有意思。电影中有个糊风筝的汉奸叫风筝魏，天津有个民间艺人也叫风筝魏，他就把我们厂告上了法庭。其实我讲的是 1941 年潍坊的事情，但是我们厂还败诉，算是个风波吧。现在看只是笑话。

贾：您说《神凤威龙》不算是动作片，那么《梦断楼兰》（1991）应该算是您拍的动作片了吧？

张：对。是跟新影厂、南影厂和香港一家公司合拍的。这个片子基本从头打到尾，卖了 400 多拷贝，全国第一。

贾：当时在哪里采的景？

张：在阿克苏附近，库车后边的红山嘴。《天地英雄》《英雄》都在那儿采过景，现在已经荒废了，但是非常壮美，像古城一样。我觉得武侠片要选非常壮丽、非常原始的环境来作为它的背景，才能好看。

贾：在那儿拍了多长时间？

张：我们光在阿克苏的天山神木园拍就拍了半个多月，天天在细沙子里。拍打戏全部是用古堡的景，比如从十几米的古堡上往下跳，在火车厢里边打，马队的戏，都在这里拍。

贾：我当时看的时候觉得视觉上非常震撼，观众都觉得很震撼。

张：对。当时电影放映之后很轰动，电影频道也放了好几次，可以说是一部动作感很强的戏，并且是对楼兰有一种幻想的电影。

武侠片要拍出新意

贾：《神鞭》中有一个用直升机航拍的镜头，当时拍的时候，是不是也有一些故事？

张：航拍是非常不容易的，剧本中需要八国联军登陆是在天津塘沽一带的芦苇荡。拍出场面感非常不容易，再加上还有一些武打动作。所以这个场面必须要有制高点，当时没有现在的吊车，吊车也不可能把冲锋陷阵的场面表达出来。

贾：您是跟剧组里的哪些人商量之后决定用航拍的？

张：当时顾长卫是摄影师，和他商量的时候，他说恐怕要用直升机。当时需要非常多手续，一层层报批，最后还不错，批了下来，当时航拍在中国电影里还很少见。

贾：当时的群众演员怎么选的？

张：群众演员全都是部队上的。

贾：当时上直升机的时候有什么感觉？

张：第一次坐飞机很紧张，顾长卫就把两条腿伸在飞机外边，看着很危险。我坐在里边一点，起飞的过程一喊开拍就开始冲锋了。

贾：是一条过的吗？

张：第一次冲锋冲到中间的时候炸点没有爆炸，烟照常放了，结果最后飞机落地的时候炸了，原来那个线让战士踢断了。

贾：部队的战士来拍冲锋戏应该挺容易的吧？

张：对。但拍到用辫子打敌人的时候就比较难了。有一次拍一个镜头，第一次辫子甩掉了一个，第二次把头套甩跑了，成光头了。

贾：还有哪些场面是通过航拍完成的？

张：还有一个就是战场上，义和团因为用刀剑拼敌人的枪炮，全部牺牲了。傻二在尸体中寻行，走到河边大喊，之后他的辫子被敌人打掉了，然后河里是一条带血的辫子，这些是通过直升机拍摄的。

贾：当时用直升机来拍摄应该是很奢侈的吧？

张：对，很少用直升机拍的。因为它是一个俯瞰的角度，给人视觉的感觉更强烈了。镜头

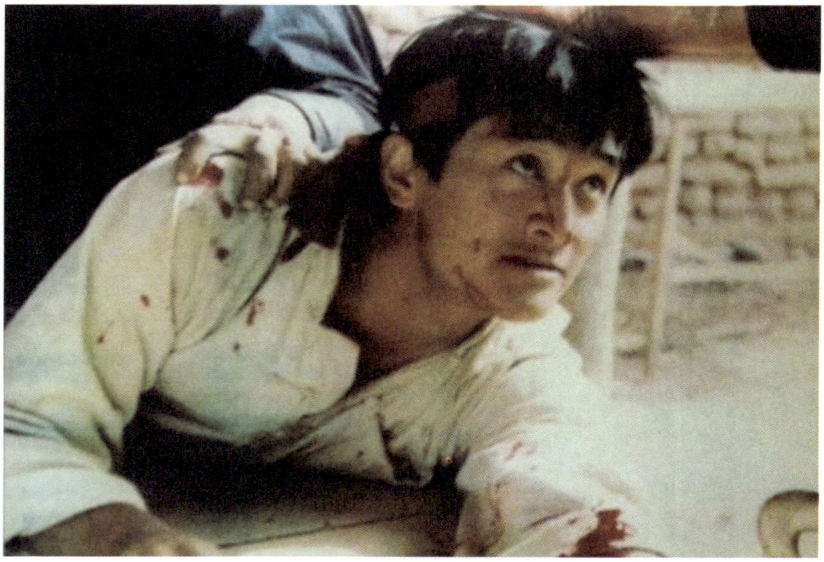

《梦断楼兰》（1991），一部围绕楼兰古国的财宝展开的盗墓夺宝故事，影片融合了西部片以及枪战、武打、探险寻宝等诸多类型元素，是一部标准的商业电影

拍完之后大家都很高兴，尤其摄影觉得很有表现力。

贾：您拍很多惊险的武打场面的时候，演员都会功夫吗？

张：《梦断楼兰》中有个演员叫贾石头，他没有过表演经验，不会武术，而且他个子很高，很魁梧，给他找替身也很难找。当时的武术设计范冬雨就找了十几个会武功的人来选，选了个头最大的来当替身。

贾：刚刚听您说他完全没有表演经验，在拍摄的过程中您怎么让他演戏呢？

张：他轮廓好，长得英俊，特别健谈，但是一表演就紧张。我心想这怎么办，因为他是这部戏的男主角，后来在影片中加了一个序幕，坏人把他给打傻了。这样他就放松了，本色出演了，基本上不用太多太夸张的表情了。

贾：他现在还是在做演员嘛？

张：对。现在他就很老练了，拍过很多戏，比如《三国》《水浒》等。最近我拍了《七品李剃头》他演土匪头子，文戏已经拍得很好了，台词讲得非常溜了，甚至比专业演员记得还好。

贾：他也拍了很多武侠影视作品吗？

张：对。他之前是陕西杂技团的，号称东方大力士。在他没有表演经验的时候就很辛苦，经常受伤。其实动作演员都这样，非常吃苦，受伤是经常的事。

贾：现在随着高科技的发展，演员不会武功也可以拍武侠电影和电视剧，您觉得这种现象对武侠电影来说，是好还是不好呢？

张：武侠片的演员有两种类型，一种像李连杰、成龙、元彪他们，本身会武术，非常优秀，从表演不成熟逐渐到表演成熟；另外一种类型是不会武打需要替身的，这就要靠武术导演的能力了。

贾：您觉得在这个过程中，比如说镜头的切换啊，剪辑啊，就是看导演的功力了？

张：对，远景和近景的切换，让观众感觉不到。这要通过导演的剪接能力，把假的变成真的。电脑有解决不了的问题，比如演员要一招一式地学，起码感觉要对。

贾：对。现在很多电影拍摄之前都会对演员进行训练。

张：是啊，像好莱坞也会请熊欣欣来做武术指导，其实也是在训练他们的演员。包括巩俐、章子怡他们拍的时候也得有武术指导来指导她们的动作。所以，这些都不是电脑和剪辑能够达到的。

贾：您觉得哪些是可以通过电脑来完成的？

张：电脑可以完成不可能的环境，比如说海底、太空，或者在匪夷所思的环境下进行的动作。《聊斋先生》中有很多特技，人变老虎、人变鬼之类的就需要演员跟动作和蓝幕的配合。

贾：所以说，电脑可能只是一种手段。

张：对，电脑不是武侠片的唯一手段，而且只能作为一种辅助的手段。武侠片中动作的美是不可替代的，电脑做不出像李连杰或者成龙的动作的优美性。

电影最核心的不是形式好看，而是内容隽永

贾：您不但在内地拍电影，跟香港也有合作，他们有什么可以借鉴的地方吗？

张：台湾和香港不一样，分两种。一种是更加讲究动作本身，比如张鑫炎导演的影片，讲究实打实的动作，像于承惠，他本身就是一名非常优秀的剑术演员。另一种就是擅长威亚，用非身体的元素来完成动作。

贾：您比较喜欢哪一种类型？

张：对于电影，我更喜欢实在的、比较现实的打斗。有很多电影很飘逸，刚开始觉得新奇，看多了就没劲了。电影最核心的问题不是形式好看，而是内容隽永，让人有思索的余地，实打实的动作更感染人。

贾：我们看您的电视剧的时候，发现您在电视剧中的一些镜头很电影化。

张：你说得很对，动作片里的镜头我有时候也会用到非动作片中，在一些动作片中喜欢用广角，喜欢用不规则构图，这种构图透视感特别强，给人很强烈的感觉.

贾：您最后一部电影是《白马飞飞》，也是从小说改编的吧？

张：《白马飞飞》是（19）96年拍的一部电影。这部小说获全国优秀中篇小说奖，作者王星泉是一名非常优秀的画家，写过两部小说，都获奖了。

贾：看了这部小说之后就想拍成电影了吗？

张：我看了之后就觉得很震撼，非常强烈地想把它搬上银幕，当时我还去过他工作室，了解他之后就下定决心了。

贾：我记得电影中很多马上的动作，当时是怎么完成的？

张：有场套马的戏，我调用了1600匹马。拍这场戏的过程得益于我拍动作片的经验，必须很多东西协调起来，并且只有一台机器，不像香港、台湾，他们资金充足，可以多角度，我们只能一个角度拍。

贾：有没有印象很深刻的事情？

张：当时拍这个镜头的时候，我是在14米高的吊车上往下拍全景，摄影师在地上挖了一个坑，结果这1600匹马过来之后有一匹小马卧倒了，把那个坑砸了之后摄影机碎了，摄影师的耳朵也差点儿被踩掉，过程很艰辛。

贾：那您拍战争镜头的时候有没有印象很深刻的？

张：拍马和坦克那场戏是从北京调了三辆坦克车，我们觉得马应该没问题，但是一到实拍的时候，因为坦克轰隆声特别大，马吓得乱窜。我们想到用威亚来吊着马的头往前走。这些如果没有动作片镜头的拍摄经验的话，我根本没有可能拍。

《白马飞飞》，根据王星泉小说《白马》改编，讲述了抗日战争时期，八路军某骑兵团戚连长与一匹白马的动人故事

武侠的精髓应该是忠、义、孝、悌

贾：在雅俗共赏方面，《宰相刘罗锅》的动作您觉得跟电影有什么不同吗？

张：拍武侠片对我拍文戏的帮助非常大，让我懂得了如何运用节奏，如何使演员和摄影机配合，这都是雅俗共赏的因素。拍电视剧的时候有一些打斗和追逐的戏，如果没有之前动作电影的经验的话，那些就不可能拍好。

贾：您拍的一些电视剧中动作戏还是占有一定比例的吧？

张：对。比如《上错花轿嫁对郎》中战场上的对打，黄奕的耍剑，这些动作拍得都很顺手。包括《京华烟云》中最后抗战的那段，演员着火之后在火里边滚的这些动作都是借助了之前拍动作片的经验。

贾：您拍了这么多电视剧，您觉得卖点在哪儿或者说观众为什么会喜欢？

张：我有四部戏，《宰相刘罗锅》《康熙微服私访记Ⅰ》《上错花轿嫁对郎》《京华烟云》播了很多年都还在播，很多观众都说看了还想看，我想恐怕很多的原因在于雅俗共赏这个方面。首先想到的是观众爱看的点在哪里，并且我会制造或者延伸出一部分可视性强的有节奏的动作。

贾：您认为武侠精神的精髓是什么？

张：从传统来讲，我觉得武侠的精髓应该是忠、义、孝、悌，最重要的是人性的忠诚和善良。电影的刀光剑影本意是表现人的善良，人性中最好的一面，所以我觉得这是武侠精神最本质的东西。

贾：现在武侠电影这么多，也制造了很多视觉奇观，那么对待当今的武侠电影您怎么看？

张：要有内容。如果内容苍白，再好看的影片观众也不可能长时间记住，顶多是为了炒作或者风光一阵。能让别人记住中国武侠的话，就要有一种精神，就像李小龙的影片，讲自立自强爱国，他把优秀的武术动作和爱国精神结合起来了，所以他的形象是永远磨灭不了的。

贾：您的意思是武侠片还得在内容上更加深刻，更加丰富？

张：对。因为演员靠表情和形体在银幕上立足，导演靠脑力和思考来立足。郑板桥说过，领异标新二月花。武侠片要出新意，不能重复走老路子，每一部影片对于导演来说都是从零开始。

贾：您觉得对于一部戏的成功与否还有没有其他因素？

张：研究原著和历史。我拍《宰相刘罗锅》的时候，虽然这是部幽默剧，但也得研究清朝这段历史。拍《上错花轿嫁对郎》的时候，我又研究了席绢的作品，我看了很多部她的作品，我把她的想法琢磨透，然后做出了一个片子一起讨论。

贾：您在电影界这么多年，您觉得一部电影怎么样才能做得成功？

张：电影艺术跟其他艺术门类一样，必须要创新，不论什么题材，必须要跟别人做得不一样，才能立得住脚。拍《默默的小理河》的时候，我就探索了战争片的新拍法，就是心理的战争也是一个战场。

贾：当时您拍《神鞭》的时候是不是受到了商业大潮的冲击，当时您是用什么办法来应对的？

张：电影首先是一种商品，如果不卖票就不能生产，因为电影应该寻找商业和艺术的交叉点，也就是我经常提到的雅俗共赏，这是核跟壳的关系。在整个电影史上，只要把握住这个原则的电影，在商业和艺术上都是成功的。

贾：您觉得《神鞭》这个作品正好在这个交叉点上吗？

张：对。因此我毫不犹豫地做，虽然非常困难，但是达到了我所想象的结果。老百姓都很喜欢，拷贝数也很多，并且还在苏联、美国、法国放了这部片子，反响都很好。

（2006 年 11 月 12 日下午于北京朝阳区惠新北里蜀南人家）

2006 年 11 月 12 日，本书作者贾磊磊及《中国武侠电影人物志》摄制团队其他成员与张子恩导演查看有关资料

雕刻在时光里的真性情

刘家荣

刘家荣（1943年11月30日—　），出身于武术世家，9岁随父习武，17岁当武师，26岁升任武术指导，随后相继担任演员、动作指导及导演等多重身份。在20世纪60年代至80年代末，刘家荣随其长兄刘家良共同创造了中国武侠电影史上的黄金时期。《天下第一拳》在欧美市场的大卖，证明了古装动作类型片的独特魅力，也奠定了刘家良作为武术指导的地位。谈及刘家荣，似乎总是被遮蔽在其胞兄刘家良的光环之下，实则刘家荣极具个人化的喜剧武打迥别于刘家良的严肃武打，《一枝光棍走天涯》开启了刘家荣的喜剧之路，而后《小生怕怕》《少爷威武》等片更是将其喜剧武打类型片推向巅峰。90年代之后，刘家荣一改之前的风格拍出《妙探双龙》《瘦虎肥龙》等时装动作类型片，从古装类型片到功夫喜剧片再到时装动作片，多变的风格凸显了刘家荣与时共进的思想理念。除此之外，刘家荣从未陷入自我的牢笼，也从未停止学习的步伐，更从不吝啬对他人的赞美，在美美与共思想观念指导下的刘家荣可以较好地做到国内武术的交流融合及国外武术的吸纳借鉴。回首望，刘家良从影已50载，参与制作影片200余部，那渐渐模糊的影子仿佛又清晰可见，岁月终会流逝，但雕刻在时光里的真性情不曾褪色，一起走进刘家荣，去了解那个率直的他和他的武侠岁月。

电影拍摄的武术动作和真实的武术动作是不一样的。在电影里面，我要使观众晓得，这一拳打出去你怎样去接我的招式，也就是让观众知道我怎么打你，对方又怎么反击；而面对平常的搏击，我不会让你晓得我的出拳，所以这就是不同之处。

——刘家荣

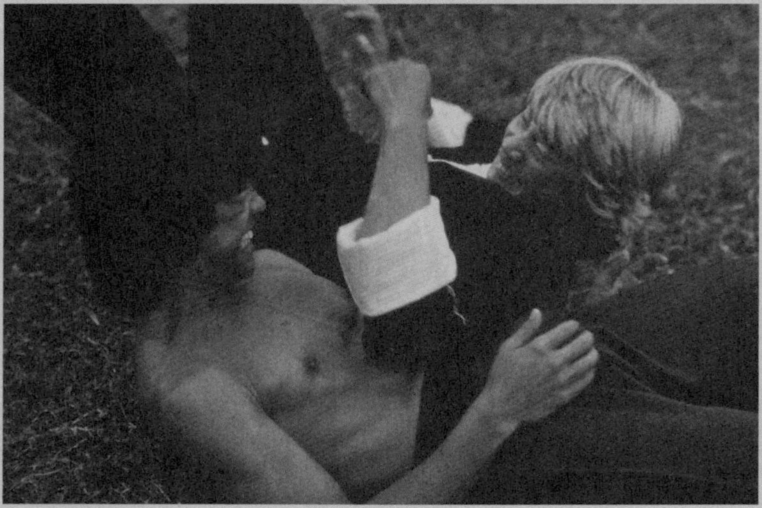

我觉得武术好威风

贾磊磊（以下简称“贾”）：小时候您对武术的感觉和印象什么样的？您回忆一下当时您父亲怎么教你们武术？

刘家荣（以下简称“刘”）：我们广东人不称“武术”，都叫“功夫”。我喜欢功夫的时候大概是 9 岁吧，那个时候我常常看见爸爸跟哥哥、姐姐，很喜欢在每放一场电影之前，在前面先打一段再放电影（预片登台），看到他们在台上打，很威风的样子。我的兴趣就由此引发而来，所以我就在 10 岁的时候开始跟我爸爸和哥哥学武。

贾：您的家庭是武术世家，一开始学的是洪拳吗？

刘：对，我们学的是洪拳。洪拳源自陆阿采，陆阿采传给黄麒英和黄飞鸿（父子同师），接下来黄飞鸿传给林世荣，林世荣传给我爸爸，然后我就接下去。

贾：最开始学武术，您对武术出于一种很神秘或者说崇尚它的力量，还是觉得武术像个游戏，您那时候怎么理解武术？

刘：刚开始很小的时候觉得学了武术可以到台上表演，很威风也很好玩，然后到我十四五岁那段时间，武术还可以赚钱，比如说教别人打拳。我爸爸开了两家武馆，爸爸不在武馆的时候，有一些新的徒弟来，我可以带着他们并教他们打，就可以赚一些小钱。那时候哥哥在当武行，拍《黄飞鸿》，爸爸也经常要去开工，所以武馆里只有姐姐跟大师兄一起带着小师弟去练武。再后来，到我 17 岁，哥哥也带我当武行了。

贾：您父亲当时开的那两家武馆叫什么名字？

刘：香港武馆叫健身学院，很少有叫刘家武馆，普遍都是健身学院。

贾：我们对您姐姐的情况了解不多，您能讲讲她的情况吗？

刘：我有六个兄弟姐妹，只有哥哥和姐姐他们两个懂武功，后来再加上我，有三个。姐姐常常帮爸爸去行医，她没有拍戏，不过我姐姐因为癌症已经去世了。

贾：她一直帮着您爸爸做行医这方面的工作，您姐姐的名字怎么写？

刘：刘瑞意。

贾：她没有拍戏，一直帮爸爸做事？

刘：是的，所以很少提到我姐姐的名字。

任何时候不要停下学习的步伐

贾：您是在十四五岁以后就开始到片场拍戏了？

刘：大概十六七岁，我记得我第一天拍戏就闹了一个笑话。在片场里面武行要翻跟头，我有点不懂，我跟粤语片男主角对打的时候，我一上去被他一腿打下地，我下去了就起不来，所以人家吼我："你武行干什么的，摔在地上起不来，怎么干的。"后来因为这话，我就让我哥哥在武馆里训练我两个月。

贾：单单会武术还不行，也要懂电影。

刘：要懂电影里面武术动作的打斗，不是你光会功夫就能拍电影，这是不一样的。

贾：像你们做武师或者武行的，刚开始拍电影是不是都要经历一个适应镜头的过程，或者是适应电影的方式？

刘：对，刚开始60年代还没有那么进步，后来是1967年，我们拍了一个好莱坞电影，由罗伯特·怀斯导演，史蒂夫·麦奎因主演的《圣保罗炮艇》。当时香港武行有很多人参与这部电影，外国的武术指导来香港训练了我们三个礼拜左右。

贾：他们也有武术指导？

刘：对，在美国最棒的十个武术指导中，这部片子的武术指导排第二，他把所有美国动作的打斗，还有跳蹦床技术教给我们（以前香港跳蹦床不是很厉害）。

贾：以前使用的弹床、蹦床好像是中国人自己发明的，美国那时候也有？

刘：是的，他们没来香港以前，有一个叫韩英杰的前辈，他参加过马戏团，所以会跳蹦床，而且非常厉害，我们以前看到那个也很想去学，后来老外的片子来了，我们就学会了。其实香港动作片应该对他们说一声谢谢，如果没有他们的启迪，我们不可能转变得那么快。中国人是非常聪明的，学了美国的动作模式还有京剧的舞台唱戏，便把我们中国的功夫、中国的武术扎下去，改良之后，现在美国也来学我们了。

贾：现在咱们比他们强，你们后来跟韩英杰还有联系吗？

刘：没有，这位老人家已经去了。

贾：这么多年我们一直想找这个人。

刘：很久了，大概十年了，他是跟我哥哥那一辈儿的人。

贾：在《侠女》（1970）中饰演反派，跟李小龙也拍过很多片子。

刘：他的第一部电影是李小龙当武术指导。

贾：他后来是在香港去世的？

刘：对。

贾：他后人有在做电影吗？

刘：好像没有。

贾：那您第一次做电影武术指导的是哪一部片子？

刘：我做武术指导的第一部片子是邵氏公司的《女侠卖人头》（1970），然后是《天下第一拳》（1972），当时请了韩国的一位导演过来拍摄。

贾：这位导演叫什么？

刘：郑昌和。我跟他合作了五部电影，我那个时候是刚开始当武术指导。

贾：当时香港导演很多，武术指导也很多，为什么请一个韩国人来为香港拍电影？

刘：这个我不晓得，因为是邵氏公司请来的。

贾：《女侠卖人头》大概讲了什么故事？

刘：我有些忘记了，差不多快 40 年了。

《天下第一拳》（1972），李小龙在 1971 年拍摄了《唐山大兄》，又于 1972 年拍摄了《精武门》，但这两部影片并未在同期打入美国电影市场。《天下第一拳》于 1972 年 4 月 28 日在中国香港上映后，又在 1973 年 3 月 21 日正式登陆美国并取得成功。《天下第一拳》抢先轰动欧美市场，对武打电影风靡海外有不可磨灭的影响

与邵氏电影公司

贾：说到邵氏公司，据我们了解，它是一个完全按照中国人的理念来管理的公司，所有职员没有劳动合同，也没有保险，就像一个大家族一样都在那里工作，最辛苦的时候要拍很多电影，而且没有八小时工作制，经常加班。您当时在“邵氏”，跟公司有很多方面的合作，您对“邵氏”是怎样的一种感觉？

刘：我们香港武行有自己的规矩：工作时间为九个小时，每超过一小时就要补钱，不管什么公司，我们的规矩都是这样子。说到邵氏公司，它带我们赚很多钱，我在里面做武术指导，又给我机会当演员，后来我又当导演，所以怎么样说都好，就是要谢谢邵氏公司，包括张彻导演，我们真的非常感谢他们。

贾：您跟张彻第一部合作的片子是哪一部？

刘：《独臂刀》，那个时候我当武行。

贾：您在这个片子里是不是做演员？

刘：我在里面是一个小演员，在桥上面、水里面打，我至今还记得我一部电影的酬劳是750块港币。

贾：过去八九十年代以前，内地实行计划经济体制，所有事情都是根据计划或国家的理念来做事。比如说内地一个导演，他为一个电影制片厂拍一部电影，这部片子即使最后卖很多钱，但大多数情况下，这个导演只是拿一份薪金（报酬），不过个别的可能不一样。我们想知道你在香港邵氏公司是不是也这样，比如说你们拍了一部非常赚钱的电影，公司会不会跟你们分享这部片子的红利，还是说你们只能拿到一份固定的导演酬金？

刘：外面有些公司是可以分红的，这种情况需要你跟对方合作时谈条件，合约谈好要分红，那就有机会分红，基本都是需要预先讲好的。不过在邵氏公司这种情况很少见，一般没有分红的，你拿薪水就拿薪水，一部剧多少钱就给你多少钱，不过现在又跟以前有点不太一样。

贾：以前与现在主要是经济方面有差异？

刘：对，还有一些导演也不晓得分红比较好，就是这个样子。

贾：那时候可能觉得有一份能拍电影的工作就满足了。你们过去跟“邵氏”很少有这方面的经济往来是吗？

刘：完全没有。

贾：从市场角度来讲，我们内地人理解香港好像是市场经济的模式，市场经济就应该有合作开放。

刘：如果有就发财了，你看我哥哥拍了那么多功夫片，倘若分红他岂不是发大财了。

贾：也就是说大部分的钱还是被出品方拿走了。

电影动作要跟着潮流走

贾：咱们回到《女侠卖人头》，后来是《天下第一拳》，这是您做武术指导的第一部电影，在那个时候你们在片场拍戏是根据武术套路来编排表演方式的吗？

刘：那个时候我们主要是把电影上面的动作加进去，还没加入功夫，因为那时候流行武打、武侠的一些动作，并没有流行拍武术。

贾：也就是说属于浪漫表现型的，并非硬朗型。

刘：我们本身学洪拳，所以怎么样套下去那个招数，还是带一点点功夫，这也是跟别的武术指导不一样的地方。

贾：那时候观众不是特别爱看硬朗的东西。

刘：对对，那时还没有流行那个。

贾：按您刚才所讲，实际上电影拍摄的武术动作，和真实武术的动作是不一样的，一个专门在电影里用来表演，另一个则在实际生活中用来演练，您觉得两者最不一样的地方在哪里？

刘：如果在电影里面，我要使观众晓得，我这一拳打出去你怎样去接我的招式，也就是让观众知道我怎么打你，对方又是怎么打我；而如果面对平常的搏击，我不会使你晓得我的出拳，所以这就是不一样之处。

贾：在武术里面打人是不被察觉的，要出其不意，而电影就是要使人看出来。

刘：对。电影里边就让观众晓得每一个招、每个步伐的走动，好像在跳舞一样，非常唯美好看。

贾：现在有些人把电影武术比作舞蹈，您怎么看待这个说法？

刘：有一段时间，徐克导演就喜欢画面要好看，怎么在画面里面撒一点花、飞叶，人物怎么飞？所以就加很多特技。我哥哥之前拍的电影，那时候并没有流行徐克导演所追求的那种，所以他们都是硬打硬斗，有时候拍完一场戏就要看医生。在每一时间段，观众都有自己的爱好，所以电影动作也要跟着潮流走。

回不去的“邵氏”

贾：邵氏公司后来在80年代的时候停产了，我们看到很多史书对邵氏停产有一些说法，比如说“邵氏”拍的一些片子后来变成一种完全公式化、模式化配置下的工业产品，就像是你放点肉、放点菜，再放点盐加工而成的罐头产品一样。当然这是一方面的说法，您作为一个亲历者，见证整个邵氏公司的历史，从它很辉煌到最后停产，从您个人角度来讲，您觉得“邵氏”这样的电影企业有什么经验或者说出于什么因素停产呢？

刘：其实我没有资格评论这个问题。但是从我个人角度来看，一方面我认为是外面其他公司起步太快，还有拍片成本较高，我记得80年代“新艺城”刚发展起来的时候，他们拍片会放很高的投资，这对“邵氏”形成了一定的冲击。另外一方面是邵氏在某一时间段几乎每一部戏都卖钱，就开始遵循一定的模式去拍这一路线的戏，观众产生审美疲劳之后自然会选择另一家公司。所以“邵氏”停产固然有它自身的问题，但是我没有资格评论那些。

贾：我们主要想追溯历史，探究一个历史的现象，就是希望各抒己见。

刘：那个时候有很多家公司开始逐步发展，“新艺城”是其中之一。“新艺城”附属公司也有好几家，同时期很多新浪潮导演也开始崭露头角，徐克就是其中之一，所以邵氏公司的发展就大不如从前了。

贾：总的来说，就是“邵氏”没有跟得上时代的潮流和观众兴趣的转变，包括它的作品、投资以及观众审美等方面。

刘：其实也不是“邵氏”跟不上潮流，最主要的是公司那些导演的拍摄风格已经定型，他们喜欢拍某些样式的电影就从没改变过，所以当其他公司新电影上映的时候，对“邵氏”冲击非常大。

贾：比较新潮的事物更容易博人眼球。

刘：对，年轻人都喜欢看新的，所以“邵氏”在这方面就很吃亏。其实后来也有一批新人进入邵氏公司，但为时太晚了，已经来不及了。

导演与武术指导的互相成全

贾：您这一家，您的父亲、哥哥，还有您，这一个流派在电影史上大家都认为是正宗中国武术的后继者，它讲究真实武术的承传。在这样一个武术的传统里，它不仅留下了一种技击的方式，比如说怎么击打对方，怎么练武，很可能还有一种武术的精神蕴含其中。您个人觉得，您在承传武术技击方式的过程中，武术所传达的精神或道德是怎样的？

刘：武打有中国功夫、武术的精神，还有武德。我哥哥以前拍《陆阿采与黄飞鸿》这部电影，在里面也提到了武术的精神。我哥哥从小练武，接触武术比我多，拍的动作也很精彩。我有一段时间特别喜欢功夫喜剧，跟我哥哥拍摄的严肃武打是不一样的。

贾：您最开始拍功夫喜剧类型的是哪部电影？

刘：第一部是麦嘉导演的《一枝光棍走天涯》，我和老牌演员乔宏是主演，我既是演员又是武术指导。

贾：相较于您哥哥的那种严肃武打，您觉得您设计的喜剧动作的特别之处在什么地方？

刘：打斗的时候，我需要逗你笑，所以有时候大家会认为它是三级。以前我拍片的时候经常跟洪金宝、石天合作，他们都很搞笑，比如洪金宝胖胖的，很有喜感。在剧中，我常常演小子，然后跟他们碰头，再混起来。40 年代拍动作喜剧，基本都是这样子，都是拿这套来拍的，武术指导再看看怎么加动作，进行具体的安排。

贾：过去拍电影，文学剧本能够提供给武术指导参考的东西非常少。

刘：对。就一个“打”字，武术指导就开始拍，导演也坐在旁边。当导演必须要去念书，从学校出来才可以，所以我们那段时间很感谢那些导演，如果不是他们，我们也当不了导演。我们从每一天的拍摄工作中积累经验，慢慢就成了导演，所以我们要谢谢以前的那些导演。

贾：他们也应该谢您，如果没有你们，他们也拍不了那些片子。导演就坐在那儿，剧本写一个“打”，然后就全靠你们了。

刘：对。都是这样子。

贾：比如说有的时候假设一种规定情境，可能与导演要求不一致，也可能跟剧本要求不一样，你们除了在现场设计（与演员套招设计）的时候，其他时候会不会跟他们有一些分歧或者争论？

刘：也不会，我们一般会先询问导演的要求是什么，等导演提出要求，我们就去帮他安排，我们会把设计给他看，在他同意的情况下，我们就可以演戏了。

《鬼马功夫》(1978)，刘家荣执导，和刘家良共同担任武术指导，剧情幽默搞笑，武打精彩新颖，是一部难得的经典动作喜剧片，值得品味

美美与共，和而不同

贾：您哥哥执导的《十八般武艺》非常有意思，在里面展示了很多正宗武术的技艺套路以及神魂。现在您来回忆一下，当时创作过程中有没有特别记忆犹新的，或者是您觉得哪场戏拍得特别好？

刘：我觉得《十八般武艺》中，每一个招都拍得很不错，表现在刀枪不入、不怕打等。没有开拍之前哥哥跟我说过："我们拍一个功夫片，要把武器全打出来。"其中，我跟他打山地那场戏，真的把很多兵器都打出来了。

贾：可谓兵器大全。

刘：对。他是有了想法之后才去拍那个戏的。

贾：后来有些片子也借鉴了你们的理念，比如《卧虎藏龙》里玉娇龙和俞秀莲在院子里打斗的场面，实际上后面排了一排的兵器。

刘：确实有一点像，只要导演安排得当那就安排吧，电影没有说我学你的你学我的，这样说不好听嘛。

贾：你中有我，我中有你。

刘：是的，都是这样子。

贾：您刚才说美国人对你们早期武侠电影创作提供很多借鉴，那你们有借鉴日本吗？

刘：没有，从来没有。日本电影里动作相对较少，但是他们武打的气氛掌握得很好，每一场戏都用气氛推进情节的发展，一直推到不打不行，所以在这一方面，香港很多导演都学习。

贾：日本人重气氛。

刘：另外，他们打斗动作比较简单，不是他们没有动作，而是因为使用传统的日本剑决定了他们只能这样打。我们中国拍电影比较追求商业性，但是日本自古以来的传统包括传统精神等决定了他们拍电影不拐弯。

贾：中国的电影注重讲述一个曲折的故事。

刘：是的，因为是电影嘛，观众喜欢看才是王道。为了让每一个观众都喜欢看，所以把我们的功夫歪一点点也不要紧，但是日本人决不会拿他们的传统功夫开玩笑，就像你从来不会看到他们拿武士道开玩笑。

贾：不会把它拍成一个喜剧电影？

刘：不会，他们的精神不允许他们这样做。

贾：就是说香港的电影会把武术做一点改变使观众喜欢，而日本人绝不会让武术剑术做这种改变。过去的五六十年代，日本的片子可能对胡金铨导演等人产生一些影响。

刘：那时候胡导演就参考日本电影中的气氛，也是我之前讲到日本电影常常使用推进情节发展的那种气氛。

贾：以此来烘托整个艺术气氛。

刘：对，演员之间的角色有他们自己的演法，我们学不了的。日本演员中我喜欢看三船敏郎的表演。

贾：他拍了很多武术电影。如果从武术的角度出发，比如说咱们中国的武术和日本的剑术，您觉得在武术技击上哪个更厉害？

刘：对不起，我懂的比较少，所以我不能回答你这个问题。

贾：从电影上来讲呢？

刘：你有没有看过我哥哥执导的《中华丈夫》呢？其中刘家辉（饰演何滔）在片中使用中国功夫，何滔的老婆弓子（水野结花饰）是日本练空手道的，在这部片子里面就涉及很多中日比武的情节。

贾：电影里涉及中国人跟日本人打斗的有很多，包括《武当》《精武英雄》等。总的来说，中国和日本的武术技击较量放置在现实层面上很难做决断。

刘：对，每一个国家武术都有它好的地方，如果你把自己所学的功夫练到极致你就是最好的。无论是泰拳还是跆拳道、日本的空手道等，只要习武者本身练得好就好了，所以功夫没有你强我弱之分，每一个国家的功夫都是好的。

我的四次“最开心”

贾：您自己拍片也有一个比较大的转变，您之前拍一些古装类型的，后来拍了很多时装动作片，比如 90 年代以后拍的《妙探双龙》《瘦虎肥龙》等片子，这个转向您能回顾一下吗？

刘：我做电影以来第三次最开心的事情，就是我在“新艺城”拍的第一部名叫《小生怕怕》的恐怖喜剧电影，应该是 1982 年拍的，其中谭咏麟和曾志伟是主演，那部戏当年很卖钱，那个时候美国很流行特技化装。

贾：特技化装什么意思？

刘：举个例子，就是你看见一个大头人物，眼睛会长大，耳朵会长下来的那种吓人的样子。当时为了拍这部关于鬼的喜剧，我特地请了一位美国特技化装师过来拍摄。姜大卫、黄百鸣，还有现在在 TVB 的王青，他们三个人做鬼吓曾志伟和谭咏麟，非常卖座，按当时的市场行情卖 800 万（港元）都很厉害了，我那部戏在整个东南亚都卖，最后卖了 1000 万（港元）。我在“新艺城”拍了两部，一部是《小生怕怕》，另一部是《少爷威威》，这两部戏都是谭咏麟和曾志伟主演的，后来我去“嘉禾”拍了元彪主演的叫《时来运转》，再后来拍了《小生梦惊魂》，周润发演反派。

贾：您刚才讲最开心的三次。

刘：《小生怕怕》是第三次。

贾：前两次呢？您最开心的第一次是什么？

刘：最开心的第一次是拍摄《老虎田鸡》，麦嘉当老板，我跟洪金宝主演，那个时候电影

《小生怕怕》（1982），邀请了歌坛巨星谭咏麟担任男主角，并在电影的故事设计、特效镜头上下足了功夫。谭咏麟的流量加持和出色的故事设计，使得《小生怕怕》上映之后，收获了 1300 多万港元的票房成绩

收入达到港币 100 万已经很了不起了。

贾：那时候投资有多少？

刘：投资几十万（港元），最后收了两百多万（港元），那是我第二次演电影的主角，我主演的第一部是《一枝光棍走天涯》，第二部就是《老虎田鸡》，因为那部戏赚钱了，所以就很开心。

贾：主演《老虎田鸡》是您的第一次最开心，那第二次最开心呢？

刘：第二次是我当导演拍摄的《功夫小子》，以前 100 万（港元）好难卖的，《功夫小子》作为我第一部当导演拍摄的电影也卖 100 多万（港元），所以我很开心。

贾：导演《功夫小子》是您的第二次最开心，第三次是您之前谈到的《小生怕怕》。

刘：还有第四次，也是时装戏，是我执导的《龙之家族》，其中刘德华和谭咏麟是主演，最后也很卖钱，所以我很开心。

贾：那时候您已经有自己的制片公司了？

刘：对。

贾：在过去，内地的制片公司经营都很艰难，因为是国家电影体制，私营公司不可以拍电影的。我们想问的是，如果一个人想要在香港组建一个制片公司，它的法律手续或者经济要求是不是很复杂或者很简单？本身登记过程需要钱吗？

刘：不用。

贾：注册公司不需要钱？

刘：不用。

贾：只需要获得一个法律的认可？

刘：公司有两种，一种是有限的，有限公司就要看公司有多少股份在里面；另一种是全资，资金都是自己出，同时也是一个人当老板。

贾：现在香港人拍电影的话只需要注册一个公司，在公司平台上就可以运作电影了吗？

刘：现在的老板不好当，整个电影市场处于低迷期，跟以前大不一样。以前我当老板的时候，我晓得我要卖去台湾，班底阵容也有了（谁当导演、谁当监制、谁当演员），他一看我卖，多少钱都会买，所以我就可以拿这个钱去拍，也就是说我在未开拍以前我就晓得我可以卖多少钱。但是现在不行了，如果你没有拍完根本不晓得这部片子能卖多少钱，这一点跟过去完全不同。

贾：从你们作为从业人员的角度来看，为什么会有这样的低迷期，它的原因是什么？

刘：原因太多了，这个问题以前很多人说过，比如说盗版影像、录像以及后来的 DVD，还有电视的普及等。举个例子，你看现在电影院放映的影片，两个月以前已经在电视上放过了，我怎么可能选择去看这部电影呢？很多因素造成电影事业的下滑，我觉得这个问题不止出现于香港，全世界都是这样子。

《老虎田鸡》(1978),云集了十几位香港影坛未来的精英武师,分别来自成家班、洪家班、元家班、刘家班、程家班等多家武行班子,展现了当年香港动作电影人才空前的繁荣

我不是为了获奖去拍电影

刘:钱少,就往小着拍;钱多,就往大着拍。再有钱的话可以摆一个大城楼来拍,主要看成本。

贾:拍摄取决于投资。

刘:所以香港导演非常厉害,很少钱可以拍,很多钱也可以拍。

贾:武侠/动作片还是香港这边发展得好。

刘:没办法,香港生活节奏快。

贾:香港比较注重效率。

刘:内地拍摄的电视剧,一般都是由一个导演拍,拍出来的效果非常统一的;香港呢,四五个导演一起拍,拍出来自然是不统一的。不过内地一个导演拍摄得比较慢,而香港四五个导演拍摄很快，但故事不完整，所以效果不如一个导演统筹拍摄好。

贾：众多导演拍摄会没有一个风格贯穿始终。

刘：对，因为香港的拍摄太快了，很快就转到另一个人物了，内地的电视剧则会很完整地一直拍摄下来。

贾：如果在拍摄周期非常紧张的情况下，内地会采取A组、B组，文戏一个组，武戏一个组，分开进行拍摄。

刘：内地尽管分AB两组，可仍然是一个导演的意思，但香港五个导演拍五个意思就出来了。

贾：我们内地现在没有最佳动作设计奖，也没有最佳武术指导奖，香港电影金像奖现在设有最佳武术指导奖，台湾金马奖也设有最佳动作导演奖。《黄飞鸿》是您同袁和平一起做的，您负责前半部分的武术指导，他负责后半部分的武术指导，片子最后得了香港金像奖最佳武术指导奖。您刚提到最开心四件事的时候好像跟得奖都没有特别大的联系，您怎么看待对一部电影的评价（比如一部电影的商业评价、卖座、票房、获奖等）？

刘：这个很难说，关键在于评审人员。如果评审员里面看电影的那些人，喜欢看现实的、艺术的，片子的评分就比较高。如果一些评审员喜欢看大众化的、卖钱的，那艺术电影相比其他的一定逊色了。

贾：不卖钱的。

刘：对，因为艺术电影不是拍给一般观众看，但是如果你拍大众化的影片，有时候评审员会觉得比较低俗，所以主要看评审员的选择。

贾：取决于评委的选择。

刘：对。有时候他们很公平，很多演员真的演得非常好，他们拿奖也是应该的。所以我对这些都看得很淡，没有什么我必须要拿奖不可的追求，我不是那种导演。

贾：没有为奖项而去拍电影。

刘：对，我拍电影就是想卖钱。

贾：这就是生活，要对得起自己的产业，有投资也要有回报。

用生命在战斗的武行

贾：武行这个行业在电影里还是很危险的，比如有时候使用一些真刀真枪的兵器会刺伤人，再比如从一个很高的地方跳下来，或者会有一些冒险的镜头，你们在拍摄这些场面的时候，通常在技术上或者在法律上有没有一些保护措施？

刘：干武行很苦。以前的危险我们是可以看得到，现在的危险是我们看不到的，以前吊钢丝、跳弹床这些我们都可以看得到，吊钢丝大不了就断了，摔下来也不至于死。但是现在这个危险程度很高，从七楼或者十楼下来，虽然有钢丝带，但钢丝一断就完，毕竟太高了。现在的危险程度比以前高很多，所以现在干武行的人也很苦，保险公司不保我们，我们自己去保险公司买意外保险，人家也不接受。

贾：他们不卖给你们？

刘：对。另外我们买汽车保险也不卖给我们，真的很奇怪。

刘：所以香港武行的保险，只有公司能帮我们买，自己是买不来的，他们不接受。

贾：公司能帮你们买吗？

刘：但是讲实话，公司买的话你说能买多少。我有一个小兄弟，从二楼摔下来到现在还不能动，差不多有十几年了。

贾：您的小兄弟是拍哪部电影？

刘：他不是拍我的电影，我不知道具体哪一部。但是你想想，如果他自己有买保险多好，但是没办法，只能公司给他买，公司给他买的保险能赔多少？ 20 几万，没啥用。

贾：那他这一生就……

刘：对啊。所以要靠我们武行、电影界这边的筹款。总的来讲，香港武行很危险，现在拍电影，不管是武打也好、时装打斗也罢，难度都比以前高。

贾：危险也比过去高。比如说你们在七八十年代拍吊威亚的时候，钢丝有没有断过？

刘：有，我也有断过钢丝的经历，记得一次我拍戏时。当时我在棚里面踢，飞上去，以前棚上面有灯桥，把那个灯打下来，差不多到了 12 米远的地方，那个时候钢丝断了，幸亏我摔下来没事，它整个掉下来差一点把我撞破。以前棚里面都是地板，跟现在不一样，现在要是你从很高的地方掉下来，哎，不敢说了。

贾：在技术保障上，这个社会和保险公司都不能够提供更有效的方式来保障你们的安全，确实很危险。

天下武术是一家

贾：讲讲《搏命单刀夺命枪》这部片子吧。

刘：这部片子我很喜欢，是我跟洪金宝合作第二部最赚钱的电影，当时卖了 300 万（港元），其中我跟洪金宝都是一个人饰演两个角色，一个老年、一个年轻的，如果有机会你可以看看。

贾：你和洪金宝都饰演两个角色？

刘：对。年轻的我打单刀，年老的我打樱枪；年轻的洪金宝打樱枪，年老的金宝打单刀。我和洪金宝配合得非常完美。

贾：你们一个是南派的，一个是北派的。

刘：对。这是我跟他合作第二部戏。

贾：后来您做武术指导，跟您哥哥以及洪金宝他们都有多年的合作，尤其跟您哥哥在电影当中有很多合作。据我们了解，过去的香港有洪家班、刘家班、袁家班，还有陈家班的说法，您愿意别人用这种方式称呼描述你们吗？您自己认同这样的说法吗？

刘：是观众还有一些记者把我们分开的，实际上并没有什么刘家班、袁家班、陈家班这样的说法，我跟成龙、洪金宝、袁和平都是常常合作。大家之所以把我们分开，是为了便于区分，写刘家班或者袁和平的袁家班比较好说好写，但我们自己知道我们从来没有分派，都是在一起的。香港地方小、电影小，武术指导少，武行也少，那个时候武行最多不超过 50 个。

贾：现在大概有多少？

刘：现在香港的武行更少，目前最多的是在内地，如果我们去内地拍戏一般都不带武行了，直接在内地那边找。

贾：内地就能找到？

刘：对。我拍了好几年，有两三个徒弟在内地那边拍了。

贾：您在香港拍戏有没有固定的合作伙伴？比如说每次拍戏都有这么一些人跟着您？

刘：以前是有的，有一些常常跟我开工的武术指导，时间长了当然也照顾他们。不过有时候武行多了，也会叫别的，比如可能是袁家班、洪家班、陈家班等，其实我们是没有分派的，只是记者们为了便于区分就把我们分派了。

贾：按我们的理解，不同的武术流派之间，可能在方式甚至理念上有些不太一样的地方。后来像您跟洪金宝他们有很多合作，在合作过程中，有没有一些冲突，比如说他要这样，您要这样，有没有这种事情？

刘：没有没有，没有出现这个问题，如果能够一起合作，一定可以沟通得很好。洪金宝本身在舞台表现上比较有优势，另外他也会去学功夫，我们也是如此，我们本身会武术，舞台表现上也略懂一二。我爸爸妈妈以前是唱广东大戏的，所以我们也会把舞台和功夫混起来，很多动作混起来之后会非常好看，洪金宝、成龙还有元彪他们都很聪明，不懂就去学。

贾：不懂就学这是一种文化多元性与包容性的体现。

把武戏当文戏来拍

刘：香港武术指导比其他国家武术指导学东西快，因为我们什么都需要懂，不要光说打斗，还有怎么在马上摔下来？怎么样去开快艇？怎么样飞出来？怎么去开车以及拐弯？所以香港武术指导比较全能一点，香港不像老外那边拥有专业的跳水员、特技司机、潜水员等，这些在我们香港统统没有，只有武行，武行就代表了所有危险动作都会做，香港在这方面还是蛮特别的。

贾：香港的武术动作不仅仅是拳击，还有飞车、爆炸、枪战都会涉及，观众如果长时间只看到一种打斗就会产生视觉的审美疲劳，所以观众会追求一些新鲜的商业感觉。如果你们在接到一部电影武打场面设计的时候，你们根据什么东西来确认在这部电影当中用什么方式？下部电影当中用什么方式？换句话说，你们创作的基点是根据一个剧本来，还是根据导演要求来，再或者是根据观众市场需求来呢？你们最初设计武术动作的基本理念是从哪来的？

刘：其实武术动作的设计我们不会去迁就观众，武打场面以及动作打斗不用看剧本，主要看电影拍的是哪一个年代。如果是现代的，我们则使用现代的招数。另外武术指导设计的打斗也要跟着剧情走，比如去报仇、去比武、开心玩的三种动作是不一样的。我们的打斗是有感情的，也常常把打戏当文戏去拍，跟导演事先沟通好，询问导演的要求，再看看剧本，武术指导设计好动作后说给导演，导演若认可，那我们就开始套招编排。

贾：一个片子的故事主要还是根据剧本来编排。您刚才讲到武戏要按照文戏去拍，在武打设计这方面要体现人的感情，比如像喜剧的、报仇的、比赛的都不一样，那么在体现场景时，你们是怎样用动作来表现文戏？

刘：说起来有点奇怪，我们可以把动作分段，当戏里面表现某一人物要被打之时，我们会在某一个时间里停顿下来，给这个演员演戏的反应，无论他是正派还是反派都要给他一定的反应，所以我才说要把打戏当成文戏去拍。另外，打招数要叫，比如说如果你是我的杀父仇人，我跟你打斗，我的每一招都想把你打死，如果我跟你武功不分上下，今天想来比试一下，那我就置你于死地，我的招数不能去你那边，好像到你面前又停下来，喜怒哀乐都要有。

贾：就是在打斗的过程当中。

刘：对，喜剧打斗怎么能一招就把你打死呢？不行啦，这样观众看起来会不好看的，也不搞笑啦，所以还是要看剧本。如果是喜剧，你不能一拳把人家打死，血都不能流下来，如果它上农历新年档的，怎么可以把人杀死呢？

不仅仅是体力活这么简单

贾：这个是很专业的一件事，过去有很多动作导演，在拍摄的时候都会自己掌机，您拍摄的时候有没有自己掌机过？

刘：自己掌机是每一个武术导演的习惯，我们以前都有的，只是比较危险。如果我从吊威亚下去上来的，我会自己来，有时候不好意思叫摄影师吊威亚下去，不过我们以前拍片的那些摄影师都很专业，大家都很厉害。我们以前常常跟黄岳泰合作，他之前跟我哥哥一起拍片，现在也很有名的，是大师级别的人物。此外，我们和黄岳泰的徒弟刘伟强也经常合作。

贾：您既是演员又做武术指导，那么在片场上，您既要编排动作，又要自己出演，您是怎样协调这两个角色的？

刘：虽然我们既当武术指导又当演员，但是我们有助理，一般会叫助理先打给我们看，觉得不错之后再拍。跟我们一起合作的助理已经跟了我很久了，我们会沟通怎么去打？怎么配合？怎么套某场戏的某个动作？因为事先交流过，所以不算很麻烦，但是想东西确实比较困难。

贾：一边拍一边想？

刘：对。但是我们几乎很少一边拍一边想的，比如这场戏后天拍，那么我们今天就开始想，怎么去安排？怎样做到每场戏不一样？

贾：现在有很多香港的明星，都不会武术，相比之下，你们教那些会武术的人打斗相对容易，对于那些不会武术的人，你教他们怎么样打斗，这个困难是不是更大？

刘：对。现在教演员打斗比较困难，因为现在的演员跟以前的演员有很大差别，以前的演员一般都有一点武功底子，现在的演员几乎都没有，打斗的人都是替身。

贾：实际上还是武行的人在打，那如果有时候必须要这些人出演的话怎么办？

刘：有几个年轻的演员，很拼的，他们很希望自己来完成的。

贾：这几个年轻人，比如谢霆锋？

刘：对。

贾：您记忆中的这几个年轻人都有哪几个？

刘：这一批年轻人，我很少跟他们合作。现在到了我这个年纪，近几年我都是当演员了，老头子了，很少当武术指导了，除非我们自己的事，人家的很少去拍了。

贾：你们自己公司里拍戏？

刘：是的，有时候是去帮助我哥哥或者好朋友，一般情况下就不过去了，太累了，真的太累了。

“刻意”与“无意”

贾：武行是很辛苦。有一部片子叫《龙虎少爷》，其中刘家辉和王龙威在剧中的打斗有很多，片子里面也出现很多花哨的武打场面。作为这部片子的导演兼任武术指导，当时您是怎么设计、怎么构想的？

刘：我有点淡忘了，那个戏是八几年的了（1981 年），我记得其中还有一个演员是我徒弟张展鹏。《龙虎少爷》是王晶给我写的剧本，他是个鬼才，以前写搞笑的剧本好棒，我导演作品的很多剧本都是他帮我写的，我在邵氏公司的两个剧本都是他写的，有一个叫《鬼画符》（1982）。

贾：还有《龙虎少爷》也是王晶写的。在“邵氏”的时候，公司是确认一个编剧的剧本以后给导演，还是导演在这之前提前跟编剧沟通？

刘：是我们导演先想好剧本的故事梗概，比如说我有一个这样的故事，好不好？如果好则马上找人写，一般情况下，公司很少有剧本给我们拍。

贾：你们先想一个故事，然后经过公司的认可，再委托编剧来写剧本，实际上相当于一个本事。

刘：是的，相当于故事大纲。

《龙虎少爷》（1981），功夫巨星傅声与擅演少林武僧的刘家辉领衔主演，刘家荣自导自演

贾：比如您和王晶在写剧本过程当中应该会有很多沟通吧。

刘：是有沟通的，他写什么我们也晓得，我自己的想法也会跟他交流。

贾：我们看了很多关于武侠 / 功夫的电影，发现有很多宗教文化蕴含其中，比如禅宗，包括少林寺、佛教等。香港电影的《侠女》最为明显。宗教理念会涉及抑恶扬善，也追求放下屠刀立地成佛，但是武术必须要表现一种暴力和动作，你们在创作的过程中怎样弥合这两个矛盾呢？

刘：其实主要看剧情，我们的动作展现主要是配合剧情发展。我当导演拍戏的时候没有碰见这个问题，我当武术指导就面临这样的问题了，但是我还是听导演的指挥，用动作去配合他的理念，比如导演说放下屠刀，那我就套招不要杀他了。

贾：《龙虎少爷》这部影片的结尾放在法华寺，进入佛底下打斗，除了记录功能之外，你们有没有一种向宗教或其他佛教致敬的理念？

刘：其实有时候在拍某一个场面，并不是刻意而为之，也可能是刚好碰巧这样的一种状态去拍的，所以你刚才提到的我是没有准备。

贾：没有刻意去构想。

刘：对。结尾是没有这样的想法。

贾：有时候遇到某个合适的场景可能就会选它。

刘：对。

贾：现在中国的武侠电影，自然而然地形成了许多人爱沿用的经典场景，比如说像寺庙、客栈、竹林等。你们也拍了很多功夫片，选择这些场景或者搭建这些场景的时候，是出于一种怎样的考虑？

刘：我感觉是拍电影拍出了习惯，习惯于用某一场景了。举个例子，如果我拍室内景，一定是先进去一个广场，到里面的大厅，房间在两边，那去哪里打斗呢？客栈，因为客栈中间可以有二楼，拍摄方便，可以跳来跳去。拍电影就是这样，有的时候完全是凭感觉，天马行空，自由驰骋……

（2007年7月29日于北京市朝阳区蜀南人家）

2007年7月，刘家荣在北京接受本书作者贾磊磊采访结束后，与贾磊磊合影留念

观众才是电影最后的决策人

吴思远

吴思远，1944 年 4 月 22 日生于上海，著名制片人、导演。吴思远早年曾当过中学教师，于 1966 年进入邵氏南国实验剧团编导科，1971 年导演了第一部作品《疯狂杀手》，1973 年创办了思远影片公司，1977 年开始转任监制，制作了袁和平导演、成龙主演的《醉拳》（1978）、《蛇形刁手》（1978），开创了动作喜剧电影的先河。1979 年监制了徐克导演的玄幻武侠电影《蝶变》，后续又继续监制了“黄飞鸿系列”以及经典武侠片《新龙门客栈》（1992）。

吴思远是一位既有商业眼光又有艺术个性的电影导演和电影企业家，在进行电影创作的同时又能够秉承独到的商业理念，不失艺术的风范与人文情怀，并以独立制片的身份推动了香港电影工业进入全面发展的时代，尤其引领了功夫片、动作片、武侠片的潮流，挖掘起用了很多新人导演、演员，是中国香港电影史上泰斗级人物。

老实讲，拍电影很简单，一个本子，几个演员，一定可以拍出来，问题是拍出来以后怎么办？电影怎样去吸引观众？否则的话你拍的电影就是浪费资源，浪费大家的心血。所以我们在制作电影的时候必须要问自己：这部电影是用什么来吸引观众。讲得直白一点，电影的卖点在哪里？这一点非常重要，导演也好，制片也罢，必须要能解答这个问题。

——吴思远

我从小就是一个影迷

贾磊磊（以下简称“贾”）：您是怎样进入电影界的？

吴思远（以下简称“吴”）：我从小就是一个影迷，喜欢看电影，喜欢得不得了。有时候一天看三场，这是常有的事情。当时因为在香港，早场大概是十二点半，跟五点半都比较便宜。我常常就是选这两场去看，有时候甚至还带了干粮到电影院。当时的电影院都是单厅，没有现在多厅的，所以有时候一家看完了，马上非常快地赶到附近的另一家电影院看别的电影。看完以后呢，我还回家做笔记，就是说这部电影拍得好不好，我认为导演怎么样，如果我当导演的话又怎么样，我都会记在本子上，可以说对电影非常狂热。

贾：电影院成了您电影自我启蒙的场所。

吴：后来我有机会进了香港一个叫南国实验剧团里的编导班学习。它是属于邵氏公司下面的一个训练演员、编剧、导演的地方。在那边学了一两年，然后再实习一段时间，就这样。其实我那时候已经是有工作了，在教书。但我教书的时候非常节省，把赚的钱都存起来，因为我知道做电影刚进去的时候一定会很艰苦。

贾：真实的情况是怎么样呢？

吴：我进去“邵氏”，除了受过训练以外，还要有人事什么的，很难进。因为当时香港的电影公司不多，只有“邵氏”跟“国泰”，还有一些拍粤语片的小公司，所以能进入这个圈子是非常困难的。我有一个很好的朋友在“邵氏”做编剧，他推荐我进了“邵氏”。所以我进去以后就非常高兴，虽然工资当时非常低，甚至比我教书的时候低很多，但是我还是很高兴，因为很难进来，我可以做场记、做副导演，可以跟这些明星在一起，是吧？

贾：很多人在最初进入电影界的时候都会干这类工作。

吴：可以学很多技能，所以我进去以后非常努力。讲出来现在可能没有人相信，我几年没有请过一天的假，就算身体不舒服，我还是坚持拍戏。不管内景外景，或者去到很远的地方，很辛苦，但我都连一天假都没有请，非常非常努力。另外就是进了剧组以后呢，必须要跟每一个部门的人打好交道，这一点非常重要。我们干的是副导演，或者一开始干的是场记，但必须跟摄影组、跟服装、跟灯光，大家合作得非常好，这样他们就不会整你，不但不整你，还会帮你。因为副导演的职位是需要每一个部门的协调，那时候导演是不管的，导演最迟一个进场，我们都得安排好。所以如果你跟他们关系搞不好的话就很难开展工作，尤其摄影组。

贾：副导演和场记都应当属于导演组。

吴：当时的摄影师是非常权威的，一般都不让别人看镜头。如果不跟他们把关系搞好就很难做。但我跟他们关系好得不得了，他们对我很好。有时候我要看镜头，能看到多宽啊，能安排道具啊，临时演员啊，配角啊，他说小吴来看，我告诉你怎么样怎么样，还教我摄影的一些知识，所以我当副导演差不多一两年吧，学习了很多。

贾：其实电影的片场走出来很多著名的导演，当然这并不意味着他们不看书。

吴：懂理论是一回事，到了片场你怎样安排工作，怎样去做又是另外一回事。很多新导演有非常好的理想，但是他们拍出来的东西没人看得懂，这就是基本的功夫没有。电影语言最根本的元素没有学好，就一直想我要表现什么，但你没有办法用镜头表现出来，只有你自己懂。所以我眼看了几十年，有很多也蛮好的导演不成功，或者是失败了，或者退出这个行业，也是很可惜的事情。所以我常常强调，你做导演一定要把基本功学好。先把故事讲清楚，不要急着搞什么艺术性，什么抽象，什么新潮，这些都不要，先把一个故事老老实实地、规规矩矩地讲清楚。

梦想终于实现了

贾：您是什么时候开始做导演？

吴：我很幸运，因为我当场记当了很短的时间，当副导演也当了很短时间，差不多两年，我就有一个机会当导演，在当时的香港来讲是非常非常难得的。因为独立制片不多，电影公司

《疯狂杀手》（1971），入行四年的吴思远作为导演，与罗臻合作导演了第一部电影《疯狂杀手》，动作指导是袁和平、袁祥仁两兄弟

不多，一般做导演的都要熬到四五十岁，或者五六十岁，我当年 26 岁就当导演了。

贾：跟奥逊·威尔斯拍《公民凯恩》（1941）的年纪差不多。您拍的第一部是什么电影？

吴：第一部戏是武侠片，叫《疯狂杀手》。讲起来是很好笑的，武术指导当年也是他的第一部戏，叫袁和平，大家现在都知道，在好莱坞也非常著名。当时我们都很年轻，我们就想如果有一天我当了导演，有一天他当了武术指导，我们希望给人家看到的作品是面貌一新的东西，所以我第一部戏非常努力。

贾：那时候有怀着这种抱负的人在武侠电影领域是不是很多？

吴：武打片嘛，香港人拍武打片呢，现在来讲可以说是全世界拍得最好。武打我们通常分两种，或者是古装剑侠片，或者时装打斗的拳脚片。我想，香港导演也好，武术指导也好，或者香港演员也好，可以说在这一门技术上面是非常领先的，但是讲起来呢也是有一个过程。记得我们刚刚入行的时候，武打并不是拍得好的，我记得很多很好笑的。譬如说，演员要打他一巴掌，那真的是打一巴掌，还对被打的演员说，你这是为艺术牺牲。

贾：在武行里面确实有一种为电影勇于献身的职业精神。

吴：其实那样做第一会受伤，第二又不好看。况且拍出来也不一定很真实。当时香港可以说对这个一点概念都没有。我们看了很多外国电影，我想武打除了我们自己有一个非常好的传统武术以外，其实最受日本电影的影响，还有美国电影。当时我们看到一些日本武士道的戏，觉得拍得简直是不可思议，即怎样用人视觉的错位、时间的错位，一刀刺下去好像穿过人的身体，血喷出来，拍出来的效果非常真实。我记得当时邵逸夫还派了导演、摄影师，还有一些年轻的武术指导到日本专门去学习怎么样来拍武打。

贾：过去还以为武术动作拍摄是“唯我独尊”呢？

吴：当时香港的粤语片，都是非常简陋的招数，比如砍头，刀砍下来，你缩一下，不真实，没有动作凌厉的快感，有时候要挨到一下就是真的挨。从日本学回来以后，基本的技巧我们掌握了，用镜头角度的重叠和演员的反应，配上声音，来制造出这样的效果。尤其用刀、剑时利用镜头的错位，或者说对着镜头一剑砍下去，接过来的镜头就是对方已经把帽子剪好，血也涂好，剑从头上再来一下，再划下去，这样两个镜头接起来，配音后它就很像。怎么样利用血包，最开始用避孕套装血包，也有用胶带，所以这些武行入行都要学怎么来捏爆血包，这是很重要的。譬如说一刀砍下来，一只手遮住，另外一只手把血包的血捏喷出来。

贾：这些细节的处理在今天看来也是非常重要的。

吴：在“邵氏”，我们的前辈张彻、胡金铨、罗维都拍了很多这样的电影，我们当时做副导演或助理，就学到了一点这样的知识。后来有一部美国片《圣保罗炮艇》到香港来拍一部分外景。他们需要有很多动作镜头，所以请了一批香港的武行去做临时演员。大家那时候才知道原来一拳打过去不需要真的打到，只要你做一个反应，配上声音，然后就凌空翻下来跌到地上。我们以前用的是棉胎，就是一床棉被垫，垫得很高，摔上去不会受伤，但其实人还是会受到很厉害的震荡。美国人不是这样做的，美国人用什么？很简单，用纸箱把它遮起来，中间是空的，把纸箱堆起来，根据摔下来的高度叠叠叠，三层、四层，然后上面再摆一层这个海绵垫子，这样再大的冲力它都会泄掉，我们在香港的同业就学到了。所以我觉得交流是非常重要的。

贾：电影的工业化看来不仅体现在制度、体制方面，也体现在制作方式和设计方面。

吴：香港拍了好多年的电影，也有很多武打，但不懂这个，所以拍出来不真实。当然现在不同了，现在我们这个纸箱可以说用得登峰造极，还有吊钢丝，以前我们只会上下吊，不会走位，现在我们可以吊得出神入化，连美国人见了都很吃惊：哇，钢丝吊得好！所以我觉得香港武侠片是随着很多部电影慢慢地积累的，加上我们向日本、美国学习，学他们的技巧，可以说现在我们是全世界领先的，连好莱坞很多大片都要请香港的武术指导或武术导演。

贾：那您还记得第一次当导演，面对片场大大小小的人员和演员，摄影机开拍的一刹那，您的心情是什么样的？

吴：我记得非常清楚。《疯狂杀手》是我的第一部作品，当年我26岁，男主角是高远，是长城凤凰的当家小生，这是他从长城公司出来后的第一部戏。女主角当时年龄非常小，叫欧阳佩珊，后来也演了很长一段时间的电影。剧本不是我写的，是老板提供的，当然我修改了很多，结果惹得老板很不高兴。我记得第一天拍戏前的一个晚上，我一晚上没睡着，很紧张，哎呀，我想我的梦想终于实现了。我可以说是非常非常认真，美术指导、摄影师、武打，我们全部做了非常详尽的准备工作，开会啊，讨论啊，跟以前那些前辈导演不同。

贾：毕竟是两代人呀。

吴：前辈导演这些都不做的，因为他们很有经验了，一到片场说拍就拍。我们就不同，我们每一个细节都讨论过，都开过会，做得还不错。我记得当天第一天开镜，我说要图个吉利。怎么图吉利呢，因为拍电影常常会有NG，NG就是要再拍，我就想拍什么不会NG的呢，那我就拍一个招牌。因为是武打片嘛，武打片一定有一家客栈的，没客栈武打片就拍不成了，在里面吃饭、打斗啊，什么都在客栈里。那么客栈有招牌，我第一个镜头就是拍招牌，客栈它不会动的，所以一定会好，不会拍坏的。我还记得很清楚，第一个镜头就拍一家客栈的匾，然后一拍，好，一叫“卡”，OK了，片场外面就放鞭炮，这是香港拍戏的一种习惯。另外就是在开镜之前也会去拜拜天地，一直用到现在。后来我到美国去拍很多电影，美国人都跟着我们做。虽然表面看是迷信，要敬香，要燃烛，还要弄一些供品，其实这是一种蛮好的心理安慰，尤其我们拍武打片常常会有很多受伤，做不好甚至会有生命危险，所以我们必须要祭拜，其实是增强大家对我们拍戏的一个信心，希望我们电影能够顺顺利利。现在是很普遍了，现在很多内地电影人来香港拍也是这样，大家也做这个仪式，我觉得这是没什么不好的事情，虽然有一点儿迷信。

贾：第一次拍戏的经历怎么样？感受如何？

吴：第一次拍戏，对我来讲是印象非常深刻的。第一部戏我自己觉得拍得还不错。当时票房不好，老板也不高兴，为什么呢，因为我把他们提供的剧本改了。他们给我的剧本是比较传统的，我刚刚出来当导演嘛，就希望有一些新意，有一些我自己想要讲的话摆在里面，所以就塑造了一些剧本里面没有的人物。如果出来电影票房好，当然老板会高兴，当时因为人微言轻，老板看了我的片子后很不高兴，他就说怎么会加了那些角色进去啊？

贾：您都加了什么进去呀？

导演吴思远与《疯狂杀手》男主角高远

吴：在里面加了四个角色叫“死亡杀手”，我自己觉得非常有创意，四个身穿着黄金盔甲，不讲话的，骑着马一直在追主角，就是要把他杀掉，这是剧本里没有的。我觉得自己很有创意，结果老板把这些死亡使者全部剪光，哎呀气得我……我就跟老板争执，我说这个是我的作品，是我导演的，你不能随便剪掉。老板说这部电影是他投资的，这部电影亏本赚钱不关你的事情，剪吧。所以这一幕我还记得很清楚。

贾：真是针锋相对呀。这种矛盾可能永远都会存在。

吴：我还记得在片场的剪接室——现在都已经拆掉了变成高楼大厦。剪接室前边有一棵大树，树下面有一张椅子，像公园的椅子，我就坐在上面哭。我很少哭的，那年26岁，就想哭。为什么呢？把我自己认为一些很精品的镜头全给一段段剪光了，我觉得非常委屈，就哭起来了。

贾：当时您对这种矛盾冲突问题是怎么考虑的？

吴：我觉得当导演是这样的，当你还没有成名的时候呢，必须要保证票房。假如说我当年已经是成名的导演，是大导演，那老板绝对不会剪我的片子，对不对？所以尤其是对新导演来讲，在你有所创新，有其它不同表达方式的话，必须要有一个大前提：你的电影必须要卖座，卖座了老板什么都好说的。因为投钱的是他，一上来你就要这样那样，往往会碰到很多困难，我就是例子。

贾：后来的结果怎么样呢?

吴：结果片子这样剪下来，当然不会很好看，票房可以说是很差，老板非常不高兴，本来跟我签了几部戏，后面都不给我了，准备找别的导演。当时是我电影生涯中最低潮的时候，电影不卖座，自己喜欢的片段又给剪了，老板不找我谈新的片子，其实我已经写了一个非常好的剧本，是拳脚动作片，叫《荡寇滩》。因为我自己准备了剧本，老板老不找我谈，老板儿子在跟别的导演谈准备开新戏，我想肯定我是没份了。当时我的心情非常差，最后我鼓足勇气把本子拿给老板，说您看一下，这个应该不错的。因为我拍《疯狂杀手》的时候，剑术电影已经开始走下坡路了，拳脚动作片抬头，我拍《荡寇滩》就是打拳击的片子。因为老板对我没有信心嘛，所以剧本扔在一边也不看。当时非常低潮，觉得自己好像没前途了。因为当时电影公司真的很少，不像现在香港或者内地很多大大小小的电影公司，那时候很少。

《荡寇滩》是里程碑

贾：后来的转机在哪里?

吴：在很绝望的时候呢，有一个菲律宾的华侨，也是做电影生意的，他在电影院看到我的电影很欣赏，向人打听这个导演是谁，问到我的剪接师，剪接师就把我介绍给他了。他说你的戏虽然不卖座，但是我们看完觉得还不错。当时很多人都以为这部电影不是我拍的，因为导演是两个名字，除了我还有我的师父罗真，他是拍文艺片的，所以很多人就认为这部片子不是我拍的，其实全部都是我拍的。老板对我没有信心，所以要把我师父名字挂上去，希望能吸引观众，或者在海外市场会比较好一点，结果失败了。

贾：显然光看有名没名是不行的。

吴：是的，很多人看过都说这部戏真的还不错，我心想如果不把那些片段剪掉还会更好看。不卖座有很多原因，我就跟他谈了，结果菲律宾华侨说：“我们愿意投资一部电影，能不能我们只投资一半，另外一半你们投资？”但我们没钱啊，年轻人哪里有钱。当时有一两万块钱也是很多钱。我就把袁和平、剪接师都找来，还有好几位，就说我们所有的工资全部不取，当作电影的投资，然后再每人集资几千块，上万块，一起来投资电影的一半。结果这部电影拍得很省，因为我们都是用的实景。

贾：有些事情就是被逼出来的。

吴：可以说在香港拍武打片用实景，我是第一个。以前很多电影都是搭的布景，这些布景没有质感，不真实。我第一次到香港九龙去找实景，当时拍的是明初的电影，这些景还是比较容易找的，然后自己动手来改建和改装。当时的确很艰苦，但电影拍出来呢，成绩非常好，可以说是打破了很多纪录。对一个新导演来说，票房那时候如果说是一百万港元的话，这个导演就非常神气了。在香港叫“百万导演”。当时百万导演没有几个人，一百万价值非常高。我记得有几位前辈导演，都在“邵氏”，因为票房过百万，走起路来一大批人簇拥着，抽着雪茄。我的第二部电影《荡寇滩》（1972）是173万港元，几乎是百万票房的两倍，在当时来讲是非常非常轰动，我自己也不敢相信。

贾：当时为什么那么卖座呢？

吴：为什么会卖座？第一，这个剧本全部是我自己写的，我掌握了观众看电影的一个规律，怎样反败为胜啊，怎样弱者战胜强者啊，还有文戏里面的感情戏，一个哑巴跟一个逃犯之间的友情。我觉得这个本子还是写得不错，全部由我自己写的，电影没有用什么大明星，我唯一的演员叫陈星，他在70年代是非常红的武打明星，就是因为这部电影，他从一个配角变成了主角。另外，我还用了一批有真材实料的、会打的演员来演里面的角色。以前很多武打片演员都是花拳绣腿，不会打的。我的电影里面很多角色都是用当时比较出名的拳师来演，会打泰国拳、空手道、中国功夫这些，大家觉得这些动作电影很真实。演员里面我记得有一位叫刘大川，他是香港拳击冠军，当年还挑战过李小龙。李小龙那时刚刚出来嘛，所以是新闻人物，现在来讲是造势，大家都等着看这个点。电影，我可以说拍得还不错，尤其是武打场面，袁和平做武术指导。像这样的电影一般有三四十万的票房就不错了，结果我们不但超过了一百万，还达到173万，很多专门演外国电影的电影院也加入了，当时很轰动，我觉得这部电影对我来讲是一个非常重要的里程碑。

贾：您说用实景拍的这部片子，它具体在哪个年代？

吴：1971年吧。为什么记得清楚呢，我当时做了很多宣传材料，那时候宣传并不像现在五花八门的，我当时把一年的月历和年历做出来，背面是电影海报，正面是月份和日历，发出去很受欢迎，现在当然很常见了。

贾：您说《荡寇滩》是您创作经历的一个里程碑，那么，它对您的启示是什么呢？

吴：就是说，如果没有明星，那么你的电影必须从题材上要出彩。观众为什么要看你的电影？这是非常重要的。所以我们在制作一部电影时必须要问自己，用什么来吸引观众，不是单单拍好一部电影就够了。老实讲拍电影很简单，一个本子，几个演员，一定可以拍出来，问题是你拍出来以后怎么办？电影怎样去吸引观众？否则的话你拍的电影就会是浪费资源，浪费大家的心血，尤其现在我们常常追求一年拍了几百部。没用，很多电影几乎都没有跟观众见面。所以我们在制作电影的时候必须要问自己：这部电影是用什么来吸引观众。讲得直白一点，电影的卖点在哪里？这一点非常重要，导演也好，制片也罢，尤其制片必须要能解答这个问题。

贾：就是需要给观众一个观看你的电影的理由。

吴：拍电影不是某个人说我这个剧本很好，这个故事很感人就可以，没用的，观众会不会这样觉得呢？在观众还没有看你的电影之前怎么知道你的电影是好电影呢？所以把电影的卖点找出来是非常重要的。

《荡寇滩》（1972），讲述了中国侠客抵御反击日本武士的故事，吴思远起用一批具有武术功底的演员，如刘大川、陈星等

贾：那么，具体到武侠电影，您觉得要特别注意的是什么呢？

吴：讲回来，我拍了很多武打片，其他电影也拍了很多，但是我是从拍武打片开始的，我觉得武打片有几件事情是要注意的。首先必须要有一个很好的故事。一般我们的武术指导和会武术的明星都可以把动作设计得很好，但是为什么打？电影开始的打斗跟中段的打斗要有区别，中段的打斗跟结尾的打斗又要有区别。现在我发觉很多武打电影前后不分主次，就是打，拼命地打，观众看这种打斗场面，超过 5 分钟就开始有一点厌倦，所以必须要把它分得很清楚。这是我多年拍电影的一个经验，后来我拍了很多其他的武打电影，比如说《猛虎下山》（1973）、《恶虎狂龙》（1972）。《猛虎下山》是陈星和仓田保昭演的。仓田保昭是现在大家都很熟悉的一个日本武打明星，陈星演的是抗战时期中国的一个间谍，仓田保昭演一个日本间谍，两个都武功高强，斗来斗去。这个剧本是我写的，我觉得武打片很重要的就是势均力敌，怎样来平衡电影里所谓的反派和恶势力，怎样从不可能变成可能。非常重要的是，你要了解武打片中的人物，性格很直爽，有一点点冲动，疾恶如仇，有正义感，所以你必须要满足他；不需要讲非常复杂的故事，主题必须非常明确，坏人很厉害，他的对手怎样从很弱慢慢地变很强。

贾：这几乎是所有英雄成长的故事。

吴：譬如说成龙，我拍《醉拳》《蛇形刁手》都是这样的。他怎样从一个不可能的事情里慢慢成长，通过武术的磨炼，让角色的性格、功夫一起成长，必须要有这个过程，观众最后看到他喜欢的弱者角色能打败强者，就会产生一种快感。所以我觉得武侠电影也好，武打电影也好，必须跟其他一些电影有所分别，尤其在节奏上面，不能太婆婆妈妈，中间拖得太长或者讲很复杂的故事。当年武打片很流行，我觉得也有一个原因，就是武打片的节奏必须非常快。

贾：《醉拳》《蛇形刁手》是中国谐趣武侠电影的开山之作，当年是怎么想到要找成龙来拍这个电影呢？

吴：我找成龙来拍电影，就是因为这个理念。当时很多演员都是花拳绣腿，拍出来不太像，自从《荡寇滩》尝到甜头以后，我就决心要拍一个我们中国华人的有武功底子的武侠片。当时我们就想了一个故事叫《蛇形刁手》，我很喜欢这个故事，找谁来演呢？香港的大明星是在“邵氏”手里，我们也请不起，那时外边的演员也不像现在这么多。有一次我跟袁和平一起看电影，看了一部罗维导演的影片，看到成龙。其实我们认识成龙很久了，他是武行出身的，是“七小福”之一。“七小福”是于占元师傅在香港的京剧训练班，他培养了很多小孩子，但是京剧在香港可以说是很难流行的，只能在游乐场。香港有个游乐场叫荔园游乐场，把这些小孩子每天送到荔园去演出，赚一点钱，像元彪、元华、元奎、袁和平都是。袁和平学的时间很短，因为他身体不太好，熬不住，就提早离开了。成龙、元彪都是他那里训练出来的，可以说他们是有一套京剧的身手。大家知道京剧身手跟真的打斗还有距离，所以我当时想，如果我们要拍一部电影，用一个身手非常好的男孩子来演会不会好一点儿。我跟袁和平看的这部电影，拍得一般，但是我觉得成龙演得非常好，他在电影里面演一个哑巴，没有对白，但是他的身手给我的印象挺深刻。我就跟袁和平讲，要留意成龙，如果有好本子我们找他演，肯定可以。

贾：成龙就是这样诞生的吗？

吴：没多久，果然我有了一个想法叫“蛇形刁手”，其实这是一个冷门拳术的名字。“蛇形”，顾名思义是蛇拳；“刁手”是什么呢？刁手就是鹰爪的意思，所以蛇形刁手结合在一起，这个拳术里边既有蛇拳的优点又有鹰爪的特点。我们一调查，真有这一派功夫，但在香港只有一家武馆叫蛇形刁手。就像很多武侠片中演的那样，馆长是一个上了年纪的人，又瘦又干，我不知道他现在还在不在这个世上。我们去找他的时候，是在九龙一个深水铺的一栋旧房子里，老馆长一口回绝，不能拍。如果我们硬要拍的话，肯定会捣乱，说不定上映的时候还给你捣乱，但是我们又想要拍，怎么办呢？就一再跟他解释，我们是发扬蛇形刁手门派。当时成龙还未成名，现在人家知道成龙来演一定很高兴。我就跟老馆长介绍剧情，年轻人（角色）怎样刻苦，怎样成名，怎样把蛇形刁手的拳术发扬光大，最后他同意了。

《蛇形刁手》（1978），经过了几次失败的尝试之后，在思远公司和袁和平导演的手上，成龙凭借《蛇形刁手》打了一次漂亮的翻身仗

贾：当时的票房怎么样？

吴：《蛇形刁手》当年在香港票房也非常好，有三百多万港元票房。在台湾也是，票房很好，都是出乎我们意料之外。我们当初想票房有两百万元就非常满足了，结果三百多万，《蛇形刁手》增强了我的信心。在拍《蛇形刁手》以前，我还拍了其他一些武打片，譬如我刚才提过的《猛虎下山》《恶虎狂龙》，这些片子在海外有一定的市场。但我们在海外推销的时候发现很多国家不买这样的片子，就问为什么你们不发行这样好看的电影呢？他们回复说，他们国家的电影制度比较严格，里面流血啊，受伤啊，暴力的都不允许。这给我留下很深的印象，我想能不能把喜剧的元素放在中国武打电影里面，打斗固然要精彩，但是不要太暴力、太残忍，所以《蛇形刁手》也是我实验的第一部戏。当时我找了袁和平当导演，他一直是我的武术指导，我就说服他，他不肯，他说还是你自己拍吧，他还是做武术指导。我花了很多的工夫来说服他，反正剧本我们一起搞，有什么问题我们一起做，这是袁和平的第一部电影，结果票房非常好，而且袁和平把打斗设计得非常精彩，我们又把笑料、喜剧元素加在里面，所以这个片子很成功。这就增强了我把武打电影加上喜剧元素的想法，后面我们就创作出了《醉拳》。

贾：《蛇形刁手》《醉拳》在中国武打片里面是非常重要的影片，可以说是划时代的作品。

吴：就是说把以前张彻罗维那些前辈的血流成河、盘肠大战之类的武打，我们整个把它们改变了。我们把很丰富的喜剧元素摆在了戏里面，所以观众看着很欢乐，但又觉得很好看。从《蛇形刁手》《醉拳》开始，香港进入了喜剧动作片的时代，它的影响力可以说是一直持续了 20 年。直到今天成龙的很多电影都还有那些影子在里面。成龙的电影很干净，打斗很精彩，但其中有很丰富的喜剧喜感，所以影响力是非常大的。就我们武打片来说，可以说我们开辟了另外一条道路，就是说除了流血、除了残忍以外，还可以有非常轻松的、非常好笑的动作片。

《蛇形刁手》（1978），不但掀起了香港的票房狂潮，而且席卷东南亚，开创了功夫喜剧片的潮流

《醉拳》（1978），电影史上功夫喜剧类型的代表作

电影圈需要不断出现新人

贾：喜剧动作片直到现在都是很受喜欢的类型，未来它的发展您怎么看？

吴：讲到《蛇形刁手》和《醉拳》，它们创造了喜剧电影的一个潮流，延续了很长的一段时间，直到现在。我想将来像这种类型的电影还是会继续的。大家知道香港有一种不好的习惯，就是某种类型的电影火了，大家就一窝蜂去学，所以拍了很多喜剧动作片，然后呢，观众开始有点看腻了。我要提一下香港的新派武侠片，就是新浪潮的武侠片，其中非常重要的一个人物就是徐克导演。徐克，他是从电视台出来的，我记得当年因为拍了《醉拳》《蛇形刁手》非常卖座，海外市场也非常好。当时香港的海外市场有中国台湾、新加坡、马来西亚、泰国、菲律宾，后期有韩国、日本、印度尼西亚，每一个国家和地区都有四五个发行商，他们看到香港电影卖座，就都到香港来抢，甚至可以夸张到这种程度："吴导演，您只要写一个片的名字，我们就马上付你定金。"我还是蛮有原则的，我说我没拍的戏，就不会现在卖给你，我也不在乎先拿你的定金，有好的故事我才给你拍，那时候可以说整个东南亚是一个看香港电影的浪潮。

贾：香港电影曾经在东南亚有这么好的市场。

吴：在喜剧动作片慢慢走下坡路的时候，有一天，我看了一个电视片集，留意到了一部片子，一直到后面出片尾的字幕，导演是徐克。徐克是谁啊？我就问。徐克在佳艺电视台做导演，我说这个人有前途。那时候大家不认识徐克。我记得很清楚，那天我找了一个服装设计师，让他到电视台去找徐克。那天我刚好跟一批朋友在九龙城饭馆吃饭，我就叫人让徐克来见我。我当时是大导演、大制片，很神气，虽然年纪很轻，但是很有权威，最后徐克来了。徐克那时候还在电视台工作，他一听到吴思远找他，就马上赶过来，因为当时很多拍电视剧的导演都希望有机会拍电影。徐克当时的形象和现在一样，胡子拉碴的，脏兮兮的。我觉得他的电视剧电影感非常强。一般我们拍电视剧都是两边布景，或者三边，他拍出来四边，就很有电影感，不像电视剧。这种条件下拍电视剧都能拍得好，拍电影一定也能拍得很好。他当年拍的电视剧叫《金刀情侠》。我就问他，有没有兴趣拍电影啊？他当然愿意，说行。我说你回去工作吧，我改天再跟你聊，他就走了。前后没有几分钟，我就继续吃我们的饭。但是徐克给我印象很深刻，后来我就请他拍了他的第一部电影《蝶变》。

贾：《蝶变》可以说是新浪潮武侠片的一个开始。

吴：徐克很善用镜头的角度，他对镜头的运用很熟练。他能把一个很小的布景、很普通的布景拍得非常堂皇。那部《蝶变》是在台湾拍的，故事也很新颖。当时我的几部武打片赚了很多钱，所以非常神气。我看人很厉害的，从来没有看走眼，看明星、看导演，我一看就知道他有多少料，行不行。我对徐克非常有信心，而且很放心就给他拍了，投资在当时来讲是比较大的，我叫我在台湾的电影公司全力支持他，他想怎么拍就怎么拍。

贾：这可不容易呀！

《蝶变》（1979），融合了各种类型片的特色，以武侠为主题，引入悬疑惊悚的元素，借用了希区柯克电影《鸟》的精髓，还有西部片以及日本武士片，开启了新派武侠的先河，对徐克以后的作品影响颇深

吴：结果那一段时间我跑来跑去，一会儿到日本，一会儿到韩国，台湾的公司电话打来："哎呀，不得了，你请的徐克导演他大概不会拍戏吧，出来的画面一塌糊涂啊。"我想不会吧，我干了多年，难道看走眼了。但是也有些心慌，毕竟花了很多钱，怎么说拍出来一塌糊涂。我马上赶到台北，晚上就看片子，那时候没有声音，都是事后配的。我一看，简直棒极了！原来他们不会看，不懂。我说这个人要继续支持他，不要怕，就拍。徐克拍的这部电影非常好，但当时的观众不接受，因为它比观众习惯的电影表达方式快了两三步。最后票房不是很高，观众反应也不好。我还记得午夜场看完的时候，来安慰我的是作曲家黄霑先生，现在已经去世了，后来他跟徐克合作了很多戏，《黄飞鸿之二：男儿当自强》这些都是我们一起做的。那时候他还不认识徐克呢，他就说："吴思远，你找的徐克有料。"黄霑看得出来，他在安慰我，我当时心情不是很好，花很多钱但观众反应一般，其实这部电影已经开创了新潮流武侠片的一个纪元。黄霑来安慰我说明他是有眼光的，后来他们合作得也很好。徐克逼黄霑写了很多，后来的《青蛇》等都是黄霑写的音乐，很有特色。他们两个人配乐的时候是很好笑的，吵起来好像冤家一样。黄霑跟我一样是慧眼识英雄的。

贾：事实证明，徐克是一个非常有创意的导演。

吴：第一部戏就是《蝶变》。从《蝶变》开始到后来我们再合作的《新龙门客栈》《青蛇》，还有后来的李连杰主演的"黄飞鸿系列"。因为我了解到徐克是个非常有创意的导演，他一直想在电影的意境上、画面上创新，可以说每一部戏都在创新，固然有时候走错了路，会失败，但很多时候他是成功的。武侠片发展到今天，我觉得第二个潮流的武侠片，徐克的功劳是非常大的。但是很可惜当时我们的武侠片还没有被外国人接受，只在东南亚比较叫好，后来李安的《卧虎藏龙》就是后话了。徐克，我觉得他真的是新派武侠片的一代宗师。现在那些古装武侠片什么的，严格来讲都不及徐克当年的电影《笑傲江湖》，那首主题曲到现在还很流行。有一天晚上在北京，我跟黄霑一起在卡拉OK等徐克，黄霑就把他写的歌都点出来唱，《笑傲江湖》《黄飞鸿之二：男儿当自强》这些都写得非常非常好。我觉得每一段时间电影圈中必须要有一个新人冒出来，作为领军人物，然后带领一个潮流，所以我为什么常常说我们要培养新人，不管是导演还是演员，台前幕后都需要有新人；没有新人我们就只是在重复，再大的导演也只能重复他自己。

贾：和徐克导演后来的合作怎么样？

吴：徐克拍了《蝶变》以后，还跟我拍了其他的电影，比如一部黑色喜剧叫《地狱无门》，这部片子因为不是很卖座，所以被很多人忽略了。其实它是一部实验片，蛮恐怖的。后来他离开我之后，在外面也拍了很多电影，我想他的作品大家都很清楚，后来我们一起继续合作拍了《黄飞鸿之二：男儿当自强》。讲起来这部戏又有一点儿故事，当年我是这部电影的监制，是我跟嘉禾公司合作。戏拍了一半，有一天我从外国回香港，问这部戏怎么停掉了。徐克也很火，不拍了，停了，我一了解，原来是李连杰换了经纪人，跟嘉禾公司搞得不愉快。这部戏很好，如果中间停掉或者拍不成，很可惜，我就从中协调，当然有很多反反复复的事情，结果戏继续拍下去了，拍出来也是非常受欢迎的。因为徐克有一种野心，他总希望把一些历史事件融入他的作品里面，所以其中有一些人物是跟当时的历史背景结合起来。我跟徐克还合作几部戏，有一部最成功的电影，就是《新龙门客栈》。

贾：《新龙门客栈》在内地的电影市场反响很好。

吴：这部电影大概有一半以上都是他拍的，在香港的内景都是他们拍，这部戏可以说是一个非常重要的戏。大家知道香港地方小，郊区也不大，当时我们拍的一些武打片，拍着拍着就不能拍了，就看到天线、电线杆、汽车这些。有一段时间我们就到台湾去拍外景，一段时间后，台湾也没什么景好拍了，台湾也很小，来来去去就那么几个地方。之后我们到韩国去拍，韩国至少比（中国）香港、台湾好一点儿，但是拍多了也觉得没味道，而且不像中国的景，当时内地对香港电影还没有正式开放，我们到内地拍电影还是比较困难的。可以说我是比较早地进入内地来合拍电影。

贾：开始是香港出钱、出主创，内地出场工，出厂标，出地（景观）。

吴：我觉得《新龙门客栈》是一个成功的典范。当时我到了大西北，到了敦煌，一看，哇！我从来没见过这种荒凉，这种大漠的气氛。中国武侠小说、武打电影能有这样的景来拍那是最好的，以前我们拍的这类景都很失败。《龙门客栈》是胡金铨导演的一部经典，我们想把它重新来拍，我征得了《龙门客栈》原来制片人的同意，也征得胡金铨导演的同意，那我们就在内地拍。结果这部戏一出来就非常卖座。我记得在台湾当时有子夜场，不是午夜场，午夜场是

《新龙门客栈》（1992），香港思远影业与潇湘电影制片厂联合制作，香港新武侠电影的巅峰之作

十二点半，子夜场是两三点钟，还是满的，不得了，内地也一样。我们是跟潇湘电影制片厂合作，那时还没有分账，是卖拷贝的，潇湘电影制片厂最早发行权属中影公司，中影公司肯定也赚了很多钱，现在一些成年的观众讲起《新龙门客栈》还是很有印象的。这部电影有现在永远不可能再组合在一起的演员阵容：梁家辉、张曼玉、林青霞。林青霞现在已经不拍电影了，张曼玉也很少接戏。我觉得这部戏的真正成功是把武侠片跟我们国家天然的大地景色结合得非常完美，内景是在香港拍的，外景是在敦煌一带，这二者一结合，气势就出来了。

贾：我的一个好朋友，看完《新龙门客栈》，出了影厅都没有回过味来，转回去又买票再看了一遍。

吴：当时我记得在上海首映的时候，我自己做广告，虽然我们一分钱都分不到，根据合约这部片子是要送给潇湘电影制片厂。我就奇怪，电影怎么会没有电影广告呢？仅仅在报棚里面摆一点点，这个现象非常不正常的。电影要吸引人，必须有电影广告，全世界都有的。然后我就打电话到香港要广告的版，在上海某一张大报上面做广告，我自己贴钱。这部戏一出来很轰动，大光明电影院门口还有黄牛，我非常高兴。我记得当时我买了好多票，送给了上海电影制片厂一些资深的演员或导演，请他们看，当然反响是非常好的。还有一场我跟我弟弟想进去看看放映的质量怎么样，我们做导演的很关心放映的画面效果，大光明是一个非常好的电影院，结果进去以后，站着看了几分钟就被管理员赶出来了。讲出来很好笑，因为满座啊，没有位子，我就在墙角边看了几分钟。我告诉他们我是这部戏的老板，没用，他不相信，还是把我们赶出来了。

虽然很生气被赶出来，但还是很高兴，因为坐满了嘛。

贾：真是大水冲了龙王庙……

吴：我觉得有意义的是《新龙门客栈》把真正的娱乐片带给了内地的观众，而且是通过合作。香港来的这批工作人员可以说是非常勤快的，内地的工作人员看到都很感动。在沙漠里面拍戏很辛苦，走路走不快，我们是要用奔的，要跑，一叫什么事情立刻过来，拍得非常辛苦。每天拍完以后回到住的小饭店里面，当时还没有好的饭店，耳朵一抖，沙子都出来了，洗完澡看着非常干净，你挑挑看，还是有沙子，永远清不了的沙子。直到回香港以后，好几个月，偶尔还会掉出一两颗沙子出来，很艰苦，但是我们给香港电影打开了一个非常广阔的空间，也让我们体验到什么叫大漠风沙。这是一个非常有趣的回忆，也是我们做电影人的一种享受。当时来讲可能很辛苦，但是事后回忆也觉得很有意思。这部电影的成功，也掀起了合拍片的高潮，后面有很多电影通过合作的形式进入内地，一直到现在。我们有很多武术指导想让大家认识，除了袁和平以外，程小东是《新龙门客栈》的武术指导。他拍剑术特别有心得，大家到现在印象还蛮深刻的，在沙漠里面那几场打斗设计得非常巧妙。所以我除了跟很多位导演合作，也跟很多位武术指导合作，他们的创意和才华都是很了不起的。香港电影能有今天，他们的功劳非常大。

《新龙门客栈》(1992)，程小东作为武术指导，武打风格推陈出新，采用“写意飘逸”的打斗风格，不强调打的真实性，而是侧重动作设计，整体武打效果气势磅礴，将武侠片的浪漫主义风格推到新的高峰

观众才是电影最后的决策人

贾：您在两地拍电影这么久，回首来看，在香港拍电影有什么不一样的地方？

吴：在香港创作是绝对自由的。除了要应付老板以外，你要面对的就是观众，观众才是最后的决策人。我们在香港的片子无论成功或失败，都没有借口，我们就是要对自己负责。香港也是一个创意最可贵的地方，只有我们毫无拘束地去想象、去创作，才会有很多很好的作品。所以我感觉近年来，内地电影也发展得很好，这跟我们的合作交流是分不开的。内地现在有很多片子也用了香港演员、武术指导，香港的电影也用了内地的演员，我觉得这是一个非常好的交流。除此之外呢，我还希望香港电影要继续保持它的特点，不要因为我们合作了就拍一些不像内地电影，又不像香港电影的片子。香港电影始终有它的一种特殊性、一种精神，有时候你讲不出来，但是你的感觉在。在香港我们常常研讨，香港电影该何去何从？我们要不要保持香港电影固有的特点？在跟内地合作的时候，我们怎样保持这样的特点？这是非常重要的，是题外话。

贾：您拍了《新龙门客栈》以后，很多武侠片又起来了，它带动了香港包括内地武侠动作电影的创作浪潮。

吴：我刚才讲过香港电影最不好的就是一窝蜂，没有制约的，结果由于我们海外市场实在太强了，譬如说中国台湾、韩国这样的，只要一个地方的版权差不多，一半的成本就回来了，所以变成怎么样是由发行商来做主的。香港电影近几年走下坡路有它的原因，以前是我们香港拍什么，新加坡就放什么，中国台湾就放什么，我们拍的他们一定要。到后期因为他们出很高的价钱，就变成他们点什么我们拍什么，这是很不好的事情。譬如说徐克的《笑傲江湖之东方不败》非常卖座，好了，台湾的那些制片发行商就要类似《东方不败》这样的，也要找一个女扮男的这样的，学林青霞，结果一窝蜂好几部都出来了，观众看多了自然会觉得没有新意，有时候也腻了，慢慢地香港电影就没有那么受欢迎了。但是近些年香港电影低潮也有好处，可以让我们清醒一下，拍一些不同类型的电影。因为到现在为止，没有所谓的一定有把握的类型电影，没有。以前武侠片盛行的时候，拍武侠片一定卖座；喜剧动作片的时候，喜剧动作片一定卖座。现在没有，什么电影都可能卖座，什么电影也都可能不卖座，这样反而会激起我们的一种创新意识，一种新的创意的精神，这是一个好事情。

贾：由于地缘文化的关系，香港电影的国际化程度比内地要高很多。

吴：我也接触了很多美国大片的拍摄方法，他们真的很浪费资源。他们分工非常细，预算做得非常准确。美国电影的制作方法有很多是值得我们学习的，有很多我们是不应该学的，我们应该吸收人家好的一方面。我知道有很多导演是没有预算的，永远在预算用完的时候，戏只拍了一半，或者还剩一点结尾没拍好，又或者没有钱做后期了，常常这样，我觉得这是我们很不好的一个习惯。美国电影的制度非常严格，譬如说用 3000 万美元来拍，就是 3000 万，误差不超过 5%，制作人要控制成本，控制进度。在香港有某些导演永远超预算，永远超时间，其实给整个剧组，甚至给整个电影制作环境都带来不好的影响，内地也有很多这样的导演。我觉得拍电影就像做一桌菜一样，1 万块钱的一桌菜可以做得很好吃，但是 1000 块的也不一定不好，你再巧一点儿，一两百块来做，做得很对口味的话，也是非常好的。所以电影不一定拍得大，拍大片。我们固然需要大片，但我们更需要中等成本电影，还有一些小成本的电影，如果小成本电影能收回成本且有利润的话，那我们可以再循环。其实支撑整个电影事业的是中等成本的电影。我们把所有的资源都放在一部电影上，我觉得这是现在我们中国电影的一个路向，到底以后我们怎么走，其实这个问题对香港来讲也是一模一样的，我们碰到的问题都是一模一样的。

贾：基本的路径是向着产业化的道路上发展。

吴：我们常常说，拍电影要给创作人多一点空间，要大家配合。除了政府的政策以外，投资方也非常重要，我们必须拍一些观众喜欢的电影，让资金可以再回流，回流产生利润我们再拍好一点的，这样越做越好，所以我们不要贪图一年好几百部电影，有些电影都不能和观众见面，那是很可惜的。另外就是，我们要给新人机会。无论是导演也好，演员也好，给他们机会，这样一代传一代，新人里肯定会有天才冒出来，这是肯定的。我是用新人最多的一个导演，譬如周星驰。大家知道，周星驰的成名作《赌圣》，就是我选他的。我亲自跟他谈话，我说拍完这戏，你会变成超级巨星，他当时还很怀疑，以为我是骗他的，但是我看得出他的潜力，而且我们的电影、我们的观众是需要新人的。只要新人有特点，观众会接受的，譬如刘德华，也可以说是我的《法外情》——一部人情很浓的伦理片把他捧红的，在他最失意的时候，我请他拍《法外情》。这部戏在（中国）香港、东南亚都非常卖座，我的预算却是很低的。

电影永远是我们事先不知道的谜

贾：这些年您投资了那么多很卖座的电影，您在选择题材和类型上有什么特别的标准？

吴：其实不是说哪一个类型的电影就一定会卖座，不是的。只要有很好的剧本，很认真的制作，加上很好的包装和宣传，观众一定会有认同。在发行方面，因为香港地方小，我们做起事情来比较容易，当时电影院都不是多厅，所以它可以给电影机会获得观众的口碑，现在是多厅的，反而没有机会了。电影有好多种，一种是要抢先的，前期轰炸宣传，铺天盖地，一个礼拜，把观众“骗”到影院，因为它戏拍得不好，第二个礼拜马上直线往下掉。这个策略把宣传全摆在头等，但是有些电影是需要口碑的，没有很多资金去宣传，但是观众看完以后，口碑就是宣传。但现在很多电影院一看上映不好，马上第二天就只给它排一场，观众要来看也看不到，再放一个礼拜不到就下档了。我们现在的发行制度对新导演，尤其是对那种需要口碑来传播的电影是不利的。我想电影就是一个我们永远事先不知道的谜，这样我们做电影的人才会有一个目标，才会有希望、期望。

贾：就您的市场经验，对于电影的商业判断究竟有没有一种切实可行的方法？

吴：以前香港午夜场的现象，我想已经成为历史，现在香港电影基本上都没有午夜场了。以前在香港电影最兴旺的时候，午夜场就是衡量一部电影受观众欢迎程度的一个最好的标准。所谓午夜场是香港晚11点半，通常在星期六午夜场。如果我们二三十家电影院，票子一早卖掉了，就证明我们的电影有吸引力，这是观众期盼的。但是电影票一早卖光，并不等于你的电影很好，所以必须经过一个非常严峻的考验，也就是看午夜场的观众对电影的反应。如果非常喜欢，他会叫好，不好呢，他会骂，用香港的粗口来骂。很多导演听到午夜场就吓得半死，袁和平永远不会看午夜场；徐克，你把他绑到门口，绑架进午夜场，他还要挣脱了跑出来，他受不了这个精神压力。在香港，午夜场现象是非常奇怪的。遇到有些所谓的艺术电影，装模作样的电影，全场一起骂，骂声震天啊，让这些导演心惊胆战。如果午夜场说好看，我们就知道行了，（票房）一定会过千万。所以午夜场是非常非常厉害的。每次我的电影上映，我一定跟剪接师一起去看午夜场，看看到哪里观众不耐烦了。其实很容易的，你看到这些观众坐立不安，扭来扭去的，或者是上洗手间了，那肯定是这一段闷得不得了，那我们还可以赶回来把它剪掉，这个我想在内地就做不到，因为拷贝好早已经全国发出去。

贾：香港有没有一种专门给实验性电影放映的地方？

吴：我觉得做实验场还是可以的，在日本就很流行。实验场不卖票，就是找一些观众，大部分是年轻人，免费给他们看，看完以后叫他们填表，好不好看？哪一场最好？你会不会推荐给朋友？再根据他们的口碑、意见来重新剪接电影。在香港，很多时候我们一看到午夜场，觉

《法外情》（1985），引起了全社会的反响，使当时香港影片的风格走向正向积极的一面

得有几个地方不好，第二天就马上把它剪掉。因为午夜场离正式上片还有一个礼拜，所以午夜场是一个寒暑表，也是香港电影最发达、最兴旺时的一个很奇特的现象。大家一听午夜场，每个人都心惊胆战，我也是。《法外情》的时候我根本不敢看，大家觉得香港观众不会静下心来看《法外情》这样的伦理片，一定会挨骂的，我就不敢进去看（午夜场）。那天我就在香港九龙电影院旁边的香港酒店的一个咖啡馆，找了几个“探子”去探听，他们每十分钟就回来报一次，吴导演，没有骂，没有骂。哎呀，我安心了。那时候很紧张啊，直到最后法庭上那一场戏，我很有把握，知道观众一定会喜欢那场戏，“探子”又来报，说现在已经法庭戏了，还没有骂，我安心了。果然最后观众都说好。这其实也是给导演的一个压力。

贾：您觉得现在中国动作片、武打片的发展过程中，有什么印象深刻的地方？

吴：我觉得中国的动作片，包括武侠片、拳击片、武打片中，不能不提的就是李小龙。李小龙其实很早就希望到香港来拍电影，他虽然在美国，但是他一直希望能拍中国电影。我记得当时的一个好朋友，也是武术指导，叫小麒麟，他跟李小龙从小一起长大，是非常要好的朋友。李小龙跟他常常通信，那时候打电话不方便。当时我是做副导演，准备做导演，李小龙就写信来，通过小麒麟跟我讲，我们能不能有合作的机会，我当导演，他当演员，他有一些新的构想。但是当时我还没有出名，找不到资金，所以在通过一轮信以后，就无疾而终了。所以严格来讲，真的想到要找李小龙拍电影，我是第一个人，但是我不成功，因为时机不成熟。直到后来，据我了解，李小龙一开始是到“邵氏”来见邵逸夫，希望能拍邵氏电影公司的戏，但是没有成功。当然里面有很多原因，其中一个原因是酬劳不满意，非常低，那也是李小龙后来跟小麒麟讲的，所以他又很失望地回到美国。直到嘉禾公司派了刘亮华制片到美国去找郑佩佩拍电影，顺便碰到李小龙，李小龙就跟她讲一直想回来香港拍戏。当时李小龙在美国不是很得意，嘉禾公司就请他回来拍了《唐山大兄》。

贾：李小龙回来拍《唐山大兄》是很关键的一步。

吴：《唐山大兄》其实是一个制作成本不是很高的电影，是跟泰国合作的。后来我拍《李小龙传奇》的时候，还到了泰国。李小龙去世以后，我拍了《李小龙传奇》，就是把他的故事大概地描绘了一下。我兜了地球一圈，到了洛杉矶，也是他开武馆和生活的地方，然后在纽约的一个机场，传说是当时他被几个黑手党围殴的地方，我也实地拍摄，然后又兜到欧洲的意大利。我的故事就是有黑手党这些内容，拍了他的传记，到最后他怎样去世。但为什么去世，至今也没有一个结论。

贾：你们这部片子是个故事片还是纪录片？

吴：故事一开始是在九龙一个救护车上，李小龙去世了。影片用了倒叙的手法。这部戏我做了很多资料的搜集，可以说环游地球一圈。我到泰国的时候，就到他拍《唐山大兄》的一个实景地。当时嘉禾公司不很重视这部电影，我后来保留了它午夜场的广告，非常小，“唐山大兄”几个字，一放出来是出乎意料地好，观众热情高涨，尤其看到他的李三脚，现在看平平无奇，但是当时来看真是太干净利落了，这三脚踢得漂亮得不得了。我觉得最重要的就是他的特点，

李小龙主演的《唐山大兄》(1971)，吴思远评价李小龙为“中国传奇人物，若干年后可比肩圣人关公”

他拍动作片跟一般人不同。我知道很多这种故事，譬如说他配音的时候，当时香港电影都配音的，就算收音，到后来也要配，配粤语的也好，配普通话的也好，都要配音。李小龙一打斗的时候，就要叫，要“啊”这样叫，配音演员都很笑，有没有搞错啊，从来没有人这样配的，好笑。他就说我一定要，所以配音员就不配这一段，打斗的时候，这种叫声全是李小龙自己配的，对白让配音员配。但是叫声一出来观众高兴得不得了，就喜欢看那种，他们从来没有听过这种声音，这种叫声很有特点，而且他劲爆，当时我们看了真的是傻了眼。哇！动作片可以拍到这样子。

贾：可以说李小龙替我们中国人争了很多面子。

吴：西方人觉得中国人是“东亚病夫”嘛，结果李小龙的电影彻底地让他们改观，所以电影是一个民族的形象，是文化的传播，很重要的。后来我到美国或者到欧洲的小地方，一讲起李小龙，大家就竖大拇指，如果我们在外面穿一件唐装，这些黑人都不敢来招惹你，以为你是功夫高手，到这个程度。所以在武打片上，李小龙是一个非常重要的人物，而且他很聪明，他的电影里面有一套哲理的。我后来拍《李小龙传奇》，到西雅图，最后是拍他的墓地，老实讲比我想象的简陋很多。李小龙的墓碑下面是一个翻开的图书的石雕，就是他的哲理，“以无法为有法”，就是说你到了最高的境界，就没有法，他有很多的理论。当时香港电影人都非常欣赏的。

贾：李小龙对于他的动作电影有很深入的哲学思考，而且他的这种哲学许多来自中国的传统哲学，所谓“上善若水”。

吴：李小龙对于中国电影，尤其是拳击搏斗电影，起了非常非常大的作用。他的《死亡塔》没有拍多少就去世了，嘉禾公司就让我来补拍。这个当然很困难的，要找个替身，结果找了一个韩国人跟他有几分相像，就拍了。所以我跟李小龙还有这么一点点渊源，但是更重要的是因为我拍《李小龙传奇》，很系统地整理了他的资料，李小龙的电影以后一定会拍，但前提是我们必须找到一个有李小龙那样魅力的男演员。后来有很多像李小龙的人，又拍了很多，但是我觉得真正的李小龙的电影还没有出现。其实他打斗不多的，不像现在有些电影打了半天。他几招干净利落，但是力量显示出来了，所以现在很多演员，包括成龙、元彪、元奎啊，当时都给李小龙做武师，就是给李小龙打或者踢。很多电影慢慢看，你会（发现）谁在后面，谁在前面，所以李小龙对整个中国电影，尤其香港电影影响是非常巨大的。

贾：其实，他对世界电影的动作表达也起到了特定的作用。

吴：他的影片的个性，还有武德，提高了中国人的志气。中国人不是“东亚病夫”，他不是单单靠讲，他的身材，他的劲道，就很有说服力，所以他去世那天，我们都很震惊，简直是不能相信。我想若干年以后，李小龙就像我们现在讲的关公，或者张飞，已经变成了一个神，变成了我们的偶像。如果有机会能真正拍一部李小龙一生的电影，我觉得还是很有意义的。

我们拍电影，有我们的准则

贾：我们都知道香港的武打片里有很多搏斗、流血的场景，您在长期的创作里，是怎样去消解这些暴力场面的负面影响呢？

吴：关于香港电影里面有很多暴力的镜头，或者血腥的场面，这个常常有不同的争论。我记得张彻导演的理论就是，暴力是天生的，每一个人都有，但是电影给他们一个宣泄的机会。观众看了暴力电影，得到一个宣泄的渠道，反而会不暴力，因为看到了暴力的后果。当然，也有说会有不好影响的。其实我们可以看到一个过程，就是香港电影也试过非常残忍跟暴力，但是慢慢地觉得太残忍、太暴力，不一定是电影卖座的元素，反而是一个妨碍，因为自从香港电影采取分级制以后，对暴力还是有一定的制约，所以很多人担心采取分级了，大家会不会都去拍三级片啊，暴力啊，其实这是错误的。香港电影的分级，关于黑社会或有些我们觉得不太妥当的电影，对成年人来说，一点影响都没有，就对青少年不太好，所以在香港电影检查处会列为三级片，三级片是 18 岁以下的观众都不能看的，执行得非常严格。所以导演反而紧张了，导演不希望三级，能不能二 B 或者二 A，因为观众会少很多的，现在看电影的人很多都是年轻人，所以他宁肯剪掉那些比较残暴的（镜头）。打斗本身不是残暴的，譬如有些特写，不管是色情还是暴力，你用特写，就是渲染色情和暴力。譬如说一刀把人头砍了，在大场面，在远景里面，我觉得应该是可以的，但是如果特写，看头怎么样砍掉，血怎样喷出来，这是很没有意义的，是宣扬暴力，这是违反了我们电影人的道德准则。

贾：香港的这种现象将来对于中国内地电影的分级也有一定的启示。

吴：其实拍电影，我们有我们的准则，执行得好不好，那是导演的事。譬如说以前我常常跟同学讲，拍一个被性侵的女孩子，你怎么样来描述？如果夸张，用特写来故意暴露受害者，这是故意贩卖色情。她有裸露，但是不可以夸张，只是交代，是情节的需要，所以我觉得分级是一定需要的。我常常在强调，电影必须分级。有些电影成年人跟小孩儿要区分开来，我们不要去拍一些小孩儿跟成年人都能一起欣赏的电影，这样的电影肯定把很多题材的空间在缩小，结果变得不痛不痒，两面不讨好。所以三级片如果说有什么影响，只是非常短暂的、很短时间的影响。有一天记者问我，现在香港三级片占全部电影票房多少，我随口说十分之一。后来一想，二十分之一都没有，观众不一定喜欢看，导演不一定喜欢拍，但是有这样的三级却可以保护很多青少年，同样也保护了成年人看电影的权利，我觉得是一件很好的事情。所以我们不要把电影的功能无限放大，它有一定的影响，但也不是影响到大得不得了的地步。

贾：您对武侠电影还有什么需要补充的？

吴：应该提一提的是唐佳和刘家良。他们两个是很好的拍档，在“邵氏”跟张彻导演配合得非常完美。唐佳是专门设计群打的，譬如说主角打十几个武行，他招数套得非常出色。刘家良是擅长一对一的，比如说最后的大反派跟主角的对打。我跟他们都很熟，知道他们的长处。他们都是戏班出身的，跟成龙一样，没有什么空手道那种，他们有一定的拳术基础，尤其是刘家良，但他们主要还是通过戏班。因为舞台上也有些招数嘛，但是舞台上很假，加上现在有电影的角度和技巧，所以可以拍得更真实，也就是唐家、刘家良两个人。其他的就是袁和平、程小东，其实还有好几位是不错的，有一个叫梁小熊，也不错，董玮也不错，都是很好的。其实现在第三代、第四代的武术指导，随便抓一个过来，我们都可以设计非常像样的武打片。还有一些新人，我不认识他们，他们认识我，我相信他们都可以，无论是飞车、撞车还是吊钢丝，都可以做得很好，因为一代传一代嘛，他们都是经过实践得到的经验。我觉得这一套东西是我们很宝贵的财富，所以我最近跟香港政府提出，能不能在内地招一批喜欢武术，或者有体操底子的年轻人，把他们送到香港去训练，或者我们在内地开设这样专门培养电影的武师、武行、武术指导或者武术指导助理的地方。

贾：中国武术指导这个职位就是我们中国人为世界电影提供的。

吴：武术这个资源，这个宝贝是我们中国人特有的。以前我们看美国片好像了不起，后来我在美国拍了几部戏，用他们的武术指导，我们香港最差的一名都比他们好。来来去去就那几招，根本就没有创意，而且很怕死，稍微高一点的翻滚，就要做很多准备工作。我说这个我们中国武师随便一翻就下去了，他们都不敢做。我们一拍枪的声音，所有美国人要戴耳塞，躲得远远的，明知道这是假的枪嘛，但是怕得要死，还要叫：开枪了，大家小心。其实我们中国人非常灵活、聪明、多变，尤其在动作上面，我们可以做得很好，所以我们的这一块资源，千万不要让它断掉，要一代传一代。若中间一断掉，再想要恢复，是非常困难的。

贾：您拍了那么多年的武侠电影，总体而言，您对这个类型的电影怎么看？

吴：所以我的结论是，动作片是中国电影一个非常重要的流派，动作片里面又分武侠片、武打片、古装片和现代片，这些电影因为有中国几千年的武术作为一个背景，一个支撑，所以我们拍出来特别好看。外国人会说你们的武打其实严格来讲就像舞蹈，它里面的招数，每一招每一式都有一种构图的美，不是乱打，所以我们要为我们的武侠片、我们的传统武术感到自豪，我们要把它发挥得更加淋漓尽致。动作片、武打片是中国电影一个非常重要的组成部分，我希望后面的电影人，能够把它发挥得更好。

（2006年11月10日于北京新侨饭店）

创立武侠电影的连锁式动作美学

袁和平

袁和平（1945 年 8 月 24 日—　），随着《蛇形刁手》(1978)、《醉拳》(1978) 的成功，袁和平的动作电影逐渐改变了香港电影史的格局，电影中所表现出来的风趣幽默重构了以硬马硬桥为主的香港动作电影，袁和平成为与追求真打实斗的南派武术指导并驾齐驱的北派代表人物。从《蛇形刁手》中诙谐的蛇拳动作到《太极宗师》中树叶在太极拳的掌控下表现出来的强大气势，袁和平将武术的力量通过不同风格展示给观众；从《卧虎藏龙》（2000）到《夜宴》（2006），袁和平将武术的刚硬通过柔美、飘逸的形式展示给观众；从《黑客帝国》（1999）到《霹雳娇娃》（2003），袁和平不仅将中国的武术带到世界影坛，使其与高科技完美融合，还将中国的武术精神传播向世界。

动作要创新，电影也要创新。要根据市场，根据每部电影的潮流来变化。电影是有潮流的，是不停地在变。我认为这是一件好事，做电影不能只有一种风格，固定一种风格太死板了。有变化是好的，而且也是一种考验。

——袁和平

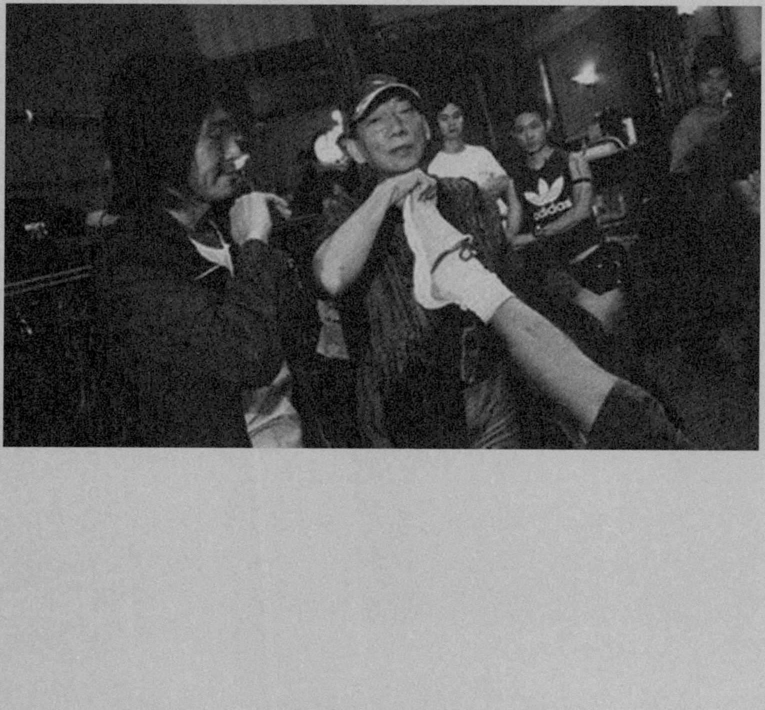

动作是一种国际语言

贾磊磊（以下简称“贾”）：您拍的武侠电影，通过动作与喜剧的融合不仅影响了中国电影的历史，也影响到世界电影在动作设计方面的发展趋向。现在，我们想从您的武侠电影的创作历程之初来谈起，比如您跟您的父亲当时是怎样进入片场进行创作的，这个过程您还记得吗？

袁和平（以下简称“袁”）：我们是跟我父亲学武术出来的，当时我父亲已经是香港动作电影的武术指导了。他到片场拍电影就带着我们干干武行。我跟着父亲干了几年之后，就到“邵氏”做了副武术指导。然后就到外面做武术指导了。到 1977 年、1978 年就可以当导演了。

贾：您跟您父亲最先进入片场拍的是哪一部电影，现在还记得吗？

袁：不记得了。很早了，干武行的，黑白电影。

贾：大概是 50 年代还是 60 年代？

袁：应该是 60 年代初吧。

贾：那时候您多大呢？

袁：那时我应该是 20 岁出头吧。

贾：您在进入电影界之前，是不是学过武术？

袁：对，全部跟我父亲学的。不过武术很多门派是很难全部学会的。但有的原理是很多门派一里通百里的。如果我拍一种门派的电影呢，先期就会熟悉这门派，跟这个门派的人聊聊该怎么拍，这样会比较真实。

贾：您导演的第一部是什么电影？

袁：《蛇形刁手》，是成龙主演的第一部喜剧动作。

贾：您上次谈过因为那时候香港的动作片很讲究功夫，您怎么会想到把喜剧元素纳入《蛇形刁手》《醉拳》这种动作电影中呢？

袁：当时的电影血腥味很重，暴力镜头很多。我跟吴思远就研究，是不是改拍一部喜剧功夫片，老少都喜欢的，不用那么血腥暴力。我觉得用喜剧表达功夫，还是一条很好的发展路线，所以就开始尝试，创作出来也很成功。

贾：你们当时拍这部片子的时候，有没有考虑到它的市场风险，或者观众会不会接受不了？

袁：考虑到了，不过吴思远和我都很有信心，对风险评估很低。那时候香港电影市场有很多血腥功夫片。所以，我觉得这个路线应该是会成功的。我们都蛮有信心的。

贾：当时创作这部片子是吴思远投资的吗？

袁：吴思远投资的。

贾：那部片子大概投资多少钱还记得吗？

袁：投了多少港币我不太清楚，应该不会有太大的投资。

贾：《蛇形刁手》之后又拍了《醉拳》，您也是做导演的，还记不记得拍摄过程中有没有特别有趣的事，比如跟成龙的合作？

《醉拳》（1978），袁和平、成龙二人对传统功夫片进行了创新，将喜剧元素与功夫片相结合，开创了“功夫喜剧”的先河

袁：我拍电影都会集中精神，记不太清楚有趣的事情。只是拍《醉拳》是一个很偶然的机会。当时《蛇形刁手》成功之后，片商请我们吃饭。有一个同事喝醉了。片商就说，拍《醉拳》吧，可能也很有喜感，很有噱头。我当时想《醉拳》，是啊！就是这么一个偶然的机会想起来的构思。

贾：喜剧的动作设计，跟功夫片的动作设计有很大的区别，当时您是怎么考虑的？动作怎么样才能够体现喜剧的元素？

袁：动作是一种国际语言，如果全靠对白就有很多地域文化牵扯不到。喜剧的动作电影全部用动作语言来设计。重要的是如何将喜感放到动作中。并且我们也将人与人的感情放到了动作中，要不然就不会好看。比如我们将师徒关系或父子关系放入动作中。

根据叙事年代和人物性格选择武术流派

贾：从成龙演的《醉拳》之后，人们改变了过去像关德兴演的那种正剧的黄飞鸿的印象，向喜剧迈进。开始从世俗英雄向平民形象转化，对于黄飞鸿这个角色的转变您是怎么设计的？怎么能让观众认同喜剧化的黄飞鸿？

袁：我把黄飞鸿设计得比较年轻，就是少年黄飞鸿。如果年纪大一点，就应该有一个师父的风范以及武德存在，而少年黄飞鸿可能会比较调皮捣蛋。《醉拳》其实是慢慢把他训练成一位受人尊重的英雄人物的过程。

贾：我记得《醉拳》这部电影里，黄飞鸿一共练了八套醉拳。前面七套都没有打败他的对手，最后一套是具有非常喜剧效果的动作。好像跟过去的苦练不太一样，是靠灵感达到武术竞技的提升，这个您是怎么考虑的？

袁：很多片子都可以这样的，喜剧是有喜剧的拍法的，电影应该是在情理之中，意料之外。情理之中的功夫他没有练，用自己的智慧结合之前的所学来对付对方的功夫，也是年轻人智慧的表现。我觉得情理之中，意料之外是电影很好的发展路线。

贾：那时候都说您是学过北派的功夫，听说武术好像有南北派的区别。

袁：我是南北都有。各门各派的功夫都有它们的特色。南方的拳跟北方的拳是有点儿不一样。南方的拳是比较注重马步，起脚不会太高，因为南方可能是在摇动的船上，所以注重马步较稳。

《死亡塔》（1981），嘉禾公司用"替身＋剪辑"补拍完成李小龙未完成的遗作《死亡游戏》，在中国香港和日本上映均取得很高的票房，促使嘉禾如法炮制用李小龙以前拍过的影片中没有用过的片段完成《死亡塔》

北方只注重灵活，怎么躲，怎么闪，怎么起脚，怎么起脚高一点。风格是有点儿区别的。其实门派都差不多的，武术方面会因为地区的关系有点儿改变。

贾：南北派是没有根本区别吗？

袁：我觉得应该是没有根本区别的。

贾：您当时参与了李小龙拍的《死亡游戏》是吗？在《死亡游戏》之前您跟李小龙有过接触吗？

袁：《死亡游戏》是他去世之后才拍的，吴思远导演的，我帮他去做动作导演。

贾：李小龙在香港，在中国乃至世界都是一名非常著名的武术演员，您的创作有没有受到他积极方面的影响？

袁：其实我的创作是受很多门派的影响，不一定是李小龙的。比如我们拍电影的时候用什么门派、什么功夫需要自己创作。李小龙的打法是比较现代一点的。我们会根据年代，根据人物性格来创作。比如对方是用鹰爪，我们就要了解鹰爪的武术根源；用醉拳，我们就要了解醉拳的根源。

动作电影的三要素：人物性格、剧本情节、拍摄场地

贾：一般您接受一部剧本，最先应该从什么角度来设计动作，或者动作是依据什么来设计呢？

袁：首先要看这场戏的场景发生在哪里，比如在树林、在大厅，还是在水上、船上发生，都不一样。如果没有场景，就会构思一个场地之后和导演交流，根据导演的意思来创作。如果导演没有意见，我就自己发挥，全部创作出来。我是比较幸运的，我跟每个导演合作都会很容易沟通。

贾：首先是根据场景？

袁：对，人物性格、剧本情节、拍摄场地。

贾：就这三个要素中，什么是最重要的。

袁：拍摄场地，最重要。

贾：您说两个人物之间的打斗，实际上有一种连锁式的设计在里面，那么您就这种连锁式的设计理念跟我们讲一下吗？

袁：其实理念很简单，比如一个剧本中，对手双方一个用武当拳，一个用少林拳。我们开始设计谁的武当拳和少林拳比较高强，再比如武当拳这个人功夫没那么高，他怎么被人打败了之后如何研究武当拳，再怎样反败为胜。我们是根据这个套路来设计的，但不一定是每部戏是这样，

贾：还是要根据具体的剧本来设计吧？

袁：对。要看剧本怎么发展，以及根据整个戏的风格来创作的。每部戏都不一样，每部戏都有一种新的构想，所以我们要根据每部戏的剧本、导演要求人物性格、武功高低层次来设计。

剧本是动作设计的基础，人物性格是动作设计的核心

贾：现在很多的动作导演在现场掌机，您在拍摄一些大场面的时候会自己掌机吗？

袁：可以掌机，但我从来不掌。我觉得我自己在做动作导演，掌机是由摄影师来做。每个部门的分工不同，责任不同。所以我是不喜欢掌机，如果摄影师拍得不好，我会说这个角度我们可以改一改，用什么镜头比较好一点，我们再研究。

贾：70 年代，不像现在，电影拍摄没有监视器。当时你们控制一个打斗的场面，如果在摄影机里看不见，主要是通过个人的感觉？

袁：是在画外看的。主要是看自己敏锐的感觉。比如拍一场打戏，我一定站在机器后面，看演员的动作标不标准，或者打得好不好看，这样比较准确。

贾：那就是说影片必须得冲印出来以后才能看到当时拍摄的情况。

袁：对。不过当时能够准确地判断八九分了。如果我跟着机器走，以我的经验，大概冲出来跟我现场拍的差不多。

贾：我们看过“邵氏”拍的一部片子，那时候没有同期录音，声音都是后期配的，比如打斗的声音、拳脚之间的声音都是后期配的，千篇一律。

袁：对，全部都是在后面配的。因为现场里很多打斗的声音配不上，配上可能也不好听。电影有点儿传风感，所以打斗之类的声音都是后期配的。

贾：当时动作导演参与后期的剪接和合成工作吗？

袁：参与剪接，配音就很少参与了。我现在做导演了，全部都要参与。

动作导演和武术指导的区别

贾：现在对负责电影动作这个职业有两种意见：一种认为用动作导演来命名这个专门在电影中从事动作设计以及拍摄的人比较好；另一种认为一部电影中只有一个导演，说只能叫武术指导或叫动作指导。那么，您觉得是叫动作导演更合适呢，还是叫武术指导或者动作指导合适？

袁：我觉得叫什么都可以。动作导演可以做导演的工作，比如打戏如何设计，如何用镜头，

现场怎样控制。武术指导就是按照导演的要求来指导演员的动作。

贾：您觉得动作导演和动作指导还是有所不同的？

袁：对。如果拍过很多戏，对每场戏的镜头都很了解，人物性格也了解，可以根据整个气氛和情绪来指导，就是动作导演。而按照导演的意思来完成动作就是动作指导。我觉得两个概念都可以成立。

贾：但是动作导演应该比武术指导更精通电影吧？

袁：层次高一点，因为他懂得关于电影的东西更多一点。

贾：他对影片的控制会高一点？

袁：控制？对影片的帮助也比较大一点。

贾：甄子丹是您发现的，是吧？

袁：对。我发掘出来的。

贾：您当时怎么起用了甄子丹进入武行的？

袁：当时我没有太在意这件事情，我妹妹跟甄子丹的妈妈是很好的朋友。她妈妈和我妹聊天时说，她儿子想跟我拍电影。我妹妹跟我说了之后就见了面，见面之后就找了一个地方，他就练给我看。他是有武术功底的，而且那时候他只有 19 岁，就是这样开始的。

贾：我们看过您拍的《太极张三丰》，李连杰主演的，当时您怎么想到拍太极拳的片子呢？

袁：我本身对太极不太了解，但李连杰跟我说要拍太极拳的片子。我说好。第一，动作电影从来没有拍过太极这种门派的功夫片。所以，开始我找了很多太极门派的师父来研究。第二，就是李连杰对太极本身也有一定的素养，所以，大家研究了一下。

贾：有一个镜头是李连杰练太极拳时，他在水缸里搅水，后来旋转的水流把缸撑破了。还有树叶的飞旋也运用了特技的方式，这些段落后来在张艺谋电影中也出现过，您是怎么考虑的？

袁：我让动作在电影中表达出一种美感和力量。怎么表达它的力量呢？我就利用树叶把太极的气流、气旋表达出来。我觉得整个画面出来之后，有那种意境在里面。太极就是人们看好像没有力量，慢慢地将力量表现出来，水缸那场戏就是将柔中有刚的力量表达出来。

贾：那时候好像也没有数字技术，但是树叶怎么能够卷起来，卷得漫天都是？

袁：拍的时候很难拍，我们全部是用土办法炮制，用那种几台大风鼓，几个对角来开，把树叶卷起来。如果效果不好，再移动风鼓的位置，找到合适的角度再拍，比较辛苦。

贾：在水缸里面练球的镜头是怎么拍摄的？

袁：那个镜头很简单，用棍搅一搅，手跟着水带着，就很容易起，球一按，它一定压下去弹出来的。这个是现场拍的，我觉得不难，树叶那场戏比较难一点的。

贾：像《太极张三丰》中两排的“罗汉棍阵”，这种群体武打场面是怎么设计的？

袁: 那场戏我觉得他们功夫练到有一定的水准了。再者从人物设计来看，大师兄有点儿反派，从一开始就和师伯打。在少林寺打，我觉得用刀用枪用剑都不好，我就设计了用棍阵来打。

贾：确实很有震撼力，而且棍子会弹出来去弹回来，这个是怎么设计的？

袁：都是现场用比较圆一点的棍子扔进去，它撞了就弹回来。

《太极张三丰》（1993），以通俗直观而极具美感的武打设计，比较完美地表现了太极拳的原理与神髓

贾：国内我们经常看到一些武侠电影把暴力、武术舞蹈化了。这样消解了暴力的血腥残酷。可能有些人不太同意这种看法，比如他们觉得武术就要硬桥硬马。您觉得如果把武术变成这样一种舞蹈化形态，您同意吗？

袁：两种我都支持。因为我觉得每一部电影、每一个剧本的风格都不一样。如果风格是要走硬桥硬马硬打的，就可以这样做。如果电影需要艺术性强一点的，我们就把动作美化一点儿，但是一定是要有力量的，没有力量什么动作都完蛋。

贾：首先要根据这部作品的要求来设计。

袁：对。我们按照要求来设计，看是力量型还是美感型。

贾：大家都很喜欢您做动作导演的《卧虎藏龙》，杨紫琼跟章子怡在房上飞檐走壁的那场戏，演员踏着京剧鼓点打斗。京剧对您的电影创作有影响吗？

袁：没有。李安真的是一位好导演，他有坚定的信念，有想法。当初我跟李安研究怎么拍那场戏，他说拍轻功。我觉得如果走向美国市场，外国人会不会不相信轻功。他很有信心叫我拍，我也就很有信心地帮他拍了。我根据李安给的题材以及自己的构想拍，没有按照京剧来构想。

贾：那您觉得这部电影成功的原因在哪里？

袁：我和这么多导演合作，我觉得李安真的是一位很负责任的导演。每场戏，他在训练演员的同时训练自己，很勤奋，他总是会感受动作的性格。一个人成功是有他的道理的。

贾：我们那天碰到动作导演董炜，他特别欣赏您的武术设计。他说在《卧虎藏龙》中杨紫琼和章子怡两个人在打斗的戏，十八般武艺基本上全用到了。但是他最喜欢的是杨紫琼拿起一个大锤，开始没有拿起来，拿了一下往后退了几步。他觉得整个这个戏就活了，当时是怎么想到的？

袁：当时我也是根据那个人物性格来想，我觉得两个女人，两个会打的女人在一起打架，打到她火很大的时候就什么东西顺手就拿什么东西。我想，以她的力量和体型是不可能拿大锤的，她不顾后果就拿起来，可是不够力举起来。就这样，我是根据人物的力量、体型和性格来做的。

贾：那一下使整个那场戏都活起来了，非常真实。但是像章子怡这样不会武术的演员，她拍起这种片子会不会很麻烦啊，要教她？

袁：她拍的时候也训练了一两个月了，我觉得她不会武术是很难搞的，她的优点是她会舞蹈，腿和手都很灵活，腿的踢法也不错，当时考新人的时候就觉得她很合适。

贾：因为有舞蹈的这个基础？

袁：对，就拿舞剑来说，她耍了几下，我觉得不错，挺像样的。

贾：我们看到过《卧虎藏龙》的纪录片，您指挥着一些人在安徽的竹乡拉威亚，当时很危险。你们通常设计一个武打场面的时候，怎么样能够把危险降低到最低程度，或者说杜绝这种风险呢？动作的风险，怎么样能够彻底地回避呢？

袁：我的一贯作风是把武侠电影中的危险减到最低，不要有太危险的事情发生。比如威亚，我们的人都试过了，演员看过之后就有信心了，并且地上会铺很多保护垫，安全措施我们是很注重的。

贾：有没有发生过危险？

袁：发生过，意外终归有的，但意外很少发生。如果有比较大的危险动作，我们就很重视，没有十足的把握不会拍。

贾：您带的袁家班现在很有名，在内地拍《水浒传》或者其他电影，在一个摄制组中您通常怎么分工的呢？

袁：有很多种分工，一批是打给演员看的，一批是帮我设计动作的，一批是负责调动威亚的。

贾：您的袁家班现在有多少人？

袁：十二三人吧。

贾：你们拍电影，都会聚集在一起吗？

《卧虎藏龙》（2000），俞秀莲和玉娇龙的深夜追逐是影片中最经典的武打场面，配上紧密有致的击鼓声，使这段经典的武侠场面充满了诗意和观赏性

袁：对。经常会有点儿调动，不过终究离不开大家。

贾：如果拍片子结束了，你们平时还都在一起吗？

袁：有时候喝茶聊天。

贾：你们是一个公司性质的机构，还是一个松散的？

袁：松散一点的，大家都是朋友。

贾：他们有的也开始独立拍片子，对吧？

袁：应该是。

贾：您过去拍过一部片子叫《咏春》，主演是杨紫琼。我记得她是马来西亚选美冠军，好像她一开始学舞蹈后来进入电影界。您是怎么样能够把她提升为几乎是一名武打明星的。

袁：她原本就是武打明星。她开始进电影圈的时候不是我训练她，是香港的德宝公司，后来她红了，我才跟她合作的。

贾：我们听说一则笑话，拍《水浒传》时，张纪中因为在动作上不太熟悉，所以就很多事情向您求教，经常跟您递纸条。您能不能回顾一下当时的创作情况呢？

袁：其实也是根据整个《水浒传》的人物性格和导演的要求来设计的。张纪中导演要求比较实在一点。我们就根据他的要求来设计，不要飞的戏，真实的打戏比较多。

贾：后来您拍的电视剧《太极宗师》中有一个七层的砖塔，一层一层打下去。这个当时您是怎么考虑的，这个创作的理念是怎么样完成的？

袁：当时他应该经过考验而达到某个目的。这七层塔，有七样不同的功夫来等他来比划。他每层过关了，就表达这个人物到了某一个层次了，就是这样设计的。

贾：这每层晋级的方式都不一样的。我记得李小龙的影片《死亡之塔》也是这样设计的。

袁：对。但是不一样的。

贾：我们接触过很多的武侠电影导演，包括学武术的人，像于承惠、于海、王群他们都特别注重武德。中国电影不像西方电影崇尚暴力解决问题，而是崇尚武术所引导的崇高的道德境界。能不能说说在您的片子中人物的道德是通过什么动作来体现的？

袁：是通过剧本对人物进行的设计，然后根据不同人物的性格来设计不一样的动作。

贾：因为我不太懂武术，武术里有鹰爪拳、虎鹤拳，是不是用这种拳的人就会显得很凶狠啊？

袁：不会。凶狠是在电影中通过人物个性表达出来的。每个门派都有它的长处，凶狠跟不凶狠，是通过一种表演电影的方法表达出来的。

贾：就是说一个武术的竞技办法本身没有善恶正邪的区分？

袁：对。没有。每个武术流派都有它的长处，没有什么善恶。你做坏事就是恶，做好事就是善。

贾：《夜宴》的整个武打设计特别好看。我们采访冯小刚导演的时候他也非常认可您的武术设计。但有些是比较血腥的场面，包括棍刑那场戏，您当时怎么设计的？

袁：这个也是冯小刚导演要求的。他要求用不一样的方式来表现棍刑。他是这样构想的，我们就根据他的要求来设计。

贾：《夜宴》中的月女剑到片子结束也没用它杀过人，它成了一种象征。您在设计动作的时候，怎么将兵器融入武打动作中呢？

袁：这是根据导演的意图，哪种人物用哪种道具，月女剑是早就被定下来的道具，我也是通过剑的造型和人物性格来设计的。

贾：有一场戏是婉后（章子怡饰）和太子无鸾回忆两人习武的过程，拍得特别像双人芭蕾舞。

袁：对。我故意这样设计的。

贾：当时为什么会这么拍呢？

袁：因为我觉得冯小刚这部戏艺术性比较强。剧中的他们两个人之前一起习武，回忆起来很浪漫，我就把越人歌和舞蹈加了进去，主要是想有很浪漫的感觉。

贾：就是很飘逸的感觉。

袁：对。很飘逸，很浪漫的。两个人好像是在比武，可大家好像在看舞蹈一样。

贾：那个机位好像是从上面拍下面。这个场面的拍摄是怎么完成的？

袁：是一起商量的，冯小刚也在现场。

贾：因为冯小刚不会武术，那么是不是您设计好了动作之后要请他认可？

袁：对，你讲得很对。导演是一部戏的灵魂。我根据他的意思设计，然后我们再在一起研究，研究之后大家才决定拍的。这是个好现象，有沟通比较好。

关键要有想法

贾：您曾经到好莱坞跟美国人合作，拍了一些动作电影，像《霹雳娇娃》《黑客帝国》。《黑客帝国》的包装是数字技术的，女主角跳起来 360 度的旋转，是不是在前期拍摄的时候就确定这个动作了？

袁：对。前期拍摄的时候已经指定这个动作了。

贾：就预先已经决定了要这样？

袁：预先指定已经有这个动作了，导演决定有这个动作。他跟我谈的时候说，想把中国武术和美国的科技融合到一起，虽然我开始有别的拍摄任务比较忙，但我认为这是一种新的路线，可以尝试，结果配合下来还挺成功的。

贾：您觉得中国武术的理念跟西方人沟通起来，会不会有一些障碍，他们能理解吗？

袁：没有障碍。因为他先把电脑特技的原理讲给我们，我们再根据原理来设计动作。另外，我们设计的动作可以用电脑来改正，就等于我们套招，套好之后导演看好不好，不好就砍掉。

贾：《霹雳娇娃》里面有一段很有佛家意味喜剧效果，完全都是您的原创吗？

袁：那个是我弟弟做的，他是原创。这部戏主要风格就是比较风趣，所以动作跟风趣来配合就会是那种风格。

贾：《黑客帝国》那个片子，实际上有一点未来主义的色彩。那您的武术设计怎样在真实的表演基础上能够让人觉得可信？

袁：我觉得因为是未来的，所以我设计动作的时候比较天马行空，没有固定的模式。什么

《黑客帝国》（1999），令人炫目的电脑特技、具有东方神秘色彩的中国功夫和西方经典枪战飞车场面创造视觉奇观，在全球收获近 5 亿美元票房，《黑客帝国》又一次把中国功夫推向世界。《黑客帝国》之后，袁和平“天下第一武指”实至名归

李小龙的架势啊，还有黄飞鸿的架势都是以前的东西，我设计的时候是自由发挥的，没有受门派影响，并且我要求真实。

贾：在拍这部片子之前，你们是不是训练了美方的演员？

袁：有，训练 4 个月，从基本功训练起。因为我去看他们每个人打拳都不像样，所以向导演要求训练 4 个月，从扎马步、压腿、踢腿开始。

贾：您在美国训练这些演员的过程当中，遇到没遇到过一些困难啊？

袁：其实很顺利，因为美国人的生活跟我们不太一样，我估计他们每个演员一开始都受不了苦。后来他们就能受苦了，压腿开筋什么的他们都能忍，他们对自己要求很高，很难得，有的还要求周六加班。他们责任心很强，这一点是很可取的。

贾：看来拍武术电影和武术功底没有太大的关系，对吗？

袁：这不牵涉到武术功底的问题，是牵涉到经验。拍武打电影多了，经验多了，就知道观众喜欢看什么，设计出来的武打动作就好看。

贾：关键要有想法？

袁：对，有构想，有想法。

中国武术指导的家族传统

贾：在香港，你们这一代很多都是家传的，比如您父亲，比如程小东和他父亲，那么您的晚辈有没有人在做武术指导啊？

袁：有很多，希望有一两个能青出于蓝而胜于蓝。

贾：我觉得家传很重要，尤其像武术，是非物质文化遗产，必须要面对面来传授。

袁：面对面传授是一个方法，最主要的是接受传授的那个人有没有智慧，有没有想法；如果没有，怎么传授都没有用，所以还是需要智慧。

贾：一般像文戏的表演，过去没有胶片的时候拍三条，内地也是这样，那么现在拍武戏的时候，通常片比是多少？

袁：我是拍到最好为止，没有比例。我曾经试过一个镜头NG了一百多条，拍了一天都没拍完。

贾：拍摄周期也没受影响吗？

袁：没有受影响。那个时候拍片，虽然我是 NG，但是我拍的速度非常快，每天我们起码有 30 到 60 个镜头出来，现在不行了。

贾：现在慢了？

袁：对，现在要求比较高了，那个时候要求不高，比较潇洒。现在不行了，要求十全十美，尤其用威亚。也可以快，得看戏的要求吧。

贾：过去拍武侠电影，我看到他们是用两套道具，一套是特写用的钢制的，会伤人，远景的时候就用木制的或者竹片的。

袁：都是这样，这是安全的做法。

贾：目前还是两套道具？

袁：两套道具，这是安全的做法。用假的道具，即使演员受伤也不会很重。假的也比较像真的，太假了不好，拍特写拍近景就不好看了。

贾：这些道具是你们自己找人做的？

袁：有专门部门在做。我们在美国拍《黑客帝国》也是这样，也是两套道具的，有真有假。

贾：武术在冷兵器时代的电影中主要是为了竞技，但是《黑客帝国》有一些热兵器，像枪战这些场面，你们是怎么样将武术和热兵器融合在一起并让人觉得合理的？

袁：通常有动作的时候很少用枪，有枪就很难有动作了。我曾经拍《特警屠龙》时，也是用枪，时装枪。当时根据环境来设计的，因为环境危险不能用枪，用枪大家就得死。

贾：《黑客帝国》里面有一场戏，在地铁站，子弹打到墙上之后像天女散花一样，那个动作是你们设计的，还是美方的人设计的？

袁：美方的构想，我们设计。

贾：就是你们来完成拍摄？

袁：对。他们有这个构想，我们帮他们完成，这等于像拍《卧虎藏龙》一样，李安有这个构想，我就把它完成。

贾：用一秒多少格的摄影机进行拍摄的？

袁：很多，差不多有 500 格，有时候是用后期特技做的。

贾：您一般拍重要的武打场面，比如说像飞人或者跳崖，一般是用几台机器来拍摄呢？

袁：通常一台，顶多两台。如果有难度，我们就用两台机器，不能超过三台，我从来没超过三台机器。

贾：如果要用两台以上的机器，那机器的速度是一样吗，还是不一样？

袁：那要看动作的要求了。如果一个动作我拿不准，就用两台机器。速度不一样，一个是比如正常格的，就用 24 格，另一个就慢点。现在后期都可以调了，所以先会用正常格拍。

贾：成龙好像比较拒绝用数字技术，他可能觉得现在数字技术太大量地引用会改变人对电影真实性的认知。

袁：不会。因为我们都是按照正常速度拍摄，在需要强调动作美感的时候改数字。它有一定的原理，打的时候我们通常用 20 格，美国用正常格。作为我个人来讲，我觉得太慢就不好看了，没有那个力量感了。

贾：就给它快一点啊？

袁：一点点。观众感觉不到太快。

贾：中国的导演从始至终有一个控制影片的权力，包括从一开始到后期剪接，如果一个投资方找您来拍一部电影，他会把所有的创作权都交给您一个人吗？

袁：我要求他交给我。因为创作是很个人的，如果别人一来打断，就很难激出自己的创作心态。从宏观上看影片怎么创作，什么卖点啊之类的，所以交给我创作，我是比较有信心的。

贾：我们知道吴宇森导演，大概拍到《变脸》才真正拿到了美方给他的百分之百的剪辑权。在香港，一个制片商能够给您百分之百的创作权吗？

袁：有。在香港投资方一定要求你剪接。在别的国家，投资方可能会重剪一点儿，我看过之后觉得没问题就 OK。我会从投资方的心态比较客观地看，只要不过分就行了。

贾：如果跟投资方或者片商产生分歧，那么主要是哪些方面？

袁：我没有遇到过分歧。

贾：在美国拍片的时候，比如说动作导演的工作是 50%，那么这 50% 您可以完全控制吗？

袁：在好莱坞，我们是负责现场拍摄和整个戏的武打设计，后期我不管。我会把整场动作用 DV 拍下来，他们就知道什么跟什么配合，根据我们提供的模式剪。

贾：就是等于先拍一个小 DV 给他们看，然后最后他们来确认？

袁：对，确认来剪接。

贾：那您在做了国内外多部电影的动作设计之后有没有觉得中国电影的一些优势？

袁：中国的武术是世界其他国家都不会的，我们把武术动作放进电影里面得到了很多国家的认同。因为它有力量，有它发扬光大的地方，所以外国人看了之后就觉得设计得很好，他们也会学香港电影中的动作设计。

贾：您觉得他们现在学的这些动作，距咱们现在是不是还差得很远？

袁：应该不会差很远，但在设计上还有差距。动作大家都差不多，打法也差不多一样，主要是对每场戏的动作设计，怎样好看，力量怎么能够表现出来，这方面他们还比我们差一点。

贾：（他们的）原创的设计还差一点。

袁：对。要差一点，实际上他们都可以，因为我们中国香港很多人才都过去教他们。

贾：（中国）香港早期电影受到很多日本武士电影的影响，您早期对黑泽明的电影看过吗？您觉得他对您的创作有影响吗？

袁：没有。我始终没有受他影响。我觉得他是一代宗师，他的电影是有他的艺术价值在，每个人物的表现、剧本的拍摄方法都有大师的风范。

贾：您对他印象比较深的是哪部电影啊？

袁：《七武士》（1954）和《用心棒》（1961），这两部印象比较深一点。

贾：泰国出了一部电影叫《拳霸》（2003），之后又有很多续集。泰国的拳在竞技这方面也很厉害，我不知道您对泰国电影怎么看？

袁：我觉得这个问题很好，动作要创新，电影也要创新。泰拳的动作方面比较新一点，电影上很少看到那么凌厉的拳，我觉得泰国电影拍出来的力量感很成功。大同世界，大家都有各自的风格，他们的风格还不错，有一些新的动作方法在。

贾：当然泰国的动作电影产业化和历史都没有咱们这么悠久，但是近年来它会不会成为中国武术动作电影的一个竞争激烈的对手？

袁：不会。因为大家有不同的设计方法、不同的动作，都有优秀的动作存在，是各自光彩的。

贾：各有各的特色？

袁：对。

贾：您拍摄的很多动作的场面，除了古装、刀剑、拳脚之外，像撞车、爆炸、枪战。如果您做动作导演，会不会也要设计？

袁：如果剧本需要的话我可以设计进去，还要看剧本跟人物性格，根据剧本的要求来做，我不排斥。

贾：那这些的设计套路是不是完全不一样？

袁：不一样，我们要另外请开车的专家和爆破专家来一起研究的，因为电影需要集体合作才行。

影片是随着时代的变化而变化的

贾：像《精武英雄》《太极张三丰》都是您跟李连杰合作，那么您在武术理念或者在竞技方面，有没有针对他专门设计的一套？

袁：针对电影的人物性格来设计的。合作过那么多动作演员，我觉得李连杰真的是一流，因为他太懂得武术了，你讲什么他都懂，好像一部功夫字典，是一个难得的人才。

贾：跟他沟通起来特别容易？

袁：特别容易，他也有很多自己的想法，他把自己的经验讲给我们听，我觉得不错。

贾：通常一位武术指导或者动作导演在拍戏的时候，可能演员会有自己的一套设计，比如李连杰或者王晶，他们懂一些武术，有没有跟您的设计不一样，或者就同样一个剧本，你们对人物理解不一样？

袁：对。这个讲法对。因为我们根据演员会的东西来设计，如果我们设计出来他不顺手，他就自己设计，但整个控制权还是在我们这儿。如果他自己发挥比较好，我就让他自己发挥，我们尽量做到演员能表达出他的特色和力量。所以如果他有自己发挥的地方，我就尽量让他自己发挥。

贾：有没有分歧的地方？

袁：没有，我比较公正。我觉得他比我们好的，就让他去做。如果我们比他好，我跟他解释。因为大家互相尊重，互相研究，因此没有分歧。

贾：您觉得动作导演在跟导演合作过程中，他最佳的状态是什么样的？

袁：最佳的状态应该是先了解导演要求什么，因为导演始终是影片的灵魂，我们配合他的想法去做。如果他没有想法，我们就会沟通，如果导演讲 OK，我们就这样去做。把整个电影的动作设计，往最有效果的方面来做，我觉得是最好的。

贾：还是要根据导演的意图来设计？

袁：对。我觉得是这样的。

贾：因为香港的体制跟内地不一样，导演的理念也会跟香港不一样，您觉得跟内地导演的合作，和跟香港导演包括美国的导演合作之间有什么区别吗？

袁：我觉得没有什么区别，没有什么代沟。我做电影的方法是，如果自己做导演，就自己来构想；如果是人家做导演，我是动作导演，我就很尊重他的意思。

贾：都是以导演为灵魂的。

袁：对。所以我说没有代沟，并且沟通融洽。内地、好莱坞、香港都一样，我是以导演的意思为皈依的，我根据他的风格和意见来创作。

贾：在一些动作电影中，有些明星来演，比如刘德华、章子怡，您选演员的时候选会武术的人来演，还是选一些明星来演？

袁：起码我会选会一点动作的明星来演，而且有很多演员都不喜欢拍动作片，拍动作片很辛苦。我喜欢懂一点武术的演员，比较容易上手。

贾：就是最起码要有一点动作的基础啊？

袁：对。比较容易上手的，如果没有基础，我们会先训练他一段时间，起码一个月左右。

贾：片商会把演员作为条件强加给剧组，在香港你们有没有遇到这种情况，遇到会怎么样？

袁：遇到过，只能配合了。因为片商或投资方强加的某一个演员是有一定的市场保证的，所以我们应该根据这种市场保证来让他做到最好。把一个不会打的演员拍到观众认为他会打，就成功了。我是不会抗拒的，我觉得是一种向难度挑战的工作。

贾：比如刘家良的电影始终是硬桥硬马的武术竞技，程小东的就比较飘逸。而您的电影《醉拳》《蛇形刁手》有很夸张的喜剧动作，后来《卧虎藏龙》又很飘逸，再到《黑客帝国》，总体上变化很大，那么使您有这么大变化的根本原因是什么？

袁：最根本的原因还是根据市场，根据每部电影的潮流来变化的。因为电影还是有潮流的，是在循环不停地变。我认为这也是一个好事，你做电影不能一个风格，固定一个风格太死板了。有变化是好的，而且也是一种考验。

贾：要适应这个市场？

袁：对，适应市场。

贾：我们这个系列片实际上是武侠/动作导演的一部短小的纪录片，您看您拍武侠电影这么多年，您能给自己的创作经历划分几个阶段吗？

袁：很难分。大概第一个阶段是比较硬桥硬马的，加上点儿喜剧，像《醉拳》《蛇形刁手》；第二个阶段有点儿模仿中国民间传统法术，像《奇门遁甲》；第三个就是时装阶段了，拍了好几部时装电影，硬桥硬马的时装电影。

贾：第三个阶段之后就越来越模糊了。

《功夫》（2004），袁和平中途救场，其中最为精彩的三大高手对阵琴魔、包租公婆大战火云邪神、星仔与火云邪神的大决战均出自袁和平之手，该片也因此获得第24届香港电影金像奖最佳影片和最佳动作指导等五项大奖

袁：越来越融合在一起了，没有固定的风格了。

贾：香港的电影是商业体制，在创作上会有风险。您拍电影这么多年，有没有在商业上有过闪失，但您自己又认为特别好的电影呢？

袁：我印象中好像没有。每一部影片起码都拿回了成本，赚得多，赔得少。

贾：您现在拍了几十部电影吧？

袁：我拍的不多。

贾：有四五十部吗？

袁：差不多，差不多。

贾：这个四五十部电影，按您最满意的电影，能不能排前十名出来？

袁：前十名啊？我不知道。

贾：《夜宴》（2006）能不能算上一个？

袁：《夜宴》不错。《铁猴子》（1977）啊，还有《蛇形刁手》《醉拳》是一定的，那是经典。《太极张三丰》（1993）也不错，还有跟“嘉禾”拍的《勇者无惧》（1981）、《奇门遁甲》（1982）。这些我自己很满意。《特警屠龙》啊，《卧虎藏龙》也不错，简直是经典了。

《霍元甲》（2006），在李连杰饰演的霍元甲挑战大力士和轮番大战外国高手的武打戏份中，袁和平结合了李连杰自身的特点，设计了一套宗师范十足的武打动作

贾：像《咏春》（1994）是不是也算一个？

袁：《咏春》也不错。

贾：还有《功夫》（2004）也是您的力作。

袁：《功夫》也是。

贾：《霍元甲》（2006）能不能算上一部？

袁：算算算，《霍元甲》不错。

贾：您创作了这么多年电影，引领着香港乃至中国的动作电影创作，有没有人在跟随您，在继承您的风格，或者您在传授一些方法给后人？

袁：没有办法传授，就靠自己。当时我跟父亲进电影圈，从武行开始做，都是自己揣摩，自己想。基本的方法是可以教的，可是整个创作是靠自己琢磨。

提倡内地电影节设立最佳武术指导奖

贾：我们查过史料，中国早在 1924 年就已经有武术指导进入中国电影行列，后来一代一代地改变着世界动作电影的格局，这很重要。现在几乎所有电影中都有动作导演，也有动作场面的设计。您怎么来判断动作导演进入之后对香港电影，乃至中国电影、世界电影的作用？

袁：是有一定贡献的，因为动作、武术也是一种艺术的表达，动作设计关乎整部戏的艺术创作，电影需要动作来表达电影的张力和美感。

贾：香港金像奖有最佳动作指导奖，台湾的金马奖有最佳武术设计奖，内地现在还没有这个奖项。广义地讲，我们觉得动作指导、武术导演在电影界内的地位不是很高，实际上他们在创作中的作用非常重要，现在对这个行业没有给予充分的关注，您对这个事情怎么看？

袁：我觉得应该关注一下，尊重一下这个行业。动作是每个电影很重要的灵魂。有时候也是一个很重要的环节，所以我觉得应该给予那种认同。

贾：现在内地没有设立这样一个奖项。

袁：那等于不认同。

贾：可能受到过去的影响比较多。

袁：重文轻武。

贾：您刚刚还提到一个词是尚武精神。其实中国在古代是有武试的，后来就把武试废掉了。直到现在武术这个东西其实很欠缺。数字技术将来在电影中会越来越重要，而且会在后期大量使用。前期的武术设计理念跟后期的配合您有没有经验可以呈现？

袁：这个是潮流是不可避免的，并且一定是要进步的。重要的还是你怎么设计，怎么根据剧本把构想设计表达出来。

贾：武术动作是不是前期就开始配合后期制作？

袁：对，前期就已经要准备了。

问：现在问您一点自己的事情，因为您是武术世家，您现在还会每天练功吗？

袁：我最近很少了，最近练头脑多，想剧本多。

贾：因为您做动作设计，要给人家做示范，那您是不是将您的功夫保持在一个最佳状态呢？

袁：我有一个十五六人的班底。我想要的动作他们会打给我看。现在我很多事情让给他们做了，因为他们也要训练的。

贾：武术现在成为向西方人进行文化传播的工具，比如少林拳、太极拳。西方人认同中国的文化，以武术作为一个标志性的识别物体。可是在一些武侠片中我们能接住西方人的子弹，这种表现过于夸大了武术的作用，您对这个问题怎么看？

袁：我不认同，确实是夸大了。武功现在是用来强身健体的，不能和枪炮比，除非剧本设计的人物有特异功能。

贾：您现在有没有具体的片子开始进行筹备？

袁：我筹备一两个剧本了，暂时不能讲，我会用比较实的，武术本身的东西。

贾：您已经拍了那么多电影，如果现在有人愿意给您投资的话，您自己最喜欢拍的是哪种类型的电影？

袁：我喜欢拍人与人之间的感情的那种动作片，一定要有戏味，有感情。你看美国电影，哪怕一点点，都有一点感情存在，人与人的存在价值。我会从朋友的感情或者父子的感情中发挥动作。

贾：不是一个单纯的打斗。

袁：对。光打斗不会好看的，对吧？

贾：拍武侠电影，很多人现在都在取材历史。

袁：这是一种做法，也可以这样。

贾：越来越爱用武侠来包装历史。

袁：实际上用历史包装或者现代包装，都离不开人的感情。《夜宴》中婉后跟太子无鸾以及跟皇帝的感情很矛盾。张艺谋的每部戏都是有感情的，没有是不行的。

贾：您是在剧本阶段完成您的所有的构思呢，还是拿剧本在片场进行设计？

袁：先有构思，然后在片场里面有灵感了再加强创作。

贾：最基本的还是要根据剧本上先做。

袁：对。起码一定要先根据剧本完成整个构想。

贾：您会在拍摄之前，把武打的动作一场一场画出来吗？

袁：从来没有。不过会先构想好每场的动作。

贾：有很多关心您的观众，他们特别喜欢您的电影，您能不能对他们说一些话？

袁：谢谢他们啦！希望大家多给我点儿鼓励，让我再拍更好一点的动作电影。

（2007 年 1 月 15 日下午于香港某酒店）

策马绝尘走千里

吴宇森

吴宇森，1946 年 9 月 22 日出生于广州，原籍广西，1951 年随父母移居香港，幼时家境贫寒，9 岁经教会资助开始读书。少年时代就把电影院作为躲避人生苦难的避难所，后来把电影作为人生理想的目的地。就像性对于大岛渚的电影、笑对于卓别林的电影如此重要一样，暴力对吴宇森的电影也极为重要——这并不意味着吴宇森的每部影片都是影像书写的“暴力颂”。而是说，如果暴力是电影无法根除的“文化原罪”，那么吴宇森则通过他的方式向一个无法拯救的世界赎罪：暴力在庄严肃穆的教堂里、在振翅惊飞的白鸽下、在痛苦受难的耶稣像前、在低声吟唱的圣歌中，暴力与美学这两种格格不入的东西，在吴宇森的电影里竟然水乳交融般地汇聚在一起，这究竟是为什么呢?

我没有刻意美化暴力，也没有刻意把暴力做成极端，或者利用暴力来制造商业性的效果。我是完全按照自己的情绪和感觉，根据剧情需要拍所需要的动作。

暴力是没有美学的，动作是有美学的，但是有的时候，动作场景和暴力场面，只有境界之分。我拍的动作希望能够把它们化成比较高的境界，高的境界就用唯美的手法表现出来。

——吴宇森

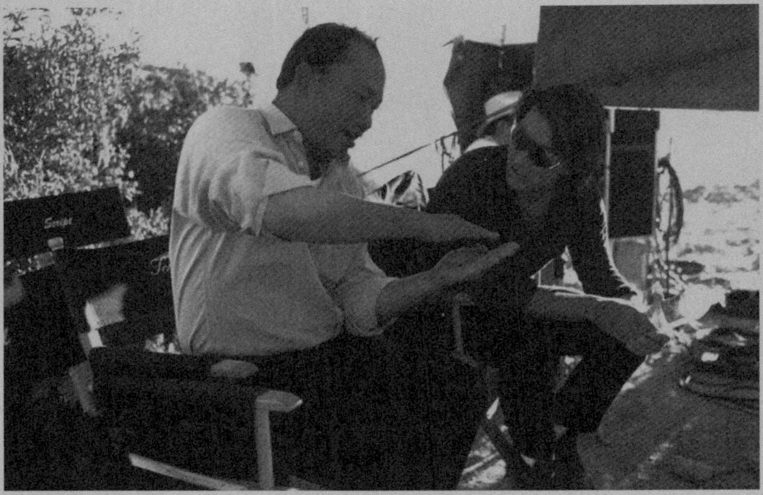

《赤壁》的故事最能够表现中国人的智慧、勇气、坚毅的精神

贾磊磊（以下简称“贾”）：这些年您的电影道路应该发生了很大的变化。

吴宇森（以下简称“吴”）：是的。我在美国拍了好多年的电影，也得到很多发展的机会，他们对我也非常地礼遇，对我的电影也蛮喜爱。但是后来我觉得很多外国人对我们的文化、我们的精神、我们的个性都不够了解。当然我们有好的武侠片，有好的艺术片在世界上很受欢迎。但是我觉得除了武侠之外，还应该有另外一样东西让外国人对我们多些了解。

贾：我们所接触的外国人也并不真正了解中国文化的价值在哪里。

吴：我觉得我应该做一个桥梁，把我们中国的文化、我们真正的精神透过电影表现出来。除了动作片之外，还有另外一种精神让人家去深深地认识到。所以就重新再想起拍《赤壁》这个故事。我觉得《赤壁》这个故事最能够表现我们中国人的智慧、我们的勇气、我们的那种坚毅的精神，还有我们的气度。这个故事本身就是以弱胜强，他们怎么样打赢那场战争呢？他们要打赢的战争除了集中每一个人的智慧之外，最主要的就是一种团结精神。这种团结精神在中国的文化里面是很丰厚的，应该要让其他人都知道。还有我们的风度、个性。中华民族是一个爱和平的民族，爱跟任何人做朋友的民族。我把这几个要点都放在《赤壁》里面了。

贾：您好像有一个通过电影传播中国文化的时代梦想。

吴：我拍《赤壁》并不是单纯的《赤壁》故事，并不是单纯的三国的故事，也并不是一个单纯的历史故事。我希望把我们现代人的感受都灌注到这个故事里面。另外一个重要原因是，我们生活在海外那么多年，从我本人的经历来讲，对我们的江山、我们的人民，我都经常怀念，有很多的爱，我希望把我们美好的精神，也能够放到这部电影里面，让人家欣赏到。

贾：那你最初遇到的困难是什么？

吴：像《赤壁》这样的电影，会牵涉很多特殊的技术，比如说要拍一个千军万马的场面，我们需要用电脑的合成。这种工作是怎么做成的呢？过程是怎么样的？还有需要怎么样的配合？需要怎么样的运作才能够把千军万马的磅礴气势拍出来？

贾：那您认为首先该怎么做呢？

吴：第一要考虑的是《三国演义》已经拍过很多个版本，不管是电视剧还是电影，也有很多拍得非常出色。应该从哪一个角度来看这个三国，当然每个导演有他们不同的观点，还有他们的不同的表达方式，我一定要有自己的特点。另外一个要考虑的就是，我希望拍成一个让国际观众都能够接受的三国故事。我的出发点是希望能让中国以外的人都能够对这个故事感兴趣，所以在编剧方面也下了一番功夫。比如说，美国人跟欧洲人，他们不懂我们的历史，也不认识三国里的人物，怎么样让他们看起来会感觉是一个很有趣、很好看的电影。但另外一方面，又不能让中国观众，或者是亚洲的观众感觉到失望。我们虽然用这个理念去创作

这个剧本，但是也希望不要离开历史太远，因为说到底还是在讲一个历史故事，我又不想有太沉重的历史负担。再加上我所理解的三国人物，希望他们是跟我们现代生活的感受有所呼应的。

贾：《三国演义》是一个英雄群起的历史故事，您是怎么看历史上的英雄人物呢？

吴：我觉得所有的英雄都出身平凡，只是他们能够做到一些事情是别人很难做到的，他们正义感、义气、勇气、智慧。我们现在的生活变化得太快，很多年轻人一时很难适应下来，也有一些很难接得上轨，难免有一些年轻人会觉得比较沮丧，或者比较失落。我希望能够透过现在这个三国里面的人物所做的事情，给他们一个振奋的作用，也希望现在的年轻人能够带入每一个角色。当他们看到诸葛亮的时候，他们说我也可以是诸葛亮；当他们看到赵子龙的时候，他们说我有一个朋友很像赵子龙。就是说要尽量把三国的人物跟我们现在人的关系拉近一些，所以我就把历史的意义先放在次要的位置。再加上我最近看了好几部历史大片，我觉得有点沉重。因为这样我们经常问，历史是不是这么可怕呢？也有一些历史故事让我们觉得很不愉快，好像人生没什么希望，不是说谁仇杀谁，谁恨谁，恨来恨去，我觉得这个很不好，对现在年轻人没有一点鼓励的作用。

贾：我们的电影在文化价值观的传播方面确实存在某些问题。

吴：所以说我拍的时候，没有历史的负担，虽然基本从三国改编过来的一个故事，但我觉得我是在拍一个人的故事。我从这个出发点去做的话，我的心就比较开朗一些。实际我在拍《英雄本色》的时候，我没感觉我在拍一个帮会的故事，我在拍几个朋友之间的感情，还有他们的遭遇，他们的心声，我结合这样的原因，来构想出心目中的赤壁之战。

《赤壁》（2008、2009），吴宇森希望在大背景不违背历史的情况下，刘备不再懦弱，曹操不再奸诈，周瑜不再小心眼

电影，让我觉得人生很美丽

贾：现在《赤壁》圆满结束了，您有什么感受呢。

吴：《赤壁》刚刚完成的感觉是好像终于完了一个梦。因为我想拍《赤壁》已经很久了，大概 2018 年到 2000 年。那时候我还在香港拍戏。我从小就很迷三国的故事。在当年是没有办法拍，不论是资金，人力、物力，还是取景，尤其是在技术上很难如愿。到现在才有机会拍。

贾：您说从小喜欢三国，您是喜欢三国里面的人物，还是它的故事还有他们的情义？做了这么多年导演后，您现在对于三国的认识，和您最初少年时代对三国的那种喜欢，有不同吗？

吴：我年纪很小的时候，在五六十年代，粤语电影很流行。我先是崇拜三国的人物，像赵子龙、关云长啦，还有诸葛亮啊，都是我很喜欢的。11 岁的时候家里穷嘛，我就经常拿一片一片的玻璃，在上面用毛笔画一些三国的人物，画了以后就拿一张糖纸把自己的眼睛盖住，盖得黑得像电影院一样，然后就拿一个手电筒照在这个玻璃上面，把我画的三国人物像电影投射在白墙上，然后就上下左右移动手电筒，感觉墙壁的这些影像在动，那个时候我就想要制作一个电影了。

贾：那个时候您多大？

吴：那时候我 11 岁。到慢慢长大一点的时候，才领略到三国里面的那种情义精神，还有侠义精神，而且很神往。当然除了三国之外我也看了其他小说，比如说《七侠五义》《刺客列传》那些故事，还有《水浒传》，那个时候就很迷中国古代的那种侠义精神了。

贾：香港那时候放很多美国西部电影，对您影响比较深的有哪些作品、哪些导演？

吴：小的时候看粤语片看得很多，同时也看了很多的西片。其实我那个时候最喜欢看的是西片，尤其是好莱坞的电影。小的时候我最迷的其实是歌舞片，这些歌舞片对我的影响最大。因为小的时候，家里环境很不好，居住环境恶劣，流氓啊，赌徒啊，娼妓啊，我生长的环境像个地狱一样。所以我好喜欢看歌舞片，尤其美国的歌舞片，比如《雨中曲》。当看歌舞片的时候，我好像找到了我的天堂。因为在歌舞片里面，那些人物、那些歌、那些词、那些景都很美，他们所展示的是一个和平的世界，很有希望的一个世界，很美的一个境界。当我一听到那些歌的时候，我整个人就觉得非常愉快，好像重新找到了我所需要的快乐一样。从歌舞片里面，我也领略到舞蹈的那种活力、那种节奏、那种美感。

贾：难怪您的电影里就是拍打斗也那么美，像舞蹈一样。

吴：这个确实也间接地影响到我之后拍电影的风格。我拍动作片也是有很多地方是根据歌舞片的原理去设计，去拍出来的。除了歌舞片之外，我也看了不少的西部片，对西部因素，比如说他们把双枪这样转来转去，才开枪，还有他们的那种英勇的行为，都让我好喜欢。其他的还有卡通片。像歌舞片和卡通片这样的电影，让我觉得人生是很美丽的，虽然这个世界有很多丑恶的事情发生，但是让我感觉到人生还是有希望，永远都有希望，也让我有一个快乐的时刻。我成长的过程里面，虽然穷，但是我没有悲观，没有自卑，我仍然是活得快快乐乐的，因为我找到了快乐的途径。

贾：大家觉得梦想是遥不可及的一个领域，但是您的电影又让人觉得特别真实，您觉得怎么样把梦想的故事，拍得让大家特别信服？

吴：我觉得艺术就是生活，很多的艺术创作都是从生活里面出来的。虽然你说我拍的是商业大片也好，是什么别的电影也好，我大部分的电影都是有感而发的。通常我拍一部电影的时候，我会把个人的感受、思想、理想，我对人生的看法，还有我曾经经历过的某些经验都放在这部电影里面。不管我拍的是歌舞片、武侠片还是枪战片，我都把我个人的感情放在电影里面。还有就是，很多时候我是用演员来代表我讲话。当你看到周润发的时候，你好像看到我，你看到梁朝伟的时候也好像看到我，而且很多时候我是参与编写剧本，大部分电影都是我自己编写剧本。

《英雄本色》（1986），吴宇森在原故事的基础上加入很多自己的人生经验，比如好多台词都是他自己的心声

贾：我发现很多导演真正认真地对待电影，是从他们自己动手写剧本开始的。

吴：只有自己写剧本才容易把个人的感受都放在这个戏里面。像我刚才所说的，我虽然拍的是一个三国的故事，但是我拍出来并不是吴宇森怎么样看三国，而是吴宇森怎么样通过三国把自己的一些感受讲出来。所以观众看的时候，感觉跟其他的三国会有不一样的地方。我在拍《英雄本色》前 10 年，是一个所谓的喜剧片导演。我拍了蛮多的喜剧，有一些蛮成功的，也有一些失败的。在《英雄本色》之前 3 年，我有好多戏都不受欢迎，也算是成了所谓票房毒药。当我在最低落、电影不成功的时候，有些朋友就跟我说，应该回家看看录影带，看看现在人家流行什么你就拍什么嘛。这个对我来讲是一个蛮大的伤害！我觉得刹那间，好像我不被尊重，但是我有很坚强的个性，那个时候虽然我的电影不卖钱，但是并不代表我不是一个好导演，只是我想要拍的东西没有机会拍而已。所以当徐克协助我拍《英雄本色》的时候，本来那个剧本不是我的剧本，原来的故事是集中在两兄弟之间的感情，后来我就加了一个人物，就是周润发饰演的小马哥这个角色。我们在研究剧本的时候，徐克跟我说，你干吗不把你现在的感受，现在的真感情写入剧本里面。我想，对啊。就从那个电影开始，我就把别人对我的感觉，当时失败的时候我的坚持是什么？是我的尊严，还有我对朋友的感觉，都写在《英雄本色》里面。比如说戏里面有一些对白，像“我永远都不会让人用枪指着我的头……”

做人要有尊严，要有骨气

贾：您能不能讲讲您在电影中表述的那些具体感受。

吴：这就是我本人的性格，就是我做人要有骨气，要有尊严。小马哥说：“我失败了三年，就是在等一个机会，一有机会就把我失去的东西找出来”，也就是说一有机会就把我的尊严拿回来。这种气概、这种感情是我当时的感受。像我刚刚说的，有人说我应该要退休了，应该要回家看看录影带了，就把那种心情写在这个角色里面，让周润发替我讲话。当周润发看到这个对白的时候，说这个也是我的对白，因为周润发在那之前，他的电影也是很不成功的，他说是我的心声，也是他的心声。

所以说，我们创作电影的时候，往往会把我生活的一些感受和经验放在里面。有人说的电影是一个帮派片，但是又不像帮派片，好像是一种生活、一种经验，让大家都可以感受到。因为很多人也会同样的经历，有过成功的喜悦，有过失败的挣扎和痛苦，还有那种坚毅的精神，电影这样就变成大家的心声。

贾：拍《英雄本色》这些电影时的具体过程您还记得吗？

吴：我拍《喋血双雄》的时候，我一边拍一边写剧本的，拍的时候没有剧本，只有一个故事大纲，我就在摄影棚里想到什么写什么，然后就拍什么。当中有一段戏是周润发被他的好朋友出卖了，而这个朋友是他最信赖的、最欣赏的。我就叫他演那段戏，在演之前我就问他，你在真实生活里面，有没有被朋友出卖过？比如有一个朋友你对他很好，你帮助过他，结果他背叛了你，你当时感觉怎么样？他就会想，想到他以前把所赚的钱帮助一个朋友，结果那个朋友在背后讲了他很多闲话，还毁坏他的名誉。我说当时你讲过什么，我就让他在戏里面讲。把他当时的经历写到剧情里。他演出来的时候，好像他就是演他自己，尽管他当时演的是个杀手。

贾：人在很多情况下，包括英雄都很难完全掌控自己的命运，在这样一个情境当中，人的意志就显得特别重要。包括《赤壁》，它实际上是个以少胜多的故事，这里面除了人的智慧之外，还有人的意志，特别坚强。您的电影里有很多讲人的情义，讲人的精神，您能不能讲讲人的意志怎么样通过一个讲故事的方式来传达？

《英雄本色》（1986），在拍摄过程中，吴宇森与周润发及监制徐克三人紧密合作，周润发的戏份随拍摄进展不断加强。小马哥的成功塑造也使得周润发一甩之前的“票房毒药”的称号，并捧回金像奖影帝桂冠

吴：这个可能从我生活经验里面体验出来。我年少的时候家境不好，但是我有一个非常好的父亲，他是一个学者。在乡下的时候，他做过老师，是一个文人，文采很好。他临死前给过我一句话，做人要有尊严，要有骨气，这是他给我的最好遗言。我从小就很崇拜那种革命精神，那种古代的侠义精神，我小时候最喜欢看的书就是《史记·刺客列传》《水浒传》《三国演义》，就是古代那种仁人志士的侠义的故事。我也很崇拜以前那些勇士他们为了国家、为了家庭、为了朋友，牺牲自己的生命去救别人，帮助别人。

贾：这种武侠精神对您在现实生活中遇到危难时有没有激励作用呢？

吴：我年少的时候，生活环境很不好，几乎每天都会碰到那些流氓。所以，每天一起来，要先拿一块石头，或者拿一根棒子，我知道我一走出这个门口，一走出这个巷子就会被埋伏。我经常被人家打，我要生存下去的话，一定要反抗。我也不晓得为什么老是被人打。我每天差不多都是头破血流地回到家里，这反而锻炼成我要坚强活下去的意念。

贾：乱世出英雄。

吴：有的时候就为了维护个人的正气，有的时候是帮助别人而去打。那个时候就很崇拜有些人能够维护正义来做些事情，为了正义而去跟恶势力对抗。我个人尤其对那些抛头颅洒热血的革命志士非常崇拜。这样就形成我以后的电影、我的作品里面经常流露那种坚强的意志，还有维护正义的那种精神。我也看过很多灾难性的场面，因为我们住的靠近山边，经常有暴雨，山上的泥土侵蚀了滑下来，很多人被活埋了。

贾：人的生死在生活中真是很难把握，在这种情况下人的生命价值的归属就显得非常重要。宗教、信仰在这里就凸现出它的作用了。

吴：从小我们就是一个基督教的家庭，当时也受基督教的一些影响。对宗教的态度，我从来都没有神的感觉。我看宗教是一门学问，一种哲学。我用哲学的角度来看宗教，来信仰宗教。比如说基督那种舍己为人的精神，那种大爱，给我的影响最大。虽然周边的环境非常恶劣，但我还是相信这个世界上好人还是很多。我需要帮助的人还是很多，我需要爱的人还是很多，生活在恶劣的环境并没有让我失落，并没有让我感到悲观，反而使我感到可以去克服，可以战胜，我是可以赢的。我虽然经历过很多不愉快的事情，那些曾经伤害过我的人，我反而很想帮助他们。

贾：您的这种以德报怨的心胸是从哪里来呢？

吴：从我们的历史，然后从我们的宗教，让我知道什么是爱，知道什么事情是不应该恨，这些东西都变成了我个人的人生观，也投射在我的电影上。在青年时代我很喜欢艺术，我本来想成为一个画家，结果学得不好，我看的书，都比较集中在思想性方面，存在主义，柏拉图、尼采，哲学的书比较多一些。

在香港生活的时候，尤其五六十年代，有很多让我感觉到很愤怒的事情，有很多很不公平的事情发生。比如说贫富不均了，有钱的就越有钱，穷的就越穷。我们有一些亲戚朋友，他们很有钱，生活得很好，我们家去他们家拜年的时候，是从后门进去的，在厨房里面吃饭，那个时候我非常生气！我说怎么可以这样子。还有在社会上有很多这样的不公平的现象，让我非常愤怒，所谓愤怒青年就是这样。后来那个家庭家道中落，他们失败了。他们破落之后，有一位老人家没人照顾，我母亲还把他带到家里来，把仅有的一张床让他睡，自己睡地上。后来我就不再愤怒了，我觉得原来我们有的时候看一些事情，不能够主观上看到什么就是什么，原来还有另外一种精神是我们所需要的，那种牺牲奉献的精神才是重要的。我父母的那种行为，那种大爱也影响到我。我从小生活，有的时候有一种孤独的感觉，但是我从小到大，都得到很多朋友的帮助。我在学习电影的过程里面，有一帮好朋友，他们的电影知识比我丰富。香港没有电影学院，也没有机会学电影，我们只能够通过看电影学电影。一些好朋友经常聚在一起，大家拍实验电影，把外国的那些电影理论都翻译出来，把那些好电影、好的电影评论也翻译出来登在报上，我们从他们的影评，从他们的那些翻译作品里面去了解电影，认识电影。

贾：这些好朋友都是谁？现在还在做吗？

吴：像罗卡、石琪都是我好朋友。那个时候他们不光帮助我，还跟我一起拍实验电影。那个时候因为穷嘛，没有钱，我学电影的唯一方式，就是经常到图书馆、书店去看那些电影理论、艺术理论，还有看那些绘画。我看了很多那样的书，真是爱不释手。那个时候我们学电影是蛮苦的。

教堂和电影院让我暂时忘了外面的世界，忘记一切仇恨

贾：您中学时代就读的是一所教会学校，您的母亲也是个基督徒，您的电影里暴力场面的处理，比如像《英雄本色》《变脸》最后的决战都安排在教堂里，在非常惨烈的暴力冲突中，有一个耶稣像会被打得粉碎，或者有鸽子飞出来。我们能不能这样理解，您在用电影的方式向一个宗教的或者说向基督精神表示敬意？

吴：是这样的。我拍《喋血双雄》的时候，就想到用教堂来做背景。首先，我本来并不想在戏里面有太浓厚的宗教色彩，因为我本身是基督徒。所以对教堂有一种比较特殊的感情，我觉得教堂好像是一个天堂。小的时候，就是经历过很多蛮艰苦的事情，经常跟那些流氓打架了，经常跑啊，逃啊，生命受到威胁，或者是很多时候感觉比较孤独。当我一有这种感觉的时候，有两个地方我经常去的，一个是教堂，另外一个就是电影院。我去到教堂里面就感觉到很舒服，让我暂时忘了外面的世界，忘记一切仇恨。

贾：对人的精神慰藉方面电影和宗教有时就是一回事。

吴：其实我并不是一个很虔诚的基督徒。因为那个时候我的反抗性比较强。其实我第一个想做的职业并不是电影导演。我读中学的时候第一个想法是做个牧师，本来想毕业以后就继续读神学院，但是神学院里面有很多好朋友，他们都劝我不要读了。我又想做画家，又很爱摇滚乐，又喜欢电影。他们说你这个人太艺术了，他们知道我有宗教的心，知道我不适合做牧师这个工作。他们不会相信我会很专心在神学方面，那么就不做了。后来我拍《喋血双雄》的时候，我就觉得，教堂可以容纳不同信仰，不同的人进去，可以让任何人都坐在里面。作为一个杀手，他有他善良的一面，他有他的向往。但是他的向往是不容易被人所理解的，他只能够在教堂里面，才能够找回他自己，找回他宁静的一刻。杀手很孤独，就像一匹孤独的狼，全世界都没有多少人会愿意接受他，只有在教堂里面才能够容纳他存在。还有他不能掌控自己的命运，他的命运都是别人来控制的，虽然他手上有一把枪，但是这把枪只能够算是他生存的工具。他的精神不可能得到任何安慰。

贾：在您的电影里，教堂除了是您童年的记忆再现之外，是否还有其他的作用？

吴：在戏里面，教堂有另外一个象征，就像天堂一样，这个世界本来是很和平的，里面有爱，有友情，也有希望，有美好的将来。但是最后人的恶把这个美好的天堂都破坏了，就说人的丑恶把美好破坏了。所以说你看到那个戏里面有圣母的像给炸毁了，还有我们的英雄中了枪以后鸽子飞过烛台，好像把一切的美都毁掉了，就是这个用意。但是这并不在传输一个宗教的意义，而是希望能够传达丑恶的战争对美的摧毁。

贾：在您的电影里，人物有时为了要信守对朋友的一个承诺，会不惜触犯法律，或者说是使用暴力。这样人的情义，尤其是男人之间的那种情义，有时候会给我们一种超越法律的感觉，

这种片子普通观众又特别喜欢。对您来讲，怎样处理一个故事片里面的国法和人情的关系呢？

吴：其实我拍的时候没有考虑那么多，我没有考虑到合不合理、合不合法的问题，首先是我戏里面的那些所谓暴力场面，所谓情大于法的那种精神。还有一到战斗的时候要开那么多枪，打那么多人，还有为了一份情义，就赴汤蹈火的那种感觉，都是用很激烈的手段去表现出来。我拍的时候是完全没有想到这个合不合理的。我这个人是很直的，我从不隐瞒，也不会遮遮掩掩，我的感情是怎么样就是怎么样，我对人是怎么样就是怎么样，我要为朋友做一件事，我不是牺牲，我也不怕有什么，我也不计较什么，我能够帮助人的时候我都尽量去做。但是，有的时候为了要表达一份情义，为了要表达一份激情，我是通过动作来把那种情绪、把那种感情表现出来。所以说，我拍动作的时候，是一种情绪化动作。比如我拍一个英雄人物，他为了朋友挨了一枪，

《喋血双雄》（1989）、《变脸》（1997），双男主一正一邪相互对峙，都充分体现了吴宇森暴力美学的元素

他为了救一个人而死亡，我就把他的精神，用行动也好，用电影技巧也好，用慢镜头也好，要把他那种精神美化出来。就算我将来有机会拍一个革命志士，他是怎么样抱着炸弹跟敌人一起爆炸，我也会用一种唯美的方式，或者是用情大于理的那种方式表现出来，因为我要把那种精神扩大。

贾：您的电影里总有大量的篇幅来表现人与人之间的友情、情义，不论是枪战片、战争片、动作片都是这样，这是为什么呢？

吴：为什么我的电影比较多描写两个好朋友之间的关系，因为我生活里面有好多好朋友，我很欣赏朋友，我很注重朋友。我觉得我今天的成功也是得到很多好朋友的帮忙。我还要向很多好朋友学习，我才能够有现在成功的一天。我对朋友有一份感激，有一份感情。我不怕人家说什么，有的人看我的电影，可能看到有一些什么同性情义啊，但是我拍的时候并没有想到那些，我只是说我平常对朋友是怎么样，电影里面所表露出来就是什么样子。比如说，我做上电影导演之后，我是一个非常爱电影的人，我也很能够欣赏别人的作品。这个很像古代那种文人侠士，大家赋诗交流，我写一首诗，你写一首诗，我们互相欣赏的样子。我觉得这是一个非常崇高的境界。

虽然描写的是悲剧英雄，但我个人是很乐观的

贾：您第一次做导演是那一年？

吴：是 1973 年，我 26 岁的时候就做导演，差不多是香港最年轻导演。当然我那个时候是想创新，想做一些不一样的电影，跟当时流行的电影稍微不同。但是我觉得很孤独，好像只有我一个人在这样，我觉得应该有更多年轻人来参与电影工作。后来，我在一个电视节目里面看到有一些片段拍得非常之好，是一个叫《金刀情侠》的电视剧。虽然是电视剧，但是那个画面很有电影感。我查出导演的名字叫徐克。我非常欣赏他，但是我不认识。我就跟电影公司讲，这个人非常有才华，他是非常出色的一个导演，我推荐公司邀请他来拍电影。

贾：那时候您在哪家公司？

吴：那个时候我在嘉禾公司，也算是一个蛮成功的喜剧片导演，但是公司的反应并不那么热烈。他们说现在流行的是动作片，我们有你就可以了。我说不是不是，我们香港电影需要很多新血液、新导演来创新。我推荐了徐克两年都不成功，但是我对他非常欣赏，后来我们见了面，谈电影。他是一个艺术家，对电影有很大的抱负。我们在香港一个高楼看着那个海港，夕阳照着整个城市非常之美，然后我们两个人差不多是同样一句话，就是说我们一定要把香港电影拍好。后来有一家独立公司，叫“新艺城”，成立的时候，我就极力推荐徐克给那家公司，后来

签了约。他虽然已经拍了两部电影，但是都不成功，他跟新艺城公司拍的电影叫《鬼马智多星》，那部电影他有很多创新的地方，也带来香港电影新的风格，很卖座，马上变成一个大导演。全世界都喜欢他。当他成功的时候，我就没落了。那个时候我们成为好朋友，我的电影不行的时候，他就鼓励我，像以前我鼓励他一样。

贾：生活中您与您电影中的人物还是有很多相似的地方。

吴：到 1986 年的时候，我们两个都有兴趣拍《英雄本色》，他极力支持我拍，他做监制，我来做导演。所以说这种朋友之间的关系，我帮过他，他帮过我，而且他帮过我的更多。我对朋友的感情是很真实的，非常重视，我把现实生活里面，我曾经得过朋友的帮助，还有就是我对朋友的欣赏，都放在影片里面。所以为什么我的电影是很注重友情呢，就是这个原因。古代那种侠义精神也是主要原因之一。再加上我年少的时候很迷张彻导演的电影，还有胡金铨的电影。我看张彻电影的时候，他把侠义精神发挥得淋漓尽致了，拍得很豪迈，很美，很浪漫。可以说我从他那儿学了很多，尤其是在动作处理方面。我对友情是很浪漫的，我对国家是很浪漫的，我对人类也是很浪漫的。虽然我描写的都是悲剧英雄，但是我个人是很乐观的，现在越来越乐观了，就是我对人生永远抱着希望，在这个世界上没有真正坏的人，好的人还是很多的。所以说引申到我拍《赤壁》的时候，我也是用一个乐观的态度来拍《赤壁》。希望人家看了以后感觉这个世界上还是有好人，还是有很多事情是值得我们去欣赏的，去爱护的，去关心的。

贾：作为张彻导演的弟子，他的电影在电影史上被称之为阳刚电影，特别有男性的情结，很少涉及男女之间的感情，但是您的电影，则刚中有柔。另一方面张彻的电影是很血腥的，在您的电影里这些暴力的场面就变成一种非常诗意的、浪漫的、舞蹈化的场景，这种变化的契机是怎么来的呢?

吴：我个人蛮喜欢艺术电影，尤其是写实主义的电影，最喜欢，我看那些电影的时候，好像我曾经经历过的生活，尤其是里面所描写的人生啊，人性啊，都跟我很有直接的关系。起先我想有机会做导演的话，会比较倾向于拍那些比较写实的东西。后来慢慢接触多了，再加上我一向对古代侠义的故事非常向往，那个时候看到张彻的电影，他是第一个提倡以男性为主的阳刚电影，在那个时候是蛮震撼的。因为在他之前都是以女性为主，都是女主角很吃香，看就是看女的，而男的一定是很高大、英俊，又没什么演技的。所有好的演技都集中在女的上面，所有感情的表达都是在女的上面，当然那个时候也是很受欢迎。但是张彻他一改变，整个气候都改变过来，都以男性为主。从他的《独臂刀》开始，真正把整个香港电影的风格、气候都改过来了，我们是非常崇拜的。虽然我看的武侠小说不多，但是在他的电影里真正领会到武侠的意义，真正的仁人侠士。那种侠义精神对我来讲感受蛮深的，像我说我小时候生活在一个不好的环境里面，为了个人的尊严经常跟一些恶势力去对抗，我从他电影里面可以找到这种精神，也可以找到我所向往的那个古时候那些人的革命的精神，或者英雄的行为。

刘家良和唐佳对我影响很深

贾：张彻的电影具体影响到您的哪些方面？

吴：当然是他的侠义精神对我的影响是很大了，还有他的表现方式，他很喜欢用慢镜头，那种特慢的镜头来表现武功的美感，还有浪漫的情怀。那个时候没有其他的中国导演会用慢镜头，我们觉得很美，虽然有一些非常暴力的画面，比如说一刀砍过去喷血了，那些镜头，有的时候我也不那么喜欢，但是如果从美学的角度来看，觉得他表现得很有力量。我个人是喜欢美的，当然暴力并不一定都是美的。后来我喜欢他的技巧，喜欢他戏里面的精神，还有我喜欢他这个人。张彻是一个才子，有很高深的文学才华，他做人也一样，非常的潇洒。

贾：您最初是怎样认识张彻的？

吴：我记得第一次我们见面，是经过一个好朋友的介绍，我很希望跟他学习，很希望能够替他工作，他跟我见面的时候，一看就点点头，好吧，你今天就上班吧。他知道我是一个对电影很痴迷的人，我喜欢看的都是比较艺术性的电影，跟那些从小在摄影棚里边长大的电影人不一样。因为那时候比较流行所谓学徒制，你要做导演的话，先要在摄影棚里做 15 年的场记，然后才升了副导演，然后再做 15 到 20 年的副导演才能升导演，这样制度出来的。那个时候很少有人是真正从电影学院出来，或者是真正的学艺术电影出来的。

贾：做副导演时您最先跟他拍的是哪部电影？

吴：起先我是从第二副导演兼场记开始，最先跟他做了那个戏叫《双侠》。然后做了另外一部戏《拳击》。后来就是拍《水浒传》等，好多电影。我跟张彻做事的时候，主要观察他在现场是怎么样拍电影。实际上张彻是一个非常用功的导演。他不光是很好的编剧，他对电影的感觉很敏锐，甚至拍动作场面的时候，都是亲力亲为。他设计每一个镜头，掌握所有动作的设计。并不像一些拍动作片的导演，一拍到动作的时候，就全交给动作指导去设计、去摆镜头，去按照他的意思怎么拍就怎么拍了。他不是，他那个时候所有的动作镜头都是他自己设计。除了他之外，另外对我影响最深，也让我学习最多的是两位武术指导，刘家良先生跟唐佳先生。

贾：他们都是中国著名的武术指导，我们在做《中国武侠电影人物志》时分别在香港采访过他们。

吴：我在他们那里真的学到很多东西，我非常欣赏他们那种动作设计，他们可以说是第一个把武侠设计成或者是拍成像舞蹈的感觉。当他们设计一个动作的时候，那个动作不光是很有力量，而且很优美，那个动态的编排，就好像舞蹈一样。他不光是拍出武功动作的美感，同时在镜头调度方面也很有音乐节奏感。还有在打斗当中也很能够混合当时那个演员的情绪、感觉和感情。他们这种动作的美感直接影响到我，因为我没有学过武功，看的武侠小说不多，我很懒得看小说，我也不会开车，我也没有开过枪，但是我从他们那边领略到用一种舞蹈的手法来拍一个动作戏。

贾：除了武打动作，您的动作电影中枪战场面也拍得很浪漫唯美，有的像天女散花一样，子弹漫天飞舞……

吴：其实我拍枪战场面，也像张彻一样，我设计那些动作意念，还有那些镜头运用，都是我自己去设计，我在用歌舞片跟武术两样结合来拍我的枪战场面。所以我感觉我在拍一段舞蹈，在拍一段芭蕾舞的场面，是用另外原理来拍一个动作的。除了那些之外，我觉得张彻有一个非常厉害非常成功的事情，他很会制造大明星。他拍每一个人都会红的，很会照顾演员，很能够把演员的魅力、美感、优点，很仔细地拍出来。所以凡是他一看认为是可造之才的话，他就会有一套独特的方法把他变成大明星，他拍一个红一个，他的能力就在这儿。

这也让我学了一点，我现在拍戏的时候很注重演员。在选演员的时候，我很留意他的优点，他的缺点，他的美。我在拍戏前，先跟演员见面，跟他们交谈，我很愿意听他们的故事，观察他们的动静，我很注意他们脸上每一个角度，他们的行动，他们某一些动态能够触动我的，能够给我感觉的，我就会把他们的那个美态拍出来，我很注意每个演员的每一个很细的部分，像张彻那样。有的时候我很注意他们的眼神，因为他们的眼神最能够表达他们内心的感情，所以我在跟他们对谈之后，有了印象，我就在编写剧本，写对白的时候，我就会根据我的观察，我对他们的认识来写对白，来设计戏给他。

贾：那您是怎样用镜头来塑造演员的呢？

吴：作为一个导演，我拍每一个演员的时候，同样是特写，镜头的角度会稍微不一样，有些稍微正一点，有些侧一点，有些低一点，如果他们的手有某一种动态很有趣的，我就给他们的手一个特写，我正好剪到那个戏里面。比如说在《喋血双雄》里面，周润发我先用正常格数来拍他，他讲对白的时候，然后是神情，因为他感情比较丰富，比较长久，这时候观众有足够的时间去感觉他，欣赏到他的表演。另外一个李修贤呢，他什么都要快，他是非常好的演员，他有一些表情做得很快，太快的话，他好的地方就不能够脱出来，我就偷偷地用三十几格，五十几格来拍他的表情，我用慢镜头来拍他的表情，但是我不会让他知道。慢镜头出来的表演，你会觉得他的感情把你抓住。我拍周润发也是，拍梁朝伟也是，拍张国荣也是，我拍汤姆·克鲁斯也是这样，每一个演员我都有稍微不一样的处理方式。张彻在这方面做得非常好，我能够学到他除了戏里面的那种侠义精神之外，还有他怎样去拍他的演员，把演员的美感跟优点拍出来。你仔细看张彻的电影，有很多打都是所谓穿帮了，但是他不注重这个，他注重打的神韵、动态的美感。还有一到要表现大仁大义的时候，他那种面部表情是怎么样，他的气魄怎么样。这个也形成我拍动作片的时候，我就不在乎合不合理的问题，我为了表现他那种无惧、刚毅的精神，我就安排他一人打 30 个人。

贾：几乎所有的导演在拍片现场都容易发脾气，包括女导演，也会在现场动怒，您拍电影的过程中是否也会经常发怒呢？

吴：有时候我拍戏蛮情绪化的，我很容易受到生活上一些细节的影响。比如说拍《辣手神探》。我为什么拍《辣手神探》，因为在当时的香港，有很多歹徒从外面偷运进来一些枪火打劫银行，当街乱开枪，他们的火力甚至比警方还要厉害。我觉得已经到了一个无法无天的地步，所以我非常愤怒，就要拍一个像《辣手神探》这样的电影，有一个神探，很有勇气，来对抗恶势力。我看了新闻之后，就想到拍这样的题材，一个维护正义的好警探。

贾：我们过去都以为香港的治安很好。

吴：没有。有的时候我当天要拍一个战斗场面，早上我一起来就喜欢看报纸、看新闻，当我看到一个新闻说有人在街上乱开枪，打死无辜的小孩，我心里面很难过，我就把那种难过的情绪带到摄影棚。那么刚好要拍到周润发正跟敌人在对抗，我说多打几拳，然后开枪，本来开一枪的，给他开个五枪，狠狠地打。就是把愤怒情绪都放在上面，啪啪啪，我就出去做指导，这样打，把一些我看到的不公平的现象都发泄在拍摄的现场里，但是你们感觉不到的，你们看的时候，为什么打那么多人呢？可能有的时候是连带那样的关系。但是主要是我希望把那种侠义的精神扩大，所以拍的时候就不会计较那么多。

《辣手神探》（1992），吴宇森称之所以拍《辣手神探》是因为那些年香港案件高发，犯罪分子走私进来很多重型武器，抢银行当街枪战，香港以前没发生过这样的事，心里面不好受，觉得正义要伸张，就想拍神探的故事

真正的侠客，永远有忠义的精神

贾：您觉得什么样的精神才是侠义精神？

吴：侠义精神是蛮广泛的，而且很难用一句话来形容。如果一定来讲，我觉得如果是胡金铨跟张彻的电影结合，就能够表现出真正的侠义精神。我们先说张彻的电影，张彻的电影是很阳刚、很浪漫的，他喜欢用慢镜头，不拘小节，注重大仁大义。他把感情化作力量，透过他的慢镜头把唯美的感觉表现出来。胡金铨的电影也是我所崇拜的，他的电影很经典，有很强烈的中国古代的味道，还有很强烈的节奏感，那节奏感好像从京戏的节奏来放到他的武侠电影里面。他的电影很工整，每一个画面都像一幅画，一张一张的画连起来就是他的电影，每一部其实都拍得很精彩，我最欣赏的他的电影就是《龙门客栈》和《侠女》了。但是胡金铨的电影，我不怕讲一句，他对感情没有那么深入，他的感情只是点到为止，胡金铨的潇洒也不像张彻那样浪漫，那样透彻。

贾：根据您的理解，您认为真正的侠应当具有什么样的精神品格？

吴：真正的侠士应该是刚中带柔。如果完全是阳刚之气的话，好像就变成了只有武没有侠。我觉得一部好的武侠片，应该是有武功，也有侠义的情怀。老实说我喜爱看的武侠片并不多，也可以说香港或者台湾所拍出来的武侠电影我看得并不多。其实我个人比较喜欢日本的武侠电影，我们先不管文化上或者精神上的那些，我们只是从表达形式来讲，我觉得有时候他们反而拍出真正的武侠境界。他们的电影里面，比如说两个人的对决，很会营造气氛，对决之前，比如说正与邪的气氛有不同的处理方式，很会利用风声、脚步的移动，还有一些背景来去做区分。当决斗的时候，就一招了断，既有真实感，又有震撼力。

当然，除了动作处理方面，还有精神方面，一个真正的侠客，他永远有一种忠义的精神，也有一种人生的境界。我觉得很多香港片，就是有武没侠，有一些打得很好看，打得非常漂亮，做得非常成功，但是你在这些电影里面要找到一些真正的侠义精神，是找不到的。再加上我个人比较喜欢看那种比较有真实感的打斗，你说我传统也好，怎么也好，我不相信一个人可以飞到半空中，可以转几个翻空，再上来还要打，我也不相信一个人可以飞过树顶，在天空中打了几下下来，还要再打。

贾：在动作设计上，您觉得如何体现侠的精神呢？

吴：比如说我读武侠小说的时候，我研究过，所谓轻功顶多是将墙壁，攀着一些比较凸出来的砖块，一个抓一个这样爬上去。然后快到墙头的时候，稍微一翻上去，顶多是这样的轻功。一个人怎么可能飞到 18 层的楼顶上，打落下来，没有这样的事。我不相信这个文化，就很难去相信这样的武侠电影。看是好看，我的意思是说，如果让我拍的话，我不会这样拍。这样的电影也不会让我有太大的感动。我不是说长他人志气，我比较喜欢像日本武士道电影，先是营造一种气氛，当然前面有人物性格的铺排，然后在决斗中气氛做出来，还有你真正的刀剑等于跟枪一样嘛。你真正有杀伤力的话，弄一两下就够了，不用打那么久。

其实我很想拍一部武侠片，我知道我拍武侠片会跟别人有不一样的感觉，但是我在等一个时机。如果我要拍武侠片的话，因为我很喜欢剑，一直到现在为止我还没有看到一个武侠电影能够把剑真正的精神拍出来。剑代表一份正气，也代表一个君子。我很希望能够把我们剑道的精神拍出来。我在写这样一个剧本，也在等这样的一个剧本。真正的侠义精神是能够从心里出发，真正关怀别人的。所谓侠义是什么呢？除了维护正义，还能够尽一切力量去帮助别人。

贾：您早年有两部电影特别重要，一部是《少林门》，一部是《豪侠》，您在里面还出演了一个角色，而且成龙最早在《少林门》里扮演了一个角色。这两部古装电影比较接类似于武侠电影，您现在能回忆一下当时拍片子的情景吗？

吴：我虽然拍过像《少林门》《豪侠》这样的电影，但绝不算真正的武侠电影，而且都是很不成功的电影，一看就是一个没有经验的导演在拍的。只不过那个时候流行动作片而已。比如说《少林门》，那时候我还年轻，经验还是肤浅，但是我很喜欢拍动作戏，虽然剧本是别人写的，因为那个时候跟公司签了约，电影一定要拍，而且要去韩国拍。那个年代功夫片正开始流行，自从李小龙以后，带起了一份功夫的狂热，也带动了香港的功夫电影，还有武侠电影。很多人在模仿李小龙，我也在模仿李小龙，因为我很崇拜他。他不光是一代巨星，他是一个真正的中国人代表，可以这么说，他是第一个真正把我们中国人的坚毅精神，还有不屈不挠的精神向全世界表现出来的，所以我好喜欢他。

《豪侠》(1979)，吴宇森自编自导，尽管当年被人以为是跟风张彻之作，未受重视，但如今看来，该片已经具备了吴宇森暴力美学风格的雏形

吴思远在武侠电影界是一大功臣

贾：中国武侠电影导演对您产生影响的还有哪些人？

吴：拍《少林门》的时候正流行李小龙，还有刘家良、吴思远。其实吴思远在武侠电影界也是一大功臣，他拍了《荡寇滩》，可以说也是改变了香港功夫片的面貌，带来了一个新的潮流。那个时候大家都在想尽办法把那些武功的新招，真的招式在电影上表现出来，观众喜欢看新招，喜欢看不一样的打斗。那时我们在拍《少林门》，就做了实验，我让当时的武术指导洪金宝到乡下去，到很多地方去寻访那些有真功夫的人，拍一些纪录片，比如找到一位很懂得鹤拳的，

《少林门》（1976），吴宇森早期作品，洪金宝的动作设计极见精心，男主角谭道良一招一式的硬桥硬马，最后与大反派田俊的那场“生死决”，打得酣畅淋漓，充分展示了功夫片的魅力

访问到很会耍枪、耍刀的，都拍下来。然后我们在《少林门》做实验，就说从真实功夫里面变化一些新的动作形式出来，设计一些新的动作，新的招数。去韩国拍《少林门》的时候，我还不成熟，但我知道有一定的电影技巧，可以把一些好的动作拍摄出来，但是我那个时候本来是想拍文艺片的，我并不那么热爱拍功夫片，既然是有那个机会，我还是要想把它拍好，就是一心想拍一个不一样的功夫片。我们那个时候也做了很多实验，有洪金宝做武术指导，另外有成龙啊、元彪啊，很多位小兄弟做武行、替身。

那时候我看到成龙，他沉默寡言，也不会开玩笑，总是闷闷不乐的，但是我觉得他很有才华，因为他曾经帮过我第一部戏，那个时候叫《过客》，后来改了叫《铁汉柔情》，他是我的武术指导。那个时候他想做演员，但是没有机会，也没有人欣赏，但是我看他是一个非常有才华的人，就换了那个韩国演员用了他做第三男主角。我把那个角色重新编写，其实他在《少林门》里面所演的角色是周润发在《英雄本色》里面的小马哥的前身。我所喜欢的那种侠义精神的人，都是有一贯脉络下来的。比如说成龙在《少林门》里面的表现，那种豪气，那种为朋友、为崇高的情怀，不惜牺牲的打斗、拼命，那种重友情、讲义气都发挥得很好。尤其在《豪侠》里面刘松仁的角色，在《英雄本色》里面的小马哥，《喋血双雄》里面的那个杀手，《辣手神探》里面的周润发跟梁朝伟，都是一脉相承的。

贾：成龙拍戏是著名的拼命三郎，您和他合作有什么感受呢？

吴：从《少林门》开始，我最开心的是创造了这个人物，我们拍的时候除了注重把真功夫变化成电影的那种新招之外，还尝试做一些真实感的反应，一个人被踢一脚，我们同时用钢丝把他往后面拖，感觉踢一脚的力量就很大。有一次他被踢的时候，我们往后拉，我说不够大，不够大，大一点，结果一拉，他往后一倒的时候，头撞到一块石头，那种有尖角的石头，他马上休克了，都不省人事了。我们都拍打他脸，救他，后来隔了很久很久，他醒过来，他醒过来的时候流着眼泪说，我是谁啊？我在哪里啊？他不知道，后来慢慢恢复过来，我们都抱着他哭。

后来我就跟嘉禾公司讲，成龙将来一定是大明星，非常有才华，你们一定要跟他签约。那个时候公司虽然觉得他好，但是没有很积极地去跟他签约，到后来他果然成为大明星。他后来拍袁和平的戏、吴思远的戏红起来以后，嘉禾公司就请他过去，所以我那个时候很开心。《少林门》并不是很出色的电影，但是我有两件事情不能忘记，一个是跟成龙的合作，他的成功我非常欣慰，因为我看得出他是非常好的演员。另外是洪金宝，我非常欣赏他，他在那个戏里面有非常好的表现，他也是一个很有头脑、把动作片拍得出神入化的导演。

贾：成龙在《少林门》里是第一次出任男主角吗？

吴：他以前在一些独立制片里面，曾经演过配角，重要的配角。在《少林门》里面，他算是第二三主角，但是那个不重要，因为他的表现其实是像周润发在《英雄本色》里面的表现，后来罗维和吴思远可能看到这些片段之后就很喜欢他，认为他是很有潜力的演员，结果后来变成一个神话了。

贾：您在 1979 年拍了一部《豪侠》。

吴：《豪侠》是一部充满了野心的作品，因为我很崇拜黑泽明，我想把这部电影拍成像黑泽明的《七武士》这样的电影。结果很不成功，因为什么呢？那个剧本太有野心了，想讲仁义，又想讲感情，忽然间又想讲友情，但是这个对白写得太现代，很不协调。我本来想用一种舞台的手法来拍一个武侠片，很多画面都是不动的，画面都是很低角度来拍，像我们在看舞台剧这样子，但是怎么把舞台跟古代，跟现代武侠，还有套招结合起来，结果就变得很不统一的，我觉得有点遗憾，因为那个戏花了很大的成本。那个时候已经没有人去拍一些大场面的武侠片，都是集中拍一些套招的功夫片，我那个时候花的制作费很大，大布景，用很多武行，是张彻以来花费最大的一部动作片，结果拍得不成功。那个故事其实也是《英雄本色》一种精神的前身。

没有刻意美化暴力，
也没有刻意把暴力做成很极端

贾：有人把您的电影跟林岭东的片子相比较，说是香港动作电影的双峰并峙，一个是浪漫的、飘逸的，一个是写实的，甚至有点残酷的。他们把您比喻为李白，把林岭东比喻为杜甫。您觉得这个比喻恰当吗？

吴：我们之间各有各的风格，我也很佩服他的电影，只是我觉得很难说是怎么去比较，或者是怎么比较，我从来没有想过这个问题。我觉得他的电影是很好看，在外国林岭东的电影也是很受欢迎的。就是大家的情怀不一样，我从来也没有拿自己的电影跟任何人去比较，也很难说。我觉得电影的好看就是说，你可以从不同的导演来，哪怕是拍同样的题材，但是有不一样的风格，有不一样的味道，有不一样的感受那样才好玩，如果拿来做比较的话，我觉得很没有意思。

贾：暴力在生活里是比较残忍的，但是您把暴力变成一种美学，让它有一种审美的价值，或者暴力行为本身变得可以观赏，消减了暴力的残酷性。现在很多人都用暴力美学这个概念来评价您的电影，您觉得确切吗？

吴：其实暴力美学不是我说的，是别人说的。首先我要讲的说，我没有刻意去美化暴力，也没有刻意地把暴力做成很极端，或者是利用暴力来制作一个商业性的效果。我拍的时候是完全按照自己的情绪，还有一份感觉，根据剧情认为所需要的拍那场动作。有一些镜头的运用，可能对某种观众来讲觉得过分刺激，但是起先我拍的时候没有想到这样子，在美国的时候，我也听说过，有一个地区的亚洲青年去打劫一个金铺，他们进去把玻璃踢碎了，然后用了枪，抢一些东西。警察抓他们的时候，问他们为什么这样做。他们是从我的一个影片学来的，当时我就很痛心，因为我拍的那段是根据史料，在打越战时是有发生过这样的事情，那些军人进去抢金铺。我觉得电影虽然是一个表现的艺术，但是也不能够给观众负面的影响，我觉得我有一份责任。但是作为一个艺术家，有的时候可以不用管那么多，根据你的灵感去创作。但是商业片，因为接受的观众广，如果你还关心这个社会，还爱护年轻人的话，就不应该给他们不良的影响。

所以我后来拍戏的时候就稍微改变了方式，在暴力层面我会很注意，有的时候会做很多方面的考量，比如开枪的方式有所调整，如果那个人中枪的反应，一中枪就倒了的话，就不让观众有太多的难过的感受。所以说我拍每一个动作的时候，都会很注意到，会对人家有什么影响，或者有什么不好的反应。我也赞同暴力场面镜头只能够点到为止，有的时候要表达一种意念，一种意境，以前我是爱多长有多长，我是很坦率的人，我是很直接的人，这样感情，我高兴我就高兴，我不要讲话我就不想讲话。我要感激一个人，我对一个朋友好，我就对他很好，我不会隐瞒。所以，为什么有的时候我拍那些场面我要表达的某种情绪，我该愤怒的时候就会拍得很足很强，那么如果忽然有一个想法是我想把那种牺牲的精神，那种壮烈的情怀，把那个张力弄得很强的话，因为我相信那样的东西，我怀抱那样的东西，所以我就会把那样的场面拍得很激烈。

后来去了美国之后，其实校园枪杀案的事情，那几个凶手是受西方的电影影响比较多，但是那几个电影也是从我的电影里面得到了灵感，所以间接也是我的责任，所以我觉得有时拍动作的时候达到一个点题的作用就够了。我绝对不希望我的电影变成有不良影响的电影。暴力是没有美学的，动作是有美学的，但是有的时候，动作场景和暴力场面，只有境界之分，到底有没有高的境界还是低的境界，我拍的动作希望能够把它们化成比较高的境界，高的境界就用唯美的手法表现出来。

只有好看的电影跟不好看的电影

贾：拍电影从选剧本，到选演员，到拍摄场景到时间到预算，就面临着很多选择或者说决断，在您确定答应拍或者是拒绝一部电影的时候，通常是因为什么原因呢？也就是说您拍电影的底线是在哪里？

吴：以往我在香港拍电影都是我自己写剧本，因为我要拍的电影是根据我自己的理念，我当时的情感，我想要表达些什么，我才去写剧本。以前我很少拍别人的剧本，只有几个戏才用人家的剧本，但是用了人家的剧本，我还是加了很多个人的创意，有很多个人的观点在里面。通常我选择的剧本，看它能不能够把我的人生观或者是我所感兴趣的一些意义，如果能够找到有一种我想要表达的现实，或者意义的话，我才会接受那个剧本。导演跟编剧之间，当然希望能够找到一个共通点，这个共通点不管在人性面上，还是在创作意念上找到一些共通的，然后在创作的时候把意念变成导演的意念，不管是商业片、动作片、文艺片，还是喜剧片，我只要在里面找到一个我想要表达的意义我就会选择那个剧本。

不管那个戏有多大的制作成本，不管那个公司有多诚意，不管是这个片酬有多高，如果我找不到一个意义的话，我就不会拍这个剧本。在美国我接到很多剧本，在《赤壁》之前我就推掉了五部戏，有两部大戏都是 1.5 亿美元的制作。听说我拍完那个戏以后，我可以退休了，可以不用担忧后半生的生活。但是我都拒绝，那部戏是商业大片，但我找不到比《赤壁》更好的意义。所以我就推掉，有的时候不是钱的问题，再说好莱坞剧本太多了。我发现不管是八大公司，还是很多很有名的独立大公司，好莱坞的电影有一个既定的模式，不管是哪家公司的出品，除了有一点点小小的分别之外，都看不出那个分别。以前我们年少的时候，有的电影是米高梅公司的，有的是派拉蒙公司的，还有迪士尼的电影，特征都挺清楚的。现在好莱坞电影没有什么个性。

贾：现在中国的电影，包括台湾、香港，都有点衰弱，内地虽然现在有四百多部的制片量，但是也面临很多问题。您作为一个特别著名的国际导演，对中国电影未来的发展，包括对从事电影工作的这些人，有什么期待吗？

吴：我来拍《赤壁》的另外一个原因，就是我对最近中国电影的发展非常感动，非常喜爱，使我回来拍《赤壁》。虽然我看得并不很多，但是我看到的都是非常好的作品。比如说我很喜欢看贾樟柯的电影，《小武》《三峡好人》这样的电影。还有王小帅、张扬那些年轻一辈的电影，还有宁浩的《疯狂的石头》都让我非常喜爱，当然我也看了张艺谋的《满城尽带黄金甲》和《千里走单骑》，还有陈凯歌的电影，冯小刚的电影，冯小刚的《天下无贼》我很喜欢，我从来没有看电视剧的习惯，也看了几部，《大宅门》《走向共和》等，给我的印象都非常深刻。我觉得中国电影到了百花齐放的时候，所以说我回来能够尽一份力，也希望拍出一部好的中国电影。中国电影在技术上发展得非常之好，不管是大制作，小制作，都有非常好表现。在题材方面有了很多不一样的感觉，有些电影也毫不逊色于好莱坞电影。在市场慢慢打开，最难能可贵的就是有几部好电影，顾长卫的《孔雀》，王小帅的《青红》，贾樟柯的《小武》《站台》《任逍遥》等在国际上拿了大奖。就是说在艺术和商业方面都有很高的发展，都有很好的表现，我非常欣慰。到现在有点遗憾的是偏文艺的电影发展空间比较小，在影院方面好像放映得并不多，我希望大家全力支持，不管是观众还是有关单位，应该继续支持或者推动国内艺术性电影的发展，给它们多一点的发表空间。

贾：可是观众并不是看电影的出品地域是哪里，而是看他们自己喜欢不喜欢。

吴：是呀。在香港、台湾的电影都不景气的时候，我却发现本地人不喜欢本地的电影，这是极不好的。香港观众老是觉得外国电影是好的，外国的电影的制作费高，有真实感，有可观性，其实他们没有发现我们自己的电影也有它好的地方，也有值得骄傲的地方。怎么反而外国人那么崇拜我们的电影，我们却不崇拜我们自己的电影呢？要吸引观众的话，首先要让本地观众关注和支持我们的电影，如果要我们的观众重新关心支持我们自己电影的话，当然要拍得好。

贾：我们的电影除了商业电影以外，还有一些艺术性很高的电影，也是很值得我们去支持的。

吴：尤其是在这个急速变化的社会，很多事情都让人们感觉不好控制的。在高速发展的社会里，我们更需要精神生活。那么精神生活从哪里来呢？是从我们的文化，从我们的好电影，从艺术性电影，从那些文艺性高的电影里面，我们可以找到我们的精神面，我们可以找到我们的精神食粮。那些电影更能够表现人与人之间的关系，更能够看到我们的社会是一个怎么样的社会，人与人之间需要，渴望的是什么，我们所关注的是什么，人的生活是讲境界的，我们不能永远停留在一个娱乐的境界，我们也需要一个精神上面的境界。我觉得很多好的艺术片都被忽视了，这个比较可惜的。但是我相信很多年轻的观众也会慢慢发现我们好电影的一面的。

除了我们需要吸引到观众回归，或者是关心我们自己本身电影之外，我觉得在编剧方面也要多些努力，以前在港台的经验，编剧的地位并不被重视，不管是在酬劳方面，还是在创作方面。曾经流行过一段时期，由监制来控制编剧。当然有创意的编剧还是蛮多的，但是有的时候一个剧本在市场的考量、观众的接受程度方面，通常会被改动很多。编剧的人才也是非常缺乏，虽然我们后来慢慢改善了，对编剧的待遇也改善了，但是好的编剧不多。以往很多学习电影的人，我听说，希望毕业之后做导演，就想做导演。但是我要鼓励年轻人，我们虽然遭遇到编剧上的困难，但一个好的编剧会把整个电影改观，也会把电影市场改观。

贾：您认为中国电影在产业化的道路上存在着哪些问题？

吴：中国电影不能够光看一个中国市场，虽然中国发展越来越好，有越来越多的影院，对电影的需求增多，但是一个市场很不够，一个大制作的电影除了中国以外，我们还需要亚洲，还需要欧洲西方国家的发行。一个剧本既能够适合本身的市场，同时也能够达到国际性的市场。这样的创作过程、创作力量是需要很大的考验，还有要做很多方面的调整。

我们讲一个中国的故事，但是我们也希望是适合西方人看的故事，这样的市场就会打得更宽了。所以说，学电影的年轻朋友，除了可以做编剧，做导演，也能够做摄影、美术指导了，很多工作都可以做。电影是整体合作的，我们要做的是整体改进，不能靠导演。导演的视野要更开阔一些，但是我们不要太执着电影应该怎么拍，电影也有一定的规律的，电影的艺术或者商业，不要分得太清楚。商业片也可以很艺术的。一部好的艺术片也可以用另外一个方式让更多的观众接受。我们应该把心胸打开，放开来，应该用坦荡荡的心情来拍一部电影。

贾：在您的理念中有没有商业电影与艺术电影的分野呢？

吴：在我的观念里面，没有所谓商业和艺术，在我的观念里面只有好看的电影跟不好看的电影。我是看艺术片长大的，我也想看艺术片的。但是我拍电影的时候，没有考虑是商业片还是艺术片，还是两者兼具。我从来没有艺术、商业的使命感，或者压力。我们的电影要多元化发展，不要把它们分割得太清楚。每个人有每个人的喜好，希望观众不要太固执于某一个选择。其实有一些小制作的电影也是非常好看的。当然有关单位，或者是政府方面已经尽了很大的努力，他们也想电影拍得好，希望多多支持一些好的电影的制作。其实问题不在政府，而在我们本身，实际上我们本身的感觉、创意，能不能够使观众有很深的感受。还有我觉得拍电影应该是很快乐的事情。我之所以喜欢电影是因为，尤其在拍摄现场有种大家庭的感觉，我拍戏的乐趣并不是说拍出来的成果，并不是在看到我拍的成果。反而是在拍戏的现场，我剪完一个镜头的设计，我就喜欢走到旁边去，看一些工作人员怎么表现，看他们怎样把那些镜头做出来，看他们怎样去一步一步地把工作做出来。从他们工作表现，我可以感受到他们的情感，他们的生活，他们的思想，他们的喜怒哀乐，从而让我了解到这个社会的一个部分，这个是我最大的乐趣。所以我喜欢拍电影，能够在一个工作的环境里面，让我体验到人生的一面，生活的一面。

我心目中的武侠既有侠义精神，又有很浓厚的人性表现

贾：您拍了很多电影，包括战争、核战的，枪战的、爱情的，也有一些早期的武侠的。如果有人说吴宇森导演是世界上最出色的武侠 / 动作导演，对这样一个判断您乐于接受吗？就是人家说你是一个专门拍武侠 / 动作片导演，对这样一个评价，您愿意接受吗？

吴：我不愿意接受这个称号，对我来讲是太重了。因为我还没有真正拍到我心目中的武侠电影。虽然我拍一个像武侠类型的枪战片，但是真正的武侠我还在期待当中。我个人是很喜欢武侠片，虽然有一些武侠片我并不能够完全接受，但是我很佩服那些能够把武侠片拍得很出色的导演。我对武侠戏有一种迷恋，但是我心目中的武侠既有侠义精神，又有很浓厚的人性表现。像黑泽明的《七武士》，有很浓厚的人文主义的精神在里面，我也想拍一部这样的电影。希望我能够在内地生活再久一点，不光是在北京，最好能够到南方去，比如说我的故乡广西，还有云南、杭州一带生活。我们只有在中国的土地上生活多一些，认识多一些，感受多一些，才能从中找出我们中国人最宝贵的精神。然后我再构想出一部我心目中的武侠片。因为我发现有很

《赤壁》（下，2009）工作照，吴宇森对“赤壁大战”这一题材痴迷了 20 多年。但在当时，无论是电影制作技术还是电影消费市场都无法支持和容纳规模如此宏大的一部影片。2004 年的夏天，吴宇森的金牌搭档、制片人张家振首次造访北京。此次内地之行使二人看到拍摄《赤壁》的时机已经成熟，便开始了影片有关融资和拍摄的运作

多武侠片虽然很成功，但是只是表面上的成功，他们只是把武侠的一个表面表现得很好看，比如动作打得很好，很漂亮，有一些情义描写得很好，但是除了武打跟情义之外，还有人性，都可以在武侠里面表达出来。还有我对中国的武功跟兵器的运用，还要重新认识一些。因为每一种武器，都有它的意义在里面。比如说剑代表正气，代表君子之风，刀代表什么，枪代表什么，飞镖代表什么，从一种武器找出一种精神，从一种武功找精神，再配合人文精神来搞一部电影。我也不知道等到哪一年，但是我很渴望能够拍到。我说这些很好很成功的武侠导演，有很多我也认识，除了以前的张彻、胡金铨，现在像张艺谋、李安、袁和平、程小东他们都拍得非常之好，我还不算。

拍《赤壁》，我的最大感触是，不仅在内地的工作人员和演员，他们那种敬业和乐业的精神让我很感动；我内地的很多年轻人，尤其是参加电影行列的，他们对电影有充分的热情，对电影的理解比任何地方都高，这让我感觉到非常安慰。希望所有年轻人都继续努力，他们是将来改变中国电影面貌的新兴的力量。我很乐观，期望也很高，希望多一些年轻人参与电影工作，中国电影有无穷尽的题材可以拍，我们除了武侠，除了喜剧，还有很多东西可以拍。在内地，有这么多的民族，有这么悠久的文化传统，能够和和气气地融合在一起，不同的地方有不同的故事，有这么多好题材都可以拍的。

找出一些东西方之间共通的感情和精神

贾：您的电影不仅得到中国人的认可，也被西方主流电影界认可。您跟美国人的合作，怎样能够把中国人的情怀、把我们的价值观让美国人接受，这个过程你是怎样完成的呢？

吴：首先从我个人的观念来讲，我看每一个人都是同样的人。在我的眼睛里，虽然看到的是不同肤色、不同文化的人，但是我没有不同的感觉。我觉得我跟美国人、日本人、韩国人、印度人都是这样，我们的感情都是一样的，我们的人性是一样的。另外我在香港长大，有很多机会看来自不同地方的好电影，也有很多时候看我们本地的电影，可以说从小到大，我们可以很容易地接受来自东西方不同的文化、不同的艺术、不同的精神。

这样，我们就能够学到不一样的技巧，把不一样的技巧融会贯通形成自己独特的风格。我相信在大部分的香港电影里面也是有这样的感觉，既有东方的精神，同时也有西方的技巧、西方的文化艺术掺杂在里面。我的《英雄本色》受到很广泛的欢迎，尤其在亚洲，在东方的社会特别受欢迎，因为里面很多感觉、很多情感、很多表现的方式都很受亚洲观众的喜爱的。

贾：美国人历来特别认可的是那些具有商业潜质的导演。

吴：我曾经在一个月里收到从好莱坞寄来 50 个剧本，但是大部分都是叫我拍动作片的。那时候，我才知道他们对我的电影那么感兴趣，后来我有机会去到好莱坞拍的第一部戏《终极标靶》，是因为演员、制片，还有一位监制，是拍《蝙蝠侠》的那个导演，他们到香港来很诚意地邀请我去拍电影。张家振也鼓励我，他认为我的电影是可以很国际性的，他知道我能够做到。那时候我还听说，法国有个电影学院拿那部电影来做教材。柏林影展一向都喜欢艺术电影，他们不会拿我的戏去参加竞赛，但是他们的大学曾经邀请我去讲学，那个时候我不敢去，我说没有什么好讲的。

贾：他们为什么这样喜欢这个电影呢？

吴：他们看《喋血双雄》的时候，不需要懂得我们的文化，不需要懂得我们的语言，但是他们能够很真切地感受到那部电影的情感，觉得它很国际性。在演员的演出方面，看到角色笑，他们也会笑，看到角色哭，他们也会感动。就说那部戏不需要语言大家也能够互相沟通，后来他们看到《辣手神探》，更惊讶了！觉得那个动作场面已经拍得很经典了，尤其是一开始在茶楼的枪战，给他们很大的震撼。后来我在拍美国戏的时候，不大习惯他们的那种工作制度，因为在香港你创作电影的时候导演是一切，可以维持导演做结论这样的，跟欧洲一样。那么好莱坞跟欧洲、亚洲不一样，在好莱坞是谁的权力最大，谁的声音也就最大，是以影片公司为主，当然一个当红的导演，权力最大的，每个人都要听他的。但是真正有权力的导演全好莱坞只有5个，后来是6个，加了我一个，开开玩笑而已。

贾：在好莱坞中国剧院的人行道上我看到有您的手印。

吴：我在好莱坞比较感动的一件事是那些人对我非常礼遇，非常尊重。在好莱坞普遍来讲，非常尊重人才，也需要人才，不管你是来自什么地方，只要是电影人才他们都喜欢，也很谦虚。我认识很多电影人都是很谦虚的，我一去他们好像很高兴，好像看到老朋友，那国籍放在眼里，我们好像是认识很久的朋友。他们有好几个导演都好喜欢我，比如说动作的设计用双枪，他们都喜欢那样的动作，也喜欢学，交了不少的朋友，但是我发现在好莱坞工作是很不容易。

贾：在好莱坞拍电影和香港有什么区别？

吴：我发现在好莱坞，一个大明星有最后的剧本决定权，最后的女主角的决定权，最后的剪辑权，还有所有宣传方面都要他来掌控这种工作方式我很不习惯。演员要参与剪辑，我绝对不允许，在香港电影就是导演的作品。我以为好莱坞喜欢香港电影的方式，所以在拍《终极标靶》的时候，我一时野心太大，希望把一个不属于我的故事把我平常所有的技巧都放在这个电影里面，比如说慢镜头、定格摄影。

贾：您到好莱坞是哪一年？

吴：我是1991年9月初被邀请到好莱坞的。去好莱坞工作当然需要有经理人，有律师。在经理人的安排下，我跟好莱坞所有的大公司包括比较出名的独立制片公司开会见面。在三天之内开了21次会议，很多人对我的电影都蛮有兴趣的，可以看出好莱坞很欢迎来自世界各地的电影人才，给了我很多剧本，最终选择了《终极标靶》，是环球公司出品的。拍这部戏一开始我是很开心的，因为终于有一个机会可以向好莱坞的各方面学习，尤其在拍摄的技术方面。但是另外一个主要原因，就像我朋友张家振说，他虽然对我很有信心，但是我也要证明我自己一下，看看我的电影或者说我的想法、拍摄的技巧是不是真的能够国际化；也希望能够证明一下，我们的东方文化能不能够融入西方的文化里面，就说在一部西方电影里面，还能不能够保留中国文化和中国精神，也希望能够通过这样的合作机会找出一些东西方之间共通的感情和精神。

贾：您在美国拍第一部戏并不简单，因为美国的电影有全世界的市场，他们要兼顾到世界每个地方观众的口味，不光是对电影的看法，还有各地观众的接受程度。拍第一部戏的时候公司就跟我们提出，希望我的片子不要太像香港片。我们在香港拍的时候都是蛮自由的，也不需要考虑到太多的其他因素，比如动作的场面的设计，开枪，可以开七八枪，可以一个人打三十几个人。但是在美国，审查制度还是有限制的，比如说在美国要拍摄一个英雄人物，他开枪顶多只能开一枪到两枪，不能打死这么多人。在欧洲就比较自由一点，当然也会受到某种法理和道德的约束。

贾：您在美国拍电影最直接限制是什么？

吴：在美国，他们很怕青少年看了那些暴力电影，会受到某种影响。所以在拍摄动作场面时要有所节制。在东南亚以外的市场，比如说在印度，在阿拉伯国家，他们对暴力场面都有不同的规定，有不同的接受度。好莱坞要求电影要能够适应不同地区的观众的观赏的角度。所以，每样事情都要取一个中间路线，就是拍的时候，某些场面不能太偏激，暴力程度不能太强烈。

贾：香港就可以随心所欲吗？

吴：如果在亚洲地区，你打得越好看越灿烂，越刺激越好，从市场来讲，就没有那么多顾忌，在西方国家就要做一些调整。开始我以为大家都喜欢香港片的模式，所以我把第一部戏《终极标靶》拍成了一部港片的模式。把我所有的技巧，曾经在香港用过的，或者很自由的技巧，比如说哪一个段落喜欢慢镜头就慢镜，喜欢叠影就叠影，喜欢定格就定格，就是用这样的方式拍一部美国片。结果到试映的时候，大部分观众接受不了，当他们看到戏里面有一个定格的时候，他们以为这个戏结束了，就起身离开了。因为美国片到戏的终结的时候往往来个定格，就表示整个戏结束了。到慢镜头的时候，他们不怎么接受这个技巧，就忽然笑了，这个有反效果。后来我发现美国电影是严格分类的，比如说动作片就是动作片，动作片绝对不掺杂任何文艺的元素；文艺片就是文艺片，文艺片有固定的观众，文艺片的观众不看动作片的，文艺片绝对不会有任何动作的元素，或者是动作的技巧在里面；喜剧片就是喜剧片，喜剧片不会有动作的元素。

贾：美国电影的类型化不仅改变了电影的生产模式，而且也改变了观众的接受心理。

吴：每种类型片都有固定的观众，也就是说他们习惯了那种片子的模式。有很多喜欢香港片的，他们会觉得在一部香港片里面，能够混合不同的元素在一个电影里面。他们发现我的电影，或是很多其他香港电影，在一部电影里面有让观众非常兴奋的动作场面，同时也有很浓厚的戏剧性，也有很丰厚的感情，有幽默感，把不同的元素能够集合在一部电影里面，让他们在观赏的时候获得很大的满足感，而不像美国片那么分类明晰。所以经过那件事情之后，我重新再剪辑一遍，把一些太过于个人技巧的部分拿掉，让观众感觉是一部美国片，但稍微有一点点不同，结果再试影的时候大家都认为比较好一点。

《终极标靶》（1993），吴宇森导演的第一部好莱坞电影，还是吴宇森所擅长的各种暴力美学，融合了追踪、枪杀和功夫打斗，保持了较高的水准

贾：当时您接到很多剧本，为什么选择《终极标靶》（1993）？

吴：起先我选择这个剧本的时候，前面说过是因为那位男主角、制片和编剧他们飞到香港很诚恳地邀请我，希望我能够接拍这部戏，因为他们很喜欢我的电影，也很喜欢周润发。那个男主角希望在这个戏里能够表现出像周润发的那种动作，那种潇洒，那种作风。本来我也喜欢那个故事的意念，就说人类到最后互相残杀，变成猎物，也是蛮悲哀的，而且这部戏跟我以往的独行杀手的那种戏比较接近，所以我也想用现代西部片的方式来拍那部电影。后来电影虽然是卖座但算是中下了，不亏本，也不赚大钱，还算不错。

贾：拍完《终极标靶》的感受怎么样？

吴：那个戏奠定了我能够拍好莱坞电影的基础。接下来我有一个想法，如果要拍一部国际性的电影，或者是要拍一部美国式电影的话，除了人家要了解我，我也要先了解他们。也就是说你要拍一部美国片，首先要像一部美国片，但是要给观众不一样的感觉，所带来的外来的元素，让他们有别样的满足和兴奋。

我知道整部戏自己需要的是什么

贾：那您怎样把您要拍的电影变成一部美式的吴宇森电影呢？

吴：《终极标靶》之后，我停了一年半时间，重新对美国这个国家的文化，他们的生活，他们的思想，他们的盼望，他们的所有种种都要做重新研究。刚好那个时候又经历过一个大地震，我住的地方刚好在震中的旁边，也感受到他们在地震当中的那种恐惧、惊慌，还有无助，最后也是产生了很多很感人的故事，他们那种互相帮忙、互相救灾的情况我也感受到。生活方面我也了解了他们的很多想法，他们的感受。仔细研究之后，我就要找出一些我们真正能够共通的东西。

贾：这种共通的东西是什么呢？

吴：后来拍《断箭》。21世纪福克斯公司的总裁很喜欢我的戏，当他们给了我这个剧本的时候，我一看就很喜欢，比如说两位男主的角色很适合我以往在香港电影里的那种人物构造，那种性格跟我以前的作品蛮吻合的。再加上牵涉到一些特技的场面。比如说那个隐形飞机怎么做啊，怎么样把它拍出来啊，这是我第一次能够有机会学习拍特技片的经验，在这上面的制作成本是5000多万（美元）吧，在那个时候绝对是一个很大的挑战。后来我拍这部戏的时候已经很注意要稍微收敛一下，我发现如果要观众认识你的作品，认识你的个性，就不能够太急。我的第一部戏《终极标靶》拍的时候就是太急，我希望把所有的东西都放在一部电影里面，那么大多数的观众一下接受不了，就很难得到他们的认同。所以拍《断箭》的时候，我稍微收敛一下，用一部美国片的观点去拍，但是在技巧和个人风格方面，在一些适当的场合、场面，稍微用一些慢镜，稍微把角色加点浪漫了，但是拍大特技的时候，就完全是用很真实的方式去拍，也没有搞什么花哨，也没有搞一些很特别的技巧。

贾：在《断箭》里有一场戏是核爆，是用特技还是用实际炸药拍的？

吴：是用特技来拍的。用模型，比如说拍地动山摇，就是在一个不到一米的小方块上面铺些沙子、泥土，然后做些假山了，那个沙土下面是一块地毯，稍微拉动地毯，沙子在滚动的时候就感觉好像地层整个表面在震动的样子，然后直升机就爆炸了，都是用模型和电脑做出来的。其实有些特技并不那么难做，最让我惊讶的是做隐形飞机，那么大的隐形飞机，我们只是做一个很小小的驾驶窗，一个豆腐块大小的地方，其他都是电脑加工的，连驾驶窗前挡风玻璃前面的反光、云层，还有整个机身都是电脑做的。要实现这些，事先是画了连环图，我来构想这个飞机怎么飞，怎么撞，怎么打，画好之后用电脑做。做的时候我就很惊讶，这么难度高的东西都可以用电脑做出来，因为我对特技、对科技都不在行，我也从来不用电脑，连电脑怎么开启我都不会。

贾：《断箭》的票房是多少？

吴：《断箭》当年在美国本土就卖了7000多万（美元），在全世界有1亿多（美元），我不晓得有没有到2亿（美元），反正赚了很多钱。在拍摄《断箭》当中，有一位我非常敬仰

《断箭》（1986），依然走惊险枪战动作片的路子，依然是吴宇森电影的风格：慢镜头、人物面部或动作特写等。此外，片中紧张的追逐，子弹横飞的战斗，飞机坠毁、火车相撞、模拟核爆等一系列大投资的制作，效果逼真

的制片家，也是非常好的演员，迈克尔·道格拉斯，他送给我一个剧本，就是《变脸》(1997)。其实我一到美国的时候，已经看过这个剧本，那个时候我没有答应拍，因为《变脸》原身是一个很科幻的电影，是发生于两三百年之后的未来的故事，大意是半个地球已经被毁了，有些恐怖分子用一个很特殊的炸弹威胁全球。那个警探希望能够抓到凶手，就换了脸，变成凶手的样子，希望能够把他抓住。起先因为我不懂特技，也不喜欢拍特技片，那个不是我的专长，我的电影比较喜欢人性化的动作片，也能够有我个人艺术层面的发挥。而科幻电影完全受电脑控制，我就觉得很不新鲜，我说我非常感谢他们的诚意，如果这个剧本能够修改，能够符合我个人的风格，我才拍。我比较希望人性化的剧本，但是我很喜欢那个意念，他们就把剧本拿回去再修改。我的建议是把 90% 的科幻特技取消，而改成是一个人性化的片子，把未来三百年改成七年之后。七年之后，人的脸在整容之下是可以变的嘛。

贾：在决定拍《断箭》（1996）之后，您都做了哪些准备？

吴：经过一两年的观察，我知道美国本身有很多问题。我发现美国的年轻人家庭观念比较薄弱。我们中国人是比较注重家庭观念的，在一个家庭里面，父慈子孝，一家人的感觉是非常重要。这跟意大利人跟犹太人都很像。到了美国我发现一个问题，很多年轻人都离开家庭。美国是一个自由的国家，很多年轻人喜欢独立的生活，但是那种家的感觉、那种亲情是很需要的，我就希望《变脸》这个故事是以家庭为主，他们很接受，所以整部戏，不管是正派、反派，两个人物，他们都各有家的问题，都是为了维护家庭而互相争斗。

我希望人物能够透出人的多面性

吴：我希望这个人物，就像《喋血双雄》（1989）、《英雄本色》（1986）一样，能够透出人的两面性，人其实有善与恶的两面，善与恶通常是镜子的两面，互相镜像。善的可以从恶的那边镜像，如果没有恶你怎么知道自己好的一面呢，那么坏人可以从好人那边镜像到自己，看到他自己那么恶的时候，他变得憎恨他自己。这样的题目会跟一般的美国片不一样。美国的商业大片通常都很讲究忠奸分明的。我拍《终极标靶》（1993）的时候，他们就跟我说，美国的英雄首先富有正义感，忠奸分明的，他们绝对不会在背后开枪，在开枪之前，也要先等对方拿到一样武器才能开枪，所以很多美国片，明明打的丢了枪，也要给他一个机会捡起一块石头，或者拿起一把刀子，要反击的时候对方才能开枪。美国的英雄是不流眼泪的。我说人都是很感性的，都是感性动物，我的英雄经常流眼泪。我听说，一些银幕上的英雄人物，有的时候演一些文艺的镜头，都非常激动，或者很伤感，他正在伤感的时候，忽然间转过头背着镜头，一会儿又回来，然后就做完一个表情，他为什么要转过身背过镜头呢，他要等掉完眼泪才转过来。

我在想，要做一个稍微跟他们不一样的做法，就把《变脸》拍成一个很人性化的，也很个人化的电影。制片方很同意，出品方派拉蒙公司也非常同意，通常一部戏在开拍以前，影片公司的总裁或者主席，有的时候是发行部门，都会写一些意见，在剧本上面提一些建议，会说某些地方要改动，或者某些情节觉得有问题，或者有些新的建议。如果是新导演，他们会教你几种拍法。但是，那个总裁一点小建议、一点调整都没有给我。他说，我要的是吴宇森电影，所以我拍那个戏的自由度非常大，因为通过《断箭》大家都可以看出我在拍好莱坞电影有和他们不同的能力。

贾：这部片子最让你开心的是什么？

吴：这部戏最开心的是能够跟约翰·特拉沃尔塔合作，他是一个非常好的演员，70年代我们就已经很迷他的电影了，他是我的偶像之一。我们在邀请他的时候，他没有看过我的电影，只听过我的名字，另外一位导演昆汀·塔伦蒂诺，他就很喜欢我的戏，很希望我们两个合作能够成功。因为约翰·特拉沃尔塔刚刚拍完他的《低俗小说》（1994），很受欢迎。昆汀·塔伦蒂诺就拿了我的香港电影，先拷贝，没有英文字幕的，放给他看，约翰·特拉沃尔塔看了以后就好喜欢。后来我跟他沟通的时候，我说他演的Sean Archer介乎正与邪之间，在邪当中也有蛮幽默的地方，这个角色是立体的。当然那个时候我可以用英语跟他沟通，但是沟通下来很难有一个深入的表达方式，于是干脆我们就谈了我的电影，谈到周润发，我说你就去演周润发吧。周润发有一些小动作，比如说他抽完烟，把烟头一弹，弹飞走，一个慢镜头，很潇洒的那样子，他就是有些神采，发挥得很让观众很开心的。

贾：每个导演好像都有一种自己拍电影的习惯，您的习惯是什么呀？

吴：我习惯一种所谓作者风格。就说我心里面，我构想中这场戏是怎么样怎么样，每一个

《断箭》（1986），奸诈、老辣、笑里藏刀，特拉沃尔塔将反派迪克斯演绎得传神到位，气定神闲的表情、嚣张跋扈的动作充斥着大量的镜头，气场强大的他，甚至令正派角色显得有一些鸡肋

角色的演出都在我的脑海里面。并不是说我很独裁，但是我知道整个戏我需要的是什么。在好莱坞最重要的是一个导演能够知道他需要的是什么，来拍什么。当你不知道你需要的是什么的时候，你就什么都拍，就变成拍素材了，这个角度也拍，那个也拍，那个也拍，拍了很多底片，你给他拍很多，回去再剪辑，回去剪辑的时候才做导演。

贾：是不是在拍一部电影之前，这部电影的情景已经呈现在您的脑海里了。

吴：我拍戏的时候，或者写剧本的时候，我已经看过整个戏了。我知道生活中演员是谁，我知道那个演员讲话的时候的神情怎样，他的眼睛看哪里，他讲哪句话的时候头会垂下来，然后再抬头，然后他讲这段话的时候，他会从这里站到哪里，另外一个可能坐在哪里比较适合，我都很清楚。到现场的时候果然是我想象中的那个画面，他们的演出一模一样。我就觉得没有新鲜感，不够气质，我觉得电影是不停地创作，我很喜欢在现场一想到什么我就拍什么，所以我希望演员当时的演出能打破我之前所想的，能打破我以往的观念，给我新的启示，或者我在现场提供给他另外一个不同的表演方式，让这部电影好像有新的生命。所以我拍电影是很奇怪的，看剧本的时候，是看的一部戏，改剧本的时候，又是另外一部戏，拍戏的时候好像又是一部全新的戏，拍完以后到剪辑的时候，就剪出另外一部戏出来。

贾：美国的制片制度很严格，如果不按照剧本拍，制片方会不会限制你呢？

吴：好莱坞的严格，主要是成本的控制，因为在美国绝对不允许超出预算，你的任何改动会牵涉到预算的问题。制片方要影片公司、导演，还有演员，大家都同意了这个剧本，然后大家签字。在美国有很完善的制度，有非常好的副导演跟制片，他们做这个预算是非常准确的，这个戏计划拍 93 天就是 93 天。有的时候因为天气，或者某种原因，顶多只超一两天，不会超预算太多的，超一两天是在默契之内的。一个戏比如说 3000 万（美元）的制作费，两三百万（美元）都没有问题，但是如果超过 500 万（美元）那就很恐怖了。所以说，改动一样东西都会增加预算，增加拍摄的天数。或者是，有的时候大家都同意这个剧本，大家同意的时候，各有各心目中的考量，比如说在发行公司方面，认为这样的动作设计，某一种商业的因素，可以有某某地区的市场，某些感情的戏，可以拥有某个地方的市场。但是你一改动的话，可能改动的方式只能够适应亚洲观众，西方观众就不会接受，这样对市场影响很大。在美国，所有工资都蛮贵的，大家都有工会都签了合同，如果你超出拍摄的天数，或者是因为天气的关系，忽然间要停下来，美国下雨都要拍戏的，不能停的。超过天数是你的，或者是你停下来不拍，那些是要付钱的。

贾：那么怎么控制预算呢？

吴：主要是副导演在设计预算的时候，他很了解导演拍摄的方式，他的习惯，还有每一场景所需要的时间，或者说还有其他的配合方面，他都非常地了解。比如说，我要拍一个爆破的场面，有演员在爆破前面走过，那个演员离爆破的距离有多远，他都会估算到，他问爆破专家，这火药是用多少，主要是用烟，那么导演会用长焦镜头拍过去，其实是有一段距离的，但是从压缩镜头来看，他好像距离爆破就很近，所以他不适宜用太多的火，要用多少的烟雾，用多少的尘土，用多少的木屑，这样一爆出来，镜头就感觉杀伤力很强，他就会估算到，中间的炸药需要多长时间，需要大概一个半小时，如果万一 NG 再来一次的话，再需要多少时间会把它补充怎么样。

贾：动作片的拍摄是不是要比一般的故事片复杂很多？

吴：拍动作场面，哪个是摩托车的技术，哪个镜头用替身，哪个镜头是演员。实际是用拖车把演员拖着，那么拖车要坐多少时间，要花多少时间来拍这个镜头，都要很清楚才行。所以说他们的预算非常清楚。好莱坞的优点，除了有完善的制度之外，每一个工作岗位在技术上都很有保障，每样技术都做到很有水准。所以他们在计算进度方面，还有成本方面都很准确。在好莱坞有一句名言，就是说，只要你拍戏不超支，不管你的戏拍得多坏，你永远都会有戏拍，你永远都会受欢迎。当然我去到那边的时候，我也能够在现场做一些改动，我也能够在拍摄之前几天，做部分的修改。为什么呢？就是《断箭》很卖钱，在好莱坞，你的电影一旦卖钱，你就变成一个很有权力的导演。

动作场面一定要根据人物性格或者剧情来延续打斗

贾：您的片子里面涉及好多动作镜头，比如《尖峰时刻》（1998）里面有很多武打设计，包括《断箭》，还有《变脸》，您在美国的动作设计是您负责，还是美国人负责？

吴：我拍的所有戏都是我自己设计动作场面，在拍《终极标靶》的时候，本来我想邀请香港动作指导郭钧到美国帮我设计一些动作，可是遭到很多方面的反对。我们请郭钧把他的履历、他所拍过的那些电影等所有资料都送到公司的工会。在美国，如果要请外来的人才的话，你要证明，有一些事情是他们本地工会的人做不到的，是和他们有不一样，或者是更好的，才能够请他过来。我们请郭钧做了很多资料工作，送给他们，还是没有批准。后来我听说是因为也有一些在当地的亚洲动作演员反对，说既然都是亚洲人，为什么不用他们呢？反正是不批准，我们只好用美国的动作指导。即便用美国的动作指导，也是我设计所有的动作。

贾：在好莱坞跟香港拍动作电影有哪些不同的工作方式呢？

吴：在香港拍电影的时候，动作指导会示范动作，你跟他讲了这个意念之后，怎么打，两个人示范。做好了以后，导演通常说这里改一点，那里增加一点，然后我那个镜头安排这样拍，那样拍。在美国所谓动作指导，其实可以说是动作技术联络人，他们动作指导是不会示范动作的，我跟他讲了那个意思，他就会叫演员的替身来示范那个动作，让他们先打一遍，替身跟替身套完招以后，他觉得很好，觉得没有什么问题，然后才叫我看。我再看两个替身打一遍。

在香港拍戏的时候，虽然我也跟很多很好的动作指导合作，让我先讲一件事情，以前香港动作片流行的时候，一到动作场面，他们就分开来，动作场面交给动作指导，或者现在叫动作导演。导演只拍文戏部分，一到打的时候就给动作指导，他自己设计镜头，自己套招，自己要怎么拍。就变得动作部分是动作指导风格的电影，文戏的时候才是导演本身的电影，两个一结合很不协调，变得好像看两部电影，有的时候打跟主题是无关的，我没有兴趣看那种动作片，就是那个原因。

贾：在拍摄动作戏的时候您最注重的是什么？

吴：我很注重风格的统一，动作场面的整个打法，这个动作所表现的东西是根据这个故事延伸出来的，一定要根据这个人物性格，或者是剧情来延续到那个打斗。所以很多时候，虽然我不会武功，但是我知道我对动作有自己的要求，还要有我所要求的视觉效果。拍摄的时候，通常跟指导两个人示范一遍，我打的时候，我把自己看成是周润发，那么我被埋伏的时候，我第一个感觉、第一个反应是什么，另外枪是这样开，还是那样开。而且当我开枪的时候那边的反应怎么样，还有为了配合歌舞片那种舞蹈的节奏感的话，那个镜头运动我是怎么用，我都有自己的安排。

但是动作指导有很好的建议的时候，当然我也很尊重他，也会把我原先的构想做改动，因为他到底是在动作方面有他的贡献在里面。比如说在《变脸》里面的枪战，我把我的构想，我心目中的动作都先画好图。当然不是我画了，有一个专门的艺术家在画，画好每一个动作的设计，然后他们就根据我画的图，来执行这个动作。后来《变脸》里面的动作基本上和我在香港拍的那种类型差不多，所以我在跟他们讲的时候，他们也很容易明白。还有就说在美国的那些动作演员，他们跟我一起工作是蛮兴奋的。当我一使用那个动作，这样做的话，他们就很高兴，很热烈地去做。他们说终于会做一个吴宇森似的动作。

贾：您在《终极标靶》，还有《变脸》里面，都有两个人对着镜子，镜子的正反面分别有一个人拿着枪指着对方的镜头，这个好像是您电影里特别爱用的一种镜头，为什么要做这样的设计呢？

吴：起先是拍《喋血双雄》的时候，本来这个用法是为什么呢，是那个杀手跟这个警探一方面是朋友，同时又是敌人，是水火不相容的两个人。如果警探要去抓这个凶手的话，他先要了解这个杀手才能够抓到他，那么他就把自己带入进这个杀手里面，他知道他想些什么，他知道他做些什么，这个杀手也感觉到有一个人在慢慢进入了他的世界，而代替了他，他也想了解对方这个人。就是在这种情绪上面，我觉得两个人是蛮有趣的一个倒影，这个杀手可能就是那个警察，那个警察可能也是一个杀手，他们两个又是敌人，又是朋友。两个基本上都不想杀害对方的，但是在法理上面他们两个是不相容的。我就忽然间有一个意念，如果他们互相用枪对着，那一刹那除了能够把我前面所讲的那种复杂的情绪夹杂出来，是不是有同一的命运的感觉呢。在这种情况下，他们既是敌人又是朋友，是不是变得像卡通人物这么有趣。他想把对方打倒，但是又不想把对方打死，另外一方面又感觉我们两个之间是有相通的地方，很矛盾，这两个对抗里面，会不会很有趣呢？我另外一个想法就希望用一个比较妖魔感，其实两个人这样从他们的矛盾里面产生一些妖魔感是不是很好笑呢？所以我就设计了那个场面，结果没有想到后来这种场面变得一个经典，也变得是我的戏的商标。

在《终极标靶》里面用得不多，在《变脸》里面用了很多，发展到后来才用了一面镜子，就是在两个人当中隔着一面镜子，他们用枪相对的时候，双方从镜子里面反射到他自己。他设置的是对方，其实他对着是他自己，他看到他本身恶的一面，也看到他本身善的一面，但是他很不想变到对方，那个好人不想变成那个坏人，那个坏人很沉痛，为什么自己不能像那个好人，每个人都憎恨自己的脸，然后就往那个镜子开了一枪。那段戏本来剧本没有的。

贾：电影的片场永远会提供那么多的可能性吗？

吴：我拍《变脸》的时候，在一个大厦里面，大布景拍，拍得很累，忽然间有这个意念，因为在好莱坞是不能那么随意改剧本的，但是我太入迷这场戏，我说没有关系，因为拍那场戏要多出一个布景，要超出一天。我说超出那一天我来付钱，我的经纪人就大跳说，导演，你不能这样讲。我说我太爱这场戏了，我拿少一些片酬没有关系。你说你自己付钱，那个公司就让你自己付钱的。得 30 多万美金，我说 30 多万就 30 多万吧，我就给他了。另外你们看到那部戏里不是有一个小孩，在枪战里面，那个小孩在地上爬，戴着耳机，听着那个歌，《奔向彩虹》*Over*

The Rainbow），那个也是在现场的意念。小孩戴着耳机一面听歌，一面是很火爆的暴力场面，他在爬动，这个理念就说我拍戏的时候，像在画画一样，我有什么感触，我就写怎么样的戏，要拍怎么样的场面，有什么样的改动。

《喋血双雄》（1989）、《变脸》（1997），双男主持枪对峙，一正一邪、一善一恶、一白一黑，形成精神层面的隐喻，两人看到的不过是伪装的表面，而不是真正的自己，真我只存在于各自内心

要拍自己喜欢的电影

吴：我们拍了十几天的枪战，都很疲劳，比如说我们拍警察开枪，然后就反过来拍那些动作演员中枪，倒下来，然后他们又开枪，然后警察中枪。那么看来看去，我忽然间产生一个感觉，人类最丑恶的是互相残杀，每天都有战争，到现在还有战争，还有很多人死亡，我就很痛心。我觉得每一个人出生都是善良的，只是被环境、被暴力所污染了，觉得很沉痛。所以我忽然间有了灵感，原来剧本说这个小孩被戴上耳机就算了，当时我就在戴上耳机之后还放一首歌，就是 *Over The Rainbow*。那是我小的时候最喜欢的歌舞片《绿野仙踪》的主题曲。

贾：您在这个叙述段落里隐喻了什么吗？

吴：就说这个小孩出生是很纯洁，很有希望的，但是他就被迫在这个暴力的环境里面，被污染了。公司的人不让我拍，我说不行，我一定要拍，要不然我会难过。我说好了，我付钱吧。那个一百多万美金，两天，没有关系，我片酬没有了，没有关系。那个经纪人就大跳，说我是傻瓜。后来我不管怎样我把它拍掉了，公司看了以后非常喜欢，就把我的钱都补上了，不用我赔。

贾：那镜头确实很感人。

吴：美国决不希望，决不允许，看到小孩在暴力场面里面，所以美国影片里头没有打小孩，在暴力场面里面没有小孩子在。那么，本来的一个用意是那个小孩看到很多暴力，把看到的特写剪掉了，但是那个戏还是蛮完整。

《变脸》这个戏的剧本有 75% 都是根据我的意见去改动的，我也很感谢那个编剧，还有影片公司，有很多的情节都是根据我的意思改动的。到最后，就是你们现在看到那个版本，是约翰·特拉沃尔塔演的男主角把那个反派消灭掉之后，他把这个小孩带回家里，然后跟他的老婆、跟他的女儿一家团圆。起先影片公司不主张我这样拍，他说到最后这个男主角打完以后自己一个人回家跟他老婆、女儿拥抱就够了。但我说，我要这样拍，我说他带这个小孩回家是一个很有义气的表现，是很人性的表现。那么影片公司很客气地跟我讲，他说可能我们来自不同的文化，他说美国观众，尤其是那些看动作片的观众，他们不愿意，或者不喜欢看到他们的英雄把敌人的小孩带回家。我说这个不是文化的问题，我说这个是人性的问题，我说人性是共通的，不管中国人，还是美国人，虽然有不同的文化，但是在人性方面，在人的基本的感情方面，有很多都是相通的。你们有爱心，我们也有爱心，我说这个小孩应该有人照顾，但是他们认为我的看法是不对。

贾：为什么他们会这样地固执地认为就是他们的对呢？

吴：也许来自他们独特的电影制片经验。一部美国商业大片都会做一个市场调查。通常是你拍完以后粗剪的第一版本，稍微做一下临时的配音，就在一家电影院，临时找一些观众进去看，再交给一个调查公司。调查公司会给每一个观众发一张调查表，里面有很多的问题，就让他们去评分。比如说你觉得这个故事明不明白？故事讲话的方式能不能接受？你会不会向你的朋友推荐这部电影？你觉得这个电影是很好、好，还是不好？那么你最不喜欢什么？……各样问题都有，然后看那个评分有多少，累计下来，如果是达到 60 分的话，说明这个戏将来会普遍性受欢迎。如果低过 60 分就不及格了，再分析有哪些问题是观众不喜欢的。比如说某个段落不喜欢的话，要重新再拍，或补拍，或者重新再修剪；比如说节奏太慢，再剪快一些；比如说他们所崇拜的偶像在戏里面死了，不管他是壮烈牺牲，还是意外死了，他们就不喜欢，不喜欢就再改。通常影片公司会拿回去重拍，重拍就把他改成不死，就这样子。

通常试影的时候，不管是总裁、主席，重要的是制片、导演、编剧，有的时候明星都会去看，都会在最后排，现场看观众的感受，连剪辑和音也会去。我们在第一次试影的时候，发现观众的反应蛮热烈，我们都觉得这个戏不错不错，会很受欢迎。可是到最后，平均评分只有 33 分。奇怪了。然后就看那些评语，他们通常在栏目上面，除了评分之外还有评语。超过 60% 的观众问，为什么男主角不带小孩回家？为什么这个小孩没有人照顾？那就证明我是对了。之后，老板、制片过来跟我道歉，他们说："导演，你的想法对。"

这就证明人性是共通的。第二天我只花了半天时间，补了两个镜头，就是约翰·特拉沃尔塔把这个小孩带回家，带回家以后就一家团圆，也发现一个新的小朋友。第二次再试影，加这个新的结尾上去，分数从 33 分一下跳到 88 分，后来就很卖座了。这部戏证明了很多东西，像我师父张彻，我临去美国的时候他给了我一句格言，他说他很高兴，我能去好莱坞拍电影，就叫我用西方的技巧来注入中国的精神。《变脸》就符合张彻跟我讲的，即把我们的家庭观念、朋友义气和对家庭的责任，还有人性的那些共通点，我们东方的种种精神都放进《变脸》里面。

《碟中谍 2》（1999），对于主演汤姆·克鲁斯而言，最让他兴奋的经历是在犹他州的莫亚拍摄的攀岩场景，他表示那感觉就像在驾驶一架 F-14 或 F-18，充满奇幻和难以置信的快感

贾：如果不能够用经济的方式来证明你的正确，那么后果不堪设想

吴：《变脸》那个时候卖了1亿多（美元），蛮不错。在《变脸》中，我就广泛地运用自己本身的技巧。因为《断箭》已经有普遍观众开始认识我的风格，我说普遍观众，基本上是那些老早看过我的电影那些影迷，他们早就认识我了。就像我前面所说的，要拍一部戏不能太急，我以前太急了，把我以前所有的东西都放在一部电影里边。你想要人家认识，要一步一步来，不能太急。《断箭》稍微用了一下，《变脸》就完全用我更多的风格化的技巧。所以以后观众一看到我的戏，一看到有鸽子飞，用枪，慢镜头，这就是吴宇森的戏。所以说，这是经过一番研究得出的。到拍《碟中谍》的时候，就更加不用解释了，观众一看就说是吴宇森的电影。

我们为什么不拍既赚钱又永远的电影呢？

贾：您的片子比如像《英雄本色》，还有《喋血街头》，包括到后来的《断箭》《风语者》（2002），特别像《断箭》里面，两个飞行员是非常好的朋友，但是后来一个人受到物质的诱惑，反目了。您其他的影片里也有类似的东西，您有一种对中国文化的情义观进行的反思，您觉得这种反思是出于一种剧作技巧呢，还是您的思想起了变化。

吴：我觉得像我说的艺术都是从生活里面来的，当然我心目中的情义，还有我所崇拜的义气、仁义的精神。我觉得只是一个精神面，能够实行当然好，在现实生活里面，你很难百分之一百会得到，或者是有一些事情你不能太理想化。当然我有我的理想世界，我有我所要感激的人和事，或者是有一些交易、有一些经验，很多时候都会让我很感动的，尤其在情与义方面。但是在现实生活里面，很多时候你很难得到完美的理想。人，周围都是人，我觉得有些友情可以保持得很久，有一些是很短暂的，有一些根本不能强求。但是你绝对不能够对人家有太多的要求，或者是太强求，很多时候人都是为了另外一些目的，或者是受了生活的某一些影响，对友情会产生一些变化。那个在现实生活里面经常都可以看到的，当然我从来都没有抱怨过，也从来没有怪罪别人，有的时候我反而觉得是自己做得不够，做得不好。有的时候我觉得我自己太理想化了，但是我还是保持这种理想，对人与人之间的那种信任，还有我所崇拜的情义，我还是一样的保持着。

贾：您的这种理想主义的期望在现实生活中能够实现吗？

吴：所以有的时候我描写友情不能够太理想化，太理想化显得太不真实，在真实的人生里面，当然有很多很好的友情，但是也有一些不好的人性面在发生，自己在家里面，在朋友之间，在社会上面也有很多这样的两面性的人。当人连自己都觉得不够完美的时候，又何必在你的作品里把那些人过分的理想化呢。如果每一样都很完美的话，这个戏就会很闷，很没有趣味。所以通常我的戏里的人物都在完美当中有一些瑕疵，在浪漫之中有一些悲怆，在理想当中没有那么完美，我觉得这很有诗意，这才是电影的真实，那么这是我拍电影的方式。

贾：也许电影永远是电影，现实永远是现实。这个世界可能永远不会完美。

吴：没有一样事情可以是完美的，所以说有的时候人有一些变故，有一些变化也是情有可原，所以在生活上，当然我也在意过一些小小的挫折，我那时候在朋友之间感情上的挫折，有的时候你好心去帮一些人，有时候你好心讲一些实话，也会引起很多人的误解。比如说有些朋友拍些电影叫我看，问我感觉怎么样，但是我觉得那是垃圾戏。比如说，有一些所谓很夸张的喜剧很卖钱，一些拍得很垃圾的也很卖钱，但是我说这不是电影，电影不是这样子做的。这种电影只是暂时的，不是永远的，我们为什么不拍一些既赚钱又永远的电影呢？我说那些是垃圾，马上我就没有朋友了，吴宇森很自大，所以，有的时候你不能够怪人家，他们有他们的目的，他们有他们的生存方式。

贾：您对中国电影的未来怎么看？

吴：有人曾经问我，中国电影，是不是终于有一天跟好莱坞电影平起平坐，我们先不要期望这个，我们怎么比也比不上好莱坞，市场也比不上，他们有那么多年的制作国际性电影的经验，我们不要比。我们只要把中国电影拍好，把中国电影拍好了就拥有全世界的市场。我觉得不要有一个心态，老是觉得人家比较好，不是的，我们有我们自己的好。有些年轻人在读书的时候就问我，怎么样可以到好莱坞去。我问为什么要到好莱坞去。你在本地先拍好自己的电影。拍好电影，好莱坞自然会请你过去。电影不分国界，不分地区，电影只有好坏之分，他们有他们好的地方，我们有我们好的地方，何必跟人家比呢。其实我们有可以值得骄傲的文化，也希望能够跟全世界人分享。我们能够接受别人的电影，别人也会接受我们的电影。不要以为人家的

2008年6月5日，本书作者贾磊磊与吴宇森导演于北京

高，我们的低，或者是我们的高，别人的低，在电影里我们都是朋友，在电影里我们是处在和谐的社会里，大家都有平等的机会。曾经，日本电影很流行，全世界都很欢迎，接下来是（中国）香港电影很受市场欢迎，然后日本电影就没落了，（中国）香港电影之后就是韩国电影，韩国电影也做得很好，现在应该是中国电影了，当然可能在韩国电影之前就已经是很好，但是以后会更好。我们应该乐观地看这个事实，当然别人好的时候我们取人家之长，我们好的时候也尽情地发挥。电影是一个循环，都是一个圈子。我们在同一个圈子里面，电影是乐趣，我们做好自己的工作，同时也欣赏别人好的工作，别人也会欣赏我们好的工作、好的产品，大家不要灰心，我们会做得越来越好的！

（2008 年 5 月 8 日于北京星光国际吴宇森工作室）

处理每个题材都需要新的角度

徐 克

徐克，导演、编剧、监制、演员。1950 年 2 月 15 日出生于西贡。在中国武侠电影的创作群体中，徐克属于不循规蹈矩的导演，他的创作从来不拘泥于某一个风格化或单一类型，所以在大家眼里徐克是一个难以辨认的电影作者。1979 年导演《蝶变》，1983 年引进特技执导科幻武侠片《蜀山：新蜀山剑侠》。1984 年创立电影工作室，导演《打工皇帝》（1985）、《刀马旦》（1986）、《英雄本色 3：夕阳之歌》（1989）等，并监制《英雄本色》系列、《倩女幽魂》（1987）等，开创枪战英雄片和神怪武侠片的新潮流，并重新打造了《黄飞鸿》系列武侠片。近年导演了《狄仁杰之通天帝国》（2010）、《龙门飞甲》（2011）、《狄仁杰之神都龙王》（2013）、《智取威虎山》（2014）、《西游 2·伏妖篇》（2017）、《长津湖之水门桥》（2022）等电影作品。徐克是一位在电影行业中一贯坚持自己个人风格的电影作者，不论是作为编剧、导演还是监制、制片人，他所参与的电影无不打上明显的个人印记。

武侠电影的手法是在没有的基础上去创造一种在银幕上出现的形象和行为表达的语言，其实我们也可以以这种方法来建立一个不同的（风格），不能说新旧，是比较个人化的，或者是跟过往的电影不太一样的手法和语言来表达出来的一种东西。所以在这30年的过程里，我发觉其实在武侠文化这种范围里，我们可以走的路还很长。

——徐克

最初就是想拍武侠片

贾磊磊（以下简称“贾”）：您当年入行的时候是多大？是通过什么途径迈入电影界的？

徐克（以下简称“徐”）：我踏入影视界是在1977年，（到现在）正好30年了。当时我在无线电视台做编导，做了大概有半年吧，他们有剧本我们就拍，还没有主动去创作剧本的权利。

贾：当时是拍电视剧吧？

徐：对。当时我们编导挺多的，有四十几个人。那时候电视台的监制问我们，你们这么多编导有什么想法可以向公司提出来，如果想法对的话，我们可以开个单元给你们拍。

贾：开个单元是什么意思？

徐：一般的编导就是拍些长剧，如果有一个单元的话，代表那个编导是有一定的风格，或者有一定地位。总之，单元就是以商业的手法结合个人魅力的创作方式。当时我写了好几个案子出来，这几个案子在80年代就很妙。

贾：您那些很妙的案子后来有拍成电影的吗？

徐：有《倩女幽魂》《英雄本色》，还有金庸小说都写在里面了。当时电视台认为《英雄本色》没有家庭观众，他们叫“偏门”嘛，意思就是不太正路的人物，家庭观众不会太认同，所以这个就没了。《倩女幽魂》用太多特技，经费太多，也没有了。武侠小说嘛，可以，金庸小说基本上全被买了。后来电视界出现了一个大的转向，就是电视公司有一大批人跳槽到另一家公司去了，因为另外一家公司开设电视台，可能有些新的发展，我们整个一大堆人就被请过去了。

贾：到哪个电视台了呢？

徐：嘉视，从无线请到嘉视去。那时候就翻出每个人的案子来看，看到我的案子，就说这个人很想拍武侠片，好，就给个机会让他拍武侠片。他们认为《倩女幽魂》《英雄本色》跟金庸小说相比，还是武侠动作片更有盈利的可能性吧。所以当时就开了《云海玉弓缘》，我就跑

《倩女幽魂》（1987），影片集鬼怪、喜剧、爱情、武打四种类型元素于一身，糅杂古典与现代、严肃与通俗，在类型片的开拓上，别具时代意义。再加上视觉效果的登峰造极使得这部电影几乎引领了香港鬼怪片的一个时代。该片上映后不仅在东南亚、日本等国家掀起了热潮，还带起了一阵跟拍古装鬼片的风潮

去找张鑫炎导演，当时张鑫炎导演正在片场拍《白发魔女传》。张导演对我们后辈很有耐心，很提携我们，后来我们就变成朋友了。但《云海玉弓缘》没拍成，就拍了一个古龙小说叫《金刀情侠》，就这样开始了我的武侠世界。

贾：在电视剧和电影之间，您好像很容易就跨过来了。

徐：我当时拍电视剧的时候比较喜欢动态的东西，所以我有一些文戏拍起来也有动感，他们觉得我应该拍武侠动作片。当时拍武侠片的时候，我就觉得自己进入了一个完全不同的世界。

从武侠剧进入武侠电影

贾：您是怎么从武侠剧进入武侠电影的？

徐：在 1978 的下半年，我在电视台做了九个月吧，当时香港电影很需要补充新鲜血液，所以就出现了所谓香港的“新浪潮导演”。我们这批人出来之后，大家都有点儿模糊，从电视到电影，那个阶段其实很多事情都还没摸出头绪来，一直是不断地去试验，为了尝试自己的一些概念、手法去拍摄东西，去讲一些故事或者是表达一种感觉，或者是处理一个主题。一到电影圈的时候，就出现所谓发行、商业、宣传，有很多我们当时做编导时没想到的问题。比如说，从商业角度来讲，一个电影剧本应该怎么写，作为一个商业电影，怎么来选择戏的类型。

贾：当时是谁把你们从电视界介绍到电影界的？

徐克：不是一个人，是整个电影圈不同公司的人。因为某个人开始这个动作之后，基本上整个电影圈就开始把这批新人由不同渠道带进来了，这其实是一个很好的机会。那时候我们在美国念完电影科回来只是想也许有一天有机会拍个电影吧，没想过突然间那么快就有机会了，而且没想到突然间有很多机会，我们就好像鱼得水一样，很兴奋地参与了整个浪潮，后来连浪花一滴都看不到了。

“侠”，就是以人类作为前提

贾：开始做电影导演有什么不同的体验？

徐：我们这批人出来之后，就发觉其实拍一部电影，并非一个导演会拍电影就行，还要顾及到很多东西，比如说人际关系，面对记者，或者是在处理制作方面的预算等，各方面都要照顾到。我们要重新去学习怎么把一直以来对电影的热忱和所谓的沉迷，变成我们的职业，变成我们去表达自己的工具。

贾：当时为什么选择了武侠？

徐：当时并没有一定要武侠这个类型。拍武侠电影是因为当时在电视台播放《金刀情侠》

的时候，很多看的人都有反映，所以在进入电影圈的时候，老板自然就说，你拍武侠吧。还有一个原因是，当时武侠剧没有被看成一个比较严肃的题材，再加上当时的文艺电影、写实题材、比较严肃的电影有很多，没有人用很多心神和精力去搞武侠文化。我在长大的过程中，跟在外国念大学的时候，看武侠小说是其中一个乐趣。从武侠小说里面能看到我们文化的一些元素，比如地理环境，无论是五岳啊，或是某个名山啊，都有一种很精彩的描写，就感觉自己好像到过很多中国的名胜古迹一样。作为一种感情处理来讲，武侠世界里面也可以让你发挥对人生或者生活的一种浪漫情绪。还有一个很重要的元素，就是武侠世界里面这种幻想的境界，用武功、武术来表现一个人的精神状态和形象，这在别的国家文化里面找不到。

贾：您现在觉得武侠，它不是一个社会职业，它是一类人。您觉得什么样的人才可以被称之为是侠？

徐：我所认为的“侠”其实就是一个人的人生观、世界观。他的所作所为是为以人类的正义、公平跟崇敬心而产生出来的一种行为。所谓“侠”就是别人不敢做的，他可以一夫当关，不顾及名利，这是他的精神高尚所在。一个有正义感的人，不顾自己利益去做事的，就是“侠”。换句话说，这种为人的目标，并非一个很深奥的、解不开的定义。武侠就是在一些真实故事里面未必可以这样来解决，但在武侠世界里，可以有一些人有能力去以个人的方式解决很大的一个问题，这是一个挺浪漫的想法。1979 年，我开始了第一部武侠电影，叫《蝶变》，票房上不成功，当时武侠片突然就停下来，没有再进行下去。

《蝶变》（1979），影片融合悬疑推理和武侠两大元素，不靠眩目、浮夸的特效取胜，反而着重铺陈悬疑、惊悚的气氛，极为风格化，对徐克其后的作品影响颇深

创作者的起点，是你对它有强烈的感觉

贾：您认为当时票房没成功，是什么原因呢？

徐：我觉得原因有好几个。第一，我觉得是这个剧本跟故事本身并非很商业，因为商业电影有它跟观众（产生）共鸣的地方，这个故事当时可能没有产生这一种（共鸣）关系，所以反响不是很理想。问题到底还是在我身上，因为我当时还不懂得商业电影的基本规则，这个电影在商业上是有问题的。第二，那两年，那一批新浪潮导演都遇到了商业上的一些困难。当时从武侠世界转入拍喜剧，我拍了很多喜剧，有很多心得。拍喜剧跟拍武侠有很大不同，武侠还是很讲刺激、动态啊，甚至有时候有一些比较激烈的、暴力的场面。可是喜剧嘛，你每天都要想使这个戏让观众看得很开心，而且看得开心之外，自己也要先有这个情怀从幽默的角度看待人生的很多事情。所以从（19）79 年一直到（19）86 年吧，好几年时间，我突然间觉得其实我们应该重新拍武侠剧了。后来就拍武侠，其实之前有个《蜀山：新蜀山剑侠》，到（19）87 年时候，就拍了《笑傲江湖》。拍《笑傲江湖》是因为我一直都很想拍金庸小说，可是《笑傲江湖》又并非金庸小说里面我最喜欢的一部，我最喜欢看的金庸小说是《神雕侠侣》。看到《笑傲江湖》，我觉得《笑傲江湖》最妙的地方是很多东西我们好像都很熟悉，可它是一个幻想的世界，没有一个具体的背景。在虚构的世界里展现一个跟我们有关系的故事，而且我觉得它里面的人物性格和人物名字都很精彩，所以后来就说我们来导演金庸小说《笑傲江湖》吧。

贾：香港以前也拍过《笑傲江湖》。

徐：邵氏六七十年代也拍过《笑傲江湖》。金庸小说放在银幕上难度比较高，因为金庸小说篇幅一般都比较长，而且人物很多，情节上没有法子在 90 分钟装得下。在改编过程里，很考验人，当时很多人都觉得为什么要找这么困难的东西来做。可是我觉得当这个人喜爱一个东西的话，是可以从里面找出很多方法来做成这个事情的。我觉得每个创作者必须要有一个很重要的起点，就是你对那个东西有感觉，不但是有感情，还有很强烈的感觉，如此是能产生出来很多方法去做成这个事情的。从那就开始想拍《笑傲江湖》了，找了胡金铨导演，从胡金铨导演身上学了很多东西。

贾：你们的交流怎么样？

徐：那段时间我最大的收获就是跟我最喜欢的导演在一起谈我喜欢的电影，而我喜欢的电影有很多就是胡导演拍的。当时在谈《笑傲江湖》的过程中，就谈到很多类似《神雕侠侣》《迎春阁之风波》《龙门客栈》《空山灵雨》的电影，问为什么当时他会这样想，为什么会突然间想起这种手法来处理。这个过程中就听到很多关于当时他开始怎么样，后来发展怎么样，然后他突然间的某种灵感去启发出这种手法，在处理动作的时候怎么样去表现我们小说里面看到的所谓的意境、浪漫，或是境界。到 2007 年，足足 30 年了，我的感觉就是从跟好导演，跟我相处的前辈，例如张彻导演、李安导演、胡金铨导演、张鑫炎导演，还有很多很多，这些导演在我们之前就有过很多很成功的作品，因此影响了我对电影的感觉和思维。到自己去做就会发现，

《蜀山：新蜀山剑侠》（1983），影片突破传统功夫片硬桥硬马的打斗理念，融合充满想象力的特技特效，将飞天入地的神怪元素融入古装武侠打斗之中，非常具有观赏性，可以视为华语奇幻武侠片的巅峰之作

其实在我们所讲的武侠世界里面的很多东西，还有很多空间可以发展。也许是这些前辈告诉我们，武侠电影的手法是从没有的基础上去创造一个在银幕上出现的形象和行为表达的一种语言，其实我们也可以从这个方法去建立一个不同的（风格），不能说新旧，是比较个人风格化的，或者是跟过往的电影不太一样的手法和语言去表达出来的一种东西。所以从这30年的过程里面，我发觉其实在武侠文化这种范围里，我们可以走的路还很长。

贾：我们知道您对影像部分特别关注，您觉得刚才谈到的武侠完全是虚构的，但是电影是很实的，怎么样能够在一个虚拟的故事里把真实的东西呈现出来？

徐：我们要表达一种情绪也好，一种感觉和情感也好，这种抽象的东西从银幕上产生出来要靠演员跟剧情，还有整个环境元素，去制造一个事件出来。如果讲表达的话，其实情绪和意境上的东西，比武侠更抽象。我觉得武侠特殊的一点就是涉及一些有根据的武功、武术理论、门派，还有别的和武侠有关系的比如医学，地理环境，文化背景或是每个不同地方的一些生活习惯。在这点上是比较具体的，这种表现方式是需要资料研究的。比如所谓“南拳北腿”，怎么出现这个说法的，可能是跟南方和北方地理环境（有关），经济生产方式不一样，产生出来它的（南拳）以上盘为主，（北腿）以下盘为主，这么一个很重要的分别。可是到最后，南北的分别是不是不过如此而已，其实也很难说，所以这种理论也是根据每个特殊的情况去定它所谓的风格。

贾：真实感是从现实里来的。

徐：像南拳北腿的话，因为南方更多与水有关的交通工具，所以他们以下盘扎实为主，以上盘为攻击的竞技手法，在这点上，如果把生活习惯改到跟水没有关系的话，那这种习惯也会改变的。在武侠创作中，其实也是根据每个特殊的状态去表达武侠世界的浪漫感。

还有一种说法是练武跟心理状态有关系，比如很多拳法理论，都是去套用动物的一种状态，用动物蹦跳的状态使自己的心理状态产生出来一种动力和能量，这种能量是从心理上制造出来的一种特殊的敏锐点，来使这个练武的人从心理上（获得）一种帮助。在这方面来讲，我觉得武术跟我们在其他文化里看到的竞技类的东西有点儿不一样，我觉得中国武术有很强的诗意和意境。现在社会的人已经不把武术跟它本应该联系的一些因素作为统一体来看，而是把它简单化，不是作为攻击人的一种技术来看，就是作为一种运动的技术来看，可就没有把它跟生成它的（历史）拉上关系。我举个例子，武术在医学、武力还有战术方面，都一定有它所累积下来的智慧和科学的那一面，这时候我们虽然只看到一个动作的外貌，但其实这个外貌已经建立在很多空间、物理关系、人体骨骼运动的里面了，它包括了很多空间的控制跟防守，这都是很精彩的数学可能性和物理关系，他能够用什么力量，在某个时候去产生某种效果出来，我觉得这是值得去研究和发掘的。

处理每个题材都需要新的角度

贾：武侠电影，像《英雄》《十面埋伏》这些非常注重飘逸动作的时候，您特别注意它真实的武功，用一种实战式的武术竞技方式，把它放在电影里，您的整个创作好像都在引领一个大的电影走向，这种习惯您觉得是什么决定的呢?

徐：我觉得拍武侠电影跟写武侠小说异曲同工。比如我们拍金庸小说、古龙小说、粱羽生小说，或是拍其他作者的小说，每个作者在处理他的武侠世界时，其实都有一种特殊的笔法跟风格。举个例子，从《书剑恩仇录》到后来的《神雕侠侣》《鹿鼎记》，其实金庸小说也经历很多不同的阶段，而不同阶段里面也应该有它不同的武侠电影手法，而且在同一个阶段里面，也可以产生很多不同的方法去解读它、演绎它。所以这种情况之下，不是为了去跟现成的状态或者风气，去做一个相反的尝试，而是说应该在处理每个题材时，都有一个新的角度。我记得拍《黄飞鸿》的时候，因为我从小就很喜欢这种民间的英雄人物，这种拥有亲切感的英雄人物有很多缺点和现实的一些细节，我觉得这点上可以在武侠世界里面产生一种不同的效果。黄飞鸿跟《笑傲江湖》里面的一些武侠人物就很不一样，在武侠小说里，杨过或者是令狐冲，跟黄飞鸿是两个不同世界的人，他们所做的事情当然也是很不一样的，所以在拍这些不同世界的人物的时候，你要去面对怎么样把这个人物应该有的特点表现出来。

比如我们去拍一部武侠电影，常常会说我们现在拍的是一个写实的，或者是非写实的，或者是有飘逸性的，其实这都是很开阔的讲法，飘逸性也有很多种，一种是因为某种处理方法或者拍摄方法而产生出来的效果。到最后就是，每个人都追求一些不同的处理手法，希望把一些已经熟悉的东西发展出新的感觉。其实我们把已知的手法不断重复，每一次用时，都是想（如何）在里面组成一个新的组合，产生新的效果出来，可是每次我们希望这样去做，那其实做出来的效果是不是真的很不一样呢，这也是个很值得思考的问题。

《黄飞鸿之男儿当自强》（1992），除了武打之外，还融入了更高的立意，如邪教教徒的愚昧、腐朽王朝的挣扎、救国志士的艰辛、东西方文化的碰撞，比一般的武侠片承载了更多对时代命运、对国家前途的思考，是一部具有深刻内涵的武侠片

记录当代情绪是电影的重要功能之一

贾：武侠电影特别喜欢用“江湖”来引喻这个社会，您的作品里，就比如像《黄飞鸿》这样的片子，它跟香港当时的文化境遇有关系吗？

徐：是有的，你拍一个题材当然会反映到当时的精神要求。我记得拍《黄飞鸿》的时候，曾经有人说这是“世纪末的英雄”，我说，我不太懂这个世纪末的英雄，我只知道这个年代改变，它有一定的魄力。《黄飞鸿》(的故事背景)是在西方工业革命之后，世界上很多国家与国家之间政治上产生出来很多很微妙而且比较敏感的那种状态，所以我觉得这点不是跟世纪末有关系，而是世界转变的过程中产生出来一种对人、对社会的一种要求。这种要求有时候会出现很多戏剧性的一种不安、迷惑，或者一种很大的、没有发掘出的人类的问题。在工业革命后，产生出来的后果就是西方的交通工具、武器都来到东方，东方很值得骄傲的一些国粹，比如说武功、武术，这类东西就面临一个很大的挑战和考验。这种东西我觉得也许就会联系到世纪末，再产生出来一个新的搭配跟组合，（表现）人类的一种特殊状态。

我觉得不只是世纪末，每一个周期，每一个新的人类文化出来之后，都会产生对人类自身的考验。所以在黄飞鸿的身上，我觉得他并非只面临一个年代的改变，还面临对于新世界的科技跟文化所带来的很大考验。比如我们把黄飞鸿放在一个国际关系立场中的话，立刻能看出所谓的英雄人物也是很无助的，无助的意思是到底一个武术宗师对这个世界了解多少，而所谓武术宗师是不是一个道德标准的典范，或者他能不能对很多事情给出正确的结论。黄飞鸿自己本身的局限性跟他的自我要求，还有那种很不安的感觉，我觉得我们现在社会里面很多人都有这种状态，特别我们跟一些不同文化、不同价值的相遇，不同的生活方式跟一些科技上产生出来的新现象，这都是我们现代人会有不安跟想要找出答案的一种心理状态。所以我觉得，黄飞鸿跟我们很靠近，我们不知道五年之后我们的经济状态，不知道这个社会的安定性，也不知道会变成怎么样，反正我们以一种很健康，尽量乐观的角度去处理将要发生的事情。

不是武侠片太多，是相同的东西太多

贾：后来很多人不再拍武侠片，您怎么看？

徐：我们有一些发行商说，现在不能拍武侠片，再拍下去就太多武侠片，或者是现在不能拍警匪片，现在太多警匪片了，这个拍出来可能没有观众看。我觉得其实没有多跟少，除非大家因为看了某种电影，然后去模仿，出来的东西就差不多一样，那它是一种泛滥的状态。可是如果每部电影都记录一个人对他的社会环境的一种反应跟他的感受的话，我觉得是会更精彩，就等于是我们看这个导演拍的武侠电影跟另一个导演拍的武侠电影不一样，他感受的环境和状态也不一样，并不是说大家重复同一个东西。

我是很想证明这个看法是错的，我觉得最重要一点是观众选择一部电影，选择一个导演或是一个幕后创作人去表达某种情绪跟他的感受，那演员也是用他的演技去表达某种感觉跟感受，如果都是有自己特殊的一个表现方式跟方向的话，我觉得创作者跟观众的关系才是正常的。我不懂为什么有些人说现在武侠片太多了，现在的警匪片太多了，现在的爱情片太多了，原因是大家相同的东西太多了，就变成这种状态，而不是说武侠片太多了不能再拍，所以这点上我是不同的看法。

我们的感情、认知和感受决定了艺术取向

贾：您一直在美国学习电影制作，但是回来以后拍的这些电影是不断地处理我们中国自己的文化题材，您现在回想起来，在美国受到的电影教育对您后来的电影创作产生了哪些影响?

徐：其实理由很简单，因为我们在创作时，常常找一些跟人家不同的题材，拍些我们想拍的东西。我觉得拍电影的这些导演也好，演员也好，都是电影迷。作为一个电影迷，最好是我们到电影院去看的每部电影，都有它很好和很不同的方向，那么看电影就变得很精彩，但如果进去看了两场之后发觉大家都很像，演员也差不多，就有点儿怪怪的。我们在外国也好，在本土也好，发觉其实中国文化里面很多东西，在经历过不同人生阶段，再去看又不一样。而且有些我们从书本去看，到真实接触到那个文化来讲，会觉得感受不太一样，以中国这种深厚的文化基础跟背景来讲，实在是对中国人很有帮助的。我们看很多研究西方艺术的人，很多时候看到东方的哲学、宗教、艺术，会对他人生的艺术取向产生很大影响。那我们看到东西方的比较，就发觉在这种状态里面，自己要学习怎样去利用你在西方所学习的东西，也要去探索在自己文化里面祖先已经给我们的很优厚的基础，去做一些我们比较喜爱跟我们自己比较想做的事情。

贾：所以相对于西方的，您还是希望多做一些东方的东西。

徐: 六七十年代我们很多的电影都在模仿西方，其实当电影走向一个很东方、很中国的时候，它又产生一种不同的魅力，这点很吸引人。举个例子，日本的黑泽明导演，他就创造出一个很不同的东方美学，这种东方美学在世界上也只有黑泽明做得出来，不一定是说他是很开阔性的日本电影文化，而是它是黑泽明在东方所产生出来的这种光芒跟魅力。作为电影人来讲，除了自己是个中国人，其实也是一个人类，在讲地球上的某一种人文或人类的问题，在这点上等于是一个并存的状态。同时，因为你是一个中国人，你会对中国的文化有感受，有很强的认知，还有一种感情关系，这两方面连在一起，变成你的艺术的一种取向。为什么到外国去的人回来后对中国的文化和情结感情更浓厚了，可能因为看到东西方的比较，所以选择了用东方角度去看这个事情。我讲的东西也是很个人化的，不是说所有的东方人都这样，很多时候我们要讨论创作路线或者一些美学观点，不是说一定要找出一个大家认同的意见，只不过我们在自己所知道的这个路线上来解释我们的创作方向。

我觉得电影应该让人乐观地生活

贾：您的电影是有思想的电影，但电影是娱乐产业，或者梦幻情景，它的这种“梦幻机制”让人感到快乐。比如说，大家能够认同解决一切困难，惩恶扬善的黄飞鸿，但如果我们给大家提供一个内心很彷徨的，不能够完全控制时局的黄飞鸿，可能会给观众带来一种痛苦。对您来说，您更喜欢把观众带到哪一种状态里？

徐：人生活在这个世界上，最重要的还是要以乐观的态度看事情，乐观就是你对某种东西有期望，是一种心理上的强化和追求。我觉得电影应该让人乐观地生活，创作跟人的关系就在这里，它让生活更丰富，更有力量。这是我个人的想法，不代表说每个事情都一定要带有这种道德观点上的引导，因为我永远觉得创作不是一个交易，它表现的是对时代的感受和强烈情绪，感受跟情绪之后，给予他人的最重要的心情就是乐观，就是很有生命力地活下去，这是我自己在创作上的一种追求，能够做到这点我就很满足了，很高兴了。

贾：从价值判断来讲，您认为一部好电影应该具备哪些素质？

徐：从广义来讲，我觉得一部电影能够流传很久，一看再看，它也能够感动到我，我觉得这是好电影。那从狭义来讲，你会看到一个电影很多方面的表现方式，比如说导演手法、演技、剧本、音乐、摄影、美术、剪接，甚至是冲印、字幕，我觉得字幕翻译得很好，也是一种很重要的学问。也可能在某种情况下这种感觉上脱节了，可是它里面的东西还是处理得很完整，在美学方面有它很扎实的一种理念跟做法，你还是觉得很值得去欣赏跟不断去品味它。

贾：您过去的电影，无论是编剧、监制或导演的作品，都有您非常个人的风格。我们特别想知道，从监制角度参与电影，或者从剧作、导演角度，怎么样能够贯彻您自己的风格？

徐：我觉得这跟年纪有关系。开始做监制的一段时间，我很投入地去说每部电影应该有的主题，跟它要追溯的一些人生感受（如何）表现出来，但我碰到一些导演，未必同意这种想法。后来我觉得，不一定是说你监制的电影就一定是你的艺术取向，反而我觉得你要认同，你监制的电影你要认同它的某种创作方向，有时候那个方向未必跟你一样。其实在这个过程中，我也有试过不同的方式，效果出来也很有趣，我在电影路程里面其实也经过了很多不同的阶段。

贾：西方人研究电影有种说法，说一个人所有的电影贯穿起来可能最终都反映这个人的个性，如果我们把您这些年来拍的电影，命名为“武侠电影”，您同意这个说法吗？

徐：我真的不知道，我觉得最难的是把所有东西简化成一样东西，当事人无法给任何评语的，因为每个人看每个事情都有不同角度，那看自己的话，更没有角度。就好像一面镜子照另一面镜子一样，所看到的并非是自己，看到的是一个环境，在这个环境里面，观点和角度更难以琢磨。是不是武侠电影，我觉得只有让别人去做这个判断。

（2007 年 1 月 16 日于香港徐克电影工作室）

把故事讲好，动作才好看

元 奎

元奎（1951年11月30日— ），香港著名电影监制、导演、动作指导，1951年生于香港，祖籍河南南阳。师承中国戏剧研究学院于占元，是香港著名的“七小福”之一。1970年，开始担任龙虎武师，之后从事过监制、导演、动作指导、演员等多种行当；1990年与刘镇伟合导、周星驰主演的《赌圣》创下当年香港最高票房纪录；1993年导演兼武术指导的电影《方世玉》获第13届香港电影金像奖最佳动作设计奖；1997年，元奎跟随李连杰远赴好莱坞发展，成为好莱坞享有盛誉的华人武术指导之一；2009年至2010年，他同导演吴宇森合作电影《赤壁》（上下），受到广泛好评。

元奎为人低调，专注于武术指导领域，擅长刚劲有力、潇洒迅猛的武打动作设计，取道于写实与写意风格之间，镜头运用灵巧多变，注重用动作来传达人物的内心情感，是中国电影界武术指导暨动作导演的中坚力量。

其实动作容易，最难的是你怎么把这个故事讲好，一定要故事带动动作，不要动作带动故事。

我喜欢拍故事性强的东西。我觉得现在变来变去，动作片能变到什么样子？你只能在故事里面变动作，不能动作带动作，故事带动动作。

——元奎

从“七小福”到武术指导

贾磊磊（以下简称“贾”）：您这次来是拍《新少林寺》（2011），担任动作导演，之前有一部《新少林五祖》（1994），跟少林题材比较贴近，拍这部片子之前您一直在国外吗？

元奎（以下简称“元”）：对，其实我是美国、（中国）香港两边跑。比如说我以前拍《方世玉》（1993）的时候，一搞就是一两年，那刚好我在美国也有戏，就自己到美国去。我其实注重中国片多一点，我到美国大部分是当武术指导，偶尔有一两部自己当导演，现在大部分都在中国了。

贾：还是欢迎您回来。

元：谢谢！我们本身就是在香港，美国片终归是美国的文化，（我们）很难融入他们的电影文化。美国找我唯一就是拍动作片，大多数是这样子。

贾：那您对少林题材熟不熟？

元：挺熟的。李连杰那部戏（《少林寺》）1983年在香港放映，那时候我们就已经在嘉禾拍片，感觉《少林寺》怎么这么厉害，他们的东西就是不错，我们没有见过这种耍枪。我们在香港拍功夫片的时候没有想到，尤其耍的枪和刀啊，很悦目的，怎么他们会有这样的东西……后来我们就慢慢认识了。怎么讲呢，因为李连杰本身是一个很有武术细胞的人，所以给我们的感觉不错。我们这些在香港拍动作片的是没有受过专门训练的，只是以前学京剧，学完就出来当武行，一边拍一边学习，把我们唱京剧的东西尽量发挥，没有机会发挥的时候就这么混混，混到这么多年，然后就走上了导演的路。

贾：您刚才说到学京剧，“七小福”纪念50周年了。据我们了解，您的祖籍也是在内地的？

元：对。

贾：当时是什么情况下去了香港？包括您父母，他们最早在那里做什么？

元：其实我本来就是在香港出生的，我九岁就进学校了。那时候我爸爸也很难养活我们，我们家比较贫穷，就是东住住西住住。那时候我记得香港有一个地方，很多台湾人都在那里住着，我住在那边朋友家里读书，就是这边住住，那边住住。后来我爸爸有朋友说他儿子在学戏，你儿子这么走来走去，不如让他也去学戏算了，总归有人照顾一下。这样我就去了学校。

贾：您祖籍在哪里？

元：河南南阳。就是我们现在少林寺附近。

贾：那您现在亲戚朋友有在河南的吗？

元：我想没有了吧。我到少林寺见到主持，他问我怎么普通话讲得不错，你是哪里人？我说河南。河南离得很近啊，主持就说改天拍完戏我带你去到河南走一下。河南我都没有去过，不知道在哪个方向。

贾：少林寺就在河南登封。

元：对。

贾：我听元彬、元彪他们说，因为战争的原因父母迁到香港。

元：因为我很小，爸爸妈妈就分开了，分开之后爸爸带我是很难的。我到学校大概九岁吧，我爸爸就死掉了，我妈妈现在还在。其实我这一生在学校学了很多东西，我们学京剧，学做人之道啊，可能书本东西比较少，因为唱京剧都是教你怎么做好人，坏人会被雷劈这些。我们的师父是改变我们一生的，另外我们同学很多人都是因为家境不好才去学校的，大多数，不是100%。家里比较穷，小孩子又很难教，丢到学校里学习，当时是这样子。

贾：于占元师父原来在北平就是学京剧的是吗？

元：对。

贾：他可能是先到了上海，又从上海到了香港。

元：应该是。但我还不大了解，因为我进去之后我们就在学校，一学学十年，我们签约了十年。其实我们什么都不怕，就怕师父，见了师父就跟老鼠见猫一样钻进去，很调皮。当时觉得很苦，现在回过来看还是那十年学了很多知识，很多东西都是从学校那儿来的。师父给我们很多东西，当初觉得师父打得这么厉害，打得叫救命，现在年纪大了回想，如果那时候我们不进学校，现在是一个什么人也不知道。那时候我们“七小福”都是一样尊敬我们的师父。师父在，我们鞠躬啊，对师父的教导认真聆听，这个对“七小福”影响很大。

贾：于师父到香港的时候开始创建这个学校也很艰难，他收你们这些学生的时候，听说不收学费？

元：没有啊。其实也收学费，好像10块还是50块一个月。但我们去的小孩家里很穷的，哪有钱给，所以就靠师父养活我们。你想我们那时候最多50多个人，怎么养啊，个个都是家里不给钱，怎么养这帮人。但是我们师母是脑筋很快的，她接触很多人，我们师父不善于交际的，他唱武生的嘛，师母就善于交际。不知道怎么她就联络到梨园工作的机会。后来梨园那时候在1967年暴动，人家不敢去游乐场了，师母又想了个办法让我们去夜总会表演，为什么有“七小福”呢？就是这么成立的。因为在一个夜总会表演，不能说十几、二三十人，七个人去就是“七小福”，名称就是这么来的。如果有两个夜总会，就是这是“七小福”，那也是“七小福”。我记得我们到台北的时候，也有两个，一个“七小福”、一个“七小虎”，就是这么去做的。我觉得师父跟师母两个人的功劳都是一样，他们一定要配合很好，我们师母是上海人，很善于交际，所以才把我们养这么大。

贾：我听元彬说，最辛苦的时候甚至捡过菜叶子给你们做饭，有这种情况吗？

元：这个我还是头一次听说。

贾：而且香港的报上关于你们也写到这个。

元：这个我都忘记了，可能我也不在意。因为我在学校的时候，翻跟斗不是很好，我就是看后台那个，他们一走我就看后台，很多事情可能我都不知道。后台看完，把行头都看好了，然后坐车子回去练功。那个时候是觉得很苦，现在想想也好，为之后出来磨炼独立的内心。

初闯电影圈，从武行做起

贾：那从戏剧学院出来之后，最早你是怎么进入电影圈的？

元：其实很惨的。一出来嘛，靠什么生活？离开学校的时候已经在拍戏了，已经做武行了。韩英杰是我们师兄嘛，那时候在学校里可以出去拍戏的，我们只拿五块钱。有时候师兄偶尔找我们出去拍戏，就很高兴，还可以赚五块。后来我们就是自己在片场学东西，自己钻研当武术指导。

贾：进入电影圈是韩英杰带了你们？

元：进去的时候没有别的事干，只能去当武行。最开始的时候还不错，每天在家等通告，等人家找武行。比如找成龙了，成龙接了通告，明天早上七点钟去当武行，成龙问我，明天你有没有通告啊？我想你有我也有吧，其实就在着急，拿起电话看有没有坏，怕人家打不通，那时候没有呼机，就靠电话。比如有 20 个人，成龙是 20 个之内，我也是 20 个之内，应该我也有，怎么我没有呢？就叫成龙打个电话过来，看我电话有没有坏，其实没有坏，是心急。

贾：后来怎么样？

元：那时候元华也是武行，没有事情做怎么办呢？我们从我家里走到观塘，观塘走到青山道，都找不到工作，因为我们头发又长，一看就像流氓似的，长的样子也不行。那时候洪金宝事业不错，好不容易就跟洪金宝在聊，他说我也没什么东西拍，我问我们怎么办呢，平时工作都找不到，他说你头发又长，跟黑社会一样，怎么会找你呢。怎么混啊？之后我们就进了袁和平这边，跟八爷很久，差不多有三四年。跟他到台湾拍吴思远的片子，当《南拳北腿斗金狐》的指导，有我、元彪、元华，我们三个跟他。应该说从那部戏开始，就觉得要学学套招了，开始注意人家怎么去套招，怎么去摆镜头。那时候我跟八爷跟了几年，就开始当指导，之后就回香港拍《蛇形刁手》，我当指导，袁和平当导演，拍了《蛇形刁手》《醉拳》《南北醉拳》，其实我跟八爷跟了很多年。

贾：李小龙的《精武门》您也有参与拍摄？

元：里面有我啊。

贾：那时候李小龙回到香港开始拍《唐山大兄》那些电影，很火，当时您也在香港吗？

元：对。那时候看李小龙拍戏根本就不懂，是跟八爷跟了很多部电影之后才开始慢慢了解。我们去拍吴思远的《南拳北腿斗金狐》的时候开始注意到了，我们就在猜头一个镜头摆哪儿，下个镜头是不是在那边，就在琢磨，自己心里想。后来下个镜头给你猜着了，慢慢好像自己开始进步了。

贾：跟袁和平大概是哪一年？

元：应该是拍摄《蛇形刁手》（1978）之前已经跟了，《南拳北腿斗金狐》的时候，他拍《硬汉》（1979），拍很多指导的戏。最后稳定了，跟他到台湾去拍《南拳北腿斗金狐》，吴思远当导演，他当指导。

贾：套招很重要也是要跟镜头、剧情结合。

元：对。那时候还没有想到剧情两个字，因为根本还不懂，就知道套这个招什么机位是最好看的，镜头怎么接，学了很多基本的东西。其实现在怎么都可以，闭了眼都能拍，那时候不懂，就开始要去猜。你套完招了开始摆镜头，这个镜头怎么摆这边，不是摆那边呢？我怎么猜错了，在琢磨，开始慢慢猜了很多对的。后来袁和平给了我很多机会去指导。

《龙少爷》（1982），元奎参与影片的动作指导，成龙担任导演、编剧、主演以及动作指导的影片，拿下香港年度票房亚军，再度掀起功夫片热潮

第一部导演作品《龙之忍者》

贾：您第一次当武术指导是什么时候？

元：吴宇森当导演，叫《铁汉柔情》（1975）。那时候我跟成龙刚出来，什么都不懂，其实我们两个在学校感觉算不错的，因为我叫大棒槌，他叫小棒槌嘛。我们两个是一个老师，都唱花脸。两个开始出来当指导，吴宇森找的，叫《铁汉柔情》，于洋、胡锦、恬妮主演的，这是吴宇森头一次当导演，那个老板我记得是印尼人。那时候他拍戏，我最记得的是什么呢，因为你很想进电影圈，很专心看人家怎么拍，我记得他拍什么呢，就是贼在上面走，下面马车走，他上面拍一个镜头，下来又拍一个镜头，就这么走来走去。那时候不懂，我觉得吴导他也想连戏，可能这么拍会好一点，戏会连着。那时候对电影不了解，也不喜欢跳拍，一个顺完一个，现在想想跳可以。《铁汉柔情》完了之后就拍《四王一后》（1974），邵氏公司的，也不知道怎么

找到我们两个。

贾：后来怎么样？

元：我跟成龙两个人一直工作，其间他自己当演员，签了罗维，我们才开始慢慢走出来。在武行时候跟袁和平，慢慢勤快一点就会被注意到，勤就是说这个东西我能做，我就来做了，做多了慢慢就觉得这小子挺勤快的，一直跟袁和平跟了很久。之后就和洪金宝、袁和平一道拍了《勇者无惧》，后来记得有人要签我当导演，我在恒生公司。

贾：第一次导演电影是《龙之忍者》吗？

元：对，《龙之忍者》拍了十个月。那时候在台湾，一般先是月薪，签了合约你就要把戏从头拍完，每天你开工就有饭钱，不开工就没有钱，一直拍，我跟摄影师很好，因为头一回当导演，我对自己说，一定要拍好它，拍得好不好是看你勤不勤力，一定要想办法，多做功课。那时候没有带子，就在亚视公司找人，日本演员，刘伟强《风云雄霸天下》里边有一个角色，叫千叶真一，真田广之的师父。日本演员，很红的。

贾：你这个片子里面有真田广之吗？

元：有，但当时还没有找真田广之。那时候没想到当导演，后来吴思远找我当导演，我就觉得很稀奇，为什么找我呢？我就每天看碟，看忍者什么的，看镜头怎么摆，每天看。看完之后我开机了，头一次当导演还挺紧张的。

贾：拍那个戏的时候有受伤的吗？

元：都有受伤，因为那时候全部是真翻的，踩着高跷，其实高跷只要两百尺就够了，我拍拍就三千尺，打八鏊。那时候没有经验，一鏊一鏊地打，其实用不了这么多，那时候什么都真做。

贾：这部片子的剪接的节奏比较快，是不是受到当时日本忍者的影响？

元：也有这一方面。你说我剪片很有经验吗？没有，那时候回来就开始剪，看人家的片，节奏是什么。那时候我记得，我睡觉都在想这场戏是怎么拍的。因为每天看，就想忍者进到你的世界（会怎样）。那部戏搞了差不多一两年，上画（上映）也不错的，也拍得不错。

武打片，一定要故事带动动作

贾：那时候刘家良、楚原、张彻的电影，他们拍的武侠片，日本也有一些武侠片，这些你都看过吗？

元：看过了，那时候我最记得我们去找一部黑泽明的电影，很难，托人在日本、（中国）台湾买，翻了很多碟，不断看。每天看《争霸》电视剧的碟子，真田广之师父千叶真一做的，看看睡着了，起来又看，每天都是这样。因为那时候很难得有机会，自己又是替身，你只能再往导演那边去，那时候还没想到当导演，根本没有这个梦想，就想怎么当好一个指导，就是动脑筋多一点，往这边钻得很厉害。

贾：刘家良的一些电影跟楚原、张彻的电影确实有不一样的地方，他算是武术世家，他自己确实也练，您当时对他那些电影有什么不一样的感觉吗？

元：因为我们当武行嘛，就去看他的电影，打得很好看，他的每个细节都有动作，肩膀有动作，脚有动作，连耳朵都有动作，刘家良很多这种东西。其实看动作容易，最难的是你怎么把这个故事讲得好，一定要故事带动动作，不要动作带动故事。套招，两手两脚现在谁都会套，其实没什么意思，我们一定要了解里面的缘故。所以我当导演的时候说，我们先不要出招，我们先想怎么把这个故事讲好，怎么能讲得动听一点点，招就会有的。动作是由人性出来的，其实我拍电影喜欢拍故事性强的东西。我觉得现在变来变去，动作片能变到什么样子？你只能在故事里面变动作，不能动作带动作，要故事带动动作。

贾：你刚才讲文戏和武戏的关系，其实你们小时候于师父教了你们很多戏里也有这些。

元：对，里面有忠、孝、仁、义，唱京戏都有。比如《钓金龟》，不孝顺父母遭雷劈，做人要厚道。我们唱这么多戏，终归是拿戏里的东西摆（电影）里面，我觉得动作片也是人性要紧。套招，找两个会跆拳道的都能套，有什么难的。

贾：所以这种理念在你学戏的时候就已经潜移默化了。

元：潜移默化。我记得我拍吴宇森的《赤壁》，因为我们唱过戏，赵子龙是什么人，这个人关系是什么，我们就容易进去，我半路杀进去帮吴宇森拍，为什么这么快呢？因为我唱过《三国》，很容易了解忠、孝、仁、义这几个字。

贾：洪金宝在 1978 年有《赞先生与找钱华》这样的片子，当时这个片子效果不错。您有参与这个片子吗？

元：没有，那时候我还没跟洪金宝，其实我跟洪金宝在一起很晚，洪金宝是我们师兄，我觉得他是奇才，想象力很丰富，很幽默。我很喜欢洪金宝的几部电影，《龙的心》（1985）、《鬼打鬼》（1980），洪金宝有很多戏拍得不错。他对动作的拍法，对人性的感觉，你看他的《败家仔》很多东西弄得不错的。他的电影里有很多笑点，有点像查理·卓别林。他本身就是一个很开朗的人，他拍的戏我都拍不到，因为我没有他的幽默，我拍感情戏比较多一点。我对电影、对人比较灰一点，没有这么阳光，如果你翻查我的电影，应该每一部戏都有一个人死。其实我（这个）人没有这么开朗的世界。

贾：你在银幕上的形象，演的这些角色完全不是你说的灰色的，都是很搞笑的，《新精武门》（1991）周星驰的师父，还有在《东方秃鹰》（1987）里面。

元：那个叼烟动作，那是演戏嘛，你叫我演我就演得到。当你去弄一个剧本，可能每个人有一个偏好，对这个世界、对价值观、对人性的感觉，是有不一样的看法。

贾：您在 80 年代初，跟徐克合作过《蜀山：新蜀山剑侠》（1983），是吧？

元：头一部当武术指导是吴思远当老板，叫《地狱无门》（1980），第二部就是《蜀山：新蜀山剑侠》。

贾：那刚才说的《铁汉柔情》（1975）是你第一次独立做武术指导？

《蜀山：新蜀山剑侠》（1983），影片突破传统功夫片硬桥硬马的打斗理念，融合充满想象力的特技特效，将飞天人地的神怪元素融入古装武侠打斗之中，非常具有观赏性，可以视为华语奇幻武侠片的巅峰之作

元：不是，我独立做武术指导很久了。跟徐克（合作）是很晚的了，那时候我一直在台湾，拍了很多戏了。回来就跟徐克拍了一部《地狱无门》，那时候《地狱无门》是吴思远公司的，后来跟他合作拍过《蜀山：新蜀山剑侠》《最佳拍档之女皇密令》。我跟徐克拍了两三部了。

贾：和徐克导演的合作怎么样？

元：那时候很有激情，因为没有碰过特技，很有想象力，敢把大笨象飞起来，空中飞这么多人。我记得我们拍一个镜头，是一帮人统统飞起来，没有特技，全要靠威亚的。那个威亚每天要在黑暗中，要填颜色，否则就穿帮，就搞很久。那时候都挺有创意的，我们就拍了一部戏，在里面得到很多经验。

贾：那时候有一帮所谓香港新浪潮的导演，是从电视台转过来，有的是从国外学习回来，谭家明、许鞍华，像这些导演，您跟他们先后都有过合作？

元：对。其实是因为我们拍动作。那时候接触徐克，他们有他们的思维，原来特技可以这么拍的，《蜀山：新蜀山剑侠》可以这么拍的，在里面拿了很多东西，可能你无心的东西拿了很多也不知道。其实《蜀山：新蜀山剑侠》是给特技开了一个先河，原来电影可以这么拍，到现在更容易了。不过我觉得还是以前的动作片好看一点，现在你打得很好，很多东西是真做，观众有时候都说可能有特技吧。

贾：我听您的意思，您还是喜欢原汁原味的，很真实的这种？

元：对，应该是。很有感情戏的，我喜欢动作片是原汁原味，喜欢感情戏重些。为什么以前张彻的戏很好看，最近我也在看刘家良的《少林三十六房》（1978），他都拍得很有感觉的。现在的电影是观众都觉得是特技，所以现在的动作片没有这么好看，观众就觉得你这么飞、那么飞都可以，假的啦，变成这样子。

把故事讲好，动作才好看

贾：后来您和其他导演的合作怎么样？

元：有部《战神传说》，我跟程小东两个人指导，还有一部戏是《方世玉》。后来我心想，我跟小东碰上，去套招一定没有自信的。人的自信很重要，尤其在香港的那个年代，不是要跟谁比较，你自己出来（的东西）要好一点，想的就是把这个拍好了，不拍呢就是损失一点钱，拍呢怕没有自信。后来我跟程小东说，小东啊，我不拍了，没有我你也可以完成的，一个文的杜琪峰，一个武的就是你。程小东拍拍我的肩膀说我明白了。然后我就去做《方世玉》了，那个时候香港午夜场很有压力，你拍得不好就低着头往外跑，拍得好的呢，就仰着头，还行吧。所以那时候香港电影竞争的压力很大，尤其是午夜场，压力相当相当大。那时候我去拍《方世玉》了。因为《方世玉》是之前答应李连杰，就专心去拍了。

贾：对于设计动作、拍动作，您跟程导的各自特点是什么？

元：两个人的风格不一样。其实程小东他很飘逸的，画面很讲究。我拍的电影是比较注重人跟人之间的感情。因为我觉得一个动作，故事里面没有讲得通，在感情上面没有讲，就是打，好像没有戏。你说没有戏怎么去套招？到底我跟你是什么关系？我们的仇恨在什么地方？我打你这个事为什么要打？有很多东西在这里面。这是一点差别。二来，我觉得分别比较大的，我比较实一点，他比较虚一点。当初要拍《东方三侠》，是我拍杨紫琼，他拍张曼玉，杜琪峰就是文戏，当时合作是这样子。对，其实我自己的电影，好像我算过，大多数都有这种戏在里面，都有这种感觉在。所以我觉得套招不难，要想为什么打很难，就是得想一个理由，我为什么要打？这是要紧的。我老是跟我们制片说，一定要把这个故事讲好，为什么要打，这是一个很要紧的事，因为没有这个感觉就很难套，左一拳右一拳都可以，变得没有动力。

贾：其实中国武术所谓博大精深也是这样，跟你对手打的话，打你哪一个位置，下手多重，其实都有讲究。

元：对，都有。就是说我打你这拳，你是我的杀父仇人，跟偷了我一样东西，是两回事。这一拳怎么打下才有感觉，不管镜头还是感觉，都是两回事。电影还是动作配合故事，不是故事配合动作，一定要把故事讲好，动作就很好看。如果没有故事，就打一场，大家都没有感觉，打完了，可以了。就是这样。

《方世玉》(1993)，元奎执导兼动作设计、李连杰主演，拍摄时很多人并不看好这部影片，但最终夺得3000万港元票房，尤其在东南亚广受欢迎，该片还同时获得金像奖和金马奖最佳动作指导奖

贾：在《中南海保镖》里，《方世玉》两集，《父子武状元》也是，好像你不是特别在意具体哪一招哪一式，你比较在乎整个的节奏。

元：对，你这么讲对。我并没有在意哪一招怎么拆，我是按心情去套这个的，我是一定把你往死里打。这样讲对，绝对是这样。

贾：那时候打可能不太在乎招式。

元：我是在乎感情，在招上我就没有这么细。我是戏剧带人物走，我是有这个感觉，我不在乎那个招式一下两下怎么落。

贾：你们几个代表人物，程小东、袁和平还有你，完全是三个不一样的方向。您这边是倾向写实和写意结合在一起。

元：程小东，咱们从套招角度讲，你打你的，我打我的，其实两个人碰不到，环境(镜头)很多，风啊沙啊，不能一直打下去，肯定有人要受伤，那么他会突然大全景接一个特写，比如说碰到你了，接一个大全景，中招了，解决你了。袁和平就是刚才说的，他特别在乎一招一式，而且他很多的特写和慢动作都是招式之间的变化。他整天在研究招式，所以袁和平的两个人物，谁把谁打败能够找到武术上的原因，可能跟人物角色有关系，他套招做得很好。

贾：您刚好招式也有，但招式不是最重要的，也有整体，但也不是那么写意的。

元：是，我没有去很刻意注重每一个招数怎么打，我是找那个感觉。我每次是跟着戏走的，所以这个我要改一改，我好像就一直注意情绪多一些。

贾：所以你这个人物他怎么打完全是情绪的问题。

元：对。

我拍打戏比较注重人与人之间的感情

贾：所以我说其实您的打，文戏更多一些。动作只不过是比较激烈的。您拍打戏比较注重人与人之间的感情。

元：对。我老是跟他们讲，我们去套招，你讲一下为什么打？我们两个之间有什么关系？一定把你的理由讲清。他有的地方很可恨，但是你一定把它表达出来，不是你就去打。我跟你打这么久，为什么打？我不知道，跟你不大认识，你也打一通？我每次去套招，一定抓一个理由，为什么打他？到什么程度？我的心情是怎么样？那时我对招数就没有要求（像）八爷这样，八爷招数很清楚，一抓手，都是特写，很清楚的。

贾：感觉他在做学问，这些招式。

元：他的手怎么勒，他有很多的招数，每个人可能拍拍你就自然进入到你的世界去，其实这也是你的模式。

贾：功夫片这个概念更适合袁和平这样的。

元：对，像《蛇形刁手》这样的。

贾：他的戏里有打擂台，您的戏里也有，但是打法还是不一样。

元：人情多一点。

贾：而且一定是赛场外戏加进来。《新精武门》（周星驰版）里，赛场外宣布了一个消息，师父死了，他马上不打了。所以还是文戏在里面。

元：其实讲真的，每次我在文戏下很多功夫的，反而在动作里好像没有这么重。

贾：袁和平的打，是两个人门一关窗户一关，外面所有都不管，两个人打 15 分钟，从屋里打到院子里，像两个人比赛一样。

元：风格嘛。你叫我这么打，会不会这套，会，可是这么打好像吃下去的味道有点不一样。你分析得很对，我们三个人就是这样，我自己就是很讲故事，很讲感觉。我是讲为什么打你这一拳，有没有理由打你这一拳，电影是有情绪的。你讲得一点没错，我是先走人物再套动作，多数是这样，很注意人与人之间的感情。

贾：其实从这个角度来讲，您所注重的感情是很中国化的，您到国外去拍电影的时候他们会注重这些吗？

元：我们刚去的时候很好，只是做动作，没有做任何东西。导演跟你讲，这个人物是怎样怎样，我们就套动作。因为我们终归对外国的文化没有这么了解，只能配合动作给他们套。动作之间，我了解多点里面的剧情，里面的人物他为什么这样。有时候我跟导演讲，他为什么要打，多讲点理由。有时候我说打不出来，其实人就两只手两只脚，是应该先出脚还是手，不要乱讲，我这一巴掌打你，跟一拳是两回事。同样一个镜头，我这么打你一下，和这样一巴掌，是一模一样，但是含义（差别）很大，如果是杀父仇人，就会带侮辱，《醉拳》是很想把你打死为止。那时候我跟导演讲，套招是要把里面（的情感）融合起来。

贾：老外能理解吗？

元：能理解。后面慢慢就也给我们讲戏了。

贾：外国人要的打和我们的打有什么区别？

元：（他们）要的是满足感，我们中国是讲动作细节里的修养。这拳为什么打，为什么只用三分力，因为我的人性（让我）不能把你打倒，留了两分给你，让你改过，不能再往下攻，中国打法是这样。每人出一拳不一样，同是一个镜头，这拳很关注你打他什么地方，可能打眼睛你就是仇恨太大了。其实我觉得打这么一拳，同样镜头（主要）看剧情的需要是什么，你是一巴掌，还是一拳，还是一刀过去，同样一个镜头（含义不同）。

贾：这种内在的东西好莱坞可能很难去理解。

元：其实你要跟他们多讲，尤其是演员。我记得拍《非常人贩》（*The Transporter*，2002）那部戏，拍那个老外，就是我们一手一脚给他弄出来，也给他上了很多课。这个镜头的这一拳为什么这么狠，跟普通一拳不一样，我说（对方）是流氓，一拳就可以了，但这是你的

《非常人贩》（2002），借出色的打斗场景、精彩的飞车镜头，俘获了不少北美观众的眼球。元奎也因为这部作品，再度获得了好莱坞片商的肯定

杀父仇人，镜头很强调这个。

贾：其实这些在香港七八十年代就有了很具体的用法。

元：对，用过了。在西方得慢慢讲给他们同样镜头为什么这么拍，演员也会明白。

贾：所以美国没有功夫片其实可以理解，他们可能有动作片的概念，打就是真的打，加了文戏的打，观众的评价会好一点吗？

元：会好一点。

贾：无论是什么人种都是重感情的。

元：对。记得我们拍《非常人贩》的男演员，他以前是跳水的。我对他说打不是死打，每一拳都有感情在里面，他说这么有力，我说不需要这么有力，又不是杀父仇人，这么一拳就可以了，每一拳都有用意在里面。其实动作片也有剧情在里面，剧情就在镜头里，用一个很歪的Angle（角度）拍这一拳也是，其实都是一拳，但也有很多学问在里面。

贾：老外的片子，怎么打都不会有像中国功夫片当中那么丰富的武术元素在里面，他感受不到，毕竟是老外。

元：我觉得还是戏。那时候我记得拍一场飞车戏，当时很多老外也是讲，一场飞车就（关注）飞车，飞车指导去拍，他就是要刺激。

贾：其实看了这么多，发现老外更多的应该是想看招式。

元：对，他们很喜欢看招式，很清楚很漂亮就可以。他不觉得我们会拍剧情，其实我们不是导演，我们只是一个动作指导。

贾：他有可能给你的空间就那么大，他的预算是定的，您说加几句对白，稍微超点都不行。

元：对，不行。时间是固定，三天就三天搞定，三天拍不完那招就不要了，美国是这样的，不会全部给你用的，所以你要很注意这个。我们终归不是老外，我们不是他们，不了解他们为什么会这样。为什么外国人忽然发脾气了？中国人不会的嘛。我跟他这么久，忍一下，外国人不会忍，刚才还说得很好，这会马上打起来，中国人是很少（这样）……中国人除非不发火，发火应该是到了一个极点了，我一定要跟你翻脸才揍你一拳。老外是揍完一拳，对不起，我刚才是情绪不好。中国人是你这一出拳，代表你是跟我翻脸了。这是两个文化极大的不同。

贾：所以你是从人物揣摩到动作设计，根据不同的思维。

元：对，不一样的。所以我们只是用动作去套，终归后面抓令旗的是导演。

戏不只是动作，终究还是文化

贾：在国外，你看到他们的动作指导具体怎么工作？

元：一般主角是带一个指导，里面还有一个总指导，就是里面的戏是导演找回来的。这就看哪一个的嘴能讲，他们很讲道理，三个人过来讲，把你的原因讲出来，怎么这样打，为什么。

你讲你的想法，他讲他的想法，导演断定要哪一个。

贾：他们的指导一般都是什么出身？

元：也是武行出身，慢慢当指导，跟我们一样。但因为我们当武行之后再当指导，再当导演，我们对戏重一点。他们没当过导演，对戏没有看这么重。我们套招其实讲良心话，过来一拳过去一脚，这一脚为什么踢下去，为什么踢你这个地方，你这个地方是最要害的。其实我们中国电影套招，非把你脚踢得差不多卸下了才打你，这是我们套招的方式。为什么我们每次讲有剧情才能套招，如果没有剧情，就是打那也可以，打这个也可以，但是没有一个焦点。

贾：那我们焦点在哪里？

元：知道你脚很厉害，先把你脚打折了，才有机会攻上面，所以我们套招就一上来打你脚，踩到我也打你脚，打到某一个极点，这就是我们的剧情。我们中国的戏就是这么去套招。你说一个人两手两脚套招，还能怎么变？我的感觉是有剧情套这个招，就有灵魂，最基本要做到这样，我的逻辑就是这样。要是没有戏让我套招，我觉得很难，能不能套？能套，但好像我抓不到重点，抓不到要点。

贾：现在你们干了那么多年，感觉如果在好莱坞长期做的话，还有更多空间吗？

元：还是不行，因为语言有很大问题。我刚才讲，你的戏不只是你的动作，把握不到那边

《血的游戏》（1986），在吴思远的力荐之下，元奎担任了这部影片的导演，该片成为元奎参与制作的首部好莱坞电影。主演尚格·云顿的一字马、回旋踢等精彩动作镜头，增强了影片的吸引力

的文化，你就很难去发挥。别说别的，就说吴宇森，最后也回来拍戏了。其实终归是文化差异，你要了解他们国家的文化，你学到点皮毛，但永远深入不了。

贾：老外到中国拍戏也是一样。

元：也适应不了，都一样。他知道黄山漂亮，黄山的起源是什么他知道吗？他不知道。他想学，但中文学不了这么快，只是皮毛。

贾：拍《赤壁》的时候，我们也跟吴宇森聊过好久。他拍这个戏，是中间叫你过来的，当时你在哪儿？

元：拍《小夜刀》（《最后的吸血鬼》）在云南，全智贤那部。拍完之后来到《赤壁》。

贾：《赤壁》的场面很大，人很多，当时的情况怎么样？

元：因为吴宇森找我去，张家振也找我，其实我们拍这种戏比较适合一点，为什么我们比较适合一点？林迪安也是不错的指导，他输在什么地方，他不知道这个历史。我们是演京剧，演过关公，演过张飞，我们知道刘关张是什么关系，我们知道曹操跟他们的关系是什么。我们太了解了，容易把握到这个人物，把握怎么拍他的特写，怎么拍他的戏。我们唱那么多戏了，容易掌握里边的东西。就说赵子龙，他救阿斗的感觉是很要紧的，换别的一个指导他未必知道这是很关键的。所以我们拍就很容易跟吴宇森的需求相结合。

贾：因为你一直做动作导演，辅助导演做这些事，有没有想再自己做？你以前有很成功的导演作品。

元：如果有适合剧本，其实也写过一两个，还是不太满意，也没有去拍。那时候也想过拍《报仇》，就邵氏那部戏，我们那时候剧本都写了，就是找演员很辛苦，很难找到一个很适合的。动作演员现在很难找。

贾：现在动作演员断档是个大问题，你们武术指导这个行当也是。

元：也断代。到国内这么长时间也没有形成规模，只是个别的零打碎敲。

贾：中国市场这么大，但弄来弄去还是几个人，其实这个行当挺危险的。

元：现在发展不起来，因为香港电影（当时）是一股力量，这也是从 70 年代一直滚啊滚，一直到现在，其实做来做去都是这样。

贾：但终归这一行人还是少。

元：怎么讲呢？很难，越大的地方越难走。小的就是这一堆人，你这么大堆人，怎么拉在一块。所以我觉得挺难的。

贾：你们能带的人都是手把手教，但能跟你们的有多少？

元：对，跟不了，郭建勇都跟我这么多年，《方世玉》到现在。

贾：那已经很难得，他们都是很幸运的。

元：其实国内还是很多人，只是没有机会去做这个东西。我觉得动作片，除了你的动作，还有文戏的感觉，包括你对电影的热诚也是要有的。我觉得动作片不难拍，剧本难求。有好的剧本，动作片其实挺好拍的，人物有起伏，就有动作的起伏。

怎样把人物弄好是很要紧的事

贾：我想问一个问题，因为这部片子叫“中国武侠电影人物志”，您有没有武侠的情结？或者您觉得功夫片的精神包括您刚才讲灵魂两个字，是什么？

元：你问我有没有武侠情怀，我喜欢武侠。武侠电影里面的人物，我觉得是一个很要紧的事。如果你没有好人物，我觉得武侠片会失败。你怎么把那个人物弄好，这个片子才容易拍一点，如果故事没有讲好，这部武侠片也不是说不能成功，但成功率低一点。所以我觉得还是要把故事人物弄好一点。

贾：30 多年从影的经历，是什么支撑着你一直走到现在？

元：我每一次拍戏都跟自己讲，用心去拍，想尽办法，你怎么被人骂，要顶住。所以每次就是你坚持在拍的时候，如果想上（映）电影的时候人家问谁拍的，（拍得不好的话）那个滋味是很难受的，这点给我的动力很大。每次去拍戏想多一点，这个给观众会怎么样？那个是动力，每次你很用心拍，钱是一个其次。你的满足感也很要紧，怕给人骂也是很要紧的。你说我们是不是有情怀什么，没有，就是想拍好，尽量出娄子出得少，尽量想多一点，这就是你的本分。

贾：您平时不拍戏的时候怎么积累素材？是看电视，看老片还是看武术比赛？

元：我看戏多一点，可以看老外的片。有时就是翻翻书看看，武侠小说也看看。说我们是不是书呆子，我们也没读过书，只是翻翻有没有好看的东西，找一两句，找一个桥段，其实没有在看这个书，就是看一个哲理，希望能找点东西。我们也不是书呆子，未必能看得这么进去，希望能找到东西。

贾：听说您是要把全部片子剪好以后才让配乐师配乐，是有这种习惯吗？

元：对，不然容易把你的心给打乱。我有很多镜头没有剪下去的时候，你就会批评，就把你的意见说出来。因为你很想听人家的意见，什么都没弄好，你怎么听意见，别人怎么看到那么多？尤其动作片更要紧，你音乐没有配，什么都没有，你不知道剧情是什么，所以我是不大轻易想别人去看。我剪好，我认为可以丢出去了，才丢出去。

贾：行当里都说您是一个为人低调、少讲话多做事、埋头工作的人。

元：谁讲我这么好？也不是，就是说我有很多东西在文戏上，我们学问没有这么高，只靠平时的经验，有时候看看报纸，有时候字都不认识，就是唱京剧玩儿，抄《定军山》。我们看书比人家看慢一点，慢慢去看，人家看一个字，后面三个字就不用看了，我们是读完一个字再读，才会领略到里边的（内容），所以我们看剧本慢一点。这是什么意思，想一想，再看，可能不像有的人这么翻，所以这是一个很要紧的事。

贾：您对于中国功夫片，或者武侠电影未来的发展有什么期待？

元：我觉得我们这班要去带他们，尽量把年轻的带出来，他们慢慢才会闯出来，如果不带，就很难的。就像成龙有一个“新七小福”。我老是觉得剧本是很要紧的，他们有学问，读书多，就会想出很多点子，那个戏就会发展得更好。我觉得动作片老是缺少剧本，剧本很难写得好。

贾：动作片的剧本？

元：很难写。我们讲很简单的例子，我们一直讲到 Ending 一定要打 20 分钟，一打打 20 分钟没有剧情就整个人看着不好……一定要把剧情的感觉弄出来，一边打一边感情，不管什么东西，什么感情，一定要有东西逼你去打，这是最难。因为你打一招半式不过瘾，打得长又觉得闷，还打什么。当有剧情逼着你，你的打就会有动力……这是很难，要是中国有一班这种人出来，他本身有读书的文底，再有功底，进电影圈我觉得容易很多。

贾：有文学剧本的修养，同时又有武术的打。

元：再者你慢慢带，就可以出来。不是一招半式能出来，因为我们这种是片场大学，是在片场出来的。在片场一步一步学，怎么扛机器，动作怎么最好看，你叫他们去，他们未必知道，因为他们没有试过，没有机会给他们试，所以很难出来。其实国内有这么多人，少林寺也好，任何武术（派别）有这么多人，应该培养他们出来。

贾：要去带。

元：不是带的问题，带倒是带，这也讲机缘的，其实还是本子要紧。我觉得动作片不能是差本子，本子是一个很要紧的关键。比如“禅武合一”，禅就是制服，劝导你不要打，但武是要动，那么是打还是不打？动作怎么表达这个很难的。要“禅武合一”，怎么合一呢？我是打你还是不打你？这些是最难的。

（2009 年 12 月 28 日于横店影视城）

每一个动作都有它的哲学

洪金宝

洪金宝（1952年1月7日— ），乳名三毛，原籍浙江宁波，出生于香港。7岁时进入香港中国戏剧研究学院，跟随于占元学戏，和师兄弟们曾以七小福名义在舞台和银幕上演出。12岁开始演电影，处女作是《公主与七小侠》。1973年与李小龙合作出演动作片《龙争虎斗》；1977年首次自导自编自演动作片《三德和尚与舂米六》，并担任动作指导。1983年因《提防小手》获第2届香港电影金像奖最佳男主角；同年，自导自演动作片《败家仔》，获得第2届香港电影金像奖最佳动作设计奖；1985年自导自演动作片《福星高照》《夏日福星》，打破香港地区全年票房纪录，获得香港电影全年票房双冠军。1988年凭借动作片《七小福》获得第33届亚太电影节最佳男主角奖、第8届香港电影金像奖最佳男主角；2009年凭借动作片《叶问》获得第28届香港电影金像奖最佳动作设计奖、第46届台湾电影金马奖最佳动作设计奖；2010年凭借动作片《叶问Ⅱ》获得第30届香港电影金像奖最佳动作设计奖、第47届台湾电影金马奖最佳动作设计奖；2018年凭借《杀破狼·贪狼》获得第37届香港电影金像奖最佳动作设计奖。

洪金宝身兼主演、导演、动作指导、监制等职，创作电影百余部，先后19次获得金像奖提名，12次获得最佳动作设计提名。洪金宝曾创办宝禾和宝祥影片公司。他带领洪家班弟子驰骋在电影片场，对香港动作电影贡献良多，并且开创了黑色功夫喜剧和时装动作片的潮流，堪称香港动作电影领域的“大哥大”。

当我们想到一个危险动作的时候，首先考虑自己有没有可能做出来，自己能做到就做；其次考虑摔下来会不会死，不会，就做。重伤没关系，不死就行了。我曾经试过很多危险动作，就以这种信念去做，不会死，就是重伤，重伤意味着还可以活着。那么，继续。我们就是以这种信念去做很多危险的动作。

——洪金宝

银幕内外的“七小福”

贾磊磊（以下简称“贾”）：咱们就从您小时候的经历聊起好吗？

洪金宝（以下简称“洪”）：好。

贾：您的祖母是钱似莺，是20世纪20年代上海特别有名的一个演员，也是一个会武术的演员。她是中国第一代从事动作表演的人。您对您的祖母有没有这方面的记忆呢？

洪：其实没有。很小的时候，我祖母就已经不再拍戏了。所以对她的一切，我就知道她是一个明星，也知道我爷爷（洪济）是一个制片家，其他的我都印象很少，不太有。

贾：您小的时候，最早是9岁的时候，就被送到香港于占元师父的京剧团里学京剧和武打，那时候的武打学的是什么呢？

洪：我一进学校是学青衣的，后来是唱小生，再后来什么都唱，什么都做。因为那时候我挺帅的，挺秀气的，跟现在比是百分之两百不一样。作为小孩子的我也不懂，师父一看，这个小孩子适合，这个身材啊、身段啊，完了叫我试一下嗓门啊。一听还可以，不错。也就要我学青衣。后来学了一段时间没学成，就唱小生。

贾：小生？

洪：对。我在唱小生的过程当中，基本功一直都在练，因为我们学校开始的时候人不多，这样我们什么都要做。这出戏你是角儿，下出戏你就跑龙套。

贾：那时候您对于占元师父的印象怎样？

洪：凶啊，狠啊。有一段日子，我想满师出去以后，我一定回来揍他！真的。最后我到了四十几岁，我见到师父还是怕他，但我很尊敬他。当初那是一种小孩子的想法，根本没有想过一个导师从你什么也不会，教你到成为一个演员（多不容易）。而且我师父从来不收我们的学费，从来没有。他从内地到香港以后，也没有什么钱。他收了很多徒弟，但他从没有向徒弟们的家长收过一分钱。

贾：那他的生活负担会很重呀。

洪：你想想看，像他那么重的负担，他教小孩子，要租地方住，还要给小孩子吃饭，他的付出真的是很大。到了我们学的这点艺术啊，一点技术啊，可以在夜总会表演，有一点收入，慢慢的生活也会好一点。我师父真的是一个很了不起的老师。他从来没有为了金钱或者为了什么，他就是为了将他一生的艺术传授给下一代的小孩子。关于我们这段时间的生活拍了一部电影叫《七小福》，那基本是一样的，真的。

贾：对，您在《七小福》电影里，就是演于占元师父这样一个形象，您的表演我们看了也非常感动。有的时候他为了教育孩子可能会打孩子，但是从内心里又特别爱这些孩子。

洪：我小时候看师父好像就从来没有爱我们的心。做错了就打我们，真的打。但是实际上他真的很爱每一个小孩，他不爱每一个小孩子的话，怎么可能每天陪着这帮顽皮的小孩子？他这种耐力怎么可以承受？如果没有爱的话，他能承受得了吗？承受不了。所以我到现在还是觉得师父很伟大。

贾：《七小福》那个故事，很多都是根据你们的亲身经历来写的吗？

洪：有一大半吧。另外加了一些电影的因素。

贾：那后来您怎么样从一个青衣又转成武行？

洪：没有。我就算唱青衣的时候，平常练功都是一样要练的，翻跟斗啊都是要练的。到我不唱青衣唱小生，我们还是练功啊。武打戏的话，我们还是要做。你看我也唱二花脸、关老爷。关公我也唱，张飞我也做，老旦我也做，彩旦我也做，我们学校里面，一个学生可以扮演很多不同的角色。

《七小福》（1988），影片讲述京剧大师于占元在香港创办“中国戏剧研究院”京戏班，苦心训练学生。随着京剧行当的衰落，“七小福”转而投身电影，成为龙虎武师的故事。影片上映后引发广泛关注，仅金像奖就获得 8 项提名，主演洪金宝饰演师父于占元，摘得最佳男主角桂冠

痴迷片场里的每一项工作

贾：那后来怎么越来越集中在武行这个领域？

洪：其实那个时代比较简单。不管怎么样，你能干活你就能生活，就能照顾到家庭，其实我们就是……有活就干。我为什么进这所戏剧学校学戏，就是小时候不爱念书。

贾：喜欢演戏？

洪：不，错了。喜欢到处压马路、逃学、打架啊。因为家里人那个时候都要上班、工作，没人管我。有人跟我外公说不如把洪金宝送到戏曲学院学学戏，将来还有一技傍身，可以照顾到自己。就这样把我送到于师父那里学戏曲了，以前学戏呢，香港还流行一种广东戏。

贾：粤剧。

洪：粤剧。那时候叫广东大戏。没想到进去以后，我们学校唱京戏唱得很火，教得很好，做得很好。我们一帮师兄弟，每个人在台上的表演都非常好。所以，一直下来都是唱京戏。我们对社会其实了解得很少，在我们长大过程中，到了 14 岁开始，另外有些老师就介绍我们去做武行。

贾：是龙虎武师吧？

洪：龙虎武师。做到 16 岁以后我就满师了。满师出来自然我就会进电影圈里去做龙虎武师。从 16 岁进入电影圈，一直到现在。我从小的时候，15 岁开始就已经很爱好电影这一行。电影里面不管是演员、灯光师，或者是（负责）机器的小工啊，我对每一样都很有兴趣。所以我在电影圈里面，我能演、能导，打光或者推轨道，怎么样推法，或者是机器怎么运动我都熟，本身对这一行是太爱好了。

贾：20 世纪 60 年代香港电影发展起来的时候，受到传统的戏曲，还有武术的影响都特别大。于占元师父有个女儿叫于素秋，也是当年特别有影响力的武打明星，您跟他们这一代人有没有接触呢？

洪：其实很少。我们大家有一段时间住在一起。跟师父，跟于素秋也住一个地方，但我们很少见到面。有时候她来说两句，就是说说这么做，戏该这么做，说两句完了就走了。小时候她也是我们的偶像。她拍了很多电影，我们跟她真正接触的时候，我们太小，她辈分比我们大多了。所以我们叫师姐，可是差得很远，我们都不敢跟她说话。

贾：你们那个“七小福”，就是戏班子这几个人现在都非常有名。成龙那时候就叫元楼，元彪，还有元奎、元泰、元武、元华，他们现在还在拍戏吗？

洪：元泰不是，他改行了很多年了，在美国、加拿大开餐厅。

贾：去做生意了。

洪：做生意。元文就是我们也在找他，不知道去哪了。元武还在香港，也改行了。

贾：也改行了？是元文还是元华啊，是元文是吧？

洪：元文有，元华也有，元文找不到了，元华现在还在拍电影。

贾：元文人失踪了吗，就找不到？

洪：我也不知道是不是失踪，反正我们师兄妹最近想办法找。因为我们有一个主意，当然明年吧，就是我们中国戏剧研究学院的师兄弟们认识50年了。

贾：就是这所学校成立50年。

洪：到现在。当然现在学校不在了。从那时到现在已经有50年的时光。我们想搞一个洪金宝基金会，就是我们的学校，中国戏剧研究院同学会50年纪念日。

贾：这个将来在哪儿搞呢？

洪：还不知道呢。

贾：这个很有意思。

洪：希望所有师兄弟还在的话，兄弟姐妹聚在一起。就是再有一个热闹回忆的晚上，是这样，所以元文我们也在找。

要做明星，要做超级明星

贾：这么多年，你们坚持下来还在做电影，你们觉得是什么支撑着你们一直走？

洪：很简单，第一是爱好，第二是成功。要不成功的话早就改行了。不成功你当然不会还在电影里面搞，要生活呀。像香港的电影已经没有以前那么蓬勃。差不多55%吧，都改行了。我们是很幸运的，还能支撑得住，观众们还能接受，我们才有机会还站在银幕上，站在这里。

贾：首先能坚持下来就是成功的保障。

洪：对。成功的机会也是这样，不成功没机会，不管你怎么样喜欢，人家只当你是一个电影工作者，拍拍戏、做一下特约，或者做什么，是这样。所以，以前有一个长辈就告诉我不要做演员，要做明星，要做超级明星，演员没用，You must be star，a super star，跟我以前拍电影也一样。我是一个拍电影的人，怎么把一部电影做出来，把它做好。所以有时候的话是看你从哪一个角度去看。那么在这个演艺行业当中，我觉得那句话其实也很对：不要做演员，一定要做明星，一定要做超级明星。这个意思很简单，不是说演员没用。你有这种恒心，有这种思想的话，就按这个目标去做的话，两样你都会有。超级明星不一定是角儿，不一定是好演员，可是他有时间努力成为好演员。

贾：就是向着最高的目标努力。

洪：对，如果你是一个好演员，真不一定是super star，不是一个超级明星。这个演员真好，别人在谈论他，可是他不可能让整部戏以他为重心，人家为了他就可以去看一部戏。我听我儿子说，你们喜欢他进入娱乐圈，但不一定有机会做超级明星，那就不要做。想办法要做的话，就要做超级明星。

贾：要做一个超级明星，大概需要具备哪些条件呢？

洪：其实很难告诉你一定要具备什么条件。超级明星有的是这样，有的是那样。我说没用。

你看哪个超级明星不是这样，所以其实都不一样，看你在哪一个社会里面，在（中国）内地、香港以及美国就不一样。真的是，在香港我们有一句话就是“百样米”。

贾：百样米？

洪：一百样的米。

贾：一百样的米？

洪：百样的米养百样的人。就是说很多人都不一样。不是你就是你，还有很多人在这个世界里面，变化太多了。所以我们很难说，你要这样做就一定会成功，这样走就对了。努力是一定要的，诚恳是一定要的。

贾：就是机遇可能不一样，但是努力是必须的。

洪：对，努力是必须的。

为一个演员、一场戏拍了一天

贾：谈到您的这个经历啊，我们就想起来，我们还采访了一个人叫丁善玺，您还记得吧？

洪：我记得，丁导演我记得。

贾：对，他曾经提到过，那时候胡金铨拍《大醉侠》，开始做这个武术设计，就是动作指导工作的韩英杰，现在还在香港吗？

洪：他已经在天堂。

贾：已经去世了？我们特别想找这个人，后来一直没有找到。

洪：对。

贾：您当时参与过《大醉侠》这部片子的拍摄吗？

洪：我只是参与《大醉侠》配音。

贾：配音啊。

洪：小乞丐们唱歌。

贾：就是替他们唱歌。

洪：对。那时候我很小，拍《大醉侠》的时候，我想我大概才 12 岁吧。

贾：那时候就开始替他们配音了。

洪：对。那时候也是因为胡导演和韩英杰的关系，他叫我们几个小孩子去配音。所以后来长大了，16 岁以后就被胡导演真叫去拍戏了。

贾：您跟胡导演拍的第一部戏，现在还记得吗？

洪：我那个时候还在做演员，做个小演员，是《侠女》（1971）。

贾：《侠女》，那很不得了。

洪：《侠女》拍完，我就做他两部戏的指导，一部是《忠烈图》（1975），另一部就是《迎春阁之风波》（1973）。

《侠女》（1971），奠定胡金铨世界电影大师地位的作品。洪金宝跟随师兄韩英杰进入剧组，饰演许显纯之子

贾：就是做动作指导。

洪：对。

贾：拍《侠女》的那些情景您现在还记得吗？

洪：我记得。那时候我还小，刚离开学校，一出来就拍《侠女》。那个时候我是个小演员。韩英杰是我们师哥，带着我们，我们很幸运。导演叫我们做什么，就做什么，没有我们做不到的。虽然说那部戏，嫩还是不嫩，好与不好那是另外一回事。反正导演接受。我们拍一个镜头他都OK。胡导演做《侠女》可以为拍一个演员的一场戏，从早上九点钟拍到下午五点半，就一个镜头。拍得那个演员躺在一张沙发椅上，不是沙发椅，那种折叠椅躺上就要发冷，大热天三十几度他能盖棉被！他的要求多厉害！就是一个特写，就这么样。从早上九点拍到五点半。

贾：要求相当严格。

洪：很严。我们也不懂，不知道出了什么问题，在旁边看，到底出了什么问题。

贾：《侠女》是武侠电影史上特别有名的经典，而且在戛纳得了最高技术成就奖。您在这部片子里演的那个角色还能记得吗？如果我们现在看那部片子还能找到您在哪吗？

洪：我想应该能够找到。因为我演韩英杰的两个儿子之一，穿红衣服的。

贾：韩英杰演东厂的一个抚司，一个反派。

洪：对，对。然后，他跟乔宏（饰慧圆和尚）打，被乔宏打在头上，我就做了他的两个儿子之一，在旁边。另一个儿子，就是刚才说的拍一个镜头拍一天那个。

贾：现在这个片子很宝贵。后来您就在《忠烈图》和《迎春阁之风波》中做动作指导了？

洪：对。在《忠烈图》中我还是个大反派，演一个日本人，那个日本人叫什么我还记得。

贾：从演员跨到动作设计和动作指导，您觉得这个过程，对您来讲是自然而然的还是中间有些什么困难？

洪：我也不知道自不自然。从我16岁进入电影圈一直做，不管是什么经验都是慢慢吸收吧。我16岁出来，18岁就做武术指导了，一直做到25岁我就做导演了。

没有办法抵挡电影的魅力

贾：动作指导或者动作设计，程小东是比较飘逸的那种，对吧？袁和平是跟戏走，他的动作跟剧情联系比较多。有些人说您的设计可能是比较威武刚烈的，就是比较硬朗的。就您自己对您的动作设计，如果做一种风格上的界定，您觉得最突出的特点是什么？

洪：其实我也不敢讲自己有什么特点。我觉得，程小东也好，袁和平也罢，成龙也好，我也罢，还有其他的武术指导，我觉得他们都有他们本身的那种感觉，程小东有程小东的一套，袁和平有袁和平的感觉，我们有我们自己的路子。所以说，你看这几个导演都应该不一样的。反正一部戏里面如果有四个武术指导，那我想这部戏会很好看。每场戏打斗的感觉都不一样，不过当然有老板请得起才行。

贾：您还参与过李小龙的《龙争虎斗》和《死亡游戏》的拍摄，您跟李小龙的合作现在回忆起来有什么记忆犹新的事吗？

洪：跟李小龙合作其实是一个……我也真的说不上。他是一个很热情的人，很忠心的一个人。和他拍了《龙争虎斗》，《死亡游戏》没有和他一起拍了。到我接手要拍《死亡游戏》，他已经过世了，我才拍了后一半。差不多我也做武术指导，把所有的戏、打斗重新弄，重新拍。完了找替身，怎么样模仿李小龙，最后把这部戏整个拍完。从认识他到他最后过世，他都是一个很有活力、对武术相当爱好的人。每一次见到我们，他总会跟我们说这个武术怎么样，那个兵器怎么样，他对武术实在是太爱好了。

贾：他后来创立的截拳道，是对武术的重新定义。我们采访了好多人，他们都说受到李小龙电影的影响，包括内地的资深导演。您觉得跟李小龙的接触，他对您的影响是什么？

洪：我想应该会有。其实不仅仅是李小龙对我有影响，有很多导演都对我有影响，因为很多导演……我们从小不是学院派的，我们是实践派的。

贾：实践。

洪：实践啊，我们是。你问我什么大学，社会大学的。从社会经过那么长的风波、风雨，经过那么多年，我们也是在实践中，真正到现场里面去做，去做电影里面的每一种东西。所以，每一个导演，我都非常喜欢跟他们讲话，跟他们聊天。跟他们聊天，其实等于他们在给我们灌输一些知识。像王家卫，我很喜欢跟王家卫聊天。你可以跟他一路聊，你脑子忽然想到，他会给你很多东西，你就会想很多很多东西。所以每一个导演都是，像胡导演下班以后请我们到他家吃饭，九点半开始，可以聊到第二天早上六点。完了回家洗个澡开工就这样。

贾：这是一种精神的享受。

洪：对。最要紧是你对电影来讲，要是你不爱好它，你对它没有兴趣，我想三个小时你就闷了。其实那个时候我也很小，可是对电影这一行，这种魅力，怎么说？这种魅力没有办法可以抵挡得住，你知道吗？

要了解整部戏的视觉呈现

贾：您跟王家卫导演后来合作拍过电影吗？

洪：拍过。

贾：是《东邪西毒》吧？

洪：《东邪西毒》啊。

贾：您是做动作设计。

洪：对。那部《东成西就》应该也是我。

贾：那部片子后来得了最佳视觉效果奖，有那个冲天而起的水柱。

洪：炸弹。林青霞演的那个。差点没把我摔死。

贾：为什么？那是怎么设计的？

洪：在水里边搁炸药。那时候只有我，那个镜头我跟摄影师在一个好高的吊车上，那应该叫什么？好高的那种车子，吊一个笼子可以伸上去，伸得很高。只有我和摄影师两个人在上面拍，可是那个炸弹的威力太大了！我们在沙滩上，那个车子就架上去。可是整个一爆炸差不多50米。我和他两个人，哎哟，都不敢动。完了另外一个镜头也是爆炸。我们在水里面站着。我们在这边拍，在那边爆炸。这边的振荡力，骨头好像被掰断了似的。我们自己抓机器，掌机。好多时候，就我和摄影师两人上去。要上去的话，那个时候没有那么方便，没有监视器可以看。有时候都要人上去看拍得对不对。

贾：还有一个（镜头）是林青霞拿着剑划水，那个水哗一下，画了一个圈，那个当时怎么想起来设计的？那个（镜头）特别得好看，也非常有力度。

洪：那是导演给我们讲。所以我喜欢跟导演讲话。当然你首先得了解这个故事，了解每一场戏的需要，所以王家卫拍戏，他通常都是跟我们聊天。他不一定给你聊这部戏，这戏你当然清楚。完了有时候还在聊，当然明天要拍什么样的戏啊，怎么样拍，他都会跟我聊，聊完以后他都跟我聊别的东西，像我去拍的话，他从来不阻止我要这么拍，要那么拍，从来没有。他就在旁边看着。一切都是由我拍。不管你怎么拍，他不会要改一改，他不会的。这也是一个很好的导演的特点，不是说他不阻止就是好导演，不是这个意思。跟他讲话，跟他干什么，都会得到很多的艺术陶冶。

贾：就是《东邪西毒》——因为我们仔细看了这部电影，我们还把它做成了15分钟的压缩的电影与音乐的短片在北京电视台播出过。我们觉得他的故事，不像一般的武侠电影讲得那么通畅，他总有一些让人琢磨，比较暧昧，或者比较复杂的一些东西在里面。对这种电影的武打设计，包括有一场马匪来袭击的戏，一个人阻挡那么多人，我觉得那个镜头给人的印象特别深。在设计这种激烈的打斗场面的时候，您觉得有一些什么样的视觉方面的要求，您是怎么考虑它的动作设计的呢？

洪：想。用脑子想，这是我们通常的要求。我们要了解这个导演拍戏的手法，所拍的戏整

《东邪西毒》（1994），可谓华语武侠电影的另类高峰。巧妙而颇具黑色幽默的情节对传统意义的武侠电影进行了颠覆，使得该片成为经典

个视觉是什么样，他的一般作风是什么样。我们要怎样配合导演的东西。我们虽然设计，但我们不能只照顾我们，我们也要想办法融入这部戏里面去。

贾：就是跟导演的风格要融汇在一起。

洪：对。但是融合在一起，我有我的想法。像马贼与张学友在水边打斗，最后是一个女的。导演就交给你自己去创作，他就把整个戏告诉你，张学友这样，这个马贼他们来，最后怎么样，那我们自己就去想。

贾：那一段戏还有一个场景，就是山崩地裂时候奔跑的马群，都是你们当时设计的场景吧？

武侠电影里面涉及很多暴力的情景，比如杀人，鲜血四溅！我记得《东邪西毒》里还有梁朝伟仰着头脖子里的血喷上天去，你们在设计这个打斗或者杀人场面的时候，对这个暴力的问题，有些是很残酷的，怎么来消解这个残酷性？

洪：我想每一个导演都不一样。像我以前拍过一部戏，是说杀人。一般的杀手，他杀人的话，手段会怎么样？那我就会以这个方针去拍这种戏。我拍出来以后，就再继续想一想。其实我不应该以这种手法去拍。因为，我不是不赞成，我很赞成。像这种所谓暴力，我不是说每一部戏里都应该这样做。你要考虑自己要拍什么戏，什么类型的电影。如果我拍一部娱乐片，拍一部喜剧我都不会这样做。当你拍一部戏给小孩子看的话，你根本不应该有这种意念，或者视觉给小孩他们去看。我想，我拍喜剧啊，我拍一个每个人看了都哈哈大笑的戏，为什么突然间有一场这么残忍的戏呢？那我就想，以后我要拍喜剧的话，我一定不会加入这种，即使流血的镜头也尽量不要太血腥。

贾：要避免。

洪：尽量避免。

贾：但是又不得不表现，因为武打动作，就必须要杀人，那怎么样协调这个要求呢？

洪：要看一个意识，应该怎么运动才很有力、很有特点，这个意识很重要，有时可以完全感觉到。

贾：您说的意识该是说的他的那个意念吧？

洪：对。还有意念，我的意思就是，你让观众意会到你的东西，不是说直接表达。

贾：就是说要给他特定的想象。

洪：对。等于武侠小说。你看看那些武侠小说好看得不得了，但拍一部武侠电影，你不一定拍得好看。所以小说有很多可以吸引人的地方，因为他讲一点东西出来，让你自己去想象。电影不是，电影要看，完了你接不接受，完全有异议，不一样。

贾：就特别直观。

洪：对。

只要摔不死，就会拍

贾：武侠电影的导演，动作导演，有时特别需要有一定的冒险精神，就是说拍摄的现场经常会有些危险。我们看您也受过多次的伤，腿啊，手啊，包括成龙你们都是这样。从某种意义上来讲，我们看你们这样的导演拍电影就是在看一场用生命进行的博弈。拍武行、做动作导演，经常会冒生命的危险。也许你们不觉得，但是冒着生命危险去做的时候，你们是怎么考虑的？或者说你们觉得必须要这样吗？

洪：我们没有考虑到自己会怎么样，就是当我们想到一个动作出来，或者危险的时候，我们去想一想，首先就是自己有没有可能做，有可能做的就做，摔下来会不会死，不会，就做。不过，重伤没关系，不死就行了。我曾经试过很多危险动作，就以这种意念去做，不会死，就是重伤，重伤的意思就是还可以活着。来！我们都是以这种信念去做很多危险的动作。

贾：你们过去拍的电影，比如您觉得可能有重伤的危险的这些镜头，现在您还记得的大概是哪些？

洪：我就记得是在一个 60 多英尺，就是 20 多米的高度摔下去，底下只有 6 个装橙子的纸箱和一张海绵垫。纸箱，就这么一个一个的，有六个。六个刚刚好，差不多一张桌子大小。完了一张海绵垫，海绵垫只有一张，我要从 60 英尺高的地方给那个一脚，我要这么穿出去下来用跟头摔到那些纸箱上面。60 英尺大概 20 米，人家在上面看就那么一点点，而且你要准。在上面你要找准，一个翻身，这就已经很危险了。虽然是一个沙滩，沙滩离我摔的那边有一点点振荡没关系，如果摔不到位我就会吐血、受伤，像我们都是这样子。我曾经试过那是 30 多年前，我要跳一部汽车，大家配合的时间，你要时速多少公里开过来？我想能跳多高，它大概一秒钟不到就过去了。可是，我时间拿不准，跳得差一点不够高，一撞不知道去哪里。我去设计这个动作，所有的演员抓着我不让我拍。最后没拍那个镜头。我想我拍的话，我一定会成功。那是很多年前在韩国拍的，那部戏叫《卖命》，我说真的叫卖命。

贾：是韩国电影还是（中国）香港电影？

洪：那是（中国）香港和韩国合拍的。那时候独立制片，你能不拍吗？就非得拍。那个时候自己是演员，还是武术指导，能不干吗？来，跟那个演员说，我说预备，开机。机器开了，我说一开始你就踢我脚，如果我没动，你停一秒，再踢一脚，我还没动的话，你再停一秒，再踢我一脚，最后他踢了我三脚我才飞出去。

贾：这种镜头没法做实验，就是一次。

洪：对。另外一次是在美福新村。那个阳台大概在四楼，可是它起码有六楼那么高。有一部大卡车，我、元彪，另外一个女演员，三个人，元彪是替（陈勋）去，（林正英）是替一个女演员，我是自己来。一辆卡车，三个人要从天桥上这么跳下去，每人一个位子。

贾：同时跳到卡车上？

洪：同时跳到卡车里，卡车在走。那么，我这个位子刚好要跳在卡车上，两边都是板。当然里面我们铺了东西，中间那个最安全，旁边跟我这个是一点也不安全。只要我们一跳下去有差别，这个板就可能从这里把人整个分开。我所有洪家班的小弟说：大哥你不要来了，我替你了。我说不行不行。我一定要自己来。我说我不跳的话，以后就不会再跳了。我说，开机！跟元彪他们说你要听我的，不管哪个导演、哪个副导演说，action，不要听他的。我说跳，你就跳。就这样，预备，跳！三个人。

贾：这样很危险。

洪：是危险，而且是晚上。结果很成功。另外我拍《龙的心》，在香港沙田的富豪酒店。那时水泥刚刚打好，十几楼，一个镜头是 6 个武行爆炸后从八楼掉下来。

《龙的心》（1985），80 年代中期，成龙与师兄洪金宝如日中天，主演的功夫喜剧部部卖座，信心爆棚，便有意转型，尝试文艺制作，开拍了这部讲述弱智哥哥与警察弟弟相依为命的剧情片，该片上映后，票房收入 2000 万元，列当年第四位，并获香港金像奖四项提名

贾：六个人一起从八楼掉下来？

洪：对，对，对。武行给炸弹炸出来似的，从八楼下来。我就给他们讲，你们放心，你们应该是不会受伤的，唯一受伤的机会就是人砸人。所以你们一定自己找好自己跳的位置，出去在哪个方向就朝哪个方向。完了最后三个人进医院，就是骨头给自己人压断了。

贾：人砸到人。

洪：一个下来，再一个下来，就砸上了。那个镜头是从晚上七点钟开始筹备，早上五点四十五分，快六点的时候拍的。一个镜头搞那么久。拍完了，警察都来了，不让拍了。因为那个爆炸太厉害了，把所有人都惊醒了，要马上报警。消防车、警察都来了。爆炸了还得了？

贾：其实现在动作设计已经不仅仅是打斗、拳法、刀剑，它涉及的动作包括爆炸、撞车，这些经验对您来说拍了这么多年，您觉得在电影里，如果现场没有特技的话，单纯地依靠人的这种经验，这种的成功率，比如拍十场，您的成功率能有多少？

洪：其实很难说成功率有多少，我不敢说。像特技，我也很赞成去利用这个特技，现在是 computer。

贾：电脑。

洪：我也很喜欢，这个问题是有很多，真的会有人受伤，危险干嘛还要做？有特效去做，代替你做真正危险的一个事件，一些镜头的效果我觉得是非常好。

要拍得让观众不知道是假的

贾：但是有的时候大家在看电影，他们是喜欢看真人。比如您的电影，我们就特别喜欢看您的表演，以及成龙的表演，如果大家都知道，所有的东西都可以靠电脑合成的，那所有的场面就都是假的。

洪：所以你要拍得让观众不知道是假的，这才是有本事。我非要给你拍出来这是假的，那当然是不行了。当然我跟成龙、元彪啊，有很多武打演员他们都是自己拼命，观众当然喜欢。你看的东西每一样都是真本事，观众也会爱好这种动作。

贾：电影是一种商业文化，对吧？有的时候观众看一个人，从 10 米高跳下来他很害怕，会觉得很刺激，但是他老看 10 米就不满足了。然后就希望从 20 米，30 米，40 米跳下来，商业的逻辑往往就是这样。这就会加大这些演员的危险和投资的风险。观众的那种消费的欲望就会不断地提高，就是从动作设计和演员来讲，怎么样来限制他们，怎么样能够更有效地来表现？

洪：很难说怎么样更有效地表现。你说要限制，像观众他看你是从 10 米跳下来，看得多，就不喜欢了，又有 20 米了，又有 30 米了，这个当然没有限制。另外，不能直接跳，你就这么跳也不行，而且还要有高难度的跳法才刺激。这是没办法了，全世界都一样。其实电影没有办法，因为时代一直在变，东西也一直在变。所有的东西一直在扩大，吸收的能力越来越强。所以，电影比较辛苦，怪不得现在的武侠片、动作片没那么好看了。

贾：现在观众的口味也越来越刁了。

洪：以前动作就行了，可是现在的观众要比较好的故事，整个电影里面不止有打，最要紧的是灵魂，人生的灵魂，做人的根本。你要给他看有血有泪，不是说你要哭，你要流血，你能打，你要能给他们一种感受，他们会接受这个武打的场面，接受这场戏，看起来就会过瘾。

贾：现在的观众更多的要看人内心的一种东西。过去，像我们小时候看一些动作电影，比如像《女拳师》（1972），只要有逼真的打斗就很过瘾了。现在观众对电影的观赏需求越来越高了。

洪：因为这个世界好东西越来越多了。像电视刚开始都没有，只有一个匣子，那是广播电台，只能听故事。

贾：收音机。

洪：对，收音机。慢慢就有黑白的电视机，完了就是彩色的电视机，现在高清了，越来越厉害，要求越来越好。人的享受，人的需要是越来越高。

贾：创作的难度也越来越高。

洪：越来越高。

贾：您过去特别早的时候，拍过一个叫《三德和尚与舂米六》（1977）的电影，是把很多喜剧的元素设计在动作之中。现在很多喜剧的元素被带到中国的武侠故事片里。您最开始设计这个，怎么样能够想到，在一个比较正统的、比较严肃的武打动作片里，把喜剧的元素放进去，当时这个想法是怎么来的?

洪：第一，我本身喜欢喜剧；第二，我也要考虑到观众会容易接受哪一种人。他们就是喜欢小人物，老吃亏的那种，等于你让观众去替你打抱不平，替你伸张正义，观众就容易接受你。那时候邵氏公司刚好流行国语武侠电影。我就想，配一部讲粤语的电影。怎么说？将口语化的广东话，用在这个电影里面，让观众更亲切。说好是拍的古装片，可是很多都是有点儿好像那个时代的对白，观众就会笑，因为我们是喜剧。

贾：拉近和观众的距离。

洪：心态跟他们在生活当中的一样。

贾：怎么样才能够让观众替你打抱不平，电影怎么实现你的想法呢?

洪：一般人都是很自私的。我以前有一段时间很讨厌某个人，认为他太自私了，后来想一想，他是他，他不是洪金宝。他为什么为你呢？他当然为自己了。可是，在他的角度和眼光里面，他看别人的话，他说你对，他不对；他对，你不对，也会分好坏。可是他分不了自己的。所以他看电影，他知道哪个是好人，哪个是坏人，你告诉他，你做给他看，他看电影，哎呀，这胖子怎么被人欺负？这人怎么那个样子？因为那个时代和现在不一样。观众们的心态通常都会这样，你作为小人物的话，让人去接受你，让人去想帮你，让人想你不要让人欺负，所以我们当然去想这么一个心态，然后才是观众怎么样去接受这样一个角色。

贾：观众在电影当中，他们是要分好坏的。

洪：对。

贾：好人受的欺负，好人受的压迫，他们会替他打抱不平。

洪：对。为他打抱不平。

贾：您在当年还拍了一部带有“僵尸喜剧”色彩的电影，就是像《鬼打鬼》这样的片子。把传统的功夫和神怪电影结合起来，而且票房也特别好。您当时怎么想起来拍这种类型的片子呢?

洪：创作吧，希望有新的东西让观众看吧。我拍了《三德和尚与舂米六》，完了又拍了《赞先生与找钱华》，完了又拍《败家仔》这些功夫片。我们都是以广东一些有名的人作背景，以他做一个什么事情为题材，像黄飞鸿啊，在香港比较喜欢这样做。再想想，这个戏搞什么呢？我搞《鬼打鬼》，说鬼怪的茅山道人的一种，就是人吓人。这一类完了以后，应该给人还有什么可以变？僵尸，其实希望能够创新，想有什么不一样。

其实每一个动作都有它的哲学

贾：在中国电影史上——我记得上次在山西给您讲过，香港是最早开始设立最佳动作设计奖的。您的影片《败家仔》当时在 1982 年是中国电影史上第一个获得最佳动作设计奖的。您是第一人，就是《败家仔》那里面咏春拳的展示，特别完整也很精彩。您能不能回忆一下当时拍《败家仔》时的情况？

洪：我拍每一部戏都会想，以什么来吸引观众。那时候香港观众对这个武术来讲呢，还是有一种爱好的心情在里面。我拍《败家仔》时就把咏春拳的哲学，等于是打架的窍门，都搁在里面。等我拍完这部戏，有些朋友说，洪金宝，你这是在教人打架，不像看电影。我说没有，我只是把这个哲学告诉你，事实真的是这样。

贾：您觉得这个武打里面是有哲学？

洪：绝对有。武术它怎么打，其实每一个动作都有哲学。只是说，每一样动作的哲学，你能把它融化、把它吸收过来吗？其实很少。

贾：但是这个武打，比如你打人家一拳，别人打你一拳，就在拳脚的这种对打当中，或者在刀剑的挥舞当中，哲学的意念是通过什么样的方式来体现呢？

洪：这个哲学其实很多东西都需要你自己去想，很难说，这个哲学就是这样，很多都是经验。

贾：经验？

《败家仔》(1981)，变革了以往同类型片"侠义英雄恩怨情仇"的老套路，而以市井诙谐戏为主打，并佐以悲剧性结局收关，大悲大喜、张弛有度，堪称功夫喜剧中较为独到的一部作品

洪：就算你练过很多年拳，你没有出过马路打过架，那是没用的，不跟人打架那也是没用。我练了五十年的拳，一个人在天坛上练有什么用。你说我能打，打什么？你没有实战的经验，因为不是一个靶子，不是一个目标站那跟你打。

贾：不是死的。

洪：不是死的。所以，你真正要对敌人的话，你想这么打人，人家就会这样动，完了你就打不到。但习惯了有个人切磋，真的去比较过，真的是打过，那种经验你就会有。

贾：我采访过很多武侠电影导演。我觉得你们练武的人，都特别注意武德，特别讲究德行。德，其实在某种意义上来讲，也是一种伦理哲学，您觉得您拍的这些电影里，怎样来传达中国传统文化的这种武德，有些什么具体的方式吗？

洪：其实我们只能说你自己做不了，这种武德不是你说有就有，你不一定能做得到，真的不一定，很难。你要没有一段长的日子，没有经受过在武术上艰难磨炼的日子，你很难做得到。

贾：还要实践。

洪：对。你碰的人不是你想碰到的。要不然那么多人打架，其实对中国人来讲，很多人都学武术，韩国也有很多人学跆拳道，很多地方武术都很厉害。所以，你说谁不打架，你跟他们说武德，他们不理你。可是，在我们电影工作中，我们是尽量把好的东西，或者是这种理论告诉观众，先不是说告诉大家听，希望年轻这一辈都去看一下，知道一下，让他们有一个印象。

一个角色怎么打，要把他搁到特定的时间上

贾：您刚才说中国练武术的人特别多，您也练过，演过京剧又拍电影，您觉得真实的武术和电影中的武术，最根本的区别在哪里？有些人把电影中的武术比喻成武术的舞蹈，或者一种舞蹈化的武术展现，您对这种看法接受吗？

洪：我接受一半吧。我也不能不接受。其实电影上的动作是要美化的。我今天不是表演，比方我是表演的，打一个武术那没有关系，我是表演了。可是你突然间看这个人对着一个敌人的话，他以那种舞蹈的感觉，观众看了就会觉得不太真实。所以，每一个角色怎么打，都要把他搁在特定的场景里，观众看了才会觉得过瘾。等于你现在要拍一个时装片，你能讲话跟唱戏一样吗？

贾：现在好多带有武术动作的电影，像您过去拍的《赞先生与找钱华》这样的片子，就是硬桥硬马。这种武打好像很少，实际上大家对这种武打还是非常喜欢。就是说现在武术可能过于把它舞蹈化了，或者过于强调它表演的一面。这几年，这种强调真实的武打，这种功夫的电影又慢慢开始复兴。您对这个现象怎么看呢？

洪：我当然高兴了。因为我觉得这类的动作电影慢慢蓬勃起来的话，对新一代的年轻的武

打明星来说，有机会给他们成长。在最近五年，以香港来说，武打明星都没有人，一个动作明星的新人都没有。

贾：您认为这是什么原因呢？

洪：第一，你不能说他们烂；第二，你没有给他们这种机会，有谁在这方面去动脑筋，下苦功夫？我希望我成一个明星。我以我的身手没有这种可能，洪金宝打得好，成龙打得好，他们现在都改戏路了，开始做戏了，不打了，那我们还打什么呢？没人打，打着打着也不卖钱。所有武打都不卖钱。我还是想想办法吧，家里拿点钱来，做一个模特也好，做什么也好，亮相亮多一点，唱唱歌，报纸上捧一捧，这样也能做明星了。

贾：我们上次碰到谢霆锋，他也讲，现在真正懂武术的人越来越少。还有一部分可能因为高科技的东西太多，比如拍了很多电影的演员都不会武术，后来又去演这种所谓的武侠电影，那么有一些会武术的人现在也在演这种片子。所以大家实际上对真实的武术还是非常有兴趣，但是现在可能就是新的一代吧，他们展示的机会也特别少。您觉得您这一代人对于下一代的人，有什么期待？您觉得您的责任是什么？

洪：现在我也不敢有期待。我想我也没什么责任。怎么说呢？期待，我能期待什么呢？我不能期待啊。对不对？有机会当然是希望能够再把动作电影搞起来，你不要说，现在有个香港电影，所谓香港的电影，不要说动作，就是把电影搞起来都很难，不是那么容易。

贾：前些年，有一部泰国电影叫《泰拳》（2003）。泰国人拍的动作场面，我原来总觉得中国的武术，咱们的动作设计是世界一流的，是最好的。后来像韩国、泰国，他们也慢慢开始学习，包括好莱坞也开始自己设计动作，您觉得在这样一个环境下，我们中国的武术，或者我们中国的功夫片是不是也面临着一个挑战？

洪：面临挑战已经很久了，不是现在了。五年前，你看泰国的那一部戏，本身那个男主角真的是苦练。所以你说他，我觉得以我们的眼光，而且个人的眼光那种角度看，他很多的都是以我们香港电影做蓝本。

贾：在学习香港电影。

洪：对。只是他本身的功夫，本身的动作是真的很棒。你不要管他学不学，就这一点，现在的香港明星可能很难做到。所以说，像有很多武行，是从韩国来的，完了在我这边学习。在成龙那边也有。还有人对这个有兴趣，就是苦练，他们的身手好得不得了。香港本身就少。香港现在有另外的渠道去做明星。

贾：不费劲的。

洪：对。哪有人要去做费劲的东西呢？而且不是说他们，本身差不多这十年，这十年我想应该没有超过 20 部好的动作电影吧。

贾：没有经典的。

洪：对。经典的武术大片就比较少。

贾：香港的武术功夫电影我觉得特别好。我觉得形成了一个传统。比如说您那儿有洪家班，成龙有成家班，袁和平有袁家班，您觉得您的团队，你们是怎么管理他们或者是怎么传授给他们武艺呢？

洪：我们也是训练。电影中需要的动作，训练他们在电影中尝试，所以我对洪家班的要求是，从做武行开始，然后做场记，做副导演，最后是做导演。我是希望他们能够在电影这个行业里面，最后抓到一样东西，因为我觉得做武行是永远做不久的。

贾：对，体能受制。

洪：你做导演还得很长时间，但是你做不了明星。为什么武行可以做明星，慢慢有这种条件，有很多人能做，可是他做不了明星，那做不了明星，你在另外一个工作岗位里面去发展。所以，也有很多洪家班的人去做导演。

贾：就是你们通过这种口传身授，让他们在实践当中，慢慢做导演。

洪：对。

贾：您的许多电影都比较注重群戏，就是说所谓群戏，强调有集体意识，有时候并不完全是个体的力量决定胜负。成龙的电影，他可能更多地把电影的意义，或者说把一个人的作用很夸大，突出个人的作用。您的一些电影里有很多都发挥的是群体的作用，或者是几个人团结的力量，您的这种想法是怎么样形成的？

洪：我觉得每一个人的思想和要求不一样，有的人是英雄主义，我就不是英雄主义。我喜欢戏，我喜欢在每一个不同的角色，每一部不同的片子，就是每一个不同的人物中，去把这个故事做出来，让观众能够享受到不同的人，不同的感觉。而且我从年轻时就很爱做导演，所以我很爱琢磨每一个角色的性格。在每个人身上都会很不一样，很好笑。

我们只能尽力去做最好的

贾：后来您有时候在一部片子里做演员，有时候做动作导演，有时候做导演，电影里面重要的行当，您都亲历过。您觉得一个动作的设计在一部电影中的重要性，我们对它应该怎么估价？

洪：这个比较困难。对我来讲，我就做我自己应该做的事情。我也不需要给自己太大的压力。从小到现在，我拍的戏少吗？我只是想，每一部电影的卖点在哪里？每一场打斗的可看性在哪里？我们只能 do my best，我尽量会做好。失败成功，那是很难说。成功当然是最好，失败了再来。不是说，我今天做了部戏以后，我不管你成功不成功，也不管你失败不失败，我就这样。有人找我拍戏，我就开始拍喽！这种很难说了，有很多人是这样的。那我希望就是说，自己对电影的诚恳跟付出，你要认真去做这件事，做了以后，成与败没有关系。当然不能每一部都败，都败的话没人找你拍戏。

贾：您还拍过一部戏叫《神州第一刀》（1993），也叫《一刀倾城》，可能内地的叫法跟香港的片名不一样。那部片子我们觉得拍得非常好。跟长春电影制片厂合拍的，赵长军都在这部片子里，我记得您在那个片子里演了一个狱卒。

洪：对，我客串演了一个狱卒。

贾：您在里面说了几句特别有哲理的话，在谭嗣同临上刑场之前。您觉得您跟内地的合作这几年，我们内地在动作电影、武侠电影这些创作方面有没有一些要改进，或者说有些不足，或者有些什么特点？

洪：现在我不敢说。因为现在我很少看电影，而且内地的动作电影我是比较少看。在以前来讲，刚开始没有办法，你是武术指导也没有真正受到武术指导的行业的培训。武术指导不是说我能拍打戏就是好，其实也要跟人物的性格相互配合。如果这个人物的性格好，你配合得好，就很好。如果本身性格就不好，你再怎么配合都不会好。所以，责任有时候不能是武术指导的事情，一定是有其他的问题。这个要跟导演去商量。

贾：不同的片子对武术有不同的要求啊。

洪：对。

贾：您不仅拍武术，拍动作也很出色。我们记得《一刀倾城》里面，还有一段大刀王五和关之琳饰演的王妃的感情戏，那段戏拍得也特别动人，虽然话不多。但是比如说，最后大刀王五去劫刑场之前，在王妃的窗前说了几句告别的话，王妃一推开窗子，窗外飘的是漫天的雪花！一把伞放在雪地里。这些场面的设计，您当时怎么能把这个抒情的段落放在一个动作片子里呢？

洪：没有啊，我是照剧本拍的。剧本这么写，我就这么拍呗。其实，我觉得电影要给人一种鼓励，每一部电影也有更大的意义，更大的责任。

贾：尽管动作设计，在现场又管表演动作，又要掌机，现在大量的影片的镜头实际上是动作导演和武术指导在拍摄。有些文学剧本里几乎没有什么提示，就是“一场武打”几个字。实际上拍成电影以后会有很大的不同。这个我们是要努力一下，改变一下这个情况。当然我们努力的作用很有限，不知道将来能不能实现？但是不给这些动作导演设奖是不公平的事。

洪：刚才说过拍每一部电影希望有不同的背景，那么像《东方秃鹰》（1987）我是尝试去拍这部电影，其实我拍这部电影有很大冒险。这部电影没有在内地放，那时候还进不来。那时候在香港对国家的观念啊，军人的职责意识啊，都比较少。因为香港不用服兵役。

贾：不用服兵役？

洪：是，香港不用服兵役，没有军队。而且当兵的日子怎么样，他们的感受会比较少，没有感触，没有感知。所以我拍这个电影比较辛苦，你知道吗？现在成龙、元彪、洪金宝，是香港最厉害的“太空人”，你相信吗？你不相信，他们三个老往太空跑。那个时候我自己的角色我都不敢说是中国人，是以越南人的身份，我本身就是越南人，所以就试一下战争片，可是我很开心我能拍成功。

侠义的风范在所有的片子里都是一样的

贾：那部电影还有什么特别独特的经历吗？

洪：我很开心拍这类戏，这类戏其实不是那么容易拍的。在拍的过程中，我在想不要说它的成功率到了多少点，这样一部戏没有多少人能拍。其实我不是夸自己，拍这种电影的勇气很重要。真的是很累，每一个地方都很累。最主要就是勇气了，这种战争片怎么也得拍。而且我们拍的不是一部几百万的戏，很贵。我是喜欢奖金不喜欢奖品，那时候奖品不是那么重要，但是你现在给我当然很开心，很重要。当时我最主要就是奖金，奖金高就要票房收益好才行。

贾：您拍了很多古装武侠剧，拍了很多时装动作片，但是我觉得这里面有一个贯穿始终的东西，就是您说的，总是想在动作里面表现出哲学，或者说伦理，或者正义，或者说叫侠义，也就是说武侠电影这么多年下来，实际上在精神层面上有一个连绵不绝的东西，就是侠义精神。就您的电影而言，您怎么看待武侠电影，或者动作电影当中的侠义精神，或者您认为它的特殊精神是什么？

洪：侠义都一样。不管是古装还是现代的。只不过，做的事情不一样，可是侠义风范都一样。每一部电影，尤其是动作片，也有侠义的一方面，不管是戏里的小人物还是什么，还是要在侠义正义这方面站出来。这是一般人愿意看的、愿意接受的。我希望一部电影能够有一个这么正义的人。

贾：无论是古装还是时装，这种精神是始终如一的。

洪：对。

贾：您也做过一些电影公司，做过一些投资，电影的投资和电影商务活动。您在这方面的经验是什么？

洪：我的经验？其实我也不知道我的经验是什么？反正我的经验就是做吧！一直到现在，我还在琢磨，到底是应该怎么样做，怎么样做好。以前做过的事情，我当然很熟悉。那我也很难说，我现在就能告诉你，我对这件事情看法是怎样。我有很多学生，很多朋友，我们一起聊天去干什么，我的问题就可以告诉他们。我就可以说，在电影上面，应该是怎么样，应该怎么样去做。所以，对电影来讲的话，你先要融化剧本。

贾：要理解剧本？

洪：对。你要能接受整个剧本，每样东西都能够接受，然后你爱这份工作，不是说混饭吃那种。为什么这几年韩国的电影市场会这么好，韩国政府是怎样帮助电影工作者把电影搞好。如果可以的话，我真的很希望香港政府能够帮电影工作者把香港的电影搞好。

贾：您觉得香港方面，比如说政策上，是加大投资，还是说规范市场，具体地说，您希望政府做哪方面的调整？

洪：第一，当然是电影本身的元素，质量的元素，工程的元素；第二，是成本的元素，最大的问题就是市场萎缩的问题，这很重要。那么在香港拍电影，最重要的市场是内地。

贾：内地？

洪：内地。可是内地有很多政策不是随便能得到的。有很多戏，剧本是这样，我认为这不行，你应该这样，这场戏这样不行，那样不好，你要怎么地。这就会给另外一帮电影工作者一点难度。所以说，比较辛苦。像以前内地还没开放之前，电影还没开放之前，其他国家的市场好得不得了。香港是一个很自由的地方，拍电影，其实对我们来讲的话，我们很少拍真实电影，我们只是拍社会戏、娱乐片。

贾：体制不太一样。

洪：对，体制不一样。

贾：您觉得内地的电影应该在政策上调整，还是应该怎么样，使电影的市场做得更好？

洪：我觉得开放一些最要紧，但是真实也要注意。可是对娱乐来讲的话，就应该比较放松一点，因为它是给大家愉悦的时光。除非真的教坏人，带坏人，那样确实不行。

贾：现在有的武侠电影有暴力倾向，确实对社会有一些负面的作用，这部分您觉得武侠电影应该怎么调整？

洪：你说暴力这方面，当然太暴力也不可以。我可以不要那么暴力，绝对可以啊。太暴力真的是有很大的影响。所以娱乐电影应该能让大家开开心心的，这是最好的。

每一场打斗的感觉都不一样

贾：好，我们还有一个问题。就是说，您自己，您个人或者您带领的洪家班，不同的题材可能对武打的设计有不同的要求，但是您有没有一种希望，就是说您带着洪家班，或者您个人的武打风格，在不同的电影当中，能不能提炼出您自己的风格？

洪：提炼个人的风格，其实我已经做到了。你看，所有人的风格都是不一样的。我是以一种美化的，有点儿看起来实际的、实战的东西，我是有一点这个风格。其实我也是喜欢武术，不同国家的武术我都去看，像那些保镖，怎么保护平常人，怎么保护总统，那些我会去看。因为这些都是资料，对我们来讲很好。有机会我们都可以用。我想拍一部保镖题材的电影，因为保镖的电影很难拍，保镖的电影是没有主动的，都是被动的。你就站那儿，坏人来了你就上。其他电影很多不一样，我可以主动啊，可是保镖不一样，保镖什么都是被动的。所以我想拍一个保镖题材的电影。其实我想拍的电影很大，说出来很长。但是我希望有机会吧。

贾：比如说程小东是非常飘逸的，浪漫的一种路线；刘家良是完全讲究实战，是硬桥硬马。可不可以这样理解，您的武打风格是兼容这两者的特点？

洪：我也不敢说。其实我觉得程小东跟刘师父，我们叫他家良哥，是完全不一样的东西，我不一定能做得到他们的感觉。我欣赏每个人。我觉得这因人而异。像刘师父，他本身是一个很有功夫的老前辈，洪拳、南派对他来讲真的是很棒，我太佩服他了！

《三德和尚与舂米六》（1977），洪金宝自编自导自演的功夫喜剧片并担任动作指导，至此洪金宝正式开启自己的导演之路，建立起自己的动作指导团队“洪家班”

贾：他是中国武术的正宗传人。

洪：我在上海拍戏那段时间，都是南拳，没有北腿，全是拳。《少林五祖》啊，《洪熙官》，五行拳、虎形拳都是以南拳为主。现在是北跟南都有，混合，可是，北的东西比较多。

贾：就是北方的这种拳的流派越来越多。

洪：对。南方南派可能越来越少。

贾：您看您自己还有哪些需要补充的？

洪：我要补充的就是要睡觉，我很想睡觉……

（2008 年 3 月 29 日于同济大学）

万丈红尘中的至爱情怀

陈凯歌

陈凯歌（1952年8月12日—　），曾经改变了中国电影的历史走向。他的影片《霸王别姬》（1993）不仅在中国电影界第一次摘取了戛纳国际电影节金棕榈大奖，而且在相当长的历史时期内，陈凯歌的电影在中国成为电影导演竞相效仿的一面旗帜；要么就是与此相反，成为人们电影创作道路的一个反向坐标。如今，20年的光阴飞掠而过，在陈凯歌导演的一系列电影作品中，造价最昂贵（超过3亿元人民币）、制作周期最长（3年）的是《无极》（2005），国际化风格最显著的是《无极》。从《黄土地》（1984）的横空出世到《霸王别姬》的披甲上阵，再到《无极》的炫目登场，这20年的时间，历史造就了三个改变中国电影的陈凯歌：一个是在《黄土地》中用散文化的影像之笔对中国传统的戏剧化电影进行酣畅改写的陈凯歌；一个是在《霸王别姬》里用历史之镜将人生舞台与京剧舞台交叉呈现的陈凯歌；一个是在《无极》中用浪漫、奇幻的想象与高科技的巨手尽情描绘人性天地的陈凯歌。美国米拉麦克斯影片公司的新组合韦斯汀公司在新闻发布中说："这部影片以命运和爱情的冲突展开故事的线索，并以史诗般的战争场面和梦幻般的诗情画意的动作场面贯穿全片，这是我们这个时代的伟大寓言。《无极》是世界电影史上最为优秀的百部影片之一。"

我是一个喜欢挑战的人。《无极》就是一个不拘泥俗套、用想象力去创造的一个新的电影世界。归结到一点，我自己觉得《无极》是在中国特定的文化气氛、在特定的时代背景下出现的一部新世纪的电影。如果说《无极》有什么意义的话，就在于对命运挑战的态度。

——陈凯歌

我不是象牙塔里不食人间烟火的人

贾磊磊（以下简称“贾”）：您的电影不论在电影界还是在大众传播领域都被认为是艺术电影的典范，从当年的《黄土地》《孩子王》（1987）、《霸王别姬》《风月》（1996），一直到《荆轲刺秦王》（1998）。您又被认为是中国艺术电影的领军人物，影响了中国电影的历史走向。

陈凯歌（以下简称“陈”）：我每次听到这样说法，都会觉得好像说我是象牙塔里的人，不食人间烟火。其实不是这样，我也像所有的人一样，非常正常地在这个社会里边生活，而且我自己对生活也有很多敏感的触觉，因为我能够接触到社会生活的方方面面。我自己作为一个专业的电影工作者，一个电影导演，我一定会对我接触到的这样一个五花八门的大千世界有我自己的感触。所以可以这么说，我所有的电影题材和对题材的选择，其实都跟我自己的生活状态有关。这不是说是我好像预先设计一个哲学上的命题，然后通过电影来演绎它。

贾：你认为自己的电影艺术创作是沿着怎样的道路发展的呢？

陈：我自己觉得中国电影一直（以来的）道路，是跟着国家的整个运势走的。像我父亲他们那一辈人拍电影，他们的任务很单纯，就是要拍政治宣传类型的电影，尽管在电影里面有些东西是有艺术价值和人文价值的。我自己觉得，陈凯歌之所以是陈凯歌，还是跟我自己的整个生活环境有很大的关系。我一直跟我自己的工作人员讲：如果中国这么大一个民族，完全没有人去考虑人文的问题，完全没有人去考虑我们在一个特定的时代里面，在精神上遇到了什么样的问题，那这个民族没什么希望了。这么说听上去有点大，举个简单的例子：说英国人如果没有莎士比亚，没有华兹华斯，说法国人如果没有福楼拜、雨果，那么将是一种什么情况呢？当然我不是说，我自己试图跟这些文化巨人比肩，但是至少我有这样一个想法。我觉得在我们中国，我们老是讲自己的悠久文化，悠久的历史，并引以自傲、自豪。但是我们现在要关注的是：在现代我们有什么创造性的文化，这个问题其实非常重要！

贾：按照中国人的习惯，在纪念一个历史节日的时候，往往爱拿最古老的东西作为标志性的成果。其实，如果说一个东西是有生命力的，那么最重要的还是要看它是否具有最新成果。

陈：我们回到中国电影这样一个命题上来，就是说中国电影其实一直是跟着中国的国运兴衰来发展的。电影是一个国家兴衰最直接的、物质化的体现。这个国家的发展状况如何，电影可以说是它的“晴雨表”。换句话说，没有中国的改革开放，你不可能设想有《黄土地》，有《孩子王》，有《霸王别姬》……

贾：确实是不可能的。

陈：如果没有改革开放，我也拍不出后续的一系列电影，特别是拍不出像《霸王别姬》这样的电影。今天的时间已到了 21 世纪，也可以说中国电影仍然处在一个很大的困难中。

贾：你认为中国电影今天的历史境遇与过去相比，有什么根本的区别？

陈：过去是在一个封闭型的一个社会里面，中国电影总体上来讲是自己跟自己比。比如说

《黄土地》(1984)，陈凯歌执导电影处女作，标志着第五代导演真正崛起的电影作品。大色块和色觉强烈的摄影、不规则构图、西北黄土地的民俗以及对中国文化的反思性叙事，让中国电影呈现了另一番风貌，也标志着第五代视野不同于以往中国导演的历史视角

不同导演之间的竞争。包括像20世纪80年代我们老师辈的第四代电影工作者，他们基本都是在一个特定范围内的横向比较。现在就不同了，现在变成了不但有横向比较，而且这个横向的范围被极大地扩大了，也开始融会贯通。你要国门打开，边界消失了（虽然这手段并不太好，就是通过盗版碟的方式了解到很多世界电影的情况），可以说是整个世界电影的潮流都非常清晰地摆在中国观众的面前，大家通过看碟积累了很多电影方面的知识。同时又产生了一个纵向比较的需要。就是说我们所谓第五代导演，在八九十年代拍的什么、你在这个新世纪里又会拍什么？这个都产生了一个纵向比较的需要。另外，我们也看到，随着全球化这样一个浪潮——中国不可避免地进入这个浪潮。在这个情况之下，文化的开放要求会变得特别特别强烈！你没办法再禁锢自己，没办法再自己跟自己比，变成需要跟其他人比。

贾：现在中国电影创作的历史参照系和过去已经迥然不同了。可是很多人并没有意识到这个问题的严重性。

陈：所以我一直有一个想法，我就觉得中国电影目前是处在一个比较困难的环境里，这个大家都是共同认知的，因为新的秩序还没有建立。像我父亲那一辈那个次序那个游戏规则是很确定的。现在这个秩序，我觉得还是处在那个战国纷争的无序状态，在这个秩序尚未完全确定的环境里，应该说有很多机会，但是难度也非常大。举个例子来说，你问我，今天能不能拍《霸王别姬》，我觉得我拍不了。但现在种种具体的情况，决定了要拍《霸王别姬》，这样的电影非常困难，我还能不能拍，我觉得我能。

贾：您觉得还能（拍得出来）？

陈：我觉得一定能，《无极》其实就是讲人的觉悟。

陈：在这十几二十年以来我一直讲，我说我不是个老师，我从来不想在我的电影中做任何说教，但是我是一个慷慨的朋友，我愿意跟大家分享。分享我们现在在这个电影中所创造出来的这种东西。我自己一直有个感觉，就是说这整个世界，是我们个人所无法控制的，我们生活的环境，是一个无法控制的环境，在这种情况之下，你怎么办，你还要不要拍，你还要不要往前走，你觉得你的创造力怎么样？

贾：通过《无极》这部电影你对这些问题是否有了结论？

陈：我自己一直感觉，在这部电影中你大概可以感觉到，陈凯歌在创作上还很年轻。

贾：应当说，这部电影表现出与你过去的电影不同的一种艺术想象力。

陈：想象力实际上就是年轻的一个表征，就是说一个不拘泥于俗套、用想象力去创造一个新的电影世界。归结到一点，我自己感觉到《无极》是在中国特定的文化气氛、在特定的时代背景下出现的一部新世纪的电影。同时也是陈凯歌、陈红和其他所有的参与者，花了极大的心血和努力做成的一部电影。因为现在是你问我，否则我本来不想这么早就说出我自己的想法。

贾：那么我们现在是不是可以问《无极》到底说了什么？

陈：我觉得《无极》说的是觉悟。

贾："觉悟"，你是说就是觉醒的"觉悟"？

陈：对，就是这个"觉悟"。很多人问《无极》到底是什么，我觉得《无极》就是讲人的觉悟。我们可以看到，引用影片中一个角色鬼狼的一句话，他说我在他们杀害灭绝我们同族的时候，我们没有对不起任何人。

贾：他只是为自己活着。

陈：对，但是在影片的结尾处他说："现在我知道我错了，我一直对不起一个人，那就是我自己。"我一直感觉到，在中国社会里面，就是自己对自己不够好。

贾：是不是经常压抑自己？

陈：是不够好。这个不够好还不光表现在压抑自己上，比如很多人是先拿命去换钱，然后再拿钱去换命，最后换不来。所以，中国社会的整体进步就永远始于个体的觉悟。

贾：其实很多人也不知道真正怎么样才是对自己好。

陈：对。我自己觉得，人生最后的意义一定要回到人的尊严上来。这就是人活着的终极意义。包括你看到的真田广之演的大将军。

贾：影片中的光明将军。

陈：这个将军是为了世俗的名利，为了所谓的胜利，他追求的、欣赏的是成功后的一种滋味。为此，他可以放弃一切。这就是说，他为了世间的荣华富贵，可以什么都不要，连爱的权利都放弃了！你能不这么说么？他们实际上是最对不起他们自己的人。张东健扮演的昆仑奴也是一个觉悟的过程，我们说他是像动物一样单纯的人，但是你最后可以看出来，他突然明白了。就

《无极》（2005），影片其实就是讲人的觉悟，这是一部拍给下一个十年观众的影片

是倾城跟他说："我改变不了我自己的命运，但是你可以做出选择，你自己知道这一刀要不要砍下来，你再来找我。"这句话深深地触动（伤）到昆仑奴。

贾：这几乎划定了昆仑奴作为人和动物的界限。

陈：昆仑奴这个人物在这时候才意识到原来他不是个人——他活得不像个人。

贾：因为他放弃了人作为一个人的选择权利。

陈：所以他最后会说，我要穿上"鲜花盔甲"去告诉倾城我是谁。这就是我的看法。你可以不可以说这是他的觉悟？这就是他的觉悟。所以我自己感觉到就是说，我刚才举的这几个人物的例子都可以说明一个问题。包括无欢在内，他是一个，我们通常很容易界定他是一个坏人，但是他生活在一个被人伤害（欺骗）过的阴影里，在一个小孩子被人伤害过的这样一个阴影里不能自拔。对这个人物别人看来他是一个崇尚暴力的人，但我看来，他是一个非常软弱的人，他只有通过暴力去满足自己。

贾：他最后有没有觉悟？

陈：有的。就是说他最后说的这句话。他对倾城说："他们要死了，去看看他们。"人之将死其言也善。《无极》其实就是讲人的觉悟。其实，这个觉悟别人没办法给你，就像鬼狼所说的话，这个渴望要你自己去找。

我对人物的爱是一律的

陈：我觉得在我的电影中，其实说到底在我们这个社会里面，联系大家最根本的东西应该是什么？什么才能够使我们这个社会真的变成所谓和谐的社会？

贾：人和人之间的相互沟通是很关键的。

陈：其实就是一个"爱"字。我们用爱把这些人物涵盖起来，即使像无欢这样的人物也同样如此。你可以说这是一种基督教情怀，你也可以说这是某种宗教情怀，但是说到底在我的电影里面，我对电影里的人物的爱是一律的。我对他们没有责备，他们只是在他们特定的环境中、在一个特定的状况下生活。

贾：中国电影当前最重要的问题是什么？

陈：我觉得中国电影目前面临的最重要的情况是图存。

贾：谋生图存？

陈：生存。中国电影还能不能生存？中国电影你看到的——这个不是说杞人忧天。你看到当年的这些电影大国和强国，像苏联我们都知道它的艺术成就无与伦比，对整个世界电影文化有很大影响。日本、意大利、法国当中，只有法国现在还好一点，但你看意大利，新现实主义的发源地，有几部意大利电影能够被世人所见？消失了。在黑泽明之后，像今村昌平这些大师人还活着，他们的创造力还剩下多少？日本电影对于世界电影还有什么影响？我们看到韩国电影有些进展，这样就让我想到，作为一个中国的电影工作者，我们现在面对的情况是什么情况，其实就是谋生图存！

贾：就是总体的中国电影的生存。

陈：是，是要生存。所以我自己觉得，人家讲陈凯歌你在向票房妥协。我说为什么要讲向票房妥协？根本谈不到妥协的问题。因为票房原本就是拍电影的题中之意。你说如果我盖一幢楼要卖给我的客户，要让我的客户能够住得舒服，之后我可以得到经济上的回报，大家都认为是天经地义的事。怎么到了电影这个地方就一定要画这样那样的框框。我觉得是不对的。而且我自己也觉得，一个电影我有这么美好的想法，要跟大家分享，我当然希望很多很多人来看，这一点错都没有。

贾：我们特别想知道的是，您的这些美好的想法是怎么诞生的？

陈：这个想法呢，今天我不会跟你说我是通过怎么样的艰苦努力才发觉、才发现的这个电影主题——这样一个学究式说法，我不会这么讲。我只是感觉到，在这个电影里所有的观众都可以找到自己的影子。我觉得多多少少，我们都是无欢，多多少少我们又都是鬼狼。在贪生怕死这点上我们一点儿都不比鬼狼差，而贪生怕死实在是个美好的字眼。谁不想活，谁会说我就是要死，如果这样那是很病态的心理。因为生活不管多么困难，生活本身都是美好的。所以，从这个意义上，我自己都觉得，说到底这真是一个有关觉悟的电影。

贾：那你就觉得比如过去拍《黄土地》，包括拍《霸王别姬》，你这样对于电影的理念或者这样电影的观念——拍电影就像盖楼一样，让大家一起来享受幸福，就这种观念，你觉得是从什么时候开始越来越明确的呢？

陈：因为我是觉得大家都生活得挺幸福的。但是我们每天面对的情况都不是我们想要面对的事。就是说，我挺羡慕张东健所扮演的昆仑奴这个人物，因为他做的所有的事，都是他自己想做的，不管他做得对不对，反正是他自己想做的。其实中国成语里面有一句话，大家都不是很明白，甚至在某种程度上变成贬义词了，就是随心所欲这个词。人能做到随心所欲都不容易。

贾：在中国人的文化理念中，人活到 70 岁才可以做到“随心所欲不逾矩”。

陈：昆仑奴这个人物我觉得真正做到随心所欲了，我觉得随心所欲就是幸福。你能知道这个界限在哪儿，然后你又能够跟着你的心往前走。所以我自己是看了这个电影之后，有一个感觉，我觉得真幸福。作为一个电影导演，这个电影又是我拍的，我自己在最后混录，看到第七本影片将要结束，昆仑跟倾城说的这段话，“命运可以改变，就像时间有时逆转，春天雪花飘飘，生命可以从头来，是这样的”。这个里头如果我们觉悟了的话，我们的生命就可以从头开始，大家处在万丈红尘之中，每天有多少不情愿的事物包围着你，你看了这样一部电影，我觉得你有一种长长地透一口气的感觉，说人生原来是可以这样的。

《霸王别姬》（1993），华语影坛的旗帜级作品和享有世界级重要荣誉的电影。影片围绕两位京剧伶人半个世纪的悲欢离合，展现了对传统文化、人的生存状态及人性的思考与领悟。该片荣获法国戛纳国际电影节最高奖项金棕榈大奖，成为首部获此殊荣的中国影片

做电影，做到最后就是个“情怀”二字

贾：你自己对《无极》怎么评价呢？

陈：我觉得我自己对《无极》的感觉是很喜欢！跟你们一样非常非常喜欢这部影片。其实说到底就是——我们老讲所谓天地有正气。《红楼梦》里也讲天地其实有正邪两极，是正和邪的交错造成整个世界的变动，那我觉得这个气是什么东西？说到底做电影，做到最后就是个“情怀”二字。因为我觉得《霸王别姬》和《无极》一样，或者说《无极》和《霸王别姬》一样，它是有情怀、有涵盖的。大家应该高兴，而不是不接受。说陈凯歌拍电影现在还能有点情怀。你也看到我在《无极》中间那种众多的商业元素，这个就是跟我说的中国电影的图存有直接的关系。没有商业性的元素大家不会信的，这已经变成一个铁律。也是大家要尊重的铁律。如果你不能够给大家娱乐，大家为什么去看电影呢？

贾：没有一个消费的理由，就不会有消费的行为。

陈：没有理由的事是不会做的。难道他是要去看你的思想，看你的哲学观点吗，不是。大家在辛苦的生活之后，当然要得到娱乐，而且我确实觉得——我一点都不觉得这有什么不好。说陈凯歌你居然说你自己这部电影就是一个娱乐电影，我说这部电影就是一个娱乐电影。但是你在这个娱乐之外，你能够得到什么，就好像大家进庙里做和尚，有的人进去之后神闲气定，说我领悟了很多；有的人说我这脚疼，我连跪我都跪不了，那你不能说这个庙不好，也不能说这个和尚不好，是不是？所以我举这个例子说的意思是说《无极》确实是个娱乐片，但是我又不满足于说我就是娱乐。讲到底我觉得这就是情怀，做什么事都要有情怀，没有情怀你做不了和尚，你受不了那清苦。

贾：其实你觉得是不是我们所有的工作，在某种意义上讲都是在做一个和尚？都需要一种情怀。

陈：其实在我自己写的那本我自己少年时代的这本书（《少年凯歌》）里，我讲到一个东西，我就说“上山下乡”——我说这个方法不好，几千万年轻人都赶到农村去，不管自愿不自愿都得去，这个方法不好。但是，是不是这种事不好、是不是一些年轻人到农村去这事就不好？不是的。就我们今天讨论的问题推而广之，我觉得做事你必须是自愿的。你刚才说是不是做所有的事，其实都是做和尚？那不一定。有的是做一天和尚撞一天钟，那就是不情愿的；有的就是情愿的，我就要心甘情愿地钻到佛家的典籍中间去，研究精微博大之学，那是他自愿的。历史上很多例子，我们讲被尊为圣人的，不管东方西方，耶稣他就是自愿的，你把我钉上十字架好了，我要通过这个告诉世人，我的生命是什么。孔夫子也是，带着他的门徒周游列国，遇到很多稀奇古怪的事。司马迁也是，受了宫刑还能写出《史记》。这样的例子不胜枚举。意思就是说，做和尚得自觉做，别人逼着你做做不了。那样你空有和尚之貌，没有和尚之心。

人的性格决定命运

贾：其实宗教对人的引领和约束是根本的、内在的，所以最有效。

陈：不是主张大家都做和尚，其实我觉得，过去毛主席说得也挺对，世界上怕就怕“认真”二字。但现在是一个你要认真，人家就笑话你的时代。这值得那么认真吗？就说明我们对我们生命的态度有问题，这还是要回到我刚才讲到的《无极》所阐释的命题。大家不够爱自己，不够把自己当回事。这其实是特别浅显的一个俗理儿，你问我《无极》说的是什么，都以为陈凯歌博大精深，陈凯歌有什么博大精深的？陈凯歌就是说了一个俗理儿，这个俗理儿在电影里就是说对自己好一点，分清楚什么更重要，什么不那么重要。跟着戏里面的人物一块儿活一下。对我来说就足够了。

贾：在《无极》这个片子里，除了倾城和昆仑奴两个人，他们突破了时间的屏障，重新选择了生命之路，回到过去的时光里，其他所有人的命运好像都是注定的。一开始就被锁定在一个不可挽回的境遇中。这种宿命的、带有宗教意味的情绪，过去在你的电影里应当不是决定性的叙事因素，最起码它并不明显。但在《无极》里特别明显。这种宿命论你是觉得它仅仅是在电影里，还是体现了你对生活的一种判断？

陈：这个问题我已经听清楚了，我不是一个宿命论者，在我们说到《无极》的时候，的确说到它里面有命运这样一个主题。中国古人讲究生死有命，富贵在天，实际上在讲你是有命运，而这个命和运还是两回事。所以你看所有的中国的两个字组成一个词，都是两个意思，他不是一个意思，任意一句都是这样的。所以命和运还不一样。你看《红楼梦》最清楚，有的人就是有命无运，里边很多的例子可以说明这种情况。你看晴雯和贾宝玉就是有这命没这运，没这个缘分。那回到你讲的这个问题，其实我们所谓命是什么呢，其实就是规律。

贾：规律是不可抗拒的。

陈：有时候规律是没法抗拒的。但是这个规律是跟一件事情紧紧相连的，这件事情就是你自己的性格。所以为什么希腊悲剧非常强调性格。最典型的例子是《王子复仇记》里面的哈姆雷特，他的性格决定了命运。在我们《无极》这个电影里面实际上也是性格决定命运。这种思想特别强烈地体现在大将军光明身上。

贾：就是真田广之扮演的这个角色。

我是一个喜欢挑战的人

陈：严格讲起来，拍了这么多年电影，从电影学院毕业那么多年了，从心理上来讲，我自己仍然是一个——自己觉得我还是一个喜欢挑战的人。

贾：挑战？为什么这么讲？

陈：其实《无极》如果有什么意义的话，就在于它对命运持挑战的态度。这就是自由的含义。为什么讲命运和自由，如果你认可你的命运是被束缚的，你不可能是个自由人。我一直在想，在中国人的话语里面，大家对爱说得挺多，但爱究竟是什么，大家都说不出来。因为爱说到底是个外来词：Love。然后说到命运却是大家经常谈到的。

贾：中国人相信命运。

陈：但是我最少提及的词汇就是自由。什么是自由，自由指的什么？我现在能到任何一个城市去，我有钱天天到国外去买东西，我自由不自由？是自由，那是身体的自由。但是你的精神自由吗？没人问这个问题，对大家来说不重要。所以其实我自己老想一个强悍的、强盛的民族，它必定在精神上是非常自由的。我觉得这是《无极》中非常重要的一个东西。尽管我不想把它概念化，因为就像你写的影评里面讲到的，我觉得说得很对，《无极》是很感性的一个东西，而不是在用理性的方式演绎什么。大概有些观众是希望继续从我的电影中间去寻找思想的轨迹。这个思想的轨迹，我说它是大象无形。它是不着痕迹地、非常感性地附着在电影中的人物身上，附着在这个故事情节身上。

贾：中国古典美学往往特别强调“大音希声，大象无形”“羚羊挂角，无迹可寻”的境界。

陈：其实有个现象非常好玩。我觉得大家应该注意这个现象。就是说很多少年观众对《无极》爱得不得了。而且他们很自然地就进入到这个故事里。

贾：你认为这是为什么呢？

陈：首先说明这部电影有吸引力。其次说明这个电影在接受上没有任何阅读障碍。反而是有知识的人会想这是怎么样、那是怎么样？对于一般的观众他们是毫无负担地、直截了当地进入了这个故事的内核。这也是我在成都点映时特别高兴的一件事。就是小孩子都欣喜若狂，觉得电影好看。

贾：孩子的感觉也许更直接的能够触及这部电影的核心部分。

陈：特别直接。他们的判断，他们直觉没有那种理性的思辨的东西，很直接。

贾：在对《无极》评价方面，我看到像米拉·迈克斯公司的总裁对《无极》的评价也很高。他甚至说，《无极》是一部伟大的寓言。在世界 100 部最优秀的电影中，它占百分之一。我觉得无论对一个中国的儿童也好或者一个成年人也好，总之一般的中国观众可以拉近与它的距离。但一个西方人，我觉得像《霸王别姬》可能因为京剧的原因跟西方的观众有一定的隔膜，因为他们不了解京剧。所以，对一个建立在京剧上的历史故事可能望而却步。那么，现在《无极》这个阻碍阅读的东西不存在了。就是说西方人也特别喜欢这部电影。这个跟你讲到的情怀，讲到的爱，讲到的觉悟，总而言之与人性都非常有关。

商业电影的元素，《无极》应有尽有

贾：其实，《无极》这部影片我觉得它之所以感动人，是因为它有相当完整的总体风格：从特技到人物的性格设计、叙事主题，包括很多的台词浑然一体。人物之间的对话有些都能够达到古典戏剧的艺术感染力。我们特别想知道的是：是什么能够使你在《无极》里达到这样一个完整的艺术境界？

陈：我自己觉得多少年来，或明或暗，或激烈或平和，总是在争论商业电影和艺术电影的问题。少量的人就是觉得唯艺术电影是瞻，觉得艺术电影才是好的，中国电影应该走艺术电影的道路。但是也有人对艺术电影完全不屑一顾，实际上形成了这种对比。处于这两者之间的大多数观众基本上没有话语权。我觉得我对这个趋向也没有发言权。可是我觉得大家其实不要误识好莱坞。好莱坞其实就是现代电影工业活生生的一个例子。现代电影工业它是流水线生产。流水线是什么意思呢？就是说它不允许思想的存在。好莱坞电影没有思想存在，也不允许思想存在，而是取悦观众智力的平均值。他们甚至公开讲：我们要使我们电影的目标达到率包括最愚蠢的观众——他们说得直截了当。所以他们的目的就是盈利。这个路子我个人认为是不足取的。它是美国资本主义发展的必然结果。我们都看到它的弊端。另外也就是极端的个人化的艺术影片，它们难以被公众所接受。如果中国电影想真的做大做强的话，必须扬己所长，避己所短。应该怎么走，大家心里有本账。但从我的角度上，可能有少量的电影会出现这样的情形，事实上我认为《无极》和《霸王别姬》都是此类型的电影，就是它可以两脚跨越商业和艺术，真正做到“脚踩两只船”。

贾：真正做到兼顾两面并不容易。

陈：其实会者不难，难者不会。或者说只会一样，不会两样。固执地做深刻的艺术电影的人，他就是一条路走到黑。这种精神值得赞扬，但不符合中国电影图存的现状。另外就是舍我一切，我就是搞商业电影，做娱乐影片。这个也是个人心里一本账，这是个人的取向问题。但是我自己的愿望是，在新世纪观众对电影必有新的要求。在《无极》这个电影中间，我为什么不特意给它一个时间上的限制，比如说秦代、汉代、唐代都不是。这部电影中间表现的所有一切都是人生的常态而已，时间约束不了。而且我自己都觉得，这个电影是不是可以给21世纪的中国电影，特别是21世纪的娱乐电影树立一个标杆，在这部电影里头我觉得主流商业电影的元素应有尽有——这四个字其实是挺好的四个字：“应有尽有”，不应有自然就没有。

贾：就是说商业电影的元素你认为全部具备。

陈：我觉得是全部具备。所以我再次强调，说陈凯歌可能就特别希望人家把他的电影看作是高深的艺术电影，这不对。这是一个娱乐性非常强的电影。

贾：但是你的骨子里，就算说在做这样一个娱乐性非常强的电影，还是会不自觉地把自己放进去。所以拍出来的东西还是跟别人不一样。

陈：因为我觉得，这个应有尽有的意思就是说我不用特别强调大家喜欢说到的人文精神、思想意识。其实这些东西你不必讲，他自然就在。就好比说你一个人不能把血管裸露出来。你看到一条胳膊是有皮肉的。你要直接看见血管了那还了得。可你不能说我这条胳膊伸出来因为你只看到了皮肉就说里面没有血管，这怎么可能呢？他一定有血管。所以我不担心血管的问题。但也有些胳膊是苍白无力的，你知道这是贫血。所以我觉得我是不需要特别把血管剖出来让大家看说你看我这有血管，不需要。《无极》这个电影不需要这么做。

划进“大师俱乐部”，我并不在意

贾：现在国外有些媒体，把你跟昆汀这样级别的导演，划成了一个所谓大师的俱乐部。在中国的这些导演里选了你。它实际上也代表一个所谓好莱坞认可的一个大师级的电影导演的位子。他们把你划在这样一个俱乐部里，你自己怎么看？

陈：那是他们的说法，我其实不在意。我这人历来是特立独行，我行我素。你觉得把我跟昆汀放一块我就骄傲了吗？不会吧。应该是他跟我放一块他应该骄傲。他哪有我的阅历，他原来是一个洛杉矶的租录像带的。

贾：你不喜欢他的电影吗？

陈：我不是不喜欢他的电影。我觉得他的电影也是有血性的。但是他的经历跟我完全不同。我觉得人到生死关头才能够有所领悟，他没经历过这些。相反倒是奥利弗·斯通这样的导演，才真是宝刀不老，都说《亚历山大》不好，谁说不好，他们看不懂。因为他打过越战。他明白这一枪响是什么感觉，那不一样。所以呢，我没有这种沾沾自喜，说把我跟昆汀放一块，这我觉得没有什么。

贾：你自己觉得经历过生死之交在这样临界点上的状态吗？

陈：没吃过猪肉但见过猪跑。你说我自己遭遇了生死的临界点，那都不是因为外部的原因，那赖我自己不好。比如澜沧江里游泳差点淹死，那一刻想真是完了。我还以为我是在业余体校，我挺高兴穿着红色的游泳裤，下了澜沧江，哪想到那是雪山上下来的水，一下就不成了，里面漩涡就来了。还有人家砍树，参天大树在离我 20 公分的地方倒下来了，差点把我砸着！但是你不去云南你怎么知道会有这种事发生呢？

贾：这些事让你记忆犹新。

陈：这都是小意思。我是说古人讲“读万卷书，行万里路”，我倒没有读万卷书，万里路也不敢说。但是我自己就觉得这些历练对我来说是好的。我觉得就是说，我对我的要求很简单，我就是万事皆从容。什么时候都能从容这就好。所以对《无极》这个电影我觉得，各有各的道理，各有各的造化，你是什么样的人你能做到什么样的事。电影不够好，是那个人的修炼还不够，就这么简单。

过不了心这道门槛，无从谈创作

贾：你特别爱把《霸王别姬》和《无极》联系起来，是不是觉得这两部电影是你用心比较重，自己特别倾注了力量来做的。

陈：不是。是大家老提《霸王别姬》，我没怎么提。我没觉得在我的电影里非要把它们相提并论。因为《霸王别姬》得过金棕榈，得过金球奖，于是我就非要把《无极》往这拽，没这意思。我觉得我的电影一般说都挺好的。最早的《黄土地》我觉得也是非常好。但是《无极》只是新鲜出炉，鲜嫩壮硕，炉子一打开之后香味扑鼻，是这么一个情况，所以大家都争而购之，都要先睹为快，先尝尝鲜。成都点映就是这么一个结果，我也挺高兴的。电影院的经理每天都给陈红打电话，今天的票 20 分钟就卖了。这就说明大家的踊跃。

贾：《无极》是你原创的剧本，这个特别可贵。我觉得有的导演可能真正要落笔写剧本的时候，弱项就暴露出来了。这次《无极》完全是你自己的原创和剧作，电影能够拍到这样一个程度，我觉得这个是很不容易的事情。现在很多做导演的人，真正从剧作角度进入的，他们的潜质都很大。就说明文学创作的原始冲动对电影极为重要。《无极》这个故事的核是从哪里来的？

陈：是从“无”中来的。为什么叫《无极》，是从“无”中来的。不是说我有一个想法好像电石雷火一闪，没有。我一开始做《无极》的时候，我根本不知道我要说什么，它是慢慢聚集起来的。我跟我的联合编剧（张炭）整天在那儿聊。慢慢就有一些新的想法，它就出现在你脑子里头。过去有这样争论，说创作一切都是生活里来的，说闭门玄想是不行的。其实，艺术创作所有的生活材料都得通过你的心，你过不了心的这道门槛，谈什么创作？你以为你会说那个俗语，你熟悉民情就行了？这人无心无肝就能拍出好电影来？想都不要想。所以你问我从哪来的，从我心里来的。《无极》的人物从哪来的，从我心里来的。但是你说他是谁，我还真可以告诉你。比如我就举一个小例子说，不是所有人都可以这么说。你说倾城是谁？不就是戴安娜吗？她是被诅咒的命，一辈子得不到爱，有爱也会马上失去。她的荣华富贵谁能比？英国王室——日不落帝国的公主。可是多么悲惨的结局！

贾：你认为观众能读出这种意义、大家能够看得懂吗？

陈：看得懂。谁是昆仑？昆仑就是我们家小儿子。每天就是睁着一双特别天真的眼睛。所以整个《无极》的电影就是通过奴隶昆仑的眼睛去看的。你说，我看青山多妩媚，料青山看我应如是。你美好，你看世界一定是美好的；你丑恶，你看世界就是丑恶的。所以我觉得我 5 岁的小儿子，我们是每天从他身上受鼓舞的。他对人那么有信心，他对别人那么慷慨，他有一块肉准能分你一半，就这么简单。你问我，我说人物是有原型的。实际上世界就是这样的，这些人物其实都活着。大将军光明身上没有陈凯歌的影子吗？陈凯歌这么多年活得多辛苦，为什么？为了更高的荣誉。但是他最后，有人公开说陈凯歌结了婚，娶了老婆，有了孩子，拍不出大电影了。谁说的？《无极》就是响亮的回答。确实就是这样的。这个电影里有陈凯歌多少自己的

命运是《无极》最重要的主题，最惹人牵肠挂肚的当属倾城的命运。当她还是个小女孩儿时，为了一块果腹的馒头向满神承诺，从此可以得到天下最有权势男人的宠幸，却得不到真爱。这不是倾城对命运的承诺，而是命运对倾城的诅咒

觉悟啊，很多的觉悟！

贾：我们知道你在拍这部电影的时候付出了很多心血！三年的时间，我们也算了一下。大概每一分钟的镜头将近有 9 天的时间。一分钟凝聚了 9 天的时间——当然不是说你每秒钟都在做这个事情。

陈：这个计算方式我喜欢。

贾：我听说，有一个广告商请你拍广告。就为了让你来拍，把整个摄影棚搭在你们片场的旁边，最后被你拒绝了。你为什么会对《无极》倾注这么多的心血？

陈：电影这个东西有时候跟爱情一样。人的爱情就是一个承诺，其实自己对自己一个肯定，就是说我不可以这样做。你让我去拍一个广告，我怎么拍？因为我是做事就要好好做的人。就好像一个男人结了婚，他特别爱他老婆，突然给他带来另外一个女的，说今晚你就是她吧。但这个男人说有个问题，我得喜欢她才行呀。我这么短时间我怎么喜欢她？而且我跟我老婆怎么办？尽管这个不确切，但意思就是这样。不过千万别把我想象成圣人，说我天生跟钱有仇。不

是这个意思，我只是觉得，我如果拍这个广告，不一定拍得好，因为我心不在那儿。你可以过来看看我下次拍戏，你一定很失望。

贾：为什么？

陈：你肯定会说陈凯歌咱们上次做采访的时候，你跟我简直是把酒言欢的局面。怎么到片场不理我了。

贾：有人说你的片场像刑场——不是片场是刑场。

陈：我不知道该跟人怎么说。在拍摄现场也不能跟人应付。因为我脑子不在这。你来了我只是跟你握握手，来吧坐会儿，喝杯咖啡，要不抽根烟。你要真让我坐下来，和你静下来心去谈，我做不到。因为我的心不在这个位置。只有我拍完了，我可能再跟你见面，再跟你把酒言欢。

贾：你的片场是不是纪律非常的森严？

陈：不是纪律森严。咱们说一件事，这样一说一定有人反对，一定有人笑话我，一定有人笑场。可是事实就是这样——产房里允许你喧哗吗？你生小孩进来20多人都带着花、礼物，祝贺行吗？孕妇正受痛苦。其实在片场里面的肃静，有两个原因。第一个原因是让大家知道我们在干正经事。我觉得在我们拍戏的时候，大概有一种感觉，这感觉就是我们在做一件正经事，这是非常好的，这是聚气。第二点就是对演员的尊重。人家那凝神，因为最后电影说到底呈现出来的除了视觉其他元素之外，都是演员。这个一说、那个一说，演员怎么进入角色。我这人别的我不敢说，对尊重二字我是特别理解的。

贾：你从开始创作《无极》，没有再拍其他电影，用了3年时间。电影片场我也去过，就包括我们觉得很文雅的一些导演，他在片场会骂人。当然我不是说想让你呈现你的另外一面，因为我们听到过你在片场的这种表述，甚至感到有点森严的感觉。

陈：连刑场都说出来的。显得比衙门还厉害。

贾：我跟徐克都谈过，他说所有的导演都骂人。那个环境是一个你用正常的语言不足以让他们安静下来的一个环境。但我特别想知道，在这个片子里面的125分钟，他是用一种无缝隙的方式覆盖了所有的画面。这样一种效果在片场是通过一种什么方式，才能够控制得住？

陈：其实我觉得，做导演的人多多少少都像带兵的人。像我是当过兵的，有的没当过兵，但他也是带兵的。带兵就是劲往一处使，你所有的元素都集合在一起，而不是很散乱地放在这儿。也有比我高明的。大家都知道汉朝的飞将军李广。他带兵就很散漫，散兵线拉得很长，士兵小有违纪的行为他也不太管。这样的话他就收到用心很深的效果。让大家知道什么时候是可以放松的，什么时候则必须严谨。这是大手笔。你倘若说在摄影棚一天14个小时，谁都不准说话，这不人道，也不可以。所以关键问题是，要让大家知道，什么时候可以放松，什么时候不能放松。因为现在做事都是拿事不当事来做。所以必须这样！这是境界。我拿事都是当事来做。其实要从很低的境界开始，就是我们要很恭敬地去做这件事。

在每一个镜头后面都有我给大家鞠躬的影子

陈：我听说古代的大厨师，做好一道菜，其实那道菜应该很简单。肉烧出来之后这个做厨师的人，要恭敬地向这肉鞠一躬。为什么呢？这个事我做好了，这个肉应该对得起吃肉的人，这就叫职人的精神。我觉得对《无极》这部具有卓越的想象力——其实我们在做一个具有卓绝想象力电影的时候，我们是去怎么做到充满职人的精神。你们应该看到在这个电影背后，陈凯歌是在不断地鞠躬，每一个镜头都给大家鞠躬。我要对得起我这镜头，我是很认真的，而不是变戏法。

贾：在中国电影界有许多夫妻搭档。你和陈红这次的合作我听她说《无极》是你们的“第三个孩子”。

陈：陈红作为我老婆，又作为制片人，这个双重角色是很难演的。她要演什么呢？要从妻子的角度讲，她肯定是说我能少受点累最好。多花点钱少受点累我愿意。可是做制片人怎么能说多花点钱？她上哪儿去找这么多钱呢？又很难。所以她也是非常恭敬地在做事。咱们就是说，要欣赏别人的作为，就是要看这些人是怎么样谨慎而恭敬地在做这些事。我这个人一辈子有一个好处，优点就是我不吹牛，我吹不出来。要吹牛我先脸红了。所以我说的都是实话，希望大家能够欣赏这个电影，希望大家能看到这个电影背后我和陈红、我们的工作班底向大家鞠躬的身影。

贾：我们也听到很多反映，说你在片场讲戏有的时候会讲得泪流满面。我看到很多演员比如像谢霆锋，他觉得这部电影是他一生中最重要的一部电影，包括很多演员都是他们跟你拍戏以后，会有这种由衷的感触，把整个的电影构思转换为演员的表演，你觉得你是用什么方式去感动他？

陈：首先更正一点，泪流满面是没有的。因为我这人拒绝眼泪，我是不哭的。

贾：永远不哭？

陈：基本上是。我觉得我不哭是有道理的。因为我小时候哭得太多，把我妈妈身体哭坏了。从那时候我就下决心以后不再哭。跟演员工作不需要哭，你哭他不哭。所以我觉得没有什么特殊的技巧，与其说我的话语说得准确，让他们觉得精彩动听，还不如说我是用心在跟他们说话。你今天一定有一个感受，你今天跟我说完话，聊完天之后，你觉得陈凯歌这人其实是一个挺好的人。

贾：我一直觉得你人不错……

陈：好不好你自己心里也知道，你跟一个人面对面说话，就是通过对话来判断。我不能够保证跟我合作的演员他都是好人，因为这不是选择一个演员的标准。但是他感觉到了我的真心，是我的真心感动了他们，通过我的话语他明白了我在说什么。所以我觉得，这应该算是我的成绩之一。我跟这些演员合作不是光在《无极》这部电影里面，前面的《和你在一起》，再以前我们其他的电影都演得很好。大家都会说陈凯歌特别会说话，特别会打动人，其实不是，不是用语言，是用心。第一次跟刘烨拍戏，大家现在都称赞刘烨在这戏里面表演非常好，的确非常好。可是他演第一场戏的时候，我给他的压力简直是炮弹一样疾风暴雨似的过去的。

贾：第一场他演的哪一场戏呢？

陈：就是在他已经烧焦了以后，躺在地上，这个谢霆锋的狍子过来说，我现在相信你是个“雪狐狸”，而且你是个怕死的“雪狐狸”。刘烨很怕死。他连续拍了七八条还差得远，我说你伸出你的手。刘烨伸出手，我说你摸摸你的脸，这个化妆化的被烧焦的痕迹。我说刘烨这是真的不是假的，你会怎么样。我觉得刘烨就有点连害怕带惊吓，我就是抱着两个胳膊站在现场。摄影机就在这儿，我跟鲍德熹说不能停机，不要怕浪费这点胶片。不用打板，一直说，就出现这样的效果。刘烨在这个镜头里所演绎的不光是恐惧、浮躁、失落。所以刘烨说，陈凯歌让我害怕！后来我说，对了。你要不怕我，你演不到这个份上。那么多小朋友都说了，刘烨演得好，我们最喜欢鬼狼了。为什么？他真。这就是我的工作方式，我不管你是谁，因为我只有这样做，你最终才会意识到，导演对我是负责任的，我不管是谁。张柏芝有一次拍了14条。我说张柏芝不对，张柏芝后来跟我说，导演你知不知道我爸爸是谁，我怎么能受这种气？我过去早就走了，但是这次没有。她在一直按照我的要求做，她哭了。我事后跟她说，我说柏芝你这个哭不是演戏哭，你为你自己哭了。

贾：真哭了？

陈：那就对了，这就是对自己的爱。她说最后她满意了，她觉得非常满意。所以做导演有时要用不同的方式去对待不同的演员，千万不要让人觉得他是大演员，所以你说话要客气，我为什么要跟你客气。我客气的结果就是你最后骂我。谢霆锋也一样，我说，霆锋不对的，张东健不对的，但是他们会在表演的过程中寻找如何创造这个人物的动作。张东健在拍奔跑特技镜头的时候，胃部有一个横的辊轴。

贾：为什么要有辊轴？

陈：他得要压着，才能够出现倾斜的姿态，人是在跑步机上的你知道吗？

贾：背景是绿的？

陈：背景是绿的，是这样跑，但是实际上这样一个硬物，一个辊轴在腹部是非常痛苦的。他拍一条要在外面喘30分钟的气才能回棚里。但是我走出去看他躺在那儿的时候，我知道他是“昆仑奴”。

贾：那个状况是“昆仑奴”的。

陈：对。演员到这个世界上，天生就是在受苦，你不下地狱哪上得了天堂，就这么简单。

贾：这个片子现在要送奥斯卡参加评选。我们看过以后，问我周围的人包括摄像，我觉得可能会得奖，但是哪个奖我们说不准，觉得可能有一个奖。不管怎么说，这是迄今为止中国内地离奥斯卡最近的一部电影。可从你自己的角度来讲，你觉得它成功的概率有多大？

陈：现在是听天由命。到这个时候我已经不会心里打鼓，得失之间对我来说，不是重要的事。你如果手里拿着一个不怎么样的电影，你的得失心可大了。我现在不想这个问题。虽然我希望得奖，我也有“大意失荆州”的地方，应该说本来中国第一部最佳外语片应当是《霸王别姬》。最后居然说——那些评委说你不需要我们的支持，你没来见我，我拿金棕榈了，拿了金球奖了。我也觉得我拿了金球奖我可能能拿到奥斯卡奖。那一年李安的《喜宴》也是，拿了金球奖了，好像奥斯卡比较容易得到。居然输给一部西班牙电影《四千金的情人》，没有一点生机的一部电影。所以我觉得应该以放松的心情去看待这个事物，这个是最正确的态度。

贾：有好作品实际上心里还是珍视她。

陈：你心里面觉得，比方说你儿子今天比赛考了第一，然后脖子上挂着一块金牌回来了。他现在问你，你是要那块金牌还是要你儿子？你肯定是要你儿子吧。这是一定的。你不可能对一块金牌百般抚爱，但你会对儿子百般抚爱，你要百般抚爱这块金牌，你就成了阿巴贡、欧也妮·葛朗台这样的人。

贾：你还有哪些特别想表述的，比如说对媒体？

陈：其实我觉得因为时间还有，咱们也聊得挺好，如果在我思考清楚的前提下，我可能会跟你们联络，我们再做一次。我们俩还可以再聊一聊，然后咱们俩那个时候都放下了，一点理论的事都不说，像聊家常一样说电影。因为我自己也有一个感觉，我觉得我们的理论不能拒读者和观众于千里之外，凡是评论家说的事都有点玄。咱说特别实在的，你自会看出我是大有深意的，并不是随便一说。

（2005 年 10 月 7 日下午于北京电影制片厂）

中国艺术研究院基本科研业务费项目

中國武俠電影人物誌

A BIOGRAPHY OF CHINESE MARTIAL ARTS FILM

贾磊磊 主编

CFP 中国电影出版社

图书在版编目（CIP）数据

中国武侠电影人物志：上下册 / 贾磊磊主编. —北京：中国电影出版社，2024. 1
ISBN 978-7-106-05482-3

Ⅰ. ①中… Ⅱ. ①贾 Ⅲ. ①功夫片—中国—人物志
Ⅳ. ①K825. 78

中国国家版本馆CIP数据核字（2023）第009317号

出版发行 中国电影出版社（北京北三环东路22号） 邮编：100013
电话：64296664（总编室） 64216278（发行部）
64296742（读者服务部） E-mail：cfpbjb@126. com
印　　刷 河北赛文印刷有限公司
版　　次 2024年1月第1版 2024年1月北京第1次印刷
开　　本 787mm×1092mm 1/16
印　　张 47.75
字　　数 720千字
定　　价 198.00元

谨以此书献给

为中国电影作出突出贡献的

武术指导、动作导演和动作演员

在场

导演张华勋在影片《武林志》（1983）拍摄现场指导演员拍戏

在场

导演张子恩、摄影师顾长卫在影片《神鞭》（1986）拍摄现场

在场

武术指导赵箭在影片《刀剑笑》（1994）拍摄现场

在场

1995 年，成龙和唐季礼在影片拍摄现场

导演李安在影片《卧虎藏龙》（2000）拍摄现场给演员周润发说戏

武术指导袁和平、导演周星驰在影片《功夫》（2004）拍摄现场指导演员动作戏的拍摄

在场

武术指导程小东在影片《十面埋伏》（2004）拍摄现场指导演员金城武拍戏

在场

导演徐克在影片《七剑》（2005）拍摄现场给演员讲戏

在场

动作指导洪金宝在影片《叶问》（2008）拍摄现场向演员展示动作设计

在场

导演吴宇森在影片《赤壁》（上 2008、下 2009）拍摄现场

导演陈德森在影片《十月围城》（2009）拍摄现场

导演李仁港在影片《锦衣卫》（2010）拍摄现场给演员甄子丹讲戏

导演路阳在影片《绣春刀》（2014）拍摄现场指导演员王千源拍戏

导演兼动作指导徐浩峰在影片《师父》（2015）拍摄现场向演员展示八斩刀对弈三尖两刃刀

武术指导袁和平在影片《叶问 4：完结篇》（2019）拍摄现场指导演员甄子丹拍戏

导演陈木胜在影片《怒火·重案》（2020）拍摄现场给演员说戏

2006年10月27日，本书作者贾磊磊与张鑫炎在浙江杭州张鑫炎寓所

2006年11月，本书作者贾磊磊与吴思远导演在北京新侨饭店

2007年1月15日，本书作者贾磊磊与袁和平在香港

2007年1月16日，本书作者贾磊磊与徐克在香港徐克电影工作室

2005 年 9 月 24 日，本书作者贾磊磊与洪金宝在山西大同

2014 年 2 月 17 日，本书作者贾磊磊与成龙在北京

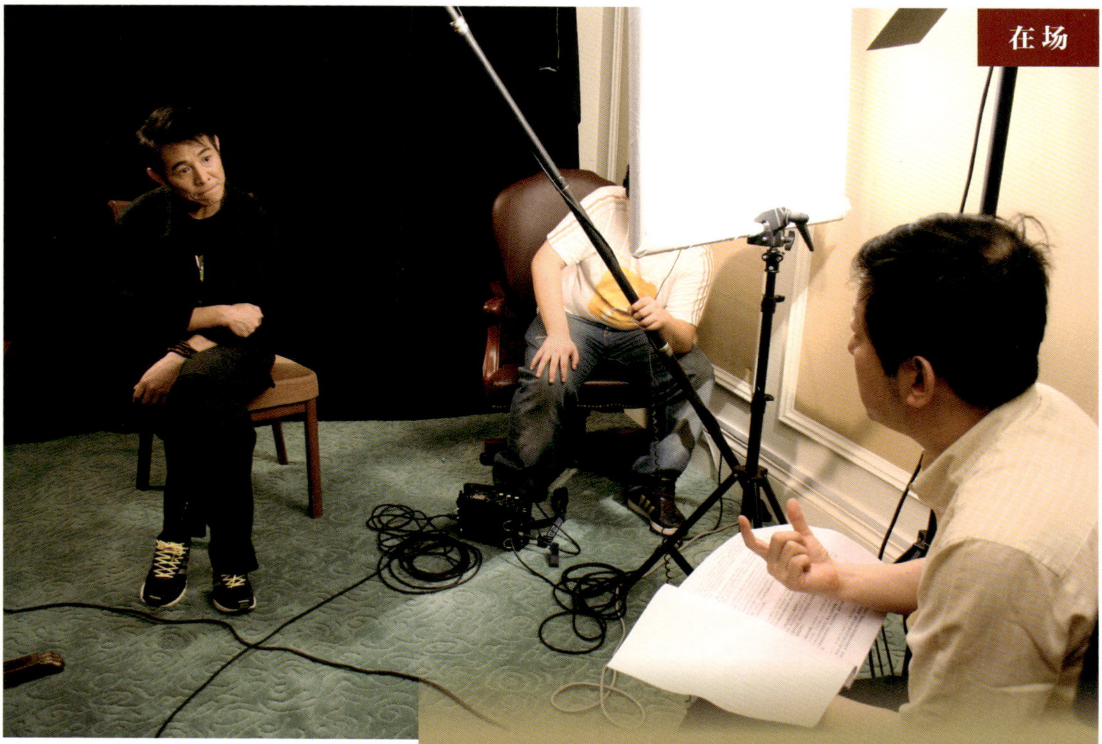

2009 年 8 月 26 日，李连杰接受本书作者贾磊磊采访

2006 年 10 月 26 日，本书作者贾磊磊在横店影视城采访赵箭

在场

2021 年 5 月 18 日，本书作者贾磊磊与吴京在北京

在场

2015 年 7 月 9 日，本书作者贾磊磊与导演徐浩峰在中国艺术研究院研究生院

目录

CONTENTS

我们要拍别人想不到的东西

程小东

程小东（1953年10月31日— ），原名程冬儿，1953年生于香港，祖籍安徽寿县。其父为著名电影导演程刚，执导过邵氏公司20世纪70年代辉煌时期的经典武侠电影《十四女英豪》（1972），获得第11届台湾电影金马奖最佳导演奖。程小东毕业于香港东方戏剧学校，在校期间曾学习北派武术七年。17岁任龙虎武师。20岁时出任电视剧《侠盗风流》武师指导。1972年开始担任电影武术指导。首部作品是《十四女英豪》，接着是《喋血双雄》（1977）、《名剑》（1980）、《英雄本色Ⅱ》（1987）、《蜀山传》（2001）等。1979年主演影片《出笼马骝》后任电影动作导演、导演。1989年出任张艺谋与巩俐主演的影片《古今大战秦俑情》的导演。近年来相继出任《英雄》（2002）、《十面埋伏》（2004）、《满城尽带黄金甲》（2006）的动作导演。程小东导演的作品，以影像凌厉，动作奇谲而著称，特别是在武侠电影的动作设计中常有出人意料的想象和惊异之美跃然而出，成为改变中国武侠电影动作美学形态的时代先锋。

我觉得武侠片可以有很多处理方式，比如袁和平就比较注重实战的感觉，我比较喜欢。我选择比较有诗意、美感的方式，多留点想象空间给观众。比如《十面埋伏》，不要跟《英雄》一模一样；《满城尽带黄金甲》的表现又不一样。其实，每一部电影我都尝试放进去一些新的东西。就我个人来讲，就是要它有变化，要创新，要超越我自己，那才是最好玩的。

——程小东

学了京剧最后只能拍电影，拍电影也只能当武行

贾磊磊（以下简称“贾”）：您父亲程刚曾经是香港著名的电影导演，他对您的从影之路产生过什么样的影响？

程小东（以下简称“程”）：我爸爸先是编剧，后来才当导演。我几岁时就已经在片场里住。因为那时候住在邵氏片场里面，就住宿舍。我从小已经看到邵氏那个年代的武侠片，比如张彻的那个年代就有《大醉侠》（1966）、《江湖奇侠》（1965）了。那段时间等于是胡金铨的辉煌的历史。我从小就看着他们拍电影长大的。我七八岁时进入香港一个京剧学院学京剧。

贾：香港的很多电影演员一开始都是学戏，你大概学了多少年的戏？

程：我学了七年。其实我九岁左右就已经开始做替身，因为那个时候有一个香港演员叫冯宝宝，她很小，是个小孩子。我那时候也是小孩子，我就做她的替身。当我毕业之后，因为我们也学了七年，毕业之后，在香港没什么出路，只能当武行，所以我学了京剧是没有什么用处的，最后只能拍电影。拍电影也只能当武行。那我们就一步一步这样上来的。

贾：京剧您学的是武生吗？

程：我在学校其实很笨的，原来我是学文武生的，后来降级，就学武生了，这样子。

贾：那时候教你们的老师是纪晓芙这些人吗？

程：同一代，他叫唐迪，是一个演员。他自己也是一个票友，所以他自己开了一个学院，念的学校，跟纪晓芙是同一个年代，同一个时间。

贾：你们等于是在另外一个学校学的，那时候你们学京剧的时候，包括武打的设计吗？

程：我们那时候学的跟后来我们拍戏用的有一点区别，所以我们毕业之后拍电影的时候，又学了很多武术的东西，因为京剧里面的武打是舞台化很多。后来我们再去学很多武术的东西，北派的、南派的都去学一点，所以在电影上用处就比较多。

贾：您父亲是一个电影导演，对您后来进入京剧学习电影是不是有很大的影响？

程：对，因为我父亲是导演（程刚），我妈妈其实是一个演员，也是一个歌星，所以我从小其实都是在电影里面长大的。我那时候还不懂，我每天去看他们拍戏，看胡金铨，看张彻、李翰祥他们，因为他们都在片场，我反正在宿舍没事干，晚上也不睡觉，他们拍晚班我也去看。

贾：您父亲是不是教了您很多电影的创作经验？

程：其实没有，他没有教过我，没有教过我任何与电影有关的东西。我最重要的是去戏剧学院里面学的京剧，然后我就出来去拍戏，反而那个对我用处很大。我就当了很久的武行，做了很久的替身。我自己也想，在我身边的人都去当了，同时出来当武行当替身的都去当武术指导、导演、演员，比如说成龙，洪金宝，大家都去当导演，男主角，我还在那个圈里，还是武行替身。所以我后来就是鞭策自己，去学了很多镜头上的东西，那个也是没有地方读的。只是凭我们自

己的经验，我们从小到大都没有去学过什么导演，场记，什么都没有，只是一开始就是武行，后来就是替身，然后再做副指导，武术指导，最后人家看上，觉得你还可以，那给部戏给你拍，做导演。我就这样当了导演。所以都是自己去学，自己去看，都是现场的积累，反正就在片场里面一路看一路学，现在我们也是。一直是在继续学，现在看外国的东西，有时看人家好的东西就会想，为什么人家会想到我们想不到。

从女明星替身到武术指导

贾：给哪些演员做过替身？

程：很多了，但是新一代的人都不认识了，比如在邵氏里面，我就替过郑佩佩、李菁，那个年代的何丽丽，后来粤语片里面也有陈宝珠，萧芳芳都有替。因为我那时候比较瘦小，所以就可以替女孩子，专门替女演员的。

贾：我们都知道您在《大醉侠》演过一个小和尚，回忆一下当时拍摄的记忆好吗？

程：那时候反正是学徒，都是光着头，刚好那一场戏需要一个小和尚。刚好在戏里无意中听到他们一个秘密，所以戏里面有一个反派叫陈洪聂，他就用一个飞镖把我杀掉了这样子。

《生死决》（1983），程小东首执导筒及动作设计影片，精湛的动作设计、漂亮的打斗、群戏的空间布局以及人物站位无不展示着程小东的导演功底

贾：好可怜呀。

程：《大醉侠》里面，那天是雨景，下很多的雨，冻死了。我记得是冬天，我八九岁的样子。

贾：那是您第一次去拍电影？

程：不，之前我都有拍。以前有一部《西游记》，我们做小猴子，一帮小猴子一样的。

贾：第一次做动作导演是什么时候？

程：我记得有一部戏是去泰国拍的，然后人家说找我做武术指导。我第一部那就去，我拍的第一天，摄影师还问我，指导，机器摆哪里？我根本就不懂，那时候就是混。反正人家叫我去做，我就去做，自从那次之后，我就知道不能混。你是武术指导，不是你会打两下，你就叫武术指导，你还要懂镜头。当然现在更不可以了，现在你要懂得更多东西。比如说你当一个真正的动作导演来说，你要具备的条件是很多很多的。

动作的设计要介入剧情之中

贾：那你认为最重要的是什么呢？

程：比如说，我们现在拍这类的大的电影的话，你最好一定要有超过十部电影的导演经历。连文带武的导演你自己要有十部的经验，你还要有你的当武术指导的经验。你还要懂得为什么故事会这样，你要懂得里面的戏剧，不是稀里哗啦打完就完了。

贾：就是说动作的设计要介入剧情之中。

程：你要知道那个剧情在说什么，动作中要有戏，还有你的镜头的摆放位置，以及你的节奏，最后你拍的时候，你要准备将来它的音乐位在哪里？有很多东西，比如说也要给观众有个惊喜。你不能每部戏都是同样的招式，你要有很特别的东西，给观众有个意外，也要给导演有个意外，因为既然导演要找我们，他们都会有一个期望，就是希望你要有好的东西，要有跟别人不一样的东西。所以，现在做都很困难，都是要很准确的，因为可能他们找我们拍投资很大的戏，可能要几个亿，所以有的东西你不能错，你错就是害人家。

贾：我们查到的史料，中国在 1924 年的时候就有武术指导这个职位了。这个职位的设立是中国电影人对世界电影的一个重大贡献。现在有的人却觉得一部电影只能有一个导演，您认为应当怎样判断？

程：主要看他们给我们留的位置在哪里，比如说我们一部戏，它只是到打的时候才叫动作导演，来吧，你去套招。我们应该叫武术指导，因为你只是属于套招的，只是负责打的部分。但是如果是那部戏，他把整场戏都交给我们，比如连文带武，包括开词的那场戏的铺垫，所有的东西我们都要把它做完的话，好像现在我们连后期剪辑都要把它弄好的话，那就应该是动作导演。因为你是整个去处理，如果是你做一个武术指导，你什么都不用，武术指导只是打。所以现在在市场上也会分两种，有一种为什么叫动作导演，就是因为我们都要把整场戏去处理了，那为什么有的要写武术指导，因为他们只是到打的那部分才交给他们做，那就写武术指导。

贾：比如您要做动作导演的话，是不是给您配一个武术指导来执行您的动作设计？

程：通常如果我们是动作导演，下面还是武术指导，谁谁谁，副指导到谁，都有字幕打出来。所以看什么戏，他一个小戏或者很少的投资，那个导演权力很大，他懂得怎么去分配。只是到时我叫你去打，你去套招，那你就可以去打，通常有武术指导就没有动作导演的。

贾：从您的创作经历来看，从 1979 年指导的电影，还记得当时拍摄的情况吗？当时拍那个影片的情况？

程：那时候就比较流行功夫电影，那时候有个导演叫罗维，他就把我叫去，然后他说，让我当男一号。他问我有没有信心，我觉得蛮好玩的，那就试试看，所以那时候我既是武术指导，也是演员。

贾：当时邵氏拍了很多的片子，在邵氏这样大的片场里对你有什么影响？

程：当然那个年代的创作没有现在好。因为那个年代第一就限制你的时间，因为它的制作成本都不能太高。比如说你是大导演，那还可以，那时候张彻还好一点。如果像我们这种小一点的电影，你拍的景一定是捡大导演剩下的，比如张彻拍完那个景，就开一部小戏，叫你们小导演去拍它的景。那就可以省点钱，所以花的成本不会太高。是这样子的做法。那时候套招比较慢，没有现在这么快，你的设计上就会很多限制，限你几天把它拍掉。现在就不一样了，现在很多东西，他们都会讲究，我们的设计，做布景，所有的配合都是要配合我们的，所以当时跟现在是两个不一样的做法的。因为现在最重要的是观众的要求也高了，以前反正流水作业就行了，每个月有几部戏出来就可以了。观众那时候也没有什么娱乐，也没有卡拉OK，什么都没有。连录影机都没有的。那个年代，大家只能看电影。

拍的戏越好，你就会越潇洒、越没有顾虑

贾：电影好像有一种一家独大的感觉。后来你导演的电影，像《倩女幽魂》最想表现的是一种什么样的理念？

程：其实当时我们是要把它重新包装的一个电影，就是要一个很现代的古装的爱情故事。我们找了当时的歌星张国荣，王祖贤都是很新的演员，都是我们的一种尝试。因为那时候武侠片已经是低潮了。我们只是想把一个人鬼的故事重新包装一下，重新发展一下，看看它的市场如何。

贾：那时你得了奖怎么想？

程：没有什么想法，都是一般的心态。《倩女幽魂》（1987）是我自己做导演的第三部电影。我第一部叫《生死决》，1982 年拍的。到 1985 年，我也拍了一部叫《奇缘》，是周润发主演的。1986 年我才拍《倩女幽魂》，其实几部戏，我所有的导演戏都有拿奖，比如我第一部，就已经

《生死决》（1983），动作设计精巧流畅，程小东在影片中融入了日本武士片元素，也致敬了导演张彻

拿了香港的十大华语片奖。第二部拿了科幻的奖，《倩女幽魂》也拿奖了。后来我拍了《秦俑》也拿了奖。基本上我头几部戏都一直拿奖的。

贾：真是得奖专业户。《生死决》也是部古装武侠片？

程：古装武侠，是徐少强和刘松仁演的。

贾：你当时拍的时候，是第一次全面掌控一个电影，您觉得对您的压力是不是很大？

程：没有，那时候感到好玩。其实只是现在拍戏有压力，以前没有，因为你刚出来，你所想的东西，所懂的东西，你把它放进去就完了，我觉得越没有压力，拍的戏越好，因为你越潇洒你越没有太多的顾虑，那时候刚刚出来什么都不懂，才二十几岁，想到什么就拍什么。

贾：香港的导演和内地的导演不一样，您拍《生死决》如果赔钱了会不会……

程：没有拿它去批判我，不可能的。那时候我有点小名气，我那时候在电视台已经很出名，大家都在抢我。当时比如说，因为香港有一个无线台，有一个是有线电视台。我那时候在有线，无线抢我，用很高的价格把我抢过去。他们觉得我拍的动作片特好。我在那个时候已经有点名气。所以我一点都不害怕。他们后来就觉得我应该可以拍电影。所以他们就找我拍了一部电影。当时，有一部戏叫《名剑》，那部戏我去当武术指导，出来的效果很好。所以嘉禾公司马上签我，让我做导演。所以我一点都没有压力，反正想到什么就拍什么。

贾：没有压力有时候往往能够拍一些好电影。

程：后来《生死决》出来也确实很好，效果都很好。大家都觉得我很有创意。所以就我来讲，没有压力。现在我们拍了这么多部戏剧，其实你不需要说，拍不好公司找我算账。尽管从来没有这种事，但是这个也要去争取，要把它做好，香港是一个很现实的、功利的社会，很商业，他们投资这么多，找你拍戏，如果你拍出来效果不好，人家谁还找你？比如像我们现在拍戏也是，人家找你，你试拍两三部，我们拍出来不好，你看人家还会不会找你？一样的道理，你一定要有东西才可以。

贾：这才是真正的压力呀。

程：但是我们没想过，也不是一两部，两三部，你不行你就走人。但是如果你两三部有一部好了，人家还是会找你。

贾：香港的导演和内地的导演不一样，商业指向特别明确。内地有很多电影的导演观念很混乱。对于您来讲，一生中拍这么多电影，就电影来讲，您是拍给谁看的？

程：拍给观众。但是每个导演都有他的风格，一定有你的信息，你想给观众看，拍给观众看的时候，你可以把你的信息放进去，也可以把你的艺术放进去，因为电影始终是一种艺术。

贾：不是说电影是商业吗，商业怎么还要放艺术进去？

程：没有说纯商业，因为你的很多元素，还有手法其实都会有艺术的成分在里面，只是看你有多少。你拍自己的东西，除非有国家支持你，你垮了之后，再给你机会。如果你拍商业电影的话，虽然每个导演都希望是艺术性很高的电影，肯定人家都说很好。但是你要在这个世界上生存。这个电影圈里，你的电影首先要有人看才可以。拍了艺术片没有人去看，整天都是那一小堆人看，那你怎么生存？这次你拍的艺术好，一小堆人说你很好，艺术很高，但是以后没有人给钱再拍，你还不是没有了。所以我现在要拍给大家看。但是你拍给大家看，不要去拍得很烂，不要拍的商业一塌糊涂。你可以把你的艺术性，把我们的想法拍出来。第一观众也多，第二我们也能生存。我们也可以再去拍第二部，拍第三部，把我们想拍的东西拍出来。

贾：所以，商业对于电影业来说是第一位的。

程：在商业的基础上，我们一定要拍有难度的东西。我们现在这几部电影其实都代表我们中国电影的水平，能拿到外国去。我们总不能丢人。我们要给人家感觉我们中国的电影也是很棒的。戏里面设计的东西都是很棒的。所以没事我都在想，不是光给我们一个东南亚的世界，我们要给全世界的市场看，全世界的市场也要觉得，我们中国的电影、电视很特别。当然因为我们中国电影有很多不一样的类型，比如说也有文艺片，有乡土的，很多历史的，我觉得我们的动作也要有一席之地。比如说现在外国很多人都要找袁和平，他们都要找他做武术指导。他们都需要我们中国的武术。而我们的中国武术外国是学不到的，他们学的只是我们旧的那一套，我们要不停地有新的东西出来。

我喜欢根据不同的题材设计不同的动作

贾：你是《英雄》的武术导演。你对一个暴力血腥的东西是在消解暴力的残酷性，在设计的武打是不是特别侧重于把武打的场面舞蹈化，或者用舞蹈的方式来呈现武侠电影？

程：我觉得我们中国的武术，它可以用很多的方式去表达。比如袁和平的表达方式就比较有中国实战的感觉，我比较喜欢。可是因为已经有袁和平的一个表达方式，我们总不能每个都是同样的方式去表达，我就选比较有诗意，有美感的方式。留多点想象空间给观众。我们的武侠片，其实是可以用很多的方式去处理的。我也是其中的一个表达方式。比如说《十面埋伏》，我也改变我的表达方式了，不要跟《英雄》一模一样。因为《英雄》当时在他们的想象中可以把动作提升一点，不需要太实，很诗意地表现出来。现在《满城尽带黄金甲》我们表现又不一样，因为它是一部宫廷戏，是比较实的东西，那我们就把它拍得很实。其实，每一次拍电影我们都去想一点新的处理方式，去尝试新的东西放进去。在我个人来讲，就是我要它有变化。电影就

《英雄》（2002），棋馆之战、湖面之战、胡杨林之战、秦军大营之战等，武打设计潇洒飘逸，如行云流水，集中国武术与中国诗学为一体。程小东凭该片获得金像奖最佳武术指导奖

《英雄》（2002），棋馆之战、湖面之战、胡杨林之战、秦军大营之战等，武打设计潇洒飘逸，如行云流水，集中国武术与中国诗学为一体。程小东凭该片获得金像奖最佳武术指导奖

是这样，很好玩。你没事，可以想点不一样的东西放进去，你还是要创新，但是在我个人来讲，要超越我自己，那才有好玩的东西。

贾：你和张艺谋合作很多年，《古今大战秦俑情》您做导演，他做演员的时候，跟他合作怎么样？

程：很好，因为我觉得他是一个很专业的导演跟演员，他知道他今天自己做演员，他就不干涉导演的职位。那时候其实我也年轻，其中有很多经验不够的地方，不足的东西，但是他都很敬业，他知道他做演员的职责。

贾：在《古今大战秦俑情》里面张艺谋有一场耍剑的动作，那是您帮他设计的吗？

程：当然是我帮他设计的。反正他挺勇敢的。那时候他会骑马，第二天就带着巩俐，巩俐在后面，他一上马就跑，吓得巩俐要死。那时候我还记得，当时他就很拼命的。我记得有一次，对白有点问题，我去请教他。他马上就去改。我们后来拍《英雄》，他都很信任我，给我很多空间去设计东西。

每拍一场戏都在想，怎样把它拍得最好？

贾：《英雄》里面有好几场戏，过去的武侠电影里很少有那样的气魄，当时你是怎么想起来用这样一种方式，想象的东西怎么样演变成这样的情景，过程是怎么样的？

程：也挺痛苦的。那时候我每天都在想，每拍一场戏都在想，怎么把它拍得最好？最重要就是以前人家没看过的电影。在电影里没有见过的东西，这个是最难的。我们拍武侠电影，拍动作电影这么多年了，这种电影成千上万部，我们要去想一个不一样的东西，好处就是现在有科技，有电脑可以帮我们把以前想不到的东西想出来。基本上不要说《英雄》那一场，其实每一场戏，每一次的想法都是希望以前没有的。比如说《十面埋伏》，我们在竹林拍了几千部这种电影，在竹林里打，我们这场的竹林跟以前都不一样，最重要的是如果是人家拍过的我都不要，我要一些人家没拍过的东西，这是比较困难的。所以都想要很特别，比如说《满城尽带黄金甲》，他们从悬崖里面滑下去，以前中国电影有吗？也是没有，所以我们就要想，以前人家没拍过的东西要把它想出来。

贾：您拍过这么多电影，是不是经历过很多危险的状况？

《十面埋伏》（2004），程小东设计的竹林大战是新媒体时代的动作表演。建立在传统特技技术上的武打场面，在数字技术的支撑下演绎为一种武舞奇观

程:有啊,比如这次我们拍《满城尽带黄金甲》的那场戏,人从悬崖上下来的时候是很危险的。我拍这么多的动作片,那是最危险的一次。你想有几十人同时滑下去,如果我们出万分之一的问题,现在有这么多人,就有几十次机会,随便一个人就可能死人。那是几百米,掉下来就完蛋了!所以当时大家都很害怕。连张艺谋都害怕。他一直问好了没有?我也害怕,但是很难得我们有这么大的制作,有这么大的财力物力人力去把这件事做完。

贾:您说的就是戏里蒙面人偷袭周杰伦的那场戏吧。

程:对。所以,我当时坚持了一下,把它完成了。现在出来效果也蛮好。那可能是将来很难再有的机会。有这么好的环境,还要有这么好的机会拍。其实之前我们也准备了两个多月,先去看景,还有登山队爬上去,做那种铁钩钩在里面。其实做的时候保险是一对三。一个钩要有三个钩,万一掉了两个钩还有一个钩,我们都是做了很多把它弄住,这也是一个挑战,我们做了一个这么高难度的设计。

贾:这些武术,拍那场戏的那些演员都是您经常带的?

程:我有一个班底,其他的还要叫他们。当时有一百多人在那儿。这些人我们要去训练,提早几天,还找军人,叫他们拉,叫他们停,都有去训练。后期我们用了很多时间,花了很多

《满城尽带黄金甲》(2006),天坑追杀戏既是影片情节高潮,也是影片的视觉高潮,近30名忍者从近400米的高空沿绳索滑下,犹如天兵天将一样从天而降的感觉颇具想象力。程小东坦言:“这是我从影以来最危险的一次工作。”

精力拍出这个效果。拉都是人力，不是机械拉的，都要经过很多的设计，很多要反复去试，安全第一。

贾：那场戏是在什么地方拍的？

程：重庆武隆，有一个景点，刚刚开发的。然后我们在北京补了两三天，因为吊车下不去，所以我们有吊位，回来补了两三天。

贾：当时拍摄是很麻烦的？

程：有几千人的现场。

贾：这么多的人力调动起来是很困难的一件事。

程：在我们的经验来讲，问题不大。因为我们也拍过很多大场面，所以就算我这次拍也是大场面，我们的演员也习惯了。《英雄》就是大，越大越好，无所谓，反正就是不要给自己压力。他们有很多没拍过大的场面，所以很紧张，我们拍过大的就这样，只要你安排得好，就是你拍大场面最重要就是你乱中有序，不要乱得一塌糊涂，根本不知道你干嘛，那就不行，要有层次，让观众知道你想干吗。

邪不胜正，这是永恒的道理

贾：关于武侠电影的创作，我们经常面对的一个问题就是，在一个暴力的或者是正邪冲突的格局里，如何体现作品的正价值，从武术动作上怎么样来体现你们所要传达的价值观？

程：最重要的还是在戏里面，在剧本上来说，我们套的招上是没有武德的。但是我们只是要把它画在画上，最重要的就是你在剧本里面要表达什么。我们拍了这么多年，一定是邪不能胜正的，正的一定是赢的。这是一个永远的最基本的道理。当时你败了，到结尾还是正的赢，永远都是这样，这是一定的。我们懂人性，从学校到现在为止都没有说过邪是好的。

贾：剧本里面有一些理念，或者不太正面的东西，遇到这种情况会不会和导演修改？

程：我们会提供一些意见，但是不一定会修改。我们也从来没有遇到过一部电影要把邪教都发扬光大，从来没有试过。这种电影是不能提倡的，任何一个国家，任何一个地方不会提倡邪的是最好的。

贾：有时候你们会不会通过武术的动作设计反过来要求剧本在文学上做一些修正？

程：不会去修正。只是有时候，在动作上要修改，或者感觉到有问题，我们就会跟导演说一下。有时候要表达一点东西，可能要在戏剧上有点修改，这个就会，但是基本不会把大的架构改掉。一部戏里面文戏导演始终是文的方面比较强，那到武的时候，可能有点东西给他们提一下，他们就会要修改一下。

观众喜欢看真实的东西，不喜欢看特技的东西

贾：动作片中有许多演员不会武术，在拍完电影以后，观众会觉得他们打得很熟练，这个过程是怎么样帮助他们完成的？

程：每一个演员都有他自己的特点，比如说他的强项是戏好，但是他在动作方面未必会很好。我们就会发掘他，慢慢地带他进入一个动作的世界。刚开始有可能他会害怕，紧张，我们就让他先放松，由浅入深地慢慢教他。看他能接受多少，一开始一定不要把有难度的动作给他，先使他有信心，觉得还可以，原来不是这么难，那就好了。慢慢一步一步，给点难的，觉得他不行，搞了半天出来的效果不好，重新再改掉，将简单也好看的东西给他。因为这都是经验，我们有很多不会打的演员。所以，我在那方面就会慢慢从浅到深地教他。

贾：剧组成立以后会不会对他们进行高强度的训练，体能的训练？

程：会。陈瑾在这个戏里练了两三个月。我们每天都派人教他们。这个是最基本的了。现在拍戏因为跟以前不一样。以前随便一个特写，一个替身就可以，现在都不行。现在尽量都要你们自己去做，演员自己去打。观众要相信他们真人去。所以，现在基本上拍每一部戏都要演员自己去练。他们都要练两三个月才行。

贾：现在后期有很多数字技术的支持，对武侠动作的导演，现场可能要求和过去有不一样了。

程：要好很多，但是还是有难度。其实，难度越来越高。你说有数字特技，但那种在我们中国的电影来讲尽量少用。

贾：为什么？

程：第一，观众都要喜欢真实的东西，不是要看特技的东西。第二，我们的特技也没有外国这么好，所以特技只能做一个辅助的工具，做绿叶，它可以帮我们，有时候我们想到的东西没办法做到，它可以帮我们一把，但不是说全以它为主。第三，现在有这么多东西可以帮你了，那你要想的东西要更高难度才可以。如果不是，你就不能坐到这个位置了。现在很多人都想到，你想到的人家也会想到，所以我们要想人家想不到的东西。大家都是一个脑袋两只手两条腿，为什么我们想的东西比别人快，难度就在这里；如果你想的东西不如人家，我估计也没几年就被淘汰了。

贾：电影的市场是很现实的。

程：你没有东西，就不要在这个位子上，这个也是对的。电影其实充满了创造，你今天没有创造，你就应该退下来。

贾：经验越丰富的人，比刚入行的那些人可能更容易适应市场一些？

程：我们的好处就是有经验。但是创作有年龄限制的，你到了一定年龄的话，你的脑筋就想不到新的东西了。你没有他们二三十岁的冲劲，他们的想法不一样。比如你现在看很多东西，包括看电影，有时候他们想到的东西我们根本就想不到。他怎么会想到？不管是动作，还是在文戏，在镜头方面很多的想法有时就不一样了。

不管文戏武戏，都要求投入角色之中

贾：您创作的电影，在改编的过程中，你对文学作品进入电影，比如说《笑傲江湖》的取舍是什么标准？

程：其实说没有一定的标准。最重要的观众已经看了很多次了。我们编的《笑傲江湖》总不能给观众一个样。我已经看过了，很像的，太熟悉了，所以我们要在熟悉的东西里面，放点不一样的元素进去，给观众一个惊喜，才可以。就等于我们每一次拍戏，都一定要有新的东西，不是把原装的放进去就完了。还是要创新，还是要重新包装。为什么有很多东西到某个时间就会过时了，低潮了，就是因为没有新东西，都是旧的东西。大家来回炒还是在那里，没有新的创意。武侠片也是，它分几个不同的层次。可是到后来大家都没有什么新意，观众都乏味了，觉得武侠片也就这样，不好看了。所以你要不停地创新，如果没有你就下去。可能若干年，五年以后，十年以后他又上来了，因为又有一批新的东西上来，或者有一批新人重新上来又是一个新的年代，就是这样。

贾：包括具体的武打和场面的设计，这种东西的创新是不是您要亲自去做？

《笑傲江湖之东方不败》（1992），程小东天马行空的打斗设计、李连杰飘逸洒脱的动作风格，在该片中得到了很好的融合。林青霞饰演的“东方不败”也让许多观众记忆犹新。影片拍摄时，徐克力排众议，让林青霞出演了“东方不败”，这个角色为此成为香港银幕上的经典形象

程：因为，可能我是一个武侠人，整天有很多武侠的想法。所以，我在想那个年代的武侠是怎么样的？他们的武功是怎么样的？我有时候看故事，或者看剧本，我就会让自己投入到一个武侠世界里。我在那个武侠世界是怎么样的，如果我会武功会怎么样，不会又怎么样？我们都是这样，不管拍文戏拍武戏，我们会投入到那个演员、那个角色里，我们才能教演员去做。我会想，如果我是他，是应该怎么样，有什么反应，应该怎么做。所以我在套动作的招式也是这样的。如果他有这么高的武功，他的武功是怎么样，表达他的武功是很厉害的，要把它慢慢铺垫出来。

武打动作要给观众留下惊喜

贾：您心目当中这种武侠最完美的形象，它应该是什么样的？

程：我们不一样，我们没有这么好的文学修养。我只是把我的经验说出来，说到底，我只是拍过几个好的电影。我们所做的东西的出发点都是要好的，就是给观众是有一个很真实的信息，就是我们不要去拍不好的东西，很反面的东西，这是最重要的。对我们自己的国家，拍出来也有所交代，不会说我们拍的对国家不好。这就是我自己能做到的，就这样。

贾：这其实已经是一个很高的要求了，特别是在电影的市场时代，能够坚持到这个标准难能可贵。

程：其实我们现在拍的，根本没有反面的东西。就算看我，虽然只是做个动作导演，武术导演，我们拍的东西看起来打打杀杀。但是，我们没有很血腥很暴力，没有那种残忍和变态。我们觉得我们的动作也有美的一面。

贾：《新龙门客栈》中整个武术的设计特别好，那都是您设计的？

程：年代不一样了，观众的想法就不一样了，当然要修正，然后总不能还用回以前的那一套。大家都吸收了新的东西。不能给人家看到我们还这么土，还拍以前的东西，你现在说《新龙门客栈》，你再过二十年，觉得这个又旧了，还有更好的东西出来一样。

贾：可是有些场面还是给人难以忘怀的记忆，像沙漠的那场戏怎么营造那种苍凉的感觉？

程：只是用我的经验，因为我在现场，我觉得这里应该高速拍，就用高速。我觉得这下我要交代他们的心理动机，其实我们真的没有这么高的困难，没有这么多想法。我就是在用我的经验，我知道这场戏的推进，这场戏我要交代的是什么，我的主题是什么？我的主要力量要把它交代什么出来，就拍什么出来。

贾：总会有一种核心的意念吧。

程：要有什么特别的，那就是要给观众留下惊喜。我的特点在哪里，感觉在哪里，把那个感觉拍出来。比如说最后突然我想如果把甄子丹的脚削掉了就很好了。结果就出来效果了，把甄子丹的腿削掉了。但是我又不想那么难看，太残忍。可是要把那个感觉拍出来，观众有一个惊吓的感觉，又不太刺激。所以我就把很多碎布飞起来，只是这个感觉。突然眼前很多东西被削成了很多碎片，最后一看他的腿已经削掉了，观众也会觉得很特别。

贾：看来灵感很重要，可是电影毕竟是一种工业呀，在拍摄现场怎么样设计一场武打，您的经验又是什么呢？

程：设计的一场戏，通常我都会有三个阶段，第一个阶段到哪里，第二阶段会接上，第三个阶段会有一个变奏，收掉这场戏。三个阶段比如一开始，他们被追杀，然后一群人出来，马在后面追，前面的人在跑，马在后来压着追过来，那种画面是很漂亮，在一个大漠中，我们拿大的风扇在吹风沙，拿飞机头在吹，观众已经投入那里了。

我喜欢用浪漫的、诗意的画面来表达

贾：如果您对自己的武侠 / 动作电影的风格做一个描述，或者你觉得用什么样的概念更贴近？用什么样的方式认定您自己的武术风格？

程：我喜欢用浪漫的、比较诗意的画面来表达我要拍的东西。因为我喜欢用电影语言去交代我想说的。尤其我们在拍动作的时候更要用电影的画面说话，因为一到动作的时候，导演该说的对白他全用完了。在戏中我没有对白了。在没有对白的情况下我怎么样把我的东西告诉观众，我要用画面告诉观众我要去哪里，每一次都是要用画面去表达，等于说我要用电影语言告诉观众我想怎么样。大部分都是文戏导演说，他的对白太多，全部用完，不能说到我这稀里哗啦还在说。这个招数怎么样，这个招数不可以。我就用电影语言，电影语言有很多方式去表达，我比较喜欢用诗意一点的，好像国画这样子的，这是我比较喜欢的。动作中可能会有浪漫一点的动作。所以，在我们创作来讲，其实很多东西都是一念之差。你好，观众会拍手，走错一步，观众就会骂人了。太夸张了，太过分了，他们都会讲的。我们其实在走一条钢丝，我们在上面走，稍有不慎就掉下去。

贾：拍电影有时真是如履薄冰啊！

程：如果我们走过去，当然观众是拍手的。我觉得每一次拍电影都要走，一定要走那条钢丝。你不要不走，你不走，您为之害怕，你就没有创意，你永远不敢踏步，你就没有创意。

贾：您所拍的是商业方面创意，跟您所接触到的观众的需求有产生分歧的地方吗？

程：有，因为我始终是人。始终你想的东西没有百分之百都是对的时候，也有错的时候。错的时候你就要吸取教训，下次不要再犯这种错了。所以等于说我们也做了很多错事，也有做对事的，那我们就知道哪些是对，哪些是错，哪些是不该碰的，你就不要去碰，还有哪些我们可以去尝试。要在这两个环境，一个应该不应该之中，我们还要再走出一条新的路线出来，这是一定要做的事情。

贾：除了古装武侠，您还拍了很多时装片，在时装片里你觉得自己比较满意的，或者比较成功的是哪一部呢？

程：我还没太具体考虑，也没有觉得有哪一个是很满意的。

贾：做动作指导的《英雄本色Ⅱ》？

程：还有《喋血双雄》，好像周润发倒过来在楼梯里开枪是我想出来的，有一个镜头他在楼里，反过来一路滑落，一路开枪。我就告诉吴宇森了。其实不管是什么戏，反正每一次我都想点不一样的，也就是我就觉得人家找我，我就一定要有不一样的东西给他，不要给一般的想法，所以很多东西我都会倒过来想。

贾：您一直都在和很出色的导演合作，比如跟吴宇森？

程：我觉得他是一个很好的导演。他很用功的导演，每一次我叫他回去，他还要分镜头，还在想那个剧本，他的修养也很好。他在现场对所有的工作人员都很好。我跟这么多导演合作过，他是其中一个我最喜欢的导演。他在现场，他的处事对拍戏的进度各方面都是很有功力的，控制得很好的。

贾：和张艺谋合作了这么多部戏，可能都比较熟悉了，创新起来是不是更困难一些？

程：不会，会更好。因为张艺谋是一个很聪明而且很厉害的导演。他很善于用人。他知道哪一个人的长处在哪里，他就会尽量给他发挥，比如他今天知道用我，他就知道我的长处在哪里，他就会尽量把空间给我。他也逼我，一定要想没有想过的点子给他，所以他真是很聪明的。

高难度的动作我都会掌机拍摄

贾：您现在觉得自己的创作状态怎么样？

程：我觉得还行还不错，因为其实不管我今天是做哪一部戏，就算我现在拍电视剧，我也会很用功地去拍。我不会说电视剧就可以省点劲。我都要想点新的东西。我觉得主要是我喜欢我的电影，我喜欢我的职业，所以我对这方面是，我不会放弃的。每一次我一有机会去拍东西，我就好好地去想点新的东西。不管是电视也好，广告也好，它的投资有多大多小，我都不管，我就是把它们拍好。

贾：您在拍电影的时候还会掌机吗？

程：从我几十年前已经是这样子，从我第一部戏也是这样子。

贾：比如《满城尽带黄金甲》这些电影里那些高难度的？

程：高难度的我就去掌机。我要的效果未必是他们拍出来的效果，所以有时候，当然给他们去，如果实在不行，就我来掌机。

贾：有哪些镜头是您掌机拍摄的？

程：凡是周杰伦打的，我都会掌机。还有机器在运动中的大部分，如果是固定摆在那不动，就无所谓，让他们去做好了。

贾：山野的村庄，蒋氏（陈瑾饰）一家被杀了，你有掌机吗？

程：那个是手提摄影机拍的，我不是用斯坦尼康。那个就是我要掌机的。一个镜头走到他们面前，两个大特写。你不能抖那个机器，那种就由我来拍，有高难度由我来拍，没难度干吗抢着来拍。我尽量不掌机。

贾：《英雄》掌机的是哪场戏，还记得吗，你亲自拍摄的？

程：差不多每一场都要掌机。所以说太多了。比如在九寨沟那里，都有掌机。因为那有七台机器。我都要放好它，不是光掌机，还要兼顾所有机器摆的位置。摄影你要面对的是张艺谋，他是摄影出身，哪个机位摆不好，他一看就知道。大家都是专业的，还有杜可风。你告诉他的位置，他要服你，他知道是可以的，可行的位置。

贾：《十面埋伏》竹林里你是掌机吗？

程：有时候要。

贾：因为电影是这样的，他们只认识演员，对动作导演不太熟悉。你想对关心你的观众讲些什么？你个人来讲对观众有什么讲述的话？

程：其实说真的，我们做动作导演也好，武术导演只好，也是电影里面的一个绿叶，最重要的还是观众去看戏。动作只是配搭在它的文戏里面，所以还有观众要看，他要看哪一类的动作，他们都有一个认同，今天我要看袁和平的招式，我要看程小东的动作，其实观众已经把我们分类了，他就觉得他们要看那一类型的，他心中有数。

贾：你每天还要保持这种体能的锻炼吗？

程：体能锻炼基本没有，因为拍戏，有时候我们要套招，也是要体能上的基础。其实最重要的是保持我们的思考，我们要去想点不一样的东西，所以我们的脑筋老是不停地在转，在想。

《功夫足球》（2001），程小东把中国功夫用电脑特技在银幕上予以美化，使功夫足球和电脑特效完美地结合在一起

内地没有最佳武术指导奖是历史的遗憾

贾：生活当中，遇到一些蛮不讲理的人欺负人的时候，你会挺身而出吗？

程：报警就是了。还要打架？不可能的事。我们现在的武行都说，我来的第一个教育课就是千万不能打架，绝对不能打架，不能喝完酒打架，这种风气是不行的。

贾：你现在有一个程家班吗？

程：班底一定要有。你常用的人一定要有一个班底在。到时无兵司令，你自己说，没有人给你做怎么可以？你还是要有个班底跟你做事。

贾：您觉得现在我们接触到一些动作导演，他们觉得中国的武术指导，动作导演渐渐有一种失传的感觉？

程：说老实话，到我们现在这里，我们应该要退下来，应该给新的一批上来。主要是后面的那批接班人，还没有完全准备好，所以我们还在这里，还在这个位子。

贾：我们在讨论中国武侠电影创作的时候总感到遗憾的是，中国内地到现在也不重视动作导演的地位和作用，直到现在连个最佳武术指导奖都没有。

程：我们一直代表我们的国家去发扬光大武术。外国人这么欣赏我们的武术，居然中国内地还没有这个奖。这么小的香港都有这个奖，台湾都有这个奖，金马奖我们都得过这个奖，就是我们中国内地没有。

贾：真是一种历史的遗憾……

（2007 年 2 月 8 日下午于北京电影制片厂摄影棚）

2007 年 2 月 8 日，本书作者贾磊磊在北京电影制片厂摄影棚采访程小东

武侠电影的内涵是精神

徐小明

徐小明，广东花都人，1953年11月28日出生于香港，父母均为粤剧演员。从小在粤剧的戏班子里长大的他酷爱演戏，受到正宗广东粤剧艺术的严格训练，此后以童星身份进入电影圈。9岁开始学习中国传统武术。徐小明在片场当过武师，做过武术指导，他出任武术指导的第一部武侠动作电影是与成龙、罗烈合作的《四王一后》（1974）。徐小明于1973年加入丽的电视台，执导了大量以社会生活为题材的电视作品。其中现代片《变色龙》（1978）、乡土戏《大地恩情》（1980）不仅蜚声香港电视市场，而且“红透”东南亚，一度在香港电视界被传为佳话。1981年，徐小明拍摄的武侠电视剧《大侠霍元甲》震惊香港和内地，荣获中国电视剧“金鹰奖”，在香港和内地家喻户晓，掀起了收视的浪潮，后来又席卷了马来西亚、新加坡等地的电视市场，进而改写了香港武侠电视剧精神内涵贫弱的历史。徐小明还执导了电视连续剧《陈真》（1982）、《霍东阁》（1984）、《再向虎山行》（1983），与《大侠霍元甲》（1981）一样大获成功，并率领第一批到内地拍片的香港演员和主创团队，创作出《木棉袈裟》（1984）、《海市蜃楼》（1987）、《霸王卸甲》（1991）等一系列武侠动作作品。1992年，徐小明在侯孝贤监制下执导了他人生的第一部剧情长片《少年吔，安啦》（1992），同年9月获得加拿大多伦多国际电影节特别提及奖及国际影评人奖。 徐小明主唱电视剧《大侠霍元甲》《陈真》《再向虎山行》、电影《木棉袈裟》等主题曲脍炙人口，一曲《大侠霍元甲》的主题曲《万里长城永不倒》风靡全国。

不一定有武功才有侠。侠是一个很普遍的概念，他应该是舍己为人，应该是打抱不平，应该是锄强扶弱，至少他要定位在公正、公平，应该知道是非，应该值得我们尊重。要是每个人都具有这种精神的话，社会上的争斗可能就少了，社会上的那种不平衡也就少了。

——徐小明

出色的武侠电影会让观众铭记在心

贾磊磊（以下简称“贾”）：内地的观众是通过电影《木棉袈裟》和电视剧《大侠霍元甲》开始认识您的，您能不能回忆一下当初拍摄《大侠霍元甲》的情况？

徐小明（以下简称“徐”）：我从小就在舞台上训练，很喜爱中国武术，我一直在从事武术方面的训练。进电影行业后一直当武行，又从武行转行当武术指导，一直到当导演。1973 年我转到电视圈里发展，可是我当时感觉电视剧对武打的处理条件有限，没办法给武术指导很大的发挥空间。所以我当时进入电视台后没有去当演员，而是在做幕后。后来很偶然的一个机会，公司希望拍武打片，我就说，你拍武打片就必须有个武术指导的岗位，你就请一些人套招，那个水准一定不好的。后来我就成为电视史上第一个武术指导，因为当时我从电影武术指导，转到幕后，又转到电视台发展的时间就是有这么一个机会。

贾：您做电视的武术指导是哪部电视剧？

徐：那一部当时叫《鬼马神偷》，我当男一号的。讲一个既有武功也会嘻嘻哈哈的神偷的故事。后来片子很成功，我就拍了第二部，那个条件更好了，又有前一部的成功，我在这部电视剧里当男一号还兼任武术指导，叫《虎踞龙盘》。大家对在电视上看到这个水平感到很惊讶。那个时间我感觉电视跟电影方面的差距太大了。到后来，香港的亚洲电视，前身叫丽的电视公司，希望把我们电视剧这块加强。

贾：这个时间大概是哪一年？

徐：那个时间应该是 1975、1976 年左右，当时公司希望拍一部很大型的武侠剧《天蚕变》（1979），我跟李大伟导演作为前线导演。同时我也要拍另外一部电视剧，我是监制也是导演，那部电视剧是现代剧，是讲一个伦理的故事，它叫《变色龙》（1978）。这两部剧在当时反映非常好，称为“丽的双变”：一个叫《变色龙》，一个叫《天蚕变》。《天蚕变》是香港的一个武侠剧，电视剧来讲是经典之作，因为它的主题歌，还有里面所有的演员，当时都非常红。那部剧拍完以后我还是不愿意拍武打片，还是感觉没能满足我的创作空间。后来我看见两家机构的竞争，我们确实不能把我们的重要发展的部分就这样埋没掉了。

贾：和丽的竞争的是哪个电视台？

徐：就是无线电视台，当时就是丽的跟无线电视竞争很厉害，而且现在挖过去的对手就是以前我们的同事，他们知道我们的长处和短处在哪里，对我们公司来讲有一定压力。后来我考虑一下，为了总体利益的问题，大家都在一条船上，我也希望大家不要迷茫。当时大家都感到很彷徨，后来我终于同意了，同意以后我跟我们总监讲，我说我拍武打片可以，我希望题材由我来定，风格也由我来掌握。公司也没办法，终于同意了。后来我就把我最爱拍的一个题材拿出来，就是大家很熟悉的《大侠霍元甲》。可是大家看了以后有点皱眉了。他们说这并不是最好的题材，因为这个题材拍过电影也拍过电视剧，可是都垮了，观众反映不好。为什么你现在要再把那个题材拿出来，当时我就跟他们讲，我说因为我感觉过去的失败就是没有把霍元甲的

《木棉袈裟》(1984)，“后少林时代”的武侠扛鼎之作，让国内观众认识到导演徐小明的全能功力，他不仅能让《大侠霍元甲》和《陈真》的迷踪拳虎虎生风，也能让身披《木棉袈裟》的于荣光打出内家拳的绵里藏针

精神真正拍出来，他们只是拍一个框架，没有把内涵拍出来。我感觉一个武打片只是把一些动作、创新，搞得很突出，视觉上给观众很刺激的内容，可是并没有给观众看完以后是永远记在心上的感觉。

武侠电影的内涵是精神，所有武功都只是配菜

贾：你当时为什么会选霍元甲这个题材呢？

徐：霍元甲是我最佩服的一个武林前辈，我希望把他的所有的故事都拍出来，最重要他的内涵我也要拍出来。当时公司还不知道什么叫内涵，只知道过去这个题材没有受到观众欢迎，后来公司跟我争论，提供很多给我挑选，也有很多武侠小说的题目，给我参考。后来我一一推掉，我说你要我拍，我就拍《大侠霍元甲》，其他我不考虑。公司当时在没有谈判的条件之下，终于同意我这样做。后来我就把民族的精神贯穿在《大侠霍元甲》那个电视剧里头。我很强调中国的武侠片、武侠小说，它是有特定的内涵在里面的，要是缺乏那个元素的话，那就不是武侠片，

《陈真》（1982），是继《大侠霍元甲》后，以精武馆为故事的续篇。江户忍者与陈真硬桥硬马的功夫对决赢得不少观众的喜爱，该剧在国内播出后也取得了不俗的收视率

也不是武侠小说。所以当时我把创作人员找来以后，就把我的理念灌输给他们，有意改变他们写作的基本功。这部剧播出以后在香港非常轰动，后来那部剧到东南亚的新加坡、马来西亚等很多地方播出了，所有华人地区的观众看得非常感动，感觉到那是能振奋中国人的好电视剧。当时我收到消息非常高兴，后来邀请我们所有演员包括我在内，巡回登台，也看到当时当地的华侨观众对《大侠霍元甲》《陈真》这个系列的电视剧确确实实是非常疯狂的。

贾：内地当时也是非常疯狂，包括《大侠霍元甲》主题歌，一直传唱很多年，记得有一次春节联欢晚会是张明敏去唱的。

徐：那个是 1985 年。

贾：您谈到《大侠霍元甲》的侠义精神，能不能举个例子跟观众朋友讲讲，什么是中国武侠的精神？

徐：我感觉武侠电影和武侠小说类型风格都很简单，强调忠、奸、善、恶，所有武功都是配菜。今天给你说九阳神功，明天跟你说九阴真经，只不过换一个花样，最重要的是刻画这个人，它里边的内涵，他有血有肉，那个才是我们要关注的问题。所以把一部小说那些善恶正义全部拿出来的话，那只是情节，没有精神，只是发生某一件事情，某种武功跟某种武功的对打，我感觉是没有意义的。因为武侠小说有武有侠，要是没有武功它的特色就不出来了，要是把侠义精神拿掉的话就只是小说。所以为什么很多电影或者电视剧没有把人物性格主题抓好。我们看所有的武功就等于我们看武术比赛一样，感染力不足，观众看了以后没有很深刻的印象。这个人为了大家做什么事情，他有没有值得我们模仿的精神和行为，那个是很值得我们重视的。

贾：您觉得哪些武侠艺术作品这方面的创作比较成功，跟大家分享一下。

徐：我们很熟悉的《射雕英雄传》里的郭靖，大家知道这个人物跟降龙十八掌非常有关系，可是如果那个人不是一身正气，不是大公无私的话，大家对他的评价又是怎么样。所以电影或者小说把武功和侠义精神结合在一块的话，才能达到我们现在推崇的一些武侠电影人物的性格和内涵。

贾：您觉得这个侠代表了一种什么样的精神？

徐：我感觉不一定是有武功才有侠，侠是一个很普遍的概念，他应该是舍己为人，应该是打抱不平，应该锄强扶弱，至少要定位在公正、公平，应该知道是非，应该值得我们尊重。所以侠是非常重要。要是每个人都有这种精神的话，可能社会上争斗就少了，社会上的那种不平衡也就少了。所以我感觉到武侠小说是一个特别的题材。

中国的武术讲究手无三声，棍无两响

贾：武侠电影包括电视剧，里面很多动作的部分，也就是说暴力的部分，你们处理武打场面设计的时候，您是自己设计、自己拍摄呢，还是跟一些有关方面的武术指导、动作导演进行合作？

徐：都有过，我的电影大部分是我自己当武术指导，不过当中也有跟其他武术指导的合作，最重要的是看电影的风格怎么样，打个比方香港最蓬勃的时间，香港电影圈或者电视圈，其实武打方面都分不同的风格跟流派。飞来飞去都用威亚夸张动作是一种浪漫，程小东就很善于用威亚，每个动作结合舞台的美感。洪金宝除了舞台上演变为一个电影感以外，他很强调速度、力度，所以他以前的创作，用广东话说是硬吃，就是很用力的打斗方法。他不借助任何技巧，要武师硬顶的，踢你一脚跟真打一样。这就是强调力度和霸气。也有结合散打和形意，比如说成龙当时是“蛇形刁手”，还有“醉拳”，等等。袁和平跟成龙曾经创作整个喜剧武打的动作风格，占领市场很长的时间，大家都去模仿去学。后来分开以后大家发展成不同的风格，成龙的现代感、节奏感更强。

贾：您自己在动作设计上更倾向于哪个方面呢？

徐：我善于把不同的风格结合在一块，因为我本身就是练武出身的，所以我在武术技巧上很注重实战。我套的招数都是武术和现实都能用的。只不过我从小在舞台上锻炼，在电影方面工作了很长时间，所以我会把舞台、电影技巧融合在真实的武功里面。当时《霍元甲》在打斗电视圈里面首创一种风格，它的节奏不拖拉，不会两个人对招，打了三天三夜还分不出胜败，其实中国的武术都是讲手无三声，棍无两响。

贾：什么叫手无三声，棍无两响？

徐：其实古老的功夫训练，我们都是从三大方面学习的，所以很强调手无三声棍无两响，什么意思呢。现在拍电影打很多招才中一招，为什么呢？希望把那个空间拉长点，给观众很刺激的欣赏。棍无两响，用兵器绝对不会，没有这么多的动作。要是上战场打的话，怎么可能打三天三夜都分不出胜败？真正用武器的人都是最短时间把对方打倒，比如拿棍子不会几下子，就到位了，就是很小的空间弧度向对方就到了，结果兵器不会碰两下，所以拿兵器没有两个声音的。手无三声，就是指绝对不会再打一圈，最多两三下，第三下必须把对方打倒，打不倒的话就分开了。所以当你看《大侠霍元甲》，你出拳慢，对方反应快，逼得你要快，所以在武术方面的攻防，怎么体现在电影上面去，你就设计很真实的节奏感，那个是非常重要的。

贾：观众特别喜欢看武侠电影或者电视剧的武打过程，他们对这个过程中你来我往的表演特别喜欢，但比如说特别短，节奏特别快的打斗，会不会影响到片子的收视或者票房，影响它的观赏性。

徐：不会，因为观众应该看的是总的长度。所以后来大家都把那些变化摆在实战环境里，延伸一种变化。不是我两只手两条腿跟你对打，而是借助很多环境变化。比如说我们在一个仓库里面打，在渔港里面打，借助当时环境的变化，有一个黄飞鸿的戏，袁和平摆了很多竹梯来打，都一样。反正借助道具、环境打斗的节奏，在我们来讲都是根据导演特别是武术指导，按照设计，加上他个人的风格。

小孩子学武术每天都要挨打

贾：您现在回忆一下最初做武行的经历，或者最早接触武术大概从多大开始？

徐：我其实在五岁已经受舞台训练，舞台上的基本功基本上跟武术基本功是一模一样的，都是从小开始练腰腿功，一些基本套路，等等。真正从武术练起我是从八九岁就开始练，起初我是练长拳、咏春，后来我是特爱螳螂拳，所以跟香港螳螂拳老师学，什么拳我都学。学会以后在江湖上交朋友也多了，很多老师也喜欢我。后来加上我当武术指导，我要更加懂得不同门派的武功。这么多年来也跟很多朋友、老师，大家交换一些经验。四十来岁我感觉开始转向了，后来我从太极锻炼，我感觉中国的武术还有很深奥的地方让我们探索。

贾：香港有很多拍武侠电影的，袁和平，他爸爸袁小田，程小东父亲是程刚，您最初进入武行学武术有没有受到家庭的影响？

徐：都有的，我父母本来是广东粤剧的演员，所以我从小就在戏班长大。每逢看到舞台上的开打翻跟头心里特别高兴。我从五岁开始学粤剧，练唱功、学身段，还有从地毯功开始练的时候，我很开心得到一个名师的指导。那个老师傅叫王名留。他本来也是京戏的武僧，跟他学了以后，底功扎得比较稳。我那个老师跟袁小田老师就是拜把兄弟。他们就说自己儿子跟自己学不到什么，后来我们交换来教，袁和平几个兄弟跟着我师父练，我师父把自己儿子跟我交给袁小田教。那个也是比较传统的江湖锻炼的方法，武林中很特别的那种教法，我感觉非常有意思。当时我也跟袁小田老师练了一段时间，跟袁家班也有比较密切的关系

贾：学武术的孩子非常苦的，包括戏班，会挨打，你有没有？

徐：有，小孩子真的每天都挨打。可是回首过去我感觉我不反对，我感觉现在说打孩子不对，过分肯定不行，打得受伤的也不行，可是有节制的那种训练方法还是管用的，因为我们从小长大，成龙也一样，洪金宝也一样，程小东都一样。因为小孩子根本不懂得，你要多练，将来才有好的前途，小孩子怎么懂，你叫他吃苦头，他肯定不愿意吃苦头，可是不吃苦头的话你怎么练得好，所以当时只能打。

贾：古人说棍棒之下出孝子。

徐：现在的孩子可能太娇了，不坚持也不勤快。你看最近这段时间接班人越来越少。我感觉他们就是穷得不够，挨饿挨得不够，因为现在的物质享受太多，父母只生一个，把最好的给他。我感觉这方面可能对我们延续后代，确实在这方面培养的话是有一定的难度的。

贾：您当时学武术也挨打，有没有反抗、逃跑？

徐：没有，绝对没有，老师打呀、骂呀，我们就站着，连走都不敢走。每天我们的脚、小腿、手上都有打的印，哪一天没有的话，这才是一个怪事。后来越来越长大了，基本功也到达一定的水平了，也出来工作了，被老师打的频率越来越少。

贾：那你当时怎么想？

徐：两种心态，自己感觉第一是老师真的当我是一个成年人了，第二就是老师不打不等于

他不骂，就是你功夫还不好的话，虽然不打，但他还是会骂，到不打不骂那个时间，就是老师对我们的要求基本上我们达到了。就那个情况自己特别高兴，也感谢老师以前很用心地来教导我们。想一想我们五点钟起床练功，老师比我们更早，他四点多就起来了，每天看着手表起床。他睡的时间可能比我们少，以前都是很穷，带着这帮孩子表演、赚钱。其实当时整个社会的经济状况也不是太好，老师都担忧，带着几十个孩子，别说满足我们物质方面的享受，根本没那个条件。光是养我们一帮人吃饭，吃白米饭都不容易。

贾：那个状态是哪一年？

徐：是 50 年代了，到 60 年代都是这么过，包括“七小福”，老师带我们几个师兄弟，还有其他学院的，都是在那个艰苦的时代培养出来。可是大家都没有什么不满意的那种感觉，大家还是非常怀念当年有这么一个机会。

贾：您当时是师从袁小田和王名留，除了这两位前辈之外，还有谁教过您武术？

徐：刚刚我说几个老师从舞台上的一些技术，我是跟他。“七小福”这方面从小也跟我们一块学习，武术方面另外有几个老师，就是刚刚我说的我有一个老师，也是从内地到香港去的。

徐：当时他来到香港，我们在草地上碰头。因为我们每天没有很好的练习的地方，就在公园里的草坪上练功，突然有一个年轻人赤脚，走过来跟我说，你练那个功怎么算好。我一听这个人讲的地方很有道理，可是我们都不熟悉他，后来他就跟我说，我有什么缺点，我有什么不好，我一听他是行家，当时我非常尊敬他，没想到他是内地一个非常有武功修养的教练。所以我就在草坪上跟着他练了两年长拳。他来香港就是做搭竹棚的工人，每天在搭。我那个时间工作的情况也不太好，白天我就到工厂里熨衣服，当工人。晚上就在夜总会表演中国传统的耍狮子、翻跟头的东西，赚一点钱。所以在武术方面我一直跟李师父练，李师父有一天告诉我他要移民了，他就走了。同时那段时间我还有个老师，他是螳螂拳的一个非常有名的教练，一个叫邝群威。

徐：还有一个老师就是我的祖师爷，就是邝师父的老师，后来我也跟他练了，他叫赵竹溪。他是香港螳螂拳的掌门人，他的螳螂拳的造诣非常高，所以我非常有幸跟这两位老师学习螳螂拳。由于我对无数方面的喜爱，其他的功夫也学习了一些，比如说交换也有，我教一套套路给你，你也教一套给我。这样子的话很充实，所以咏春拳、洪拳等都是有机会大家一起学习。

导演最重要的是
能把自己的构思反映在银幕上

贾：您从武术武行迈进电影，第一次拍的片子您现在还记得当时的情景吗？

徐：其实我五岁已经参加电影演出了，不过都是以小童星的身份演出。我拍过的电影大概有六七十部，从五岁一直到我十六七岁的那段时间，因为以前粤语片的拍摄速度很快，七八天一部电影，一个礼拜一部电影，同时五六部都有的，当时的产量是比较多。

徐：当时还有一个香港的老师，你要跟他学习东西的话他都不爱教，可能他年纪大了以后不想带了。他要喝得半醉才肯教，那没办法，赚了钱以后给他买酒喝，喝一半了教你一小段，你再想学的话他睡着了，你第二天还得找机会买酒给他喝，以前我们学习就这种，现在的年轻人真的没有。所以从我们这一代之后带徒弟都少了，比如说洪金宝、成龙，他们都不带徒弟了。

贾：为什么？

徐：第一，能吃苦的年轻人很难找，因为现在竞争很激烈，自己的时间都用在发展事业，现在我们把精力都放在影视上面去。第二，现在没有以前那样的老师，为了培养人才的事业。我感觉这方面也是我们电影圈的一个遗憾。

贾：现在这些孩子可能跟过去的环境不一样了，太优越的环境不见得是好事。《木棉袈裟》这个电影在内地80年代武侠电影创作浪潮当中是非常重要的一部影片，那个片子当时拍摄的情景您能不能回顾一下？

徐：当时拍《木棉袈裟》是一个制片人希望我到内地拍点电影，有一个老板兼老师黄卓汉，黄老师其实对香港电影方面的贡献非常大的。因为他当时对粤语片投资很大，也培养了很多明星和导演。我大概七岁吧，1960年代给他签约当童星，后来他在香港发展很长一段时间以后，就把事业转到台湾那边，拍了很多大片，包括《孙中山》（1986）。他自己有自己的片场，当年他希望我去台湾帮助他，把电影产量搞上去，把好的电影再巩固一下。那个时间是1982年或1983年，我感觉香港拍的一些景地都已经拍烂了，到一些郊外地点拍古装片，明初背景，差不多十几组都在那个场地，包括电视、电影人都在那边。我拍的时候就叫那边别吵，他也叫那边别吵，大家喊来喊去，而且那个景貌一点都不清净。

贾：那个时候香港的电影创作好像还挺活跃。

徐：我感觉当一个导演的话，最重要的是把自己的构思都能显示在银幕上面，把我要塑造的一些环境、具体的画面带到观众面前。我感觉这方面香港实在没办法再发展了。刚好有人请我到内地拍电影，我非常高兴。刚刚开始开放的时间，题材也是非常重要，审题材是很谨慎的。我当时作为一个导演，真的很希望回内地来拍电影，可是很多人都劝我不要回来，他说你到内地去的话很多东西都没有，确实当时的电影市场还没有现在这么蓬勃，人才也没有现在这么多，产量更小，特别是通信系统还有其他配合的东西肯定是不够的。所以大家说你在香港发展得非常好，到内地肯定拍不到好电影。我感觉很遗憾，祖国这么大的河山，不能拍一部好的商业片，我感觉这是不可能的事情。

贾：那时候到内地来拍电影还是需要勇气和眼光的呀。

徐：当时我就说，我还是非常坚决回内地。我希望拍一部人家也认为有一定水平的武侠片。当时我把两三个剧本送过来，而且我知道《木棉袈裟》肯定会通过，因为古装片，故事的主题也没有什么很大的冲突，其实那个电影不是我最喜欢拍的。我最喜欢拍的就是《海市蜃楼》，比较新一点。可是如我想象得那样，《木棉袈裟》批了，《海市蜃楼》还没批下来。可是，这一步我一定要走，所以当时我拒绝了台湾方面的邀请，我就到内地来拍《木棉袈裟》，确实很艰苦。人家说“三才”都缺，人才、器材、钱财都没有，那不是一个给你赚钱的市场，“三才全没有”的话，你怎么拍一个好电影？当时我想内地地大物博，这么好的背景，这么多的人才，我们香港电影圈所有的老前辈都是从内地来的，没有当年老前辈的话，香港的电影根本没有今天的蓬勃，所以我相信在底子这么厚的地方，我说可能三年两年，不行五年八年，肯定会一步一步发展好的。大家当年都不相信，现在来看我当年那个走向一点没错。

拍《木棉袈裟》没有浪费一分钱

贾：有远见！可是，当时的困难是不是很多呀？

徐：当年拍《木棉袈裟》的艰苦情况挺多的，两地工作方法不一样。虽然大家都是讲中文，用字都是相通的，可是两地的文化、生活习惯都不一样。所以当时很大部分的精力都是在做两边工作。

贾：处理人事？

徐：很麻烦，这方面确实痛苦，现在回忆下来。还有一个问题，内地当时有一些工作人员心理不平衡，为什么同样的工作我赚的工资比你少这么多呢？为什么香港过来的工资比我高这么多呢？当时他们也不理解，后来我们当中有一个制片也是内地的，到香港去就完全理解了。香港租一个小房间，里面可能 100 英尺都不到，可能光租一个小房子已经花几千块。你租用一个大概 600 英尺的一个房间，可以住一个家庭，两个小房一个客厅的话，得要五六千块，他才知道我们香港其实跟他的生活水平要减去那些开销的话，基本差不多。所以很多时间都花在那边给他们缓和情绪，等等。

贾：那时我们也知道就是一个场工，香港的和内地的悬殊都非常大。

徐：而且影片的制片成本也比较高。像少林寺的内景我们跑到河南去拍少林寺的真实外景，拍武当派就跑到武当山拍场景，还跑去内蒙古，因为有几场马的戏，必须调度很多的马匹。我必须跑这么多的点。路途上非常苦，我记得内蒙古拍几场戏，超过零下 20 度，很苦的。

贾：最难拍的是哪一场戏？

徐：难拍的很多，其中有一个非常难拍，不是我们自己能全部控制的。最主要就是套马的几场戏。男一号出场的几场戏，很多马乱跑，很多马乱冲乱撞。当时零下 20（摄氏）度以下，马匹从四面八方调过来的，这边一百，那边两百，这样凑起来才达到我的要求。当时大概有 700 匹马。牧民他们不懂得什么叫电影，要跟他们反复交流。我们还有直升机跟着，他们不懂得听号令，摄影师还没上飞机，马匹就跑了，喊都喊不住。当时牧民跟我说，交配以后很多雌性马已经怀孕了，他说顶多跑两趟，跑第三趟就危险了。天气寒冷如果出汗对它身体有影响。所以我又担心两次我能拍完吗，第一次已经搞错了信号了。所以这场戏非常紧张，拍完戏我发现，我整个手都被风吹伤了，因为当时蒙着脸讲话不清楚，我把手套扔掉了，摘掉以后手露出这么一大半，当时刮风很厉害，吹完以后我整块皮肤都变成黑色。所以这场戏我印象很深刻，另外很多大场面都非常艰苦，比如说老僧自焚的几场戏……

贾：当时全部靠实拍，没有什么特技。

徐：那个时候拍电影没有现在这么专业，可是那时候问题被我们一一克服了。所以《木棉袈裟》是非常值得我纪念的一部片子。

贾：当时这部片子投资了多少钱？

徐：那部片子当时投资不大，很省钱，所有钱没浪费一分。在当年来讲，对我来说那个投资不少了，其实这部片子在当时平常香港水平来讲的话，属于中下的投资，当时我记得投资五百多万，不多。可是那部片子得到很好的票房，赚了很多的利润。

贾：《木棉袈裟》里面有一组戏于荣光和少林寺的和尚隔着一个门在打斗，这个设计当时是怎么想起以这种方式表现？

徐：因为我感觉要把武术的那种想象中的概念与你看的一种叫实打实战的话应该有不同的处理，怎么样才能把武功再升华，就是大家不一定马上面对面交手的才是高手中的高手。所以当时我就设计这场戏，从最后大家露面把门打破。我感觉那些在武侠小说有很多描绘，可能真真正正表现在电影里面是没有过的，所以我大胆地在电影中设计出来。要是观众有印象的话，马上的打斗，《木棉袈裟》应该还是首部，就是于荣光跟徐向东两个人套马几场戏，两个人上上下下的，以前看文字长看好多，可是具体拍出来是非常困难的，终于这场戏我就把它克服了，所以你现在看的这场戏是 1982 年拍的，1982 年以前我相信大家在银幕画面上从来没有看过马上的设计。

《海市蜃楼》是对我最大的挑战

贾：《木棉袈裟》之后又拍了《海市蜃楼》，您在里面还出演男主角，我记得打斗的动作非常精彩，而且最后一场是人浑身烧着火那场戏，那个创作的过程能不能现在回忆一下？

徐：我在内地拍电影当中，《海市蜃楼》这部电影是对我最大的挑战，而且所拍的难度最大，因为这部戏很强调特技部分。特技并不是武术，并不是套招，打斗的部分。这个特技也不是我们说的电脑画的那些特技，是真真正正的要搞爆破，搞一些很危险的动作，真的要实地表演出来的。所有镜头都是真真正正的，是在现场一个一个镜头拍下来的，没有经过任何特技效果的。所以到现在为止它的难度非常高。

贾：您认为《海市蜃楼》是一个巅峰之作吗？

徐：我不敢这样讲，因为我现在还有很大的冲劲，我感觉我的巅峰还会一拨接一拨。我相信有机会我再当导演的话，我非常有信心把我过去那个水平再超越，只不过现在我的工作岗位不一样，我把我的精力摆在集团的事业。以前当导演只能专注拍一部电影，现在我不是，我现

《海市蜃楼》（1987），故事取自卫斯理小说《虚像》，徐小明导演并主演，片中许多惊险镜头由徐小明设计并出演。故事悬疑而奇妙，情节紧凑而火爆，浩瀚的西部风光加之庞大的爆破场面，几乎集合顶级娱乐片的所有动作元素，影片在香港上映赢得了 1600 多万港元票房

《海市蜃楼》（1987），徐小明饰演毛德威

在同时掌握了集团的发展。我同事拍十几部二十部电影，以前我两年只能拍一个《海市蜃楼》（1987），现在我一年以内我拍很多，《墨攻》（2006）、《犀照》《双子神偷》（2007），等等这么多的电影，从满足感来讲的话，我是从另外的角度来享受。

贾：拍《海市蜃楼》有一场戏从悬崖上跳下来，当时是替身还是自己跳？

徐：当中大概离开地面有60多米，横跨幅度100多米，那个是我自己来的，我的助手吓得要命，所以把镜头摆在最后收工了停机才拍。另外，烧火是我自己来的，因为整个剧组里面搞特技方面的，当时真的没有再有经验的人会做这种镜头。所以当时我就结合了武术、特技，那些都是摆在演员身上。火烧这场戏难度很高，因为火烧我们烧真火，并不是冷火，冷火受伤概率低，可是火的颜色烧出来是偏蓝、偏绿的，大家一看就知道。真火，烧出来要很烈的，那个很饱满的感觉的话我们必须用真的汽油烧，用汽油烧危险度很高了。所以我一直等了半年多，在整个摄制过程中就只有一天的风向能拍这个镜头。

贾：当时主要保护措施是什么？

徐：那个时间说不上什么保护措施，里面都是很原始的一些湿棉衣，保护着里面不把身体烧伤，还有一些保护皮肤的冷浆，可是你涂得太厉害，等于把自己面部涂太厚太假了，人家看不清演员表情。所以我只是在面上薄薄地敷一下，镜头下来很成功，就是一次成功。可是当时我的眼睫毛、眉毛全部烧掉了。

贾：自己后来又演戏又做导演，当然现在做制片监制了，当时做演员和导演两个行当，在一部戏里，你觉得怎么样协调两种角色，或者您自己的东西，怎样能够把这两个职业协调好？

徐：我从来没有觉得有障碍，可能我是演员出身，从小我受演员的训练，后来我当导演、武术指导，等等的话，我知道自己演戏跟指导其他演员演戏基本上不无两样。我感觉自己有一点主观，比如说我自己教自己怎么演，一刹那就没有人从旁提点我了，因为我在现场是最大。我怎么演戏，绝对没有第二个人跟我说演得不好。不过在总体来讲还是非常成功的，大家很投入很融洽，没有因为我是导演，我自己演自己的戏，跟其他演员不协调，这方面反而没有。

电影跟电视剧都应当雅俗共赏

贾：《木棉袈裟》体现侠义的精神，因为它是古代的故事，像《海市蜃楼》，因为它是时装片，在这样时装打斗片子里，你怎么依然保持或者发扬中国侠义精神的。

徐：里面是有的，只不过包装不一样。故事发生的地方在大西北，讲一个故事给你听，其实你看见于荣光演的那个角色就是比较完美的一个角色，他不为名，不为利，他遵循自己的理想，情愿当一个摄影师，跑到大西北去跟大自然一起。我感觉中国的武术跟大自然是有联系的，为什么以前什么门派都是找到隐蔽的深山老林，练气功的人特别讲究一种环境，所以那个人是比较倾向于自然，自然就是本性，所以这个片子把这个精神表露得非常清楚。他放弃了所有的一切，走上丝绸之路。你追求美好、美丽、完美，追到以后，不一定是你想象当中这么完美，所以那个故事很清楚，最后他是除暴安良，是和其他少数民族朋友一块把那个匪帮消灭了，其实整个故事架构跟传统的侠义的故事差不多的。

贾：您做这么多年的电影和电视的工作，我们想做个交流，因为现在内地的情况，电影和电视面临着一个压力，一个是经济的压力，就是说所谓的我们说产业化或者香港叫市场化，但是电影怎么样既能够赚到钱，同时又能保持很好的文化意义和价值，就是说不仅为了钱。怎么样能够赚到钱的同时又能保持住文化的水准，您自己亲身经历对这方面的经验是什么？

徐：要是我能想到 100% 的能力，如你所说的既能保持文化艺术水准，又能达到商业的满足的话，我相信那是每一个电影人或者电视制作人都梦寐以求的，可是真不容易。可是那个也是我老早就立下的目标，所以我自己的作品不会拍得个人化，我不会把导演的风格变成很个人的风格。

贾：最理想、最正确的东西往往是最艰难的。

徐：我感觉电影跟电视就是一个普及的艺术，因为我们拍一个电影或者电视剧总是需要很多观众的认同，只要有观众认同，就不怕商业效应不出来，所以我感觉电影跟电视剧或者电视的节目，等等，都应当是雅俗共赏的。若能达到这个目标的话，就是艺术性跟商业性能同时兼顾。

不过我感觉那方面也是很自然，从市场来调整，我们不能硬逼着怎么走，因为某一个市场大小不同，不能同时适应。比如说很个人化的，有可能一些影展很强调导演的风格，也有独立的市场，我们不能牢牢抱住这个圈，因为每个导演的电影不一定在每个地方每个市场都会受到欢迎。有可能这个地区很好，另外一个地区反应平平，都会有的。要是真的一部电影跑到哪里都成功的话，这个电影才是真正达到巅峰的成功。

（2007 年 6 月 21 日于徐小明北京工作室）

2007 年 6 月 21 日，徐小明与本书作者贾磊磊在北京徐小明工作室

我从来不怕为电影而牺牲

成龙

成龙，原名陈港生，1954 年 4 月 7 日生于香港。小学一年级后，在香港中国戏剧研究学院学习京剧，并练习北派武术。1962 年在《大小黄天霸》中第一次担任角色，之后加入“七小福演出团体”。1971 年以武师身份进入电影圈。1978 年以电影《蛇形刁手》《醉拳》确立功夫喜剧的表演风格。1980 年自导自演的动作片《师弟出马》打破香港地区票房纪录。1986 年自导自演的动作片《警察故事》获得第 5 届香港电影金像奖最佳影片奖。1992 年凭借警匪片《警察故事Ⅲ：超级警察》获得第 29 届台湾电影金马奖最佳男主角奖。1993 年凭借警匪片《重案组》蝉联台湾电影金马奖最佳男主角。1995 年凭借动作片《红番区》打入好莱坞，该片打破北美外语片票房纪录。1998 年主演的动作片《尖峰时刻》奠定其在好莱坞的地位。2001 年主演的动作片《尖峰时刻 2》创下华人演员主演好莱坞电影的票房纪录。2005 年凭借警匪片《新警察故事》获得第 25 届中国电影金鸡奖最佳男主角奖，同年获得第 8 届上海国际电影节华语电影杰出贡献奖。2012 年在美国《纽约时报》“史上 20 位最伟大的动作影星”榜单上排名第一位；同年被《吉尼斯世界纪录大全》评为“表演特技最多的演员”。2016 年获第 89 届奥斯卡金像奖终身成就奖。2019 年在英国电影与电视艺术学院大不列颠奖颁奖礼上获得艾伯特 · R. 布洛柯里奖。

经过银幕上下 50 多年的磨炼和拼搏，他已经主演、导演、编写了近百部影片，他不仅在银幕上光彩照人，而且也成为许多著名商品的形象代言人。我们之所以说成龙是一位不折不扣的电影作者，不只是因为他的电影艺术创作领域涉及表演、导演、编剧等不同的行当，更重要的是因为凡是他参与创作的影片大多都会留下明显的“成龙印迹”，这个印迹就是他设计的强劲敏捷的武打动作，是他表演的惊心动魄的电影奇观，是他编织的诙谐嬉笑的故事情节，还有那个从来不被角色所取代的“成龙形象”。

从童星到小武行、中武行、大武行，从武术指导到明星，做演员、做导演、做编剧、做老板，我从来没有说过我是什么大师，从来没有过。刚开始拍电影的时候，第一是为盒饭，第二是为了赚钱。后来赚了钱，成名了，我才慢慢经过影评人、记者、影迷的教训，经过学术界的教育，慢慢走上正途，慢慢地我觉得身为一个演员对这个社会、这个世界是负有责任的。

——成龙

有动作不残暴，有喜剧不低俗

贾磊磊（以下简称“贾”）：很久以来就想和您谈谈关于中国武侠电影的问题，不仅是因为您在这方面是当之无愧的杰出代表，我们还相信您的成功经验必将对后来的从影者有种种启发。

成龙（以下简称“成”）：我真的不敢跟他们说什么，我不是学术界的，也不是读导演、读戏剧出身，我真的只是一个很平凡的人。从前很穷，为了生活，爸爸把我寄养到武术学校，自己到澳洲。正好半个月后，就有人要拍一部电影《秦香莲》（1964），我就靠这部作品进了电影界。

贾：那时你对电影抱有什么期待？

成：对于拍电影，起初最重要的目的是为了能有一份盒饭，而并非我自己喜欢电影。每天拍完之后，我感觉自己是没有明天的，因为我们在学校吃不到饭，饭桌很大而桌上的菜离我那么远，我们站起来不能有声音，不能挑菜，只能吃白饭。在开始拍电影后，我每天能有一份盒饭，而那份盒饭就是我每天想拍戏的一个动力。

贾：那时，也许包括现在的许多人，靠拍电影来谋生可能还是一个最直接的动因。

成：到今天我已经拍了53年电影，从童星到小武行、中武行、大武行，武术指导到明星，做演员，做导演，做编剧，到老板，这53年里我从来没有说过我是什么大师，从来没有过。刚开始拍电影的时候，第一是为盒饭，第二是为了赚钱。后来赚了钱之后，成名了，我才慢慢经过影评人、记者、影迷的教训，经过学术界的教育，慢慢走上正途。很多时候我就在反思当初《醉拳》（1978）中教人家喝酒打拳是错的，我马上要拍《醉拳 II》（1994），《醉拳 II》中就会教人家不要喝酒，不要打拳，慢慢地我觉得身为一个演员是对这个社会、这个世界有责任的。

贾：你是什么时候开始意识到这个问题？

成：因为我到了非洲，那里的小孩子还在打醉拳，还在打“蛇形刁手”，我才意识到原来我的言行举止会影响这么多年轻人，所以，我拍戏要开始小心了。以前拍戏为了取悦观众有一些很俗的镜头。但是，有一次张艾嘉跟我说：“你有一部电影很好笑，但是，有一些对白和几个镜头不雅，我就不能给我儿子看。”这句话深深打入我的心里，我就开始在我的电影里着手修改，变成有动作不残暴，有喜剧不低俗，尽管这点很难做到。

岂能尽如人意，但求无愧于心

贾：众所周知，您不仅是一个电影作者，更是一个对社会慈善活动非常热心的人，这跟您的电影创作有联系吗？

成：我十几岁的时候，第一次做男主角，电影名叫《广东小老虎》（1973），我出去上厕所。上完厕所，一站起来，整个人就晕倒了，就是因为晚上赌钱不睡，早上拍打戏，又热，一上厕所就晕了。之后我又把所有的片酬输光。我把我的人生经历讲给别人听，就是要告诫别人千万不要走这些路。其实每一次我到大学去讲课，我说我真的没有资格给你们讲课，第一我不是大学生，我也没有大学毕业，我也不会讲话，我只是讲实话而已，就是这样子。他们给了我各种荣誉头衔，但我就只是用我的亲身经历来给他们讲课。

贾：一般您怎么看待对您影片的批评意见？

成：每一句批评我的话，我都深深地刻在脑海里边，后来有人送我一句话，就是“岂能尽如人意，但求无愧于心”。我不能让每一个人喜欢我，但是我做每一事情，我的出发点都是好的，就行了。这么多年来我没有故意去做什么，是整个世界的走向推动我去做。

贾：您还做了很多的慈善事业。

成：做了慈善之后，才发现原来慈善是令我开心的，而不是让人家开心。现在我就开始做慈善。因为做了慈善，本来只是帮一个人，后来经过你又帮另一个人，就帮两个了，然后雪球越滚越大，大到我现在做慈善几乎涉及了所有的领域。到柬埔寨扫地雷，到越南去宣传抗击艾滋病，到保护动物、维护和平，再到警察大使、消防大使，几乎每一样慈善活动都有我，而这些头衔让我这个人走向正途。

贾：我听过您在电影学院的演讲，提及过您父亲对您的教诲。

成：我爸爸去欧洲临走的时候说：“儿子，你长大了，三样东西不能做，第一不能赌牌九，第二不能加入黑社会，第三不能吸毒。”这些都牢牢地记在我的脑海里面，刻在里面，我到全世界不管是哪一个学校，我都跟小孩子讲，记住我把这三句话送给你们。三句话中我不听的一句话，叫赌牌九。那个时候对我来讲已经是倾家荡产，我好不容易在澳洲做了 9 个月的苦工，早上砌墙、扫泥、搬砖，晚上做厨房，9 个月，我存下来的一万多，回到香港，在半个月内全部输光。

贾：那时候您大概十几岁？

成：十七八岁。赌钱这种事我看太多了，我身边的老人家，还有我身边的朋友，很多都是砸在赌钱上面，所以我不赌了。赢，你不知道几时收，输就继续打。我把那些钱拿来赌，为什么不拿来帮助其他人呢？

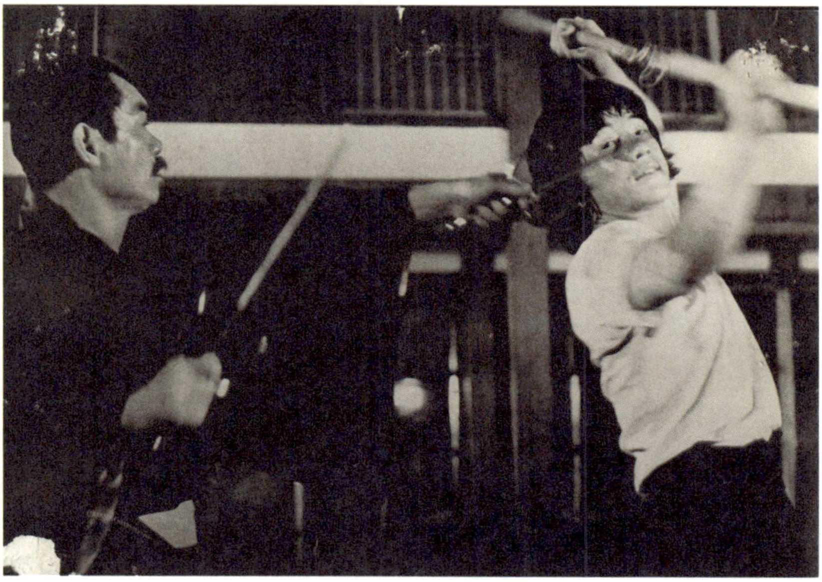

《广东小老虎》（1971），成龙第一次担任主角，讲述黑道帮派之间的世仇导致主角父亲的死亡，也使主角成为孤儿的故事

我们要做好它，不给中国电影丢脸

贾：您刚才说您那时候觉得自己没有明天，其实现在有很多孩子也想拍电影，也想做演员，也想做各种事情，但他们对自己的将来没有一个准确可靠的把握，您想对这些孩子说点什么呢？

成：他们跟我年轻的时候一样，我那个时候是自己没有目标，我去拍戏的时候就是为了一份盒饭。等到我可以出师，就是说自己不需要再把钱交给师傅了，那个时候我曾经问过我自己，我的将来是什么？那时我真的不知道，每天就是在片场赌钱。开工有个盒饭，早上吃一半，留起来，收了工，晚上继续吃早上剩下的盒饭，第二天就要很惨。当时我就问我自己，我将来会是什么样子？后来自己找到一个目标，我将来的目标就是做一个武术指导。

贾：那一年大概几岁？

成：也是十七八岁的时候。我的人生目标就是将来要做武术指导，我就找到一个自己追随的目标，就开始不赌钱了，每天在现场就站在一旁，去观察怎样去当一个武术指导，我学得很快，一年之内我就升了武术指导。

为师三十载，桃李满天下

贾：那时候您的武术指导是向谁学的？

成：徐二牛，徐小明的哥哥。徐小明是四牛，还有一个叫徐二牛，现在还在香港ATV。

贾：那时候他拍的哪部电影，您还记得吗？

成：哎呀，真的不记得了。太多了，那个时候几乎是一个多月就一部戏了。

贾：那时候您是在哪个公司吗？

成：没有。

贾：没有公司，就是自己？

成：那个时候没有班，如果算班的话，那个叫徐家班了，就是徐二牛那边了。

贾：您是跟他们在徐家班这个团队里？

成：对，以前洪金宝也是在徐二牛那边，后来他自己分支出来，成立了洪家班，之后有刘家班、元家班，那我自己出来就变成成家班。但很幸运，到今天我成家班还在，很多已经没有了。

贾：这个很宝贵。

成：我成家班到目前为止训练出很多导演，现在有在美国做导演的，有在美国做武术指导的。我的成家班学生比较国际化，有在德国、美国、日本、泰国，还有在上海、北京、香港、台湾的。

贾：好几百人了吧？

成：来来去去好几百人，核心的团队有五六十人吧。但是这五六十人都是很出类拔萃的，像李忠志。李忠志已经是武术导演了。李忠志、何军都是《大兵小将》（2009）、《神话》（2005）、

《硬汉》（2008）的武术导演，吴刚是《功夫小子》（2007）的武术导演，艾伦在美国，以前是《神鹰飞天侠》（1960）的武术导演，这么多年来我可以训练这么多武术指导、武术人才，我真的非常开心。

贾：李忠志还是《男儿本色》（2007）的武术指导，在香港我们见过他在现场拍戏。您真的是桃李满门，这是对电影界的一个贡献。

成：我不敢说是一个贡献，我只知道要往前，做好它，不要给我们中国电影丢脸，到了外面，我就是代表中国人，只是很多人把我评得天上有、地下无，我不敢当。

成：曾经有一个在美国很有名的主持人，叫 Jay Leno，上他的晚间节目介绍我说："the most famous action star in the world"（是世界最著名的动作明星）。我一出来，就说太过奖了，真正的影星是迈克尔·杰克逊、史泰龙，那种是国际性的。他说你错了，史泰龙他剃了胡子，戴个帽子，出去没有人认识他。我跟他讲，你是"most recognizable"（易辨认的），每个人一见你，就会认识的一个人。在国际机场，我自己站在那边，有时候就觉得蛮骄傲的，中东的、日本的、德国的、韩国的很多人，就全部追着过来，我很好奇怎么会有那么多人认识我呢？后来我听说在非洲的任何一个地方只要一坐巴士就在放成龙的录影带，放完一遍又一遍，所以，我真的还蛮骄傲的。

我只会拍电影，其他的什么都不会

贾：我记得您说过您有一个希望，就是希望将来在翻开电影史的时候，在李小龙的后面能够有成龙的名字，现在可能已经远远超过这个期望了，您现在对电影的这份期待是不是还是一如既往呢？

成：对，因为我只会拍电影，除了电影之外我什么都不会做。我自己在美国夏威夷、韩国、日本做过成龙餐厅，都失败了，做咖啡也失败了。我除了现在回到国内，跟我现在开始做成龙戏院算是成功的。你看我做过车行，做过服装，服装现在还在做，品牌的东西还在做，太多了。

贾：在五棵松有座成龙影城，我和家人经常在那里看电影。

成：影院现在成功了，现在在中国做的事情都开始成功了。因为中国的市场实在太大，真的只是需要你把握好一个机会，而且现在我很开心的就是，这些钱对我来讲真的是拿来吃饭，再做慈善的，没有任何一个事情比我拍戏赚的钱更多。再过一个月，我就 60 岁了，今年是我的本命年，我会有一个很大的慈善活动，会把钱捐给联合国或者各大机构。

贾：在你这样的年纪，通常是怎么教育孩子呢？

成：我跟我的儿子小房子说："你有本事你不会用我的钱，你没有本事你会败我的钱，我爸爸没有一毛钱给我，我也不会有一毛钱给你。"我跟他讲得很清楚。我说我那么辛苦赚来的钱，如果你给我败掉，我不如给它捐掉，我的基金永远摆在那边。

我从来不怕为电影而牺牲

贾：您过去讲过，为了拍电影您什么都不怕，过去也冒了很多险，身上受了很多伤，但出于年纪方面的考虑，您现在还是这样吗？还是会为了电影一如既往吗？

成：讲老实话，现在有点怕。我怕是怕生存着但是这个人是残废的，我是怕这个。你看我以前拍电影跳飞机“砰”的一下，我死掉了，我不怕，我觉得我会受人家的尊重，我是为电影而牺牲的。我现在怕的是，“咚”，戏也不能拍了，半身不遂，下半辈子坐轮椅。《十二生肖》拍摄时候有一场戏相框掉下来那一刹那，我感觉我的腰要断了，真的好险，就是天保佑我，不然我死几回了。如果刚刚这样“咚”一下就可以半身不遂，那我怎么办。后来我宣布《十二生肖》是我最后一部大的动作片，以后我还会拍，你看《警察故事 2013》我还拍，但这个很高的地方

《十二生肖》（2012），成龙对这部影片的动作戏要求超越肢体极限，既要打得帅、打得漂亮，又要带着思考打，每一场动作戏都要尝试不同的打法，在穿着“滑轮衣”的一场惊险的戏份中，成龙也亲自上阵，坚持不用替身

我就不跳了，找个替身吧。对不对，观众已经知道我跳过很多遍了，以前为了拍戏，我们已经把所有的牙都弄掉了，现在全是假牙。

贾：拍动作戏就是非常不易，有时很危险！

成：那个时候我们不懂，现在你看我的成家班跳，我都会把牙胶给他们。所以我们很惨。有时我们在回忆，以前我跟元彪拍戏，两个人是哭着从二楼跳下来，跳下来还要打两招，被踢一脚，360 度转桌子，一个镜头下来。就是一跳起来，他脚一挡，穿帮，再来，那个脚已经很肿了。轮到他，我就站在旁边等，看元彪“砰”的跳下来，踢一脚，卡，穿帮。等到我了，我就只能把衣服撕烂，绑到受伤的脚上，跳下去，还有一个 360 度转身，卡，OK，这条戏才过，脚已经肿得不行。如果以前有纪录片，看完你们都哭的。

贾：那部纪录片很宝贵的，包括你在影片结尾放的片花，那是一部电影最惊心动魄的段落。据说香港都不给你们买保险。

成：没有的，要么是我祖上有德，要么是我做的善事多，不然的话，我也残废了，可能也死掉太多次了。现在一代的年轻人拍戏太幸运了，而且有我们这些老经验的人去照顾他们。

我们拍动作片的经验，永远无法复制

贾：您的电影我们基本上可以说全看过。有一个具体问题想跟您验证一下。您电影的创作方法和一般人不一样，很多人是先写剧本，然后，讨论之后再来决定谁来演，谁来导。但是，我们看过您的资料，比如拍《警察故事》的时候，是先确定了场景，比如说要从山上冲进来一辆汽车，就会先在山上搭一个棚户区，然后再进入电影剧本的创作，这样以动作作为主体的创作经验，您觉得可以复制，可以被别人去借鉴吗？

成：不可能。这只能发生在我和洪金宝的身上。我们的片子动作喜剧很好，因为这是我们的强项，那我们怎么拍呢？拍的时候我有一个好主意，我要从那个地方跳下来，跳下来之后呢，我要对面有一个大爆破，那怎么样去变成这样子呢？如果这样子应该是有一个贩毒集团的吧，然后就层层推进，再把故事编出来，就是我们要先有动作，再有故事。

贾：说到您的动作设计……

成：对，你看我们这样子是不能长久的，但是我们的好处是可以在现场改，我拍完以后，我看不顺，我马上补拍，补对白。而且我自己剪接，完了之后，这个不顺，应该加一场什么戏，再去拍，以前是怎么都行，现在不可以了。以前我和洪金宝是非常非常的不容易，我们要先有我们自己的努力，完了之后才有了钱，有了钱我们才能有团队，团队再请一些有文化的人来帮我们去完成剧本，而关于动作方面，洪金宝跟我是最有想法的，这些是没办法再复制的。

《警察故事》（1985），成龙从功夫小子喜剧过渡到现代警察英雄定位的里程碑之作，是成龙动作电影的集大成之作，影片中成龙及其成家班一次次突破人体极限，上演的高难度动作，令人叹为观止

观众喜欢的是我这个人，我真的非常非常幸运

贾：对，就是这些构思非常宝贵。因为很多演员学习表演都有一个概念，就是说你演什么要像什么，你要把自己变成你要演的那个角色。比如你演一个地主要把自己变成一个地主，你要演个军人就要把自己变成军人。但是，我们看了您的电影，您的电影其实从一开始一直到现在，您演过警察、厨师、特工，但是，在您所有电影里面您始终扮演的是您自己，大家认同的是您个人的形象，您的表演和一般人有很大的区别，它实际上是靠您个人的魅力吸引了很多观众。这种魅力只有在您身上才能够体现，您对这个怎么看呢？

成：我相信是时代造英雄，你看现在，包括整个东南亚，韩国、日本、（中国）香港，包括在中国内地近期来讲，红的最久的那一票还是七八十年代的电影人，那个时候资源少，大家只能看我们的东西，而且已经深入民心了。那么多年经过这么多努力，我跟自己说，动作明星要做多久？动作明星的生命是很短的，我一定要变。我很久以前就看穿了这一点，所以我自己在变，之后马上拍《玻璃樽》（1999），讲的是一个花花公子提倡环保的，完了之后我就拍《宝贝计划》（2006），《宝贝计划》完了拍《神话》（2010），《神话》拍完之后，我的路线因此改变很大。

贾：这是为什么？

成：其实以前我都不认同自己的演技，我觉得我演什么都是成龙，《A 计划》（1983）、《警察故事》（1985）里，我就是成龙嘛，我就是这样。到了后面，我说不行，我要做一个演技派。你再去重看《奇迹》（1989），你看我根本不是在演戏，我就斜着眼睛看那个机器的转位，

《A 计划》（1983），既沿袭《醉拳》的诙谐杂耍路数，同时又开始借鉴西方默片时代卓别林和基顿的动作加搞笑风格。不过，《A 计划》并非所有动作戏皆诙谐搞笑，尤其打斗设计更多呈现硬桥硬马的实战风格

1995 年成龙与唐季礼在影片《红番区》拍摄现场

我完全是在关心别人，所以到了后面，我要请一个专人，像陈勋奇、唐季礼，我说你们来帮我，帮我看我自己演戏，我要完全进入角色里面。后来我就请不同的导演来拍我，之后我在现场就坐在椅子上，他们在打灯，我就坐着培养情绪，一开拍我就是真的去演戏，我要让观众看到我是一个演员，会动作，而不只是一个动作演员，动作演员的生命太短了。

贾：演员对一个人的要求可能会更高。

成：到今天，你讲《醉拳》每个观众都知道，一讲《宝贝计划》《神话》，他们还想着以前的那些作品。他们有时候看我的电影就是去看成龙，看完之后，就会认同我这个角色，就是这样，所以我蛮幸运的，我真的是蛮幸运的。

贾：现在很多电影他们都不用实景，或者说可以用特技，后期制作有很大的作用。所以，过去靠武术、靠真功夫来拍电影的这些演员，他们将来可能会面对一个挑战，您觉得对功夫演员或者对武侠动作导演来讲，他们应该怎样应对这样的变化？

成：我觉得到目前来讲，我还是那句话，如果我们要功夫片打入国际市场，还是要拍传统的功夫片。

贾：要用真功夫。

成：对，用真功夫。你看我能走出去是因为我的真功夫，在外面人家认同的是成龙的真功夫，虽然中间我还会用一点的威亚，但他们还是认同，因为成龙是真功夫。所以我在国际的动作片中还有一席之位。今天很坦白讲，通过高科技我们的动作片拍得过国外吗？拍不过国外。如果今天我们拍一个《钢铁侠》，人家会看吗？我们永远在向上爬，但是以我自己来讲，我爬不过他们，我现在60岁了，我还花什么时间，去学一个机器，把英文学好，不可能，现在只能靠我们的下一代。希望我们的下一代去读书，读电影，读好再回来，有国家或者企业来支持他们，我们在技术方面才可以追赶他们，我们老一辈的如果想拍一些特技片、科技片来打赢他们，目前来讲很难，我不知道人家能不能做到，我自己做不到。我只能保守地拍我的东西，而我保守的作品，可能到俄罗斯，到韩国到国外，很多人就会看。你看《十二生肖》（2012）现在在俄罗斯把《钢铁侠》（2012）都打败了，他们不是拿我来跟钢铁侠比，他们当我是真的，因为我是真功夫，我有很好的基础。

我要办正统的动作电影颁奖典礼

贾：香港的很多武侠动作演员都是家传，比如像程小东的爸爸程刚，袁和平的父亲是袁小田，刘家良的父亲是刘湛，他们都有一个家传或者有一个体系。但是中国现在的武侠动作导演似乎在断代，后继的人似乎特别少，您有没有考虑过，这些武术指导或动作导演在国家正规电影学院里面设这样一个专业来培养一些新人呢？

成：现在我在进行中，现在在天津的郊区盘龙谷搞了一个基地。

贾：等于是专门成立一所学校。

成：对，成立了一所学校，现在已经有人开始训练了。我希望把这个学校先搞起来，然后去收集世界各地的人才，因为我希望国际化一点。美国现在那些小孩子，他们会螳螂拳，会街舞，会武功，他会把这些东西全部融入动作上面，那种观赏性太好看了，单一的太极或者螳螂拳怎么跟人家比？

贾：咱们太单一了。

成：你今天这样子，你明天又是这样子，你没有观赏性，一定输掉。你看美国那些武术比赛，选手一上来，8个空中360度，下来给两拳，完了之后空中780度，我说你们这是功夫吗？已经是变成gymnastic（体操的），完了之后空翻，如果他有8场表演，他知道今天我先表演这个，明天我再表演这个，看完之后我都惊呆了。但他们只是没有经验，现在他们来到我成家班先搬东西，学东西。我希望盘龙谷能够引进这些国际人才，让我们的少林子弟学一学人家的那种技巧，因为我们一学很快就会上手，我把很多东西都加进去。未来希望国家或者电视台能够支持办一个国际动作电影节，评选出我们自己的最佳武术指导，最佳动作男主角，最佳动作女演员，最佳个人替身，最佳爆破，全部是动作电影的奖项。

贾：这个太好了。

成：因为真正帮我们国产片走出去的很多都是动作片，所以我们要让他们知道什么叫科技动作片、动作片、传统动作片。第十届澳门华鼎奖，全球最佳动作演员奖，他们颁给了《阿凡达》的男主角山姆·沃辛顿。他一下来走到我面前就这样子，他说“I'm very embarrassed”（我真的很惭愧）。我说不是你错，评审委员会根本不懂什么叫动作明星、科技明星、动作片、武侠片，所以那个时候我就决心，要办一个正统的动作电影颁奖典礼。

贾：香港有最佳武术指导，最佳动作导演，台湾也有。

成：我是拿得最多的，我有记录。这对提升和鼓励我们武术人才、武术演员太重要了。我这个颁奖典礼一定有看头，我可以邀请卡梅隆，他们都愿意颁这种奖，因为有多少特技人员为他们牺牲，多少特技人员为他们卖命，而且我办的一定是国际化的。你看导演，武术导演，两个导演导一部戏，还有一个武术指导，这些工作人员都应该得到褒奖的。

贾：是的，在很多国家级的评奖上这些人都得不到应有的重视，这样的情况应当改变。感谢您今天跟我们分享了这么多的宝贵经验，也谢谢您的建设性的提议。

（2014 年 2 月 17 日下午于北京建国路某酒店 16 楼会议室）

侠是一种生活态度

王晶

王晶，1955年5月3日生。他在香港电影界无人不知无人不晓。作为香港最卖座的商业片导演之一，迄今为止拍过的影片已多达百部，写过的剧本、参演过的影视剧更是不计其数。从小就混迹于片场的生长环境无形中在他心里埋下了一粒关于电影的种子，长大后他以一名编剧的身份真正进入了电影行业，《心有千千结》（1976）的剧本开启了他的编剧生涯。1981年，他成功执导了个人首部电影《千王斗千霸》（1981），至此以一名导演的身份进入香港电影界，在摸爬滚打中他逐渐成为香港电影的票房支柱，拍了很多娱乐性极强的影片，比如《最佳损友》（1988）、《赌神》（1989）、《城市猎人》（1993）、《澳门风云》（2014）等。与此同时也捧红了包括陈小春、舒淇、张家辉等在内至今仍活跃于银幕上的很多演员。与他合作过的导演也不在少数，这样一位名副其实的全能型电影人，能获得今天的成就来自他对整个电影市场的敏锐洞察力，正如他所言"我的机遇多半都是自我经营得来的"。当下入行已四十多年的他仍然游弋于各个片场，还在用自己对影视的判断进行着创作。

我觉得侠是一种生活态度，侠就是存有一种仁义之心，帮助有需要的人，并不是拿一把刀才是侠。街上有个孕妇肚子疼，你把她送去医院就是侠的表现；不是说有坏人欺负她，你把坏人打走才是侠。我觉得帮助人而不求回报，只求一种社会上的互助，就是侠的表现。

——王晶

整个大学都在兼差做剧本

贾磊磊（以下简称“贾”）：香港很多导演都有家族的承传，像程小东、袁和平等，您一开始的电影启蒙是不是来自您的父亲？

王晶（以下简称“王”）：实际不是，我一直没有跟随过他学习。我最初加入这个行业是当编剧，跟随另外一些前辈，我的启蒙师父叫刘天赐，在香港也是个挺有名的传媒人，所以到今天编剧还是我的一个挺重要的工作，做了五年编剧后，我就当了导演。

贾：您哪一年当的编剧？

王：1975 年吧，我整个大学都是在兼差做剧本。

贾：大学您学的是什么专业？

王：中国文学，辅修历史。

贾：那时是一边读大学一边写剧本？

王：对，基本上我整个大学生活就是在电视台、报社跟学校中间跑。

贾：那时候您爸爸是不是也在拍电影？

王：他的电影生涯当时已经结束了，他进了电视行业，他当时是香港无线电视台的金牌监制，他觉得电影的制作方式不是很适合他。

贾：您是怎么从编剧变成导演的？

王：我很小就写剧本。以前就在学校写一些舞台剧、晚会等，所以编剧对我来说完全是一个不陌生的工作。我觉得在人家给你机会用胶卷或者磁带去表达你之前，你自己先用文字去表达是比较有利的。当然我的文字得到很多人的认同之后，我就得到了拍电影的机会，我在这之前没有做过电视导演，也没有当过副导、场记，一当就是导演了。

我是属于片场的人

贾：您最开始拍电影的感觉是什么？

王：我 5 岁就在片场了，我爸爸常带我去，所以基本上不会觉得陌生、怪异或者是不适应。我觉得我是个属于片场的人，所有片场我用不了几天就完全适应了，而且往后的二十几年我都在片场混。

贾：作为一位导演，有时候忙起来可能就很少回家，这 20 多年来您是不是这种工作状态？

王：我有几年的确在片场耗过很多时间，可是我的耗不是说留在同一个片场，我曾经一天跑了五部戏的现场。

贾：您最多的时候一年拍过多少部电影？

王：七部，都是我亲自导演。

贾：您是同步进行还是拍完一部之后再拍下一部？

王：有一些是同步拍，有一些是拍完一部再拍一部，记得当年我第一次到北京拍戏就是跑两部戏，都是李连杰主演，他跟我一起跑，早班我们拍一部，晚班再拍另一部。这两部戏是《倚天屠龙记》（1993）和《新少林五祖》（1994）。

贾：同时拍那么多部戏，您有什么诀窍吗？

王：没有，谁也不愿意这样做，可是当时的形势必须这样做。当时香港的电影实在太火了，而且我又是一个卖座保证。所有演员、老板差不多都冲着我来，最初录影录像带也是有王晶的名字就能租出去，所以有一段时间我真的是身不由己，因为都是关系很好的朋友，你能拍这个

《青蛙王子》（1984），王晶早期的爱情喜剧片。钟镇涛与钟楚红、张曼玉、关之琳倾情演出，镜头下的张曼玉尚未褪去婴儿肥，黑色的长发垂在身后，一颦一笑之间满是娇憨。王晶在自传中评价张曼玉：“一张白纸，毫无心机，性格比外形更可爱。”

不拍那个吗？不行嘛，所以最后就拍了好多戏。

贾：您觉得大概从什么时候开始，一部电影因为有了王晶这个名字就变得非常好卖？

王：1988 年吧，（19）88 年在香港我的几部喜剧片连续大卖，（19）89 年几部赌片也连续大卖，到 90 年代我跟刘德华、周星驰一直有合作。直到（19）95、（19）96 年，我才稍微往后退了一点儿，培养新人，那一年我培养出很多新人，包括导演刘伟强、马伟豪，演员有郑伊健、陈小春、舒淇、张家辉、邱淑贞、张曼玉。张曼玉拍的第一部戏就是我 1984 年的喜剧片《青蛙王子》（1984），她最初来拍戏的时候什么都不懂，当时觉得她是个很可爱很讨人喜欢的小姑娘。

贾：您后来跟她合作过哪些戏？

王：很多戏，我跟她最少合作过十几部戏。她演技有了很大突破，也拍了很多大家都知道的戏，拿了五个影后。后来她就变成了可以代表演技派跟艺术片的一个女演员，我觉得除了天分之外还有一些机遇。

机遇靠自我经营得来

贾：您觉得在自己当导演的过程当中，什么时间机遇最好？是什么因素造成的？

王：我的机遇多半都是自我经营得来的，我是向着一个方向走，一般到了一个程度后就修成正果，就达到我的目标了。

贾：这些年在您的经历当中，有没有某一个阶段遇到大的困难或者阻力，是怎么样克服的呢？

王：谁没有困难跟阻力？就看怎么面对这些困难跟阻力，并把它化成一种怎么样的力量。市场永远在循环，商业电影必须要面对这种循环。当每次循环来的时候，会有大大小小的淘汰，一些不符合新状况的就会被清理掉，所以每一次必须把自己做个调整。如果能早点儿看到大调整在什么时候来，那可能就比较容易熬过去，如果一直看不到，调整突然来到眼前的时候可能就熬不过去了。

贾：您的片子被称为王氏喜剧片，有非常明显的标记，比如搞笑、喜剧、逗乐等，您觉得用什么语言来判断您的影片风格是最恰当的？

王：我觉得我的喜剧片是一种世纪末的喜剧片，基本上就是嬉笑怒骂，不需要负什么责任，而且能够尽量天马行空。周星驰的片子也是一样，因为当时大家有个回归前的心态，都不想背负很沉重的东西，都愿意去面对一些轻松的事情，所以宁愿去追求一些天马行空的东西。很多人把周星驰和我的喜剧片归类到什么无厘头，无厘头是香港的脏话，我从来不赞成这样讲，这个标签放到我们的喜剧市场之后，我跟周星驰好多次都觉得很好笑。我们的喜剧来源于日本的动画跟漫画，不同的是我们是用真人演卡通里面的动作跟态度，这就让人跟动画变得不可分割，可是当时很多年龄比较大的评论家没有看过这种动画，所以他们根本不懂，就随便拿一句脏话来形容，后来别人就拿这句脏话来形容我们这个流派的电影了，我觉得这是一个很不负责任的说法。

贾：抛去无厘头这个命名，如果要对自己的喜剧做一个定义，您会用什么来界定?

王：我觉得是狂放，是用一种狂放跟放纵的心态去表达的喜剧方式。

贾：您跟周星驰合作拍了很多片子，您对他怎么评价?

王：他当然是一个数十年难得一见的奇才，这是肯定的事，你喜不喜欢那是另外一码子事。

贾：您是指专门做电影的奇才吗?

王：他不做电影也是一个奇才，我觉得他对自己的要求，对别人的要求，很多方面的想法、价值观念，都是一个奇才，就是不拍电影他也会成功。

贾: 美国人写过一本《香港电影的秘密》, 不知道您有没有看过? 他认为香港电影是一种“纵娱”的电影，“纵娱”的娱是娱乐的“娱”，不是欲望的“欲”，您觉得这种评价合适吗?

王：我觉得挺合适，不脱轨，因为这种说法在一定程度上挺生动地形容了当时的情况。当时我跟周星驰都比较年轻，比较爱玩，所以我们常常把自己平常玩的事情放到戏里去表达，所以这种“纵娱”的说法未尝不是一个好的形容方式。

商业电影就是商业，就是要看市场

贾：很多导演能够洞悉观众的趣味、市场的变化，判断一个时期观众的心理，您一般通过什么渠道?

王：跟观众接触。我觉得任何好的电影从业人员必须常常去电影院看电影，跟观众沟通，在票房前看看观众的主动取向是什么。因为看电影是个很主观的选择，观众拿着几十块钱跑到票房前选择哪一部戏，哪一部戏就赢了。他买票的时候可能受其他人的影响，也可能受当时海报跟大堂形成的气氛的影响，所以观众的心理状况是很值得研究的，可是现在电影从业人员只看自己的戏，很少去研究这种事情。商业电影就是商业，商业就是要看市场，市场必须有市场学，市场学的意思就是市场心理学，观众拿着五六十块钱站在票房前，你问他:“先生，要看哪部戏？”他嘴巴里吐出来的那个名字很重要，是怎么样的心理状况让他选择看《墨攻》，或者是看王晶的电影，这是一个很奇怪的课题，因为在他选择的那一下并没有特别深思熟虑，所以这是个学问，是件挺深奥的事情。

外国电影对我产生重要影响

贾：您觉得外国电影对您的影响大吗？

王：大，日本电影可能在我更年轻的时候对我的影响比较大，这十几年欧洲电影对我的影响更大一点儿。

贾：欧洲电影？具体是哪些国家的电影呢？

王：意大利电影在五六十年代艺术性是非常之浓烈的，可以看到很多位意大利导演艺术性极高的作品，可是很多国内爱电影的人会忽略 70 年代的意大利电影。70 年代的意大利商业片非常蓬勃，我觉得不输于我们 90 年代的香港电影，他们有很多惊险的情杀片、西部片、喜剧片，甚至有很多喜剧跟情色结合的影片，有很多精品，也有很多商业性极高、参考性极好的剧本，绝对值得参考和学习。那个年代是我长成的年代，我对电影的想法跟态度也是在那段时间确立的，所以我一直在搜集那个年头的电影，不过知道那些电影的人不多，而且也没有好好保存，除了其中非常好的一部分之外，很多都流失了。

贾：那个时期的影片您还记得哪些？

王：比方说在香港非常轰动的三部《金刚》，也包括很多西部片，当然最出名的就是《独行侠》。还有很多大家不留意的，比方说那个香港译作“老虎”，就是胡子掉了，老虎掉胡子的意思，是一个大块头跟一个很灵活的瘦个子在西部行侠仗义的故事，喜剧成分非常浓，基本上就是喜剧。他们吸收了美国三四十年代的默片跟一些黑白片里耍宝喜剧演员的很多优点，后来还有很多惊险谋杀片、喜剧情色片。那时候我还记得有个男演员，他就专演一些很搞笑的情色片，到现在这种形象在全世界很多地方都还没有再出现过。

贾：一般来讲，武侠片或者警匪片都是有正邪区分的，喜剧片您是怎么控制这个道德界限的？

王：正邪那当然是有，在我很早年的喜剧片里体现了很多的阶级斗争，都是穷人跟一些为富不仁的有钱人的对立，比方说我的《精装追女仔》（1987）是几个在修车厂里工作的男孩儿跟一个很有钱但到处欺骗女性感情的花花公子斗法；又比方说《最佳损友》（1988）是一个在美国餐馆打工不被承认的私生子回到香港跟他的一个哥哥争家产；《整蛊专家》（1991）也是失散的两兄弟，一个是整蛊专家，一个是商业集团里很勤快、很努力的年轻人，这个年轻人跟一个希望在集团里争取和大小姐结婚而得到权力的人角力，我差不多是以一种阶级斗争的桥段来表达正邪的，很主旋律。

贾：日本电影都是把有钱人拍得很不幸，把没钱人拍得很幸福，您的电影是不是也是这样？

王：基本上是，我觉得太有钱是件很累的事，累在怕人家拿走你的钱，怕人家沾你的光，你还得向比你更有钱的人拍马屁。

贾：《七剑》（2005）在香港卖了多少？

王：《七剑》在内地卖了 7000 多万元，在香港只卖了 700 多万元。

贾：您是商业电影的一个集大成者，无论题材、类型，还是个人风格，都兼顾了很多导演的风格，比如吴宇森、徐克，这是怎么形成的？

王：我跟徐克差不多同期出道，互相影响是必然的。吴宇森比我们年纪大，我也看他的很多电影，必然有影响。我这个人比较爱搜集资料，会看很多电影、书，所以比较有综合性的想法。可是一般来说，我的创作还是以利用社会心理学为主。

贾：您将很多人的视觉经验整合之后变成了自己的东西，是怎么做到的？

王：实际这跟一个孩子的学习过程是一模一样的，能说吃饭是学别人吗？不能嘛！能说戏里画面上有几只鸽子就是学吴宇森吗？不可能嘛！能说拿把剑在天上飞就是学徐克吗？也不能嘛！我觉得这是不公平的，基本上每个人从一睁开眼睛有学习能力开始，学的就是所有前人的经验。周星驰很多点子从香港粤语片里学来，从日本动画里学来，我早期的很多点子也是从香港粤语片里学来，那是很丰富的宝库，大家都从里边得到很多养分，只不过是看你怎么将它变通，把它化成你的个人风格而已。我相信我们这一辈的导演差不多都逃不掉 50 年代到 70 年代那 20 年里的粤语片，没有一个人是能避免的，因为那就是我们的童年，那就是陪伴我们成长的一个背景。

贾：就好比现在美国国家管理层面有一批 50 多岁的人，他们这批人是看《芝麻街》成长起来的，所以说《芝麻街》里的价值观念对美国现行的政策都很有影响。

王：对，就是这样，我们这一辈的香港导演都会被当时粤语片里的道德观念所影响，比方说我们会比较尊重长辈，会比较注重职业道德、演员修养、导演修养，新的一辈可能没有我们那么注重这些东西。

贾：这是不是跟他们成长阶段放映的电影有关？

王：对，完全有关。

侠是一种生活态度

贾：鲍德熹他们拍的《黄飞鸿》对您拍的《黄飞鸿》影响大吗？

王：也挺大。因为每个男孩儿在我这个年龄都会受那个年代的黄飞鸿的影响，可是他们有时候拿黄飞鸿本人来搞笑，觉得黄飞鸿是食古不化的代表，反而是黄飞鸿徒弟们的那种顽皮、爱恶作剧、打抱不平的性格对我们影响很大。

贾：您拍的第一部武侠片是？

王：我每一部电影都有武侠成分。我第一部片就是《千王斗千霸》（1981）。《千王斗千霸》虽然以抗日为背景，却是个虚拟背景，里面的很多动作已经是武侠化了，打麻将就武侠化。我第一天开始拍戏里最重要的一场打麻将的戏，拍了七天，就因为整场戏是用一种武侠功夫的感觉来表达麻将高手的拼斗的。

《千王斗千霸》（1981），集赌博、动作、枪战、喜剧多种元素于一体，剧情紧张悬疑又轻松搞笑，是一部难得的佳作

贾：您拍过《赌侠》（1990），在中国的文化里每个人对“侠”的理解都不太一样，您是怎么样理解“侠”的？

王晶：我觉得侠是一种生活态度，侠就是帮助有需要的人，存有一种仁义之心，这已经是侠了，并不是拿一把刀才是侠。街上有个孕妇肚子疼，你把她送去医院就是侠的表现，并不是说一定要有坏人欺负她，你去把坏人打走才是侠。我觉得帮助人而不求回报，只求一种社会上的互助就已经是侠的表现。

贾：您的哪些片子集中体现了您心目中的侠？

王：基本上都有，我的片子里互助的心态很强，而且我的片子都比较有童心，有一点儿恶搞。我认为这都是一种能令人心情常青的状态，你必须令自己的心情常青你才会有仁侠的想法，如果你的心情太老你会觉得万事皆休，也就侠不起来了。

贾：您拍摄了很多票房非常稳固的电影，那这么长的时间里香港整个大环境以及跟您合作过的人对您的影响是不是很大？

王晶：那当然是，香港在七八十年代就形成了一个非常牢不可破的价值观，那就是只要你在香港努力，就有发财的一天。所有人都很努力，不放弃任何一个赚钱或者向上爬的机会，这在很多国家和地区都是没有的，像美国、加拿大税收那么高，赚了很多钱可能交税就交了一大半，所以很多人都不愿意去努力工作赚钱。内地当时提供不了只要你努力就可以发财的环境，印度、非洲就更不可能了。当时香港有很独特的环境和很独特的道德观念，大家都很愿意把所有时间放在工作上，就有很多工作狂，包括我在内。

贾：您觉得香港的这种分配制度对个人梦想的不断实现是不是起了很重要的一个作用？

王：我觉得很难说，我的同学里面，有两个人在十年之内就从一个不怎么样的人变成了亿万富豪，有一位在内地，有一位在香港，你觉得那是一个传奇故事，可是对他们来说并不是，是他们的努力打拼来的。

贾：在您的电影里对这种人生经历有没有进行过一些表现？

王：当然有，还不少，电视剧比较多，几乎每一部都有表现，因为电视剧的篇幅比较长，电影因为没有足够的时长去讲这种故事，所以比较少一点儿。

《赌侠》（1990），王晶编导的《赌侠》开山作，是一部风靡当年的娱乐影片

靠灵感，就不是职业写手

贾：武侠电影的动作处理应该说是它的重要部分，您自己从小有过这种习武或者学武术的经历吗？

王：我没有，可是因为我很小就在片场混，所以我基本上对所有武术动作的构成以及功夫片的拍法从头到尾都很熟悉。我敢说那些动作片的导演、武术指导，我没有一个不认识的，没有一个没合作过的。如果不认识或者没合作过，那基本上都是很后辈的，或者是没有什么名气的人，有名气的基本上全是我的好朋友跟合作过的，包括程小东、元奎、袁和平，刘家良师父我在邵氏拍戏的时候也很熟。所以你给我几个好的武师，我也可以拍很好的动作场面，我不需要武术指导，因为我知道他们怎么做，我脑子里设计出很多画面让他们实行就行了。比方说以前我跟程小东合作，我们常常开很多会，很多意念就是从我这里来的，然后他就执行我的意念，把我脑子里想的东西变成画面。我有想法，但是让我套招我不太懂，可是我大致上可以告诉你我要怎么样套招，然后最终达到什么样的效果。

贾：你很熟悉的导演或者武术指导他们各自都有什么特点？

王晶：袁和平那当然是适合一些比较实感一点的，我觉得他最优秀的就是明初。因为他学得很杂，包括京班的功夫、南北各派、杂技，还有很多别的套路。如果说真功夫懂得最多的那可能就是刘家良，因为他本身就是一个真实的师傅，他是真正自己去打，能打整套拳出来。程小东的电影画面特别凌厉，他是用画面去打，而不是用一把剑去打。而元奎是很会利用每个人优点的一个人，比方说杨紫琼，她是一个跳芭蕾舞出身的女孩儿，根本就不会打，但他硬是把她塑造成一个武打女星，他把杨紫琼能做到的动作无限量放大让大家觉得她就是特别能打，可是杨紫琼在拍《皇家师姐》（1985）前完全没接触过功夫、打斗。所以我觉得每一个人都有他的特色。

贾：您拍了一部《武侠七公主》（1993），谁做的动作指导？

王：程小东是我那部戏的武术指导，那部戏所有的武打场面都比较虚，所以基本上都是我先有个意念，设计了整个场面，然后小东就去执行，比如这场我说七公主拿剑，对方日本人拿刀，小东就去设计了。

贾：基本的思路你来提供，然后场面他来设计？

王：反而是我去伺候他，我说 A+B+C 行不行？不行！ B+C+D 行不行？也不行！那甲 + 乙 + 丙行不行？行！这个够看！那他就去搞甲跟乙跟丙。

《武侠七公主》（1993），王晶导演、程小东担任动作设计，有舞蹈般的动作套路，超越现实功夫范畴的神奇花样，比如片中“变形金刚”般分解组合的“玉女剑阵”等

贾：有人说数字技术的介入可能是武侠片中真功夫的一个坟墓，您同意这种说法吗？

王：不完全同意，可是能够代替部分的情况，有真功夫的人都是经过很刻苦跟不人道的练习才能达到这种身手，现在每个家庭都那么爱自己的孩子，不愿意用一种不人道的方式去训练他们的孩子，我相信下一代就不容易有武侠巨星了。

贾：洪金宝演了一个电影，叫《七小福》(1988)，那部电影是不是真实地记录了这种训练？

王晶：对，他只记录了比较温和的一部分。

贾：实际情况是比电影中更残忍的，但是如果没有这种训练的残忍，又达不到很高的境界。

王：那当然是，太宽松的态度出不了超级好的高手，加入这个圈子最初，我在编剧方面的训练就是边做边学，真的是一种非人的训练，现在的年轻人我相信熬不过去。

贾：那段时间是疯狂的写作吗？

王：每天必须要交一定程度的东西出来，这些必须大家都认可能用，即使状态很差你也得挤出来。我们不讲灵感，这世界上没有灵感，你要靠灵感，你就不是职业写手。你要当职业高手，就把灵感这个词从你心里拿走，专业编剧的意思就是早上爸爸去世，晚上对不起，请你写喜剧，这就是专业。我从 20 岁恪守这种规律到今天，我都觉得是对的。

电影是综合艺术，不是个人艺术

贾：在剧本创作或电影拍摄中，如果当时的情绪不太好，会不会影响到您？

王：大家不能够否认电影是门综合艺术，不是个人艺术，综合艺术跟个人艺术是很不一样的。个人艺术比如画画、弹琴，甚至于挑印章，你今天不做明天做，你用一辈子做一个旷世作品出来，那没问题，那是你个人的事情。但是电影是几十个人的事情，并不是导演一个人的事情，演员的表演、剧本的好坏、配乐、摄影、道具、服装等全是成功的一部分，所以怎么能够以一个人的情绪影响别人的成就和工作呢？一个导演说自己现在没有情绪不想拍戏，这根本就是一种不负责任的表现，因为这个作品是集体的作品，你根本就没尊重跟你合作的人，他们的贡献不多吗？他们不重要吗？你能不要摄影师？不要灯光师？不要服装师？不要配乐？不行嘛！就好比是拼图，导演只是比较重要的板块，《无极》(2005)不是陈凯歌一个人完成的，《满城尽带黄金甲》(2006)也不是张艺谋一个人的。

贾：您现在拍片子的商业程序是什么样的？

王：我自己的作品，第一先要有意念。有了意念之后就去探讨市场的认可性，当这个想法能被市场认可，我就得估计和大致上证实，具体比如市场能够付出多少资源来支持这部戏的拍摄，包括资金、演员的档期、戏院的档期这些。因为戏不是拍完就完了，要戏院觉得这个戏能赚钱才会排片，人家也要商业，人家也要价值观，你得配合人家，不是说你觉得这部戏好，人家就一定要排你的戏。之后当我知道要花多少钱，这个作品就能在市场换回这些资源并且能赚钱，我就确定这个戏的规模大小，开始进行筹拍，然后就拍，拍完之后就放在市场上换回我的资金，得到我的利润，这是我拍戏的整个过程。可是必须明白除了电影本身是个综合艺术之外，整个商业行为里面，你还需要社会上其他工具的配合，包括院线、音像发行体系、电影频道以及观众的观影想法、中间媒介的推广甚至赞助。一部电影的成功是得到了上万个人的认可和贡献，绝对不是一个导演或者一个演员的成功。

贾：这些年来香港跟内地在电影方面的合作很多，您觉得现在内地的市场和所谓的产业化有哪些需要改进的地方？

王：要有非常清楚的条文。大家都很了解，什么行，什么不行，什么会变成二级，什么会变成三级，如果是定性为一部三级片的话，它会告诉你去掉哪些就有机会变成二级，就看你自己愿不愿意了，如果你不愿意，那就用一个三级的版本来放映，18 岁以下就不能看，这是很自由的。

贾：这个机构在香港是归属于哪儿？

王：政府，新闻处。

贾：那您的片子被要求整改过吗？

王：当然会有，比如说比较暴力的事情或者有一些不适宜在电影上出现的语言，有时候灰色地带可能也会有一些争议，要达到双方一致的想法就是拿掉那些不行的或者改一下，会有个商量的余地，可以讨论。

我眼中电影的国际化进程

贾：美国电影实际上在全世界占有霸主地位，您怎么看待这个现象呢？

王：我觉得美国向来就是文化侵略跟经济侵略，他对世界上很多发展中国家用的方法都是非常霸道的，不然不会看到很多国家的人去抗议。实际在亚洲，美国那些大公司基本上硬是把银幕占了一大部分，而他们那种侵略性行为就是只要一次不听他们的话，下一次他们的大片就不给你了。但他们也常遇到反弹，比方说他突然要提高一部大片的分账，最后有一些院线拒绝接受就不上映了，那这部大片的收入就少了很多。

贾：现在香港院线电影中香港本土电影大概占多少呢？

王：我看三成都不到。美国的这种文化侵略会令所有的本土电影毁灭，因为本土电影根本连排片上映的机会都没有，银幕都被他们占光了，这种情况一定要用保护主义对付才行，不然本地的电影永远不见天日，完全自由的话就输定了。

贾：中国武侠电影现在基本上开始走上国际化进程，比如《英雄》（2002）、《十面埋伏》（2004）等都往海外走，您拍了很多喜剧，您觉得中国的喜剧电影将来有没有可能也走向海外？

王：没有不可能的事情。可是你得有很大忍耐力把这个推出去，因为这需要忍受很多痛苦，比方说赔钱，比方说很不客气的待遇，实际上我们大部分武侠片在欧美都遇到过一些令人不愉快的待遇，很多都是自吹自擂而已。我讲过好多次了，我们的武侠片搞武侠就可以了，没必要加很多历史背景。好多有自己西方道德价值观的好莱坞历史片都赔钱了，那么我们凭什么希望人家看我们中国人的历史呢？可是我说的话媒体不爱听，说什么好评如潮，什么天下无敌，往往那种好评如潮是可以用钱换的。

贾：就是说您认为武侠就讲一个传奇的故事，没有必要加历史背景。

王：对，必须很简单，很全球化，让任何一个国家的人都能看得懂，加那么多历史有什么好处呢？说电影里的服装很能代表某个朝代的风格，可是除了少部分专家以外，有几个人知道那个朝代的风格呢？

贾：意思就是说电影中的历史内容可能会阻碍观众对整部电影的理解？

王：基本上爱看动作片的欧美观众大部分是低阶层的人或者黑人，他们是被社会忽略的一群人。他们爱看功夫片，因为那是一种发泄，就是我会功夫就可以把看不起我的人打倒，甚至达到一辈子达不到的一个梦，这是功夫电影给他们制造出来的一个梦。而白人多半不用功夫，都是黑人或者是我们华人用，所以不要以为我们中国人的武侠电影能统治白种人的世界，这些不切实际的幻想是永远不会变成现实的，自己每天吹是没用的。

贾：现在很多国产电影的投资越来越国际化，这是不是意味着我们的电影只靠国内市场已经很难维系了？

王：我不认为是这样，只要所有的东西都上轨道，有规律，就可以。韩国片的成本比我们的大，但他们却能够在韩国拿回成本，因为韩国人都爱国，他们进戏院看电影，不看盗版，韩国几千万人而已。我们有12亿人啊，为什么不能拿回成本？就是因为我们的整个行业没上轨道。

要用旧瓶装新酒

贾：您过去拍了一些可能有人已经拍过的内容，比如说像《新少林五祖》（1994）。您觉得自己拍的跟过去别人拍的有什么区别，或者您觉得自己创新在哪儿？

王：这只是一个包装而已，洪熙官是个大家都没见过的人，是个虚拟的想象空间中的人，所以这只是一个代号而已。可是每个年代都有不同的方世玉，不同的杨过，不同的关云长，不同的赵子龙，这些名字只是英雄人物的性格代号而已，所以不重要的。有时候我也是迁就很多投资人的想法用这些代号而已。

贾：就是说投资人会觉得这些人的代表性很强，比较容易吸引观众？

王：你说有个侠士叫王晶，可大家不知道他是个怎么样的侠士，你得用很多篇幅去表达王晶是怎么样的一个大侠，可是我说杨过，大家马上就明白了，就是这个道理。

贾：我们可以把它理解为一个内容的外在形式，人物的性格会随着现代人的观念而不断改变。

《新少林五祖》（1994），动作精彩，情节连贯紧凑，该片塑造了一个冷傲、孤寂，身处困境，却从不向邪恶低头的民间传奇侠客形象。公映后深受观众追捧

王：对，是随着现代人的价值观进行调整。香港电影里的第一个杨过是谢贤演的，到今天国内最新的杨过是黄晓明演的，就像黄飞鸿一样，关德兴演了一百部《黄飞鸿》，也看不到黄飞鸿有个女朋友或者有个太太，而李连杰演的黄飞鸿马上就看到有十三姨了，这就是跟着时代价值观的变化而改变。

贾：早期拍的《黄飞鸿》，他身边没有一个太太，是因为那个时候的价值观会阻碍或者不认同这种关系吗？

王：不认同，他们认为黄飞鸿已经是个老人，不需要拍他的爱情。爱情方面就让当时的曹达华他们那些年轻的一辈去认识女孩子，而且也不会仅限于描述爱情，因为看黄飞鸿就等于要看打，不断地打，那个恩怨关系就够了，而且在那种片子里女性是没有地位的，都是些待拯救的人。

贾：现在的电影里这种女性可能又会扮演不一样的角色。

王：对，女性也能成为大侠，女性也可以成为帮助黄飞鸿的主要人物。

电影生涯的几个阶段

贾：一般来讲，一个导演的创作历程都会分阶段，您拍了这么多年电影，如果让您自己分阶段的话会怎么分？

王：可能就是我在电视的阶段、我在邵氏公司的阶段、我自由身的阶段。从我第一部戏到1986年我进入邵氏公司，这是一个阶段，离开邵氏到2000年，我是自由身，拍了很多部电影，是我最多产的年代。

贾：那2000年以后呢？

王：就有两年我希望当行政人员，就完全没有什么电影作品。可是后来觉得不是特别适合，就回到了监制和导演的岗位上。我觉得我还能拍，我就再拍，我进入内地就去研究内地的市场，到今天已经有一个初步的结果了，所以我觉得应该是这几个阶段吧。

贾：您在邵氏待了几年？

王：六年，是我当导演最初的六年。

贾：当时您离开邵氏是什么原因？

王：他们结束了电影部门，把所有的资源都放在电视剧了，我差不多是最后一个离开的。我当然不抗拒做电视，可是当时我觉得我不需要做电视，因为我做电影的空间很大，即使邵氏不拍戏，我也可以帮别的公司拍，一点问题没有。

贾：您现在是在自己的公司还是说在其他的公司？

王：都有，有我自己的公司，我还跟很多别的公司合作，我觉得电影跟电视都要吸收很多别的公司的优势和经验，才能起到一种全新的化学作用，能够出来一些全新的东西。

贾：您现在的公司叫什么名字？

王：叫影王朝和剧王朝。本来是叫剧王朝，可是我觉得电影和电视最好分得清楚一点儿，所以我就又开了影王朝，影王朝就负责电影，剧王朝就负责拍电视剧。

贾：很多人都看过您拍的电影，也看过您演的电影，目前来讲在内地的合作上您觉得最大的问题是什么？

王：没有问题，对我来说没什么问题。

贾：现在存在一种现象，就是一些不懂电影的人挤进这个行业，投资电影，您怎么看待这件事？

王：因为投的数目不大，他能够享受一种参与影视界的优越感或者得到很多潜规律的好处。

嘴长在别人身上，我只管做好自己的事

贾：您的电影里有很多商业元素，那在一个动作的处理上有没有商业和非商业的区分呢？

王：当然有了。如果是商业的动作片，它会追求一个美感；如果不是商业的动作片，就可能追求现实生活中会发生的情况，比如我打你一拳，然后你就很生气地追过来打我，但在武侠片里，我打你一拳，你头就爆炸了，还怎么回来打我呢。

贾：就是说商业的东西更悬、更离奇一点儿。

王：在现实生活里看到人打架，多半是骂来骂去的，两个人真正打，正常来说 15 秒就分胜负了，输的那个就跑了，不可能像电影里面打 20 分钟。上过擂台你就知道，你以为在擂台上三分钟很短，但其实并不是，是很累的。

贾：擂台一个回合是多长时间？

王：一般来说三分钟，三分钟保持把拳头放在脸前面是很累的一件事

贾：电影显然是夸大了？

王：夸大了无数倍，他们从来没有计算一个人的气，打架跟所有运动一样，都是要用气的。

贾：电影中的这些暴力或者色情内容常常引来学术界、文化界的批评，您是怎么面对这些批评的？

王晶：这是个自由的世界，嘴巴长在他人身上，爱说什么说什么。只要你花钱进来看我的电影，你说什么我都接受，我都听，这是我的义务，但我同不同意是另外一件事。

贾：您有没有听到过一些会促使您做改变的意见呢？

王：那当然有，可是多半人还是压低别人提高自己的态度。

贾：在您的创作过程中除了您自己内心真正想拍的东西之外，还有会影响您创作的其他因素吗？

王：除了票房之外没有。

贾：就是说票房是您考虑创作方向的一个很重要的因素？

王：对，因为我相信以我的专业知识来说，我认为能拍的就能拍，该拍的就该拍，如果别人觉得我不能拍或者不该拍，那是他的一个很主观的想法，什么能拍，什么不能拍，我会听老板的，如果他不是我的老板，就请他闭嘴。

贾：您还拍了一些赌片，香港的赌片曾经在市场上反映非常好。

王：实际上我的赌片也是武侠化，我的特色也是武侠化，我是很了解赌徒的心理的，我把很多赌徒的心理都放进我的电影，很多时候我就是用心理学去拧戏。

贾：那您了解赌徒是通过什么途径？

王：去跟他们聊，我自己也参与，可是我本身不算是一个赌徒，我没有赌瘾，成为一个赌徒我还不够格，怕输的就不是赌徒了。

贾：您的赌片电影体现过赌徒的哪些心理？

王：他们对赌的一个看法。有一个心理学家曾经说过，一个赌徒为什么那么爱赌，他们追求的并不是赢，而是追求那种在胜负之间好像踩钢线一样的刺激感。

贾：赌徒的喜好未必就是赢钱？

王：对，他们要追求那种死而复生的刺激感，而不纯粹是钱，我放一堆钱在他面前，跟他去赢了这堆钱是两码子事，虽然还是同样多的钱，但如果他是通过赌的方式得到的话，那他的快感能增加无数倍。

《赌神》(1989)，王晶在故事里集结了爱情、兄弟情、枪战、动作、神化了的赌技，剧情结构完整，人物形象鲜明，个性突出，在香港掀起赌片风潮

我的人生观和价值观都通过电影来表达

贾：拍了这么多年的电影后，您觉得电影对您的人生观或者价值观有改变吗？

王：我觉得电影从来没改变我，是我的人生观和价值观通过我的电影来表达了。

贾：那就是说您的世界观形成以后，基本上就一直在坚持？

王：对，我的态度从来都不改变。

贾：这两年中国的很多武侠电影在国际上受到一些认可，比如像《卧虎藏龙》(2000)就很卖钱，有些片子虽然受到很多赞许，但在经济上并不成功，作为导演，您怎么看待电影的这两种分离？

王：这两种分离，也在于发行方式的成功与否，以专业的眼光来看，《卧虎藏龙》除了动作不错，戏不怎么样。《卧虎藏龙》的成功是来自哥伦比亚电影公司发行手法的超大成功，它是通过一种吹捧的形式，让观众接受这部戏，然后在戏院一点一点地排片，最后全线2000多家戏院公演，最终收获了放射性的口碑。这种发行上的成功，实际上我个人认为能够拍到《卧虎藏龙》这种水平的中国武侠片不少，在奥斯卡上，它拿的都是技术奖，而不是最佳导演、最佳演员或者最佳影片，可是最终在好莱坞那种发行方式和吹捧方式制造出的舆论压力下，你不敢说它不好，《英雄》在发行上只是没有《卧虎藏龙》那么成功而已，动作场面方面我觉得也差不多。

贾：现在的电影有时候分两个导演，一个是导演，一个是动作导演，或者有的时候一个人既是导演又是动作导演，可有人不同意这种称呼您这么看？

王：那就看他本身是不是一个会打的人，如果他不是一个会打的人，他根本就没资格说这个话，不要把自己看得那么高，我从来都不会觉得电影人特别高。

贾：西方是不是把电影人的位置设得比较高？

王：非常高，能影响国策。因为好莱坞电影就是他们文化战略的主要武器，汤姆·克鲁斯拍完《壮志凌云》之后，那一年美国青年去从军的人多了好几倍，他们以为当兵就跟汤姆·克鲁斯一样了。好莱坞电影就是这样的，不然他们怎么能借到战斗机拍呢。

贾：你觉得怎么才能知道电影在一个国家文化格局当中的位置？

王：我觉得看电影局在这个国家的所有机构里排在什么级别，就能看到这个国家政府把电影看的有多高。

贾：就是您觉得电影在国家管理层面的地位应该要提升？

王：没关系，自己知道自己在哪里就行了，我觉得提不提高都不是一个重要的事情，可是自己必须知道自己在哪里。

贾：刚才谈到评奖，咱们内地也有各种各样的电影奖项，您是怎么看待这些奖项的？

王晶：我觉得大家把奖项当成一场游戏就完了，全世界每年有 300 多个影展，如果你每天去参与影展，放假的时间就很少了。评奖没有一定的规律，也没有规定隔多久才能成立一个颁奖礼，明天我跟你就能在某个省成立一个电影颁奖礼，也能在澳门成立一个澳门影展。我爸爸在 1959 年拿了亚洲影展最佳导演奖，那时候香港只有四个导演拿过这个奖，可是后来他跟我说这是命，让我对这件事不要太认真，所以我一辈子不求什么奖，就是一场游戏而已。

贾：就是说评奖的偶然性很大，对吗？

王：对，绝对没有必然性的。比方说周迅拿了四个影后，第五个你不给她，别人就会想你是不是背后有别的看法？或者你是一个有内幕的影展，这无形中会形成一种压力。

贾：您拍了这么多年电影，有没有您不愿意拍但最终还是拍了的？

王：大部分都不愿意拍但还是拍了。

贾：完全不考虑商业因素，就从您的本心来讲，您最喜欢拍什么样的电影？

王：这是不可能的事情，我很少想到这样的事情，我从来都不主张去想一些假设性的东西。

贾：很多人都给电影下过定义，有人说它是综合艺术，有人说它是一种商品，您觉得电影是什么？

王：我觉得是种综合的商业艺术。

贾：最后您想对喜欢您电影的观众说些什么？

王：我会继续拍我认为大部分观众喜欢的电影，但会有调整，因为当初看我电影的那帮人已经长大了，我得调整来适应年轻的新生代。我相信在我 60 岁之前我还是会拍电影，可以很肯定的是都是商业电影，60 岁之后可能就会写作了，希望在这大约十年里面，我能在我的电影里发光发热，拍一些我以前没有碰过的题材，或者接触一些我以前没有接触过的平台。

（2006 年 12 月 2 日于北京市朝阳蜀南人家）

2006 年 12 月 2 日，王晶与本书作者贾磊磊在北京朝阳蜀南人家

止戈为武 才是侠义风范

刘家辉

刘家辉，本名冼锦熙，1955年8月22日出生于广东省。自幼习武，1973年，因首次出演刘家良执导的电影《杀出重围》（1973）而进入电影圈。凭借“少林三部曲”（《少林三十六房》《少林搭棚大师》及《霹雳十杰》）塑造少林神话且自此扬名，而后拍摄《黄飞鸿之铁鸡斗蜈蚣》（1993）、《唐伯虎点秋香》（1993）等片一改之前的正派角色，通过正邪不一的角色塑造向大众展现了更加立体且多元的刘家辉，无论是《少林三十六房》的“三德和尚”抑或是《唐伯虎点秋香》中的“夺命书生”都给人留下极深印象。1990年，刘家辉接拍古装武侠剧《螳螂小子》（1994）并与罗莽在剧中对打。1999年，主演古装神话剧《人龙传说》（1999）。2003年至2004年，受美国导演昆汀·塔伦蒂诺之邀拍摄好莱坞动作电影《杀死比尔》（2003）、《杀死比尔2》（2004），使其再度被人们所关注。2007年，参加中国功夫·全球盛典并获得最佳动作男演员。2010年，主演古装动作剧《少林寺传奇之大漠英豪》（2010）。

中国武术门派很多，每个门派的功夫都很好，不仅可以攻打，也可以保护。武术体现修养，对打不是攻击，即禁止对方攻击自己。有敌人我们会对抗他，但我们不会随便攻击别人，保护自己、保护小家、保护国家，这是中国武术的重要宗旨。

——刘家辉

就是想学点中国功夫

贾磊磊（以下简称“贾”）：您自小习武，回忆一下小时候习武的源起及过程好吗？

刘家辉（以下简称“刘”）：好，其实我出生在50年代，幼时的我很顽皮，爸爸便把我送去一个英文寄读学校，每天不是读书就是上教堂祈祷。后来到了10岁左右我结束寄读生涯，回到家中最常做的事就是看电影（那时候香港只有电影没有电视），初看关德兴主演的《黄飞鸿》（1976）第一代，觉得他很英雄，很有我们中国男子汉的爱国精神。从那时候起我就对功夫有兴趣，但我爸妈的观念较为传统，他们不允许我学武，希望我读书，将来长大做生意。结果我就只能偷偷学武，通常打着出去补习的幌子，跑去刘家良的武馆里，一边学武，一边学习，持续了好几年，才被父母发现。

贾：您偷偷学武被父母发现后，他们没有制止吗？

刘：刘家良的爸爸叫刘湛，一位洪拳宗师。其实刘家良爸爸的武馆是靠近我爸爸做生意的店铺，虽然我父母的观念比较保守，但由于我的成绩在学武期间并没有退步，所以爸爸妈妈才允许我一直跟着刘家良家里的武馆学武。

贾：您那个时候学武直接跟刘家良师父学的吗？

刘：没有，那时候刘家良已经当武行了，所以他没有很多时间去武馆，我就跟刘家良的一些师兄学武。

贾：那您是源于某种契机师从刘家良？

刘：我跟刘家良学武主要是在40年代，在邵氏那段时间，因为那时候我们每天接触拍戏，他把拍戏功夫跟我们本身练习的功夫有什么不同，怎么可以联系在一起，怎么可以融合在一起，把真实的功夫跟电影上的功夫怎样配合才好看，他把拍戏这种精神，又重新教给了我。

贾：那时候在香港学武者很少，您在学武的时候，一定会遭受肌肤之苦，或者是不为人知的苦楚吧？

刘：香港那个年代学武者甚少是因为学武会被人看不起，那个时候普遍认为在武馆学武的人全部是低档的，如果去学空手道、柔道比较好点，觉得这些人的素质相对高点。但是我觉得身为一个中国人，我需要学习中国文化。

贾：您是怎么理解中国文化的？

刘：拿毛笔，不代表你是中国人；使筷子，也不代表你一定是中国人。有中国文化才代表是一个中国人，我觉得中国功夫就是我们中国人的文化。如果说我学空手道这是一种体育，那么我学中国功夫就是文化和体育。我老了，不管我到了哪一个国家，我要代表我是中国人，就要带一点中国文化。

贾：幼时您是在一个英文寄宿学校读书，在英文学校里势必受到的是英式教育，在这样的背景下您对中国文化或者说中国武术会不会有矛盾的地方？

刘：当初我爸妈把我送去英文学校，因为那时候是英国殖民地，如果不是在英文学校毕业

刘家辉和刘家良

就很难考大学，也很难找工作，所以才选择英文学校。在英文学校念书只有历史和国文是中文书籍，其他全部是英文的。当时读英文对我来说，一方面可以增加自己的知识，另一方面对将来上大学或者找工作比较好。但是我只有两本中文书籍，对于中国文化，我接受的只是皮毛。所以我小时候挑选学中国的功夫，不管什么门派，我觉得学了以后首先要知道何为尊师重道，但是看看现在的年轻人，以我自己的孩子为例，我不敢轻易骂他。

贾：是囿于香港文化还是父子关系？

刘：香港的法律上你骂他，你揍他要罚钱，其实父母打骂孩子，父母的心更疼。我觉得是社会变了，因为要面临开放，父子关系比较融合了，所以尊师重道的感觉也没了。像我小时候看到爸妈是害怕的，不过也并非全是害怕，我更认为是一种尊重。

贾：其实是一个法律的问题和伦理的问题。传统文化和法制与现代社会可能有一些矛盾，从伦理来讲，你要打你的孩子恰恰佐证你是爱他；但是从法律来讲你打你的孩子就是犯法，所以这就是矛盾的症结点。

刘：是的，法律与社会的问题。

贾：回到您最开始学武术的这个问题上，因为中国的武术有很多流派，比如少林或者是洪拳，那么您最开始学的是哪一具体武术的门派？

刘：其实小时候我也很矛盾，中国功夫那么多门派，每一门派都有它的优点也有它的缺点，同时也有他们的文化。我选择学习洪拳原因有三：第一，我住的地方靠近刘家良家，学习起来非常方便；第二，从小我看过黄飞鸿的片子，也看过柔道、跆拳道等；第三，我唯一想学就是中国功夫，刘家良的功夫属于洪拳，也是黄飞鸿这个门派，所以我挑选洪拳。不过有一点需要声明，我并没有觉得洪拳是第一，完全没有这个感觉，我就是单纯地想学一种适合我的中国功夫，就这么简单。

贾：常说严师出高徒，您在学习过程中老师会打你们吗？

刘：会，但是我从来没有反抗，很尊重师父。但是如果妈妈打我了，我心里就不服气。为什么会有这种反差呢？就是我们中国人有一句话“能医不自医”，意思说爸妈管教你很难，要交给外人管教你。

止戈为武才是侠义风范

贾：拍戏可能是为了生活，但在某种程度上也是借助电影的载体展现武侠功夫，传达你们的思想观念。

刘：对，我们拍戏当然先要解决生存问题，包括中国电影也是如此，无可避免的有其商业行为。但是更重要的是，对于武侠，我们打心底里有一种话想要借助电影表达出来。

贾：借助电影讲故事的方式表达你们想说的话，其实你们对自己的影片最有阐释权，也最具发言权。像我们写一些电影史、评论文章多多少少都有一些揣度和评估的意念放在里面，它不一定是准确的。比如你要拍一部红色的电影，被后人解释成一部黑色的电影，谁来确认它是红色的呢？只有你们自己出来说话，只有你们自己才能够把这个事情说清楚，所以我们非常看重这件事情。

刘：你说得非常有道理。

贾：武侠电影有很多的理念，比如武术的道德。我们也采访过很多导演和从事武术的人，他们都认同的中国的武术除了能够击打对方之外，更宝贵之处在于它所涉及的武德。就您所学的洪拳来讲，除了技艺层面，您是怎么看待这个武德？

刘：中国武术门派很多，每个门派的功夫都很好，不仅可以攻打，也可以保护。其实强身健体、保家卫国这才是问题的关键。我们中国文化有文德，也有武德。什么是武德呢？我们看一下中国的“武”字，下面一个止，上面是戈，武功的目的也即禁止对方攻击自己。

贾：止戈为武。

刘：对，这是一个学武的德行，不是去攻打人保护自己，而是制止对方攻击自己，这是武功的意思。所以我觉得武德不是说你打赢我了，我要报仇，其实不是这样的。

贾：但是电影往往喜欢通过设置这样的报仇事件或者反派人物来助推戏剧的情节走向。

刘：一部电影没有反派怎么成为电影？就连卡通片、动画片也都有反派。反派也是一个人，当然，人不是生出来就是反派的，环境造就他在某一时代必须做坏人才可以生存。

贾：我们这部片子名叫《中国武侠电影人物志》，中国武侠包括功夫、拳脚、刀剑、古装、神怪等，因为内地习惯泛指，所以把武侠和功夫放置在一起。统称武侠电影。武侠电影除了它的武术动作还有一点需要特别强调，就是这个侠，或者说侠义的精神。刚才您也谈到武侠电影中的道德，就是您怎么理解，或者在您的标准尺度上，一部好的武侠电影应该具备哪些精神上的特点？除了武术最基本的比较逼真、有力量、感动人之外，它在文化上、在精神上、在内容上应该具备哪些特点？

刘：我们会有一个共识：一个英雄或者是一个武功高超的师父，他肯定没有读过很多书，那他该怎样修养他个人的侠义呢？文化人读过书，自然会有很多礼节，但是武人并不在意这些规矩，最多就是“请”。文人和武人的喝酒方式也是不同的，文人讲究礼节，武人注重洒脱，文人所处的是社会，武人所处的是江湖。江湖跟社会是其实是一样，只是侠义人看社会是一个江湖，他甚至就在江湖，文人处在社会中讲求礼义廉耻的待客方式。文有文的道德，武也有武的道德，比如说我在某部戏中演一个是会武功的角色，那么我所面对的不是一个社会，而是一个江湖，面对的每一个人则是一个江湖人物，不管他是黑是白。

贾：在现实的生活当中，您觉得一部武侠电影怎么样才能体现出来侠义的精神？或者侠义精神对你们来讲意味着什么？

刘：对我个人来说，侠就是大侠风范，义就是义气。比如楚留香，他很有钱，到处喝酒，也很风流，但是他是侠义者，他用钱帮助人，或者用武功帮助人。另外，有些人他没钱，就用自己的生命去帮助人，这也是义气。锄强扶弱，劫富济贫也是侠义，有些人劫他人不义之财去帮助穷人，我觉得这同样是侠义。

我从影之路的引路人：刘家良

贾：您最开始在长空公司，参演的第一部电影就是十九岁时所拍的《洪拳与咏春》，能回忆一下当时拍片子的前后过程吗？

刘：当时是 1974 年，我很幸运，通过刘家良介绍我给张彻，没有考试，也没做什么训练就参与了这部片子。我记得我那时候跟戚冠军一帮人一起合作，作为一个刚进去的小演员我真的不会拍戏，只会打，没有什么表情，连对白也没多少，就是一两句：“上，上”。现在回忆那时候的我真不算一个演员，顶多就是一个能打的武行。其实影片非常好，把传统的洪拳、咏春招式一一介绍。但是我那时候还是很嫩，也没有什么经验，导演叫我做什么我就做什么，只能听从命令、服从指挥。

《洪拳与咏春》（1974），张彻导演，傅声、戚冠军主演的一部动作电影，刘家辉饰演何振刚

贾：那时候在片场是不是要求很严格，会不会挨骂？

刘：会的，张彻导演骂副导演、骂服装、骂道具，他们做错就骂，不是针对某个人，而是针对工作问题。但是武行、演员他从不骂。张彻导演是一个很好的导演。

贾：你们拍《洪拳与咏春》的时候，剧中使用的道具比如刀、枪，是真刀真枪，还是有两套刀具？

刘：有两套刀具：一套是真刀，真刀拍特写，另一套是假刀，假刀是用竹片做。不过现在的假刀不比从前，以前用竹子做的假刀很轻又不危险，现在用木做的假刀，很不坚固，一打就断，也没有弹性。

贾：你们拍《洪拳与咏春》的时候，那个时候片场上的动作导演是谁？

刘：刘家良。其实刘家良从粤语片的时候是跟唐佳师父一起的，那时候黑白粤语片是没有武术指导这个位置的，就像刘家良说的，“我会什么武功就怎么打”，后来到60年代末开始有武术指导了，唐佳和刘家良就设计武术动作。

贾：中国武侠电影经历了最开始的神怪武侠，比如《火烧红莲寺》那样，后来过渡到60年代刀光剑影，比如《龙门客栈》，再到70年代的功夫拳脚。在这个过程中，你们这部分是非常重要的一个流派也是一种历史代表，你们的硬朗打斗，就是这种武术功夫的理念，你们觉得是否受到同时代李小龙的影响或者说你们怎么看待李小龙的制作和打斗风格？

刘：很多武侠片是一个武术故事即一部电影，同样是打斗，一般的武侠片往往天马行空，不切实际。但是刘家良跟李小龙却是例外，他们本身是有武术，他们把武术的理念通过打斗重新表现出来。李小龙每次拍的电影都是打外国人，刘家良打的不是外国人，大多是反清复明。其实大家意念是把拳理表现出来：自己的功夫怎么破对方的功夫？这个要讲理由。

贾：所有的武师都是有个拳理在心间吗？

刘：刘家良跟李小龙有理论，有哲理。比如李小龙读过书，知道哲理，所以他的拳理是可以讲出来。其实每一个武术家都有哲理，但因为一般武师没钱就无法读书，所以不会讲出来，他们的天赋就是打，他们的天赋哲理只能通过手脚表现出来。

贾：能具体说说您佩服刘家良的原因吗？

刘：刘家良的片子会展现一个武德的宗旨：不采取杀人的方式，总会让对方把人抓起来或者绑起来，不需要反派死，而是令反派佩服，故事到此结束，这就是刘家良风格的片子。

贾：所以刘家良的武德让您更好地理解了武术。

刘：是的，一个有武德的人心胸比较宽广，一个懂武术的人知道武术不是打死人，武术体现修养，对打不是攻击，而是锻炼身体。有敌人我们会对抗他，但我们不会随便攻击别人，保护自己、保护小家、保护国家，这是武术的重要宗旨。

缺少中国文化内涵的武术不是好武术

贾：行为本身是一个哲学。您主演的《陆阿采与黄飞鸿》（1976），您当时演这些电影的时候，就是处在这样一个现实里面的，比如说一个武术真实技击的方式，你们练功练了那一套，现实的情况和动作片拍摄的时候可能有区别的，您觉得这些区别最重要在哪儿？也就是说您把一个真实硬朗的武术摆到电影上要想使观众喜欢，肯定要做一些改变，这些改变的关键在哪？

刘：比如说《陆阿采与黄飞鸿》，这个电影本身是介绍洪拳，硬朗的洪拳必须经过训练，

《陆阿采与黄飞鸿》（1976），香港电影史上第一部以青年黄飞鸿为主角的电影，刘家良自导自演，倪匡编剧，刘家辉饰少年黄飞鸿，陈观泰饰陆阿采

如果我们不把那种训练的过程在电影上摆出来，观众会觉得那不是洪拳。另外要演的是黄飞鸿打洪拳，如果我把一套一套拳打出来，观众或者是其他师父一看就知道我们拍的正宗与否，尤其在 70 年代，武侠故事肯定大多表现的都是反清复明、锄强扶弱。大家不在意你的故事，而是在意你所打的拳是不是正宗的，要知道那时候全部是真打，也没有威亚，真的非常辛苦。

贾：所以武侠电影，尤其这种技击功夫片，观众对它的这种假定性认知非常低。你拍一个科幻电影，大家都知道它是假的，自然没有人去挑剔它，但是你要拍一个武术电影，大家都觉得一定要看到真功夫。像你们拍摄的这些武侠电影，以真实的技击武术打斗，在当时的香港票房是不是非常好？

刘：非常好，就像刚才说过中国功夫里面有内涵，打的每一拳都是由内心发出来的哲理。比如李小龙，你看到他的每一招，不是打的快不快，狠不狠，而是有内涵。就像毛笔画画，他写个字是从心里发出来的。不过好像现在年轻人拍片都很喜欢特技，比如《龙虎门》（2006）里就有很多特技，虽然也有功夫，但是他的功夫没有内涵，没有文化，只有打斗和漂亮的画面，过两天观众就容易忘记，虽然同样是打斗，但差别显而易见。

贾：您觉得中国武术崇尚的是它的内涵，如果我们用一种侠义精神表述的话，或者是用一种论语精神表述，您认为这种内涵的核心内容是什么？

刘：其实内涵很难说出来，比如说一个懂武功的人，和一个不会武功的人是很容易分辨出来，眼神至关重要。我们中国广东人有一句话，“拳大、眼大，拳在哪里，眼在哪里”。人的健康是有精气神，例如一个人身体很健康，一看他眼神，是有精气神。这种内涵不是说你打我，我打你，不是硬打。泰国的《拳霸》（2003）虽然好看，但是没有什么内在，就像一个野兽似的打打打。李连杰拍的《少林寺》（1982）我非常喜欢，他把新派武术在电影上拍出来，我们从来没有看过新派武术，以前我们看的是传统武术。但是现在香港也成立两个总会，一个是传统武术总会，一个是新派的武术总会。

贾：您能具体解释一下新派武术与传统武术吗？

刘：什么叫传统呢？就像咏春、洪拳等很多门派，他们有宗师一代一代传承下来；什么是新派武术呢？就是像李连杰、赵文卓他们从北京派，再变一个武术出来锻炼表演，其实两个也是一个武术。

贾：如果让您选择的话，您是选择传统还是新派？

刘：我希望两者互相联系或者说并起来最好，因为传统武术，门派太多了，有分歧，与其他众多门派你争我夺，不如包容合作。再比如我觉得西方武术它有它的精髓，传统武术它也有它的精髓，两者应当联系起来，互相研究。

贾：文无第一，武无第二就是这个道理。

刘：这个世界不应该有第一，有第一就不会有进步，所以我说我们把这个分歧分开，大家互相研究，把武术或者把其他东西再发扬出去，才有新的东西产生。如果一直是传统武术，就像古董了，如果一直是新派武术，别人看好像跳舞，最好的状态就是传统武术和新派武术并肩作战。

贾：据了解，香港电影体制比较商业，刚刚您也讲到，它比较讲究娱乐、商业的环境，但是武术又非常崇尚它的一种精神、道德、理念和文化。在这样一个商业体制下怎么能够保持或者怎么样能够传达出来一个文化的、哲理的、道德的意念？你们的经验是什么？

刘：现在香港很多年轻导演，从外国读书回来香港，在温室里长大的他们对中国的历史不了解，对中国的文化及武术一窍不通，那些导演想的多是怎么把画面做好。相比之下，你看刘家良、唐佳他们小时候，生活在很苦的地方，接触中国最传统的文化，他们肯定可以表现出来，但是那些年轻的导演就很难把中国的传统文化表现出来。

贾：就是他们对中国文化的了解是非常不足的。

刘：肯定不足，我们中国人的腰带，现在全被皮带替代，以前中国人就是绑腰带，连腰带结摆在哪里也是有讲究的，但是现在的皮带没有了文化气息，我对此感到非常惋惜。

贾：现在对中国文化的认同确实也出现问题，这个当然是比较远的问题了。

关于我的“少林寺”

贾：我们特别感兴趣的是您演的一部叫《少林三十六房》的片子，现在电影频道买了一批邵氏早期的片子，这些片子都在内地播映过。那部电影无论从武术的技击或者传达的理念来讲都是非常重要的，您能不能回顾一下当时的拍摄情景？

刘：其实我第一部拍和尚的戏就是《少林三十六房》，也是刘家良把我的性格从和尚那边创作出来。《少林三十六房》是一个很简单的故事，把一个和尚怎么锻炼自己的武功，怎么跟祖师说想要创造三十六房等引入创作里面，最后反清复明、保家卫国。回想我拍《少林三十六房》那时候真是蛮辛苦的，因为当时没有动画、电脑配合，每天就是在棚里面硬打、都是硬碰，一口气拍了八十天。

贾：硬打硬碰是相当辛苦，现在动画、电脑技术制作已经趋于成熟。

刘：那时候我觉得辛苦是辛苦，但是毕竟从小学武，所以也倒觉得没怎么样，就是希望把真实的东西在画面上表现出来。除了《少林三十六房》，还有一系列片子也是当和尚，以及武馆等，回顾以前那些片子，我觉得很荣幸，能够在那个年代拍这种戏，现在是无法实现了。

贾：为什么无法实现了？

刘：没有接班人。谢霆锋可以吗？他能不能打呢？其实画面是给观众一个享受，同时主角也要使观众信服他能打。我跟很多人说，动画、电脑可以配合，但并非每一个镜头都可以配合。比如说武侠片可以飞得很高，但是功夫片不可以，因为人是有极限的，不可能飞到两千米那么高。我现在看到很多片子，他们不是功夫片，纯粹是不讲究拳理，只讲究画面的动作片。

贾：你们香港人经常讲功夫，我们内地人经常讲武术。武术的概念可能跟功夫特别接近。您说得很对，不同影片类型，有的东西可以拍的云里雾里，古怪奇特，有的东西就是要拍得实实在在。你们拍《少林三十六房》也好，《少林搭棚大师》也好，邵氏那时候的制作理念基本上是一种片场的理念，所有的东西都是用景来搭建，很少有外景。你们在这样一个环境里是怎么考虑的？或者说你们怎么适应？怎么样来认知虚拟？特别真实的武术表演和一个特别虚拟的搭建景地之间，你们觉得有问题吗？

刘：其实有问题，比如拍少林寺，香港没有少林寺，当时的内地还没有开放，我们怎么可以去少林寺拍？所以我们只能在棚里搭景，再构想少林三十六房每个房怎么样。其实问题之一在于，那时候我们的场景是搭景，很少实景，如果能看到真实的东西，我拍出来那个反应也不一样，就好像我曾经去少林寺拍过，头一次看见少林寺是很兴奋的。另一个问题是如果真的有少林寺可以拍，它也没有这个景，可以给你搭景吗？不可能。但是你再看香港的搭景，我可以拆景，打烂也可以，真实的少林寺怎么可以任由你拍，不可能，除非盖一个一模一样的少林寺才可以。

贾：真实的少林寺是国家的重点文物保护对象，自然不能任意而行。

刘：对，作为文物保护对象，掉一个钉也是要罚款的。

贾：你们后来看由张鑫炎执导、李连杰主演的《少林寺》，您觉得有什么不一样的地方吗？

刘：第一，李连杰的《少林寺》跟我一般看到的传统武术不一样，一个镜头十几招表现出来，非常新鲜且漂亮。第二，以前我们不知道真的少林寺是什么样，现在我亲眼看到少林寺什么模样，非常兴奋。我还记得 90 年代我去少林寺拍一部电视剧，亲身感受真实的这种情况，是令人特别兴奋的。

贾：《少林三十六房》里有很一个很可贵的理念，通过建一个第三十六房，穷人的孩子可以进入到寺庙里来学武术，另外它还有很多武术打斗的场面。在《少林三十六房》多场打斗里面，

《少林三十六房》（1978），刘家良在筹拍该片时，大胆起用不知名演员刘家辉做男主角。刘家辉因此片而成名，影片上映后也在国外获得不错的反响，让刘家辉走上事业的顶峰，数十年来成为很多影迷心中无可替代的光头影帝

无论从武打设计或者是您的表演出发，现在对您印象最深的是哪一场？

刘：印象最深的有两场戏：一个是关于烧伤那场，虽然是假的，但是如果你要真的碰到是非常让人害怕的；还有一个跳水那场，没有钢丝，需要你跳过去，不过我们做了一些道具，可以使木头不会沉下去，但依然很危险，所以这两场戏使我印象最深。

贾：《少林三十六房》的续集《少林搭棚大师》在内地电影频道公映过，很多人都会认识你，包括我们现在做的人物志访谈将来呈现出来的时候，大家也会对你有更深入的了解。但是你们那个时候一边搭棚子一边打斗的方式和过去在竹林、客栈是完全不一样，你们把武术跟建筑的理念放置在一起，这个思想创意的原点从哪来？

刘：刘家良，他虽然读书不多，却可以把这种表现在功夫上，这也是我很佩服他的原因。我在《少林搭棚大师》中扮演的人物根本不允许我参与功夫，罚我去搭棚，我在上面搭棚，他们在下面练功，其实搭竹棚也是一个练功过程，在偷偷观摩中习得武功。总的来说，《少林搭棚大师》较之《少林三十六房》相对轻松，不过那时候因为使用竹子搭棚，为此也割伤了手。

贾：回到您的少林三部曲：《少林三十六房》《少林搭棚大师》《霹雳十杰》（1985），您能回忆一下当时拍《霹雳十杰》这个片子时的经历吗？

刘：《霹雳十杰》是80年代拍的，可以说是刘家良少林系列的最后一部，《霹雳十杰》故事里面有方世玉、十个兄弟等人，饰演方世玉的年轻人是邵氏最后一个训练班。剧中是借着去争一个武举人的故事来讲反清复明，里面有一场刘家良和李丽丽的对打，刘家良的洪拳非常出色，李丽丽的咏春马步也同样精彩，刘家良从来不会说洪拳第一，也不会说别的门派功夫不好。其实刘家良对各门各派的功夫都了解，每个门派优缺点共存，他尽量把别的门派的优点拿出来，取长补短。

《少林搭棚大师》（1980），《少林三十六房》续集，刘家良执导，刘家辉、王龙威等人主演，是邵氏经典作品“少林系列”中较为精彩的一部。影片打斗部分精彩纷呈，演员对白幽默有趣，不失为香港动作片中的经典

《霹雳十杰》（1985），依然是刘家良和刘家辉合作，影片所展示的功夫皆硬桥硬马，动作设计与摄影、剪接、特效的巧妙配合，令本片的打斗更眩更酷

习武是一种习惯

贾：现在很多观众都特别崇仰习武之人，他们也特别关心一个问题，比如说像你们这样会武术的人，在香港也好、内地也好或在大街上也好，总会遇到一些类似路见不平的事情，可能遇到有些人欺负人，甚至有些人欺负你，或遇到一些不公平甚至邪恶的事情，在现实生活当中你们会处理吗？或者说你们会出手制服他们吗？

刘：其实我觉得是要分情况对待。比如一个弱者被欺负，此时没有警察、没有公安、没有周围人的帮助，那么我肯定帮助弱者。出手取决于事件本身和现场环境，如果有公安和其他人的配合，那我就没必要帮忙，否则就是逞强。再比如我在路上被人打劫，我会喊救命，不是我怕，没有公安、没有办法的情况下我肯定揍他。

贾：您过去遇到过类似的事吗？

刘：我遇到过一次，大概是60年代，那时候我读中学，十六七岁，和女朋友去逛街，她身上没有什么钱，一块两块钱而已。在一个公园里面聊天，有一个人过来，拿一把刀，那个刀短，要我拿钱。我要打他，他肯定死，但是我身上也没有什么钱，我说就是一两块给他算了。那个人拿了钱还不甘心，给了钱给他叫我脱鞋，脱了鞋追他，这很丢脸，钱给你了，全部拿光了，还不走，我就火了。在脱鞋的期间我就揍他了。没办法了，你让我把钱给你，我不是不给你，你还要硬来，或者我脱了鞋子，他还要我脱裤子，我就惨了，我一定得反抗，所以我就揍他了。

刘：他被吓跑了，我打他的时候一拳打到他牙齿的位置，他的牙齿插在我的手里面，所以他就受伤了，我也很内疚。

贾：有的时候迫不得已。那么您现在每天都在练习武术吗？

刘：一直都在练。

贾：每天大概练多少小时？

刘：我小时候每天练五个小时，现在工作繁忙，不过也坚持每天起码用半个小时的时间练功。我觉得人的身体是一个机器，要保持运动的，如果不运动，就像一个摆在家里没电池或者坏掉的汽车一样。经常有人问："刘家辉，你会不会退休？"我会退休，但是人一直在运动，退休不是说我停下来，退休之后的我可以继续运动，运动到某一天再也无法运动。

贾：生命在于运动，保持运动确实是一个良好的习惯。

刘：经常有人问："刘家辉，你现在多大岁数了，身材还保持这么好。"我说超过五十岁。运动，不是说练就什么功夫，功夫就是运动，不要懒惰。我也会问一些老师傅："为什么你现在这么胖？"那些老师傅都说："很忙啊，很多生意。"我说："不是因为忙碌，就是因为你本身懒惰。你想想你每天一定要冲凉洗澡，每天再怎么忙也会刷牙，你把那个部分加入一些功夫不可以吗？"

用专业精神做好一件事

贾：您还做过一部影片的导演，叫《少林与武当》，这对于我们研究武侠电影动作导演非常重要。您从一个银幕前面表演的动作演员变成一个幕后导演，这时候您作为一个导演拍摄这部电影有什么不一样的地方？

刘：在《少林与武当》里，虽然我是导演，但其实有一半是刘家良协助我完成。坦白讲，我本人不喜欢当导演，很多人对此不理解，总觉得当导演多好，能控制很多东西，不过我不喜欢当一个领导人，我是一个比较喜欢在银幕前展现演技、表达我风格的人。至于我为什么导演《少林与武当》，是因为大哥叫我导演，我就导演了，我很尊重他，同时我也将自己的意见和理念同刘家良讲。

贾：您为什么会想到拍武当呢？

刘：少林寺很多人去过，但是很少人去过武当，就导致大家对武当知之甚少。我看过很多关于武当的书，包括关于成立者张三丰的故事。张三丰本是少林寺的弟子，也是一个很有天分的武术家，有一次比武，张三丰把一个刀变成一把剑（少林寺没有剑只有刀），赢了一个师父，输掉比武的师父认为张三丰练的是邪门派功夫，就把他赶出少林寺，他离开少林寺时说了一句话："我今天逐出少林，以后武功由我当家，叫武当。"现在我有一个遗憾是还没有去过武当山，有机会我一定会去的。

贾：一个人做演员同他做导演的差别非常大。一个导演能够决定演员是谁、在哪拍摄、甚至是决定这个题材……您做导演的时候，所有工作都落在您身上，这个时候您是怎么做这个决断？

刘：第一，演员我来选。第二，我希望我挑的每个演员他们可以配合我，比如我说整部戏三个月拍完，我希望他们三个月陪伴我一起，不要跑来跑去。怎么说，电影工作是一个集体工作，需要大家一起完成，不能今天有事，明天跑掉，这样是不行的。像我在外国拍好莱坞的戏，他们全部不允许你走的，半年就是半年，全部住在一起，不允许跑来跑去。香港以前有一个现象，有些演员一天跑好几场，这样怎么可以专一拍一个戏？真的不可能，但是香港电视工厂的制作方式就是这样，十几年我都习惯了，实际上我觉得这样效果非常不好，而且也很劳累，一个专业演员不可能也不应该这样。

贾：在有效的时间段里最适合只做一件事。

刘：肯定，你投入一样东西，就要专一、专业地做事情，把时间给你，就应该专一拍一部戏，你不专一你就退休好了。

贾：就是说从这个行业上来讲要有专一和专业的精神。

《少林与武当》(1983)，刘家辉自导自演的作品，郑少秋、刘家辉、陈玉莲、井莉主演

电影是艺术性与商业性兼具的艺术

贾：后来您还参加过很多电影的拍摄，我印象里比较深刻的，就是和昆汀合作的《杀死比尔2》，在里面您出演一个中国功夫大师，在你们进行拍摄合作的过程中，有没有在文化、技艺或者理念上的冲突，或者说合作得怎么样？

刘：我在拍摄《杀死比尔2》的时候，其实昆汀不太熟悉我们中国武侠电影，他根本不了解白眉道人是什么样的人物，我在《杀死比尔2》中演白眉道人，他只是看到那些动作很帅、衣服漂亮、功夫漂亮。我跟他合作的时候，本来白眉道人这个角色不是我演的，本来是他想演。

贾：昆汀本人想饰演白眉道人？

刘：对，我在上海见他的时候，他说他想演白眉道人，他把照片拿给我看，询问我化装、戴头套之后的他像不像白眉道人。我说："肯定不像，虽然我没有见过白眉道人，但是你的脸孔是西方的脸孔，鼻子高高，怎么能像白眉道人呢？只能像一个圣诞老人。换个角度想，我们中国人怎么拍圣诞老人，不可能的嘛。"

贾：是的，中西方的脸部轮廓差异非常明显。

刘：那天他说："我真的想演白眉道人，他打的是什么功夫、什么动作？"我就告诉他，白眉道人是白眉派的一个道长，他的功夫是九步推。后来他问武术指导袁和平，但是袁和平也不懂武功（袁和平主要是京戏的翻跟头），对武术并无深刻了解，最后昆汀就说不演了，让我来演白眉道人。在戏里面我被要求蒙面，昆汀说自己更想演白眉道人，不想让我露面出来。即使我在剧中蒙面，很多人依然知道我是谁，毕竟光头形象特征很明显。

贾：昆汀的作品因其暴力美学而著称。

刘：他们外国人没有什么武德，打人一定要打死。不像我们中国人，比如刘家良认为，该死的死，该砍的砍。导演编导影片是具有商业性，针对一些喜欢看那种戏份的观众，是没有教育意义的，无非就是图个兴奋、刺激。

贾：这是一个问题，比如说武侠电影，包括一些功夫电影，没有办法回避暴力的展现，就是说你杀不杀人另当别论，但是搏斗过程中总要出拳。这种暴力的东西，我不知道您怎么看，它会不会对我们的社会、青年或者对其他人造成一种负面影响？换言之，我们的电影在弘扬传统的文化与武德的同时可能也把暴力的理念传达给受众，您怎么看待这个问题？

刘：你说得对，这确实是一个问题。现在拍电影中出现的杀人、暴力画面肯定会对年轻人有不好的影响，这是必然的，我们回顾以前看关德兴饰演黄飞鸿的时候，演反派的人最后也是跪在地上寻求黄师父原谅他。现在看起来很老土，可当时年轻人会觉得应该原谅他。如果现在你拍一场这样的戏，大家就不乐意看了，我也想告诉观众不要打死人，但是不卖座怎么办呢？人必须要死，没办法，整个社会是这样。

贾：总的来说，电影经常受到商业和社会的制约。

刘：所以我说，如果要是我，我就会拍两个版本：一个是人死了，一个是讲武德。

《杀死比尔 2》（2003），导演昆汀・塔伦蒂诺蛰伏 6 年后的出山之作，是昆汀在研读武侠电影史后筹备 4 年的鸿篇巨作，由乌玛・瑟曼、刘玉玲及黛瑞・汉娜等联合主演，刘家辉饰演白眉道人

没有节奏的武打是没有灵魂的打斗

贾：现在有这样一种倾向，或者说有这样一种特点，包括你们拍摄真实武功的同时，会有一种表演和舞蹈的成分在里面，会把一个暴力的场景转化成为一种武术的舞蹈。换句话说，就

是导演在表现暴力技击的过程当中，把表演成分夸大，缩小武术成分，比如说陈晓东跟张艺谋拍了《英雄》，针对这样的问题，您是怎么看待呢？

刘：其实舞蹈和功夫是一个动作，好像体操和中国功夫也是一个动作，因为他们手上都没有拿武器，所做的动作是国家规定的一种体育动作。所以我认为一个人不一定学武却能够拍动作片，有舞蹈基础的情况下，这个演员拍动作片会上手很快，比如杨紫琼，她不会武功的，她是马来西亚小姐。

贾：是的，（杨紫琼）学芭蕾舞的。

刘：还有洪金宝的妻子高丽虹，也不懂武功，不可能几个月就会武功了，这是不可能。一个演员能拍武打片最重要的是会跳舞，喜欢音乐。跳舞是动作的基础，音乐是节奏的前提，没有音乐就打得不好看，有音乐的节奏感，打出去的动作让人赏心悦目。你看李小龙，他每一个动作好像在跳舞，这就是节奏的作用，音乐需要同动作配合一起，没有节奏的武打是没有灵魂的打斗。

贾：您也特别喜欢音乐，您觉得音乐和武术是什么样的一种关系？

刘：一部电影，一定要有音乐效果，才成为一部完整的电影。导演拍戏的时候我们说的台词是原音，源自自己的声音说出来才有感觉，为什么配音演员就没有感觉了呢？因为配音演员不知道你当时的情绪怎么样，配音演员是看着画面与眼神来配合念出台词，所以现场录音非常重要。现场录音也会考虑演员的演技，不是演员少一个字多一个字的问题，语气、声音的高低，脸上表情的变化，这个节奏全部会在台词里表现出来。有无音乐的打杀是有所区别的，如果演员跟演员之间动作打，有节奏的沟通就相当于有一种音乐、一种灵感的沟通。当然不是放音乐出来，打的时候若有音乐节奏，效果是非常出彩。

贾：音乐节奏配合武术打斗相当于锦上添花。

刘：其他师父配合演员动作所做的功夫也是非常仔细的活儿。为什么呢？动作一二三四五打完了，配音师里一二三四五，没有感觉，演员跟演员对打的时候，一二三四五的五招动作，高低起落在画面看得出来，配音师傅、音效师傅更需要把握这种感觉。所以电影是一个整体，互相把自己最好的东西呈现出来，比如说我很喜欢音乐，我也很喜欢武术，因为音乐可以抒发我的情绪，武术可以使我身体健康，两个不能离开，如果离开了，可能我就升上去了。

他山之石可以攻玉

贾：近几年，中国拍摄的所谓武侠电影很多，不管是古装类型还是其他类型，打斗成分非常多，比如《英雄》《十面埋伏》《夜宴》《满城尽带黄金甲》等影片都有很多武打场面的设计。总体来讲，中国武侠电影经历了过去的兴旺，中间的衰落，现在又有一种复兴的感觉，与此同时，你们作为武术动作导演的这个行当也愈加备受关注与青睐，那么在这样一个状态下，作为演员、导演或者武术从业人员的角度来讲，对这种大的历史的变化你们怎么看待？

刘：其实我蛮欣赏内地的导演，但是一直没有机会合作。我看过很多张艺谋导演的戏，比如《满城尽带黄金甲》《英雄》等，这些片子在美术方面包装得很完美，但也听到很多不好的声音，我觉得要看导演整体他对那个戏要表达什么。毕竟一部戏没有完美的，肯定多多少少都有一些问题。

贾：张艺谋是非常注重电影视觉效果的人。

刘：现在中国武侠电影，不仅顾及打斗方面，在故事方面，甚至美术美工方面都很出彩，你看《满城尽带黄金甲》最后那场戏，场面令人惊艳。以前我们在山顶真打实斗，没有包装，没有很多设计配合画面仍然很漂亮，胡金铨导演就是这样的人，但是很多投资老板说，“打就是打了，搞什么花招，搞什么漂亮”。

贾：有时候由于过于偏重视觉效果，可能在内容上会有所忽略，所以《满城尽带黄金甲》还是引起了很多人的一些批评。现在有一种说法，西方认同中国电影主要是通过中国武侠电影，那么您觉得武侠电影能不能成为救助中国电影市场的主要片种？

刘：中国电影中的动作令很多西方人痴迷，因为中国历史文化源远流长，只可惜中国文化并没有被好好保存下来，也很少有人仔细研究怎么改良或者如何发展出去。我有一种遗憾，我们的下一代甚至之后的很多代，会去外国学武而并非是拜师于中国武师。举个例子，你看现在很多香港的年轻人不学武，觉得学武功没发展、无出路，但是与此同时呢，外国人千里迢迢跑去少林寺学武、不远万里跑去香港学武，反倒是我们中国人不知道中国功夫的文化内涵。

贾：中国功夫面临失传的危险。

刘：几百年或者几千年之后，我们后一代可能跟西方人学武。西方注重科技发达，演员打斗时候他们用电脑粘在你的身体上，套你的招输入电脑，进而完成制作，尽管他们制作得很棒，但是没有根本的内涵。

贾：高科技也是我们想讨论的一个话题，比如说制作者在一个绿幕背景下，拍摄演员的所有动作，利用数字技术可以随意置换背景，也可以把演员的个人形象扣下来并让演员在电脑里做很多动作。现在真实的武功，一方面是受到社会风气，比如说年轻一代认同的隔膜，另一方面受到电影技术的挑战，比如说我要耗费十年甚至三十年的工夫让一个人去练武术，他才能够真正在电影上呈现出武术的神韵。制作者可能会在很短时间内利用电脑技术把一个动作呈现出来，不过他呈现得再好也不见得有真人表演展现的逼真，不管怎么样，数字虚拟技术对真实武术确实构成了威胁。这种威胁也使很多观众慢慢习惯看数字的奇怪，而不再喜欢看真人的表演，您对这个问题有什么看法？

刘：这个问题很好。我们有真实的功夫，但是没有后面配合你的美工，很虚的东西全部在电脑上，却丧失了传统。很多人有虚的东西没有真实，我们有真实的东西却没有虚的配合。

贾：您是强调这两者的结合？

刘：一定。固守传统只会故步自封、不思进取，我吸收你虚的东西，加入我真实的东西，就可以完美地向观众交代了。

贾：虚实要结合起来。

刘：一定要。就像没有传统哪里有今天，没有真实哪里有虚。

贾：两者是相辅相成。

刘：是的，两者一起共同创作另外一样东西。

多一份体验就多一份生活的乐趣

贾：90 年代以后您拍的《黄飞鸿之铁鸡斗蜈蚣》《唐伯虎点秋香》等片子，都是饰演反派，从原来一个正义的和尚变成一个反派人物。这个转向您自己是怎么接受或者说您是怎么转换？

刘：很多演员说："刘家辉，你以前是很正派的演员，为什么你演反派？"我觉得这不是为什么的问题，我认为做一个演员就要多方面尝试，挑战自己、提升自己。我永远是和尚，会提升吗？给我演别的东西，我能做到吗？这样就会不断挑战我自己。我永远是正派人，我根本不知道反派那个感觉是什么样，如果说我能演反派，我会想，我能不能演反派？吸收多一点人生不同角度的经验，会使演艺生涯很充实、很快乐。比如我从来没有当过皇帝，倘若导演让我当皇帝过过瘾，一定会有不同于当和尚的体会，我觉得作为一名演员，多方面接触不同角色才是一个真正的演员。

贾：您拍过很多电视剧，也拍过很多电影，除了表演和直接做导演的影片，以及少林和武当系列之外，您做过动作导演吗？或者说专门负责某些影片的动作指导？

刘：其实动作导演我做过，不多。整部电影的动作导演我没有做，但是我会参与，比如说一部影片已经有武术指导，武术指导对一些功夫不了解的情况下，我会参与做一个顾问，相当于我在为武术指导献计。举个例子，比如说一个武术指导他根本不知道洪拳是什么，我作为顾问需要告诉他这个拳法不是这样打的，教他怎么套招，怎样不可以套招。去年我在 TVB 拍一个讲咏春拳的电影《佛山》，里面有很多门派，门派打得不好，乱七八糟，人家就会骂你，其中元彪作为主角，我就当个顾问，因为我不想参与武术指导，我真的很难领导他人。

贾：相比之下，您还是最喜欢做演员。

刘：对，不管是正派或者反派，我喜欢表现不同的角色。如果让我做一个指导、领导或者是导演，我没有很大的兴趣。

贾：一个人从事的职业会对其性格、个性等方面产生极大的影响，比如说，您从事武术、拍摄武侠电影多年，您觉得自己的人生经历在哪些方面因为学了武术或者拍摄电影而有根本性的改变呢？设想一下如果您当时没有学武术或者拍电影，那么此时的您可能是在做什么样的工作呢？就是武术对您一生的影响在哪里？

刘：刚才您说的是对的，其实我拍这么多年的戏，演过很多角色，也体验了很多东西，确实对我改变很大。每个人都有成功也有失败，不管自己年龄多大，关键在于你怎么面对，失败的时候要反省我为什么失败，成功的时候也要思考我为什么会成功。一个人成功当然有自己的努力，也有配合其他东西；一个人失败或许并不仅仅是个人原因，也可能是很多猪朋狗友令你失败的。

贾；每一笔经历都是宝贵的财富。

刘：不要太执着于成功，也不要过分落寞于失败，人的年岁有限，人生就像一个谜，面对生命、面对未来有无限的未知与可能，我觉得最重要的就是要保持笑容、快乐、自信，对朋友尊重，用心且潇洒地走完这一趟旅程。

刘：很荣幸我今天能够参与你们的访谈，我出生在香港，是土生土长的香港人，但我更是一个中国的香港人，我爱我的国家。我希望每一个中国人，能多多认识、仔细了解、用心传承中国文化，不管是文是武，永远记得自己是一个中国人。

（2007 年 7 月 28 日于北京某酒店）

2007 年 7 月 28 日，刘家辉与本书作者贾磊磊于北京

马背上的英雄情怀

麦丽丝

麦丽丝，1956 年 11 月生。一位将电影写进生命的蒙古族女导演，她用自己独特的影像风格表达着对蒙古族的理解与对英雄的崇拜。从《骑士风云》（1990）到《东归英雄传》（1993），从《悲情布鲁克》（1995）再到《一代天骄成吉思汗》（1998），她与她的丈夫塞夫共同创造了中国电影史上“马上动作片”的全新类型。

马，在他们的电影中形成了独特的镜头主体，马背上的英雄精神是他们始终关注的叙事主题，《悲情布鲁克》中那段至今被誉为经典的“醉马”场景便出自她手。她拍摄的这些植根于民族土壤的电影为中国电影打开了新的视野，再后来拍的《跆拳道》（2004）则将视角植入当下，用一种女性特有的细腻感开掘出现实里一位女性奥运冠军的成长史。这位在生活中沉静柔和的女人，在拍摄时指挥千军万马的将军，一直以来都在用电影表达自己的英雄情结，同时也为无数观众塑造他们心目中的英雄主人公。

我认为电影离不开一个“真”字，无论是讲真话还是完成真动作，我觉得电影的经典就在于真，电影里写实的东西更能让观众接受，在我们的动作里面，也同样存在着这样的一种追求，这样的一种精神。

——麦丽丝

我们没有丢失自己的民族特性

贾磊磊（以下简称“贾”）：《骑士风云》（1990）是一部极具民族特色的影片，片中展现出来的壮丽风景、精湛骑术等都叫人印象深刻，是什么原因促使您拍这部电影的？

麦丽丝（以下简称“麦”）：你提到了《骑士风云》，其实那已经是1991年的事情了，那一年我正好从电影学院导演系毕业了（《骑士风云》上映时间是1990年）。那时塞夫已经拍过三部电影，他跟我说应该到新疆拍一部电影，我们就去了新疆巴音布鲁克看景，走了好多县。新疆的辽阔、壮美和凛冽给我们的冲击很大，那里的风光真是太美了，而且特别接近美国西部片中的景色，就有了想追求美国西部类型片的想法。这部电影是根据蒙古族作家的小说《昵美尔山风云》改编，看完景以后我们就跟那位作者说我们的故事跟他的故事特别接近，同样是表现英雄的精神，之后我们边走就边把故事编出来了。

贾：其实新疆的蒙古族和内蒙古的蒙古族还是有一些差异的。

麦：新疆有一个当年回归的蒙古部落，他们所生活的草原和内蒙古的草原是不一样的，对于我们来说这有很强的吸引力，所以我们觉得应该到那里去拍片，就编制了一个接近于美国西部片风格的电影。精神方面对我冲击比较大的是那时看过日本电影《婉的故事》（1971），我也比较喜欢黑泽明的电影，在这个前提下我们拍了《骑士风云》。

贾：《骑士风云》最终拍出来的效果很好，并且获得了五项金鸡奖提名。

麦：在拍下一部片子的时候，有人说《骑士风云》获金鸡奖五项提名，当时觉得很吃惊，心里想这不可能，肯定是搞错了，因为这部片子的风格路数很奇怪。但是我现在觉得它是用影像记录了环境中的人文奇观，还有就是片中塑造的人物有英雄片里展现的精神面貌，那部电影当时在中国电影界是一个很新奇的作品。

贾：这部电影是根据小说改编的，但电影和小说终归有很多不一样的地方，这两者之间的关系您当时是怎么处理的？

麦：剧本规定要完成的东西，在拍摄空间里不一定完全就能实现。当初我们想用电影表达的故事跟作者对那里生活想象的东西之间就没寻找到很多直接的对应，我们就努力在不丢失原作的基础上，发现可以按照电影的规定来表达东西，这个作品出来以后作者也非常满意。那个时候中国电影观众对影像、视觉等方方面面的要求已经很高了，而且很多美国电影也进入了中国市场，所以最初有一个想法就是电影拍得要好看，要别人没见过，送到电影院观众要喜欢看。

贾：当初这部电影有设计动作吗？

麦：有，这部片子我想应该是属于“马上动作片”，因为受到美国西部片的一些影响。《骑士风云》有五个英雄人物，最终死了四个。这四个英雄的死全部不是用台词完成的，而是用行为动作完成的，我自己觉得它接近公路片，故事虽然比较简单但是营造了一种氛围，就是影片中五个人完成各自的剧情时他们的行为动作是多于语言表达的，本身这也是蒙古族人的特点，这就是我们在构思和完成这部片子时用了很多行为动作的原因。那时候香港动作片、美国西部

《骑士风云》(1990)，塞夫、麦丽丝的第一部“马上动作片”，巴音额日乐、古丽扎尔、达列力汗、额尔德木图等主演。影片获第11届中国电影金鸡奖多项提名与奖项

片、日本幕府风已经进入中国内地，也是在这样的影响之下，我们觉得蒙古民族应该也有一种可以表达的东西，后来就一部一部拍下来，我想我们没有丢失自己民族的特性，比如独特的民族生活方式、民族性格、民族环境。

贾：您对马是不是有一种特别的感情？

麦：最初拍《骑士风云》的时候还没有很深的感情，但是越拍感情越深。应该是十多年前吧，我们到了草原那里，马群多得很，我们拍《骑士风云》的时候在当地就可以组织上万匹马。

贾：拍摄这种电影真的是无法离开天然环境。如果我没记错的话，于承惠老师也参与了这部电影。

麦：我们请到了于承惠老师，那时候他已经拍过《少林寺》(1982)、《黄河大侠》(1988)，他在中国武术动作方面是一个非常有学识和功底的人，他条件很好，也很热衷于电影。

我们一定要做别人没做过的

贾：您电影里呈现的马上动作其实跟其他电影中的动作都不太一样。

麦：我和塞夫当时说如果别人在电影里已经表达过的方式我们就不采取，一定要做别人还没有做过的。我们就按自己的特点来完成整部影片需要的马上的奇观动作，像美国西部电影的马上动作特别漂亮，比如玩枪，当然马也很漂亮，而我们拍的都是历史题材的片子，所以没有枪，但我们也有自己的特性，就是一种骑在马背上做出的神奇的动作与造型。总结出一点，就是我觉得我们抓住了蒙古民族对马性的了解和理解，所以最终呈现出来的影像画面就比较独特。

贾：有人说《骑士风云》和美国的《关山飞渡》(1939)有类似之处，这两部影片之间有什么联系吗？

麦：在拍《骑士风云》的时候我还没有看过美国的《关山飞渡》，看过《野战排》（1986）、《教父》（1972）。《关山飞渡》里有关马车的镜头，我们也有，后来人家就说你拍的像《关山飞渡》。《骑士风云》当时是在费用很少的情况下拍摄的，但它同样完成了人和马从七十多米的悬崖上落下来，英雄壮烈牺牲的镜头。那时候我们没有高超的技术设备，还是一个2C的摄影机，它只有一个三脚腿，没有办法移动，当时也不知道镜头该如何运动，唯一的运动工具就是汽车，就让汽车在草原上追着马拍，努力创造奇观，我们的设备跟美国的设备根本没办法比，美国在拍《宾虚》（1959）的时候，他们用的设备就已经很先进了。

贾：您在拍摄时遇到过什么困难吗？

麦：基本没有遇到过什么困难，整体来说是比较顺利的，那个时候我们都很年轻，拍一场研究一场，就这样一直拍一直研究。

贾：我们来聊聊《东归英雄传》，这是一部取材于真实故事的电影。

麦：其实拍《东归英雄传》是因为拍《骑士风云》的时候我们到了巴音布鲁克，并且了解了生活在那里的蒙古族，东归历史中蒙古部落最终回到的地方就是今天新疆的巴音布鲁克。曾经两百多年前生活在伏尔加河边的蒙古族在其首领的率领下，经过七个月的行程最终回到了自己的故土。这个部落有24万人生活在伏尔加河，往回走的时候是17万人，当地留了6万多人，这17万人回到中国塔城边境时已仅剩7万人，这是震惊中外的一次人类大规模迁徙，这个故事也震撼了我们，之后我们翻阅过了很多历史书籍，看了很多美国人为这个故事写的小说等，就决定拍一部电影。香港的一个投资方老板听了这个故事，又看了《骑士风云》，就为我们投资了10万美金，不像现在很多电影都是在几亿的投资下才开始拍摄的。

贾：相比于《骑士风云》，《东归英雄传》做了哪些改变或者创新？

麦：《东归英雄传》又是在拍《骑士风云》的那种地貌环境下拍摄的，又是在讲当地老百姓的真实故事，这段历史故事本身就是厚重和博大的，与原来相比这次可以更加大胆地想象很多情节和事件，在编织故事的时候是以小点为切入口打开整个历史的，是一个以小见大的故事。当时我们拍电影有很多东西是即兴完成的，到了那样的一个空间，面对你的人物和那种环境气氛，即兴就变得顺理成章了。

马上动作电影

贾：《东归英雄传》有很多特别好看的马上动作镜头，您是怎么拍这些动作的？

麦：一个是人物和马的融合，还有就是一些情感的东西之前已经建立起来了。那时人们对动作片的好看和奇美已经有很高要求了，年轻人觉得那种东西刺激。记得拍《东归英雄传》之前我和塞夫进电影院看了三次香港的《新龙门客栈》（1992），电影好看的画面、奇观的动作以及动作与动作之间的接点对我们冲击比较大，那么我们的电影要怎么完成呢？我估计动作片特别是马上的动作片，任何一个导演设计起来都是很慢的，这是我这么多年得出来的经验。后来有人问我要如何拍马上的动作片，我认为拍马上的动作片它只有一个瞬间，不可能有第二次，就看你能不能抓住那一瞬间。

贾：无论是《骑士风云》还是《东归英雄传》都有很多高难度的马上动作，那些精彩的动作一般演员是根本无法完成的。

麦：拍《东归英雄传》的时候跟拍《骑士风云》时一样我们来到万马群，没有经验，只有一个 2C 的机器，都不知道找一个高坡，那马怎么来拍呢？只有打一枪，让马群受惊然后马就运动起来了。再一个就是《骑士风云》完成了一些中国的马术动作，《东归英雄传》完成了更高难度的马术动作，比如人在两匹到三匹马的身上叠罗汉，就是两匹马在冲破马群的时候，马身上要挂着五个人，这五个人基本都是马术运动员，很多得过马术世界冠军。我所运作的演员除了马术队的、得了冠军后退役的以外，参与剧情的演员也有马术世界冠军，比如参演《东归英雄传》《骑士风云》的一位演员，他就是属于五项世界马术冠军，这个演员我们从他年轻的时候一直合作到最后拍完《一代天骄成吉思汗》，他一上马，那太神了，那种感觉谁都做不到。第一次拍《骑士风云》的时候，于承惠就说这位演员骑在马上任何人都比不上。他与马依附在一起，马是他的生命，他的呼吸、他的动作，马都能感受到。

贾：其实马是很有性格的一种动物，它通人性。

麦：我要求所有演员选择了自己的马以后就要爱马，就像今天爱一辆车一样，如果不爱惜它，骑在它背上会出现很多问题，它会很容易把演员摔下来，即使是旅游行业里那种被人骑薦的马有时也会把人摔下来，所以马是有性格的，也是非常通灵性的，这是我拍第一部片子时就得出的经验。

贾：那演员骑的马都是从哪里来的？

麦：不拍戏的时候，塞夫就在全新疆选马，多少万匹马里选演员用的马，而且他还专门雇教练挑选马，马不能是被人骑过的，绝对属于个性强悍的，你要能骑得住。挑选的马的品种属于蒙古马和三河马改良后的马，都是优秀的马。选马当然也跟演员的性格有关，就是什么样的人物就选一个接近他的马。我觉得塞夫的这种感觉是对的，马的灵性、奔跑的姿势等跟演员特别接近的话，那要求马做什么它都能做好。所以演员知道他们要如何爱惜自己的马，所以像在拍《东归英雄传》的时候也是这样，这五匹马他们在选，一旦演员选到自己的马以后，基本每天都不离开它，也不会让任何人骑它，马也是通人性的。从《骑士风云》一直到《一代天骄成吉思汗》演员选马绝对是选到了自己特别喜爱的马，他们骑着自己的马在完成所有戏份的过程中，马基本上都很听话。

贾：这些演员也是要有这些功底的吧？

麦：他们不是骑马的世界冠军，但是会骑马。有人说自己会骑马，但要是把他放到草原上骑马，那马要么不走，要么走几步就会把人摔下来。

三台摄影机完成一个辉煌的场面

贾：马上的动作其实是比较即兴的，我们根本无法预料演员下一刻在马背上会做出什么动作。

麦：是的，在拍摄《东归英雄传》的时候，有很多东西是属于即兴的，马每跑一次的样子都不一样，那种骑在马上高难度的奇观动作，比如侧翻、侧倒，每个人的动作都不一样，所以需要大量的记录，后期在剪接板上选最好的动作来剪接。

贾：说到剪接，其实摄影和剪接对于电影尤其是动作片来说是十分重要的。

麦：从《骑士风云》《东归英雄传》一直到《一代天骄成吉思汗》，三位摄影师都是金鸡奖的获得者，一方面他们有自己的优势，另一方面我们也即兴拍了一些精彩的画面，两者结合就很完美了，就是说即兴拍下的东西通过剪接师剪接在一起，塑造出了生活中不可能用三脚机位完成的神奇动作和镜头。导演可以把天时地利人和的氛围找到，但是一部电影最后要完成故事是要通过剪接的，是要围绕主题一点点编织的，很好的摄影师拍出来的画面需要很好的剪接师剪接包装。那时候剪接师看到好镜头就留下来，然后很奇观地拼接起来。我很荣幸一直能跟一位非常懂动作的剪接师合作，他三次提名，一次获奖，他的影像给人一种快感，我的电影《骑士风云》有 1600 多个镜头，到《东归英雄传》已经有 1800 多个镜头了，就是因为把胶片里很多最精的东西接起来用到了电影里，所以我觉得动作片绝对离不开演员、摄影和剪辑，电影是一个综合体。

贾：《东归英雄传》中有很多关于马摔倒的镜头，是怎么做到的？

麦：拍摄《东归英雄传》时有草原、河流、森林，还有沙漠，很奇观，好多地域环境也都比较凛冽。该片讲的是东归的一个小中队为归国同人绘制东归路线图的故事。剧中让马一匹一匹倒下的奇观动作其实就是用了一根绳子。那时候也不会表达，最多是两台摄影机来拍摄马摔倒的奇观动作，定好位置后就用一根绳索把并排跑在最前沿的五六匹马在同一个位置上绊倒，我想这是塞夫的创造，还有电击，可是电击对马腿有伤害，稍不注意，马腿就会摔坏，这是很残酷的。塞夫对马性比较了解，他是蒙古骑手里的强手，从马背上摔下来已经很习惯了，他没有落马的恐惧，一根绳子拉起来后有六匹马倒下的瞬间他都不怕。拍马摔倒的镜头时骑马的演员一定不能落后，因为落后就冲不出去，马奔跑到定好的位置时肯定会倒，因为马跑了一定距离后就把原本松的绳子揪紧，相当于运动中间的一种放松，就好比走着走着绳子绊了你一下一样，所以马不会伤到，这个时候演员甭管马就管自己，一定要在飞出去的时候保护好自己，这些马上的动作，塞夫是很有经验的。

贾：《东归英雄传》里有个镜头是人骑着马从桥上摔下坠入水中，当时拍的时候是怎么样的？

麦：《东归英雄传》完成了马和人一起坠下桥的镜头，蒙古人不会水，所以拍这个动作用了生活在新疆的南方人，因为他们水性很好。我记得那个桥差不多有三匹马宽，当时应该是有九匹马从上面坠下去，下面是水流很急的一条河，做这个动作时担心人和马太重水冲不走怎么办？我们的制片主任巴特尔是个非常善于冒险的人，他就先从桥上跳下去试，水一会儿就把他冲走了，之后有六位演员也跳下去试水里的环境，没什么事。最后的设计是先在不拉倒桥的情况下让人骑马快速完整地过一遍桥，之后再拍坠桥的片段，拍这个瞬间就让人和马在桥上尽量稳住，之后再把桥拉倒让人和马一起坠入河中，人知道要拉桥，要跳水，有心理准备，也有潜水衣，不会有很大危险，拍的时候刹那间听见桥咔一下就塌了的声音，拉断桥的时间选择的非常准确，瞬间马与人就跌下去了，马是会游泳的，很快就漂到了岸上，并且没有一个伤亡，人也没事儿。

贾：那个镜头看起来真的特别真实，是一个视觉奇观，当时知道要拍这么危险的场面大家是什么反应？

麦：记得当时什么都安排好了，可是主角度的摄影师找不着了，结果摄影师格日图猫到很远很远的一个地方，第一次拍这么难的动作场面谁都会感到心跳，人在那种紧张之下的无声很恐惧。当时我心跳很快，现在想起来也是一个很恐怖的场面，那个镜头拍完以后所有人都在狂欢，证明成功了，那时候不会觉得怎么摄制组这么多人啊。剪接的时候把三台摄影机都记录下来的瞬间镜头一格一格拼接在一起，那个画面今天看起来还是觉得很好，那时别人可能会觉得这是很残酷的一个经历，但是我觉得可能对于电影工作者来说并不是，中国电影在完成那么一个辉煌场面的时候，我觉得太刺激了，我觉得那个瞬间到今天都很难做到。

用生命来拍戏

贾：您影片中的这些高难度动作一般都是谁设计的？

麦：在我很多的影片里面，这样高难度的动作绝对都是塞夫指导的，他动动脑筋就知道怎么设计，他是一个不达目的不罢休的人，只要他想到的，觉得能做到的，就让周边的人跟他一起做，有时候他不吱声，但当他要吱声的时候，那绝对是已经很肯定能完成这个东西了，所以他威信很高，在《东归英雄传》里完成那样大的一个动作以后这小子创作的欲望和激情更浓烈了。

贾：有没有塞夫不敢完成的动作？

麦：他不是没谱地去做，而是会设计好再去做，他设计了《东归英雄传》中的落桥动作，也是片中最难的动作，至于片中别的动作他认为对于做动作技能的人来说太容易了。

贾：拍戏是一个漫长且突发情况较多的过程，在拍戏的过程中您和塞夫导演会因为意见不合发生冲突吗？

麦：我跟塞夫合作影片，大的场面、剧情、结构以及高难度的东西等如果达不到他的预期，那他一定要达到他的预期后才会说戏可以做了，这是他作为导演的能力，他的驾驭能力非常强。可能是作为女性的缘故，拍文戏我是从来不怕的，拍的时候他一般不管，就在边上看。我们配合比较默契的地方是，我拍的戏他觉得有我在想，他没必要去想；拍一些别的戏的时候我也觉得有他在想那些东西，我就没必要去想。我们有时候也会发生冲突，冲突不是为了剧情，多半来自他过难关的时候，我阻碍他，我越拦他，他就要越往前走。有些人你越拉他，他就越觉得没事，塞夫就是这样的人。比如在拍《骑士风云》的时候，有个镜头是演员中弹后骑着马从 70 多米高的悬崖上落下来，他要求用威亚拉着男主人公让他骑马落下悬崖，拍《东归英雄传》人与马坠落的画面时下面有河，这次下面没河，落下去太危险，我觉得太恐惧了就非常反对，放个假人摔下去就可以了，因为这个故事已经非常好了，不用这样的情节也完全可以，可他不那么认为，说原剧本中有这段情节，要去完成，他闯的关真的是一次比一次难，有时候我觉得如果说成龙是一个玩命的动作演员的话，那塞夫就是一个玩命的动作导演。

贾：说塞夫是用生命在拍戏真的是一点都不过分，我们会很好奇人与马坠落悬崖的镜头最终拍摄的顺不顺利。

麦：这之前戏拍的已经非常顺利了，要完成的都全部完成了，剧组可以停机了，但塞夫觉得不行，因为那场演员和马一起从悬崖上坠下去的戏还没有拍。他要完成那场戏，他就去跟演员喝酒，做演员的工作，他跟那些演员就跟兄弟一样，我不知道他都跟演员说了些什么，我当时把假人都准备好了，没人给你录。他也没有告诉我他去草原上寻找过不了冬的病马，并花钱买了一匹，我想这匹买回来的马就给假人从 70 多米的悬崖上落下来时用。

贾：但我们了解到那场戏最终没有用假人，而是真实的演员从悬崖边坠落下去的。

麦：第二天三台机器都架好了，我在底下等着拍，我旁边的演员都在那儿聊天，我跟男主角也在聊天，很奇怪怎么等了半天还不见塞夫来，其实那时候他早已准备好了，在暗自试威亚，差不多试了有四十多号人，他把马的眼睛蒙住，拉到了悬崖边上，马其实知道了，任何一种生命都是有灵性的。他可能觉得反正这匹马过不了冬要被牧人杀了吃肉。快拍的时候我看到马被推到悬崖边，我们从下面看就是很小的一点，之后看见他站在山顶上喊巴音，我当时很好奇他为什么要叫巴音。巴音跟我说，叫他去帮忙呢。巴音就骑马上去了。我也没太在意，还让底下准备摄影机，过一会儿看到山顶上的人会动，反应过来根本不是假人。我当时就恐惧了，想这小子要干吗呀？那时也没对讲机，我就从下面骑马沿着悬崖上去了，我印象特别深刻，他还问底下准备好了没有，还没等马跑上去，我就看见男主角巴音站在悬崖边，后面是毛绒绳和威亚绳，全摄制组四十多号人拉着一根绳索，我当时就傻了！上去疯了一样拉着塞夫骂，说中国的电影还没有发展到这样超前的程度，假人一样可以在剪接台上创造奇观，你想跳你自己跳，不能让演员跳，当时我也骂得很残酷，可能是出于女性的那种保护欲，因为我清楚地记得那部影片的投资是 300 万元人民币。投资方根本保证不了我们演员的安全，记得当时我被拉到很远，塞夫说全部都准备好了，让我别搅和。我冲过去就给那演员跪下了，我说："巴音，你不能这么做，美国人可以这么玩但中国人还做不到，你必须清醒，导演自己想拍那就导演自己下，他可以为你替身。"巴音也给我跪下了，说让我别那么想，他们都准备好了，没危险，40 来号人保护着他的命，他的命没那么不值钱，我一时冲动就啪给了他两个耳光，说："你必须清醒，我要拉你走，电影咱不拍了，我导演也不当了。我也是个导演，你得允许我说话。"这个演员就说他知道我爱他，但是美国人能拍的，蒙古人也能拍。这个时候塞夫过来说："你以为我不能拴吗？"

他自己从巴音身上把绳子解下来拴在了自己身上，所有的人上来一窝蜂一样把我拉走了，其实我知道摄制组在任何一个场合下，塞夫说话的威望要比我大得多。就是塞夫说什么，一般摄制组会听。他们觉得我疯了，我不正常，我觉得自己是正常的。但是做电影的是一帮疯子，我被拽到大山坡下，都傻了，我不知道我往哪儿去，就向着草原深处走，太恐惧了！这样的电影太恐惧了。下着那么大的雪，我根本都不知道那天是怎么回到住地的，回去后我像个冰人一样躺在房子里，他（塞夫）也不敢过来见我，大概意思说这人活着回来了，男演员端了一碗面条笑着到我的面前说："你该吃碗面了，我比美国人演得优秀。"除了这个镜头之外还创作了很多奇观的镜头，都是这些演员完成的，像坠马就是演员自己喝醉了酒，骑在马上，像天鹅一样地飞，是很有风险的。第二天我们就离开外景地了。

贾：您当时被迫离开了现场，后来他们拍摄艰难吗？

麦：运气真好，前后不过 15 分钟就拍完了，什么事都没有。一遍过，全摄制组的人都疯了一样在庆功！那是电影院看不到的快感，是艺术到了一定地方升华后的快乐，我有时候就觉得很奇怪，做电影有时候是一种天意，还是一种运气，那天人与马坠下来的瞬间，镜头拍到的是晴空万里，当拍演员被挂在悬崖上的时候，拍到的是大片雪花在演员的脸上飘，这前后五分钟的时间都没超过，在剪辑时看到这个画面，我说天都落泪了，太惨烈了。最后我想塞夫的设计是对的，只是在完成这种高难度动作的时候我心里是很恐惧的，就像有时候看成龙的电影，观众会为他感到恐惧，成龙有防护，他自身却不恐惧。成龙是一个电影疯子，我想塞夫也一样，旁观者恐惧反而他不恐惧。他拍到了演员坠下去时完全逼真的特写。塞夫从高空就用一根威亚绳跟毛绒绳，完成人马落下的景，那种动作太神了，老天救助他，我是这样的感觉，但我不是这样的好导演，我做不到，因为我不具备他那种素质和能力。做导演一定是要有那样天才的素质，不是说因为他走了我才这样说，而是我越来越考虑到他真实的想法，不具备一种做这个高难动作的本能素质，想拍那种镜头绝对拍不了，他有这种勇气，太难得了，中国这种导演太少了，我现在觉得塞夫不是残酷，反而非常善良，他是用他的勇气创造塞夫电影里边的才华。我是一个导演，我没有他的那种心理素质，所以我不快乐，但是我为他骄傲。

马背上的芭蕾

贾：再后来你们拍了《悲情布鲁克》，这部电影里有一段特别经典的"醉马"镜头，很多人都称之为"马上芭蕾"，相比之前的"坠桥""坠崖"，这段戏是怎么完成的？演员是真醉了吗？

麦：《悲情布鲁克》拍摄坠马的时候其实演员都喝醉了，是真醉。当时因为觉得好像有醉剑，后来我们说那我们就拍醉马呗，但是那个拍得很容易的，我们以前拍过的电影都无法录到同期声，因为没有钱，没有很好的摄影机，也没有做到同期声。那个时候拍摄，没有移动，也没有导轨，什么也没有。摄影机架在那儿，就靠摄影师即兴抓拍，演员就冲着摄影机跑，拍之前老塞坐在那儿跟人家喝酒，把他们都灌醉，灌醉了以后让他们骑在马上，东倒西歪的，完了以后塞夫说这不是玩吗，这不是在拍电影，哪有这么拍电影的。我说玩就玩吧，他们就开始玩，完完全全是玩下来的，当时也很奇怪，老塞说你看那牧人的马骑的，喝醉酒也掉不下来，你们都不知道你们是马神吗？拍完之后在剪接台把摄影机拍下来的画面一次次剪接，剪完以后，塞夫看着动作，把它放大 90 多格。那时候的摄影机不像现在的机器可以放大很多倍，我们就在洗印厂来回地翻，做到 90 倍以后特别漂亮。因为他们都是骑马高手，他们就把马鞍子，拿一个马绊皮子把这儿一绊，绊完了以后就双手脱缰，这时候就像你看到了美国这样的电影。有一个电影给我印象特别深，他骑着马，我记得那是最后一个猎人，那个男演员就像飞一样。这些演员都拍过好多部戏了，我们已经太了解他们的马技了，他们可以在马上玩，而且我们的演员有世界马术冠军，他们平时都学技巧，就是拍这样的马上动作片，演员必须爱护自己的马。

贾：看那段戏时我有一种很强烈的感觉就是人和马是融为一体的，感觉驰骋在辽阔草原上的马特别有灵性，人在马背上做出的动作也很流畅、很生动。

麦：马碰到沟坎能一下跃过去，它比人机敏得多，草原上有那么多旱獭洞，见过人崴到旱獭洞里却从来没见过马崴到旱獭洞里的，而且我的那些演员都特别爱马。拍了这么多年马，得出一个经验就是，拍马上动作片演员必须爱护自己的马。因为老骑马，马就认识你，你对马好，马肯定会保护你，如果你不爱护你的马，马就会伤到你。我的演员跟马是有感情的，他们在马背上可以任意骑，任意拐弯，任意勒缰。当人成了酒鬼的时候，马也会跟着主人兴奋。拍醉马的时候，马奔跑的速度一定是让演员舒服的速度。演员在马鞍的皮凳上一躺，倒在马的侧翼时马会保护演员，马也有像船一样保持平衡的能力，所以很好的马一定要有很好的骑术演员掌控，因为他们有这个能力，这就是人跟马的感情。我常常看到电视剧里演员骑马时，马常常被管马人拉着，人和马是脱节的，根本融不在一起，在《悲情布鲁克》里面观众会看到人马是合一的，什么高难度动作都能做出来。

《悲情布鲁克》（1995），情节曲折动人，场面恢宏美观，充满阳刚之气，犹如悲壮的诗篇

马，是我们的演员

贾：马在您的电影里绝对不是一个道具，它是演员。

麦：演员，它一定是我的演员。所以我们要挑特别好的马给演员骑，而且马的草料一定要是最好的草料，运输马的车也一定要最好的车，马跟人一样，待遇是很高的。有的时候演员骑的马瘦了以后，教练就很心疼的，就会骂他，跟导演反映那个演员骑马毛病太多了，那你就得说演员，而不是说马，我想马比人灵，马绝对是通人性的。

贾：您拍的《一代天骄成吉思汗》，成吉思汗是蒙古最伟大的英雄人物之一，《骑士风云》《东归英雄传》《悲情布鲁克》这三部电影是不是都在为这部电影做准备?

麦：也不是，当时经费不足，那没有办法，但好在我们是以小拍大，这部电影跟《东归英雄传》一样，都是以一个很小的故事展现一个很大的主题，以成吉思汗与母亲及妻子之间的故事构成了成吉思汗成长的历程，是一个很小的人性故事，也是一个成长的故事，

贾：《一代天骄成吉思汗》的拍摄是不是有一定难度?

麦：拍马无论多么大的场面，多么大的环境，一定要在草原上找一个符合的地形，而不是说凭空来定一片草原就拍摄，比如拍群马要符合流向的地形，拍单个马要选择马愿意走过的地形。《一代天骄成吉思汗》最高难度的拍摄就是拍战争最惨烈的那段，那个时候我们不光有专业管马的，还有专业懂马的，但也依然有一定的危险。我记得塞夫胆子很大，他挖了相当于房间大的一个坑，这个坑就是片中敌方挖的陷阱，他要拍马和成群的战士瞬间陷进大坑里的场景，这个难度够大，但是那个时候我已经不恐惧了，因为这种心理我之前已经经历过了。他设计得很好，不牺牲马，也不牺牲人，拍的时候我们要求演员骑着马必须全速奔跑，因为不全速的话就会有危险，任何竞技在最激烈的状态下都是最不容易受伤的，一犹豫，肯定是要受伤。前几天看电影频道播《一代天骄成吉思汗》，那个演员掉进坑时的动作真的太精彩了，这个画面对我刺激很深，就是演员掉下去时的恐惧是一种本能的恐惧，特别是一种马上动作片的恐惧。接下来拍的一些文戏就相对简单，跟动作戏一样拍着就慢慢娴熟了。相对拍这种片子我觉得塞夫是属于比较神奇、比较有运气的那种导演，他想要的他都完成了。

贾：您的电影处处都能让观众感受到历史的影子。

麦：蒙古族的历史是英雄的历史，从成吉思汗崇尚他的祖先开始，这种英雄的历史故事太多了，所以塞夫基本上编织故事离不开历史，这两者之间有天然的联系。

贾：您的电影中除了经典的马上动作很有民族特色外，用到的音乐音响也是很有民族感的。

麦：蒙古族的作曲家三宝、道尔吉都非常优秀，电影音乐因为要蒙古民歌，所以好几部片子的作曲就这几个人做。蒙古族是一个能歌善舞的民族，他们好像干什么都爱唱，吃饭时唱歌，孤独时也唱歌，他们也有很多很多古老的音乐，各个地区传唱的歌都很好听，这些音乐家就是基于这种养分来创作自己的歌，有深厚的沉淀，所以做出来的音乐就很好听。我觉得一位音乐家做出来的音乐好听与民族本身给予他们的养分是离不开的，像三宝在创作《天上草原》里的

音乐时就取材于一个古老民歌的影子，道尔吉的创作也取材于古老的民歌影子，那些被历史沉淀过了的东西能不好听嘛。

贾：您当时怎么会想要拍《跆拳道》？

麦：当时我碰到了一个女作者，叫康丽雯，她在写《跆拳道》，她告诉我跆拳道很时尚，很风靡，年轻人都爱练，我稀里糊涂地就拍了，但是我喜欢的是跆拳道奥运冠军的精神，所以同样是没有离开英雄的塑造，只不过是写了现实中间的英雄，奥运英雄，主要是以跆拳道的这种动作来完成一个奥运冠军的成长经历的，我觉得没有离开自己一直以来的主题。

贾：《跆拳道》是谁来做动作指导的？

麦：《跆拳道》动作指导依然是我们做草原电影的动作指导，我们没有更换过动作指导，因为人性中想要追求的巅峰是共同的。跆拳道对于我们拍马上动作都很有经验的人来讲并不难，完成跆拳道武术动作的剪接、构成，再到演员人物的动作，我觉得太轻松了，因为经过这么多年拍动作片的历练，特别是经过马上动作片的历练后，陆地上一招一式的历练就容易很多，它有规律可循，不像马上动作很难有规律可循。

电影离不开一个“真”字

贾：在您眼里什么对电影最重要？

麦：香港电影的武术设计都是香港人，它的动作设计不像美国西部片的动作设计，《卧虎藏龙》《英雄》都是随着香港商业影片发展起来的，它里面的动作跟成龙的动作不一样。成龙的所有动作片都是真实的，在他的片子里面，这个人永远在完成他自己关于电影的梦和创作，第一他不重复自己，第二个他永远在攀登高峰，所以他的动作片是经典之经典，没有任何人能跟他相比，因为真实的东西是没有可比性的。我认为电影离不开一个真字，无论是讲真话还是完成真动作，我觉得电影的经典就在于真，电影里写实的东西更能让观众接受，在我们的动作里面，也同样存在着这样的一种追求，这样的一种精神。

贾：现在很多电影都通过特效来完成一些高难度动作，您觉得特效和真实拍摄有什么差异？

麦：我觉得这是动作片中两种不同的表现形式，比如《卧虎藏龙》《英雄》《十面埋伏》，设计师设计好动作后让替身完成高难度动作，之后让演员来完成他们要完成的。让观众充满幻觉的竹林打斗画面是靠吊威亚来完成，特写中剑划过水面的美感是借助美术设计出来的，这些是电影呈现的另一种唯美感，也是电影奇观的另一种表现方式。只要有经费、有超凡的想象力这些是有能力克隆出来的，也许现在比《卧虎藏龙》《英雄》里更好的设计都做得出来，但这种电影的表达方式和当年《少林寺》中完完全全的少林功夫不一样。无论中国的电影事业还是世界的电影事业它都无法复制出第二个成龙。有时天才的表演艺术家拥有的天赋是很难替代的，电影中观众一眼就能认出成龙，在观众的心里只有一个成龙。成龙在电影中从那么高的地方跳下来，观众就为他担心、为他紧张，有时候我想那是成龙吗？是成龙塑造的演员吗？最后我看到的是成龙而不是成龙塑造的演员，他的魅力就在这里。看《卧虎藏龙》时我不会为章子怡或周润发担心，我相信剑刺不到他们，因为他们会飞，这种画面会给我一种快感，但它不能给我生命里的真实感，差异就在这儿，我觉得这两者之间存在的差异是一种审美差异。

贾：这其实就是您之前说的，电影无法离开一个“真”字。

麦丽丝：是的，为什么不可能复制周星驰？因为他是真实的，他有自己的代表影片，有自己的动作，有自己的美，这就是一个演员的天才。电影不能丢弃真实，只要有工具，把人吊起来后的那种飞飞打打任何人都可以做到，所以我是觉得真的就是真的，无法替代。艺术也是这样，就是没有办法丢掉它，本质的东西无法改变。也许也是因为我喜爱那种真实感吧，到了那种环境里，我会融进去，会很兴奋。虽然现在电影看得少了，但其实我觉得无论是武侠片还是文艺片只要拍得好都是因为它真。

（2006 年 11 月 7 日于北京朝阳花家怡园）

2006 年 11 月 7 日，麦丽丝与本书作者贾磊磊在北京朝阳花家怡园

最难演的是动作喜剧

元彪

元彪（1957 年 7 月 26 日—），原名夏令震，早年拜师京剧名武生于占元门下，取名“元彪”。于占元本是京剧名武生，带的徒弟也主攻武生或者净行，所谓唱念做打，动作杂耍皆须样样精通。于师傅在一次京剧表演中，选了元龙、元楼、元彪、元奎、元华、元武、元泰七人担任《七小福》（1988）的主角，因为演出非常成功，于占元便借此组了个“七小福“戏班。1971 年，由于戏曲观众的大量流失，于占元的中国戏剧研究学院终于维持不下去了，成龙、元彪等师兄弟只好各自谋生。如今元彪已经成为香港武侠电影的一代明星。元彪的技击动作刚劲有力，快速迅捷。元彪自 1967 年开始作为儿童演员参演影视剧，1972 年参演李小龙主演的《精武门》开始，已经参与拍摄了《醉拳》（1978）、《杂家小子》（1980）、《新蜀山剑侠》（1983）、《A 计划》（1983）、《A 计划续集》（1987）、《西藏小子》（1992）、《六指琴魔》（1994）、《双龙记》（2006）、《少林寺传奇Ⅱ》（2008）、《叶问前传》（2010）、《卸甲归来》（2021）等影视剧近两百部。

中国古代的武侠我不太了解，我是现代人。不过，我想武侠的最高境界是一般的人所不能达到的。因为我们看电影始终都是看到武侠的这种特征。坦率地讲，武侠不是人人都能达到的境界。

——元彪

香港“七小福”

贾磊磊（以下简称“贾”）：曾经有一部名为《七小福》的电影，其中表现的那些学京剧的小孩，就是你们那一批在香港后来成为武侠 / 动作电影明星的人，像成龙、洪金宝，还有您。

元彪（以下简称“元”）：因为小时候师父给我们几个师兄弟起了个艺名“七小福”。那时候根本就对戏剧各方面没开窍，就只是每天起来练功，每天起来做，每天起来就是练功演戏。我们将来要怎么样，根本就没有一个很实在的说法。

贾：《七小福》讲述了传统艺术在现代化的历史变化中的失落，而你们个人恰恰是在这种变化中成长起来的。

元：影片表现的我们和我们这些小孩子并不一样。我们那时完全不懂什么是电影。怎么说呢，没有那种意识。我们小时候只喜欢玩，不喜欢读书，就喜欢很热闹地演戏，调皮捣蛋。只是当你出来挣钱的时候，你就得慢慢地想应该做什么。我觉得是年龄大了才晓得这个利害关系，才很在意电影是这样子的，电影明星是怎么样的。当初我们出来做武行，是很艰难的事情。

贾：你们的电影和别人相比，过人之处是什么？

元：过人之处是我们各自有各自的风格。比方洪金宝，他有他的块头，有他的灵活性，他的电影具有很强的喜剧感；成龙，他有他个人的表演方式，他可以把自己从一个很弱小的人物慢慢挣扎出来，逐渐成为一个英雄，那时候感觉就完全不一样了。对于我来讲，我就比较注重我的动感、我的动作、我的灵活性。这些不同的动作风格是每一个人都分得比较清楚的。我们不会三个人做同样的东西。

贾：与您合作过的武侠电影导演，您认为哪个比较出色？

《快餐车》（1984），洪金宝刚猛，成龙灵活，元彪强劲，洪金宝、成龙和元彪组成的铁三角，是 80 年代动作电影最耀眼的组合

元：怎么说呢，如果拍武侠电影来讲，我的印象深刻的，应该是徐克导演。他应该是拍这种类型的武侠电影比较出色的。如果你讲到现在，我们这种动作片应该离不开成龙、洪金宝，还有我们。拍这类电影，我可以有胆量跟你这样说，这是从小练出来的。因为我们五六岁就在一起，在一个学校训练。从小时候到现在。小时候在舞台上演戏，跟着出来拍戏。然后在银幕上演戏，一直下来到台前幕后，累积下来的经验吧！

武侠不是人人都能达到的境界

贾：中国武术是一种讲究武德的技击方式。练武的人学的不仅仅是武术，更重要的是道德。

元：只不过也要看人的本性。如果一个人的本性不行，怎么教怎么学都吸收不到这个感觉。这就很难说了。所以，当然说是武德，但是也有很多不讲武德的。这一方面也要看个人的本性。

贾：您认为中国武侠的最高境界是什么呢？

元：中国古代的武侠那我就不太了解了，因为我是现代人。不过，我想武侠的最高境界是一般的人所不能达到的东西。因为我们看电影始终都是看到武侠的这种特征。坦率地讲，武侠不是人人都能达到的境界。

贾：很多武打演员都是继承家族的传统，家庭对您有没有什么影响？

元：没有什么特别影响，只是听我妈妈说，我父亲年轻的时候也是喜欢演戏的，只是他没有机会进入影视生涯。他年轻的时候听说老师在电影制片厂门口拍戏，等来等去总是等不到，也是做那些临时演员这样子。所以，可能他也爱好电影，爱好演戏，才把我送去演戏吧。我觉得我的运气还是挺好的，就是有一段时间刚刚出来的时候没有发挥从小学的东西，也停了两三年，没有电影拍，感觉没有什么出息。后来慢慢跟着下来就是李小龙出来了。李小龙出来后，我们的机会就比较多了，最起码我们做武行的生涯也多了，挣钱也比较多了。李小龙那一年又去世，香港那时缺乏动作演员，开始有人找我拍戏，我也时常怀疑自己是不是这块材料。

贾：您当初的人生理想是什么？

元：我当初的理想是希望可以在电影上做个武术指导，或者最高层次，将来可以做个导演。没想到我师兄洪金宝给了我这个机会，因为我跟他合作，我是做他的武术副指导，他做武术指导。一直是我跟他去拍戏，怎么设计动作，怎么样拍摄。大概在1978、1979年，他就说："元彪你也可以试试看做演员。"叫我演戏，我自己讲我会演戏嘛？我就跟他讲，我演不好，我演不了，我只是试试看而已，那就是我电影生涯的第一步。就是拍洪金宝导演、我主演的第一部戏，也是动作片，当时我跟洪金宝合作也蛮愉快，因为从小到大，大家一起长大的。大家也很了解。我就从70年代一直演到现在。

贾：您这一生对您影响最大的是谁？

元：对我影响最大的第一个人就是我父亲。他给我这个机会进入这个圈子；另外一个就是洪金宝，可以这么说他是给我很多的机会。还有另外一个就是嘉禾公司的老板，现在已经去世了。这三个人我觉得给我引的路是蛮多的。

贾：您的第一部电影是什么？

元：我第一部电影是一部动作电影。讲的是民国初期的故事，叫《杂家小子》（1979）。故事就是说这个小子什么都会，对什么功夫都懂的杂家，有喜剧，有动作，是我跟洪金宝演的。接着下来我就拍了《蜀山：新蜀山剑侠》《踢皮球》《A 计划》《A 计划续集》。通常我们三个师兄弟（成龙、洪金宝、元彪）拍戏比较多，因为那些海外观众都很喜欢看我们三个师兄弟的戏。

贾：您的演技和武艺相比，您觉得哪个更重要？

元：我觉得演技因每个人的性格不一样而不同。如果从演技来讲，我觉得演戏有太多发自自然的东西。以前一般学习出来的演员，从一、二、三、四这样子开始，所以情形都差不多。我觉得演戏第一是你本身要有这个兴趣，有这个感觉。现在演戏不是演舞台剧，我觉得不用太夸张，最主要自己演出来感觉舒服，没有奇怪的感觉。当然角色是越演越困难的，你演这种角色，演那种角色，那是需要去比较、磨炼的。最主要是演戏要自然。

贾：您认为武侠动作表演的难度在哪里？

元：我觉得一个演员他可能会演戏，但他可能不会打，即使他会打，他可能也不会联合在一起。我觉得这不是自夸，这是一直要有经验才能成长出来的。尤其是动作喜剧片，我觉得最难，最难演的就是动作喜剧片。

贾：既要打还要演，确实不容易。所以，这种电影往往很好看。

元：虽然不是最好看的，但是每一个人看的电影不一样，可是这种电影能带给观众一个很开心的世界，给观众带来的是最高的享受，不会让观众闷闷不乐。有什么不开心的就看看这些喜剧、动作。做人，生存在这个世界，没必要去不开心。

贾：您拍武侠电影的时候导演是否对演员有这样或那样的限制？

元：当然导演有他的意识，配合演员讲解，他也不会约束你演。我觉得导演他不是说教你演戏，导演是讲感受给演员，如果演员发挥不到境界，导演会提示他，应该这样子演会演得更好，不是说导演叫你照我这样笑，照我这样哭，照我这样讲，我觉得这是不对的。我觉得导演应该把演员的戏路打开，他认为这个演员有资格演这个角色，他才会找这个人，如果他认为这个人演技不好，那我觉他不是一个好导演。他可以找别人来演。他一定看过这个演员演的戏，他才会知道这个演员很有把握演这个戏。

观众是不能欺骗的

贾：现在有时会有这样的情况，明星的个人魅力有时会超过角色的力量。

元：从性格来讲，我是比较内向的，也比较个人主义的。我不喜欢有人要我这样做，要我那样做。

我觉得这样我自己会不开心。我希望我是很开心地去做一个工作，而不是说为了什么事情一定要怎么样。我也不会说给自己要求很高。

贾：现在您的不少兄弟都到美国发展，您对此怎么看?

元：其实到美国发展是一个很好的机会。有机会的话，当然好。但是如果我到了那边，可能我的魅力各方面都会被掩盖起来，我发挥不出来，到哪里拍也是没有用的。就好像成龙他们拍戏有那么多经验，而且他们性格各方面都比较外向，他们是喜欢这样。对我来讲我是很喜欢我个人的东西，我只是代表我自己讲话而已。我不管人家怎么说我有没有机会，我只要拍戏出来，观众喜欢看，我尽量去做观众欣赏的东西，而不是说观众要求我这样，媒介要求我那样，我就要怎么样。很多事情其实也是缘分。

贾：您现在演的是一部什么样的作品，演什么样的角色?

元：这个作品的故事是讲清代的时候，一位功夫宗师到了台湾。台湾当时很小，有七个坎，这七个坎属于七个舵主，可能有好的也有坏的。我演的功夫宗师到那边把七个坎联合起来，大家都统一了。大致是这样的一个故事。

贾：这好像并不是一部传统的武侠电影。

元：可以说不是武侠，是动作片。我拍戏这么久了，武侠片代表的是一种飞仙的感觉。在电影的意识上是很神话的。我现在拍的这种戏应该就是动作片。它会比较实在一点，比较真实的，不能够太夸张，是现代人还可以看到的东西，我觉得武侠片跟动作片应该是有所区别的。

贾：由于现在电影的技术越来越发达，拍动作片跟你们当时拍的电影不一样了。

元：现在拍动作片跟我们以前拍动作片已经是两回事了。现在的演员很多只是演戏，至于说到动作，可能演员自己根本不懂，替身上就行了。可是这种动作就不好看，这种动作片始终都不是演员自己做出来的。而我们的动作片，完全元彪就是元彪，成龙就是成龙，洪金宝就是洪金宝，每一样东西从高处摔下来，从底下钻个洞，都是属于自己做的，我觉得我很难形容现在的演员……

贾：现在武侠电影的表演是不是比你们当初拍电影容易了。

元：现在拍动作片很容易，你找谁来都可以拍，你找谁来我都可以把他拍得跟真的一样，不像以前全是靠演员自己去做，观众会欣赏到真实的武功。观众也会仔细用眼睛看，他们会看得出来这个是谁，那个是谁，对不对?观众是不能被欺骗的。你说找一个几十年前，全是动作，李小龙阶段、成龙阶段、我和洪金宝，我们这个阶段，全是要靠我们自己发挥出来的，如果自己发挥不出来，那很快就换人了。娱乐圈就很现实的，如果你没有自己的一套，是很难给人家欣赏，很难站得住的。

（2008年8月1日于北京朝阳蜀南人家）

我要做我没有做过的事情

何平

何平（1957 年 10 月—2023 年 1 月 10 日）。何平是一个从电影片场走向导演座椅的导演。1979 年他就担任故事片《竹》（1980）场记，该片导演是司徒兆敦和汪岁寒。1980 年任舞台艺术片《杂技女杰》（1985）副导演，后来在 80 年代初先后任科普故事片《气象小哨兵》（1981）、故事片《初夏的风》（1982）、故事片《欧妹》（1983）、故事片《东陵大盗》第一集（1984）、第二集（1985）副导演。1987 年任故事片《我们是世界》（1988）导演（联合），1988 年任故事片《川岛芳子》（1989）导演，1989 年任故事片《双旗镇刀客》（1991）导演，该片获奖颇多。1993 年任故事片《炮打双灯》导演。1995 年，执导的剧情电影《日光峡谷》入围第 46 届柏林国际电影节主竞赛单元。2003 年，凭借动作电影《天地英雄》（2002）入围第 10 届中国电影华表奖优秀导演奖。2009 年，自编自导剧情电影《麦田》（2009）。2015 年自编自导的爱情电影《回到被爱的每一天》（2015）。通读何平的作品，你首先会发现影像的设计与制作是他的倾心、用力之处。在何平的影片中，“表述层面”与“被表述层面”始终是“缝合”的、一体的。他对电影这台语言机器的精心运作，已不仅限于对一个镜头、一场戏的设计、制造，他更出色的是在对影片整体的视觉、心理节奏的控制上。

任何一部作品，只要是时代的产物它就好，如果不是时代的产物它就不好，它不能体现时代的价值观。时代的价值观不在于电影是现实题材还是历史题材的，而在于你的美学价值观和所有的生活方式。电影的社会性在哪里？就在于你的作品怎么赋予一个时代的精神和时代的需求，并且将两者做到最完美的结合。

——何平

任何一部作品，只要是时代的产物就好

贾磊磊（以下简称“贾”）：你们这批与第五代一起成长起来的导演，您是最早涉及武侠/动作这个领域的。您的《双旗镇刀客》在日本获得了夕张国际电影节最佳影片奖。当时您怎么会想到要拍《双旗镇刀客》呢？

何平（以下简称“何”）：我算第一个吗？当然。就第五代这一茬人里面。因为当初我没觉得那是一部跟武侠有关系的电影，那就是讲一个练武的孩子成长的故事。就跟现在一样，现在很多年轻导演拍自己的成长经历，对吧？《17岁的单车》啊，《向日葵》啊，等等这些电影，它不都是成长经历吗？

贾：那在您的理念里，您对武侠电影这个认知，或者您认为什么样的电影，才是一种真正的武侠电影啊？

何：我没有研究过武侠电影，真的。我到现在为止，没有完整地看完过一部武侠小说，你说什么金庸啊，什么梁羽生啊，是吧？这些人的小说，我一本都没有看过，所以我的武侠世界比较苍白，是因为没有读过这些大师们的武侠著作。

贾：那像您拍的《双旗镇刀客》是不是受到日本武士电影的影响？

何：那倒也没有，因为它就是那么一个很简单的成长故事，把那个成长的故事怎么让它更

《双旗镇刀客》（1991），影片重在西部景观的展示、侠客形象的刻画以及暴力美学的呈现上，在武打设计上，没有炫目的招式，高手之间只有一招制敌，讲究稳准狠，营造出了独一无二的西部片的“暴力美学”

好看，更丰富多彩，然后有一定的社会性就可以了，对吧？

贾：对它没有更多的期待吗？

何：没有太多的想法，你想那个时候（1990 年）条件很有限，想想制片厂能够同意让你去当一部戏的导演，就只能是在那个环境，那个条件下，把你想要的东西拍出来。其实我所有的电影都是这样，事先对这部电影都没有什么期待，我只是希望把我自己的想法通过这部电影，通过视觉语言把它表现好，我的任务就完成了。而且我拍完电影以后也从来不想，我从来不回头去总结。一是我没有这个习惯，二是我也没有这个需求。所以，我拍完了就算完成了一项工作，我就去准备我下面的事情。

贾：您是不是觉得自己要说的话在片子里都已经讲了？

何：对，我觉得电影导演是靠作品来讲话的，就是说你的作品好也好，不好也好，反正它就是代表那个时代，就跟你那个时期，你穿了一件衣服，留着一个发型，就像你现在把你年轻时候的照片拿出来一看，你尽管极土极俗，但是你必须确认那就是你，那个时代的你，那就是历史啊。

贾：不论是个人还是电影都没办法脱离生存的历史。

何：所以回过头来，再去研究我那个时候为什么去买一件那样的风衣，为什么去留那么一种发型，或者戴那样一种眼镜，总结那个是没有意义的。因为那个意义就在那个时代发生，所以电影也一样，电影作品也一样，它就是你的，无论是你自己身上的衣服，还是你的精神的衣服，它就是带着那个时代的强烈的烙印。那个时候的作品，它就是艺术电影，它就是探讨，因为那个探讨就是一种时尚，所以社会是随着时尚而变化的，今天的时尚是什么呢？今天电影的时尚是票房，你有没有更多的观众，所以时代不同了。

贾：那我们应当用一种什么样的标准来衡量今天的电影呢？

何：你不能以七八十年代那种追求文化时尚的时代思维来评价今天的电影，这是错误的，拿今天的思维去评价过去的电影也是错误的。所以你要用同时代的思维去思考同时代的作品，你用这个定位研究出来的东西，我觉得你思考这个东西它才是准确的，否则这个研究永远都会对不上这个作品。所以很多人都说，《英雄》（2002）不好，说《十面埋伏》（2004）不好，等等，很多影评人评价这些电影。其实我觉得这些电影都很好，为什么说好，不是说任何一个说好的作品里面没有缺点，任何作品都有缺点，说好，就是说它确实是这个时代的产物，我的观点就是任何一部作品，它只要是时代的产物它就好，如果说它不是时代的产物它就不好，你比如说很多电影为什么不好，因为它不是时代的产物。

贾：您是说它不能体现这个时代的精神还是什么？

何：对，它不能体现时代的价值观，时代的价值观不在于你是一个现实题材的，还是历史题材的，在于你的美学价值观和你所有的生活方式，展示的那个价值观是不是时代的，对吧？电影的社会性在哪里？就在你的作品怎么赋予一个时代的精神和时代的需求，并且将两者做一个最完美的结合。

我的工作是要做我没有做过的事情

贾：我明白您的意思，就是在您的创作里面，它一定要体现这个时代的精神价值。我们不能用五六十年代或者七八十年代的那种价值观来写我们现在的人。你比如说像《双旗镇刀客》虽然是 1990 年出品的一部电影，那个时候中国的整个文化语境跟现在不一样。但是，我们现在看这部电影，也没有觉得它好像仅仅属于那个时代。所以说莎士比亚不仅属于英国，不仅属于他生活的那个年代，他是属于全人类，属于全世界。比如像《双旗镇刀客》中塑造的孩哥，为什么叫侠呢？我们为什么要把他归在武侠 / 动作电影的这个范畴里来判断他呢？就是说孩哥实际上做的是一个侠者的行为，他挺身而出去与恶势力以死相争，实际上他没有必要对整个双旗镇的人的生命负责任。当然他的女朋友，他的未婚妻在那儿，这是一个原因，但是他最终拯救了整个双旗镇人的生命。

何：我不说你说得对与不对，我就说《双旗镇刀客》里最重要的东西，比如说大家说它有生命力，是吧？到今天还有很多年轻人喜欢，对吧？实际上是因为它那个故事和人物的本身，就是说它首先是一个成长的故事。永远有人刚刚步人社会，他要接触他所有曾经没有经历过的东西，这成长的故事，只要你做好了它就有生命力。在《双旗镇刀客》里，它体现了一个什么东西呢，是说所有人对自己的能力是未知的，当你进人到那个状况的时候，你才能判断你适应社会的能力，你能做什么，对吧？那也许他就可以去为保护一个小镇，尽管这不是他的觉悟，但是结果是这样的。这就是儿时的梦想，就是说它符合的是这样的一个梦想的逻辑，所以它有生命力。

贾：在这方面好莱坞为什么做了许多针对儿童的电影，像《哈利·波特》，这是跟他们的观众的年龄阶段越来越低龄化有关系，它就是跟着市场走的。

何：对，所以有时候欧洲电影也一样，你比如说这两年我们比较好的电影，《放牛班的春天》是孩子（题材）的吧，《这个杀手不太冷》如果没有那女孩儿，这部戏有这么精彩吗？

贾：您再拍一部《双旗镇刀客》的续集怎么样？

何：没有那兴趣，没有那想法。所以我觉得其实是这样的，你要不就讲人物的命运，对吧？它也有生命力。但是你说那个时代的东西对今天还有什么启发，我觉得这也不是电影的人物。

贾：您觉得孩哥后来走了以后，它能否够构成下一个故事的开始。

何：它构成啊，当然那也许是可以有一个故事的，对吧？那可能是一部公路片，就是那个时代的公路片，对吧？两匹马，一个男孩儿，一个女孩儿，这一路上，对吧？经历了什么东西，它肯定也可以构成一个新的故事。

贾：而且它又和现在整个的武侠的潮流，和孩子、和这个低龄化的观众的需求也符合？

何：我刚拍完没两年就要求重拍，我是（19）90 年拍完，（19）92 年就要求重拍，还是用那个故事把所有的动作场面全部从背景里挖出来，是吧？然后把 120 万元的投资变成 3000 万元的投资来做，那我都没有兴趣去做。

贾：您是不愿意重复自己吗？

何：不是，那不是我的工作，对不对？我觉得我的工作是要做我没有做过的事情，我做过的事情我为什么要做，我又不是匠人。

贾：是您不愿意重复您过去拍过的这些题材，还是说您觉得这个东西没有兴趣？

何：都包括。你看我所有的电影，没有什么是重复的。你放在一块儿，你想不出来是一个导演拍的。我跟你讲，因为什么呢，这个戏可能是说它好，是因为给大家很多想象的空间，这个空间实际上是观众的一种渴望，我们没有让他们看到，大部分让他们看到的是结果。

贾：他们不知道原因。

何：他们不知道原因，那他就对这个东西有一个期待，这个期待靠什么呢，靠他自己的想象力和每一个人读的不同流派的武侠小说把它完整化了，在他的想象里完整化了。

贾：我们说《双旗镇刀客》是讲一个讲儿童成长的故事，就是姑且把它作为一种题材来看待的话，它的意义就放在一个题材的范畴里来讨论，你会不会觉得有点儿贬损这部片子的价值？

何：我觉得不会，因为什么呢，你想一想啊，你写任何一个故事，你的主人公一定有他的职业，比如说你写一个银行家，一定要涉及金融嘛，对不对？你写一个电脑的黑客高手，一定要涉及电脑和程序嘛，那就是他的职业。你写一个警察，必须要有警察这个身份嘛，这是他的职业特点。你不能说因为一个孩子会武，练过武，它就是武侠片。所以在理论研究也好，其实我觉得要回到作品的原本上去，是吧？

贾：那我们把现在的《双旗镇刀客》这样一个题材的片子归类到儿童片您觉得怎么样？

何：题材上你归到儿童片，我没有任何意见，而且我认为是最棒的中国儿童电影，最棒的。

每一个镜头都要经过严格设计

贾：那最棒的又从何谈起呢？

何：一部电影的成功一定是它从第一个镜头到最后一个镜头，是经过严格设计的，然后又表现得如此自然。当你不在剪接台上，你按照我的想法去分析这些镜头的时候，你在看的时候，你是不会注意的，但是它实际上在整个电影语言的结构上、语法上是非常讲究的。

贾：实际上看的时候，大家没有意识到您的意图，但是看完了以后会被感动，这是最好的。

何：对。这是最好的。这是我喜欢的那一类电影。不是说只有这一类拍法，拍电影的方法很多。其实《炮打双灯》是比《双旗镇刀客》在海外的影响要大得多，这就是被国内影评界忽略的一部电影，当然在国内拿了很多奖，金鸡奖最佳导演奖啊，什么最佳美术啊，包括还有什么最佳合拍片，当然在国外也拿了很多奖，对吧？实际上那部戏在海外的影响是非常大的，有很多海外的影评人和制作人，制片人认为那是一部非常经典的电影。

贾：从您个人电影语言的运用来讲，比《双旗镇刀客》要在一个更大的规模和美学理念上进行的制作。

何：对，那部电影的语法比《双旗镇刀客》更讲究，就它的电影语言系统我敢说真是一流的，这我不是吹牛，对吧？但是没有人去分析这些东西，没有人去真正地研究这些东西，你比如说你为什么这个地方要这样组接，为什么这个镜头要在这儿运动，因为你知道在拍《双旗镇刀客》之前，第五代导演都是以静态的摄影为主的，对吧？第五代导演开始让镜头运动起来是从《双旗镇刀客》开始。《双旗镇刀客》以前的电影你们去看，所以你从《双旗镇刀客》开始动起来以后，第五代导演的电影才开始动起来，才大量使用移动和升降机，我们叫什么呢，在语法里就是我们大量使用的综合复句，汉语里不是有一个综合复句吗，对吧？才使电影语言复杂起来，所以这些东西有人研究吗？

贾：您觉得这个《炮打双灯》最有运动特点的是哪场戏？

何：那很多啊，《炮打双灯》里的运动的镜头太多了，占整个影片有三分之一的镜头。我前面说的是《双旗镇刀客》，因为《炮打双灯》就远远比《双旗镇刀客》要多得多，因为设备解决了。我拍《双旗镇刀客》的时候，是没有设备，没有钱租那么多的设备，所以《炮打双灯》的时候，那时候松下的设备大家还不知道怎么用呢，那时候我在牛宝的房间里用一个非常小的，三米五的电脑控制的松下拍得那么长的镜头，对吧？在一个非常狭窄的环境里用了那么长时间的拍法。最后他决定离开小镇以后，我用了一个非常非常长的镜头，那个镜头实际上是展示了他来到这个小镇的整个一生，全部在那一个镜头里，从开始到结束，对，小镇里整个故事的总结，对他这个人物命运的全面总结的一个镜头，那一个镜头总结他在这个小镇里的所有的镜头。他被炸以后躺在床上，然后镜头开始从年画开始，然后到爆竹，然后再到整个他穿过的衣服什

《炮打双灯》（1994），当时技术水平落后，没有拍摄运动镜头的设备，何平和摄影师愣是用一个老款的摄影机摇出了“运动感”

么乱七八糟的，一直到最后残废了躺在床上，那就是他的一生。像这些东西都很少有人去研究，但是在海外确实有很多影评人对它的评价非常非常高。

贾：这部片子是不是有香港资金的？

何：对。全部是香港资金，内地没有投资一分钱。我从《双旗镇刀客》之后，没有用过内地一分钱拍影片。

贾：全是海外资金？

何：对，百分百的。

贾：我注意到有一段时间您没有拍电影。

何：到 21 世纪初，你研究电影史，那么你会发现伊朗电影、越南电影、韩国电影，其他国家的这些电影开始在国际各大电影节冒头，实际上那个时候是中国电影的一个低谷。大家不去研究这个现象，就是国内市场的低谷。国内对电影的低谷和国际对中国电影的低谷都是同步的，你仔细一算就会发现，就是那个时候，但是恰恰就从这儿开始，我八年没有拍电影。

贾：是《日光峡谷》之后。

何：对啊，《炮打双灯》《日光峡谷》是从 1995 年到 1996 年，所以从那儿以后你会发现什么呢，你会发现中国艺术电影也好，或者说剧情类电影也好，在国际的各大电影节都很失败。中国电影导演的队伍在那个时候找不到方向。以前领军的导演的这些作品，你可以往下数，都是一路走下坡。

贾：您觉得是什么原因呢？

何：原因我没怎么想过，我也不是搞理论研究的。就是从现象上讲，最起码有一个基本的原因，就是我们的经济发展和文化不同步，产生最大错位，就是我们对于改革开放，对于促进经济的发展，是一再要求，然而一再忽略文化的发展。

何：现在能够成为中国电影界比较有实力的人，还是有他的特点，一定是有原因的，历史不会随便留下一个人，也不会随便淘汰一个人。你可以说出一万个不公平来，但是你不能说历史的选择是不公平的。在历史面前，你被淘汰了，你就要认，你留下来了，你也要认。历史都对大家是一样的。

贾：《双旗镇刀客》以后，我记得您当时给我们讲了一个故事，就是它实际上是个人复仇的东西，它也带有侠义的东西在里面，因为我知道您是一个不太重复自己的导演，您不愿再重复，那就是说您决定要拍这样一部电影《日光峡谷》，当时您自己的主观创作的愿望是什么呢？

何：因为我觉得这故事挺好玩，就是一个人他很笨，或者说他很执着，用这两个词，我觉得总结他都可以。他就是因为要报仇，所以到西北来，就觉得这个地方能等到他，那他在这儿就等，他也许等得到，也许等不到，就这么一个故事。实际上就写这个人物他对于自己的一种东西的一个向往。

贾：但是那个片子有一点宿命的思想在里面，就是这部分。当时您的电影我记得大部分都是您参与编剧嘛，就是说您从这个故事的核心的这部分来讲，或者说您觉得这样一个宿命的东西在里面，您是怎么考虑的？

何：其实也没什么考虑，就那个时代给我的东西。因为拍完那个以后我就再没有拍电影，八年以后才开始拍《天地英雄》，所以那个故事实际上也是在脑子里转了好多年的一个故事，所以我倒没觉得那部电影里有更多宿命的东西。我只是觉得那部电影里，可能更多地讲的是什么样的情况下，仇恨可以转化，每个人都有自己的仇，都有自己的恨。我说仇，不一定具体地指仇人，当然随着时间的进程，这些恨可以慢慢淡忘掉，就是你最初那部电影。我要讲的是你最初把守的原则，未必是你原则的底线，那是我要讲的东西，就是说每个人生活都要有一个原则，对吧？但是每个人的宽容度，对于原则的宽容度在自己的命运里实际上是很大的。你说你去要复仇，最后你却爱上仇人的妻子。有一种东西把你的那个原则腐蚀掉了，所以坚守原则有时候是一句空话，因为原则随着你的命运的改变，你的经历的改变，可以把你那些仇恨化解掉。所以对全人类来讲，对历史来讲，说把仇恨作为原则是一件很可笑的事情。中世纪的宗教战争，也是把仇恨变成了一个原则。现在也一样，那些绑着炸弹的妇女，也是把仇恨变成了一个必须去遵守的原则，但是实际上很多原则不是这样的，它本来面目是可以改变的。

贾：您的意思是就是还有比仇恨更大的？

何：更高的东西，更高的这个境界。所以这个东西，就是什么东西大，什么东西更有力量，其实那个力量，真正有力量的东西你是看不到的，但是那个东西让你每一天都在产生变化，这是我在《日光峡谷》要表现的东西。

监制使我更知道如何做好一部电影

贾：《日光峡谷》之后，您为什么八年没有拍一部电影？

何：那个时候是低谷啊，中国电影的低谷，你要做的事情，你觉得在这个环境你做得心情不舒畅，为什么还要做。

贾：后来还有人找您拍电影吧？

何：那当然，很多，每年都有很多，但是我那时候连剧本都不看，都不接，没有兴趣了。

贾：可您是一个导演呀。

何：当电影导演，我觉得那个时候是非常时期，就是我说整个空气非常不正常，你做什么东西都有问题。对，有问题，就是你做不好嘛。你看那个时代是什么呢，是把年轻导演逼到地下电影，地上没有空间，对吧？在上面的导演都开始拍很堕落的作品，其实很多导演坚持住就没有问题，但是很多导演坚持不住在那儿随波逐流，当这个时期一过，全部被淘汰掉了。但是很多人挺住了，所有挺住的人今天都在这儿站着呢，当时随波逐流的全部被淘汰掉。

贾：可是一个导演八年没有拍电影，吃什么啊，怎么活下来啊？

何：那我可以做制片人，做监制啊，我做监制有监制费啊，我做监制也没有离开电影行业。

贾：北影厂那几年就是90年代，他们自己很少投资拍电影。

何：非常非常少，我们把一个多亿的资金全部融来放在这个盘子里来做，所以那一年拍了八部电影。都没有问题，对吧？在这种情况下，1998年底，我就在哥伦比亚在亚洲的这家公司。1999年开始在香港注册，就开始做。每天比拍电影还忙呢，我当导演的时候可以不上班嘛，我没事干，我在家。但是你做顾问不行，你每天要上班，一大堆的问题要处理，对不对？你各个戏都在拍，要到不同的摄制组去，要跟他们一起侃剧本，一起去确定景地，一起去确定预算，要监督预算的执行，一起确定演员，你都要发表意见，你要替制片人负责嘛。

贾：在哥伦比亚的顾问这期间，融入了多少资金做中国的电影？

何：我们的第一部戏是《我的父亲母亲》，第二部戏是《一个不能少》，第三部戏是《卧虎藏龙》，哥伦比亚（亚洲）在我做顾问的五年时间，投进中国市场将近5000万美金，一年接近1亿人民币，这是很大的一个额度，因为这个总数几乎是这几年国有电影制片企业投入中国电影生产制作的总额。

贾：您当初给《我的父亲母亲》，这样所谓的艺术片投资的话会想到回报吗？

何：我们有艺术片的市场，因为索尼有它的艺术片的发行公司。

贾：索尼有院线。

何：对，它有艺术片的院线，所以它不怕拍艺术电影。我们不光说我们投资，在中国地区这五六年我们收购的电影很多。收购就是我们把发行权买了将来在海外发行。

贾：《功夫》这部电影哥伦比亚亚洲制作投资占多少？

何：97%，所以说你看我这几年多忙啊！很多很多事。我们还买了很多电影，像胡安导演的电影，王小帅的电影，娄烨的电影，很多年轻导演的电影我们都在收购海外的发行权，其实这六七年的时间，我从来没有离开过电影，而且使我更知道如何去做好一部电影。

电影要变成无国界产品

贾：您是不是能遇到这样的问题，就是说您向美国人讲述的时候，说要拍中国的艺术电影，剧本需不需要向美方上报？他们对剧本有限制或者要求吗？

何：是这样，任何剧本不可能不报给制片人，不然人家凭什么投资，人家根据什么投资啊，他们得认为这个剧本可以拍摄，或者准备拍摄。其实我们每年买很多剧本，我们一年大概收购电影的费用，收购这些剧本，包括开发的费用，大概在400万美金。等于是用这么多钱去买故事。当然是我认为是对双方都合理的价格。

贾：买断是有期限的？

何：基本没有，没期限，永久性的买断。大公司就是你爱卖不卖，你不卖拉倒，谁爱拿走谁拿走。

《天地英雄》（2003），影片剧情跌宕起伏，画面雄奇壮观，造型和武打设计尤为突出，快速的影像和利落的镜头节奏构成强烈的视听冲击力

贾：按照哥伦比亚的游戏规则，就是说您必须要服从他们？

何：按照合约是这样的。因为在美国好莱坞制作是这样的，一般的导演不是很有地位，那一般给你一个。就是说你来这儿当导演，你拍完走，剪接跟你没关系，拿导演片酬走人，这是一般的好莱坞电影。但是对于其他地方语言的电影，最起码哥伦比亚不采用这样的制度，所以在我跟哥伦比亚的合约里没有这个限制，从头到尾都没有这个限制。我们也请好莱坞的剪接曾经上过手，就是因为你剪完了以后，任何导演都希望不同的剪接师剪片，看一看要符合不同的市场，所以在好莱坞也有他们的剪接师，他们请的剪接师有剪，我也有剪。

贾：您觉得对您来说在哥伦比亚做顾问这么多年，又反过来进入《天地英雄》的创作之后，您的个性是增加了，还是更少了？

何：我觉得没少，没少。这是一个非常好的经验积累过程，因为我知道做一部全球化的电影，要如何看待本国文化，把本国观众放在什么样的一个位置上，这是需要做很好的一个思考和结合。一旦你的一个文化产品成为全球的产品的话，首先你不能狭隘。因为用商人眼光来看待一个文化产品的时候，如果坚持自己的看法，比如你是为了坚持只给本民族能够看懂的电影，而外国人看不懂，还是你找一个办法，让外国人也能看懂，本民族也能看懂更好。因为电影确实是一个无国界的产品，既然是无国界，它一定要有无国界的方法，让它无国界。所以电影要变成无国界产品，这是最最重要的。

贾：《天地英雄》除了演员的配置是一个国际化的组合之外，在故事上来讲，或者您觉得从它的这个核心故事来讲，它为了让外国人懂得这个故事，采取了哪些措施呢？

何：我觉得电影外国人始终能懂，我不需要采取措施。我讲故事本身就国际化。我第一部在海外发行的电影《双旗镇刀客》，西方人就完全看得懂，不存在障碍。像《炮打双灯》也是在海外发行的，严格讲，发行的收入比《双旗镇刀客》好太多太多了，《日光峡谷》也是。我的前三部电影在海外发行上都没有遇到讲故事方法上的问题。而《天地英雄》，我更多的不是考虑过去的独立制片人的意见，更多考虑的是什么呢，是职业制片人的意见。因为他们有一个班子来判断市场，少到十人，多到一两百人，他们征求意见的范围非常之广，对于任何一部故事片在开拍之前都做过广泛的市场调查。

贾：那么对您的片子的市场调查的结论是什么呢？

何：我们在剧本期得到的意见都是被公司通过。但是，也会提出某些问题。

贾：主要问题都是来自哪些方面，还记得吗？

何：部分是文化问题，不是整个剧本结构的问题。就是剧本翻译成英文以后，里面出现的一些语言他们不明白是什么意思，比如说什么叫“长安城下见”。你明白我的意思吗？比如咱们这儿一说结了，咱们今天说不说这事，咱们天安门广场见，完全明白了吧。就是到哪儿去解决这个事儿，西方人他听不出来，因为他不知道长安在哪儿，到哪儿决斗的含义从英文剧本里读不出来。所以你要换成一个英文的说法，就是他们的一种方式。那里面就牵扯到又要把英文翻成什么古英语，什么三剑客，那个时代的英语找一个词用过来，他们一下就意会了。这些东西是非常非常多的。

千万不要事先决定一部电影在何时开拍

贾：他们是按照他们的逻辑和习惯来读剧本，必然把文化的因素带进去。

何：好莱坞的经验是，制片人的经验是在不断地让你解释为什么这样，为什么这个时候来判断你的决心。实际上他问的过程中，是看你作为导演你想明白没有。他为什么要这么讲呢？他为什么要说他爱她呢？你在你阐述的过程，他就知道你拍这部戏的准备工作做好了没有，因为好莱坞的制片人有一句名言，千万不要事先决定任何一部电影在何时开拍。这是什么意思呢？不要确定开拍的时间，这就是好莱坞的一句名言。

贾：就是不准备好了不许开拍，是这个意思吗？

何：就是什么时候准备好了什么时候开拍。不是说这部电影我必须9月30日开拍，咱们从现在开始倒计时，国际制片也不允许这样。就是他不准备好，会无限期地推延。所以为什么好多大片不断地推延呢，就是他没有准备好，他一定准备好了才拍，所以这个就是经验嘛。通过做哥伦比亚顾问获得的这些经验，所以我就觉得我后来监制的戏都是这样。

贾：您在哥伦比亚学到的东西有哪些在中国人拍片子的时候做不到的？

何：我觉得我们有一点是我们的制片人做不到的，就是中国发展到现在，我们的电影业财力不够。我记得刚做哥伦比亚投资的时候，他们的总裁告诉我一句话，他说何平你要记住，你不要去想钱的事，那是我们的工作，不是你的工作。我可以告诉你一句话，哥伦比亚就是银行，永远没有钱的问题，所以你不要想钱的事情。我在拍《天地英雄》的时候，他就说所有的决定都在于你，你做任何的决定，我们都支持。你想作为一个导演，制片人是这样一个后盾，我们先不问《天地英雄》拍得好坏，就说从制片业角度来上讲，为什么好的电影要从那里诞生出来，就是因为有这些东西作保证。为什么欧洲电影死了，是吧？为什么？没有这样的制度，太个人化了，个人化的东西和独立制片就使整个产业链被破坏掉，就彻底死掉了。所以，它能够出来家喻户晓的作品吗？对吧？因为电影还是为大众服务的，不是为小众服务的。个别的时候你玩两把刷子，拍拍艺术电影，是满足一些高端人群的需求。但是那个是不能推及整个产业的生存。维系产业生存靠的是什么呢，是产业管理和工业结构下的电影生产。

导演不仅是艺术家，还是很好的商人

贾：电影对一个导演，可能要求一个人的素质就像艺术家的个性的感性的素质；可是从一个经营者，从一个商人来讲，可能需要一个理性的或者非常严密的逻辑的素质。您现在实际上做监制，做了制片人，做了顾问，做这样的一种职业，还做导演，这种双重的人的素质怎么调整？

何：我明白你的意思，这是中国导演的一个误区，所有人认为我们的导演是一个艺术家。但是在西方认为是什么呢，所有的导演不仅是一个艺术家，要是一个很好的商人。所以，在国外上电影学院，老师告诉你的第一句话不是说电影是一门艺术，而是说电影是一项国际商务活动，这就是和我们教育的区别。所以，你看斯皮尔伯格是好导演，又是非常好的商人。他要不是一个好的商人，他就拍纽约艺术电影他能生存到今天吗？首先他就应该是一个好的商人，要有商人的思维，要没有商人的思维，他就不是一个好导演。你看那英文导演那词是什么，是项目经理，项目主管。

贾：但是这两种素质应该还是不一样的，要求一个导演同时兼具不容易。

何：那当然了。所以导演少嘛，就得两方面都特杰出才行啊，稍有一方面不杰出都不行，一定被淘汰。我跟你讲，从中国电影剩下来的，包括台湾、香港，都算下来，所有现在仍然立屹不倒的导演，哪个不是好商人，最起码他会经营。一头闷的搞艺术的都死了，也搞不出来，对吧？

贾：但是现在就是说纯粹从经营的角度来做电影，和从创作的角度来做电影，这个要求毕竟是不一样的。

何：你这不对，你这观念怎么那么陈腐呢，我说哥儿们，你想想你现在是做一个开发公司的老总，你要不要做文案，那文案就是：你的创作过程，你做一个企业收购计划，是吧？一做做这么厚，那就是你的剧本，企业收购剧本，无非你从事的跟他做的这剧本不一样，明白吗，他是金融学，你是美学，就这么简单。

贾：就是说您写一个剧本，能跟写一个商务的策划一样吗？

何：你能写剧本的梗概，写不了商务策划，因为那是他的专业，对不对？他也写不了你的，所以才分行当。但是你们俩是一样的，你不要以为你们俩的工作性质是不一样的，工作性质是完全一样的，因为商业策划案是极具想象力的。

贾：一个艺术创作的表述和一个商业文案的表述，还是有区别的。但是我要强调是什么呢？就是说一个人，当然你说他兼具这两方面的素质是很难得的，但是我觉得一般来讲，一个特别感性的人，就是特别具有这种艺术创造和气质的人，你让他同时兼具一个商人的算计，这种可能性很小……

何：商业不是算计，商业是智慧。

贾：对，就是智慧，也要有计算啊，也要有对这个利润有预判。

何平：拍电影也得计算啊，比如说我用多少钱拍一部电影，你当导演你不算吗，对吧？这个镜头多少秒我不算吗，我也得算啊，要精心打算，一个作品才能出来。你不计算，任何作品都出不来，对不对？我举一个例子，这场戏花一万块钱，和花十万块钱，为什么有这么大的区别？区别在于你对于这场戏的想象力和那个人不一样，所以你完成这个想象力的成本是不同的，未来的市场效果和艺术效果是不同的。这要不要计算，这当然要计算，一个好的导演就是每花一分钱，观众看到的是一毛钱，每花一万块钱，观众看到的是十万块钱，你就是好的导演。如果说每花一万块钱，观众看到的是一分钱，你就是一个烂导演。

好导演永远是情绪饱满地完成工作

贾：您说说在《天地英雄》中跟董玮的合作怎么样？

何：董玮不错，我非常佩服他，那是一个亡命徒。他是特别好的一个导演，一个非常非常好的导演。他拍文戏也非常棒，那个人很有激情，我特别喜欢他，他不仅擅长动作，而且他的工作现场，对于现场所有人的感染力，因为他的激情，他能把大家的情绪都调动出来，而且无论什么样的戏只要他答应接了，他永远是情绪饱满地去完成工作，这个我觉得是太难得了。这样的电影工作者们值得我们学习。

贾：《天地英雄》的整个的动作设计是您跟董玮两个人设计的吗？

何：还有一个梁小熊，董玮是后来来帮忙。最早是梁小熊，董玮基本上负责了最后一场戏。董玮在我那儿只工作了 30 天，最后的夜里攻城那场戏，其他的戏都是小熊在弄，他们两个人一个是武术指导，相当于武指协会的会长是梁小熊，副会长是董玮。

贾：这部片子后来您要古代实战的那个战场？

何：基本上是一场战斗嘛，对，它的战争，小规模的战争，它也不是千军万马的对抗，所以它是比较写实。我觉得在《天地英雄》以前，拍古代战争的电影，没有这么写实过，包括电视剧。

贾：没有这么写实过？内地的？

何：你可以想嘛，我们古装戏拍得也不多，我们拍的都是摆花架子嘛，对吧？你还记得那时候看《三国》的电视剧，所有都跟武功高手似的，怎么可能呢？对吧，几百万大军，那个时候几百万大军都会武术吗，那时候武术在哪儿呢？是不是？真正的武术，从产生套路，那是从明代开始的，元代开始的，以前哪有啊？

贾：电影嘛，它也不一定要忠实于历史。

何：那不行，得相对忠实。比如你写春秋的故事，没有发明炸药的时候，你那儿就来几个炸点，这对吗？你觉得电影可以吗？我不认为可以，对吧？你得有一个基本的东西，你在一个基本的历史的真实情况下，可以去把它去渲染，是吧？通过你的想象力。

贾：《天地英雄》这部片子，你们当时有没有考虑到它的历史背景，确切的年代？

何：字幕上不是有确切年代，公元六百多少年吗？有没有确切的年代，无所谓，我觉得。

贾：谈谈您第一次拍电影的感受吧，现在还记得吗？不是拍这个《双旗镇刀客》，比如像《川岛芳子》这样的片子，就是您第一次做导演时的感受。

何：第一次做导演没什么感受，跟我做副导演的时候一样。《川岛芳子》也不算我第一次做导演，《川岛芳子》独立导演，没有什么，因为我觉得做副导演的时候就是那个工作，那我做导演也是那么工作。因此比较感谢我前面的导演，在我做副导演的时候给了我很大的权力和现场执行的机会。

贾：我们特别感兴趣或者说公众可能特感兴趣的就是一个人当他第一次做独立导演的时候，他已经具备了对一部电影的控制权，同时，全部的责任完全落到您一个身上会怎么样？

何：其实比我做副导演的时候要轻松，因为我不需要再听另外一个声音。

贾：这是您最重要的感受？

何：对。就跟有些人说，拍大片比拍小电影要轻松一样，就是说你做副导演，你又有执行的权力的时候，每次还要问这样行吗？对吧？做导演的时候你就会觉得，我不需要再问，终于不需要再问这样一句话，你就会觉得非常非常轻松，非常非常自如。给我的是幸福，不是压力，没有压力，那时候做导演哪来压力，第一，国家投资；第二，没有票房（压力），卖拷贝。我有什么压力呢，我的压力只有享受嘛，就是我怎么能让摄影机继续，别停机，继续享受这过程。但是总要停机嘛，总要拍完。

贾：《川岛芳子》里您积累的这些经验对后来有影响吗？

何：每一个镜头积累的经验，对后面都会产生意义，但是经验不重要，因为每次拍完了以后，那些经验就变成什么呢，变成垃圾了。因为什么呢，你面对的合作者不同，经验就要把它归零。每一次开拍一部新电影都要从零做起，因为你要面对的合作的群体不一样，对吧？《川岛芳子》

一个摄制组，等我到《双旗镇刀客》的时候，这个摄制组几乎全部变人了，没有一个是从《川岛芳子》沿用下来的工作人员。

贾：您平时的生活和电影有关吗？

何：基本没关系。因为圈里人都知道，我平常生活的圈子跟电影没什么关系，我是拍完戏以后，跟这个圈子的人没有来往。我很少和一帮搞电影的人聚到一块儿，一天到晚在一起，没有。我的工作以外的生活，单独有我的一个环境，一个圈子去生活，每个星期或者经常见面的朋友没有一个是做电影的。

贾：现在电影对您来讲意味着什么？

何：电影对来讲就是我的爱好啊，就是我的一个爱好，是我的无数爱好当中的一个。而且我在这个爱好当中，投入在时间上和其他爱好差不多，无非是这个爱好稍有成就，其他的爱好没有什么成就。

（2006 年 12 月 20 日于北京朝阳区惠新北里蜀南人家）

观众需要一个好故事

冯小刚

冯小刚，1958年生于北京。1984年担任剧情片《生死树》的美术助理，从而进入电影圈。1997年执导中国内地首部贺岁电影《甲方乙方》，该片奠定了冯小刚黑色幽默的电影风格。1998年执导的电影《不见不散》成为中国内地电影年度票房冠军。

其后陆续推出《一声叹息》（2000）、《大腕》（2000）、《手机》（2003）、《天下无贼》（2004）、《夜宴》（2006）、《集结号》（2007）、《非诚勿扰》（2007）、《唐山大地震》（2010）、《一九四二》（2011）、《我不是潘金莲》（2016）、《芳华》（2017）等作品，屡次打破国内电影票房纪录，获得诸多奖项。

在中国电影产业化的进程中，冯小刚导演打造中国内地的贺岁影片市场、营造贺岁电影的放映档期，到逐步奠定了他都市喜剧电影导演的历史地位。冯小刚电影越来越成为一种中国大众文化的标志性作品。在中国稀奇古怪的电影市场上，“冯小刚电影”曾经创造的是一个不折不扣的商业神话。冯小刚电影的单片票房屡次击败进口好莱坞商业大片，在风云变幻的电影市场上建立了良好的市场公信度。现在，冯小刚已经成为一个在心理上能够唤起观众电影热情的导演，一个在市场上具有一定文化品牌效应的导演。

我的电影的商业性来自我对人民现实生活的观察，我能够从我们现实生活的变化中找到那些最能够让观众兴奋的观赏点。所以说，我的电影是在往前走，不是停下来，观众也应该是在往前走，生活也在往前走，社会也在往前走，电影必须和它们保持同步的姿态。

——冯小刚

《夜宴》满足的是人骨子里的浪漫情调

贾磊磊（以下简称“贾”）：在中国内地，您导演的影片不论是过去还是现在都是具有票房感召力的。这种市场的感召力会使观众对您导演的影片有心理的期待。现在，您拍了《夜宴》（2006）这部电影，您从现代都市题材进入到古装历史题材，是怎么考虑的？

冯小刚（以下简称“冯”）：拍《夜宴》这部片子的最初想法实际上是华谊兄弟做出的一个决定，对我来说是一个命题作文，不是有感而发的。但我呢，也特别愿意做这个命题作文。我觉得作为一个专业导演，应该具备这样的一个能力，就是你可以去拍一些别人交给你的活儿，而且把这个活儿做得比较漂亮。这个是拍《夜宴》的想法。

贾：难道在这部影片中就没有个人的想法吗？

冯：我的想法是这种所谓的大制作的电影，在我看来并不是一个特别困难的事儿。除此之外，我认为我喜欢的东西里有一种比较浪漫的情调，但在我过去的那些影片里头一直都是在很小的部分上有所流露。比如说《不见不散》（1998），或者说是《一声叹息》（2000）、《手机》（2003），还有《天下无贼》（2004）。现在的《夜宴》正好可以在这方面给自己一个自我满足的机会：《夜宴》可以全方位地满足我，包括观众骨子里的一种情调。

贾：您骨子里的这份浪漫的情调是从哪儿来的呢？

冯：我原来是一个画画儿的人。我画了很多年油画。画画儿的人在一起，我们会对事物进行观察，包括对颜色，对黑、白、灰这种关系的理解。除了这种艺术上的切磋，还有很多时候是讨论个人在情怀上对艺术的理解。现在，《夜宴》在这方面能满足我一种久远的渴望。

《夜宴》（2006），根据莎士比亚名剧《哈姆雷特》改编，冯小刚与动作指导袁和平、美术设计叶锦添等为观众打造了一场“武舞”盛宴

我没有按好莱坞和香港商业片的元素“照方抓药”

贾：您过去一直在拍喜剧电影，或者说是一种喜剧化的电影，并且营造了自己很好的电影市场和观众群体，这很不容易。现在您要离开自己精心营造的这个市场吗？

冯：我确实认为拍喜剧是很难的。但是，现在似乎有一种偏见：觉得拍喜剧容易，拍悲剧好像更不得了似的。会有很多有识之士跟我这样说，我也会经常遇到一些制片人。当他们说到某种电影题材的时候，他们会讲这个好像不适合冯小刚拍，他拍不了这种东西。那么，我想通过《夜宴》告诉他们，就是他们认为有难度的这些东西，其实远比喜剧要容易得多。我觉得一个导演可以把喜剧做好，就可以拍很多种类型的电影。

贾：所以，过去说“喜剧是危险的艺术”，弄不好会翻船的。

冯：对，我也是这样觉得。那人家说你只是这样说，你没有这样做呀。那我说好，我做一个给你们看看。所以，这次《夜宴》也算是一次回敬——对错误认知的回敬。这就是为什么要拍《夜宴》这么一部电影，我原来想它就像一碗杂拌粥似的，里面装了很多种因素在里边，就能成了。

贾：按理说《夜宴》是一个商业的投资，但您说这部片子基本上满足了您过去特别喜欢的东西。可是我们通常认为，导演的个性选择和商业的投资可能会是很矛盾的……

冯：我特别愿意回答你这个问题。就是我冯小刚一直在拍商业片。但是，如果你把我拍过的电影累积起来看，我拍的商业片是一个非常特殊的个案。我并没有按好莱坞和香港的那些商业片的路数、元素去“照方抓药”，但是却成为一种不折不扣的商业片，而且有很好的票房。

贾：听起来您的电影有点儿神秘的“中国特色”。

冯：我觉得你们是研究电影的，对我的这种情况可以研究一下。

贾：在内地的高校，我参加过以您的影片为研究对象的博士和硕士论文的答辩。

冯：我的影片不是那种显而易见的、由那些所谓的那些商业元素构成的这么一组合就能成了。不是，我没有那样。但它仍然有很强的商业性。

我是不断地把自己心里的游戏放到电影里和观众分享

贾：您这种“冯氏”的、本土化的商业性是如何确立的呢？

冯：我在拍电影之初也没意识到我在拍商业电影。我就是觉得这样拍有意思。比如说我拍的第一部电影《永失我爱》（1994），我觉得这么拍过瘾，有意思。然后拍《甲方乙方》（1997）

《天下无贼》(2004)，不同于冯小刚之前的贺岁片，该片在幽默喜剧之中融入了很多动作元素，
素有“亚洲第一特技武指”的江道海给观众奉献出“手剥生鸡蛋”“火车上生死追逐”等经典桥段

当时也没有意识到这是一部商业电影。我觉得这是一部游戏感特别强的电影。其实，在我的胸怀里有特别浪漫的一方面；另外，在我的性格里也有特别不正经的、非常游戏的一方面。实际上在拍电影的时候我是不断地把自己心里的这点游戏呀、淘气呀这些愿望放到电影里头，和观众分享。

贾：您这样说也许别人会想，一个拍商业电影的导演怎么会对商业片没有意识呢？

冯：我希望从 1994 年拍我第一部电影……

贾：是导演的第一部电影。

冯：就是《永失我爱》到 2006 年，12 年过去了。我希望再过一两年，把我的电影拼在一起，你一看会发现它什么方向的东西都有。

贾：那不同的方向您怎么区分？

冯：《甲方乙方》《不见不散》《没完没了》《大腕》，我觉得这四部电影是一个方向；然后《一声叹息》《永失我爱》《手机》这是一个方向；《天下无贼》《夜宴》，还有下面要拍的，可能又是一个不同的方向。

贾：那大概是在哪一个方向或者表现题材上？

冯：是战争片。我要拍一部真正意义上的商业战争片。我觉得是非常有质感的，可能也会投入很多金钱去做。要请许多一流的人。从爆炸呀、弹着点呀、声音呀，我觉得我们要请这些在世界上做得一流的人来做这些事儿。所以，每个方向我希望都能够有好的成绩。而且我觉得随着不断的实践，不断地累积起来的观众对我的信任度，会使我每一次尝试的风险都越来越小。

贾：市场也就越来越大了。

冯：原来就有人说：哎呀，你不拍喜剧拍一个《天下无贼》，你能不能保持你过去的那种优势？能不能把过去的那种喜剧元素多加一点进来？我说没关系，你放心。结果《天下无贼》的票房远远超过了我过去的影片，而且还超过了人们原有的对我的认识。

贾：您认为人们对您原有的认识是什么？

冯：比如说，你拍喜剧是不是可以有原来那样的票房；现在拍《夜宴》，会不会有喜剧的票房？其实，我每一次都告诉他们：你们不要担心。拍《一声叹息》、拍《手机》的时候，大家也有这样的担心。这种片子不是那么“乐”，观众会不会喜欢看？我说不要担心，《手机》它和每一个人的生活都紧密地联系在一起。我这个电影的商业性并不是来自书本上的那些对商业电影的归纳。

贾：那您的电影的商业性又来自哪里？

冯：我觉得就来自我对中国人民现实生活的观察。我能够从我们的现实生活的变化当中找到那些最能够让观众兴奋的观赏点。所以说，我的电影是在往前走，不是停下来，观众也应该是在往前走，生活也在往前走，社会也在往前走，电影必须和它们保持同步向前的姿态。否则的话，就是你自己的创作没有往前走，而时代、观众、生活都在往前走，而你仍然觉得你津津有味的那个东西还在那儿……

观众不是我的上帝，他们是我的对手

贾：您的电影在不同的方向进行创作，而且分别在几个方向上都有所改变。我有一个直觉，就是从您最早开始拍电影到现在，您讲的那种游戏的东西在电影当中的成分越来越少，您刚才讲的情怀的东西在电影当中越来越多了。您自己怎样看待这样的变化？

冯：我觉得这是必然的。因为创作的局面和市场的票房越来越好，才更适合我做自己喜欢的东西。如果我上来就做这个，我觉得我可能要失败。或者也没有人相信你能做，也没有人愿意掏这个钱去做。喜剧片、贺岁片因为和观众贴得非常近，使观众对我本人有了一个期待和信任。然后，你这个时候开始可以引着他们走，他也愿意跟着你走。

贾：然后就可以一步一步使这个天地越来越大。

冯：中国有一个非常好的一个情况——对电影导演来说是这样。比如说在中国香港，或者说外国的很多地方明星制——观众不管这电影的导演是谁，就看这电影是谁演的。香港就特别严重。多好的导演如果拿不到这些明星，投资人根本不跟你谈。但是在中国内地，我觉得还真不是这样的。内地的观众认导演，香港的很多导演都羡慕啊。他们说你们真是太幸福了！中国内地的观众，即使一大堆明星——当然他们也在乎这个——但他们首先关注的是谁拍的，关注创作的源头，这个导演是谁？他们依据这个来判断买不买票。我觉得这个是非常非常好的，也是非常可喜的一件事。

贾：一直以来您特别注重观众，而且反复强调您是一个为大多数观众拍片子的导演。

冯：观众和导演的关系实际上不是上帝和臣民的关系。我觉得“观众是我们的上帝”这种说法很不准确。

贾：在您看来观众是什么？

冯：观众实际上是你的一个非常强大的对手。反过来说你也是观众一个强大的对手。电影院是一个拳击场，是导演和观众的一个擂台。如果你想征服观众，就必须把观众打倒！你不在这儿把他打趴下，他就得把你打趴下；而你把观众打趴下，观众是愿意的。我们花钱消费，就愿意你战胜我。当观众战胜你的时候，他就觉得花钱不值。所以，我觉得这是一个对手的关系。这就是我对观众的理解。

贾：我知道，您的电影曾经在内地创造过 3000 万元的票房这样一个业绩。就是在海外资金进入内地之前，利用本土资源创造了这样的一个奇迹。我印象很深，您曾经在一个媒体采访中谈过这个事情。当时这个票房业绩是没有人能超过的。您现在回想起来，这三千万票房，您凭自己的这种感觉、经验，它是怎么达到的？它是通过什么样的方式实现的呢？

冯：第一次，就是说《甲方乙方》那个，我觉得拿到这么一个故事，非常有出有进的这样一种间离的效果吧，有点起哄架秧子似的对人，我觉得特别有戏看。观众没看过这样的片子，他们会觉得特别有意思，我就是基于对观众的这样一个判断，但首先我自己就觉得它特别有意思，葛优他们也是。他们说一个人演好几个人，好玩儿。就是这样，“砰”地一家伙，一下子就是很高的票房。

从开始拍电影到现在，我没赔过一次钱

冯：我觉得自己有一个很大的优势，就是从拍《永失我爱》开始，那是 170 万元拍的。当时投资人跟我说 250 万元把它拍下来。我拍完了一算账 170 万元，投资人很高兴，省了那么多钱，然后一卖呢，卖了 300 多万元。当时他是赚了钱了，不是说票房 300 多万元，而是买断卖了 300 多万元。从那开始到现在，我没赔过一次钱……

贾：所有的电影？

冯：所有的电影。我觉得这一点我可以自豪地说，在中国的导演里头没有一个人没有赔过一次钱。这也特别让我有自信心。有一度比如说，到了拍三四部戏之后会有包袱，想这回要赔钱了……但是我到现在，我自己就觉得这不是一个包袱，而是说，我知道这不是撞大运，你撞大运可以撞上一、撞上二、撞上三，但你不能撞五、撞六、撞七、撞八，你都撞上了这大运。我觉得这个是和我脑子里头对观众、对市场的判断力是有关系的。而且越往后这样做，我越轻松。

贾：证明您对观众的判断是正确的。

冯：因为过去可能更多地是依靠一两个人的判断，现在是一批人在帮你判断。现在有华谊兄弟，王中军、王中磊，有我们发行部门的耿总耿跃进，有做宣传的，还有海外寰亚公司——一直在跟华谊合作拍我的电影。这些做电影的人士，和我共同对一个体裁达成一个共识。我觉得失误的可能性就大大地降低了。当然这里头最重要的是我，就是我非常相信我的直觉。这个有戏，就不会有问题。

贾：那您这个直觉从哪儿来呢？比如说您刚才讲实际上是跟社会、跟观众，包括你自己一起融入一个变化的社会进程当中。您在观察生活。可是您现在的生活除了拍戏就是后期制作，常年和摄制组混在一起，您观察生活的方式是什么呢？或者您的知觉是从哪儿来？

冯：我觉得我们经常说这个“人民性”，其实这个“人民性”不是人民的吃喝拉撒。我觉得它是人民的一种渴望。我能够知道他们想看到什么。而对于他们不想看的那些东西我不会犯就是了。比如说一部片子拍完了，大家都不去看，骂它臭得一塌糊涂。然后我自己说为什么呀？我觉得我不会冒这样的傻气，犯这样的错误。

贾：如果真是那样，也许您就真的完全丧失了判断力。可是您怎么知道观众需要的是什么呢？

冯：观众需要你给他一个好的故事。很多导演他不讲故事，尤其学院派的导演，他们觉得拍电影是在讲故事吗？很吃惊地看着你。讲故事？你想想他对电影的功能的判断和对观众的判断，当你说要讲故事的时候，他一方面十分之不屑，再一方面他非常惊讶！你怎么这么傻呀？你想想他怎么可能拍一部观众喜欢的电影，不可能。

贾：我们现在还会有这样的导演？

冯：我觉得也没关系。电影应该是多样化的，给观众提供很多种选择，有很多种样式。无论我接受的、不接受的，都应该存在。但同时导演也要做一个选择。

鱼与熊掌，不可兼得

贾：这个选择对您来说是什么呢？

冯：你要拍大众电影，还是要拍小众电影？当你决定了要拍一部小众电影的时候，你就坚定不移地去做这件事。不要再去嫉妒商业电影的票房成绩，或者说垂涎那个红地毯、闪光灯、大幅的路牌海报，这种一浪高过一浪的宣传。你对这个要是有欲望的话，那你就要做另一个决定，你要拍大众电影。因为没有人花这么多钱去包装一部小众电影。你不能两个都要，世界上没有这么好的事儿。但是这个在王家卫那儿破了例。他在拍一个小众电影，但制作人拼命地要把它包装成一个大众电影，给它大众电影的那种礼遇和规格。于是就蛊惑着很多的人希望既有影片的这种格调、内涵，又要有这种气势，就是两边都占。王家卫能做的，我们为什么不能做？可是这个世界就这么不公平……其实有一些玩家，他们在玩电影，然后他们就会选择这么一个人来包装它，就是偏偏对他破一个例。他可以不按这个规矩玩，你不可以不按这个规则玩。如果大家都去学这个，那一定不是这样的一个结果。

贾：它不是普遍规律。

冯：对。

贾：我们注意到您跟合作的这些公司关系都非常好。对于一个导演来讲，对不同的公司，您自己有什么不同的感受吗？

冯：经过多年的合作，因为紫禁城，我实际上是非常欣赏张和平这个人。我觉得他尊重创作者，同时他也尊重创作规律。他也是非常有激情的人。这个人没什么私心。后来他调去做别的工作了，我就开始跟华谊合作，我觉得华谊公司是有良好信誉的公司。第一，不说大话。我接触的很多民营电影公司，老板人都不错，但是他们特别爱说大话。特别爱说，哎呀，拍电影真不为赚钱，他们拍这个电影好玩，高兴。可是他们这种好玩、高兴说的一方面不是心里话；另一方面，他们这样的态度使他们手下的这些人也误读了他们的想法，使他们的电影拍完了都赔钱，公司通不过，他们不能走进良性的发展和循环。华谊兄弟就是难听的话事先要说出来，斤斤计较地，每分钱要产生利润。但是，一旦决定了做，投资按时到位，这对导演来说，投资不能按时到位是最恐怖的事儿。华谊兄弟公司是一次没有。跟我历次合作当中，从未出现过投资不到位，都是提前通知剧组，这一期的拍摄款该拿来了。第二个，在包装、宣传、发行上，舍得掏钱，把它做得有声有色，做得专业化。很多公司脑袋一热，拍一片子，拍完了，一看这个片子不好看，卖不出多少钱，不舍得花钱宣传了，扔在那儿不管了，一拖就是好几年，花那么多钱拍的，都不知道什么时候上。华谊兄弟公司不会出现这样的情况，只要拍完了，想方设法要它进入市场，越是不好，越是要花钱去弄它，帮它。所以，良好的信誉，还有这种做事的专业化至关重要。现在华谊兄弟公司总监这一层的都启用了专门的人才，花重金聘请一批高层。所以我们华谊开董事会的时候，你看这些商业界的领袖人物和我们坐在一张桌子，比如说马云，我觉得他是非常有商业智慧的人，还有王中军，再加上王中磊。电影公司里面有一批，比如说原来在哥伦比亚电影公司亚洲区的顾问，比如说负责海外发行非常有经验的一批人坐在一起来讨论我们的发展和我们的影片的时候，这个机制非常健康，非常活跃，非常有想象力。华谊公司过去是注册 2000 多万元资金的一个公司，现在能够把自己的市值做到七八千万美金……

我不是戴着“电影应该是什么样”的铐子来拍电影

贾：现在的导演实际上是一个投资的代言人，或者是一个投资伙伴，很多制片人或投资方或许会因为导演而投钱。您刚才讲您从来没拍过一部赔钱的电影，如果作为一个历史的问题来探讨，您自己的商业信誉，或者说您自己对市场的敏感判断是从哪儿来的？

冯：我还是不断地要强调，脑子里要想着观众，想着观众并不困难，你周围就会有一些工作人员，他们看完一个电影怎么评价的我都会知道，这是最简单的。同时你要把故事要讲好。首先是要讲通顺，讲明白；其次要讲得生动、精彩。这就可以了，就这么简单。至于你有没有这个能力那就看自己了。一种是你有这个能力，但是你不屑于这么去做，那是你活该！另一种是你不是这块料，你没有这个能力，你也知道应该这样，但是你就是讲不好，那你也不冤。但是，做导演那是一个误会。

贾：您这么明确意识到要讲一个好故事，在您的创作里面是什么时间开始确定的？

《甲方乙方》（1997），冯小刚凭着敏锐的市场感觉，率先推出"国内首部贺岁片"的名号，并创下了3000多万元的票房业绩

冯：《编辑部的故事》（1992）那时候。

贾：就是开始写剧本的时候？

冯：对。

贾：过去您的片子里，比如像《甲方乙方》，整合了很多春节联欢晚会的小品，它的每一场戏甚至都很好看，把葛优啊这些明星放在这里面。后来逐渐到《天下无贼》，影片的叙事就特别完整了。现在您在拍摄一部电影当中，是更注重它的连贯意义呢，还是特别注重它的每一场戏？

冯：可能要看不同的电影。像《一声叹息》那样的电影，你不能这么去做。但是你说《不见不散》就像两个人一见面就倒霉，就是冤家似的这么一对人物关系。我就觉得观众肯定特别爱看。然后我就想他们会倒哪些霉？然后通过不断的这些倒霉使他们两个人能够爱上。我认为观众会喜欢，事实证明观众就很喜欢。当初他们说，哎呀还是《甲方乙方》那样的好，你这个有点，但是它卖了4300万元，《甲方乙方》卖了3000多万元，比它多1000万元。

《甲方乙方》这样的电影就是一个段落一个段落的，别人也告诉我说电影不可以这么拍，后来我说，那电影到底应该怎么拍呀？电影，我觉得没有谁规定的，如果你是电影学院的学生，你就得按照老师教给你的那样拍。我不是电影学院的学生，我也没上过学，我想怎么拍就怎么拍。我觉得这样拍有意思。我首先不是戴着一个"电影应该是什么样的东西"这样一个铐子来拍电影，我首先来说，拍这么一个片子，受众会不会喜欢，会不会有兴趣，我自己能否兴奋起来。这是关键！也可能是我的兴奋点和观众非常近，我兴奋起来了，观众也就兴奋起来了。有很多其他的导演，他的兴奋点和观众的兴奋点是南辕北辙的，他越兴奋，观众越难受；观众越兴奋，他们越难受，那这个我就不知道了。我甚至没办法理解，也研究不了。

贾：有时候导演个人的审美趣味和大众的好恶很难统一，但要是永远都不可能在一个方向上那就麻烦了。

冯：你为什么拍这么难看的电影？而且你不觉得它难看，反而你觉得它好。我不知道这是为什么？我完全没法想象这些导演的心理，他们是怎么想的。

不能滥用了观众对你的信任

贾：您的电影在拍摄程序上是否按照先写剧本，再选景、选演员，然后拍摄，做后期这样的方式？您有自己的一套吗，还是常规地就这样？

冯：我是先构思一个题材，然后就开始写剧本。原来是自己写，现在更多的时候是找我认为特别有能力的作家来写。这个剧本出来了，有可能不满意，就放弃了。如果满意的话，我们就开始筹备，就是这样的。我觉得我不会因为说今年再不拍就过去了，花了多少钱这剧本都写了，就拍吧，我不会。这一点我也非常感谢华谊兄弟，那有时候这一年就轮空了，去年就轮空了。

贾：那您是因为剧本不好没拍，还是因为什么？

冯：是因为我对剧本不满意，重新选择又来不及了。来不及了就不拍。我要拍就一定是按部就班地把它准备好。拍《手机》之前的那一年也是这么轮空的。

贾：老是这样的话观众会不会为此失去对您的期待？

冯：没关系，因为我觉得是这样：你可以今年不拍电影，观众说可能今年没有冯小刚的电影。他不会生你的气，顶多是少了一个……但是，如果你今年对付了一部电影，拿出来对付观众，那观众是要骂你的。觉得你什么玩意儿呀！他们会觉得你滥用了他们对你的信任。

贾：宁缺毋滥。

冯：对。我觉得电影就是没有把握就不要做这件事。因为你已经意识到了它真有问题。王中军一直喜欢我想的一个叫“贵族”题材的电影，想起来很喜剧，但是它没有一个好故事能把它穿插起来。

贾：中国有“贵族”吗？

冯：其实就是讽刺现在的这些有钱人。因为仅仅成为一个有钱人他不满足，他又要成为贵族。

贾：这个是听起来都很可笑。

冯：是啊。但我一直都没有找到一个好的载体把这样的一些素材串起来。所以我说不要做。王中军还是接受了我的意见。要做那样的电影光商业赞助他就能拿到6000万元，可拍这样一部电影可能只需要4000万元。但是我说我们可不敢去糊弄观众！我对他说你一定要相信我对观众的判断，我知道在哪儿会有闪失。

贾：实际上根据您的想象，在您拍电影之前，影片的结果大概已经估计到了。您做导演这么多年，您过去也写剧本，按照作者论的观点，有些导演是不能控制自己的影片的。他就是受雇于一个公司，拍完就回家了。但是，中国有很多导演并不是这样，比如在大学的影视学院，他们会拿您的电影做博士论文，题目就叫《冯小刚电影》。把一个人的名字放在电影的前面是一个很严重的事儿，如果他仅仅是一个导演是不可以的。而您是在全面地控制一部电影的风格和制作，您觉得在这个过程当中，您觉得有没有困难或者说如果始终坚持您自己的观点，跟别人会不会有冲突？

冯：原来是你说的那样做。现在呢，我觉得在写作上呢，可能比如说那种游戏感比较强的就适合我写，剧情片的这种，我觉得我还是希望由那些能够把人物的生活，把人物创作得更深入、更本质的那些人来写。比如像刘震云，比如像刘恒啊，这一批作家我觉得就是我能够给他们一个比较尊重他们的价格的话，我觉得他们确实还是能够写得比较到位。在这方面我现在开始解放自己，解放自己的同时也是为了使自己积攒这样一种写作的欲望，因为你老不写，你心里老有这样的一些东西，最后它攒满了，它就会自然地流出来。如果你自己在不断地写，你就会有审美疲劳。还有在另一方面我也在解放自己。

贾：怎么解放？

冯：就是在制片方面。过去全部是由我来把它担起来做。现在我采取的方式是请专业的制片人来管理这些资金和生产。我只负责拍摄，因此这个片子拍摄的周期、预算，它是不是能够把握得好跟我没关系，我能够安心地拍摄。我并不觉得我不能够做，我可能可以做一个制片人，从一个题材的诞生，到找导演，找演员，找资金，进行组合，然后到把它包装起来，发行，卖出去，我可以做这样的事儿。但是我如果还在做导演的话呢，我就不希望做这么多的事，因为它确实很分心。还有我不太会算账，我老是觉得大概这样的一个数字的概念，就是这个感觉，我看到那些发票就头疼。我是一个非常感性的人，就适合当导演，在创作上去发挥我的能量。在管理上、在数学上、经济上，我实际上是很弱智的。

《夜宴》的动作戏要有古典芭蕾舞的感觉

贾：您更喜欢做一个职业导演。

冯：就是专门做导演。

贾：现在的导演有时候经常会和动作导演合作。比如《天下无贼》里很多偷东西的戏，在列车里的那种场面是请动作导演来拍的，包括这次《夜宴》和袁和平的合作。动作作为一种叙事元素贯穿在电影里，您当时为什么想到用动作导演来拍这些偷盗的戏呢？就是说您是怎么把它变成了影片的一个观赏要点，当时您是怎么考虑的？

冯：因为影片的题材有所改变，所以新的元素出现了。这就是动作。其实当时拍《天下无贼》时，我们想到的是把盗窃拍得像魔术一样变化多端。后来，因为电影局担心这样青少年会模仿，会有不良的社会效果。所以，我们就把这一部分的东西虚化了。

贾：在拍摄过程中具体怎么实施这种魔术般的变化呢？

冯：我请到了香港一个非常好的动作指导叫江道海。他就是设计那些赌牌呀、变术呀的人。像我提出来的要求是要一个鸡蛋——生鸡蛋，把皮剥了，那个囊还不破。然后把囊揭开让蛋黄流出来，要一个完整的蛋黄。他不费吹灰之力就给我做出来了，我到今天还不知道他是怎么做的。他经常在跟我聊天的时候把那个打火机呀，还有烟，就像粘在手上一样。他会做很多的手彩。《天下无贼》因为有一种制约使我们不能够淋漓尽致地展现这些手彩，实际上有很多偷东西的神奇效果……

贾：那你们是怎么找到江道海的？

冯：在香港电影展和导演年会上大家相互交流。我们每年开导演会的时候就说："哎，我们今年要拍什么，你们今年要拍什么，你需要我给你帮什么忙？"我说我需要找到这么一个人，然后他们告诉我：有个江道海。

贾：我看到过媒体对这个人的采访，他年纪很轻啊！

冯：对，但他在香港动作领域里是一绝。拍《夜宴》，因为我觉得《夜宴》里的动作和浪漫是有关系的，而且这个动作不是硬打，我觉得它要和影片的整体格调融为一体，我甚至觉得有的时候要有那种古典芭蕾舞的感觉。所以我就请了袁和平导演来帮我做这个，因为我从他的一些动作里看到了很浪漫的感觉。

贾：他几乎是什么样的动作都可以做。

冯：他就问需要我配合你做什么？我说你给我点新的。他说，你知道吗，导演，没有新的了，全都是旧的，你看到过的，没看到过的。但是他说仍然有新的，就是我设计的动作能够和你这部影片在风格上非常好地融为一体，调性一致，这个对我来说就是新的创作我觉得（跟）袁和平合作——袁师傅他不善于说，但他非常善于思考，他有很好的想象力。他不停地在现场修正着，感觉着，他的手一直都在动，一支烟接一支烟，这些动作当你接起来的时候，你发现它特别漂亮，特别有想象力的一个人。

《夜宴》是一出悲剧

贾：您觉得《夜宴》的动作戏最好的是那些地方？

冯：比如说屠杀。

贾：杀人？

冯：杀一些手无寸铁的人。怎么拍？我觉得袁师傅做得非常好。

贾：那种暴力场面会不会很血腥呢？

冯：会血腥。但是他做得非常有意味，使屠杀不简单地是一种屠杀的行为。它和一种精神——被杀的人那种气质和精神的强大得到凸显。使屠杀者一方面极为残忍，另一方面你又觉得他非

《夜宴》(2006),每个人都是悲剧的,厉帝和婉后、无鸾和青女,每个人都在生命的尽头无可奈何,只得绝望

常虚弱。我就希望是这样，他把这个感觉给拍出来了。

贾：他在现场掌机吗？

冯：不掌机，他在说。

贾：他就负责动作的设计？

冯：嗯。

贾：《夜宴》除了屠杀这部分，其他动作的设计还有什么特别让您称道的？

冯：每一场其实都很有意思。

贾：他在现场始终跟着您吗？

冯：始终跟着。会有不同的地方，大家看完电影就会知道了。

贾：过去香港电影是有两套道具，比如说它离远了，它就用木质的，离近了呢，就用金属的。你们这个片子里涉及这种情况吗？

冯：我想呢，像这一切一定是有很多保护性措施，但又要做得逼真。我觉得可以不让观众知道这些，因为我觉得让他们知道以后呢，会剥夺了他们看到这些影片时候的快感。就像一个会魔术的人一样，你让他去看一个魔术表演，他完全没有感觉。所以我们更愿意让观众在这方面变得单纯一点。

贾：这样保持他们一种观赏的快乐。您的过去影片有很多讲爱情故事的。比如像《永失我爱》《不见不散》《手机》《天下无贼》，不论是从您开始做导演，还是写剧本都涉及个人情感领域，在《夜宴》这样一个古装的故事里面除了动作之外，依然有爱情故事吗？

冯：有，有爱情。《夜宴》这部电影动作是很次要的。重要的还是表现人的情感。比如《哈姆雷特》是说王子的生存还是毁灭的问题。但在《夜宴》这部电影里，是每个人都面临着生存还是毁灭的问题。

贾：那它是一个很沉重的故事了。

冯：对。你会看到欲望的力量有多大，你也可以看到，其实人有很多时候是从本能出发的。

贾：受本能的驱使做某种事。

冯：对。比如说，自我保护，他对别人产生强烈的攻击性的一个前提是，因为他需要自我保护，这是一种本能，趋利避害。可是一旦人的这种安全感有了，他就会产生更大的欲望，推动着他。但是最终这种欲望会把他推向毁灭。这部电影就是讲这样的一个故事。

贾：人的欲望是多种多样的，爱的欲望同样也是可以把一个人完全毁灭。有人说《夜宴》是中国版的《哈姆雷特》，您对这个评价怎么看？

冯：我觉得脱胎于那么一个“角色”，讲的是一个完全不同的故事。

贾：您觉得《夜宴》更像一个悲剧吗？

冯：它不是更像一个悲剧，它就是一个悲剧。

贾：在中国大家觉得有悲剧意味的东西很多，但真正把悲剧拍成电影的好像很少、特别是古装的。我们看中国电影史上的东西，接触现实的东西很多，但是真正把电影拍成一个悲剧的还是不多。您怎么想到从一个喜剧的、游戏的创作当中，变成现在这样一种具有悲剧情怀的？

冯：这是命题作文，我做的所有的东西都是技术性的，都不是我有感而发的。但是我仍然非常高兴地看到，我可以既有技术性地控制着这一切，并且把它做得很有情感。

（2006 年 4 月 26 日下午于北京望京冯小刚工作室）

2006 年 4 月 26 日，本书作者贾磊磊与冯小刚在北京冯小刚工作室

我要打破传统动作片的模式

陈德森

陈德森，生于1958年4月26日，1978年进入影视界，那时他还是个高中生。徐小明导演以临时演员的身份将他引入香港丽的电视台作为签约编剧。此后陈德森成为成龙的专职助理。后来成龙将他带入片场为电影《孖宝闯八关》（1980）做场记。后来他做过副导演、当过编剧，做过制片人，至于统筹、策划、制片更是家常便饭。1989年，陈德森第一次正式做导演，拍摄影片《我老婆不是人》（1991），主角是梁家辉和关之琳。1993年，陈德森拍摄了电影《晚9朝5》（1994）。1997年，执导的《神偷谍影》（1997）将动作与高科技结合，简洁凌厉的动作场面和曲折刺激的情节熔于一炉，夺得第17届香港电影金像奖最佳动作设计奖。1999年，执导的《紫雨风暴》（1999）荣获第19届香港电影金像奖最佳摄影、最佳剪接、最佳动作设计、最佳服装造型设计及最佳音响效果五项殊荣。2001年执导由成龙主演的作品《特务迷城》（2001）。2005年导演电影《童梦奇缘》（2005）获得第11届香港电影金紫荆奖年度十大影片。2009年，执导《十月围城》（2009），荣获第29届香港电影金像奖最佳影片、最佳导演等八项大奖，该片累计票房达2.74亿元人民币，该片当年称雄国产贺岁片，并且作为年度最佳电影推荐给在京的外国使节观看。电影之所以能够给予我们巨大的精神力量，是因为它能够靠近我们的心灵、能够触动我们的情感、能够砥砺我们的意志——就像《十月围城》。在每年数百部国产电影中，这部可以令人动容的影片，以其独特的艺术手法征服了观众。导演陈德森用了整整十年时间进行策划、筹款、剧本创作和实地拍摄，最终奉献给我们的是一部将动作与历史交叉剪辑、传奇与革命相互链接的电影力作。

每一部电影都是我的第一部电影，也是我的最后一部电影。做每部电影的时候，我要抛掉以前得过的荣誉、赞美和票房。所以我一直希望找一些我没有拍过的题材去拍，时刻保持一个新人的情绪、情感。说这部电影是最后一部，若是拍不好，就没有下一部，叫置之死地而后生，这是我的电影理念。

——陈德森

《十月围城》是主旋律的商业电影

贾磊磊（以下简称“贾”）：你们发表在《收获》上所有的文章我们都看了，特别想跟您讨论一下《十月围城》。广电总局每年都会向驻外使节推荐一部这一年度最好的电影，前年是《集结号》，去年是《梅兰芳》，今年是《十月围城》。其实中国的电影一直在寻找一条道路，这条道路是一种什么样的道路呢？就是怎样把一个商业电影的娱乐因素和一个正确的思想主导因素以及优秀的艺术因素，三者整合起来，因为在内地，我们特别缺这种电影。所以说这次《十月围城》，被国家广电总局推荐给所有的外国使节，应该是国家电影的主管部门对这部影片的高度认可。

陈德森（以下简称“陈”）：我听到这个消息，挺高兴的。有几位领导说这部戏是应该推荐的，有民族精神，也有大情大义。我听了非常感动，今天我还在聊这个事情，其实你看好莱坞电影很多都是爱国主义，当然他们还要扮演世界大警察。我觉得其实很多都是主旋律的，只不过它包装上更商业，所谓的商业就是娱乐性丰富。我觉得他们把主旋律编成一部主流电影了，其实我们拥有太多素材了，我们历史那么悠久，我觉得很多素材可以拿出来，（用来拍摄）我们的主旋律的商业电影，娱乐性丰富的主旋律电影。

贾：你们是十年以前就要拍《十月围城》这样一部电影，你们怎么会想到，在一个动作片的框架下来完成一个革命的历史叙事，就是前半部分完全是文戏，后半部分完全是武戏的叙事结构，怎么把两种类型融合起来，让一个艺术色彩很重的，艺术性很强的风格融合在这部动作影片里？

陈：我在 1997 年帮嘉禾公司拍了一部电影，《神偷谍影》（1997）。我其实很喜欢用一

《十月围城》（2009），通过武打，通过动作，通过刀枪，阐述了曾经在一个时代里很多中国人心中珍惜并愿意用生命去捍卫的理想。图为陈德森指导谢霆锋拍戏

个背景去塑造一个人物，为他的动作提供一个缘由。可是拍完电影之后，结果他们说要把文戏删减，把所有人物背后的故事都减掉，我非常生气。

贾：他们为什么？

陈：后来我去看片，原来有一种动作电影是不需要太多人物的，是以场面和情节讲故事。你就发现每一个角色都不是立体的，都是一样的。很像现在的好莱坞电影，跟你在打电动玩具一样，每一个人物都不是立体的。

贾：《神偷谍影》后来的市场怎么样？

陈：后来挺成功的。是嘉禾四年里面，除了成龙的戏以外，在海外卖得最好的一部。其实，海外电影观众一般不想看，他们不了解香港人的生活起居习惯，他也不愿意去了解。可是，影片的动作很利落，故事很紧凑，情节很精彩。我想说这是动作片的大前提，是动作片要往这个方向做文章？后来我再拍动作片的时候，我跟投资方讲，我希望在人物感情方面多下点笔墨，故事背景浓厚一点。

贾：您的这个意图来自哪里？

陈：这是大家自己想出来的。我还拍过一部片子叫《紫雨风暴》。那个时候他们就说香港怎么可能有恐怖分子？你搞不起来这部戏。结果我花很多时间在人物上，我钻研了很多人物性格的东西，结果虽然没有《神偷谍影》卖得那么好。可是 Miramax（米拉麦克斯）公司准备

《神偷谍影》（1997），影片将动作与高科技结合起来，干净利落的动作场面和曲折刺激的故事细节皆超出当时港片制作水准，被誉为港版“碟中谍”

要翻拍这部戏，整个故事要搬到纽约去，他们喜欢影片中的那个人物。

贾：中国的反恐题材的电影一直没有标志性的作品出现。

陈：恐怖活动是全世界都存在的，而且美国人喜欢我的动作设计、场面。结果，本来是他请我去做这部美国戏的导演，没想到 8 月份去，9 月出现“9・11”，他们觉得我设想的这个恐怖活动比他们遇到的还要厉害。我是说《紫雨风暴》。我把大厦毁掉了，把生化武器放在了飞机上，在天空爆炸，下了雨，没有一个人能逃。本・拉登看到的话很危险，这是开玩笑。要是他们重拍的话就卖掉了，结果也没有重拍。后来帮成龙大哥拍了《特务迷城》，也是自己想出来的一个故事，挺精彩的，挺丰富的。我们把它丰富起来变成娱乐片，自己有点纳闷了，就是再往下走还有什么动作片呢？

港人在内地拍电影要去香港化，去作者化

贾：您认为中国电影在产业化的道路上究竟拍什么类型，怎么做才是正确的选择呢？

陈：我跟陈可辛合作了一个公司，他拍了很多文艺片，他也想拍一点大时代的东西。我们就互相找一些大时代背景的东西去烘托整个戏。不是大制作的大，而是大背景的大。有一个大的题材，有一个大的意义在后面。

贾：这在香港电影的娱乐传统中是“缺项”。

陈：他跟我讲他爸爸——他爸爸也是导演，导演了几个戏，陈可辛的爸爸陈铜民，他 1974 年拍了《赤胆好汉》。剧中的人物就是为了他的妈妈，为了他的妻子，为了他小孩，义无反顾地保护孙先生。孙先生来到香港成立了一个兴中会，清政府派人刺杀他。我脑子里联想了很多。他被绑架过，在旧金山也被暗杀过。他有几个保镖，很有造型的。我就想这个可以，这个戏。我就回去想，所以后来就变成整个故事的蓝本是从那儿出来的。

贾：听说《十月围城》中途遇到了很多困难，还有风险，因为曾献基去世了，资金也遇到了很多困难，你们最困难的是什么？

陈：最困难的，我觉得就是搭景。我是要拍孙中山在香港走过的路，有一个路标的，在中环。孙中山曾在此（经过），有几条路。他在皇后码头上岸，皇后大道、士丹利街、史丹顿道、百花街、石板街、中国日报社，都是有他的足迹所到之处。

贾：根据历史记载的线路？

陈：对，我想根据真实的历史线路，编出这次的暗杀行动。你想想看，一部动作片，你不能把机器往那里一摆就在那边拍，机器要运动，还要摇来摇去的。你用这个机器怎么拍到一个动作是连贯性的？现在香港有一百多年的建筑物，机器一摇过去就是地铁。广州也有很多。可是问题是，有一条街都是空调机、新式电线杆，我要把所有的都拆掉，那个要花太多功夫，太

《十月围城》（2009），一部群星云集的华语大片，融合了古装、武打、悬念、历史、传奇等诸多商业元素。上映后，获得了 3 亿元票房和第 29 届香港电影金像奖八个奖项的优异成绩

费劲了。那就干脆不要，我们就集中搭这个景。可是那个时候，海外市场、港产片已经有点越拍越烂，也没有经济的水准，有人说全部都烂在盗版上。我觉得我们自己要负责任。自己拍得不好，不能全推到别人的头上。我那个时候是拍 6800 万元，十年前。可是那个时候最多能拍的就是三四千万元的，顶多了，已经很危险了。

贾：是那个时候的预算？

陈：对。可是一个景就要 2800 万元，那个时候，很多人跟我计算，导演我们就不要搭这个景，你就跑一下，我们就到哪里拍，你就省掉 2800 万元，那 4000 万元，我们再来投。我就觉得不行，怎么样也不行。很多很多次，包括陈可辛说，他也没有很了解我这部戏为什么非得搭这个景。他说你省掉这个的话我们就可以开这个戏，后来我坚持为这个承诺找到曾献基先生，他支持我。

贾：听说你们准备拍的时候，设计的中环场景空了很久没有着落。

陈：1999 年跟陈可辛合作，没有很谈得拢这个事情。我就把这部戏的版权拿走了。我自己买走，遇到曾献基先生，我请他投资。他那个时候也觉得 6800 万元有点多，他给我 3400 万元。我带着他，香港、台湾、内地到处找那一半资金。很受气，也很难。有些人说你不要搭这个景了，有的说你可以拍省一点，我们来投，结果做到最后，曾献基先生说，找别人来投也没有信心，我干脆全投给你。我们自己来做，我们自己搭这个景。第一关过了。怎么样找到资金，这是第一关。

贾：您当时怎么说服片商，确定这部电影的意义，或者它的商业价值？

陈：现在喜欢投资电影的人，除了有很多觉得这个生意可以赚钱以外，有很多是喜欢电影的。他们本身是做银行、做投资、做企业，对电影有喜好。第一次他请我到家里吃饭，我有点惭愧。他的衣橱里不是书，全是DVD，是世界各国的电影，他跟我讲哪部戏都讲出来。他是赚到钱的，他是希望投资一点在电影上，他自己也喜欢做的事情。我觉得好，我们就这样一起做。

贾：这部片子6800万元的投资，那个时候您对它的商业回报自己有信心吗？

陈：其实陈可辛一直在挂念我，好看的戏一定有人看。他是比较会做生意的。我是纯娱乐观众的，是为群众服务的，我觉得我带领娱乐，我觉得有人看，不一定能够赚到钱，我觉得我还不一定会亏钱。可是市场是一个很大的赌博。你说拍三四千万，可能我就没什么事，再拍快7000万，就是一个很大的赌博。那时候增加我的信心也是美国的米拉麦克斯（Miramax）公司。他一进来就说，给你一百万美金，先给定金，假如说将来这个戏卖得好再给你分成，这也是一剂强心针，那个时候好莱坞对港产电影，已经把所有好的人都挖过去了，根本不需要再买你的港片。

贾：就是米拉麦克斯公司曾经把陈凯歌的《无极》（2005）给退了。

陈：那个关口挺紧的。那个时候港产片撑得很艰苦的。

贾：陈可辛就是提了两点，我们觉得是很重要的，或者说拍中国电影、香港人到内地拍电影很重要的。就是去香港化，去作者化。我觉得《十月围城》就是特别明显。实际上大家一看并不像一个香港导演拍的，特别像内地动作和主旋律的融合；另外它去作者化，也就是把个人的风格和主流的影片融合得特别好。

人的情绪和情怀，全世界都看得懂

贾：你们在拍这部电影的时候为什么会这样考虑？因为它是发生在香港的一个故事，但是又是针对内地的电影市场，你们是怎么整合文化上的选择的？

陈：其实第一个是请王学圻老师来拍这部电影。他饰演的李玉堂是来自广西来的商人，一个来自内地的人，就不陌生了，他带动整个戏，所有的李玉堂义士都是他来找的。其实香港这个地方，小小的一块地方，它是个渔港，都是苦力，都是渔民。基本上是中国内地，广州、潮州、上海、广西的人去到香港才把它发展起来的。如果没有内地这些人去的话，没有这些新移民的话，香港永远是一个被英国利用的殖民地，是一个进出口的渔港而已，不会有大的变化。

贾：在这部片子出来之前，想没想到内地的观众会特别喜欢？

陈：其实我觉得还是人的精神跟那个侠义，还有情感在起作用。因为我每一次做一部电影，我都会跟自己讲，这个故事发生在非洲可不可以？这个故事发生在埃及可不可以？应该是可以的。放大创作的思维。比如我拍了《童梦奇缘》时，我觉得绝对可以发生在非洲的，巫师给那个小孩吃迅速老去的药。因为孙中山在历史上曾经被这样暗杀过，孙中山先生从洛杉矶到旧金山这条路线上被埋伏过。其实人的情绪和人的情怀，这个全世界都看得懂，再不说香港和内地，大家都是中国人，更容易看懂我们的戏了。

贾：就是您觉得这部戏放在其他的地方也可以的？

陈：也可以。你看《紫雨风暴》，美国照着重拍一次，只是换成白人而已。这是我的大理念，我的创作的时候的大理念。

贾：就是一定要其他异域文化的人能看懂。

陈：对。

普通观众更容易进入小人物的剧情戏

贾：有一点我们特别想知道您是怎么想的。因为像《十月围城》里面有很多像乞丐、车夫，底层的这些人，过去这些人被认为是没有历史的。他们的历史是不被人记述的。在一个国家或官方的历史当中，都是帝王、领袖、将军，都是这些人。对于一般的边缘人，没有人把他们做历史人物的，您这部片子大家看，就是这样一批人决定了，或者说支撑了重要的历史的事件，再有后来所有的历史事件跟孙中山没有被杀死有关，您是怎么想的，为什么几乎全用小人物做这部片子的主角？

陈：很坦白地讲，首先是一个商业考量。小人物的剧情戏，一般的普通观众更容易进入它的世界。老实讲大富大贵的、将军的电影有很多了，我也拍不过他们。所以我觉得从这些人的经历开始，是比较吸引普通观众的。而且这个戏，我一直坚持那么久，有几次我坚持不下来，有一个道具师跟我讲过一句话，他说，导演我们跟你这十年了，不要放弃，你要那么仔细的道具，我觉得我一生还是要做一次。所以，我觉得这个成就，这个革命。我看到孙中山的很多历史，五年、十年下来，看了很多书，越看越多。你看到很多辛亥革命的书，我觉得我不敢拿这个戏比喻这个伟大的革命，它成就了整个中国，替中国人带来希望。我觉得这也是一次革命，是一次电影的革命！只有我一个人撑不住的，我的美术，我的服装，我的整个团队，我的武术指导董玮，他们都给我力量让我坚持。2007年，我曾经想放弃搭这个景，其中一个编剧，要把它改成在上海、沪城，十月围城，叫沪城，那时候上海也叫沪嘛。也是有一些根据的，也是有历史的，辫子将军那个时候要绑溥仪回来，做傀儡皇帝。我改得也挺好的，也是一队小人物保护，到最后我的团队说导演不要改，我们还是坚持孙先生，这也是一个精神。所以我觉得，我看到的这些无名英雄，我周围的这些人了不起。可是你问观众道具师傅是谁，他们都不知道。

贾：您的团队真是了不起。

陈：可是这些人，就是一些市井之徒，无名英雄，也是有他们的情怀情义，也是触发了我坚持要从小人物出发拍这个戏。就算有一天有人找我拍秦始皇，我也敢拍。可是我用一个侍卫长的角度去看秦始皇，我不再用第一身份了，很多其他名导演拍过的作品，电视也好、电影也好，也拍得很棒，可是我是一个假定的事了。

贾：现在《十月围城》票房是多少？

陈：快到 2.1 亿元，昨天是两亿零八百元。

贾：那证明您的判断是很准确的。还有这部片子里涉及很多革命问题，孙中山也在讨论革命问题，过去就是说让大家有恒业，就是说有持之以恒地工作，后来说革命是痛苦的。你们拍《十月围城》的时候，革命的理念怎么融合在这样一个故事里？

陈：其实我们借这个伟人，讲这些主角是为了个人的情怀、意愿牺牲的，所以孙中山的词不需要多。他所谓的痛苦就是讲这些人。这五六个义士，每个人都有工作，像谢霆锋演的就是一个车夫而已。他每次出场都拿个饭碗。他自己要一口饭吃，他活得就很满足了。孙中山讲革命痛苦的意思也是这些人。如果孙中山不要来这一切就不会发生。孙中山是有远见的。他肯定是知道这些人要牺牲。他再不来这个土地的话，革命就撑不住了。所以，最后的镜头让他眼睛含着泪。他感谢这些人，他也被感动了。

贾：这些小人物，他们好像更多的是带有个人的情义，比如说有的是为了爱情，还有的是为了孝顺父亲。过去，这种私情和革命很难写在一起的。在这个电影中你们怎么能够把这两种感情，一个所谓的国家大义和一个私人的感情融合在一起呢？

陈：其实你再仔细地看看。如果他觉得他牺牲有价值，他就可以牺牲，可是为什么要到那一天？是因为背后那天对于革命是很有意义的。李宇春饰演的方红为报父仇，她的父亲是反清的，他做不成，方红把它完成了。方红说我爸爸做什么我就要做什么，其实背后那个深层意义，是觉得那天是非常重要的。我用浅白一点的情绪，让观众容易进入，再深层看的话，他们都为这天，可能是个人情怀，其实那天也是很重要的一天，在很重要的一天牺牲了自己。

贾：就是他是有选择的……

陈：其实，都有选择。

贾：这部片子，你们当时在中环是不是留了很多机位？我们看在回廊里，人在跑的时候，机器在平行移动，你们搭这个景的时候，除了要还原历史的真实的建筑风格之外，是不是还有很多便于电影运动的这些空间？

陈：其实没有。2005 年搭制这个景时，我们是用木头搭的。现在已经都毁了。现在我们搭出来是花了 4500 万元，总共多了一倍，但比当年的那个地方大三倍。当年是两个足球场，现在是五个足球场那么大。当时我搭的时候，我要我的团队把它摆进来，有一天一个教佛教的老师来看我，83 岁，他说，你带我走走。我中午吃饭的时候带他走到中环快到底的那块，他就站在门口定住了，我说老师你看什么，他说看二楼，你知道七八十年前，这个地方是干什么的？我说我不知道。他说是个洋服店，我说你怎么知道？他说，是他爸开的。他还让我在那边给他拍了张照片。我很感动。

贾：他真把那里当作历史旧址了。

我要打破传统动作片的模式

陈：我在上海首映，有一个70多岁的老先生，他眼红红地看着我。我还以为他要骂我。我想我就让他骂一骂吧。没想到，他就抓住我的手，他说，我这辈子革了很多命，革命就是这样子才能够完成。我不能再讲了，再讲我心里难受……

贾：《十月围城》上演以后，很多特别年轻的，20多岁的人很喜欢这个。按理说这个是100年前的故事。100年前当然它是虚构的。但是100年后这么多人喜欢它。你们觉得这部电影最感人的是哪几部分？有没有刻意地设计过？

陈：有。其实我是有想过，因为当初陈可辛找我的时候说，他爸爸这个故事说的就是一个义士为了他妈妈、他爸爸参加反清的事迹。他还为了他妻子，为了他儿子，我想是不是这个人物可以再散开一点？到五六个人。日本的《七武士》也是有不同性格的武士来拯救一个村子人的命运。我希望变成一种有报恩、有政治的事件，死得才有意义。为了爸爸报仇，有为了爱情，为了亲情。我要打破传统的动作片的模式——因为我拍得太多了。开场15分钟一个小打，中段一个中打，中打跟结局的是大打，中间再来两个小打。基本上美国也好，欧洲也好，（中国）香港也好，台湾也好，内地也好，拍动作片如果都是这个模式还有什么意思？我要打破这个模式，所以有那么多感情戏的切入。我这个时候跟陈可辛商量，我非得要做前半段，完全只有一个动作，这个动作要表现反派的力量。我做了这个动作以后，就没有动作了。全部是让人物切入感情戏。进去以后，后面给你看一个小时的保护孙中山的动作。当然这个动作里也包含了感情。当你关心他的生死的时候，对这个动作你就会更投入，希望他不要死。因为他关系到后面那个更大的意义，他是为革命。

贾：我们想知道，这部片子最后是连续几十分钟的打斗。因为保利博纳的于冬半年以前就跟我说他要拍保护孙中山的动作电影；后来黄建新跟我说，有一个连续近一小时的打斗片段。你们确切的时间，从孙中山登陆开始，一直到结束，精确的连续打斗的时间是多久？

陈：58分钟。其实这个想法，因为我刚开始跟陈可辛合作，1999年，他有点担心。他说你这样我不反对，我觉得大家要试点新的东西。可是你会有很大压力。因为观众进来看的是一部动作片，你都不给他看动作，你的人物没有进去的话，后面一个小时打得不精彩的话，观众会翻脸的。我说其实我之前三部动作片的经验，观众对我的动作电影，是有一点信心的。其实我不过是把分开的动作设计集中摆在一起而已。我的感情部分是我比较担心的，动作我一点都不担心。他举个例子，其实这个也不是打破传统，你看灾难片就是这样子，《泰坦尼克号》就是这样的。

贾：好像确实是这样。

陈：它前面没有动作啊，它后面灾难就来了。用了一个小时表现那个要沉的船。前面两小时全部是文戏，比我还长。其实用灾难片的形式，我这个不算新鲜。可是动作片来讲，我这个想法有点新鲜。

我很喜欢武侠的那个世界

贾：我们拍摄了一部大型电视纪录片《中国武侠电影人物志》。在莫斯科第十二届欧亚电视论坛上，获得了特别大奖，就是学院特别奖。因为我们这部片子叫武侠电影，是人物志，您对武侠两个字怎么看？

陈：其实我是看古龙、倪匡的小说长大的。我很喜欢武侠的那个世界。我觉得吴宇森在美国那么受欢迎，其实他的电影有一种男人之间很可贵的情义，就是我不想杀你，可是我又必须要杀你。美国人看不懂，觉得有点怪怪的。其实那种情义只有武侠世界里面能够成立。因为我崇尚你的武功，等到十年后再来找你。现实的世界好像根本就没有这种情义——我不是说没有男女的情义。我们的武功的渊源那么久远，我觉得是很多可以拿来再重新把它拍出来。我觉得应该让外国人看看我们中国的武侠的世界，用电影带出来的所有武术和情义。

贾：我们采访了很多人，跟他们讨论我们中国的侠义精神。台湾的导演丁善玺说的我们特别认同，比如说你是一个警察，去抓坏人，这是你应该做的，这是你的职业，这不是侠义，你就是牺牲了也是应该的；但是你是一个教师或者是一个导演，在街上碰到一个坏人，挺身而出，做了不是你的职责范围之内的事，这就是侠义精神。《十月围城》里的那些平民，国家的革命，历史的责任，他们也不是职业的革命家，他们只是普通的老百姓，但是他们在拯救国家的命运，拯救革命的领袖孙中山，这里面您觉得有没有侠义的精神呢？

陈：有。其实那天对他们来讲很重要。他们背后的意义极其重大。可是我不想让这部影片太武侠化。我觉得是一个跟过去那种预先就要去革命的事不一样。孙中山在那边了，陈少白也在那边了，他的儿子受的洋式教育也知道为什么要革命。大前提都存在。我讲了，孙中山是代表革命的这就到位了，不要再重了。因为现在的小孩，他只听说过，他们没有很了解这个。我觉得内地跟台湾比香港爱国，他们会接受这种情怀。香港是可能太受洋式的教育，我自己本身有点失望。

贾：历史传统好文化背景毕竟不一样。我们谈一点过去的事吧。看到您在《收获》上的一篇文章，说小时候特别爱泡电影院，那个时候看邵氏的很多电影，您从影这么多年，邵氏对您的影响在哪里？

陈：其实我现在所拍的时装动作片，是那个时候来的。那个精神其实就是我的取向，有点像吴宇森导演的。男人的所谓侠义精神，我是非常喜欢的。也可能我自己本身没结婚，对爱情这块我不懂，是完全避开的。亲情还好，我是在一个破碎的家庭长大的，我就把那个破碎的家庭，把男人的情义经常放在电影里。因为喜欢看戏，我经常跑到邵氏片场，把一个礼拜的零用钱，几个同学凑起来，给道具房的领班，给牵马的马夫，然后拿长矛，还有箭，骑马在那边玩儿。从小就喜欢这个，经常去片场里，我是在那边长大的。

古龙小说里的长巷、落叶、影子，给我很强的电影画面感

贾：那时候邵氏的片子，对您的影响……

陈：很大的影响，张彻导演对我有很大影响。吴宇森也是他的副导演，我经常看他的戏，很受触动的，很奇怪。他每一个戏我都会记住。不是研究，那时候很小，就是重感情，有时候写日记都会写下来。

贾：您现在还记得那时候具体的哪一部电影您的印象最深刻？

陈：很多。他有一部时装片《小煞星》，姜大卫演的。很好。就是那种男人的情义，几乎所有的我都有看。

贾：那时候邵氏是支撑整个香港电影的非常重要的一支力量。

陈：对。古龙小说的戏，楚原导演很多。《独臂刀》王羽演的，到最后肠子都流出来了，还拿把剑，反派都死了，他还撑着那边不动，那种英雄人物真是顶天立地。

贾：后来您拍片子的时候，觉得有没有具体学习或者借鉴哪些东西？

陈：其实是从小说里，比如倪匡小说里来的武功的变化，本来咏春就是咏春，形意拳就是形意拳，他把它一改，再变成另外一个。我是挺喜欢再做功夫的，还有就是气氛。古龙小说，长巷、落叶、影子，那些东西给我一个很强的电影画面感。我很多时候想到这个画面出来。我觉得动作前面那个气氛铺排非常重要，也是从那个地方学会的。

贾：您小的时候做电影，后来当演员，我看您的回忆里，家里不是很同意，鼓励您还是读书上学，后来您怎么处理和家人的关系？

陈：处理不好。所以，很奇怪。我现在回想，我很多电影，包括我监制的电影，包括我导演的电影，很多父子情在里面，不自觉地就摆进去，而且还挺利落的，自己还挺得心应手的。我跟我爸关系很不好。因为我三代是书香门第，读书人很多。我爷爷是状元，我爷爷的爷爷是读书读到做官的。我爸爸也读过很多书。结果我跑去拍戏了。我听说我爷爷就教训我爸，戏子无情，婊子无义，你永远不能交这两种朋友，结果他自己儿子当导演了，肯定翻脸了，看到都不打招呼。

贾：《十月围城》里面的父子，是不是也隐喻了你们家庭的这种感受？

陈：有这种。我爸爸现在还没有过世，快 90 岁了，他也是那个年代的人，吃饭就是吃饭，读书就是读书的地方，有板有眼的。

贾：《十月围城》里王学圻演的李玉堂，最后从那个楼里出来，连刺杀孙中山那些人都没有拦得住。那时候他儿子等于是做了孙中山的替身，坐在车里，最后被清廷杀手阎孝国（胡军饰）杀死了。父亲就在外面始终注视着所有事情发生。父亲是目击者，有没有这个可能，如果当时李玉堂从楼里跑出来，没跌倒，他坐在车上，让他儿子从车上下来，最后让阎孝国把他父亲杀掉，

让他儿子做目击者，有没有这种可能?

陈：当初这部电影我们做了很多稿。曾经想过李玉堂是最后的牺牲者。后来我们想，这么重大的事情不能不牵扯到下一代，下一代要进来才行，不能够只牺牲上一代。这是很痛苦的抉择。也跟下一代讲，你们下一代也有人牺牲的。这是我们后来做的一个决定。光是嘴巴讲我们为了下一代，下一代坐在那边什么都不管，所以我们就强化了下一代的角色。他的儿子李重光，他也是下一代的代表，他也为了下一代牺牲了。这个可能会更触动现在的年轻人。不然的话都是底下老的人，上一辈的人。后来我们想了很久，最后定稿让李重光牺牲了。

贾：当时李玉堂说了一句话，就是我们为了下一代如何如何，所以大家可能还期待，要是这样想的话，更要（舍生取义），就是等于李重光再下一代对他们的影响。

陈：其实对李玉堂这个人物来讲，他儿子死了，比他自己死还痛苦，他40岁才有这个儿子。他所有的寄托等于没了。你看他下场，他可能后面也没了。所以其实，再想深一层，那个牺牲更大。

贾：代价更大?

陈：对。所以这个革命成功，其实代价是非常非常沉重、非常大的。

20年成就的导演梦

贾：我听说您做过成龙的助理是吗?

陈：我刚出道，离开电视圈的时候，第一个工作就是帮他。他23岁，我19岁。

贾：那时候给他做助理?

陈：对，他刚刚拍完《醉拳》和《蛇形刁手》。

贾：您觉得最一开始演电影的时候，还记得特别有意思的事吗?

陈：有啊。他对我来讲是有非常大影响的一个人。因为我一进入这行，从电视跳到这行，小屏幕跳到大银幕。很多电视台的好朋友，一起工作的，有些支持，有些不支持。有人说，你一进去就跟一个巨星，那你前途应该非常好，你想在电影圈做的事情可能很得心应手，那我就去做助理，我也做得非常成功。因为我英文也可以，国语也可以。他要我做的事情我基本都替他做得很好。结果后来有一次，我第一次进片场，差不多跟他做了三四个月，他一直没拍戏，后来他拍《师弟出马》（1980）的时候，我跟他进片场，做了半年。一个茶水阿姨讲，你不要进来，这里很脏，会布满灰尘的，陈公子，片场不能进。其实我想学导演的，我回去想一想，检讨一下，我说这个是不是我要做的工作?我想了很久，我就跟成龙请辞。

贾：您要辞职吗?

陈：是呀。那时他喜欢开车，买了一辆新车就出去飙一下。在郊区开足马力。我跟他讲，大哥我要辞职。哇！他越开越快，不讲话。感觉像小两口吵架一样，开到一个僻静处，停在旁边，他不看我。看着倒后镜对我说，我对你不好吗?我也看着倒后镜说，没有。那你觉得薪水不够吗?

我说你对我很好，你买衣服都给我买，我买车首款你给我付。他说好，为什么要辞职？那个时候，我吞了口水，我就说大哥，我看那个镜子，我说我将来想当导演。我就看他的表情，我 19 岁，眼泪已经一直往下流，我告诉自己，不能流、不能流。然后他说好，你怎么当导演？我说我想从基层开始，从场记开始。

贾：场记这个职务做好了就可以做副导演、导演。

《特务迷城》（2001），成龙在演出过程中有多场危险动作场面，其中一幕从 80 尺高，而且富有土耳其特色的圆尖屋顶上，双手执太阳伞跳下，惊险万分

陈：那个时候他有好朋友陈勋奇，一个导演，他的好兄弟，帮他开了一部电影，他做男主角，我就去那部戏当场记。从那天开始，他在公司看到我都没有打招呼。后来我发现，他是一个非常传统的人。他用的人，十个人有七个人是姓陈的，他自己姓陈。陈志强，他的经纪人，三个摄影师也姓陈，三兄弟，他的助理也姓陈，他有一点传统脑筋的。后来那 15 年，在任何公众场合，都没有跟我打招呼。我尝试跟他打招呼，都很失落。后来有一次他打电话给我，隔了 20 年，就是 1999 年，说吃个饭吧。我说好。就出去，他说听说你有个剧本，写得不错，叫《特务迷城》，我可以用吗？我说当然，你是嘉禾的股东，为什么不能用？他说我不是这个意思，我想找你当导演。

贾：20 年呀！

陈：我就想当导演。他的眼神我还深深地记住，这个表情。我就和他一直在喝酒，吃日本菜，还喝得好醉。我说我是你助理，你搞清楚好不好？他说这十年我一直都在看着你，我看你导演的戏，你成了，我错了。那天我在车上，我错了，他还记得。他说你来做导演，我不是什么大哥、二哥，我就是个演员，你是导演。结果那部戏我们合作得非常愉快，一点矛盾都没有，就是很奇怪，可能是二十年的感情吧。他给我很大的力量。原来所谓的高高在上的人，他还是有留意下面的人，这也是一个小故事。

末代最后一个副导演

贾：我看报道说您后来又做了场记、又做了副导演，他们说您是末代副导演，这是什么意思？

陈：其实那个年代香港有三个最强的副导演，一个是《叶问》的摄影师柯星沛，还有就是关锦鹏和我。经常每个导演用完了，肯定已经想下一部戏我什么时候要拍，你要清楚。就是我们坚持我们的原则，这个导演做了一定要再找我做副导演，我就喜欢看，我就喜欢动作，帮帮元奎，帮帮程小东，武术指导我们都去帮。他们导演，帮着做副导演。徐克也帮帮，很多导演都帮，我就看他们是怎么样拍戏的。我想学。关锦鹏是跟着许鞍华，跟着差不多成熟了，许鞍华做监制他就做导演；另外一个跟徐克，也是成熟了，徐克开公司了，他就自然做导演了。我还在那边转，结果一个礼拜在一个咖啡厅喝喝红酒，聊聊天，喝咖啡，一进来就说“末代最后一个副导演”来了。就是这样起了一个外号。

贾：您坚持到了最后？

陈：其实我觉得无所谓，反正是喜欢这个工作。我喜欢待在片场，家里也不愉快，不想回去，所以睡在片场就不走了。

贾：后来您当导演以后，拍了一些片子，您最开始拍的叫《情人知己》（1993），您是一定要用自己的剧本。一般来讲，一个导演满足于做一个导演就行了，用谁的剧本无所谓，但是您为什么一开始一定要用自己的剧本？

陈：因为我是编剧出身，我在电视台当了两年的编剧。我后来回去也帮忙做了一个故事创作人。有一段时间我在香港不太得意，我就去台湾做了一个故事，就叫故事人，也就是策划故事，整个故事所有分场我来上，编剧回去写，香港有这个岗位，台湾没有。台湾是一个编剧写50集，60集，闷着写。一来香港，来个这样的人，什么跟什么？还要从我们的编剧费里扣钱？这个太苛刻了。有些人很讨厌我，说看你有多大本事，就是把你叫来，来，我分点给你。好，我就去了。结果交了很多编剧朋友、制作人朋友，我是一个香港人，带着几千块港币就去那边闯天下，结果我忙到翻天在那边做故事人。我就自己钻牛角尖，将来我做导演的话，非得要写自己的剧本。

贾：当时是他们写好了剧本，你替他们提意见还是……

陈：不是，一开始说制作人导演有一个这样的想法，我就去想。因为他们那个时候的武侠片，男女主角就可以贯穿60集，其他的配角不太重要。我帮他们想，想了十几个配角的戏份，穿着走。不要男女主角那么累，哪一条戏好看，就在我们那边走，可以撑五六十集好看的。不要到那个时候就干掉了，干瘪，没有味道。我们看很多戏干掉了，可是那个年代老百姓也喜欢看男女谈谈情说说爱，打两招，有些反派出现，一集就完了。我觉得这样撑不下去，不好看。我有点想帮他们改变对分场的做法。

贾：这等于是一个故事的策划？好莱坞有一种职业叫“剧本医生”，就是把剧本写完了，

《情人知己》（1993），陈德森早期导演作品，梁朝伟、罗美薇、袁咏仪主演

扔给别人，提意见。其实跟您这个也接近，实际上是对一个完成的剧本要提出建设性的意见。

陈：外国也有一个叫 story maker，就是说故事人，故事创作人。

贾：那个实际上是为一部影片提供故事的框架和总体设计的人。据说您的电影有一段时期，不是那么很卖钱。

陈：是因为坚持自己的创作，刚好投资方也是编剧出身，就很大的矛盾。这样的矛盾，作品出来，不可能很完整。我也拍得很不愉快。《情人知己》是我第二部戏，我第一部戏是陈嘉上他们几个编剧出身的一个公司来投资的。

贾：和内行合作看来也不是都好。

陈：我觉得好像不太适合做导演，自己做得不好，是不是回去当编剧算了？干脆自己死脑筋写你的剧本吧，后来我碰到陈可辛，他说我看了你前面的戏，还挺有自己的想法的。他那时候也是当监制的，他说要不要合作一下？我是从那个时候改变的。他找了一个剧本，阮世生编的，《晚 9 朝 5》。他给我一看，我就挺喜欢，就开始拍人家的剧本。那次也合作得很愉快。陈可辛给我的空间也很大，那部戏当年我们还叫三级片，还有情欲片段。当年还跟王家卫一起拿了十大华语电影奖，在香港变成一个非常多人谈论的电影。因为有一个校长说我道德败坏，还有一个神父站出来在报纸上写文章，所以变成很大的轰动。其实原来是新闻局审批电影的一部分人，某些牵涉到性和道德上的问题，他们就请这些校长，神职界的，还有和尚，他们来看，看他们的反应怎么样。

我的每一部电影都是第一部电影

贾：还有一部叫《点指兵兵之青年干探》（1994），那个当时是我们看到资料，它是当时在香港排名票房是第 78 位。

陈：票房不好。其实我们是学不完的，做电影人，我每次也是抱着这个心情，每一部电影都是我第一部电影，每一部电影也是我的最后一部电影。每一部电影是我第一部电影的时候，我要抛掉我以前得过的荣誉，得过的赞美和票房，所以我希望找一些我没有拍过的题材去拍，我保持一个新人的情绪、情感进去。最后说这部电影拍不好，就没有下一部，叫置之死地而后生，这是我的电影理念。可是有时候，我自己很喜欢用新人，我拍《晚 9 朝 5》是一部话题电影，带有一点情欲在里面。成本 200 多万元，票房过千万。外面卖得很好，是香港一个现象。我再想用这些新人拍警匪片，可是警匪片是有局限的，就不能再用新人，因为你不是一个话题的电影。需要演员来演，不一定要明星还是要演员，新人就很吃力，这也上了一课，对我来讲。

贾：不是所有的电影是可以用新人的。

陈：对。

贾：后来拍的《紫雨风暴》。

陈：《紫雨风暴》是我们香港的一种精神。我觉得挺好的，陈木胜拍完《我是谁》很不愉快。那时候我开了一个酒吧，就是跟几个好朋友，不是做这一行的。他来喝喝酒，聊天以后，他眼有点红红的。说他做了很多的资料，没有一个人记得《我是谁》！这是一个很痛苦的事情。那个戏是跟成龙合作，结果要拍的时候，成龙说，那么多悲伤的调子，不行，要我拍喜剧，是贺岁档。他的元素全部没有用上。我说陈木胜你给我讲讲。他给我讲了几个情节想法，我说你还会再拍吗？他说不拍，我说我要拍，你给我。他说好，你拿去，反正我也不要再认识《我是谁》了。结果我就拍了《紫雨风暴》，拿他一些想法的素材，变成自己的一个电影。

贾：《紫雨风暴》有没有印象特别深的，哪几场戏，拍摄的时候特别艰难、困难的？

陈：我们去好莱坞找来了美国的特技师，做一个大手，整栋大楼毁掉，我们直接去好莱坞拍这个镜头，就是爆炸那幕戏，不到 25 秒，20 秒，120 万人民币一个镜头。

贾：就在美国拍的？

陈：对，它一天的现场就要四十几万。因为我们时间晚了一点，它那个爆破是世界末日的一部美国片《末日救地球》，我不知道这里翻译的是什么。他们精准算的，那个精准多了一个厚度，时间不能等太久。这个爆炸的威力，镜头的格数，一千格、八百格，侧面、正面算得很

《紫雨风暴》（1999），影片最大的看点在于成家班完成的动作场面和导演陈德森执导下完成的爆破场面，影片也因此获得包括最佳动作设计在内的 5 项金像奖

精准，他们很有经验。那天我们自己的人忘了，那天不能拍，还要再补，三十几万进去，这是很大的一笔钱。所以那次对我们来讲是一个很大的经验。

贾：全是实景拍摄？《紫雨风暴》那个情节是发生在美国？

陈：发生在香港。

贾：但是那个特技是在美国做的？

陈：把电视大楼给炸了！电视大楼在新闻播放上面说他是恐怖分子，他一生气，第二天早上就把那个大楼给炸了。

贾：那是在美国拍的？

陈：场景搭在美国，在美国拍的。

《十月围城》不只是一部电影，也是我生命中的一件大事

贾：您现在拍了这么多电影，我们特别想知道，虽然您每部都是当作第一部，也当作最后一部来拍，《十月围城》在您这么多片子里，您觉得最喜欢的，或者最重要的是哪一部呢？

陈：最重要的我觉得是《十月围城》和当年陈可辛跟我拍的《晚９朝５》。因为当初我们拍这部电影的时候，陈可辛他们公司做得很好，有曾志伟、张之亮导演，还有李志毅导演，他们是一个TEAM（团队）。突然间曾志伟说两个人去拍个情欲片，几百万元的，低成本的。你们要把公司毁了是不是？结果没有想到这个片子获得最佳十大华语电影，还获得那么多人的喜欢。到现在大家都讲，年轻的电影人要看一下《晚９朝５》。到今天的《十月围城》，也是跟陈可辛合作。所以对我来讲已经不只是一部电影，而是我生命中的一件大事，因为一个人有多少个十年，多少个十年的坚持？我觉得含辛茹苦，为了这个戏用了十年，对我来讲是完成对自己的一个交代。所有支持这个电影，我的朋友也好，我的工作人员也好，也是一个交代，大家都是完成了一件事。

贾：您也拍过动作电影，这里有很多的暴力场面。比如《十月围城》胡军演的叫阎孝国，把拉车的人，一根竹竿从背后穿过去。现在不管是革命的故事还是历史的故事，这种暴力的场面在电影里是不可避免地要出现。你们在设计这个暴力场面时，有没有一个底线？比如有些动作是绝对不能拍的，《十月围城》里你们对血腥的场面是怎么考虑的？

陈：革命是要用命来革的。所以革命两个字，也要抛头颅、洒热血，这是有意识的，不是随便写出来两句话。我觉得到位就好了。有些以前的电影过于压抑，让你看得很不舒服，肠子都掉出来，脑袋也破了。我觉得这有点过分了。血是要流的，我们这样拍的话，你看到他多痛苦，他的牺牲是为了完成这个革命的使命，是保护孙中山，这个境界如果没在，力量就达不到。你说所谓的暴力，它其实也是一个动力。我觉得是避免不了的。可是我不是残忍，我不想做得

过于血腥，就像有些戏上，我觉得能避免就避免吧。

贾：邵氏当年片子是越血腥越卖钱，这也是一个问题。内地有部电影叫《血战台儿庄》(1985)，后来在香港是被放在限制级，它也是一个革命故事，但是因为战争场面太血腥，也受到限制。所以，暴力这个东西是挺敏感的。但是在一个革命故事里是不可避免的，英雄人物要抛头颅、洒热血，你们有没有和动作导演董玮聊过呢？

陈：我们有聊过，我们有想过。当初开始的时候也是说，血不要那么多啊，可以流少一点，到我们真的拍的时候觉得不行，不能避免。让电影局来做这个判断吧，可是当他们看了电影，他们觉得这是一个牺牲，这是一个革命精神。从那个角度看的时候，就能够过。我不是卖弄，你要看到他真的，还要坚持，他重伤是因为坚持，坚持到最后一刻。所以这个是情绪的问题，不是我们说卖弄血腥的问题。这个他们觉得我们分得很清楚，就让我们过。我们走情绪。

贾：这个电影在内地、香港放映，台湾后来去过吗？

陈：有。

贾：三个地方对这部电影的判断有什么不同？

陈：我刚刚也讲了，孙中山先生在台湾也是他们的国父，所以他们比较有感觉。我在香港看电影，也在台湾看电影，在内地看电影，我觉得我很开心。我看到很多上年纪的，就是老婆婆、老公公，老伯伯是六七十岁，八十几岁。我那天看到89岁的一个（老人家）在那看电影。可是香港没有。香港的戏还是一般。全部是小孩子市场支持的，白领、蓝领都看得很辛苦，后面的、后续不够，可是台湾你看到很多年纪大的观众来看电影，夫妻俩，还有老夫妻，所以我觉得这个挺感动，这个场面只能在台湾和大陆看到，香港是看不到的。

贾：这部电影也是一个全明星的阵容，全部重要角色几乎是一线明星演的，为什么采取这样一种方式呢？

陈：当年第一个是商业考量，你做那么大的一个制作的话，当然需要一些明星跟好的演员参与。这也不是我们一厢情愿的，这也是他们看到剧本，他们被感动了。而且许多人也知道，我这个戏做了十年。他们都听过这个戏，基本上香港的投资者、演员、工作人员都听过我这个戏。大家有一个精神，想希望我这个戏拍得成，也有一点点我们香港电影的精神在里面。这个坚持十年，所以很多人像张学友、李嘉欣，你给我的钱你捐出去，多少你自己决定，都不要钱。

贾：他们是觉得这部片子有意义？

陈：他们觉得坚持十年，他们是挺支持这个精神的。有很多人都是因为你找其他主要演员来，男的要剃头，他就不能接别的戏了，他们也愿意，他们也看到这是一个很好的剧本，他们觉得参与，看到这个诚意以后，他们说要把自己的做好，不然比下去了，他不跟别人比，跟自己比。

贾：这部戏后来除了资金上的困难，比如演员沟通上，因为演员有的反差很大，比如胡军饰演的是一个很凶残的角色，和制片方有没有一些比较难沟通的地方，或者怎么样把沟通化解？

陈：他们一接到这个剧本的时候就很清楚，他们来演这个戏是要完成一个任务，不是什么小人物传记，不是要拍他们，所以他们都很重要，可是他知道最重要还是那个任务。怎么样保护在黄包车里面的孙先生。假如说我们每一个演员给他设计，都是为了革命，都是为了热血爱国，他们就可能（觉得）他的戏比我重，你的戏比我多，我觉得他的爱国情操比我写得好，可是每一个人都不一样，有不同情绪，他看到自己的情绪以后，他觉得有点难度。再去看别人的戏的时候，别人的戏都挺好看的，他觉得这是集大成的电影，不是谁谁做得好，最大的难度还不在剧本。因为剧本也是挺完整的，他们都很喜欢这个剧本。我们也要改变他们的造型，当我要把胡军的眉毛剃掉时，我跟他讲，我们试装的时候，胡军把眉毛拿掉。胡军说不行，导演这跟疯子一样，我绝对不可以。

贾：演员都很珍惜自己的形象。

陈：后来我跟他解释，我说为什么要把你鼻梁骨歪掉，都是疤，就是你一辈子都是为朝廷服务，大大小小的仗打了不少。你眉毛剃掉，是有些人因为精神压力，身体体毛会掉，到了某一个状态，你是有点疯狂，像个宗教狂热分子。他回去想了想，打电话给我来说可以试这个造型。在试的时候，他进去了。还有谢霆锋，本来找他我也有点纳闷，他一贯造型是帅哥，能打，英雄，

《十月围城》（2009），风流倜傥的黎明自毁形象，出演落魄乞丐刘郁白

战无不胜，郎才女貌都是他在拍的角色。你让他演一个没有水准，没有读过书，没有文化的，不会功夫的……他说导演你说我没有功夫，我有点……再后来我说你先试试造型，做妆看一看。他做完这个妆以后，不要卸，睡一天，他第二天醒来的时候说，我懂了，我怎么抓这个人物。你看他现在，其实他以前没有演过这类角色。他一到镜头前面，他的眼神就亮了，他进入状态了。这个特效化装对这些演员来讲，是比较辛苦的。他们都觉得，进入这个状态以后，会完全进去。

贾：特效化装师是从美国请的？

陈：好莱坞请过来的。像黎明，他永远风流倜傥，不是演大人物，就是演豪气万千，很精明的警探，让他演要死不活的乞丐，他说我行吗？尤其刚演完《梅兰芳》。他就是因为刚刚演完《梅兰芳》，我就是要一个反差很大的，刚好这个角色他适合。甄子丹也是，他本来推了这个角色，他说我刚刚演完一代宗师，很正气的一个人，很正派的，对观众来讲是一个正面人物，你突然让我演那么卑贱的一个，又赌，又抛妻弃子，又为反派服务。他说，我觉得我做不了。我第二次跟他解释："你因为做完《叶问》，你更要做，你要把你的演技提升，打，大家都知道你会打，你要从演的角度去想，就是因为你没演过，让观众看到你演出的那一面。"后来他就越过了这个黄线，他自己踏出去了，就给了很多点子。他说我要更烂、更腐败。他把很多不好的东西想进来了。

动作电影的四要素是 when、where、what、how

贾：《十月围城》您现在估计一下，因为在华语电影市场很好，有没有考虑到在海外，比如欧美的电影市场？

陈：这个就很难预估。让他们看片吧。因为我们基本上只卖东南亚，韩国、日本也在看片。因为香港拍的这种动作片，当年也是这么小一块地方打出名堂来，打到世界上去。可是后面我们觉得我们一直在自己把自己搞坏，我觉得我们没有好好地认真去做市场。我们很多前辈到了好莱坞，人家都学会我们的东西了，我们学会了什么回来？我觉得没有。我讲这个话，很多朋友都说你要当心，不能讲。我觉得是真的，我是为了我们的电影，这口气，我们要争这口气，不能老是在吃老本。现在所谓的动作片，你看好莱坞，人家把我们中国功夫都用进去了，而且他们还加强了特效，还加强了其他方面的配合。我们有做什么？我觉得我们没有带什么人家好的东西回来。我不觉得我们有进步，除了一些特效以外，在功夫的层面没有提升过，提升得不多。

贾：《十月围城》在设计动作的时候，您觉得有哪几场动作是特别满意的？

陈：其实我每一次设计，超过一个人物的时候，我就要走。尤其是我自己也学过中国功夫，我学过柔道，学过形意、八卦、太极，我都学过，现在学咏春，我自己很喜欢中国功夫。不是说因为我拍戏，我需要这个东西，首先我需要这个人物设计，另外我有几个大题目要提出给武术指导的，人物设计怎么样？你看我这里的戏，好像都是打斗，其实后面是不同的。甄子丹饰演一个警察，他受英国军人的训练，他是实战的，他是来硬的。少林高僧，孔武有力，他是来力气的，他打斗是打力气的。他拿一个西瓜就可以把你砸晕。所以他捅那么多刀都不死，金刚不坏之身那种感觉。黎明是武学世家，其实每一个人背后都可以拍一个电影。

贾：他们现在好像准备拍电视剧了。

陈：黎明，我设计的是小时候身体不好，爸爸给他学了很多的功夫，什么门派都学过，他的功夫比较飘。扇子，他以前是一个公子，一把铁扇，有点轻功的。李宇春（饰演方红），戏子，舞台的，翻腾、刀马旦和这个配合。谢霆锋（饰演车夫邓四弟），不会武功，可是从小街头打架打到大，拿起什么都可以打，砖头都可以跟你来，街头烂仔打架的那种。其实都是不一样的。这是人物的设计。那你跟指导讲，我要他是这样的，我要他是这种功夫的，他立即就懂了，他就有设计了。

贾：完全靠武术指导自己设计吗？

陈：一招一式，完全靠他。可是你给他这个背景的时候，就是我常讲的要有明确的要求。就是 when、where、what、how 这几个要素。when，什么时候打？下大雨打，大雾打，还是在漆黑的树林里面没有月光，伸手看不到五指的打都不一样的设计。你先给个 when，什么时候打，先跟指导讲 where，在哪里打，你跟指导讲，我在这个大楼的酒吧里打，打出来肯定是敲瓶子，砸凳子，翻桌子。what，用什么武器打？现场用什么武器给你？那排木头，还是做钢筋水泥的，还是你身上有什么武器？还是在楼梯打的时候，你有武器，我掉到一个烂车上面，摔下来了，突然下雨了，那个烂车有电，铁棍过去就会触电，你就给他设计很多东西，我不知道怎么打过去，请你告诉我 what，用什么。how，怎么打，你怎么脱身，怎么样打赢对方。这个每一个，都跟前面、中间的三个，有牵连的。就是我一直是用这个方式，去跟我的武术指导（沟通），虽然我用来用去都是董玮。

贾：每次都是？

陈：每次都是，我三部动作片都是董玮。我每次都给他骂，你给我五天，你还要 36 楼。他一边骂，一边在笑，他很开心，他想很多东西。他转身对这边助手说，来……你要跟他有互动，这是我喜欢拍动作片的原因。你光是给他说，五个人物，反正五条街，五条街都是一样的，你去想吧。那可能出来就是不好看了。

贾：您拍这部片子的时候，拍有些镜头时有没有伤到人？

陈：梁家辉伤到了，甄子丹的腰椎受伤了，霆锋的头受伤了，他真的是一头一头下去的。他自己非得要自己真的下去。其实那个镜头拍不到他的脸，后来再补了一个特写。

贾：那很危险。

陈：梁家辉是被黄包车拉着拉着，这个脚就跪在那儿了，反过来一拉，威亚反了，膝盖就撞到石板上，韧带撕裂。

贾：你们最后那个黄包车从台阶上滑下来，是不是参考了爱森斯坦的《战舰波将金号》奥德萨阶梯的段落。

陈：我知道有这部电影，这是经典的场面。我们要用一个方式，用浪漫的感觉去延长李重光从怕到不怕，到笑，他感觉到孙先生走了，他的任务完成了。这个过程要拉长，拉长的话很难延续，我们借用了这个浪漫的一个气氛套进去。而且这个石板街我们是要设计动作的，所以怎么样才好看。就想到这个黄包车，先有这个想法。

贾：延宕时间。

陈：对。

贾：那个楼梯也是你们重新搭的？

陈：对。很难搭，其实我的制作团队，预算2800万，只能做其中一个，要不然就做皇后码头，要不然石板街，这是最贵的两个主景。结果后来我选了皇后码头，五年前我没有搭这个楼梯。五年后，陈可辛比我更坚持，说陈要做我们全搭，不要只搭一个，石板街也要搭。因为那个石板街非常困难。

贾：怎么讲？

陈：你到石板街上去看，下面它是平地。就像大厦的停车场一样，要大的桩啊、柱子打进去，其实你看，它是有九层楼那么高。上海政府的建议，你要搭这个，要合格的，有资格的，正式的设计师、建筑师，不然的话很危险。那个搭了快一千万了，你看起来好像很小事，其实那个工程是非常浩大的。

贾：完全是实景建筑？

陈：对，也替大家留了一个景，大家将来可以用。

贾：它现在变成了一个景点了。

陈：澳门跟有些马来西亚的部分，新加坡，英国殖民地嘛，澳门是葡萄牙殖民地，其实改一改都可以用，不只是香港。

贾：将来可能是一个旅游景点。大家可能因为这个电影都去看看。

希望拍一些有意义的电影

贾：《神偷谍影》这部片子您觉得最有意思的是什么？

陈：其实美国片叫《不可能的任务》（1996），它是集中在汤姆·克鲁斯一个人的身上。我也把他化成五个人，我觉得年轻人一个偶像不够，我们香港也没有所谓的偶像，都是上年纪的。我想拍年轻一点，都是40来岁的，我希望拍一些20来岁的年轻人，他也可以达成不可能的任务。所以我选的金城武、陈小春、杨采妮，还有一个滑浪风帆冠军王合喜，还有一个李绮虹，五个人，就变成一个团队，完成一个任务。那个时候我就讲，本来拍了很多人物背后的故事，结果都删减掉了，你看到的就是一群俊男美女，动作非常赏心悦目，开场在德国，结局在匈牙利，好莱坞有的元素都在这里面，可能观众看了很开心。

贾：它的利润是2800万？

陈：不，票房。那个时候华语电影过一两千万的已经很厉害了。

贾：您拍了这么多年电影，对您来讲，电影在您整个的人生的经历中，被放在什么样的位置？

陈：原来电影是我的一切，除了电影就是电影。每天晚上出来也好，聊天也好，吃饭、喝红酒也好，都是讲电影，就好像生命中没有其他的。2005年我朋友的死，曾献基的自杀，对我触动很大。他有十几亿的身价，也会出了这个娄子。我妈妈也是因为担心我而中风，成了植物人。我姐姐在澳洲，我请她帮忙，同一时间我姐姐也得了癌症。我是四面楚歌，我的电影拍不成了。我要把工作人员请回来，怎么面对法律上的问题，因为150个工人在工作，我也不晓得怎么把这个戏完成，很多很多事情，我也有宗教信仰，我后来发现原来生命中不能只有电影。我开始参与一些慈善公益，替宗教做一些事情。我去监狱里帮男犯人，教他们拍戏，成立电影班。

贾：您这是在行善。

陈：就是前一辈子不会做的事，希望有一些时间留给自己家里。一拍戏就是拍戏最大了。母亲请你让开，没有时间和你聊天，那个时候，子欲养而亲不在，现在觉得有点晚了，所以花点时间帮帮需要的人，关心姐姐的小孩，多些家庭的聚会，不是生命中只有电影，尽管电影还是很重要。也是因为有了宗教信仰，我是希望能够挑一些有意义的电影拍，不要再拍纯娱乐纯商业的电影，纯商业娱乐最后也带一点点反思，不是说教，是有一点反思，我希望给观众从这个层面，往这个方向走。

贾：您信的是？

陈：佛教。

贾：还有什么要补充的东西吗？

陈：政府支持电影才能做得更好，不能拍纯商业娱乐电影。

贾：现在内地对电影很支持。

陈：美国就是政府很支持，非常支持。其实美国一直在扮演世界警察，宣扬美国的精神、美国主义，电影是非常重要的一块。

贾：您说的电影……

陈：其实我讲一个身份，就是你刚问我电影重不重要，问你是一个什么类型的电影工作人。经常有两种，一种是电影艺术工作者，一种是电影娱乐工作者，我就是后者，真的不懂艺术。有人说你的电影有艺术素质，谢谢！那块我真的不懂。可惜我真的希望，我是为群众服务的。因为我从小在一个破碎的家庭长大的，不愉快。可是我在电影里面是最愉快的，我白天拿了成绩单，是最后三名，我不敢面对我父母。可是我先到电影院去享受半个小时，我什么都不怕，晚上再说。我拍戏不愉快，或者我工作不愉快，我跟女朋友吵架，突然间也不想回去，不晓得去哪里，街上跑也不对，满街一堆人。我就跑到戏院，让自己投入在那个状态里面，完全忘忧，所以我希望能够做电影娱乐工作者。我希望你们进了电影院，我要你笑，我就非得让你笑到眼泪都出来；我让你哭，就让你带一包纸巾；惊悚片，就非得想尽办法计算让你害怕。可是有个底线，不能过那个底线，就是希望能够做到这样的一个电影人。

贾：您现在如果遇到这些不愉快的事，还会跑到电影院吗？

陈：会，年纪越大越会。因为不想跟别人讲，讲很多道理。活了那么久了，道理我也懂，我不想找人谈，就看电影。可能电影的道理启发了我。有些电影是有寓意的，你看了以后它有发人深省的启发。所以，我觉得电影还是挺好的。所以我觉得，一生还是会做下去这个电影。

贾：好。祝您的电影越做越好！

陈：谢谢你！

（2009 年 12 月 30 日于北京陈德森电影工作室）

2009 年 12 月 30 日，本书作者贾磊磊与陈德森在北京陈德森电影工作室

最好的永远是下一部

于荣光

于荣光出身于京剧世家。祖籍北京，从小学习京剧武生。11 岁考入北京市风雷京剧团。1982 年开始登上银幕出演《木棉袈裟》（1984）的反派角色齐天远。从此一发而不可止。90 年代，他进入香港电影圈发展。先后拍摄了《海市蜃楼》（1987）、《古今大战秦俑情》（1989）、《东瀛游侠》（1991）、《少年黄飞鸿之铁马骝》（1993）、《东方不败之风云再起》（1993）、《超级计划》（1993）、《上海正午》（2000）等重要影片。他以娴熟的武术技艺和出色的艺术表演，得到业界和观众的认可。先后与当今香港动作明星成龙、洪金宝、元彪、赵文卓同台献艺，在多部影片中奠定了自己在中国武侠 / 动作电影中表演的独特地位。在武侠 / 动作影坛发展的 20 多年里，他拍摄了近 40 部影片，以勇武的艺术形象和硬朗的武打动作为观众认可，是中国京剧艺人在武侠电影界的代表人物。

从这个角度来看，电影是遗憾的艺术。遗憾实际意味着，我永远要留给下一部，我的希望永远在下一部。如果有人问我，你最好的片子是哪部？我回答是在下一部。因为下一部片子我会把它全心全意地弄好。当你真正拍到这部戏的时候，可能还会出现这样那样的问题，还是不能达到你的愿望，那我永远留给下一个，给自己一个动力。

——于荣光

我有很多的梦想

贾磊磊（以下简称“贾”）：您是一直生活在北方吗？

于荣光（以下简称“于”）：我是北京人，祖籍是山东，但我是在北京长大的。我的父母尤其是我父亲还有我爷爷是山东人，他们自小来到北京，在这生了我，我在这里长大，我父亲是一个很出色的京剧演员，五六十年代他是裘盛戎的大弟子。我们家五个兄弟，一个大姐，一共是六个孩子。父亲对我们很严格，是很传统的家庭教育，而且我父亲在外地工作，在新疆那个地方。我们从小跟着妈妈在外面跑，妈妈是一个很勤劳的家庭主妇，她对我们整个一家子的贡献是最大的。在最困难的时候，父亲在“文革”期间被抓起来，没有工资，整个家庭的担子都落在了母亲的身上。我们小时候就上了中学，要插队，在所有人都面临这个问题的时候，我父亲就帮我们去跑，绞尽了脑汁，生活的压力对他真的很大，帮我们去跑剧团，找人，最后我在 11 岁时跟我的哥哥到风雷京剧团当学员。我的弟弟 9 岁去了广州军区战士文工团去当学员，一当就当了 9 年，最后弄了一身病回来，怎么说，一个人生活，没人照顾，我是从那时候走出这一行当的。所以家庭就是这么一个家庭，我希望，在现在来讲，我有太太，两个孩子，很可爱，我太太是北京人，他们住在这边。就是这样。

贾：您在香港的时间有多少呢？

于：大部分时间在香港，也就是来回走，一定的时间在这里。比如说这个戏在这边拍，也就跟我太太在北京，我的孩子也在；有时候在深圳拍，我太太也就过去，陪陪我。在香港的时候，她有时也会过去，两边的时间会一半一半吧。

贾：您开始是演电影，现在又演电视剧，您觉得游走在这两者之间，有什么感觉？

于：我觉得电视连续剧拍起来不像电影。电影很短，只有 90 分钟，没有特别多东西；而电视剧就要长得多，它有很多错综复杂的故事情节。像这部戏它有一个很大的商业背景，就是拳击，当时我们考虑到拍得很好看，有两个年轻人，所谓年轻人，一个是由香港的演员樊少皇扮演的，另一个由内地的邵兵扮演。我是演一个比他们年纪大一倍的拳师。我演的这个人物叫罗军，是一个“过了时段”的拳师，他终身的梦想是要当一个拳王，登上拳王冠军的宝座。

贾：提到您演的角色，这个人有个理想，要做个出色的拳师，您小的时候是否有同样的梦想？

于：我小时候有，小时候梦想很多，大家可能都知道，我拍了很多动作片，从小是一直做京剧演员练功、打拳、练武，后来我又喜欢武术，最终走上了电影这条路。当时，刚刚开始一路拍电影，一路还在演京剧，年轻人的梦想很多，但不是我很“花心”，一会儿想这个，一会儿想那个。总的来讲，我想有一种成就感，比如说我去演电影，有一天我要做影帝，赚多少钱，很辉煌，一出来之后见到人，人家会很尊重我。我在社会上、江湖上很有地位。

贾：现在还是这样吗？

于：随着年龄的增长，到了一定的程度，我觉得不很现实，我觉得现实来讲应该脚踏实地去做一些事情。比如说，我喜欢演艺，喜欢电影，我为什么不去把它弄得好一点，去拍些好的戏？

赚钱当然很重要的，对于现代这个社会来讲，钱对于每个人来讲都很重要，但相对来讲，从艺术上，或从成就感来讲，有些东西钱是买不到的。所以，有些时候是很矛盾的，其实我自己小时候有很多愿望，现在看来，有很多已经完成了。

男人之间的是义，男女之间的是情

贾：您现在拍的这部戏是一个什么情况？

于：这部戏是6月份刚刚拍的，暂定的片名叫《拳行天下》，还要改，名字不太理想，听起来好像是很有动作的戏。特别是人家一听找于荣光来拍，那就该是动作戏，其实这不仅仅是动作戏。它实际上有几条线索、写了一批人物，还有感情的纠葛贯穿始终。

贾：那电视剧您演的那个罗军，他的梦想完成了吗？

于：没有。而且他永远没有完成。

贾：为什么？

于：总有各种原因：人事、经济各方面的原因。倒不是因为他的武术不好，他的技术很好。在这个情况下，他退出武场去经商、去做生意。做生意赚了钱后，他又反过来赞助拳赛，同时他还是想圆他拿冠军的旧梦。通过筛选找了很多人之后，最后确定了樊少皇和邵兵演这两个人。他觉得这两个人很像他。在某种意义上说，邵兵很像他一半；樊少皇像他的另一半。樊少皇是一个很积极的，什么都不想，四肢发达地去练功，邵兵就用一些小权术，狡诈，得到了某种的成功。他在这两个人看到了他自己年轻的那些东西，但他反过来要控制这两个人去打拳。

贾：除了这两个武术运动员，戏里是否有其他的人物？

于：还有一条线索——有两个女人：一个是罗军大哥的遗孀，他死了以后，我跟他一起做不正当的生意，他犯了法，死了，死了以后剩了一个女人在我身边。实际上我是保护她，我不敢动她，但是我又很喜欢她，内心的纠葛、矛盾错综复杂。对于这个女人来讲，我是一种情感上欠了很多债，因为我要去维护我的大哥，就是我想哥们义气，实际这个人在骨子里还是很传统的，不是那很新的人物，不是那种女人喜欢就什么都来——不是。虽然他外表花天酒地，但是他永远摆脱不了某种东西。

贾：您演的许多电影中的人物都是很重情谊、讲信义，《拳行天下》中的这个人物是否依然还是这样？

于：这部戏整个故事20集主要说的就是情感和义气。男人之间的是义，男女之间的是情。相信会很好看。

贾：您认为自己是否算是个成功的男人呢？

于：我有的时候也问自己，应当说这些年自己也有了一定的成就。但是，你要说按野心来讲比我想象的还差很远！

贾：您的野心是什么？

于：说起来很吓人。梦想虽然不一定能实现，但我觉得人应当有一种梦想，有一种追求，有一种理想的东西。我曾经想做得很红！去拿奥斯卡奖！弄很多钱！哇！有时这种梦想其实是一种很闲很无聊的时候想的那些东西，实际上很多东西达不到，但我觉得人应该去想一想，以此来鼓励自己，有一种奋斗的动力。如果没有的话，人一天到晚好像在踏踏实实地干，没有理想，没有野心的话，我觉得那人很闷。

贾：现在经常听到的是让人们脚踏实地干活儿，怎么叫很闷呢？

于：闷就是很干枯。这人就没有一种动力，缺乏一种向上的东西，我是这么想。

贾：人要实现某种东西，就要付出很多代价，那么您成功了，这些年您付出的代价都是什么？

于：我觉得很相同的。在某种意义上来讲，所谓成功人，标准不同。有的时候人会觉得，因为人定的标准不一样，有的人标准很高，有的人定得很低，或者一点点小的成功他会很满意。我觉得最好的时候就是当你有一定成果，有一定的成果的时候，应该满足，但不要满足得太久，要很快知道自己不行，再往上去走，不断地进步，会好一点。很简单的道理，当你没有 100 万的时候，你觉得，哇，我有了 100 万，我会买这个，买那个，这怎么花，怎么用。当你很富有，有了 100 万的时候，你会觉得你很傻，100 万算什么东西，人家有很多钱，上千万上千万的，但是没有止境的。我觉得拿这个做比喻很俗气，艺术上或者事业上没有跟钱比，没有很明确，但是比较来讲，如果你拿这个比较来讲，我觉得人就是这样，当你得到成绩的时候，你应该去满足一下，小小的庆祝一下，哇，我得了什么奖，或者什么，不要太长。当你醒过来之后，还要去奋斗，去努力，当然要看你自己的标准。

贾：拍戏来讲，最令您满意的是哪一部片子？

于：有很多人问过我这个事情，我也自己好好地想过，我拍了很多片子，我都比较喜欢。做我们这行，做演员这行，有一个很大的问题，就是这行是遗憾的艺术，我觉得有些时候都很遗憾，包括我认为最理想的片子我都觉得很遗憾。

贾：为什么呢？

于：因为电影不像舞台剧，在舞台剧上，好与不好观众可以直接看到，你戏好时，观众会鼓掌、叫好，你演得不好，观众喝倒彩。电影则不同，当你拍我的时候你没有什么反应，拍完之后，印出胶片的时候，你会发现很多问题，哎呀，这部戏我如果那样处理的话会更好一点。

最好的永远在下一部

贾：俗话说“艺无止境”，可能就是这样吧。

于：从这个角度来看，这行是遗憾的艺术，遗憾实际意味着，我永远要留给下一部，我的感觉是，我的希望永远在下一部。如果有人问我，你最好的片子在哪？我说是在下一部。因为下一部的片子可能会有一个好东西，你觉得这个东西我会把它全心全意地弄进去，当你真正拍到这个戏的时候，可能还会出现这样那样的问题，你还是不能达到你的愿望，那我永远留给下一个，给自己一个好的动力。

贾：《东方不败之风云再起》有什么遗憾的地方？

于：《东方不败之风云再起》我是在（19）93年拍的，当时港台和内地都流行动作片，疯狂的动作片，基本上没有什么故事，人飞来飞去的古装的动作片，只是一个很简单，你情我义，为了报仇，就去练功夫，乒乒乓乓，最后乱打完，大团圆。那个时候拍了一场戏，我觉得那场戏拍得挺花哨，很多的大牌明星在里面，林青霞、王祖贤，包括徐克徐导演，程小东去监制，李惠民去导演，包括帮我来拍戏，现在最红的陈木胜导演，他帮我来补戏，他算一个后聘的板凳导演，很多很多人在里面，美工，等等，全是香港最一流的，但我觉得拍起来是一个大堆头的东西，思想内容不是很强，但是很有商业性。电影有时就是这么一个东西。

贾：这里面有很多感情的故事，您是怎么处理这些感情戏的？

于：我一开始出来拍的就是动作片，而且有一副强壮的身体，开车，飞车，打枪等，我也喜欢运作，给人的感觉是：于荣光，他是一个打星。其实各位哥们你们错了，我不是很自信地说，起码在某种方面来讲我还有一定的魅力去把他演好，首先我自己有信心把他演好，有些很合适的故事。

《东方不败之风云再起》（1993），程小东、李惠民执导，林青霞、王祖贤、于荣光、王静莹等主演。于荣光饰演顾长风，智计无双、爱憎分明、敢作敢当

贾：您不愿意被人称为打星？

于：去年在港台流行的，尤其是在香港很流行，叫我大哥，因为我演的反派太多了。我很喜欢演戏。一些导演找我来拍的时候演一些反派的角色，也不是反得很厉害，很恶心，让人觉得很讨厌，不是。他是一种正邪之间的人物，不反派吧，他做了很多坏事，但在他身上你可以看到一些中国传统的讲情义，很善良，虽然他用不正当的手法去赚钱，演了很多这样的角色。那么这些角色给人一种，就是给人一种黑社会老大的感觉，所以我觉得演这些角色，联想起来，给人一种发泄，生活当中的东西，你得不到的东西，给人一种幻想的满足。

贾：您对您演的感情戏满意吗？

于：因为你看我的动作戏比较多，所以你觉得我演感情戏行吗？我觉得还可以。很多动作片，我跟杨紫琼、成龙演的《超级计划》，那是一部情感很好的戏，里面就是有点情节。还有周华健，他第一次拍电影就是跟我拍的，有一首歌叫《让我欢喜让我忧》，是那部戏的主题曲，我觉得拍得很好，我觉得虽然我演文戏的东西不是很多，不是说没有动作，感觉好像没有动作多。其实，一部电影，动作最多占三分之一，看得已经非常多了，这部戏部分还是文戏。

贾：您的第一部电影是什么？

于：第一部戏是《木棉袈裟》，1982 年拍的，第一部电影。古装的，是轻装的武打。我演一个和尚，里面全是和尚，也是演一个反派，叫祁天远。

任何事情都不能拿生命去赌

贾：拍戏有时有很多困难，您拍电影的时候会碰到很多危险，您会不会做一些特技呢？

于：我相信人们在看完动作片之后，都会问演员，是不是你去做的，或者是用替身，但是我今天强调的一点是，电影的特技不单是帮你替这个东西这么简单，还有画面的特技。大家都知道，电脑上的特技很多，但从演员的角度来讲，有时候你想去做一些危险的动作，都不让你做。因为你拍了戏，如果有什么伤害，有什么问题，你对这个片子造成的影响会很大的，有时候会去找替身，但如果真的看到你这个动作没有危险，你能做得到的，还是会让你做。

贾：您拍电影有出生入死的经历吗？

于：过去有一个，也是和杨紫琼拍的，叫《超级计划》。我第一次在广州拍，我刚到那的第二天早上，拍这部戏的导演，叫唐季礼。他对我说，小于已经弄好了，你去看看现场，我说奇怪，一般导演不会到化妆间去找一个演员去看现场，什么意思？我就去了，一去，果然是很严重，8 楼，从 8 楼跳下去，跳到 1 楼，因为有一个镜头，有一帮人打我和杨紫琼，我跳下去，不光跳下去，还要挂在树上，几个跟头后再掉地上。第一天，这个镜头其实不是很简单地去拍，有 4 台摄影机去拍，吊一条钢丝，如果让你跳下去，你自己能掌握，我能跳什么地方，我知道。可是完全靠一根钢丝吊着你去走，如果你运气不好，钢丝一断，哇，就对不起了，你就见不到我了。如果见到了也可能是一个瘸子或是怎么的。我觉得很恐怖，我拍了 3 遍，第 4 次再跳我说死也不跳了，不拍了，不是发脾气，我心里一点底都没有，第一次跳的时候我完全没有感觉，就啪啪地跳下去。刚开始跳的时候，因为现场的气氛你不会去想什么，跳就跳，否则自己没有面子。跳吧，当你跳完之后，第一次导演说："小于，不是很好，机器位置不好，再多拍一次吧。"我心想：好吧，再拍一次吧。觉得很可怕，再跳。当第三次再跳的时候，你会觉得你这个人没有感觉，木了已经，第三次说可不以再跳，我再用另外的机位拍，我说不跳了，心里的承受能力不行了。那条钢丝我怕真的会……如果让自己去跳，跳多少次都无所谓，因为我可以掌握，但挂着钢丝就不行了，它一拽我，万一断了，我就没了。

贾：您是一个很敬业的人，当您的工作要用生命为代价的时候，您觉得值是吗？

于：用生命为代价，有没有这么严重呢？

贾：就是说危险？

于：危险程度来讲，我觉得危险是相对而言，不一定用这种，"唉，你用生命去赢得这个赌注"，我觉得这代价太大了，拍电影不应该是这样的。因为拍电影，是说我有一身好功夫，在我能控制的情况下，能有些有难度的动作。

贾：如果有出意外的可能，实际上就意味着有生命危险。

于：当然可能会出意外，我不排除这个意外，但在没有意外的时候我会有控制地去做，但如果真的说这件事做不好了，我不愿意去做。我不能用生命去赌这个事件，生命只有一次，任何事情都不能拿生命去做赌！我记得香港有一个广告叫："生命没有第 TWO！"就是没有第二次。可电影没有那么严重！如果我能控制的话，这件事我能做，也敢做，这叫艺高人胆大。这个动作我如果能控制的话——比如说跳楼也好，打枪也好，我都能做。而且现在的电影技术保障程度很高，也能保证演员的安全，相信不会出太大的事。反过来说也是一样，如果真的有可能出意外的话，相信导演也不会让我去做，因为人都没有了的话，电影也就停止了，就不要拍了，是这样。

第一次拍电影简直是梦幻

以下为（2009 年 6 月 3 日采访）

贾：如果我们要追溯中国武侠电影的源头，不能不谈到武术和京剧。京剧不仅为武侠电影创造了动作表演的原型，而且在表现题材和艺术人才方面，也为中国武侠电影提供了取之不尽的创意源泉。您对此有什么看法？

于：我从 6 岁学京剧，其实也不是父亲或者是家里头让我学，因为我父亲是做这行的，很出名的老艺人……其实是为了躲避插队，才学功夫，学京剧。人家说，干脆你就入京剧团。那时候，父亲、母亲，尤其是我母亲很怕孩子到农村去，很麻烦嘛。我在做京剧这个事业上，我是一个年轻后辈，我觉得，当时是挺出名的演员了，已经做得很好，拿了很多奖，有很多特别著名的戏，那会儿没有人唱这种戏，因为功夫太深。5 层桌子上面跳，翻下来落地纹丝不动，很多很多这样的功夫。然后就有人去到剧场看我演京剧，说这个小孩不错，跟我们拍电影去吧。

贾：将您首次带入电影圈的正是同样出身戏曲的香港著名动作片导演徐小明。从京剧舞台到电影银幕，看似相同的动作表演，您是怎么经历了这样一个不断适应甚至是从尝试到坚守的过程？

于：第一部戏拍的是《木棉袈裟》，我记得很清楚，1982 年的冬天，很冷。然后就算是触电了吧，简短地说到那儿就拍吧，拍了几天我就烦了，因为电影和京剧这两个行当，完全不规律。早上 6 点钟起床，然后拍到下午 3 点还没吃中午饭呢，天天都是那种状态。直到有一天电影局让我去看看样片，然后我看完样片之后一惊，那一惊可能是对我最后从事这个行业的决心的一个点。当时就觉得，哇，太神奇了，居然可以打成这样，一个镜头接一个镜头，每个镜头都拼尽全力去演。我记得《木棉袈裟》拍得最多，拍一个摔，100 多条，就像这样的地，比这个还硬，那个石头地，福建的鼓山涌泉寺一个地方。啪，摔在地下，啪，100 多条不过，就是老是掌握不好那个节奏。当然，也许导演在有意磨炼我吧。总之，拍完了之后对我的冲击特别大，就感觉电影简直是梦幻。

贾：都说一分付出一分收获，经历了艰苦拍摄的《木棉袈裟》在当年红极一时，您演的反派也给观众留下了深刻的印象。

于：《海市蜃楼》里面有好多特殊的技巧，比如说骑摩托车、飞摩托车、骑马，因为本身这个角色是一个驯马师，上海的驯马师，他的业余爱好是拍照片，他在新疆接马的时候呢，拍

《木棉袈裟》（1984），于荣光本是京剧演员，被徐小明发掘出演了《木棉袈裟》中头号反派，此后又接拍了《海市蜃楼》，自此一炮而红，走上演艺之路

了一张海市蜃楼里边有张照片，实际上是道听途说。他拍的一个女孩，他就回去了。所以骑马，要骑马，要骑摩托车，要有很高超的杂技。当时徐小明导演说有两个铁杆子，在上面飞来飞去地打，就为那个事情练了好久，西洋刀、军刀，其实就是剑嘛，现在叫，叫什么花剑比赛，啪啪啪啪啪啪，脚步都是经过训练。那部戏严格地说，拍完《木棉袈裟》到拍那个戏三年的时间，准备了两年半。从那以后就开始学电影了。真的有心思把电影摆在心里，觉得哥们可能要做电影了。但是你什么时候转行也不知道，就是一路在练功，一路在读电影的书籍，买了很多电影的书，《电影语言的语法》，还有一些什么表演体系的书，我就开始学习。

《海市蜃楼》（1987），徐小明执导，于荣光、徐小明等人主演的动作片，是80年代合拍片大潮涌起后较为成功的一部作品，故事悬疑而奇妙，情节紧凑而火爆，浩瀚的西部风光加之庞大的爆破场面，几乎集合顶级娱乐片的所有成功元素。于荣光与徐小明联袂登场大秀拳脚。影片在香港上映反响不错，在内地流传更是广泛，被无数年轻人推崇

以正常人去演反派就对了

贾：20世纪90年代是香港武侠/动作电影的黄金时期，您到香港发展，拍摄了《铁马骝》《东方不败之风云再起》《超级计划》《给爸爸的信》（1995）等影片，与徐克、袁和平、唐季礼等动作片导演，以及李连杰、成龙、甄子丹等功夫明星均有合作。

于：其实我觉得真正到香港其实演了很多反派，观众记住的很多说，哎，你像我跟杨紫琼

《给爸爸的信》（1995），元奎执导，李连杰、梅艳芳、谢苗、于荣光主演，于荣光饰演大反派甫光，与李连杰主演的巩伟有精彩劲爆的打斗

演的《超级计划》这部片子很好看。我、杨紫琼、周华健、成龙好多人演这部戏，这个戏里其实我是一个反派，就是一个坏人吧，从人物的定位来讲是一个坏人，但我觉得他不是一个坏人。可能是从那种心理过程，有一个挣扎的过程，慢慢到最后，想急功近利报复，然后去抢银行。但实际上是我们的电影，还有我们的一些东西是不可能去写他，当然也不能专写他抢银行的过程，还有爱情、有生活，有人物，那就比较全面地去写一个人物，当你表演起来之后，你就以一个正常人去表演就对了。

贾：1993 年您与林青霞合作，拍摄了徐克监制的武侠片《东方不败之风云再起》，虽然继续饰演反派，但角色本身包含着的复杂心理。1995 年，您与李连杰合作了动作电影《给爸爸的信》，片中饰演的反派甫光，武功高强，言行怪异，有人说那是您演艺事业中的一个高峰。

于：好多人记住那些动作，其实他是有人物原型的，所谓人物原型就是有设计的，他为什么，干什么？他为什么那么神经质呢？因为这是一个……我把他设计成一个特别喜欢干净、有洁癖的人。当一个有洁癖的人穿着汗衫的时候，他坐在那里边的时候呢，他会觉得那汗衫脏。真的，人是这样的，他有的时候穿着一个汗衫吧，出汗了什么的，他很喜欢干净，那个汗衫领子在脖子那，他会动一动，就这么一个小动作。但是在电影上这个人物是一个神经质的人，你知道吧。他穿着那白汗衫变成那样了，但是观众觉得很过瘾，你知道吧。其实他很夸张的那动作。为什么老戴一墨镜呢？他的眼睛有一只是假，他是黑社会老大被人打的。

贾：那个人物外表西装革履、仪表堂堂，内心却残忍之极。这种外表与内心之间的反差，对表演是个不小的挑战。

于：他手上10个手指头现在只有两个是真的，其他都是假的。所以他永远戴着手套，你看他打的时候，当然打的时候里面设计了很多动作，很霸气。看着那人的时候，所有的人（都叫）大哥，你像小黑见到他，大哥，我错了。好多生活当中，你想教训孩子那种，特想充硬的时候，你在电影上都能看到这人，就用那种方法来塑造一个人。1992年，我在香港，还拍一部戏叫《少年黄飞鸿之铁马骝》，就是铁猴子，这部戏是袁和平导演，徐克监制，我和甄子丹，还有一个台湾女孩演的。这个戏拍得很好，拍了好长时间，大概有90组这么多，90组的概念就是三五个月的概念。在香港不可能拍那么长的戏，就拍得很精细，动作都是拳拳到肉，而且都是自己打。几乎是没有替身的，除非特别难、特别危险的动作有替身，几乎都是我和甄子丹打，包括踩木桩那些个打。说到《少年黄飞鸿之铁马骝》这部戏，我觉得他是一个夜里出来行侠仗义，白天可以双手写药方的一个医生，那个人物刻画其实蛮有意思的。白天特别斯文，穿着长衫大褂，很斯斯文文地坐在那里边去给人看病啊、诊脉啊、熬药啊，好多文戏，然后夜里头，哇，一蒙脸、一身黑衣服，哇，空中就来了，那个戏很经典。

贾：影片《少年黄飞鸿之铁马骝》被很多观众看作当年众多武侠片中的另类，该片武打动作以扎实硬朗的拳脚搏击代替当时千篇一律的天马行空，惩恶扬善的主题也在诙谐幽默的情节中自然流露。

于：后来拍这个铁猴子的时候，实际上是我电影事业上的一个特别大的转机，我没有意识到（说）我要做电影怎么样怎么样，那时候还在演京剧，最后一场。我记得是1992年的10月多少号忘了，演了一场《挑花车》。演完了之后就去香港拍《少年黄飞鸿之铁马骝》了。《少年黄飞鸿之铁马骝》我印象比较深的就是他真的很辛苦，辛苦在哪呢，就是从头打到尾，打的很多很多，拍了很多。袁和平导演，八爷嘛，很认真地带着他的袁家班做的一部戏。当时我跟甄子丹全是……有一场戏，我记得因为我演的人物叫杨天淳，双手写字，写个药方，左手留给自己，右手开给别人。有表现，斯斯文文的，写完了之后，写得很漂亮，夜里就是行侠仗义。

10来秒的戏拍了7天

贾：您在影片《少年黄飞鸿之铁马骝》中饰演铁猴子杨天淳，白天是百草堂名医，治病救人，晚上变身铁猴子，行侠仗义，一文一武的表演让观众看得回味无穷，对这部戏您还有什么特别的记忆吗？

于：有一场戏就是大概快关门的时候，就是黄昏的时候把门一关，然后他那个眼神。当时我就记得袁导跟我说这有个明显的变化，前面都是斯斯文文的，暗藏杀机，一点都不要露你的武术的东西，软软的一个人，很舒服地写完字送人走。一关门一回过头来，镜头一推过来之后，就给那个眼神之后，马上那种特凌厉的目光一看，从这开始，别人才知道有可能你是铁猴子那个人。这会儿一阵风刮来，他刚才写字的纸飞起来，然后就飞的满屋都是，风雨欲来，今天晚

《少年黄飞鸿之铁马骝》（1993），袁和平执导，甄子丹、于荣光、王静莹、曾思敏等主演。于荣光以其无懈可击的表演，成功饰演了具有双重身份的人物杨大夫和“铁猴子”，周旋于两个角色之间，时而是温文尔雅的医生，时而是杀气腾腾的武林高手

上要有雨那种感觉嘛。他跟旁边那个女孩一个眼神、一个交流，一动，那场戏，其实剪出来大概就是十几秒，拍了 7 天。

贾：徐克、袁和平是香港武侠电影的领军人物，对于拍摄中这样的动作场面可谓驾轻就熟，您当时较少参与幕后武术指导工作，有什么收获？

于：我印象极为深刻，在空中抓那个纸的过程，我觉得拍得特别漂亮，美极了，他把一个武侠的世界拍得那么柔美，那个女孩在空中转着，我在空中的动作就像一个猴子一样，在房梁上横着走。当然全是威亚，斜着吊威亚，竖着吊威亚，吊起来之后怎么在空中抓一张纸，那女孩一跳下来，脚一抬，一踹，那女孩又飞起来，全部慢镜头拍，有一些快慢（镜头）结合，到最后（的时候）满手的纸落地，那女孩也落地。一踢那凳子，我的纸往桌子上一扔，拿一个镇纸的东西往那一挑，完了。花了 20 秒，经典，非常经典，但拍的时间很长，巨长，也蛮辛苦，还断了一次威亚。这个时候人是没有反应的，摔到地绝对的死，不高还好，有五六米高。底下还砸到一个人，如果不砸人可能会危险。拍了这么多年戏，唯一的一次断威亚，印象极深，还没摔着我，还真挺万幸的一个事。

贾：一般来说，武侠电影的决战，时常会设置在一些环境特殊的地方，以便于演员施展武打动作。影片《少年黄飞鸿之铁马骝》的决战在燃烧的木桩上展开，当时是怎么拍的？

于：到了最后一场戏的时候，我、甄子丹和那个任世官，有一场戏站在木桩上面，其实是设了这么一个情节，酒缸、油缸打碎了，然后火一烧，他练这个木人桩的这么一个地方吧。底下是火，那个桩在底下，马上就要烧断，人站在上面跳来跳去，跳来跳去。那场戏拍了半个多月，好像是，最起码两三个星期那种样子，就那么一点点戏。每一个镜头全部是吊着威亚，而且不是一条威亚，可能是两条，因为……可能三条，飞下来，还得一个动作接一个动作，每动一下都是很困难的，一个镜头接一个镜头，然后甄子丹可能还站在我的肩上。我有的时候还横躺着，就是力学拉着脚那种，不可能的。拍起来就特别困难，我记得光拉威亚就有好几组人。

我从来没有因为危险放弃过

贾：中国武侠 / 动作电影是中国电影对世界影坛的一种贡献，在这些精彩绝伦的动作场面背后，有一群时常被忽视的人物起着关键性的作用，他们就是武术指导和龙虎武师，这些人很多都有京剧和武术的背景，您作为京剧武生出身对此有什么体会？

于：所谓武术指导就是中国有好多电影的这种动作的编排，包括武术，最早叫龙虎武师，然后叫武师，武戏演员很多很多。现在叫武术指导或者是动作导演，这个是中国人发明的，现在美国也很流行，请中国的武术导演，像韩国请中国武术导演去给他们拍一些动作去编排。其实我觉得单凭这一点，它对世界电影的贡献还是蛮大的，它由此分了很多东西在里面。

贾：中国武侠电影之所以享誉世界，与这些武术指导和龙虎武师的搏命演出密不可分。你们做出了巨大的贡献，您也一定经历过不少惊心动魄的时刻吧？

于：我记得有一次，在广州拍唐季礼导演一个《超级计划》，8 楼，从 8 楼跳下去，我说这肯定要吊威亚了，我心里特别有谱，这不吊威亚肯定死定了，8 楼还不死。是，威亚啊，但是速度要很快的，放了一辆汽车来放这个东西，就是汽车的尾，拴上 8 楼的顶啊下来，8 楼上面还（要）再拴一个滑轮，拴着人吊着我。我是飞出去，飞出去之后不光是说我直直的，它有一棵大树，在这棵树上面把这个树啪啪啪一路砸断，拽条威亚。

贾：您最终成功完成了这个危险动作，事后您想想有后怕没有？

于：其实现在想想蛮危险的，那时候完全是就拼了，我记得拍《超级计划》的时候，早上起来我在化妆间，刚进去，吃完早饭要化妆的时候，导演进来了，他很少进化妆间的。他说待会有一个动作你要看一看。我心里特有底，就是这个时候的演员特别有底。这动作肯定特难，什么呀？你过来看看吧，就出去了。我们在 8 楼化妆，就来到这，就推开窗户从这跳下去，我说肯定有威亚了，有，但是那棵树，你要砸住那棵树，你要在各种机位拍的时候，它那棵树啊遮遮掩掩的，那个威亚就不容易穿帮。

贾：影片《超级计划》由著名导演唐季礼执导，他曾是成龙主演的《警察故事》系列片的导演，以高难度、高风险的动作著称，在这样的压力下，您在完成这些危险动作时，又有着怎样的内心感受？

于：在我拍的这么多电影里面，如果导演要求去这么做的时候，我还真没有放弃过，还没有真的说我不拍这个戏，这个太危险，我拍了这么多年戏从来没有过。我认为吧，这不仅是所谓的艺高人胆大，其实也是一股气。我觉得是一股气，觉得我行，我一定完成。

有像常发这样的朋友，我今生无悔

贾：2008 年，徐小明导演的功夫片《夺标》，讲述了 1936 年一段中国武术队员为奥运会备战的感人故事，您在片中扮演真实历史人物中央国术馆馆长张之江。这是继《海市蜃楼》您

《夺标》（2008），徐小明执导，张卫健、谢苗、于荣光、黄翠如、吴天瑜、徐向东主演。以中国武术队为题材，以 30 年代柏林奥运作背景，重现 80 年代港片硬桥硬马的刚猛雄风

与徐小明阔别近二十年的再度合作，有什么感想？

于：《夺标》的导演徐小明，他真的是中国这种传统的功架，螳螂拳，啪啪，手势啊，还有那些小动作啊，他就体现得淋漓尽致的。人打一下，然后他用很多镜头来介绍一组动作。比如手势，一个螳螂拳的手夺刀、打到人的什么地方，然后那个位置怎么受伤，然后怎么飞出去……这个过程拍得很详细，有很多这样的武术指导和导演去拍这样的戏，他们是以一种武术形式来刻画人物的。总之，我觉得电影最终的目的是塑造人物，讲好故事，有完整的氛围，武术指导是其中一个，是这一类型影片不可缺少的一个元素，领军人物。

贾：《夺标》中您扮演的张之江，既是行伍出身也是武林高手，您从扮演京剧舞台上的英雄人物到银幕上的豪侠硬汉，身经百战的您对中国武侠电影有什么自己独特的理解吗？

于：最近有人在说江湖，江湖是什么？我觉得有人的地方就有江湖，简单地说，人其实就是江湖，人在江湖之中。武侠电影就是江湖上的人崇拜的一种英雄，可能叫侠。我也不知道理论上怎么说，但我认为，能反映一种精神，能反映一种风貌，或者可能人的一种状态都叫武侠。动作，好多东西，但在拍电影里边呢，我觉得武侠的侧面很多，《少年黄飞鸿之铁马骝》的杨天淳算武侠，他真是一个侠，白天匡扶正义、治病救人，晚上劫富济贫去救助一些老百姓，去打家劫舍，这么一个人。《海市蜃楼》里的这个角色也算是一个侠，现代的侠，他为了心中的一个理想去走，我觉得他也是一个追求人生过程的侠。

贾：2003 年，您成立了自己的影视公司，以导演、监制、主演等身份参与了《中国刑警》《2003》、《狼毒花》（2006）、《侦探成旭》（2008）等影视作品，在观众中引起不小的轰动。在这些军警题材的作品中，与您时常扮演侠肝义胆的英雄人物，同样具有武侠精神的延续吗？

于：我演过一部电视剧叫《狼毒花》，人家看过之后我记得有一个影迷给我写信，就给我留了一封信，里面写得让我很感动。他很喜欢这个人物，首先说喜欢常发。又说了一句话，我觉得能够体现现在很多人的心理，他说现在还有一诺千金的人吗？没有，说常发是一诺千金，是那个年代的英雄，他崇拜的人就是这样的。他答应甄一然一句话，我一辈子跟着你。诚信在哪？他说了几句这样的话，诚信在哪？我如果有一个像常发这样的朋友，我今生无悔，这封信，我觉得代表很多人的心态。就是常发这样的人，他跟你交朋友之后，你会觉得有那么一种诚信、义气，肯为你去生去死的人，我觉得就够了。这不叫侠义叫什么呢，可能这是一种侠义，现在人缺少这种东西，所以喜欢看这样的戏。这样的戏不能说大行其道吧，也应该说有一定的市场。老百姓会喜欢看，尤其是在有一些小小的失落，或者是有一些小小的得意的时候，看了这个片子之后尤为感慨。

（1997 年 8 月 12 日于北京华润宾馆电视连续剧《拳行天下》拍摄现场）

电影导演绝不能拍让人走错路的戏

张之亮

张之亮，1959 年 9 月 6 日出生于香港，原籍广东顺德，导演、编剧、制片人。1987 年，执导个人第一部历史片《中国最后一个太监》，获得第 8 届香港金像奖最佳导演提名和第 2 届东京国际电影节青年导演奖的提名。1989 年，凭借执导的爱情片《飞越黄昏》获得第 9 届香港金像奖最佳编剧奖。1992 年，执导剧情片《笼民》，该片获得第 12 届香港电影金像奖最佳电影奖。1994 年，监制喜剧片《背靠背脸对脸》。1997 年，拍摄剧情片《自梳》。1999 年，执导喜剧片《流星语》。2001 年，执导爱情片《慌心假期》。2003 年，执导爱情剧《街灯》。2006 年，执导动作片《墨攻》。2011 年，执导魔幻爱情片《肩上蝶》。2014 年，执导武侠奇幻片《白发魔女传之明月天国》。

张之亮在电影界被冠以文艺片导演的称号，他执导的影片《飞越黄昏》《自梳》等都透着浓浓的人文主义关怀，而他的电影《墨攻》却是一部商业武侠电影。这位能文能武的导演在为观众展现商业电影的历史题材和宏大场面的同时，亦给观众带来了一些关于战争与人性的思考。他认为他的影片需要传达人与人之间的感情，他相信爱情是这个世上最美好的东西，这就是张之亮，一位文武兼修的导演。

电影绝对有改变人的价值观的力量。所以，一个导演可以拍不成功的戏，也可以拍不讲大道理的戏，但是绝对不能够拍让人走错路的戏，这就是我认为的电影价值，也是我一直遵守的。我能做导演是一个奇迹，我不能把这个奇迹变成害人的事情。

——张之亮

《墨攻》：十年磨一剑

贾磊磊（以下简称“贾”）：张导演您好！我们知道《墨攻》这部电影筹备了近十年的时间，这个故事最开始吸引您的是什么呢？

张之亮（以下简称“张”）：我最初看《墨攻》的时候，单纯是从一个读者的心态去看，然后我发觉它的戏剧性、娱乐性都很强，从一开始看就没停过。

贾：您是从开始看就想把它拍成电影？

张：对，因为它的电影感很重，当时在加拿大看的时候就想把它拍成电影。回到香港之后，嘉禾公司的老板说战争片香港人拍起来很难。现在想想当时真的很吸引我，中间对暴力的描写突显了人性的本质。

贾：您在第一次看《墨攻》这本漫画的时候已经对它产生了好感，相信很多人有和您一样的感觉吧？

张：对，我很喜欢，而且很多人问我有没有看过。一时间《墨攻》成了一种潮流。所以我心里一直有拍电影的打算，于是就找了那些作家，谈了谈版权。

贾：版权问题谈了多久？

张：差不多两年的时间把版权拿下的。在这两年的过程中我一直想如果真正拿到版权了我应该怎样去拍，那些作家也问我。我说我想从一个反战的角度看，《墨攻》是在讲战争，最有趣的地方就是它怎样一攻一守，但是我想从反方向去看，他们觉得挺有意思。

贾：那从您拿到版权到最后终于有投资拍电影的过程中，您有没有动摇过？

张：有的，我想《墨攻》最大的困难是它的场面很大，但这也是它好看的地方。在东南亚尤其是港台地区这种大场面很少。

贾：最后您怎么拿到的投资？

张：在融资的过程中，我从 500 万美金开始融资。因为我觉得十年前 500 万估计应该可以。我想回内地，找到类似的城，然后听说内地拍片有解放军可以帮忙，这样可以减去很多人的预算问题，再者可以利用特技来帮助。所以那个时候我的预算是 500 万美金。

贾：在融资的过程中有没有什么困难？

张：1997 年拿到了版权的时候，香港电影界很低潮，没什么大片，而且我一直都是拍文艺片的，那个时候找资金非常困难，几乎走遍了整个东南亚。后来得到一位韩国女监制的支持，我才能有足够的钱把版权的定金付给日本。

贾：1997 年的时候只是找到了投资把版权买下了，那后续的投资您是怎么解决的？

张：然后我找了秦天南把《墨攻》一到四集的剧本做出来，随后写了一个分场，因为我觉得剧本太遥远了。我们把分场翻译成了日文、英文、韩文，走遍了这些国家，后来得到消息，朝鲜领导人看过说虽然在战争状态，但愿意出钱。

贾：那么为什么最终没有和朝鲜合作？

《墨攻》（2006），张之亮筹备十年，为了打造战国时期的风貌，团队在河北地区搭建了 6 万平方米的古城，古城里的房屋、砖瓦、树木、街道都真实地再现了古城的风貌。在拍摄一场攻城战时，为了拍出壮观的镜头，剧组使用了 700 名部队人员和 150 名群演，还有 400 匹马，组成骑兵方阵

张：我们得到消息之后很高兴，我和我们这部戏的武术导演董玮、我的助手等 11 个人跑到了平壤。到了平壤之后，就跟他们军方的制片厂交流，经过十几天的交流之后我们发现他们的技术和环境不可能制作一部大电影。

贾：只是基于对方技术、环境条件不够而不与他们合作的吗？

张：不全是，我们统计过如果从香港把所有器材用火车一直运到朝鲜的话，需要大概三到四节车皮才行，所以很困难，而且我不能够保证所有演员的安全，因为那个地方交通和医疗都很不方便。

贾：之后您又和哪些地方谈过？

张：之后我又去了好莱坞，跟不同国家的人谈《墨攻》，都挺失望的。因为当时有部中国内地的战争片在发行上出现了点困难，所以他们对战争题材在国际上没有信心。

贾：您在找投资的过程中遇到了这么多的困难，有没有想过放弃？

张：我自己觉得不能放弃，要一直坚持下去。在这个过程中还在剧本和分场上做了调整。我求人家给我一些钱，然后利用这些钱再把分场变成对白本，这样的话，可能他们觉得它有趣，因为他们感觉战争场面足够了。后来又找了内地的编剧来把对白写出来，改了三稿，又翻译成英日韩文去跑投资。

贾：您是在跑投资的过程中还在改剧本？

张：对，直到2002年，大家都说《墨攻》很好，但就是没有人投资，我在那段时间挺灰心的。过了段时间之后就觉得不要再想了，再想人家就会觉得我的理想太大了。跟好朋友江志强聊天的时候，他说《墨攻》是很好的题材，筹不到资金是因为题材很大，人家不相信。

贾：江志强是《卧虎藏龙》（2000）的监制吧？

张：对，他说，投资现在讲究跟风，你可以跟别人说，我投资三分之一，你再重新融资，我相信你可以融的。他又介绍了日本的监制帮我融资，在那段时间中我又重新有了勇气。

贾：真的像江先生说的，因为他投资，很多人也会跟着投资吗？

张：是的，我得到了超过百分之五十的资金，后来我又在内地找了另外一些投资商，开始找了一些地产商，但他们不熟悉文化项目觉得风险大，所以就退出了。

贾：之后华谊兄弟和您合作了吗？

张：是，当时我心里有点抓狂，感觉所有的都准备好了，但又实现不了，我就鼓励自己说，还没签约，只要努力，一定可以的。后来距离签约还有两个礼拜，得到了华谊兄弟的支持。

非攻兼爱：《墨攻》中的人性冲突

贾：电影中的刘德华扮演的革离有墨家思想，他有一种困惑甚至怀疑自身的情况，您对这种思想有什么看法？

张：拍《墨攻》的时候，我自己心里一直就反复地思考而且挣扎，那么多年终于把一部电影做成了。尽管遇到很多困难，但自己为什么要这样做下去？《墨攻》对我来说重要的是什么？在好莱坞不是有很多战争片吗，有罗马背景的，二战背景的，等等。

贾：那最后您给《墨攻》定位是什么？

张：好莱坞的电影都是以英雄为中心，他们的信念是只要努力，只要团结，不管怎样弱小都可以将强大的敌人消灭。但是我觉得战争底下是没有英雄的。我们墨家的思想是非攻兼爱，他做事是以非英雄主义为出发点的，这比原来的英雄主义更有价值，也更能够达到反战的目的。

贾：也就说，您的想法，其实和刘德华扮演的革离想法是非常一致的。

张：对，因为我们都知道战争是不对的，我们都知道要是兼爱就好了。革离是一个理想宏大、非常有爱心的人，他相信非攻兼爱是唯一和平的道理。

贾：看来在您的影片中，有这么一个宏大的主题。

张：对，所以他就来到了梁城，但就是因为理想很强大而我们的达到理想的手段是对是错，

《墨攻》（2006），不同于一般的战争电影，该片不再以高级将领为主角，而是俯下身来观察战争，并且用很多笔墨刻画普通军民

观众就很少琢磨。

贾：这个太重要了。您拍的是一部战争片，是在非攻兼爱的道理下拍摄的，你是通过什么手段来既表现了战争又表现了革离这种性格？

张：战争对于革离是绝对矛盾的。他要推广和平，但当他面对守城的时候，当他没有办法不杀人的时候，就面临着内在的绝对矛盾。我们在现实中也会遇到理想与实际碰撞的时候，在《墨攻》中，我体现了这种冲突。

贾：影片中的那些老百姓说赋税给谁都一样，他们心中没有国家的概念，而革离来到梁城之后正是为了保护他们的利益，这是不是也是矛盾的？

张：对，对于一个农民来讲，吃得饱穿得暖才是生存的基本。革离来到这个地方之后保护这些人，保护谁的利益呢？墨家的兼爱非攻到底是对于有权势的人来说还是没有权势的人来说，对革离这是一个很大的矛盾。

贾：总结起来，您觉得《墨攻》中表现出来的墨家思想最大的矛盾是什么？

张：首先，他是一个兼爱的人，可是今天杀人了，这种手段对吗？其次，他要兼爱，要救百姓，但是百姓不要救，这样对吗？再次，就是人的私欲。

贾：您所指的人的私欲是不是影片中交出兵权的这件事？

张：对，当他需要你的时候你是有价值的，你的思想和地位在他心中越来越大，大到影响到他权力的时候，对他来说是种侵略。梁王会认为革离把他的东西都拿走了，把人民心目中王的地位拿走了。

电影不应该把爱情作为一种甜品

贾：看来这部电影留给了观众很多的思考。

张：对，单纯是从非攻兼爱这个题目去看还是不够，在《墨攻》中有更多的东西去让观众可以思考。

贾：革离不是个英雄式的人物，他符不符合中国一直以来的侠的精神？

张：其实我对侠的理解类似于美国西部片中牛仔的那种独行侠的精神，就是除暴安良、打抱不平。我小时候看粤语长片时，很多都是武侠小说改编的，比如《如来神掌》（1982），比如《仙鹤神针》（1976）。很多人都是从一介平民成了武林高手，然后除暴安良。

贾：革离应该也算是侠吧，毕竟他去梁城是救人于水火之中？

张：《墨攻》也算是有侠的精神在，因为革离真正去帮助了梁城人民，但这个侠太笨了，只是智慧上来帮助，没有像武侠小说中一样飞檐走壁。他只是在找机会帮助别人，而不是传统武侠的定义的有很好的功夫。

贾：《墨攻》中有个女性形象，就是革离爱的人，逸悦。您当时怎么想到设定这样的女性角色的？

张：好莱坞战争电影中总会有一段情。我看到这些情的时候心里都会很不舒服，即使再伟大的领袖也会有感情，他是一个人，也会有人性有欲望。但这种欲望不是单纯的欲望，否则把女性变成了甜品，电影不应该把爱情作为一种甜品。

贾：您把她放在一个什么样的位置呢？您是怎么把握的？

张：第一，在戏里加这个角色的目的是因为我相信爱情是世界上最美的东西。战争绝对能够轻易地把爱情从你身边拿走。第二，革离是个英雄，他可以杀成千上万的人，但他救不了自己最爱的人，而且把她误杀了。这个角色是悲哀的，是无力无助的。

贾：有没有想到再多加几场他们的感情戏？

张：因为时间的原因我剪了一场两个人的感情戏，非常可惜。并且我不想放人太多爱情的东西，这样会觉得《墨攻》是部爱情片，会喧宾夺主。

作为导演，演员站的位置一定要站过

贾：您刚才说您第一次拍大的战争片，您在拍戏过程中是怎么和动作导演合作的？

张：这次对我来说是一个很好的经验，《墨攻》在场面上很成功，我非常感谢董玮导演。

贾：我们了解到董玮导演也有很丰富的拍动作电影的经验。

张：对。《无极》（2005）、《英雄》（2002）、《天地英雄》（2003）他都有参与，他从小就是一个爱好武学的人，之后一直投身电影界，他经验很多，调度上很有步调，在现场所有的工作人员都非常喜欢他。

贾：这部影片中您对他设计动作有什么要求？

张：我们设计整场戏的时候，他问我想怎么样，我说希望观众有第三者的感觉，希望让观众看到战争就是这样子，怎么死的都不知道，没有飞檐走壁，没有太多动作上的技巧。

贾：您是站在很客观的角度来看战争场面的吧？

张：对，我希望用长镜头表现战争场面，不煽情地给大家看。因为这部戏从开始到结尾都是战争场面，所以每一场战争我都希望不一样，每场战争我都会慢慢地积累。

贾：每场战争都不一样，这种要求在动作上是怎么做到的？

张: 比如说，第一场战争，可能是个机会; 第二场战争，观众会期待大场面，上万人如何攻击; 第三场战争，我们就把战争放在逃亡上，看打败的时候是怎样的心情；第四场战争就是无助了。

贾：您希望看到的是什么样的表现风格？

张：我看过很多画家用油画的方式记录历史，已经把每个人的死亡都记录在上边。观众的想象空间比较大，我不想毫无新意地重复。最后一场战争就有一个技巧，也能满足观众的想象，就用了天灯，每场戏都找到了不同的角度。

贾：战争是有正义和非正义的区别，那广义地谈反战，会不会有抹杀了正义的意义呢？

张: 太多有形的或者无形的战争我们可以说是正义的，但怎样能够避免战争，怎样减轻伤害，人是很无奈的。有很多改变不了的事情。毕竟战争不能够带来和平，只能增加仇恨。

贾：您是不是觉得一场战争的胜利方并不代表真正的胜利？

张: 对，因为它改变不了时代的更新，赢也只是暂时的。要改变内心的价值观，要关怀和体谅。

贾：您希望观众由第三者的角度看到真正战争的场面，那么必然会遇到一些危险的场面，有没有什么困难？

张: 每天拍戏的时候我心里都很紧张，虽然我负责文戏，但我只要没有文戏拍都会过去看看，不想让大家觉得我抛弃了他们。我完全相信董玮导演，他在安全上也是很小心的。

贾：我们看过一些报道说刘德华当时受伤了，他是拍哪场戏受伤的？

张：我们遇到了些意外，刘德华是其中一个。当时他从 11 米的桥上跳下来，抓住一条绳子，之前跳了好几遍都没事儿，最后一遍脚碰到栏杆上，就造成了失误，撞到了韧带，不太严重。

贾：现场也采取了安全防范的措施了吧？

张：我们有保险保护，用海绵垫和纸盒已经铺到了九米多高，所以他跳的时候是两米，而且我们还吊着威亚。整个制作来讲都很危险，我们都不能受伤，但是就在最不在意的时候危险出现了。

贾：我记得《墨攻》中，刘德华和范冰冰在悬崖上的那场戏也特别危险。

张：对，那是我最担心的。那个悬崖有 80 多米，为了拍摄的真实，他们真到了那个地方，我们很担心，万一石头松了。结果我就跑到那边跳了一下。我的工作人员吓得要死。作为导演，演员站的位置一定要站过，不然不知道危险在哪儿，怎么改变。

贾：拍戏之前您都要亲自去试一下吗？

张：当导演不是永远高高在上，导演要明白所发的指令演员们能不能达到，所以我就去那个地方试了试。

贾：在拍这些危险镜头的时候您和您的团队是怎么配合的呢？

张：我们做了很多初试，怎么从吊威亚改变成爬山等。

贾：当时那场戏是在绿背景下拍的吗？

张：对，有一个下坠的过程，还得吊在半空中。范冰冰也是，她挺能吃苦的，拍追逐戏的时候，因为地上不平，膝盖撞得特别黑，也没说任何抱怨的话。

贾：还有没有其他人受伤？

张：洪天照扮演的高贺用的第一场戏，马拉起来单蹄的动作时很简单的特技，根本不会受伤，没让洪天照做，请的马倌师傅做的。结果拍的时候，马鞍贴的那部分压倒了他的腿，小腿粉碎性骨折。

贾：最后情况怎么样？

张：我当时心里特别不舒服，因为他是 20 岁左右的年轻人，如果造成终身残疾的话，那么拍戏就没有必要了。三个月之后慢慢地就好了，我心里才好一些。

贾：看来作为群众演员以及替身演员来讲，拍动作片的风险也是很大的。

张：对，还有一场戏，我们要一名战士从城楼上 11 米高的梯子上掉下来。这个镜头拍了 11 条都不好，当时有武师保护着，还有消防员放的四米乘四米的气垫。但是我越拍心跳得越快，结果最后跳的时候刚好跳到了气垫的旁边。

贾：有没有造成特别严重的后果？

张：当时脑震荡失去了知觉。直到《墨攻》拍摄结束之后，我请副武术指导去看他时他没事儿了。我最难受的是，他当时知道自己不能表演了之后，第一句话说的是，哎呀，刚搬了家买了彩电。我很怕拍战争场面，很容易受伤。

贾：关于革离，您刚才说到战争肯定就会有杀人，有时候杀人是为了更多的人不要被杀，您觉得这是革离所面临的处境吗？

张：很多基督教徒也这样说，当你保卫国家的时候，士兵也要打仗，当人家侵略你的时候，你要奉行这种义务。但战争还没有来的时候，可不可以不用战争的方式来解决问题？所以，在战争之前，我们的价值观是用和平的方式来解决问题，所有的事情都是为了生命，争取把生命放在第一位。

导演之路：从“患得患失”到自由创作

贾：刚开始看了您的介绍，您从演员训练班毕业的，后来做了导演，在做导演之前，您还做过一些什么呢？

张：从小我就很喜欢当演员，因为我家比较穷，小时候看人家的脸色，心里就觉得是靠施舍长大的，所以就很希望有一天可以成名，代表自己的家出一口气。

贾：当时就是为了自己的家庭而从小有这个理想的？

张：是，我小时候有两个理想，一是警察，可以为民除害；二是演员，但我不够高，考不上警察，就考上了训练班。

贾：上训练班也需要考试吗？

张：对，我考训练班的时候就把小时候学的一些包括武术、体操、跳水做好。我希望尽量把个人的身体语言和控制身体的能力训练好，这样将来当一个演员，表演任何角色都可以得心应手了。

贾：您是高中毕业之后考的训练班？

张：对，在这期间我做过私人侦探，我喜欢观察人，我觉得表演就是需要观察人，把人的动作行为做得合理，除此之外还做过带人家看房子的工作。这两个职业都是需要观察的，尤其是私人侦探，要跟踪，要录音，要调查，挺好玩的。

贾：训练班毕业之后您直接做了演员吗？

张：快要毕业的时候刘方刚导演说，我是训练班同学中比较有主动能力的，我是班长，是很多老师跟学生之间的桥梁。我个子不高，虽然我表演没问题，但也不会有什么发展，所以他就让我去电视台做幕后。

贾：您从小就喜欢做演员，突然听说让你去做幕后有没有不甘心？

张：有啊，那段时间我心里非常难受，好像判了死刑一样，就觉得不能参与，只能看人家表演了。我从来没有放弃过，我想只要能接触到这个行业，总有一天能够实现我的理想。后来就什么都做，助理、场记、制片、副导演，等等。

贾：之后您又投身到了电影界？

张：对，两年之后转到了电影，从助理开始连跳三级，到了制片主任，像神话一样。

贾：那您从什么时候开始做导演的？

张：大概四年多的时间内，曾志伟的公司找我，问我愿不愿意和他们一起打天下。我说，我愿意。但是我能做什么呢。他问我想做什么，我说要是这样的话，我想做导演。

贾：您多大做了导演？

张：24岁的时候就签了导演的合约。1985年筹拍了我的第一部电影《中国最后一个太监》，一直到现在，还没离开过这个行业。

贾：《中国最后一个太监》应该是除了《墨攻》之外，您最卖座的一个电影了吧，那您当时是怎么选择这样一部电影来拍，它是您自己挑的题材吗？

张：对。导演的第一部影片是非常重要，它既要卖钱，又需要有能够表达导演自己本身。我原来想拍一个题材叫《蝎子号》，是亦舒的小说，它是讲机器人跟人类恋爱的故事。

贾：您是不是非常喜欢表达关于爱的故事？

张：对。但后来嘉禾公司和曾志伟都觉得科幻片不好，我说又不是拍机器人怎样制造，主要是讲人的故事，因为人跟机器其实是一样的，甚至人比机器更无情。

贾：最后你们在商量的过程中还是选择了《中国最后一个太监》？

张：对，后来看了倪匡先生的专辑，就是讲中国最后一个太监的故事。小时候看到太监小德张回乡，很风光，内心就觉得要出头，就想进皇宫当太监，没想到净身的当天，清政府结束了，太监也没有了他们的生存空间。

《中国最后一个太监》（1987），张之亮导演处女作，以大时代为背景描写一个“最卑贱”的小人物一生的悲剧，在选材上可谓独树一帜。张之亮凭借此片荣获第 2 届东京国际电影节青年导演奖

贾：原著和您最后呈现给我们的故事有什么不一样的地方？

张：倪匡先生只写了一稿，主要是写他怎么在宫中看争斗，但是我觉得他是一个人，我更重视他出宫以后的生存，又找编剧重新写，写完之后成了我们第一个故事片。

贾：写出来的这个故事观众也很喜欢看吗？

张：之所以喜欢的最重要原因是写到了男性的尊严，我自己也很喜欢，因为在感情角度，他的矛盾非常大，这部戏要探讨的东西很细腻也很深刻。

贾：这部戏作为您的处女作，它给您带来了什么？

张：它给我的感觉是患得患失。我觉得自己不是一个好导演，我没有能力在分镜头和故事上，并且有很多人支持我，包括洪金宝、午马很多人。这部戏上映之后很卖钱，但不是我自己的功劳，我只是一个执行导演。

我们要不断创造自己的春天

贾：您是去日本进行了学习，怎么想到去日本留学了？

张：我去日本最大的原因就是我太累了，从训练班出来在电视台待了两年，在电影界待了两年，拍了《中国最后一个太监》之后就想清静一下，于是就去了日本。

贾：您在日本主要学些什么？

张：在日本练日本话，白天上学，下课的时候就跑去看片，很疯狂地看片子，找一些外语经典看。

贾：从日本回到（中国）香港之后是不是开始筹拍新的影片？

张：回到香港之后《中国最后一个太监》刚上映，很多人称赞，但我知道这是不属于我的。我第一次拍戏是幸运，可是很多人都明白，我不是一个好导演，需要别人帮助。

贾：您又是在什么机遇下又拍戏的？

张：我遇到了一位老师，也是朋友，就是张鑫炎导演。他是《少林寺》（1982）的导演。他看过我的《中国最后一个太监》，觉得挺好。他用资金支持我组织公司拍戏。通过我自己的能力拍戏、发行。于是我又从一个不合格的导演变成了不合格的老板。

贾：这次是不是拍了《飞越黄昏》？

张：对，当所有的东西都加在身上的时候，我告诉自己一定要成功。当时就拍了《飞越黄昏》。我觉得这个题材比较靠近自己，我最担心的是讲故事，用镜头去讲故事。

贾：《中国最后一个太监》的拍摄应该给您了一定的拍摄经验吧，那拍摄《飞越黄昏》顺利吗？

张：《中国最后一个太监》给了我经验，就是讲故事方式的合理化。午马导演经常提醒我讲故事的方式还要加上自己的理解，我就拍了《飞越黄昏》。

贾：拍摄《飞越黄昏》过程中，您所有的环节都参与了吗？

张：对，从监制、编剧、导演到发行，我都参与了。这才是我的第一个台阶，相当自由，是银都机构在背后支持我。我得到了很多支持，让我很满足。感觉之前好多人陪我在大海里游泳，现在我在大海中间很自由，想干什么就干什么。

贾：是不是从《飞越黄昏》开始就知道了自己适合的一种电影的方式？

张：从那时候我就知道我该怎么走，什么是适合我讲故事的方式。同样，香港电影界也把我定位成了一个写实的导演。

贾：能不能跟我们分享一下您拍《飞越黄昏》过程中的一些故事？

张：我是把发生在身边的好多故事组合起来编成了一个剧，我不是学文学或者学电影导演出身的。所以，我对事物的分析总是从我最直接的感受出发。我身边有很多老人家，他们都很孤独的，那他们的孤独是怎么造成的呢，这是我思考的问题。

贾：您的创作灵感来源于您的生活，您还是想将人与人感情作为讲故事的重要部分吗？

张：我觉得造成老年人孤独的原因是自我代沟的产生，不单纯是因为文化的时代变迁。他们把我们养大，为什么会有代沟呢？我们会为了我们的前途离开他们到国外去，这是一个极端，形象化的。从小的方面讲就是我们搬家，搬出去之后就不回去看这些老人了。

贾：那么除了这种思考，您是不是也在站在老人的角度进行思考？

张：对对，我想让老人看了之后知道，孩子不是我们生命的完结，我们要不断创造自己的春天，我们要让自己变得有价值，起码有生存的价值。

贾：您觉得老人们应该如何做才可以有自身的价值？

张：我不是说要去做一件多么伟大的事情，最简单的就是谈恋爱，找一个爱的对象，可能这个对象不是爱人，只要是你爱的就可以了。这个时候你就会发现你的存在。另外，老人家谈恋爱有什么不对呢？只要相信他，只要是真实的，爱可以在任何时候出现。

《飞越黄昏》（1989），一部以黄昏恋为题材的电影，张之亮于平凡之中显不凡，把一部本来很容易流于琐碎的电影拍摄得淡而出味，手法清新而自然。冯宝宝与吴耀汉两位老戏骨也不负众望，生动的演绎为影片增色不少

贾：你的生活中有没有这种例子？

张：我看到过一篇文章，年轻人不谅解老人，带着老人出去旅游，本想着老人可以放松一下，但老人在飞机上很害怕，害怕到想去洗手间但又不敢去。后来作者想到原来我们对老人家是不懂得关心的，我看过之后很感动，眼圈就红了。原来值得我们珍惜的事情太多了。

贾：这一系列的事情让您开始有创作《飞越黄昏》的想法吧？

张：对，《飞越黄昏》有真正能够感动我的东西。我不求我成为什么样的大师，起码找的题材应该是感动我自己的，把这种感动直接告诉给观众。我想人类的感情是有共鸣的，讲一个好听的故事就更好。

贾：您刚刚说《中国最后一个太监》给了您很多经验，能和我们谈谈吗？

张：《中国最后一个太监》的分镜头采用香港比较传统的方式，就是先交代整个环境，用360度的走位跨越那个中界线，把人的视野不断更换，然后在中点的时候不断推进到特写。所以，这是一个很大的经验，洪金宝和午马老师给了我一个很大的机会。

贾：《飞越黄昏》这部电影在电影节上获了很多奖，通过这部电影您有没有一种自信，觉得自己是一个好导演了？

张：好导演，我不能够这样说。一个好导演不单单是有一些接受你的人的称赞，总是要工作，善于工作才是对我的一种考验。

把每部作品都看成最后一部来珍惜

贾：您怎么看待您所拍的电影？

张：我经常把我自己的电影看成最后一部，因为只有最后一部才可能珍惜这种机会。我也有很多不敢拍的影片，我怕浪费了机会。

贾：那您十年磨一剑来拍《墨攻》，这应该需要很大的勇气吧？

张：这需要有强大魄力，需要事业非常清楚的导演才能够做。所以电影是一把双刃剑，既可以帮助人，也可以杀人。

贾：您怎么看待这个问题？

张：我记得小的时候很喜欢看《猫狗走天涯》。原来猫狗是可以走到一起的。意思是说电影可以把一种不真实的东西，或者黑的变成白的。尤其是一个好的导演，更加有这个能力。所以作为一个导演，价值观很重要。

贾：您的意思是不是说电影人应该有一种责任，向观众传达正义的责任？

张：今天的香港电影中，有黑社会，有英雄主义，所以不能完全不负责任地把黑社会表现成义气、英雄的地方，会让小孩子们认为黑社会成了一种正义。

贾：在您看来，您在拍电影的过程中所坚守的价值观是什么？

张：电影绝对能够给人改变价值观的看法，所以一个导演可以拍不成功的戏，也可以拍不讲大道理的戏，但是绝对不能够拍让人走错路的戏，这就是我认为的电影价值，也是我一直遵守的。我做导演是一个奇迹，我不能把这个奇迹变成害人的事情。

贾：您的影片主要以文艺片为主，我们也在您的这些文艺片中看到了一种人性的关怀。

张：从 1992 年开始，我的好朋友相继离开了我，黄家驹、乔宏、林振英，那时候我就想，我要拍的东西一定是我值得拍的，它不一定大也不一定小，不能说小的就没有价值了。我想不要把自己归类。这是自己的小气和无知，我现在为我会什么东西而感动而珍惜，不然想做的时候就没有了。

贾：您 1992 年拍了《笼民》，就是您刚才说了特别关注那种大时代底下小人物的那种挣扎，您觉得这算不算您导演的比较成熟的一部作品？

张：不是，我最喜欢是《自梳》。《笼民》是给我带来很多赞誉的作品，拍摄过程中我也很随意。

贾：您是基于什么样的理念去拍这部电影的？

张：当时有个编辑说我是一个关怀人的导演，就带我去看了种菜的一些人。去了之后我看到他们的环境非常脏，知道我们是记者之后他们表现得很不友好，因为他希望社会能够补偿给他们些什么。我看到了人性的贪婪，环境脏是因为人的懒惰。

贾：您最开始想到的并不是对于他们的同情，而是看到了人性的懒惰？

张：对。香港很小，每一个地方都很小。只要大家选择在同一个地方生活，就要彼此体谅，自我珍惜，体谅别人。这不是社会的问题，是一个人的价值观问题。

贾：您对待这些人这些事儿，除了觉得是价值观的问题之外，有没有更具体的看法？

《笼民》(1992)，一部小市民社会讽刺群戏，继承了香港电影关注底层人民疾苦的优秀写实传统，被誉为“写实电影的典范之作”

张：我想了好几个月，把它归结为不同的层面：第一是人的生存形态方面，每个人生活在笼子里，有很多框架，感情的、思想的等。人与人之间的相处，表面上知道你的存在，但实际上我进入不了你的空间。第二是政治层面，香港当时处于回归时期，夹杂着很多纷争。

贾：那您觉得什么才是最重要的？

张：我觉得人的生存才是最重要的，生存下来再做选择，选择合适的地方合适的生存方式，没必要哭哭啼啼地说是社会问题。最大的问题可能是自我价值观的选择。

贾：您刚刚说到您比较满意的作品是《自梳》，我们知道您准备了六年，光剧本就写了五年，您怎么知道有这个故事的？

张：第一次是张鑫炎导演给我看的，剧本是舟山大学的一个教授写的。我看了之后很喜欢，但是他偏重了同性恋，把恩怨情仇都放在感情上，我觉得很病态。我祖籍是顺德，虽然是香港生人，所以我看了之后感觉很亲切。

贾：那么您觉得《自梳》应该写什么样的感情呢？

张：我觉得这个女性题材轻轻带了一点女性和女性之间相知的感觉，很微妙。我看完之后的那段时间经常想，如果让我来拍会怎样表现，想现代女性怎么样才能叫独立自主。我认为自梳是一种行为，代表着感情的洒脱。

贾：在影片中您运用了现代的和前现代的女性的对比，您怎么会想到用这个方式来表现？

张：在一个现代的社会没有人逼女性去做不愿意做的事情，但是自梳女是不是在现在的社会就没有了呢？我想以现代的女性和过去的作比较，他们在感情上、在事业上自梳有什么区别。

《自梳》（1997），着力刻画战乱背景下新旧时代女性的情爱观，以及彼此间的情义

贾：李绮虹扮演的阿慧您是怎么理解的？

张：她饰演的阿慧非常非常独立，我想现在很多女性都是这样，但是在感情上面，她又没办法独立。所以《自梳》是古代女性和现代女性的一种感情的对比。

贾：为什么《自梳》是您最喜欢的一部电影？

张：因为从感情上它很流畅，从讲故事的方式上，它很舒服，尤其是古代现代两者该怎么交接，我很喜欢。

贾：当时拍摄的时候有没有遇到什么不顺利的地方？

张：当时在杭州拍完之后，广电总局有一定的尺度。他们不太愿意讲女性之间的那种感情，我有种束手束脚的感觉，但是我理解我们要服从的制度。就像我说的，电影是一把双刃剑。

贾：在这之后您又拍了《慌心假期》吧？

张：对，差不多的题材，我更加直白地讲两个女性之间的感情。因为我们看到过很多男性电影，有义气，有兄弟之间的感情，但是女性的电影好像找不到。在《慌心假期》中，梅艳芳（饰演 Michele）一定会留下来救这个女孩子，根本不需要所谓的爱情，因为这个时候她已经看清了生命这样大的东西，所以后来伤心的感情我就去掉了。

贾：这部影片中有一些女性之间的情感，您是不是也是有一些有意为之要回避的，会不会考虑到对青少年的一些影响？

张：我会担心，但是我知道我改变不了事实，比方说今天不做这件事情，但还是存在，只是我们回避。从另一个角度讲，我把她们的心态讲出来，是在帮助她们舒缓一下社会对这件事情的歧视。

贾：您是不是觉得即使不说，不推广，事情就是存在的？

张：对，我们不要怀疑她们的爱，无论男跟男还是女跟女。我们需要珍惜的是真挚的感情。

贾：您是怎么对待这类题材的？

张：我对这类题材的尺度很小心，尤其是关于性的部分，我也曾经想过男同性恋的题材，但是我觉得在我的生命中，还有比这个更重要的感情。

贾：我们发现您是很有责任感的导演，亚洲金融风暴的时候曾经和张国荣合作拍了《流星语》，当时您的压力是不是特别大？

张：亚洲金融风暴使亚洲的很多行业崩溃，亚洲四小龙面临着很大的灾难。1998 年，我表演赚了 9000 块钱，拍企业推广也赚了点钱。但当时我还是想着拍电影，因为我想着电影人在这个时候应该做什么，我在社会最痛苦的时候帮助这个社会。

贾：您说一下您跟内地监制合作的经过吧。

张：1992 年，我的电影事业比较稳定的时候，我一年监制了四部电影，自己拍了一部。当时有人来找我拍戏，既拿奖又拿钱，还有奖金，我心里很高兴，但我压力很大，因为从来没有想过专门为一个奖而拍戏。

贾：您从来没有想过吗？

张: 没有，这不是我的想法，电影不应该是这样的。后来我说这样吧，把两千万元分成两部分，一部分支持一些有价值的电影和题材，另一部分拍比较靠近观众的商业类型的戏，这样我的压力没那么大，还能够充分的宣传。

贾：您的意思是把一部分钱给新人吗？

张：对，我之前批评过很多监制说，赚到钱之后不会把机会给新人。因为我也是靠别人的帮助才有的今天，现在电影给了我很多东西，我吃的、喝的、穿的都是电影给我的。

（2008 年 3 月 29 日于中国艺术研究院研究生院电影电视系办公室）

2008 年 3 月 29 日，张之亮与本书作者贾磊磊在中国艺术研究院研究生院

武术在技艺，更在于武德

陈嘉上

陈嘉上，1960年1月16日出生于广东省深圳市宝安区，电影导演、编剧、监制。1984年，编写爱情喜剧片《缘分》的电影剧本。1987年，担任剧情片《靓妹正传》的编剧。1989年，执导个人第一部电影《小男人周记》，从而开启了导演艺术生涯。1992年、1994年，执导电影《武状元苏乞儿》《飞虎雄心》分别获得第12届、地14届香港电影金像奖最佳导演提名。1997年，担任爱情片《求恋期》的制片人。1999年，指导动作片《野兽刑警》获得第18届香港电影金像奖最佳导演奖。2000年，执导爱情片《恋战冲绳》。2003年，担任古装喜剧片《老鼠爱上猫》的导演。2006年，接替许鞍华担任香港电影导演会会长。2007年，担任第26届香港电影金像奖主席。2008年，凭借自编自导的古装爱情魔幻片《画皮》获得第27届中国电影金鸡奖最佳导演提名。2012年，执导古装动作片《四大名捕》。2014年，执导武侠片《四大名捕大结局》。2017年，自编自导的人物传记片《荡寇风云》在中国内地上映。

陈嘉上导演所涉及的类型多样，喜剧片、动作片、奇幻武侠片，等等。他的导演风格多变，不仅善于把握人物的心理和情绪，也善于驾驭惊险刺激的动作场面。

我是个军事迷，但我是个反战的军事迷。我觉得一个人越了解战争才会越反战。所以说我拍武打片不是宣扬暴力。对我来说，《孙子兵法》里非常厉害的就是武力在非用不可时才会拿出来用，这也是我处理所有暴力场面会思考的东西。

——陈嘉上

通过特效制作进入电影界

贾磊磊（以下简称“贾”）：很高兴能邀请到您来参与我们的采访。记录在武侠电影拍摄当中有突出贡献的导演、动作导演和武术指导。今天很荣幸能够见到您。听说您是通过特效制作进入香港电影界的？

陈嘉上（以下简称“陈”）：是的，其实简单来说一开始我是助理制片，然后拍过两部戏以后，我还拍过张彻导演的戏，很荣幸。章国明在80年代是一位非常出名的导演，尤其在1980年，那个时候他被誉为天才，我看过章国明的《边缘人》（1981），非常好的戏，拿了金马奖，这部戏说的是一个警察当卧底，但在当卧底的过程中被他家人和女朋友都误会了。后来有一次他作为卧底通知警察抓贼匪，但在警察来之前他却被居民误认为贼匪给打死了，很悲惨的结局。它跟从前都是大团圆结局的港产片不一样，这部片子很像好莱坞电影，尤其用枪，我对枪特别感兴趣，看过这部片子后觉得导演很棒，只要有机会跟他合作，我不管做什么，所以之后我就去了。

贾：当时您在片场都做些什么工作呢？

陈：就干了一个小制片，其实也不挑，让我干什么我就干什么。在邵氏我见到章国明，他在筹备、在拍，基本每天我都跟着他，我们聊得很好，章导问我的兴趣是不是做模型，我说我的兴趣是做塑胶模型。那个时候1981年吧，邵氏的古装很厉害，所有景都是搭出来的。道具、布景都是老人家干，但如果让他们做现代的科幻的东西就基本上做不了了。要枪他们就做一把木头枪，可怎么能用木头枪拍戏呢？之后就变成我替他做所有的特别道具，所谓特别道具其实就是他们道具房里不想做，交给我来做的道具，比如说在戏里出现的UFO。

贾：没有人和您一起做？

陈：他们都不做，一个大概十米长的模型给我个框我就自己做，每天拼命做这些东西。拍这部戏的过程中我就跟着蔡澜老师，蔡澜是这部戏的监制，他教我好多东西，比如东西怎么处理、戏怎么拍。

贾：有一位这样的朋友不得不说是件幸运的事，可以和我们简单介绍一下蔡澜老师吗？

陈：蔡澜先生在香港很有名的，他写了很多书，吃喝玩乐都很懂。他也是位电影专家，在日本学过电影，后来又回到香港，在邵氏的时候是监制。

贾：刚才谈到您进入邵氏后主要的工作是做模型。我们发现六七十年代的邵氏确实拍过很多大片，您就是在那里工作？

陈：对，就是这个工作，那个时候我在邵氏是比较特别的一个人，因为很多片子的特效是我来做的，比如说《如来神掌》，后期又拍过很多最近所谓出来的恐怖科幻片，那些特技也是我做。邵氏有一大段日子没做这个，突然要做就没有团队。邵氏公司就让我从自己身边重建一个团队，我离开的时候已经有16个人在干这个工作。

贾：听说您跟张彻导演有过一些合作，你们合作过哪些片子，有什么感觉？

陈：我只是个制片，就每天安排他在厂里怎么拍。那个时候我跟张彻导演没有说过一句话，他是个很好的人，从来不骂人，但就是一直很安静，每天到厂里坐在椅子上安静地看他的剧本，很久都不起来。后面拍的时候每一个镜头他也不站起来摆，就是副导在摆，摆好之后演员就从他身边走过去拍。我每天就在他后头看他拍戏，老实说有点闷。因为没什么活动，每天工作都很稳定，拍完这个镜头接着拍下一个镜头，拍完就很安静地走。跟楚原导演不一样，楚原导演拍戏的现场很好玩，很少坐下来，他会和我们开玩笑也教我好多东西。

贾：楚原导演的影片是不是布置和特技很多？

陈：对，的确很多，而且楚原导演很厉害的一个独门风格就是用替身，不是拍武侠片武打的时候用替身，而是文替。就是拍文戏的时候用替身，因为明星太忙了，有时候明星要赶好多场戏，等于明星四处走，楚原最厉害的就是觉得没问题，我有一次拍六个人的戏，六个人都在忙别的事，楚原导演说每一次只看见一个明星，另外五个都用替身。

贾：听起来真的很精彩，您还记得是哪部戏吗？

陈：忘了，可是我在现场看见的时候真的觉得很不可思议。还有有的时候他会跳拍，他跳拍跳得很厉害，所以楚原导演拍戏拍得特别快，而且他几乎把所有的东西都记在脑子里，从来

《如来神掌》（1982），利用本土爆破和特技将神怪武侠电影的各种元素发挥得淋漓尽致，是一部结合童真、特技的武侠片

没有写下来过，很少看见楚原写下来什么镜头。

贾：楚原导演用到的很多特技是不是都出自您手？

陈：基本特技都是我协助的。每一场戏都是这样，比如说要拍一场大结局的戏，他在厂里跟我说这场戏怎么拍，他说完以后就跟我说："嘉上，你就替我写剧，什么地方用什么，每一个镜头要怎么拍你告诉我。"然后我就回去写剧，那个时候的做法是把每一个镜头画出来，告诉他镜头怎么拍。

贾：前期准备基本就绪之后，在拍的过程中遇到过哪些难题呢？

陈：那个时候香港拍戏是不用收音机器的，不用收音的机器有一个特点就是非常吵！还有就是只有单盘摄影机，可是单盘摄影机做特技基本上不可能。

贾：既然单盘摄影机在做特效上有缺陷，那在拍摄过程中是怎么来完成一些特技镜头的呢？

陈：要拍特技镜头的时候就要摆回三盘的，那个时候没有电脑，都是用冲印，光学特技，这是非常复杂的一个事情。

贾：您给那么多影片做过特技，有没有给武侠片做过特技呢？

陈：也有，比如特技化装我就懂，尤其是 80 年代武侠片里会经常出现怪兽，我就会替他们做一些怪兽。那个时候我做一个干尸，可是不能按从前的方法做，因为用那些简单的方式做出来的干尸不真实，所以我订了一套真实的骨头，用塑料重新铺下去，之后弄了很多能让它动的机关，那时很多人都不敢进我的房间，因为一个女干尸头颅就摆在我桌上，后来导演就用我做的这个大家都不敢碰的干尸拍了电影。

场记工作是电影生涯的重要转折点

贾：经历过制作道具和特技的一些工作后，是什么契机让您开始走上独立的创作道路？

陈：说起来还算是挺突然的一个转折，那个时候我在邵氏已经干了两年，一年多的特技小头头，可是我本来是想要拍戏想要创作的，因为一个机会我跟方小姐说我不想干了，那个时候方小姐就问我想干吗？我说想去拍戏不想干头头了，可是我什么都不懂。黄泰来导演跟我说他的戏差一个场记，问我干不干？我说我干，可是薪水基本上变成了原来薪水的八分之一。我想反正是拍电影嘛，就去了，我给黄泰来导演当了场记，可是场记一个戏还没当完我就变成编剧了，因为那个时候黄泰来有个习惯，就是不跟剧本拍而是现场进行创作，场记就得写，我就每天写，后来就变成了："你写得很好你就写吧。"拍了大概十天我就从场记岗位调下来变成了编剧。

贾：还记得那是哪一年吗？

陈：1982 年还是 1983 年，这部戏我记得很清楚，是《缘份》，这部戏对我太重要了。在这部戏里我认识了张国荣、梅艳芳，在拍戏过程中我又认识了梁家辉，后来与这几个人都成了好朋友。如果现在买《缘份》的 DVD 还能看见里头有一个样片，就有我当场记的相片，那个时候我基本上没有离开过剧组。每天他们拍戏我来写，我也帮着副导做一些事情，我基本上什么都干。

贾：那个时候是香港新浪潮兴起的时候，整个创作氛围百花齐放。我当时看这个片子就觉得非常有创意，您当时对电影新浪潮做出的实验和创新是什么？

陈：很兴奋，那个时候我在邵氏，邵氏在那个年头可以说是保守派，那时大家都看好新艺城的电影，基本上新艺城一出来就看。比如说徐克、林岭东、吴宇森等人他们代表了新浪潮最辉煌的时候。

贾：那相比于他们，那个时候你的处境是怎样的呢？

陈：我们就是让人看不起的一群人，落后的一群人，那个时候我在邵氏其实是很不好受的。有时候有人说你的电影不好看，可是我们还在拼命干，这种感觉很奇怪。

《缘份》（1984），陈嘉上编剧作品，邵氏出品的时装爱情片，由黄泰来执导，张国荣、张曼玉、梅艳芳等主演。该片讲述了刚大学毕业的保罗，在地铁中邂逅了美丽动人的莫妮卡和富家女安妮，三人谱写了一场浪漫的爱情故事

拍戏要不停地创新

贾：后来你离开邵氏是什么原因呢？

陈：后来我拍完黄泰来的电影就离开了邵氏。我不想这样干下去了，其实有一阵还想离开电影界。我觉得邵氏拍的那些古老的东西不是我想的，觉得他们拍的戏没有劲儿。拍戏不应该只拍些古老的东西，更要不停地创新，不停地让观众有一些新的看法。徐克拍的武侠片跟我们邵氏拍的武侠片就非常不一样，尽管邵氏武侠片很好看，可是有些东西总要往前走。后来我很

幸运地碰见了徐克，因为他要写一部戏——《财叔之横扫千军》（以下简称《财叔》）（1991），可是没有编剧，所以八个编剧都在谈，谈了两次以后徐克挑了我，跟我说："你出来吧，我挑你去写，可是你不用写《财叔》了。"然后我就替他写了他监制的戏——《城市特警》（1988）。

贾：如果没记错的话《财叔》最后的导演是徐克和程小东，您跟徐克导演是不是就从那个时候开始在一起做电影的？

陈：对，但《财叔》我没有参与创作，徐克那个时候问我有没有兴趣给他写剧本，我当然（有兴趣）写，什么都写，我变成了徐克的学生，基本上徐克电影工作室所有的电影我都参与，尽管没有名字。所有创作会基本上我也都在，看徐克怎么思考他的剧本、怎么谈剧本，创作会以外徐克还经常带着我，教我好多东西，比如让我看他的一些笔记，他想每一场戏的时候都会写下来。

贾：您就在他的工作室？

陈：对。

贾：我们看您做编剧以后跟嘉禾跟成龙有过合作，那个时候应该影响很大，以至到现在都有很多影迷，能谈谈当时的情况吗？

陈：说来是很大的一个荣幸，那个时候作为编剧，我们就在工作室一起不停地写。那时我年少，在工作室又是学徒，所以地位比较低。那个时候就会借一些剧本来写，不用自己的名字，说白了就是替其他编剧写，当枪手。后来就这样写着、训练着，我变成了一个思考很快、写得很快的编剧，记得写得最快时候我晚上六点钟开始听一个剧本的分场，第二天四点就能交稿。

贾：您是什么时候离开徐克工作室的？

陈：厂里开始有人认识我，说这个年轻人蛮好，那个时候我觉得写得差不多了，我就跟徐克说我想出去了。

贾：是什么原因呢？

陈：我跟徐克对电影的看法有些不一样，尤其是文艺片，我觉得对文戏处理不该是这个样子的，可是徐克说就该是这个样子，我有自己的想法，就觉得是时候离开了，我就离开。

贾：今天我们坐下来谈起那段时光，有没有什么值得您怀念的事情或人呢？

陈：那时候我基本每天早上跟徐克，中午跟麦当雄，下午就是洪金宝，是真的爽，都在跟最好的电影人谈剧本。

贾：您当时是以自由身份。

陈：对。

贾：大概哪一年？

陈：大概1984年、1985年，就四处走，我是来者不拒的，有剧本要谈我就去谈，而且不谈钱。让不让我写其实我不太重要，因为我觉得谈剧本这件事本身就很有乐趣，尤其是跟高手谈剧本，都是些很好的导演，能跟他们坐下来一起谈这本身就很好。那个时候生活苦一点，但却是最快乐的一段日子。

《飞龙猛将》让我成为别人眼中能拍“大片”的人

贾：那段时间里有没有什么有趣的事？和我们聊一聊。

陈：有一次洪金宝大哥说他要跟成龙、元彪三个人一起拍部戏，但他不在香港，让我们想题材跟成龙谈，光题材我们就想了三个月，每一个题材最后都退回来了，大家就又不停地找题材。我还记得大哥洪金宝和成龙说要拍《刺马》（1973），因为他们觉得三兄弟就拍《刺马》三兄弟嘛，可是那个时候老板就很慌，《刺马》死人很多，不可能是贺岁片了，怎么办？谁也不敢跟大哥说《刺马》不能拍，我就说我去说吧。

贾：大家都不敢说的事您却敢，是什么原因呢？

陈：因为第一，我不是他们那儿的员工，是个局外人，所以我不怕得罪大哥；第二，《飞龙猛将》（1988）的题材是我想的，那就我来说。记得很清楚在一家酒店，他们三个人跟我说想拍《刺马》，我就说不能拍《刺马》，之后给他们分析不能拍《刺马》的原因。我又说了《飞龙猛将》这个故事，并且讲明这个故事对他们每个人都有好处，因为这个故事比较创新，说完以后，洪金宝就说：“也好，就这样定吧。”洪金宝就是这样的人，他不怎么说话，但一锤定音，定了就不再说了。后面我写了大纲后他就说我的工作已经完成了。我说我还要写剧本，我就写了这么多。

贾：影片拍出来跟您想的一样吗？

陈：很相近了，司徒卓汉是个非常好的编剧，我们要干什么他抓得很清楚。而且我觉得他写的一些比我的概念还好，就是有一场戏特别适合抓拍，他当时就说出来，我觉得好厉害，是关于元彪饰演的人物。这个人物就是长长的河里游着的鱼，往前游不能往后游，元彪就是这个性格，这个戏出来后让我印象深刻，觉得很好看。

贾：在整部戏里我们注意到有很多非常巧妙的细节，包括道具。

陈：这些东西其实在谈的时候我们就已经谈好了，但整部戏我们并不是从情节出发的，而是从人物出发，包括三个明星怎样体现他们饰演的人物性格，怎么样让观众爱看他们，等等，这个地方我们真的想了很多东西。

贾：我们看了一下每个人物的出场，这三个人物塑造得都非常好。

陈：因为我们当时真的是花了很多时间在怎么建立这三个人物上。

贾：看得出来非常用心，元彪出场从不从正门进去，而是翻墙进去，成龙做律师，洪金宝卖东西。

陈：这也是这部戏的中心所在，三位大哥一起拍戏，三个人物哪一个都不能是弱的，一定都要很强，这部分还挺难搞的。所以说我是幸运的，搞好这一部分，三位大哥都同意了，也都满意了，就继续往下。

贾：像这样标准的动作片剧本是不是会涉及很多动作场面？

《飞龙猛将》（1988），片中一段三人因误会展开混战的动作戏，你中有我，我中有你，异彩纷呈

陈：其实不是的，很多动作场面都是演员在现场想。那个时候拍戏时间长而且很不一样，尤其在拍打戏的时候，你真不知道大哥在想什么，他到现场就改，像洪金宝导演、成龙导演，编剧只是给了他们人物的性格，其他的很多东西都是他们自己创作出来的。

贾：这部片子当时影响怎么样？

陈：还好吧，可是那个时候对我来说是不可多得的。

贾：之后这部戏给您带来了什么影响？

陈：说起影响的话，基本上别人会说我是个在电影界能写大片的人了。事后成龙曾经邀请过我，说他所有片子都给我写，可是我又不答应，因为我觉得自由太好玩了。我走后反而没有写大片，而是去写德宝的戏，这最大的好处就是由我们来决定每个剧本的题材，先创作之后再去找导演、演员，这在那个年代是不可思议的。

贾：在德宝期间有没有代表性的创作？

陈：有一部戏叫《双肥临门》（1988），还有另外一部是替八爷（袁和平）写的。

贾：当时有部戏叫《洗黑钱》（1990），是袁和平导演的戏吗？

陈：袁和平做导演。我忘了这部戏的戏名，这部戏是我第一次跟袁和平导演写，基本上是义作，当时已经快没钱了，可是我说没问题我来写，我就跟袁和平导演写，然后就写那两个戏，第三部就是《三人世界》（1988）。

《逃学威龙》实现了我拍动作片的梦想

贾：您做编剧写了很多戏，那您第一次做导演是哪一年？是《逃学威龙》吗？

陈：不是的，《小男人周记》我正式开始做的导演，在拍《三人世界》时我做的是执行导演，尽管是我拍的，但很多事情还是导演冼杞然决定。

贾：那《逃学威龙》呢？

陈：拍《逃学威龙》的时候我已经做导演了，这部戏是我跟黄炳耀一起写的。那个时候洪金宝大哥的大部分戏都是黄炳耀写，后来他离开了洪金宝，自己写了好多戏，在拍《逃学威龙2》（1992）的时候，黄炳耀去世，他是香港最天才的编剧之一。

贾：《逃学威龙》这部片子您是和周星驰合作的，当时周星驰好像自己真正做主演的机会还是比较少的，《霹雳先锋》（1988）应该算是他最早主演的片子。

陈：那时已经拍完《赌圣》（1990），后来还有一个叫《新精武门》（1991），然后到《逃学威龙》。那个时候《新精武门》的票房不太好，有一个说法是周星驰的年代已经过去了，有一批影评人骂他，看不起他，我就是在那种情况下跟周星驰合作了。

贾：结果《逃学威龙》大卖。

陈：是，这其实也奠定了周星驰往后的市场。

贾：影片当中我们也看到他的一些无厘头的风格，那动作场面是他自己要求的还是说本来就有？

陈：动作反而是我要求的，《逃学威龙》其实实现了我要拍动作片的想法。在《逃学威龙》之前我拍了《小男人周记》，挺成功的，人家就觉得干嘛还要辛苦地拍动作片。我拍了《神探马如龙》（1991），但他们也不让我拍动作戏，那时我就很想证明我是懂拍动作的。《逃学威龙》就想加一点动作进去，这部戏证明了我可以拍动作片，而且我从来都很幸运，当时我跟监制说想加强动作这一部分，要不然喜剧也太静了，票房突破力量也不够，如果能加些惊险动作进去，喜剧就不只是喜剧了，就能提升了，监制听完后很支持我。

贾：得到监制的支持后您就和周星驰谈了？

陈：对的，我就跟周星驰说加一点动作，在此之前我从来都不知道周星驰的动作那么好。拍的第一天，我和星仔说，他要踢掉演员嘴里的烟，就是二话不说上去一脚，对方嘴里的烟就要被踢出去。我设计这个动作的时候告诉含烟的演员他大概要让人踢，可是要顶住，摆好机器之后就让星仔踢，那个时候我心里想起码得拍五六遍，可是第二遍周星驰就踢到了，我们也就拍好了。我当时说好厉害，他说可以吧可以吧，之后就走了。那个时候我就知道这家伙练得好厉害，他是个李小龙迷，我就放心了，之后就加了很多动作。

贾：周星驰其实对动作还是有一些自己的见解。

陈：是的，他很有见解，很有自己的看法，打功夫用心，又有自己的一套。周星驰有很多东西大家是看不见的，不要看他嘻嘻哈哈的，你觉得他是傻瓜，其实一点都不傻。

《逃学威龙》（1991），一部喜剧动作片，但动作场面并不太多，不过几个动作场面设计得干净利落。影片以4300多万港元票房，位列1991年香港电影票房榜首

勇敢打破传统，自己设计动作

贾：《逃学威龙》还拍了续集。

陈：是的，《逃学威龙2》《逃学威龙3：龙过鸡年》都是和王晶导演拍的。

贾：那在拍摄中有没有遇到困难？

陈：有困难的，第一集的时候我用的还是武术指导，那个时候我是香港第一个在很长一段时间里拍飞虎队的导演。我拍的时候做了大量的资料收集工作，那个时候在香港做资料收集的人还不多，但是我就是想要了解真实的东西，武术指导就觉得我很烦。

贾：当时谁是武术指导？

陈：王坤，他是一个很好的武术指导，但他们拍戏的概念是假的。我的概念和动作跟别人不一样，我要找那种真实的东西，没有资料拍出来的飞虎就不是飞虎。你留意第一集，我其实对动作那一部分不算太满意，打啊、枪啊这些场面省略了很多，第二集稍微好一点，可我还是不太满意。

贾：那后来您还会经常用武术指导吗？

陈：拍了两集以后，在拍《飞虎雄心》的时候我就没有用武术指导了，自己拍，这是两种完全不一样的概念。武术指导他们从小就训练人跟人怎么搏击，然后做出怎样的反应，这些都很传统，但我要的不是传统，我要把这个打破。

贾：既然您认为武术指导他们的一些东西比较传统，那您是怎么打破传统的？

陈：要是看我《飞虎雄心》之前的港片，所有角色中枪后都差不多，后来我就说中枪不要再表演了，可是对他们来说中枪是一种很好的表演，到了《飞虎雄心》我只好自己干，所有东西都由我自己来编排。

贾：包括动作设计？

陈：对。

贾：我觉得《飞虎雄心》是一个类似于军事题材的影片，这部影片我们发现您是做了很多工作的。

陈：对，光资料收集就干了两年，见过很多真实的飞虎队，而且在拍摄之前光是训练演员用枪就训练了两个月，几乎每天都要训练三到六个钟头。

贾：片里有三场比较经典的动作场面，特别是最后一场，感觉像是实战一样，当时是您在现场自己设计的动作？

陈：那个时候我已经比较容易了，因为拍过《飞虎雄心》就有些经验，而且拍《飞虎雄心》整个过程中有两个人每天都跟着我，我们不停地在想该怎么拍动作。一个是林超贤，另外一个就是罗礼贤，我们合作得很好，到了拍《飞虎》的时候我们立即分工，

贾：那演员呢？您是怎么挑选的？

陈：演员都是很有经验的演员，大家都拍过戏对枪非常熟悉，他们有时候拿枪的姿势比很

《飞虎》（1996），正反两派狙击手近距离对决，最后以近身格斗技巧术一决生死的戏码，是港产电影中极为少见的动作戏模式，拍得张力十足又煞是好看

多警察还好看，因为他们在街头拿枪（拍戏）的机会比警察要多。有天我们拍戏，有个警察还走过来问用的是什么枪，因为他们平常没有机会碰这个枪，没见过，可是我的演员碰这个枪已经两年多了，而且我的训练不只是要演员会打，还要训练他们把枪拆下来后再重新组合，这样做就是想让他们对枪有信心，懂枪的演员跟不懂枪的演员差距特别大，不懂枪的演员拿枪的时候觉得枪很危险，但懂枪的演员觉得枪就是很随和的好朋友。

贾：影片中一些非常生活化并且有感染力的场面我觉得都离不开您收集的材料，这给其他导演拍的话可能会涉及一些别的东西，比如添加搞笑元素，在视觉上设计更加具有冲击力的动作，但是您选择的是一些非常切合实际的设计。

陈：我跟飞虎队队长太熟悉了，还有就是我对军事特别有兴趣，会搞模型，看很多和军事相关的书。因为香港没有军队，也没有军队题材的东西，我在搞飞虎，要是不搞飞虎，我就一定拍军事，我的愿望是能拍一个军事片。

贾:《飞虎》影片中您设了两条线，海关督查和飞虎队，片中的女演员比较文弱，像个实习生，您当时是怎么有这个创意的？

陈：其实我就想做这个差距，《飞虎雄心》把飞虎队捧上了天，他们都好厉害，可是好厉害的英雄叫人怎么看呢？我当时决定把别人看不起的海关加进去，重新定位告诉你，其他岗位上的人也是英雄。

贾：您是军事迷？

陈：我真是军事迷，可比较特别的是我是个反战的军事迷，人家觉得很奇怪，既然我反战，为什么还是军事迷，其实我觉得一个人越了解战争才会越反战。所以说我拍武打片不等于宣扬暴力。对我来说《孙子兵法》里非常厉害的地方就是武力这东西在非用不可时才会拿出来用，这是《飞虎》《飞虎雄心》里基本的观念，也是我处理所有暴力场面会思考的东西。

寻求真实的力量，拍一个全新的陈真

贾：您跟李连杰有过合作，您也知道《精武英雄》这部片子的重要性以及它对观众的影响，所有看过的人都说好，这部片子跟李小龙拍的陈真，梁小龙拍的陈真都不一样，可以说是一种全新的方式。

陈：《精武英雄》是我一生最大的难题之一了，李小龙多厉害，梁小龙也很厉害，那我再拍一样的就是找死。李连杰跟我说的时候我怕得不得了，我当时也刚拍完《武状元苏乞儿》，所以我跟他说我不再拍武侠片了，起码短期内不拍了。我说这个难拍，让他给我时间思考，要是我想通了就不难拍了。之后我又看了一遍李小龙的《精武门》（1972），看完之后就想这部电影到底怎么拍。

贾：那结果是？

陈：我想通了，我就跟李连杰说具体想怎么干，然后他就说："你想怎么拍就怎么拍吧，我什么都服从你的。"这其实也是因为我们之前的关系，我替他写过《中南海保镖》的剧本，那时审完后就觉得特别好。

贾：在定下来要拍之后，李连杰在片场是怎样的一个状态呢？

陈：实际上李连杰在现场话很少，我说什么他干什么，他是一个很好的演员。我跟李连杰很谈得来，我跟他不只是谈拍戏，也跟他谈我怎么揣摩这个角色，怎么看武打，怎么看李小龙。因为我小时候是李小龙迷，也看过好多李小龙相关的东西，我学的就是他学的咏春，所以我懂一点点武打，我就跟李连杰说千万不要重拍李小龙饰演的那个陈真，要不然就不需要李连杰了，李连杰就是李连杰，我要重新创作李连杰的陈真。

贾：那您后来是怎么创作这个全新的陈真的？

陈：我跟八爷说要不一起干，八爷答应了。我问八爷怎样搞一个新东西出来呢，八爷说万变不离其宗，但我想总要有一点新东西吧，后来我们只做一件很狠的事，就是尽量不让八爷吊威亚，因为我觉得威亚带着一种不真实感，但真实有真实的力量，不一定只有好看才有力量。

贾：您具体是怎么去表现您想要的那种真实感的？

陈：故事写好后就跟八爷去拍，第一天拍李连杰在学校打斗的戏，要拍李连杰抓起一个人然后把他扔出窗外的镜头，可是拍的时候人没穿过窗，跌下来了，八爷叫停让再来一遍，我大叫我就要这个场面！不穿窗比穿窗好看太多了，原因是人一下撞上窗户后再跌下来的感觉比穿

《精武英雄》（1994），代表了香港功夫片的一个新高度。李连杰在这部影片中融合了他多年研习的中国功夫和西洋拳法，让功夫迷们看得如痴如醉

窗更有力量，演员砸到桌子上的戏，桌子是不能破开的，我要他们摔向桌子后在弹开的那种感觉，这就是真实的力量，那天我觉得抓到我想要的感觉了，就很开心。

贾：袁和平导演对您现场的这种改变是什么态度？

陈：我和八爷说想改，他看后说：“我明白你想干吗，挺好玩。”然后就改，整个戏的风格慢慢开始变了。八爷本来就是一位很厉害的武术指导，他把我要的感觉发挥到了极致，往后我就不多说话了。那个时候我们没有背板，摔打的力量够不够都是自己来感觉，力量不够重的话就再拍，不停地拍，武师打晕了换了再打，受伤那是一定的，八爷就说：“嘉上，这是我们的专业，不用担心，死不了。”之后再继续拍，所以我很佩服八爷，武师也很厉害，他跟我说：“没问题的导演，八爷知道他在干吗，我们也知道我们在干吗。”

贾：可以说您在整个动作风格上定了现实风格，从效果来看非常非常好。

陈：对，非常好非常好，尤其李连杰一人对多人打进虹口道场的那部分戏。之前我就说要突破李小龙和他的连环八脚，后来我们就用一个拳头抵住一个脚来表现力量。

贾：那个风格非常好。

陈：可是也不等于说我们就离开了李小龙，里头有一场戏基本上是按照李小龙的想法拍的，是李连杰跟师父的打戏，这是文跟武糅合在一起的一场戏，两人讨论武功，用他们的打法去表现这个讨论，可是这个讨论从什么地方来呢？这个讨论是李小龙年轻时写截拳道时关于他怎么看中国武术的一段讨论。

贾：实际上就是说他们在引证一个理念。

武术在于技艺，更在于武德

陈：不单是从技术上讨论武功，也从道德上讨论武功，包括武打的人怎么看武功。像后来陈真和船越文夫有一场打戏，船越眼睛不好，陈真就主动把自己的眼睛蒙起来，这把武功的技术地位和道德地位提升了很多，我最爱这样写。

贾：作为观众我们真的是非常喜爱这场戏，小时候看过后就印象特别深，记得两人在决斗之前，船越问血气方刚的陈真最强的拳是什么拳？最强的防守是什么？我觉得这场戏应该是经典的文戏和武戏的结合，当时这场戏是和八爷一起讨论的？

陈：对，八爷说光靠武术指导是出不来东西的，文戏写得不好怎么打都没用，八爷的武打是要靠文戏的，每一场打戏基本都跟故事有关，他不光在打还在讲故事。一部戏如果故事力量不够、人物背后力量不够那怎么打都打不出力量来，所以我跟八爷合作的时候学到很多，之前我很怕武术指导，八爷让我反而佩服武术指导了，要是碰见像八爷这种武术指导一定很棒。

贾：从《精武英雄》开始，有很多武侠/动作电影开始设计动作与剧作、叙事等相结合的主题，之前大家对武打片的印象还停留在一些基本打斗，一些纯粹审美。

陈：我说好的表演过程就像京剧一样，越看越好看，越看越爱看。

贾：从《精武英雄》开始很多其他动作导演都开始注意这个问题。影片《精武英雄》有很多动作场面，包括最后陈真跟藤田刚的那场决战，是不是所有演员包括藤田刚的扮演者都是些高手？

陈：基本上都是高手。

贾：所以您选择写实的武打风格其实还和演员素质有关。

陈：对，要求很高。周比利（饰演藤田刚）很厉害，有一个镜头是李连杰很长一段时间不停地踢他，要不然不好看。拍完导演就去拍其他戏了，因为武打可能还要补戏，所以当时周比利没有离开现场。过了一会儿有个小工过来跟我说，应该送周比利去医院，他受伤了，我去看他，脱了裤子都是血，整个大腿通红，血管都出来了，他说他习惯了，我让他马上去医院，医生让他回来再回来。后来医院让他回家，他不回家还是回片场了，并且告诉我没事，说自己是打拳出身的，已经很习惯这些了，所以说他很厉害。

贾：戏里一些动作的风格表演其实难度很大。

陈：对，难度很大。

贾：而且我觉得因为不是专业武术指导，所以很多特写镜头显然是真的打到、踢到。

陈：特技是解决不了问题的，我们行内说一定要一次就好了，NG 还要多试几次，还不如一次来，每次拍的时候我都很难受，他们疼的时候我心也很疼，所以说八爷很厉害，叫人佩服。老实说，《精武英雄》在当下是不成功的。

贾：包括同期的《太极张三丰》（1993）好像也是，当时看了以后觉得这部影片完全超出这个时代了，但是那个时候票房好像没有想象中那么好。

陈：没想象中好，好在不用赔，可老实说对李连杰而言是赔了，因为他本来是用他的片酬来拍戏，可是他赚的钱不比他替人家拍戏的片酬高，所以等于他赔本了。我还跟李连杰打电话道歉，李连杰让我不用介意，因为这个戏是他少有的好戏，拍这个戏他完全没有后悔。

陈：其实很简单，大部分的片都拍得太烂了。大家觉得武打已经不好看了，港产片已经不好看了，大家对你的创新也看不见了，就基本上不讨论，能想象《精武英雄》当年只有两个影评吗，一个影评是我好朋友写的，他觉得还好，可就是没突破，不精彩。另外一个影评基本上不是影评，因为写影评的不是影评人，他是一个大学教授，说《精武英雄》很难得，港片竟然用这种角度去看中日关系，看民族关系，而且动作也很有想法。我那个时候是非常沮丧的，觉得自己的努力别人基本上看不见。

贾：一直到现在感觉这部戏还是非常好，具有标志性意义，同期的《太极张三丰》也是，感觉创新、叙事都很中国化。

陈：拍《太极张三丰》的时候我跟另外一个编剧王健，两个人去了北京，那个时候要改剧本，我替八爷改了剧本，改了一个星期。所以那个时候也是，票房不特别好。

贾：但你应该觉得也是种安慰，包括《太极张三丰》也是武侠片当中的经典。

陈：那个时候大家都低估袁和平了。

贾：他做武术指导也能做导演，而且都不错。

陈：八爷是时代之前的人物，他永远往前走。我常说既然是先锋那就要承受，大家看不懂也无悔，历史自然会还你公道，八爷就是这样一个人物。你现在再看八爷的戏，比如《奇门遁甲》（1982），那里面很多戏其他人看不懂，包括现在很多人都不懂。

贾：《精武英雄》里面有一条感情线，最初你为什么会选择设置一位日本女孩子呢？

陈：有感情线，陈真跟师妹。因为这个戏要突出中日关系，突出整个民族之间的仇跟情。日本人侵略中国我是特别痛恨的，但这不等于所有日本人都是坏人，那个时候日本大批左翼作家被国家政权侵害，他们也会跟日本帝国主义斗争。所以我在写这个戏的时候觉得不能再犯从前的错误，不能见一个日本人就杀一个日本人。我们搞文艺创作的，不就是为了让生活好一点、让世界好一点，所以我想认识民族之间的关系，因为这也是寻求进步的一部分。

贾：这确实是挺有高度的一个考虑。

陈：口说没用，我一定要用非常平实的方法做这个事情，所以《精武英雄》就写出那样一段情，但也有无奈，在那种时代下男女之间的爱情不得不放下……

（2007年8月13日于北京电影制片厂摄影棚）

2019年12月21日，陈嘉上与本书作者在广东佛山功夫电影节

做自己的热血电影

刘伟强

刘伟强，1960 年 4 月 4 日出生于香港，电影摄影师、导演。1980 年中学毕业后，喜爱摄影的刘伟强投身邵氏影业。参与的第一部电影是为刘家良导演的《十八般武艺》（1982）做摄影助理。1985 年，刘伟强正式担任摄影师，拍摄的作品有《龙虎风云》（1987）、《旺角卡门》（1988）等。摄影大师杜可风曾称刘伟强的手提摇镜摄影是全香港最棒的。1990 年，首次担任导演，执导电影《朋党》。1995 年与文隽、王晶合组最佳拍档电影制作公司。2002 年，自组基本映画制作公司，创作《无间道》，该片获得第 22 届香港电影金像奖最佳导演奖、第 40 届台湾电影金马奖最佳导演奖。2004 年，《无间道 II》提名第 23 届香港电影金像奖最佳导演、最佳摄影。2006 年，凭借电影《伤城》获得第 26 届香港电影金像奖最佳摄影奖、第 12 届香港电影金紫荆奖最佳摄影奖。2007 年，首次尝试执导好莱坞电影《尸踪现场》。2008 年，担任香港专业电影摄影师学会会长。2014 年，再次执导好莱坞电影《青龙复仇》。2017 年，执导武侠魔幻新片《武林怪兽》；刘伟强尤其擅于创作漫画改编电影以及大量运用电脑特技的影片。代表作品有《古惑仔》系列、《风云之雄霸天下》（1988）、《中华英雄》（1999）、《无间道》三部曲、《头文字 D》（2005）、《雏菊》（2006）、《伤城》（2006）等。2017 年，执导“建国三部曲”系列的第三部，献礼建军 90 周年的革命历史题材电影《建军大业》，让当代明星饰演革命历史人物，并将诸多商业元素注入中国主旋律电影的叙事结构之中。2018 年 12 月，执导电影《武林怪兽》。2019 年 9 月，执导根据 2018 年 5 月 14 日四川航空 3U8633 航班机组成功处置特情这一真实事件改编的主旋律英雄剧情片《中国机长》（2019）。2020 年 10 月 1 日，刘伟强执导以抗疫英雄钟南山为原型的电影《中国医生》，成为内地主旋律电影的中坚导演之一。

简单说，我拍的动作，无论是刀剑武侠片、拳脚功夫片，还是赛车之类的，因为赛车也是动作，我的风格就是利用电脑特技，把它们做成跟前辈不同的东西。我是一个很注重完美的人，我拍打戏，要求有美感在里边，我可能就是这样区分。还有就是对于我拍的影片，无论是打拳的声音还是抽刀的声音，很多音效我都要求很高，我要用特技创造一种不同的声音。

——刘伟强

从摄影进入导演

贾磊磊（以下简称“贾”）：刘导演，您好，您现在已经是香港电影界赫赫有名的电影人物，有很多人都想知道您一开始是怎么进入电影界的？

刘伟强（以下简称“刘”）：我一开始就因为读书不好，毕业以后要上班，因为从小我就对摄影很有兴趣，想找一份摄影的工作。

贾：那后来怎样进入电影界的？

刘：很有缘分。因为从前我中学时，读书读不好，一毕业之后就去了中环的一个公司，在公司买卖黄金。然后有一天看见报纸有邵氏公司要请什么电影助理，我就写信去这个公司。因为从小就很喜欢拍照，弄这个相机，冲印自己拍的东西。然后，这正是个很好的机会。

贾：您家里有和电影或是摄影有关的长辈吗？

刘：我从小很喜欢看电影，大概从小学开始看电影。从前小学同学的爸爸就是开电影院的，所以我看电影是不用钱的。你看我的公司装修，就是从前电影院的大概这个状况，然后有什么电影啊，就去看。从前有很多的大片，有战争片、历史片、喜剧片，有很多很多，色情片也是从小的时候看的。

贾：您的电影启蒙好像比别的人要早很多。

刘：从小对电影很好奇，然后遇到有电影公司要请人，我就去写信去投稿。大概三次面试，公司要见人怎么样，为什么喜欢电影啊，问你很多很多问题。自己心里也很高兴。他们就让我去邵氏公司。当初我不是当摄影组的助理，是制片组的工作。后来有一天我找上司说，我的兴趣是摄影，能不能把我派去摄影组。他拿起电话打过去，那时候我很小，二十几岁。他在电话里说，你有没有空缺，能把这个小朋友摆进去。那边摄影组的头头说有啊，我就过去摄影组。参与的第一部电影就是刘家良导演的《十八般武艺》，就是这么开始我的摄影生涯，从 1981 年到现在，今年是 25 年。不停地就在这个电影圈。

贾：您说您从小就喜欢看电影，您当时是不是喜欢动作片呢？

刘：当时有很多电影，我记得还有动作片。有张彻导演的《独臂刀》（1967），我现在还有很深的印象，当时我就七八岁吧。

贾：你七八岁看《独臂刀》，怪不得会拍动作片。

刘：那时还有《黄飞鸿》，很多很多的黄飞鸿在香港演。还有很多武术的片子，什么《如来神掌》（1982）呀。可能小时候就看很多这种电影，当然也有很多不同的，像李小龙的。李小龙是我最欣赏的一个武打明星，从小我们好像疯了一样地迷他。我的房间全都是李小龙的海报，平常都是去学他的动作，也要买双截棍打。

贾：您刚才说到您也会一些功夫，那您是在拍电影之前就会，还是跟了刘家良这部戏之后才学的？

刘：在之前也学了很多。从前我住的是乡下，乡下有很多武馆，什么洪拳，什么螳螂拳，有很多拳拳脚脚的东西。可能从前我很喜欢去打架吧，就去学那些东西。我学过洪拳，就是黄飞鸿那个拳法，还学过太极拳。

贾：后来您从哪部电影开始自己做摄影师的呢？

刘：我第一部电影是1985年的《僵尸先生》，导演是刘观伟，讲的是什么崂山法术的东西，也有很多武打的场面，影片里有很多飞来飞去的东西。这是我第一部当摄影师的电影，然后就是《龙虎风云》（1987），还有就是王家卫的《旺角卡门》和《重庆森林》，很多很多。此前当助理的时候还拍过很多洪金宝导演的动作电影。

贾：您觉得跟这些导演合作，对您日后有没有一些影响？

刘：我觉得当然有很大影响了，像洪金宝，他是教我怎么拍动作片的导演。当时我是个很小的摄影师，他会告诉我，用什么镜头，摄影机怎么运动，去拍动作，为什么会有这个效果，我觉得我很小他就告诉我了，你拍这个东西应该这样，应该那样。我从他们身上学到很多东西，从前他们全是武师，洪金宝就是大哥，他拍东西是当时最好的，他们就教我怎么怎么样。后来拍《僵尸先生》，我是第一部，当时导演是刘观伟，他就用什么灯光，用什么东西，我们拍这个不单是要拍得好，打的东西也要好，要有气氛，因为它是鬼的电影，灯光要有这种气氛才好

《僵尸先生》（1985），香港僵尸片热潮的开山之作，将恐怖与喜剧结合在一起，丰富了观众的心理感受

看。有很多很多导演，从他们身上我学了很多东西。像林岭东，他是拍时装，动作所以很好用，他不光是爆炸的东西，他要求的东西要很有力量，力量不是你一拳打进去就很大力，他要看你的力量。

贾：您和王家卫导演合作的时候获了好多摄影奖，当时你们合作是什么样的一个状态呢？

刘：我们是很好的朋友，大概从我拍《龙虎风云》就认识他，从前他当编剧，他有一天说我要当导演，就找他去。我们可不可以一起去玩？然后我们也一起，在之前我们有很多时间沟通，我们在拍之前开很多会，他会告诉我他想要什么，我就说你究竟想什么，然后我们就不停沟通，好像办公室一样，每天要见面的，怎么去拍这个电影，他绘了很多图片给我，我希望灯光这个颜色，我想这个人的造型是这样，就是这样沟通。所以我从跟他拍了之后，我就很喜欢这种沟通。因为从前很多摄影师就是有通告那天去，没有通告，他们就不去，不知道干什么，所以我就是当摄影师。当导演之后，你要沟通，不是有通告时才一起，现在我首先要求我的摄影师、武术指导，很多都是没拍之前，我们商量开会，开很多会，我告诉他们我想怎么样，怎么拍，这个动作我想要怎么样。我就是在他身上要稍微沟通一下，学会怎么处理这个对白，对白很重要，所以他首先就要学会这个东西。

很想用自己的想法拍电影

贾：您拍的第一部自己当导演的电影是《朋党》（1990），当时是怎么从摄影当导演的？

刘：这个很好笑，因为当了很多年摄影师，当然当导演是我的志愿，从小当小工，我也是说有天我要当导演，就好像大导一样，咔，很有权威吧。但是当了很多年摄影师之后，就觉得你说拍东西，有时候你不能拍出来，因为导演要的可能不是这个，他有他的想法。所以就想当导演，因为当导演可以控制很多东西，摄影机的角度、音乐、服装、美术，你可以很自由地控制这个东西，有权力去表达你想要的东西，因为导演就是一个总领导吧，所以那时候就很想要当导演。很想按照题材拍，很想用自己的想法去拍，所以就促使我很快要当导演。

贾：是您选择拍《朋党》这样一部黑帮的电影吗？

刘：《朋党》也不是一个黑帮的东西，有警察，有年轻人，我还记得那时候是张家辉，一帮年轻人，初出茅庐的小伙子，遇到一群黑社会，黑社会打他，然后他去报仇。从前其实有很多自己的想法，还有些拆迁的东西一点点，因为从前很年轻，只管拆迁，还要摆很多东西进去，把它抬到东西里去。

贾：当时这部影片的票房怎么样？

刘：当时票房马马虎虎，我记得大概有18万港币，但是当时来说也蛮可以，是小成本的电影，但对我影响很大，因为我知道当导演是怎么回事了，不是我说你就能拍出来，然后就有很多音乐方面，原来不是这么简单，很复杂。你要当一个好导演，每个事情你都要去搞，从这个就学会原来每一件事情都要自己想好，要不然就不是你的想法。

贾：您在拍完这部电影之后，又拍了哪些电影作品？

刘：不记得了。好像有僵尸系列的，还有很多警匪的东西，然后就是古惑仔，之后就是《风云之雄霸天下》《中华英雄》，很多很多，忘记了。

我的电影中坏人一定死

贾：我知道“古惑仔”是改编自漫画，当时创作的背景是什么？

刘：这个想法很奇怪，因为我记得拍古惑仔之前是在拍《庙街故事》(1995)，郑伊健主演的，《庙街故事》是讲一个黑社会的人的故事。拍完之后，那时候有一部很火的漫画就是《古惑仔》，然后我就策划，说导演，这个现在很多人看的，很多读者，拍了一定能收。我说你要看一看《古惑仔》的漫画，有一天他拿了这么多给我看，我看了之后，蛮好啊，不是因为黑帮题材，最吸引我的地方就是它有五个人，好像有陈浩南、山鸡等，有五个朋友，他们从小住在很穷的地方，被别人欺负，然后他们怎么去加入黑社会的故事，这个是最吸引我的地方。因为我看了《古惑仔》之后，我觉得太暴力，太多东西我从前是不想拍，我就说我要改，我不是拍一个黑帮的故事，我想拍一个五个人的故事，因为从前我拍的《朋党》也是五个小孩儿的故事。五六年之后，我真的是拍五个人的故事，背景他们是黑帮五人组，但是我是拍五个朋友的故事，拍五个年轻人的故事，拍这五个年轻人怎么看这个社会，就是从这个方向拍，拍《古惑仔》。

贾：您拍第一部《古惑仔之人在江湖》的时候，有没有想过以后要拍那么多部？

刘：没有想过，因为我觉得拍第一集就很惨，因为当时是低成本，你不能请很多大明星，从前郑伊健也没有名，谁是郑伊健，谁是陈小春，很多人不知道。但是你钱不够，不能请很大的明星去拍，然后就是没有人看好。漫画的东西，在《古惑仔之人在江湖》之前有很多人改编，全都票房不好。所以当我拍《古惑仔之人在江湖》的时候，很多人也不看好，觉得一定得死，很多人说漫画的东西不能拍电影，最糟糕的是拍完之后，影院排片的问题。拍完之后要排期嘛，要上电影院，当时排了很多他们认为好的电影。后来有一个空档，这空档大概在现在这个时候，1月14号，因为这个时候圣诞大片已经上完了嘛，然后就是等农历新年，大概有两个星期，1月15日到2月1日。那就我们上了，一上，午夜场就很卖座，卖座得不得了，就是这样，我还记得这是我们公司第一部，是BOB(最佳拍档公司)。BOB是我跟王晶、文隽三个人开的公司，然后第一部就很受欢迎。本来我不想拍第二集的，一个电影院的老板跟我说，在外边很多这个东西，很多好像古惑仔的东西拍，你不拍他们会拍啊，他们吃到你的名啊。然后我就说好吧，就开始拍第二集，第二集拍完之后，好，拍第三集，第三集之后就拍第四集，就这样去拍。

贾：您刚才说您是重于五个人的故事，而不是强调它是一个黑社会的故事，但是有一些暴力，也就是黑社会一些行为，您是怎么样弱化或者说淡化处理这些暴力的呢？

刘：当然这些东西，这些场面有，但是我们不着重于此，不是要暴力得不得了。我们用一些我认为的美感和那些打的东西。你看我们就是跟黑社会不同，因为我觉得我是用电影的一种美学去拍摄动作场面，是用这个东西把它弄好。当然也有很多人说，你拍的东西有很多人去学，有一些年轻人去学，我就算拍一部好的电影，好看的东西他们要去学，像郑伊健穿的衣服，他们觉得很酷，他们去买。但是我要拍他们很酷啊，要不然就不好看了，我是用这个心态，不是想让年轻人去学坏的东西，我在我的电影中常常说，坏人一定死，像从前我小时候看《黄飞鸿》一样，你看这个坏人一定会死。一定会有报应这个东西，这就和最后坏人会死一样的道理。

第一次用电脑特技做出火麒麟

贾：您的《风云之雄霸天下》也是改编自漫画的，但是《风云之雄霸天下》又跟《古惑仔》不一样，您在里面用了大量的电脑特技，我们听说您当时为了拍这个，特意去学了电脑，您当时为什么看好《风云之雄霸天下》这个题材？

刘：当时拍了很多集《古惑仔》，大概一二三四五六，还有七。这个系列，我觉得有些闷。一个导演不能只拍一个东西，你要改变自己，那时候我找一些新的题材，又去找漫画的东西，时装拍完了，我再拍个古装。当时在香港《风云之雄霸天下》的漫画很受关注，但是这个难度非常高，因为有武打，它在漫画里表达的东西，当时在现实电影中很难拍出来。所以我想了很久，刚好那时候所谓电脑特技刚开始在香港兴起，我就想我们可以利用这个，摆进这个东西进去，跟动作，跟电脑的特技一起搞。我用了很多时间，游说我的老板应该怎么样投资，因为当时投资很大，需要很多时间，因为电脑特技与从前拍动作片不同，拍完就能杀，我们拍完之后，还要把我们拍的东西摆进电脑，再拍一次。《风云之雄霸天下》是我这么多年花最多时间的一个电影。

贾：你们的案头工作做了多久？

刘：脚本大概搞了半年。之后，我跟很多人对电脑特技，跟动作特技一起开了很多会，因为电脑特技不像从前的东西，你到现场做，就做出来了。每一个动作都要处理好，草头要搞好，才能去拍，要不然电脑跟动作就不配合，这是很糟糕的事情。所以在我拍完之前花了大概半年的时间，把每一场，包括对白的场，武打的场。因为当时我要利用电脑，搞一个另外的武术时代。我拍《风云之雄霸天下》之前，有很多武术的东西，但是我现在要利用电脑特技，搞一个很漫画的武打场面，所以我花了很多时间去构思怎么去拍这个东西。大概用了半年时间去拍《风云之雄霸天下》，用一年的时间去做后期，包括电脑特技，那时候我们还要搞音乐，因为当时我对音乐方面要求很高。

贾：我们想知道《风云之雄霸天下》当时是拍每一场、每个镜头的时候是已经想好这样后期的特技是怎样跟上，配合好的吗？

刘：我相信当时对我来说是很困难一个事情，因为我是第一次拍这么多电脑特技的电影。不但是我第一个，可能在香港是第一次碰见这个情况，很多工作人员，很多演员，都是第一次接触到电脑特技。我记得拍第一天开镜，是拍郑伊健到凌云窟取血菩提，要表现出很大的山洞，所以我就利用电脑，一个镜头大概搞了 14 个小时，因为当时我对电脑技术还是很陌生，工作人员也不知道怎么样，有时候不知道我怎么样，所以有很多时间去尝试怎么样弄这个镜头。在这场戏里还有一个叫火麒麟的东西，这个火麒麟全是我们用电脑搞出来的，当时是个很大的阵仗，香港从来没有用数码技术去搞一个怪物出来。那时候拍了很久很久，大概拍了一个月，每个镜头要跟很多工作人员去研究，有些电脑特技人员，有武术指导，也要跟演员怎么样，因为演员是凭空，对着空气去打火麒麟，所以要很多部门一起看才能完成。我们有很多东西需要配合，像风，像烟，演员要望火麒麟，跟火麒麟每打一拳的时间，我们要很精准地去计算。这个是刚开始，所以花了很多精力和时间，有些外景我们在内地拍，我还记得去四川拍，拍完之后回来，我们还要补拍很多东西，当拍完那些东西放进电脑，很多东西不行，有些去打这个拳，这个东西走掉，很多不合适的，所以那时候就花很多时间去弄这个东西。

贾：您刚刚提到郑伊健那一场戏，就是他去拿血菩提那场，这个视觉效果也是让人看着特别冲击，您当时拍这部戏的时候是怎么做的呢？

刘：我当然第一是想这个剧本，郑伊健进去看见什么东西，然后就有火麒麟这个怪物出来，然后怎么打它。那时候我有一个概念，因为我小时候看过很多动画片，就有用巨人去搬怪物，但是我觉得不好看，好像有时候就是很杂。所以我就想我们可不可以利用这个技术去搞一个很好很特别的火麒麟出来，然后第一个就是切割火麒麟。我们找了很多特技师，把火麒麟切割出来，什么模样。我们就是利用这个，我们中国有脸兽，很凶残，我们就拿很多资料去看是不是用这个，切割了一个很好的一个东西，然后用电脑去模仿出来，用三维去搞一个怪物出来，它搞出来就是它怎么样跳动，怎么样有火喷出来，也能伤很多东西这样去弄出来。

贾：那您觉得《风云之雄霸天下》这部影片，除了视觉上的震撼之外，您想传达一些什么精神？

刘：我觉得这个也是人与人之间的关系吧。《风云之雄霸天下》故事就是一个师父，他有三个徒弟，还有一个女儿，师父怎么利用这三个徒弟去控制很多人，但是徒弟跟女儿有一些爱情的东西。这个爱情很过瘾，就是师妹同样爱这两个师兄，她觉得我为什么不能，我爱郑伊健，也可以爱郭富城啊，为什么不能够这样？最后，可能很多人说《风云之雄霸天下》有很多武打特技，但是我在整个电影里边，就是父女情跟师徒情，师父好像是好人，但是他是利用他徒弟来控制整个武林。

贾：那您觉得符合我们中国传统的武侠精神吗？

刘：有些不同，不同的是我们从前的武打就是报仇，就是他杀了我的师父，我就去报仇。但是这次不同，这个师父到这个徒弟，他们三个徒弟里面教他们一样东西，对他们不好，也是他们杀父仇人，这个是最重要。这个师父是徒弟的杀父仇人，他怎么样回过头来报仇。

好莱坞现在要学我们的东西

贾：您刚才说您跟王晶导演成立了最佳拍档公司，那他们对您拍片有哪些帮助呢？

刘：当然从前我说对剧本方面，他们有帮助，因为你们知道王晶和文隽是很出色的编剧吧，所以他们对我的帮助很大。最好的地方是，他们先听你的想法。当时我还年轻，我说我用电脑特技拍个东西，他们很支持，因为当时很简单一个动作，在香港当时是第一次，谁知道会好还是不好。我当时花很多钱，花很多钱拍《风云之雄霸天下》，要是票房不好那就糟糕了，什么都没有了，但是他们很支持，他们说刘，你现在究竟搞什么，半年还没有弄好。我说你们不懂，我也不懂，我要搞好才行，他们也很支持。

贾：那《风云之雄霸天下》的票房是不是很好？收回了，还赚了很多钱？

刘：我相信《风云之雄霸天下》就跟《无间道》差不多，我记得《风云之雄霸天下》是在1997年，收了5000万，当时好得不得了，公司赚了很多钱。

贾：那您后来又拍了一部漫画改编的电影《中华英雄》。

刘：对，《中华英雄》（1999），然后《决战紫禁之巅》（2000），那时候就好一点了，知道怎么利用电脑特技去拍。像《中华英雄》就是我利用蓝布景，郑伊健跟吴镇宇在枝柳头上打，我全是用蓝背景去拍，因为不能真站在上面这么拍啊，所以利用电脑技术去拍这场戏。我听说很多年之后，有一个好莱坞导演，拿《中华英雄》DVD，跟这个武术指导（武术指导是元奎）说，我要这场跟这一样就可以了，他们就是要这样打，所以那时候就觉得很好笑，因为你知道很多年前都是我们学他们的东西，他们这个预算很大，场面很大，现在是反过来，好莱坞要学我们的东西。

贾：当时《中华英雄》的武术指导是谁啊？

刘：跟《风云之雄霸天下》一样是林迪安。他跟我很多年了，现在他还是帮我，好像最近的一部他也是当武术指导。

贾：我听说当时像《风云之雄霸天下》里面一些演员打戏，轻功啊，都是电脑特技做出来的？

刘：有一些是，有一些不是。我用演员很奇怪，我不大喜欢用替身，不像很多武术指导，他们就很喜欢用替身，他们觉得演员打得不好。但是《风云之雄霸天下》跟《中华英雄》的打法，可以利用电脑特技去帮演员，所以很多动作我还是要求他们去打。但是我们也有替身，有一点点替身，我要求很多东西由远飞来，飞来飞去的，要用演员，因为当时他们身手也蛮好，郑伊健跟郭富城的身手也蛮好，杨恭如我要吊她钢丝，然后飞也是她自己去，因为我觉得拍替身不好看，演得很假，你要背他的脸，有时候替身在你这边，他的脸就会穿帮，我很不想用这个东西，所以最难拍动作的时候都是用演员去拍。拍《中华英雄》时，郑伊健剑不好，我就训练他，我找最好的老师教他，这样那样，每一招都要他去练。

每件小事情都要处理

贾：您刚才提到一点，您在拍戏的时候，就是无论是文戏还是武戏，打戏，您都会自己亲自去导，而不是完全交给动作指导，您觉得这样是出于什么考虑呢？

刘：我觉得当一个导演有很多种，有的导演他就是看，OK。我不是这个，我是一个很麻烦的导演，每件小事情我都要处理，像灯光、服装、音乐等，很多武打的东西，我要处理，因为这是我的想法嘛。当我拍一个电影，像《风云之雄霸天下》，导演要知道漫画改编的武打该怎么去拍，怎么去搞，从前很多导演打的场面都给武术指导去做，但是我不行，我要文戏和武戏连贯在一起。要不然我不拍打戏，怎么把要呈现的东西统一起来，我的心态就是将好的剧本、好的演员、好的服装、好的灯光、好的摄影、好的武打，我觉得一个导演就是将这些东西摆一起，然后变成一部好看的电影，所以每一个细节，每一个场面，我希望全都是自己拍的东西。

贾：后来我们知道您拍了特别有名的《无间道》，当时《无间道》最初吸引您的是它的剧本吗？我们听说您后来亲自把这剧本给改了一下，是吗？

刘：不单是《无间道》了，你当导演，拿了一个剧本，用你的想法再改一下，从前的《风云之雄霸天下》，跟着《古惑仔》系列，很多都是这样。你当导演，什么东西都要管，导演派给你之后，他有很多东西要改，所以还是和从前一样嘛。拿了剧本你觉得哪里不舒服就要改，又不是你拿了剧本就能拍这么简单，你还要花很多时间，因为没有一个剧本是原笔不动地拍，你还要放很多东西进去，你要听很多人意见，你要听发行方、投资方、演员、武术指导……很多人的意见，归纳他们的意见去弄一个你觉得最好拍的剧本。《无间道》是，《古惑仔》也是，导演会要求剧本有些东西，但是他们没有写进去，你会很烦恼，为什么会这样，有时候他们想拍的东西，他们写进去，但是我后来不愿意拍，像《无间道》一样，很多东西它在剧本里，但是我没有拍。

贾：为什么剧本上有的东西您没有拍呢？

陈：我觉得不用拍，很多东西不用一二三四五写出来，可能你只取三，或者你只取五，这个过程是一定要的，一个好的导演，一个好的编剧要一起，就能将这个剧本搞得最好，因为编剧有编剧的想法，导演有导演的想法。我记得拍《无间道》之前，我就叫他们不要麻烦我，我关了房门两个星期，我就想怎么去将这个东西一团团地抠出来，然后将很多不合理的东西，我想加进去的东西搞出来。

贾：您后来加的是一个人物，是不是？

刘：当一个导演，你要整体去看一个东西。哦，这上面需要什么，没有，给它加进去。然后再去看。梁朝伟跟刘德华，从前剧本是他们碰两次面，我说不行啊，我要碰八次。我告诉他们，我不理他们，我们要碰很多次面，然后有一场戏就是我们有四个影帝，写出来剧本他们没有碰面，我说不行，要碰两场。因为我不但是导演嘛，又是场记，你要看得很通。我想要说我是一个拍商业电影的导演，你要知道拍完之后，你要票房，要收钱，有时候你要跳出来，这个拍完之后，

《无间道》（2002），香港电影的救市之作，突破香港以往警匪片的警匪对立，重在刻画人在特殊环境里的人性畸变。影片获得包括最佳导演、最佳影片在内的七项金像奖

能收多少钱，我们说是商业的一个东西。你要这样去计算这个东西。

贾：您在拍的时候，看好《无间道》吗？

刘：这个剧本写好就看好，当然很多人不看好，所以我们最后就拿这个《无间道》，很多公司不开，我说你写剧本，我们就能开，当然拍之前我已经看好这个题材。

贾：您和麦兆辉还有庄文强，现在大家知道你们已经是非常著名的铁三角，当时你们在创作的沟通上是怎么合作的？

刘：我们基本上不沟通，当我们拍之前，我们先想好一个题材，就像《伤城》，他们就会告诉我，《伤城》有两个人，一个梁朝伟，一个是金城武，一个是整天喝酒，他们说为什么他喝酒，可能他之前有个女朋友自杀，所以他逃避一些事情，然后他们告诉我梁朝伟是从小被一个人杀死全家，他怎么一步步报仇，我想一想，好，行，他们两个就去写。

佛就在我们身边

贾：我们知道您特别擅长电脑特技，但是我们看到《无间道》里面并没有用太多电脑特技，这是为什么？而且我看片头做得很特别，有什么意义在里面？

刘：这个是去第二个公司，我们花了两个多月搞这个片头，我们想要开始带领观众，因为《无间道》就是一个地域的地方，我们怎么样开展，怎么样带观众去一个好像地狱的地方。这个想了好久，我们就利用很多符，这些东西好像我们想象的地狱的情况，很多人认为地狱是很痛苦的地方，但是过了之后，你可能会重生，也可能你不能重生，还可能你不能出来。在地狱里面，一度受苦，这是我们整个主题的东西，不然为什么梁朝伟说怎么好人要死啊，为什么刘德华他还在啊，这个就是《无间道》的感识，要死的人可能再生，要是不死，可能重复受这个痛苦，这个是我们想了很久的东西。你说为什么我从前用很多特技，我可能这个时候要转一转吧，要人与人之间的东西，就是专门看他们的演技，看剧本，看导演怎么去拍，什么东西也没有，可能要赏识这样的东西吧。

贾：《无间道》里面有一些宗教相关的主题，您觉得宗教在里面，是一个商业电影的符号呢，还是有您对它的理解与诠释？

刘：我觉得佛家的东西，常常在我们的身边。我不是拍一些很有造诣的东西，就是拍一个电影，给多一点的观众看，有这个东西，看他们能不能接受。

贾：我们想知道在到处都在拍动作片的香港市场，您觉得您的动作片里面的动作和别人有什么不一样呢？您怎么有自己的导演风格，或者动作特技？

刘：很简单地说就是我拍的动作，无论是刀剑片，拳脚功夫片，还有赛车之类的，因为赛车也是动作，我的风格就是利用电脑特技，把它们搞成跟前辈不同的东西。我是一个很注重完美的人，你看很多拍动作的导演，不太要求完美的美感，我是个很奇怪的人，我有时候拍打戏，要求美感在里边，我可能就是这样区分。还有就是我对于我拍的影片，无论是打拳的声音、还是抽刀的声音，很多这个音效我要求很高，我要用特技创造一种不同的声音。

我是个很好的飙车手

贾：那像《头文字 D》我们知道也是改编自一个漫画，那拍摄的时候，那种感觉是怎么拍出来的呢？是完全实拍吗，还是结合了电脑特技？

刘：当然有实拍的东西，也有电脑的东西。我就是要利用电脑特技，把一些拍不了的东西摆进去，像《头文字 D》有一个镜头，就是从一辆车去另一辆车，再去另外一辆车，我们要拍很多次实的，拍两三遍，然后我们再加上电脑特技进去，就是我要将它们的东西，将电脑和实在的动作融在一起，我要这样去拍电影。

贾：那当时是怎么想到改编这样一部漫画呢？

刘：因为我从小就很喜欢飙车，我是个很好的飙车手，现在停牌了。我从小很喜欢赛车，小时候的单车，我要这样，然后就是有钱买车，要不周围去跑这样。很多年前看到这个漫画，

《头文字D》（2005），改编自日本的同名漫画集，漂移技术和赛车场景令人眼花缭乱，酷炫十足，极具动感

大概1996年，差不多我拍《风云之雄霸天下》的时候，我又看了很多不同的漫画，我房间里有很多很多，有美国的，日本的，香港的，有很多地方的漫画，我很喜欢看。那时候就是这个能不能拍，当然那时候我不能拍，因为当时的情况是我们的技术还不够好，动作跟电脑特技的技术不太高，最重要就是我们拿不到版权，这个版权他们不给我们。通常日本的漫画版权是很难找，但是过了很多年之后，我拍完《无间道》之后，再谈这个东西，他们就好给我们拍，所以我们就可以拍《头文字D》的漫画了。

贾：当时拍这个赛车的时候，有些演员没有赛车的经验，您怎么指导他们的呢？

刘：当然我有替身了，现在可以说了，有很多很好的替身，就算他们能开，我也不给他开，因为太危险了。我觉得拍《头文字D》，我不能随便，我很担心，有很多东西很危险，因为很多赛车是真的去开，真的是用一些真实的速度去拍。从前拍赛车都是用高格，令这辆车很快，但是我们这个不能，因为我们就是靠速度，怎么说，你得有很快的速度才能漂移，要不然不能漂，所以很多场面都很危险，我很担心工作人员，担心这些特技演员的安全。我们在日本拍了很久，拍了大概四个月，每天都是呜呜呜呜，要是一不小心，就有人会死，就是这个拍的时候令我很担心，我用了很多最好的赛车手，然后我们又是利用电脑特技，我们把演员摆中间，但是我告诉他们开一部分，这才能真实。

我要找新的东西，要不然很闷

贾：看了您的影片，比如像从《朋党》，到《古惑仔》，然后到《风云之雄霸天下》，到现在，里面很多人物，您很擅长拍人多的电影，您觉得怎么把握拍多人的，有什么方法表现多个人物？

刘：方法就是跟他们谈啊。当年我们很容易区分主角，有第一主角，第二主角，分配他们各有多少分钟。原来我第一次分拍，很多我们所谓的配角，我会找一些很好的演员，我也会给他们一些空间。谁对这个角色有帮助，我找谁。我选这些所谓配角，那些好的演员。然后给一两场很好的东西给他演，观众就会想这个人演得很好。当然我们剧本也要弄得很好，所以我相信最重要的就是我们写剧本之前，把这个层次要分好，然后留一些空间给一些很好的东西，我刚才说每个人，把最好的东西给他们演，所以你看谁都去，是我们分配得很好，他们演得很好。

贾：《头文字D》的剪接点做得特别精细，整个赛车的镜头看起来非常流畅，那您在这上面有一些什么经验，或者说有什么方法呢？

刘：没有什么特别好的方法。就是我拍之前，将赛车这个部分分为四个部分，每个部分不同，然后最重要的就是我们会去现场，我自己会不停地去跑度，我们有一个跑度的东西，这个是什么弯，那个是什么弯，我们很清楚这个弯是怎么回事。原来我们分的每个跑度，好像一二三四五个跑度，我们把整个跑度摆进去电脑。然后我们“五一次”怎么开，哪个角度去漂，我相信就是利用这个方法，用很多“五一次”，把这个很强的赛车摆进电脑里头。我们去“五一次”

整个赛车道，用我们的想象力，我们摄影师角度在哪边，好像是这样拍，这样拍，利用电脑特技去看这个效果怎么样。我相信经常利用这个技术去拍，当然最重要的就是你要了解怎么漂移，你要想很多从前没有看过的角度，然后要选取很多种可能，怎么能去拍这个东西。

贾：您拍这个的时候，有没有碰到一些困惑？

刘：困惑就是很担心每个人，因为拍这个真的很危险，有一点点意外，很多人就会有生命危险。原因很简单，机器摆在这边，我们拍这辆车从这边，在机器前漂移，要是它有什么意外，它就撞过来，这么多人全都完了。我就是担心有这样的意外，其实有时候这个很难控制，所以我拍《头文字 D》的时候，最困惑的就是这个，安全的问题令我很苦恼。

贾：那您当时是怎么想到找周杰伦来演？

刘：周杰伦他来投啊，他来找我啊，说给我拍吧。我相信也是缘分，拍之前我也不太认识周杰伦，我只知道他是歌星，但他的歌我没有怎么听过，听也听不出他在唱什么。我们找了很多人，在香港我们也见了很多人，都不太像。当时有人说有个歌星蛮像的，然后我们就问他有没有兴趣，他没有说出什么来，就说我们不如碰碰面吧，谈谈，他有没有兴趣拍电影。我们就去台湾见他，到咖啡厅见他，他就坐在那边，跟他一样，什么也没有说，就是听我说，怎么拍这个。然后他开始说我的什么《古惑仔》，因为他很喜欢看《古惑仔》，他演拓海，谁演阿木，等等。我问你懂不懂开车啊，他说当然懂了，然后他搞这个手势给我看，漂移的手势。当然我们已经谈得很好了，当时我说就是他。然后就是游说很多人，因为这个要很大的投资，当时他还没有拍过电影，很多人担心他行不行，所以经过多方面讨论之后，就好了，试试看，就这样去拍，就这样找了他。

贾：您看过他演的《满城尽带黄金甲》吗？

刘：没有看，我有看他的 MTV，周杰伦自己打的东西，他常常有什么 MTV 寄给我，是不是我拍得很好。他说他自己拍得很好，我说给我看，拍得不错，真的不错，这个 MTV。

贾：您刚才说到有人说香港的导演只会拍，或者说很多就会拍动作片，那您是因为这样的说法才去尝试各种类型的吗？

刘：香港导演很奇怪，好像我一样，我是更加奇怪的，从小拍电影，拍武打的东西，好像这个就是我们生活的一部分。很小的时候，我们就拿个东西跳来跳去，打来打去，很小的时候就来公司帮忙。因为帮公司拉东西，我们要懂这些，所以动作片对我们来说就是从小训练，你去拍这个也是武打，去那个也是武打，那你就会很懂拍武打的方法。可能我们有这个优势，从小就知道怎么去拍，一拳，“啪”的打出去怎么拍是最好看，从小我们大概已经有一百种方法，打拳有一百种方法，所以武打对于我们来说，就是比较擅长的。但是我当导演，也不能总是一部电影用一个方法拍，就没有了，我要找一些令自己有兴趣的方法拍电影。所以，我拍完《风云之雄霸天下》之后，我就拍另外的东西，《无间道》之后，我就去拍《雏菊》，拍完《雏菊》之后我就去拍不同的。我要找新的东西，要不然很闷，我就是这样的人。我不停地去找新的东西拍，新的题材，然后再重新去想怎么去拍这部电影，这才是对我最好。

有时候导演就是演员

贾：《雏菊》完全是由韩国投资的，您觉得拍的时候，跟韩国合作和跟这边合作有什么不同吗？

刘：因为韩国人的文化跟我们完全不同，我们很清楚日本文化，因为我们从前看很多日本电影，但是你说韩国电影，虽然在香港很多，但是我们接触后，觉得他们的文化完全不同。我相信《雏菊》就是有一个很好的机会去跟他们沟通，他们看法怎么样，我跟香港的工作人员说，你们要跟人沟通，因为真的很不同。他们一定要吃辣的，没有这个辣，他们吃不了，你们知道他们看东西是怎么样，他们看东西、吃东西要很咸很辣，所以他们写的东西也是这样。跟我们中国，跟我们中国香港的片子完全不同。香港的片子还能写一点点，他们就是要写很多，摆很多东西进去，你要跟他们沟通，这个是不是太多了啊，应该要这样，要花点儿时间跟他们沟通。但是这是韩国电影，不是我们香港的电影，是韩语，所以有很深的东西，我要学韩文，韩文是很难说，难说得不得了。我就要利用很短的时间要去学，去听，因为他们出来的对白是韩语，我当然可以说得不多，但是一定要听明白他们说什么，因为他们的对白会影响你怎么去说这个进度好与不好，所以这个就是你要学的，你要跟他们沟通。

贾：您特意学了韩语跟他们沟通？

刘：学，听，学一点点，因为我要不停地听，要知道他们说什么，因为翻译很麻烦，翻译很花时间，我就听他们说什么。

贾：我们知道《雏菊》有一场枪战戏，韩国那边对这种场面，那种打的场面有没有他们自己的要求？

刘：他们基本上很放心地交给我去拍枪战，他们觉得很好，这个部分他们觉得很生，很真，不懂，因为我用一个很好玩的方法去拍。我告诉林迪安，我拍的这个过程你要看，我就说好像真的一样，从杀手出来，然后打远，我要一个镜头过，什么反打，就一分钟拍出来，然后就利用很多部摄影机将它拍出来，我要像真的一样，用这个方法去拍。

贾：那到了《伤城》，看一些报道您说这对您又是一个很大的挑战，您觉得这个挑战是什么呢？

刘：挑战就是《伤城》是一部很文艺的电影，不像商业电影。因为商业电影，就像《无间道》有追逐，有杀人，这个几乎都没有，就是两个男人的故事，一个追求，一个报仇的故事，所以从商业角度来看这个不够商业。但是这个剧本非常好，当时我就想怎么令这部电影的票房会好一点，既保留整个故事，又不能加枪战。所以我就利用很苦的方式去拍，我要求每一个场面很细致，好像我们开放地拍圣诞节，当时是夏天，但是我们要全香港好像过圣诞节一样。我们的制作很紧张，看起来好像一个大电影一样，即使很简单的跟踪场面，也要搞得很紧张，很多场面要提升不同的东西，所以花了很多时间、很多脑筋去想，把一个不是太商业的电影，看上去好像一个商业电影。

贾：在拍这个的时候，您觉得相对于《无间道》有哪些突破呢？

刘：我相信是一个很大的突破，推理跟悬疑也是非常大胆的尝试。另外，你看从前的香港片，好像《无间道》也没有推理，很多现实的东西，然后就是两个人的关系，香港电影很少这样去搞，这应该是一个很大的突破。

贾：您觉得在这个戏里面，您作为导演指导演员的时候，对他们有一些什么要求？一个是梁朝伟形象上有一些改变，我印象特别深，他最后的流露，就是低下头流下一滴眼泪那种，您对他有什么样的要求？

刘：我要求他尽力，演的东西要比较用力。从现在来看，在《无间道》里，他演得就比较放松一点，但是我要求他要给一点力，好像他打都要是真的，他从来没有这样演过。他用眼睛去表达他的心情，我很少要求他这样，就像《无间道》，我要求他不要演太多了，这个不行啊，因为你演出来，不要，大一点点。但是在《伤城》里，我就要求看着他，就好像观众看着他，我明知道你是空手，你演一个你不是空手的给观众看。我经常用这个心态去拍他，像我之前拍《无间道》，好，OK，但是这次不行，来，来演给我看，经常我是用这个方法去拍梁朝伟。然后我用很放松的态度去拍金城武，但是有时候也要给他，哎，醒一醒，一天到晚，有时候我说哎，金城武，醒一醒，知不知道，有一个眼神就是很清醒的东西。

贾：我们听说您在现场导戏的时候，比较喜欢给演员做示范，是这样吗？

刘：示范一定要的，因为他们要指导，因为有时候你想的东西，你想表达给他看，他能做的姿势。我从小就说摄影机在这边，我拍了一个特写就看着我，有时候导演就是演员，我说我希望你这样，这样之后就再这样（演）。因为我已经想了很多，看了很多遍，当我拍这个东西

《伤城》（2006），采用希区柯克式侦探故事的推理手法，将案情的来龙去脉层层剥离，安排得丝丝入扣，步步为营，人物间复杂的感情线索料理得干净利落，将案情和人物情感之间所产生的微妙的心理对抗和变化做得令人信服而不牵强

的时候，我要求他们身体语言要这样，有时候我要说给他听，你要这样，演到哪一个对白你要停一停。你要告诉他为什么要停一停，因为我的摄影机要这个东西，他们就很明白我说什么，有时候我觉得说清楚会比较好一点，尤其是新的演员，好像从前脑海里没有一句对白，你演给他看，你要告诉他一定要怎么怎么样，然后往哪边你要告诉他，因为他们经验当然是没有这么好，但是你要给他一点点指导吧。

（2007 年 1 月 14 日于香港刘伟强工作室）

2007 年 1 月 14 日，本书作者贾磊磊与刘伟强于香港刘伟强工作室

永不泯灭的民族情怀

唐季礼

唐季礼，1960 年 4 月 7 日出生于香港，他从小深受李小龙的影响，12 岁开始习武，19 岁以武行的身份正式进入了香港电影界。这期间他在邵氏、嘉禾等多家影视公司当武打演员，做替身，受伤无数却一直咬牙坚持，后来离开武行转到幕后，做过场记、副导演、摄影、制片等工作，这段经历为其将来做导演积累了丰富的专业经验。1990 年拍摄完成第一部电影——《魔域飞龙》，至此一炮而红，也因为这部电影嘉禾公司邀请他执导《警察故事 3：超级警察》（1992）。之后他陆续执导了《超级计划》（1993）、《红番区》（1994）、《过江龙》（1998）、《雷霆战警》（2000）、《神话》（2005）等优秀影视作品，其中《红番区》《警察故事 4：简单任务》刷新香港的票房纪录，打破东南亚多个国家的最高卖座纪录，也成为香港电影走出去的一个重要标志。

唐季礼导演始终把传统文化、民族情怀牢记于心，将民族自尊镌刻在自己生命中，他将自己的工作实践与中国文化的感悟紧密结合，始终为中国电影走向世界贡献力量。

写实的动作片是我比较擅长的，那种诗情画意，人可以飞来飞去，打得也比较花哨的武侠片，是我喜欢看的，我觉得这两个类型各有所长。

影视文化是多元文化，是百花齐放的艺术商品。一般来讲，写实的通常都是警匪片，不然就是以历史为背景的古装动作片，而武侠的文化比较飘逸，所以武侠电影会有一些不可思议的武功，会渲染出一些不真实的东西。

——唐季礼

李小龙的电影把我变成了一个武痴

贾磊磊（以下简称“贾”）：最初是什么原因让您有了拍电影的想法？或者说有没有什么人对您后来做电影有过很大的影响？

唐季礼（以下简称“唐”）：我爸爸是上海音专毕业，60 年代去了香港，他做音乐制作，那个时候一些香港歌手的唱片就是他出的。小时候我家有唱片店，所以我常常能听到很多原声的电影主题曲，比如《音乐之声》（1965）、《教父》（1972）、《罗密欧与朱丽叶》（1996）等电影的主题曲，这些西方的音乐使我特别喜欢看电影。12 岁那年我看了李小龙的《唐山大兄》（1971）、《精武门》（1972），这些电影让我非常振奋。作为一个中国人，他那种武德、尚武精神以及不畏强权的精神让我非常感动，也非常敬佩，因为李小龙，我学中国功夫。

贾：我们知道您后来有过一段海外的留学经历，那您觉得李小龙的精神对您的这段经历有没有产生影响？

唐：我爸爸除了音乐还做其他生意，他觉得未来语言很重要，所以就想把我送到西方去学习。1976 年底我就去了加拿大，那时加拿大的中国留学生比较少，留学生中就八个中国人，没有分谁是香港来的、谁是内地来的、谁是台湾来的或者谁是马来西亚来的。大家都是中国人嘛，就很开心地在一起，遇到被人家欺负的时候，大家也很团结，所以说，李小龙那种不畏强权的精神对我的成长影响很大。

贾：您怎样看待李小龙的电影以及他的人生经历？

唐：因为从小在香港长大，所以我们接触的武打电影就比较多，那些武打电影我都很喜欢，可是当我看到李小龙的电影后就变成了一个武痴，非常崇拜他。就很想学功夫，就算家里反对也在学，不但学他的武功，还学他戏里中国人骨子里的气节，男子汉的那种魅力。他的电影创作我觉得跟他的成长过程有关吧，他是在（中国）香港成长，之后去美国念的书。早期美国华人比较少，那个时候华人是弱势群体，在他的电影里你就会感受到民族精神，就算打不过也要拼了命去打，不能被别人欺负。除了他的武术很吸引人之外，他还是一个非常有原则的人，他没有把自己变成一个超人，一个大英雄，而是一个比较朴实的人，像在《唐山大兄》里他扮演的是一个从乡下来、没有受过高等教育的人，到《精武门》他演了一个从国外回来的留学生。

偷偷去邵氏片场当武行

贾：我们知道您最终放弃了国外的学业，回到了香港，归国后是什么契机让您真正接触到了电影？

唐：我是 1979 年底回的香港。放暑假的时候我姐姐唐嘉丽带我去邵氏片场看拍戏，我姐姐是第一期邵氏训练班的演员，当时拍的那场戏是《洪文定三破白莲教》，罗烈做导演，刘家良做武术指导。刘家良是我非常崇拜的一个武术指导，他是洪拳第五代传人，他爸爸刘湛是林世荣的徒弟，那就是黄飞鸿的后人，当时看到偶像我非常开心，也非常紧张。后来我姐姐告诉他，我也有学功夫。他就问我学的什么功夫？我说有学洪拳，有学太极。他就叫我在现场打一套拳给他看。我就打了一套虎鹤双形拳，打完这套拳以后他问我会不会翻跟头，我说会，然后我就翻了一些跟头，他说你的功夫打得不错，可以考虑做演员，不过电影里面的打斗跟你们学的不一样，你如果想和李小龙一样做武打演员，就要从武行做起。

贾：所以那之后您就有了进入电影行业的想法？

唐：那时候我很年轻，19岁嘛，蛮兴奋的，觉得很好玩。回去跟母亲说，母亲是反对的，她觉得这个行业比较复杂，做武打演员也比较危险，因为那个时候香港电影在拼命地跟外国电影竞争，所以他们的打斗特别激烈，特别逼真，常见有人受伤。我跟我爸爸说的时候，他持一个态度，就是这个用来玩就行，用来赚钱不行。他让我跟着他做生意，他做的生意我又不喜欢，那时我想学医科，但外国这个专业又不收留学生，他们收我念土木工程，我就没念，留了下来，偷偷去邵氏片场当起了武行。那个时候我比较瘦，腰也比较细，所以常常给女生做替身，也有替男演员，做了两年半到三年的武行，那个阶段给我很大的启发。

贾：刚入行的时候，大家对您是什么看法？

唐：我入行的时候，在众多武行当中算是学历最高的，也算是唯一会讲英语的，大家都认为你在家里做生意好了，干吗要做武行这么辛苦的工作，我说这个是我的兴趣。

贾：做武行给您带来什么样的新体验？

唐：我从小就不是武术队的，也不在片场，从外国回来后才加入武行这个圈子，所以等于是半道出家。在片场我能够参与到从小喜欢的人物、从小喜欢的情节，能够给大明星做替身，跟大导演合作，感觉很激动，很兴奋，一些难度很高的动作其他人不愿意做，我特别愿意去做，跳楼、全身着火、爆破、被车撞、从车身里飞出去等这些危险的镜头全部都做，因为我觉得这种挑战有助于我的成长。

靠中国传统文化来面对国际市场

贾：我们知道武行的工作存在很多危险，您做武行的时候有没有受过伤？

唐：我的肩膀、手指伤过断过，肋骨两边裂过，膝盖、脚腕、腿缝过针，背也受过伤。

贾：受伤后您有没有过退缩的念头？家里人面对您受伤是什么态度？

唐：那个时候香港不重视特技动作演员的保险问题，可是我们做的都是玩命的，比好莱坞的演员还要拼命。那个时候我是瞒着爸爸妈妈去当武行的，有次我肩膀断了，怕我妈妈知道，五天都不敢回家，就去哥哥家。后来哥哥告诉了我妈妈，她看到我整个脖子都是黑的，就流眼泪了，以为我跟人家打架了，我说是拍戏弄伤的。她就提醒我，说你做这么危险的东西，可能是没完没了的，万一出事怎么办，一辈子就搭进去了值不值？母亲说得很有道理，可是我个人觉得既然加入了这个行业，既然要在电影圈发展，我们的对手都很强，我们在没有钱、没有好莱坞那么多高科技的条件下，就只能靠自己的特技动作，靠中国传统文化留给我们的国粹，这些外国人拍不到的东西来面对国际市场，所以哪怕我只是一个武行，只是一个替身，但我也希望在参与的过程中可以尽全力去做，做到最好。

贾：在具体的工作之中，肯定有极其危险的动作要您去做，这个时候您是怎么保障自身安全的？

唐：有些武行可能不敢得罪武术指导，也不敢得罪导演，所以要求他们做一些动作他们就去做，结果受伤了。我是比较理智的，比如接下来要做的动作极大可能受伤的话就先说出来，如果他们认为还是有必要的，我就会尽最大的办法保障自己的安全。其实在行里我是出了名的大胆，断了肩膀后，我妈妈跟我说完那番话，我跟她说我喜欢这个行业，不希望离开这个行业，她说那你不要再做这么危险的事情了。我答应妈妈不会做，但背后还是在做，我爸爸说既然我喜欢的话就支持我。可是肩膀受伤以后我不能开工，经济就不景气，虽然家里情况还可以，但二十几岁的人了，总不能问爸爸妈妈要钱吧。我为了生活去夜总会门口帮人家泊车。爸爸知道后打电话叫我马上回家，他当时很生气，几乎想打我，因为跟他做生意的朋友在夜总会门口见到了我，爸爸觉得太没面子了，但我不想找别的工作，找别的工作也会影响人家，总不能做两个月又跑了吧，我觉得夜总会这个工作也不错，片场有工我就去开工，没工我就可以做这个工作，我觉得男人还是很需要独立的。

贾：做武行期间您遇到了这么多困难，除了困难之外有没有有趣的事情跟我们分享一下？

唐：有时候蛮好笑的，我们武行一群人跟在武术指导后面，每一次武术指导跟导演商量事情的时候，我们都很留意他正在留意谁。有时候武术指导往我们中间一看，很快本来我们七八个走的就剩下两三个了，因为一般武术指导和导演讨论完，他看谁在就直接安排谁做跳楼、撞车这些动作，蛮好玩的。

工作上的细节给了我很多启发

贾：我们知道后来您并没有局限在武行这个位置上，做过场记，做过副导演，最后做了导演，那从武行到场记这个转折是在哪一年？

唐：从 1983 年开始我就做场记，做了罗烈导演的《脑魔》（1983）的场记，第二部我就做副导演了。

贾：做副导演之后，您的主要工作是什么？

唐：后来我做副导演，那个时候我们还是独立制片，副导演只有一个，不像现在有第二副

《天使行动之二：火凤狂龙》（1988），唐季礼担任动作指导，80 年代港产动作片的代表作之一

导演、第三副导演。当场记、副导演都是我的时候，我要跟剧本，要跟演员沟通，跟摄影师沟通，要现场管理临时演员，还要把每一个事情记录下来。那时候不是现场收音，是配音，长期记录下来的现场对白就很重要，因为演员不是每次都讲同样的对白，所以要把每一个 TAKE 很快记下来，导演选用哪一个 TAKE，最后配音就要用记录下来的那个 TAKE 的对白。除了对白之外还要记录一些更细节的东西，比如演员今天是哪个手拿的烟、烟有多长，有没有戴眼镜，等等，做完这个以后，后期剪接我也是要跟的。

贾：后期制作对于一部电影来说是很重要的，您在跟后期的时候有哪些收获？

唐：做后期的剪接师、配音员、配音领班、音乐制作，包括做混音的他们都是很专业的人才，给不同的电影做过后期，跟不同的导演合作过，所以有非常好的经验。剪接的时候他们就会指出哪里差个镜头，镜头怎样推进会更有力，他们讲的时候我就在学。这些工作上的细节给了我很多启发，对我做武术指导也有很大的帮助。

贾：当初除了从后期制作中获取了很多电影的专业知识外，您还通过什么渠道填补相关的知识呢？

唐：我英文还可以，所以看了很多西方的关于编剧的书，原来他们是有故事本的，原来他们的剧本、预算控制等各方面都非常严谨。以前香港的武术指导都不会做分镜头，到现场就套，套到哪里是哪里，导演就只告诉我们哪一场是大打，哪一场是中打，哪一场是小打，最后谁打赢谁，具体没有什么规定。我希望把西方那一套方式用在香港的电影里面，我自己就去做分镜头，周围的人第一次见到武术指导画故事本，导演非常欢迎我这么做，可有时候同行就觉得不需要这么做，但是我觉得这是正当的做法，所以就算现场出现状况，我还是会画故事本，因为做了分镜头，我就可以顺着镜头的灯光去拍。

贾：您算是开创了武术指导自己玩镜头的先例，香港电影行业现在会画分镜头吗？

唐：以前香港电影行业没有专业画分镜头的岗位，现在已经有了。现在大部分的武术指导都会通过画故事本来跟导演和所有剧组的人沟通，因为如果你不把大脑里面的画面画出来，制片部门就没办法去安排场景，包括副导演、演员、武行可能都没有筹备的过程，到时候只能导演、武术指导说什么就做什么，这样很浪费资源。总的来说，做副导演的经验以及一些制片经验对我将来做武术指导有很大的帮助，也为我将来做导演打定了一个非常坚实的基础。

我希望拍自己喜欢的题材

贾：您是哪一部电影正式做的导演？

唐：我第一部做导演、监制的电影是《魔域飞龙》（1991），1989年筹备，1990年去新几内亚拍。那个时候流行《英雄本色》（1986）、《倩女幽魂》（1987）这类片子，成龙的电影，洪金宝的电影风靡全东南亚。作为一个新导演我不太喜欢跟风，不想人家做什么我就做什么，市场什么好就跟什么，我希望拍自己喜欢的题材。很巧，一次我在帮一个印尼电影做武术指导的时候看到一张明信片，明信片上一个人有野猪的牙、剁的鼻子，全身没有衣服，他们告诉我，这就是新几内亚的土著人，我说现在都什么年代了，怎么真的还会有这种人，原来这些人就住在那个岛上与世隔绝，他们还生活在石器时代，还是钻木取火，还是猎头族，这些从来没见过的事物让我很兴奋，我就想拍。斯蒂芬·斯皮尔伯格的《夺宝奇兵》（1981）我特别喜欢，所以也就想学习一下。

贾：这部电影里有很多奇观，很多异域风情，那取景拍摄的过程顺利吗？

唐：自己刚刚30岁，一下子担起这个责任，其实是蛮吃力的。因为我选择的是香港片没拍过的题材，也是从来没去拍过电影的地方，我觉得很新鲜，我相信大部分人都会觉得很新鲜，然后我就去拍。当时是八百万港元的预算，我们有去日本拍，有在（中国）香港拍，然后去印尼的几个地方拍。跟猎头族拍戏的时候是很恐怖的，他们拿个刀站在你旁边，不知道会不会砍下来，他们手中的矛有四米多长，他们的脚很厚，手很长，有些人的尾部有小骨凸出来，还没完全进化。我们酒店不是酒店，是茅草房，岛上面的老鼠特别大，床上的爬虫很多，一开门就有野猪走过，大蜥蜴在你旁边动不动出现，追求新鲜事物是我的兴趣。可是工作人员不一定有同样的想法，开始他们觉得蛮新鲜的，后来很多人经不起这种生活，一大半都走了，我留下一个摄影师、一个助手、一个灯光师，机灯组三个人，一个跟我来学拍戏的朋友的儿子，两个演员，樊少皇和吕少玲，还有我的五个武行，武行一个都没走，学武的人讲义气，最后我们咬着牙把这个戏拍完了。

贾：能够让您坚持下去的信念是什么呢？

唐：可能是钱吧，因为这部电影是我的朋友和家人出钱支持的。我当时也是个年轻的导演，制作各方面的经验都不是很成熟，还选择了一个非常落后的地方拍摄，在那里所面对的一切都不是城市里的人能够面对的，工作人员离开一个我就担心一次，因为作为独立制片，没有很多钱去请很多工作人员，几乎每个人都是必须要带才带去的。他们一个一个离开给我造成很大压力，最后身边的一个副导演兼制片也要走的时候，是让我最难受的，我想可能这戏拍不完了，我怎么面对家人朋友给我的支持？还好，哭完还是要面对事实，醒来的时候我站在丛林外面一

《警察故事 3：超级警察》（1992），唐季礼继 1990 年导演处女作《魔域飞龙》之后的第二次导演尝试。矿井坍塌、海上快艇射击、泰国木屋爆炸、直升机吊人、火车大战场面，每一幕都伴随着紧张刺激，每一幕都精彩纷呈，每一个动作场面都堪称完美惊艳

看，阳光很好，很多鸟声，我感觉应该还有希望的，我就跟自己说无论如何一定要把它完成，我就自己做场记、副导演、道具、化装、摄影、灯光、武术指导，基本上是能做的全都做，还好这些工作我以前在片场都做过，那是我很难忘的一段经历。

贾：即使在那么艰难的条件下，您最后拍出来的片子还是非常精彩的。

唐：这个戏在香港最低迷的时候也有980多万港币的票房，没赔本，海外卖得也不错，可是最后超支了，就亏了两百万。嘉禾公司的老板很喜欢这部戏，他看这戏的原因是香港著名的影评人石琪写了一段影评，说我这个戏里面的动作场面跟那些惊险的瀑布与成龙的《飞鹰计划》（1990）里同样的场景相比有过之而无不及，这句话使我很惊讶，我的戏怎么可以跟成龙大哥的戏比呢。可以说这个戏给了我一个很大的机遇，因为后来嘉禾老板何冠昌先生请我跟他拍《警察故事3：超级警察》，有何冠昌先生给我的支持，成龙大哥给我的信任，我从拍一部800万港元的制作一下子拍了一部8000万港元的制作，也和杨紫琼、张曼玉、元华这些非常好的演员进行了合作。

我们的制作方式就是玩命

贾：看《警察故事3：超级警察》的时候我们发现，您不止拍了香港的镜头，还有内地以及境外风光，您为什么比较热衷于这种取景方式?

唐：我喜欢把香港原来很地道的警察故事搬到东南亚去拍，因为这会面向国际一点儿，还有一个原因就是在香港拍摄有很多困难，比如飞车不能封路，飞机不能飞在城池里，军队不能借，这种种限制对创作动作片来讲有很多阻碍，所以我就希望跳出香港。成龙大哥也给予我很大的支持，我就在原来剧本的基础上加了在内地拍的戏，片子里就有了内地公安杨建华这个角色，我们还去了马来西亚拍摄。这部电影破了台湾的电影票房纪录，打破了马来西亚的电影票房纪录，它改变了我在电影界的地位，也是成龙第一次拿台湾电影金马奖最佳男主角奖。有了这个成绩，嘉禾就继续支持我拍《超级计划》，杨紫琼、于荣光、周华健等主演，朱茵、成龙和曾志伟还免费帮我客串了两天，成龙大哥还反串。后来拍了《红番区》，上映十天突破1亿票房，《红番区》还开启了中国贺岁片的一个潮流。

贾：您当初为什么会拍《红番区》？

唐：当时美国的一个发行商找到我，说喜欢我的《警察故事3：超级警察》，可是美国的发行院线不放配音片，不放字幕片，所以我产生了要拍《红番区》的念头，想把《红番区》搬到美国去拍。

贾：您的这部《红番区》不仅在香港取得了可观的票房成绩，在美国也引起了不小反响。

唐：1995年《红番区》卖到美国，1996年初在全美2000多家剧院上映，这是头一部在美国有2000多家剧院上映的（中国）香港电影。1991年拍的《警察故事3：超级警察》成为

《红番区》（1995），以美国纽约为背景，故事简单直接，节奏爽快明朗，十分具有娱乐性。成龙、唐季礼担任动作指导，延续成龙一贯的功夫喜剧风格，它不仅是香港年度票房冠军，也是内地年度票房冠军，成龙、唐季礼也凭借此片获得金像奖和金马奖动作指导奖

第二部在美国有 2000 多家剧院上映的电影，后来《警察故事 4：简单任务》成为第三部。之后我又拍了《过江龙》，洪金宝主演，在美国主流的电视剧频道、电影频道黄金时段播出，拿了两年全美的电视节目黄金时段收视冠军，完了以后，1999 年我就回中国发展了。

贾：《警察故事 4：简单任务》的票房又是一次新的突破，当时取得那样的成绩内心时什么想法？

唐：《警察故事 4：简单任务》破了《红番区》的纪录，这两部电影成为香港电影一百年最卖座的头两部电影，那又怎么样呢？我们低科技的制作方式就是玩命的，就是用动作、幽默取悦观众，一个人就两只手、两条腿，能有多少创新？当时嘉禾的老板希望我再拍两部成龙的电影，可是我看不到能够再次超越自己的机会，所以就请嘉禾老板给一个机会，希望去好莱坞学习他们高科技的制作、发行、宣传，以及他们的文化、做事方式。当时迪士尼请我过去拍戏，我帮他们拍了《符碌先生》（又译为《脱线先生》，1997），片子最终拿了十大家庭片，那是我第一次拍好莱坞电影，学习美国大公司体制内的电影制作。

《脱线先生》（1997），唐季礼执导的爱情片，莱斯利·尼尔森、凯莉·林奇参加演出，讲述了亿万富翁马固先生把价值连城的红宝石拿出来支持公益事业，却招来犯罪组织的贪婪目光的故事

功夫片要走真实跟科技融合的道路

贾：您觉得好莱坞高科技的动作片与我们的相比，优势在哪儿？

唐：西方国家，包括好莱坞，他们前十年不断地引进我们香港的武术指导，因为好莱坞的演员比较注重演戏，但在武术、杂技方面的训练比较少，而且很多时候他们不愿意让演员去冒风险拍动作场面，不会做像成龙跳楼那么卖命的动作，所以基本上很危险的动作都用替身，最后通过后期镜头剪接把替身的脸掩盖掉就行。他们通过高科技把我们的套招拍下来，把我们这么多年来拍过的经典动作场面全部抽出来，最后拍出来的动作片可能比我们的还要丰富还要好，因为他们既有高科技的支持，也有我们传统武术的底子，所以我觉得功夫片要走真实跟科技融合的道路，这是一条蛮长的路。

贾：好莱坞电影用高科技制作出了很多比较真实的打斗镜头，您觉得我们现在还需不需像成龙、李连杰这样有真功夫的人？香港还有没有必要培养武打接班人？

唐：我从邵氏片场到嘉禾的这个成长过程经历了一个比较原始的武打时代，后来慢慢接受了西方的特技，比如吊威亚、飞车、爆破，以前我们传统的中国武术电影都没有这些。现在越来越先进了，我们可以用电脑特技做很多镜头出来。包括我拍《神话》的时候，那个马踢人的镜头就是接上去的，我穿了一个道具马腿，假装马的踢法去踢人，被踢的人做出反应后再去踢，这种组合以前是做不到的。以前拍戏的时候，只有在现场做得到才能想，做不到就想不到，我们的思维空间相对来讲比较窄。可西方人拍的《星球大战》（1977）、《侏罗纪公园》（1993）用科技补偿了我们的想象，现实中完全做不到的东西都能通过特技做到，这对我们制作人来讲是非常好的事，可是这样我们也就看不到李小龙、成龙、李连杰那种漂亮潇洒的真打了，所以真打还是必要的，电脑不一定能打出那种味道，毕竟真的就是真的。香港近几年没有很出色的年轻武打演员，我们那个年代没有游戏机，没有电脑，大家真正是去练功夫。现在高科技年代，年轻人打游戏机打得比较好，练功夫的人比较少，所以对我们拍动作片来讲也是一个担忧。

贾：我们发现您比较偏爱现代题材，像《神话》这样的古装片是不是您的另一种喜好呢？

唐：我以前都是拍时装片，古装片很少拍。《神话》是我的第一部古装题材电影，拍这部电影的原因是一方面我觉得这个题材可能很多人都会认同，我相信每一个人都希望有一段坚定不移的爱情，很多男人希望有个女人能像玉漱那样贤良淑德、美若天仙并且对自己忠诚，女生也会希望有个牺牲生命也要保护自己的将军。另一方面这也是我一直以来很想拍的一个故事。《神话》是一半时装一半古装，是成龙扮演的那个角色，他的梦境把他带到了一个古代的空间，带出了一个浪漫的爱情故事。我曾经也梦到过一个古典美人，自己跟古典美人的感情还没开始已经梦醒了，也经常梦到自己会飞，可为什么我从梦境中醒来的时候感觉还是那么真实？为什么有时候会怕到流汗？一些医生就告诉我，亦幻亦真的原因是人的梦境是由记忆跟创造力两方面组成的，我就把这个想法放在了《神话》里，比如通过了特技镜头把原来秦始皇陵的地宫变成了一个天宫，这是一种天马行空的感觉。

贾：这部电影是时隔多年后您跟成龙的又一次合作，为什么会选择他？

唐：这么多年来我没有跟成龙合作，我再跟他合作不希望还是拍警察故事，我觉得相对来讲成龙现在也比较成熟了，不应该还只是卖他的动作去取悦观众，故事也很重要，我就选择了《神话》这个自己原创的故事。我很崇拜中国的岳飞、花木兰，所以《神话》里面成龙的形象就类似于岳飞的形象，忠孝节义，非常爱国、爱自己的部下，对于承诺会遵守一辈子，此外我觉得忠诚和真诚也很重要，所以我就把这两种精神也放在《神话》里。可能人们会觉得这太落后了，不时尚了，可是我比较喜欢中国文化里面的这种好的东西，我不希望一些不太适合我们的西方文化进入中国后影响我们的下一代，所以我在做电影创作的时候就很希望拍一些像《神话》这样的古装片。

唐季礼在影片拍摄现场

要做好自己，让人家尊重我们

贾：您曾经说这一生只拍一部电影的话就拍《岳飞传》，您为什么这么喜欢岳飞呢？

唐：我从小就很喜欢写字，很喜欢学功夫，岳飞就是文武双全的一个人，还是非常孝顺的一个人，这很吸引我。岳飞的爱国精神和他写的诗，从小都深深地刻在我的心里面，所以当我在外国念书的时候，同学被外国人欺负，被别人看不起的时候，我就觉得我们要自强，要互相帮忙一起面对一切苦难，要做好自己，让人家尊重我们。

贾：可以说岳飞不仅影响了您的生活也影响了您的电影创作，其实除了历史人物之外，电影中塑造出的英雄形象也会影响一个人。

唐：我觉得现在的年轻人在电影世界里很少能找到一些很正的偶像让他们去追随。如果不是因为李小龙，我不会学功夫，他的那种民族精神激发我走向国际这条路，他的成功给予了我勇气和典范，所以我拍《红番区》《警察故事3：超级警察》《警察故事4：简单任务》。我觉得一个电影人物如果值得我们尊敬，值得我们学习，那这个人物对社会就有很大的影响，所以说能够从事影视创作我很开心，因为可以把自己的理想通过电影做出来，把自己喜欢的东西变成现实。

贾：现在的武打片或动作片，有一派是比较写实的，比如李小龙，还有一派是比较写意的，比如程小东，您比较喜欢哪一类？

唐：写实的动作片是我比较擅长拍的，那种诗情画意，人可以飞来飞去，打得也比较花哨的武侠片，是我喜欢看的，我觉得这两个类型各有所长。影视文化是多元文化，是一个百花齐放的艺术商品。一般来讲，写实的通常都是警匪片，不然就是以历史为背景的古装动作片，而武侠的文化比较飘逸，所以武侠电影会有一些不可思议的武功，会渲染出一些不真实的东西。这两类电影都有很好的代表作，也有一些很烂的作品，所以不能说哪一方面特别强，两方面都有自己的优点。

贾：我们听说您在拍一些危险的动作时都会亲自上场做示范，或者有的时候干脆就当替身，这样做对您拍电影有什么帮助？

唐：入行我就是做武行，后来又做副导演、武术指导，再做导演。当我成了导演，成了武术指导的时候，我就更要去套招、去打、去示范，因为第一我对自己的能力有一定的自信，我觉得我做得到；第二作为一个武术指导，一个导演，有责任去承担所有工作人员的安全。像成龙大哥本身就是非常好的武术指导，也是非常好的演员，我帮他做武术指导的时候，总不能坐在那里命令他要怎么做，我也希望尽自己的责任，一些很危险的镜头我就会亲自去做，因为这些动作我身边的武行没做过，我担心他们会出事，反而我自己去做，就算出事，我自己也可以承担，那既然要试的动作很危险，我不如穿着替身的衣服试，试的过程就被拍下来，有时候效果很好，就直接用了。此外，我自己尝试了以后，就很清楚演员能不能做到，该不该用替身，我还可以告诉演员该注意什么地方，困难在哪里。

贾：除了亲自上场示范动作之外，我们知道您还经常自己做起摄影师，为什么会自己去拍摄呢？

唐：因为我本身体能比较好，也比较懂镜头的要求，所以很多电影我都有扛机器，有时候拍一些空中的镜头，整个人打横，还要拿机器、电池，所有血都往下冲，很难受。有次我《警察故事3：超级警察》的摄影师要拍一个空中的镜头，把他吊上去，还没拍人已经晕倒了，没办法，那就只有我自己上。水底镜头我也拍，像《警察故事4：简单任务》水底95%的打斗都是我拿机器拍的。

贾：跟成龙合作的电影中有没有让您印象特别深刻的一些动作？或者说有没有因为一些原因您设计的动作最后可能没有实现？

唐：在我的生命中，跟成龙合作是最多的，而且做出来的效果也是最好的，很开心我想要的东西他基本上都能做到。在我们合作的过程中，有时候我会逗他，比如《红番区》里面的滑水镜头，他说我游泳都游不好，你还要我滑水，我就说那我们一起去练，一起练的时候，我先做，他一看我做不好就自己做，他做好了就很开心，这样他就愿意做了。还有《警察故事4：简单任务》有水里打斗的戏，在水里面打的时候有鲨鱼游过，等鲨鱼游过了以后再打，我觉得这是一个非常新鲜的东西，也很符合成龙式的电影设计，符合他的性格，所以我就会引导他，有时候不用说，他自己就会去做，有时候还是要哄他，他的性格就跟大小孩一样，很可爱的。

贾：成龙是一个特别擅长动作的演员，自己也经常设计动作，您跟他合作的时候，在创作方面你们之间是什么样的一种关系？

《警察故事4：简单任务》（1996），成龙、唐季礼搭档生涯中的巅峰之作，从北半球打到南半球，飞机、游轮、潜水艇齐聚，唐季礼凭借此片获得金像奖和金马奖最佳动作指导奖

唐：从跟成龙大哥合作第一部电影开始我就担心他，因为他是我的偶像，我从小看他的电影，看完他的电影就特别想学他那样打打跳跳。当我第一次跟他合作的时候，他就把武术指导和导演这两个重任都交给了我，这对我来讲压力很大，可是有压力才有进步嘛，所以在这种情况之下我看了他所有的片子，我把自己喜欢的东西抽出来，能加强的就加强。我跟他合作，基本上都是我把整个设计做出来，在拍摄现场他会给我很多意见。

贾：成龙在银幕上的形象给我们的感觉是什么都不害怕，《警察故事3：超级警察》有一场他跳起来抓住飞机的吊梯的戏，那个动作现在看起来都觉得很惊险，是怎么拍出来的？

唐：银幕上的他什么都不怕，可是私底下是个真实的人，有点儿畏高。《警察故事3：超级警察》有一幕他要追直升机，追到天台后要跳出去抓着直升机的吊梯，他说真的要这样做吗，我说追到这里这样做最好看。可是直升机一到的时候，风很大，可能眼睛都睁不开，人还要飞出去，难度是很高的，我也知道他会很担心，所以在拍那个镜头的时候，我就把东南亚、日本、（中国）香港的三十几个记者叫去现场，跟记者说今天成龙大哥要做一个亡命的动作，所以那天那么多记者都在等着他跳，没办法，他不做也不行，所以他拼命去做了，做完以后他还看了我一眼，说："你弄个圈套给我，让我想不跳都不行了。"我跟他之间有时候是蛮好玩的。

贾：这个动作您不会也亲自做示范了吧？

唐：这个也有，我自己在另外一个地方，同样的距离和高度跳了三次，第一次跳过去就摔倒了，第二次整个腿都受伤了，等试完两次以后，第三次我知道该怎么做，就抓住了。我就告诉成龙大哥要怎么做，他就试，也抓到了，类似这种情况，我都会去做、去试。

一部电影的灵魂人物是导演

贾：您自己会武打，又比较愿意去做这些尝试，那为什么不自己主演一些电影？

唐：当初摔断肩膀让我有了从幕前转到幕后的想法，还因为我当时身材也不高大威猛，那个时候王羽、狄龙都是高大威猛型的，周润发、谢贤、邓光荣都一米八以上。我就觉得我做英雄年龄又不够，身手好也只能扮演替身，还比较被动，因为人家没叫你开工你就要等着，我不太喜欢做被动的事，反而做幕后就比较实在。只要我愿意做就有工作，我享受那个创作空间，我可以在现实当中去挑选演员，可以创作出一个银幕上的英雄人物，这样子我就比较主动。还有一个原因是我个人的性格促使我转到了幕后，我觉得演员要很喜欢表演，要非常聪明，反应要很快，还要有表现欲。刚好我是相反的，我不太喜欢在人家面前表演，我字写得好，但不会在人家面前写，因为我觉得这是自己内心的修为，我练功夫也不喜欢在人家面前练，这也是袁和平导演、陈嘉上导演、许鞍华导演希望我去做男主角，我不想去的原因。还有以前我们武行会经常陪武术指导，陪导演出去应酬，这方面我也不太喜欢。从武行到场记，到副导演、导演、幕后，包括自己开公司做监制，这一步一步做下来让我感觉很踏实。

贾：您现在怎么看待演员这个职业？

唐：有一些形象、水平都不差的新演员有时候问我这一行该怎么做，我蛮难给出回答，因为当年我入行时的很多朋友已经改行了，可是也有很多做得非常好的。当演员其实跟性格有很大的关系，演员开始的时候是比较被动的，导演、武术指导看上你，你就有机会，看不上就没有机会。那个过程很长，不是说你是帅哥美女就一定会成功，有很多演员不帅，可是他们很有魅力。还有最重要的是喜不喜欢这个行业，如果喜欢，有不放弃的精神，你还要等机会，等到机会来的时候还要看你抓不抓得住。

贾：有没有想过自己主演一部影片？

唐：如果想要做好幕前的话，就要花很多精力和时间，这样可能最终幕前幕后都做不好，所以当幕前只是我以前的一个梦想，现在再没有这样想过，只会想有机会我客串一部戏，打一场就好了，这样可以留下一点自己的影像。

贾：现在有一些导演很追求个人风格，比如我们看到一部电影就可能知道是谁拍的，您会不会对自己的电影做风格的定位呢？

唐：我觉得一部电影的灵魂人物是导演，导演的个人性格、人生经历、喜好决定了电影的风格，有很多人制作电影会比较个人化，会把自己的个人品牌刻在电影里，还有一些人制作电影会按照市场的需要来制作。个人标签我看得比较轻，市场定位我看得比较重，因为除了做导演以外，我也做投资、做发行，所以一部电影我会考虑现实的投资回报，比如我今天要拍一部电影，我就会想好哪个市场是我最重要的市场，这个题材还能面对什么样的市场。电影是艺术，可毕竟也是产业，产业就要推广，推广就要有销售渠道、发行渠道，所以电影面对市场时要有一个很明确的定位，是给一般老百姓看还是想要拿奖给评委看。有明确定位后就能确定是什么类型的电影，然后你的市场经验就告诉你这种类型电影用多少钱拍，卖向市场后才不会亏本，才会有回报。拿老板的钱拍电影，自己拿奖出名却让老板输钱的事我是不会做的。

贾：在您心中什么样的电影才算是好电影？

唐：我觉得好的电影应该是老少皆宜，大众化的电影。可能我个人也不是一个大师级的艺术家，所以我拍的电影都是给大部分老百姓看的，比如我拍的《红番区》《神话》就比较大众化，没有很高很高的艺术水平，我的性格比较乐观，所以也喜欢拍一些让人开心的电影。

香港电影和内地电影是一体的

贾：您怎样看待电影中的暴力？

唐：一直以来我都很注重自己拍戏的题材，我觉得选材很重要，因为作为电影人，你的作品是要面对全世界观众的，所以一定要有社会责任感。这么多年我都没有拍黑社会题材的电影，我不会把黑社会的人作为银幕上的英雄，因为这可能会带给年轻人不好的影响。香港很多黑帮片就给社会带来了一些不良影响，比如一些年轻人看完电影后就学里面那些残酷的手段，也会跟人结党去做事。我去好莱坞发展的时候他们希望我拍一些比较真实的、比较暴力的动作片，觉得这样比较酷，这可能也与他们相对不安定的社会环境有关。可是我是在（中国）香港成长的，（中国）香港的治安比美国要好很多，所以对于暴力的东西我不喜欢，我拍的《红番区》《神话》《雷霆战警》有很多动作场面，但都没有很残酷的镜头。

贾：您这么多年一直在坚持拍动作片，您觉得动作电影在整个电影界中的位置是什么样的？

唐：我本身就比较喜欢动作，比较喜欢功夫，在邵氏的时候我以制作动作片为主，在嘉禾也是以制作动作片为主。为什么动作片在电影工业里这么重要？全球前五十名的电影票房冠军有 65% 以上是动作片，原因是动作片里大家开同样的车，拿同样的枪，每个国家的是非黑白、正义感是共同的，所以容易被大家接受。相反如果一部电影是用一个国家浓厚的文化为背景，那它走向国际就比较困难。

贾：您觉得西方的电影语言和我们的电影语言有什么区别？他们的制作模式有什么值得我们去借鉴的？

唐：西方的文化跟我们的文化差异蛮大的，比如大家的幽默感就有点不一样，一些语言，他们觉得好笑，而我们不一定听得懂，比如周星驰的幽默，他们也觉得莫名其妙的。他们的电影主要以美国市场为主，以美国观众的口味为主，所以他们做电影一定是用自己喜欢的文化。他们有全世界的发行网络，做出来的电影比任何一个国家的电影更受全世界观众欢迎，这是有原因的：第一，他们的故事剧本相对来讲比较严谨；第二，他们的本土市场比较大，投资预算比较高，所以无论演员、机器、拍摄、冲印各方面都比我们要强；第三，在语言方面，他们讲的是英语，是国际语言，更容易吸引人去看。还有他们的分工比较细、工会制度比较严谨，基本上幕后工作人员的平均水平都是大学毕业生，摄影师、灯光师、收音师全部都是专业训练出来的，也不是谁随随便便就可以做场记，做副导演，做导演，要经过比较严密的考核才能到那个位置，而且从国际视野上来讲，他们是先服务本土观众，然后再辐射全世界。

贾：您怎么看待不同地域的电影之间的关系？比如香港电影和内地电影，中国电影和好莱坞电影。

唐：香港电影跟内地电影我觉得是融为一体的，香港电影如果没有内地市场蛮难生存，内地电影也很需要香港电影的国际市场经验。我们电影本土市场的潜力可能比美国大，可现在还没成熟，我们的院线不足，盗版问题仍然严重，所以在市场能够收回来的钱跟北美洲比起来还差太远。我们的制作预算比美国低很多，这让我们跟它竞争起来更加困难，所以我们必须要找他们拍不出来的题材，他们做不到的制作模式，这样才能够立足，才能够跟他们去争国际市场。

贾：您认为我们具体可以通过哪些方式去和他们竞争国际市场？

唐：我们把中国传统文化中好的东西抽出来变成经济生产力。美国的影视文化产业占它外汇收入的 30%，比飞机工业还要高，证明了文化对国家综合力量评估的重要性，对和谐社会发展的重要性。以前我们的制作主要是以内销为主，外销为辅，现在我们面对的对手很强劲，好莱坞电影、韩国电影、日本动漫在国际市场上都有一定的认可度，这种情况下我们要全面提倡外销，但这是一个比较长的过程。此外，我们的影视文化教育需要做很多的基础工作、基础建设，我们要用自己的经验、外国的技术、多方面的资金来培训我们年轻一代的影视艺术家，给予他们创造的空间。我发现西方人的教育比较注重孩子的创造力，所以西方的文化、电影都有超前的故事，而我们中国一般都往后看，往往是找一些古老的题材作为重点生产的对象，所以大家看到的大部分电视剧都是古装电视剧，讲宫廷啊、权谋啊，其实这对于影视业的发展不一定有利，如果能够改变过来，我相信对于长远的发展是会有积极影响的。

（2006 年 10 月 28 日于北京世纪金源酒店）

2006 年 10 月 28 日，唐季礼与本书作者贾磊磊在北京世纪金源酒店

武打其实也是一种语言

李仁港

李仁港，祖籍安徽凤阳。1960 年 4 月 27 日出生于香港。电影美术指导、导演、编剧。1983 年毕业于加拿大东岸温莎大学传理系。1984 年进入亚洲电视台任副导演；1985 年，拍摄了电视剧《魅力九龙塘》；1986 年，离开亚洲电视台后随许鞍华任武侠电影《书剑恩仇录》副导演；1988 年，因担任剧情片《今夜星光灿烂》的美术指导而获得第 8 届香港电影金像奖最佳美术指导提名；1993 年，因执导古装武侠电视剧《射雕英雄传之九阴真经》而获得关注；1994 年，导演了武侠电影《94 独臂刀之情》，该片为其导演处女作；此后相继执导了现代动作片《黑侠》（1996）、爱情电影《星月童话》（1999）、《阿虎》（2000）以及动作片《猛龙》（2005）、古装动作片《三国之见龙卸甲》（2008）。2010 年拍摄了武侠电影《锦衣卫》；2011 年，监制并编导了战争电影《鸿门宴传奇》。2014 年，监制了喜剧动作电影《老男孩之猛龙过江》；2015 年，编导了古装动作电影《天将雄师》。2016 年执导动作探险电影《盗墓笔记》。2019 年进入中国主流电影创作，他以几十年的动作电影的拍摄经验，承诺确保完成影片的时间进度，获得了由上海电影制片厂出品的影片《攀登者》（2019）的执导权。

真正好的武侠片里的武打，其实也是一种语言，只是不用对白来讲述剧情，而是用身体语言。武打的戏里面讲的东西可能比文戏更多，这才是一个真正的武打片。

——李仁港

我身边的很多人跟武术都有关系

贾磊磊（以下简称“贾”）：您自小跟随名师学习国画和后来又研习中国武术，又远赴加拿大学习传媒，这种中西汇合的教育背景，为您的导演之路开创了一种与众不同的路径，您自己当时是刻意这样的吗？

李仁港（以下简称“李”）：我祖籍是安徽凤阳，我的母亲是南京的。父母是 1949 年到香港的，我在香港出生，在香港长大，然后到 1979 年到加拿大念大学，读的是大众传播，主修包括大众传播、电影、电视，辅修视觉艺术，visual art，还有美术、艺术、油画、素描这些，但是从小就学国画，十岁开始学国画，学到我念完大学。

贾：您为什么学国画呢？

李：我老师他家里头是武林世家，他教我学书法，他可以拿扫把打一个单刀给我看。他说那个节奏跟写书法其实很像，跟单刀，跟弹腿的劲很像，他写那个字的时候，有些时候你看那些好像表演书法似的，动起来的时候其中的内劲是看不出来的。

贾：那个时候您多大？

李：我六年级学柔道，因为那时候学校有的学。我初中的时候拿了香港柔道比赛第三名。我师兄都输了，我赢了一个第三名。我刚才说在我身边的人跟武术都很有关系，另外就是我中学的一个老师，教国文的，他姓林，是教我国文的老师。他是武林世家，他是黄飞鸿徒弟林世荣的孙子，亲孙子。

贾：嫡传。

李：他把林世荣的虎鹤双形拳、鸳鸯刀讲给我听。

贾：那您后来又怎么干起了电影呢？

李：1984 年毕业后，我开始在亚洲电视台当了一年半副导演，然后有机会当个导演，拍了一年的电视剧，有机会跟着许鞍华导演当副导演。应该是 1986 年左右，她在内地拍《书剑恩仇录》，然后帮了她八年左右。1992 年、1993 年我在无线电视台就拍了一年的电视剧，有一部叫《九阴真经》，主演是姜大卫。记得在无线拍《九阴真经》的时候也有武术指导。他们会这样、那样，吊威亚。我说为什么要拍这个？他们说一个人从这里飞，飞到那边去。我说飞有什么好看？我们又不是拍超人。武侠片为什么要飞？飞可能好看，可能不好看，但是我绝对不会因为你从这边飞到那边感觉好看。

武打其实也是一种语言

贾：您对中国武侠电影的视觉经验大概是什么时候建立的？

李：香港武侠片盛行的年代，离我们很近。虽然我们处在不同的时期，比方说我看《独臂刀》（1967）可能是小学二三年级这样。我看那些黑白的香港的武侠片可能是一年级开始看的。

贾：上世纪 60 年代末的香港，张彻开创了一种阳刚气派的武侠类型，影响了一代又一代的武侠电影工作者。

李：张彻，我最喜欢他。当然是从《独臂刀》开始，后来看《马永贞》（1972），特别喜欢看。张彻导演那些赤膊上阵、盘肠大战，他已经超过了暴力，它已经不是暴力，是到美学的地步，是呈现自己身体出去。男性最好看的部分，最美的精神，他不是赤膊，不是一把刀，是整个人的精神。往往是在盘肠大战之前他做什么，为什么会这样做？为什么会这样子？他做的效果是什么？这都和他的精神有关。

贾：在张彻众多武侠片中，报仇是一个经常出现的叙事主题，就像《独臂刀》中的独臂大侠方刚，在经历了忍辱负重的磨炼之后，只为替父报仇。这种简单有力的叙事传统得到观众的广泛认同。

李：我记得张彻导演跟我说武侠片里面要是没有报仇就不是武侠片，他的概念是这样，报

《94 独臂刀之情》（1994），不同于张彻的《独臂刀》，影片淡化了门派复仇引起的戏剧冲突，李仁港将影片拍摄得唯美写意，用凄冷、孤寂、怀旧的影像风格表达旧式武侠的情怀

仇基本上是武侠片里面很重要的叙事动力。但是报仇是一定要报仇？我倒不觉得一定要为了报仇这件事情。到现在这个年代，要是拍部武侠片吧，我可以想象，不一定要报仇。

贾：《94 独臂刀之情》这部影片在当时的动作片领域独树一帜，直到十多年以后的今天，很多观众对它依然记忆犹新。

李：现在的人说真的，喜欢那种武侠情怀，有那种武侠文化的人越来越少。你拍出来的事情，如果只有一个外壳，没有灵魂，它不是从心里面拍出来的，武侠片变成了我拍这段文戏，拍完之后交给武术指导那个武打场面。但是，真正好看的武侠片里头的武打其实也是一种语言去讲一些剧情，只是不用对白来讲，而是用身体语言讲，它武打里面讲的东西可能比你一场文戏更多，这才是一个真正的武打片。

用武打来讲文戏讲不到的内容
才叫真正的武侠片

贾：您从小是学美术的，国画对您的电影创作会有一些影响，可能视觉的东西特别感兴趣。我们看胡金铨的电影在这方面有自己突出的美学倾向，特别是《侠女》（1971）、《龙门客栈》（1967）、《空山灵雨》（1979），都很有中国传统文化的气韵贯注其中。

李：胡导演他在武侠片导演里头有几种东西最强。有一种是武打场面最好看，还有是武打设计特别刺激，另外一种就是武侠片里的美感。你看《大醉侠》（1966）那么久的戏，你看摄影也好，美术也好，完全不落后，隔了那么多年，四十多年有了，完全不落后，武侠气氛，武侠感非常强。

贾：您还受武侠电影导演徐克之邀，执导了脍炙人口的《黄飞鸿》（2001）系列电视剧。谈谈您与徐克的合作是否对电影有了更为深刻的认识？

李：以前跟徐克导演聊天时，他有句话说得很对，他说拍电影为什么会感觉辛苦？要是感觉辛苦其实不应该拍了。你感觉辛苦，是因为你没有兴趣，有兴趣怎么会辛苦？没有兴趣不应该拍，因为会很辛苦的，所以你不应该拍。我感觉拍武侠片也是，如果你对武打不认识，没有要求，没有那种文化其实不应该拍武侠片，因为你不懂怎么样去要求那个事情。

贾：好像是这样呀，你有兴趣的事再累也不觉得辛苦。

李：他讲电影里其实有些是文戏讲不到的内容，文戏讲不到就用武打来讲，才叫真正的武侠片。所以武术设计其实是最重要的部分，要是你没有自己的设计，你其实不应该拍武侠片，要是一个导演对武术设计没有要求的话，他也不应该拍武侠片，他应该拍其他的。

贾：您导演的电视剧《黄飞鸿》应当说很成功，使徐克对您更加信任。1996 年，您导演了由徐克监制、李连杰主演的电影《黑侠》。这是一部带有一定超现实色彩的都市武侠片，李连杰扮演的男主角黑侠，武功高强，行为神秘，俨然一副超人形象，这与您一贯崇尚写实自然的风格并不一致呀。

李：我开始有一点怕的，其实，我们叫super hero超级英雄，超人，蝙蝠侠这些形象我并不爱看，我几乎没有看过。电影的超人，小的时候看电视剧有看过，大的时候拍电影，我一看就不太爱看。我看的电影好像漫画一样，我就没有兴趣。我拍武打片的时候有一个倾向，我喜欢做这些事情。有些导演喜欢做这样的事情，有些导演喜欢做那样的事情。一部电影，就是把人最美的事情呈现出来，奉献出去，奉献给一个人，奉献给一个国家，有时也许为一个镖局，为一个门派做这个事情。

人生跟擂台一样，擂台上也有哲学

贾：那您拍了《黑侠》是为什么呢？

李：1996年吧，我拍《黑侠》的时候，跟李连杰谈了很多太极拳。我拍《黄飞鸿》电视剧的时候认识了赵文卓，赵文卓是练陈家太极的，也谈了很多太极拳。我让赵文卓打一遍给我看，打完一遍再打一遍给我看，我之所以这样要求他，是因为我一定要自己学。

贾：《黑侠》在当年的香港取得了票房口碑双丰收，也成为您打入欧美动作片市场的先锋作品。

李：真正好看的武侠片里头的武打其实也是用一种语言去讲一些剧情，只是不用对白来讲，用身体语言讲，它武打里面讲的东西可能比你一场文戏更多，这才是一部真正的武打片。

贾：记得2000年您导演的由刘德华主演的动作电影《阿虎》一经上映，就引起了广大观众的热烈关注。以刘德华扮演的泰拳手为主线，表现了一位拳师丰富的内心世界。我们看到报道为了拍好这部电影，您不但亲自去泰国了解泰拳手的生活，而且也开始学习泰拳。

李：我们在泰国看到最让我心动的一件事情，是那些泰拳拳手打沙包的情景。他们八个拳手打的时候节奏都不同。他们有的打拳，有的打大肘子，有的膝盖这么打，那个声音乒乒乓乓，加上拳手的喊叫声，我感觉那是一场很精彩的音乐会，它已经不是一个喊叫声，也不是一个效果声，它是一种音乐。他打拳的一种低音的声音加上喊叫的声音，那个声音告诉我，这种声音是求生的声音，一个人求生，因为他打拳，他所有生命里头的前途都在拳手上面。

贾：都说科学始于观察，看来艺术、拳术也始于细心的观察和体验。

李：其实重点不是在泰拳，重点是擂台。以前我没有学泰拳，为了《阿虎》我开始学泰拳。在香港学泰拳，在泰国也跟一个老师学泰拳，在训练馆里面跟那些泰国人一起学。老师说擂台上有一句俗话，只可以走，不可以跑。走是什么？走是一个方式，你打我，你强我走，但是最后我是赢的。我走是一种技击方式，让你费力。但是跑是什么？跑是怕，要跑就不要走进擂台，所以你一定要面对这个事实，你要面对的事情就不能跑，你就要正面对。一场比赛，你看四条绳子里面把人生很多事情都讲得尽。这个擂台好像是人生一样，有些时候你可以走，有些时候得绕着圈，有些东西你终归要面对。太困难的时候你可以缓一下，换一下气再面对。但是不能跑，人生跟擂台一样，我感觉擂台上有大哲学。

《黑侠》（1996），除拳脚实战外，影片还增添了高科技武器如枪械及爆炸，加上黑侠“头罩 + 黑衣 + 斗篷”式的后现代造型，极具奇观效果

我认为拔刀是侠客最美的时刻

贾：影片《阿虎》成功后，紧接着您又导演了一部表现自由搏击的动作片《少年阿虎》（2003）。相对于《阿虎》而言，这部影片的影像风格渗透着一股年轻的朝气，看似讲述一段发生在暑假里的师生恋，却传达着年轻人珍惜青春、战胜自我的励志主题。

李：精力善用，与它共荣。人的精力都是宝贵的，它是神圣的东西，好好用它，好好保护它，拥抱它，让它同他一起发挥最光芒的时候。

贾：从《阿虎》到《少年阿虎》，您的动作片中先后涉及了泰拳、自由搏击、咏春拳、大成拳等各种格斗术。作为一名导演，对于这些专业性很强的动作设计，在影片的创作过程中，是否会遇到认知上的困难呢？

李：要是一个导演对武术设计没有要求的话，他不懂要求，其实他不应该拍武侠片，他应该拍其他的，不用武打的，因为你都不认识。我感觉拍武侠片也是，如果你对武打不认识，没有要求，没有那种文化其实不应该拍武侠片，因为你不懂怎么样去要求那个事情。就像我自己喜欢武术，我要求下来都要谈得很细才能做到一个好的效果，但是我想象不到我要是不懂那个的话我怎么跟人沟通，很难。

贾：翻开您的履历，我们发现自小您与中国传统文化就有着密切的联系，十岁开始随国画家范子登学习国画，期间也开始学习传统武术，对内家拳有着深入的研究。这种特殊的经历是否会影响您的武侠片创作观念呢？

李：要是你完全没有诚意拍一个武打片的话你真的不应该拍，要是你对武侠没有世界的话真的不应该拍，拍也不会好看的。我们喜欢拍武侠片的人一看完全没有味道，完全不能骗观众，看出来对武侠片他自己有没有修养，有没有文化。武侠片里面人讲一句话，喝一杯酒，拔一把刀——我认为拔刀是最美的时候，一下拔出来把套子扔掉，怎么会这样？几乎是自己的另外一半，怎么可能这样甩掉呢？

贾：2005 年您起用众多内地、香港、台湾以及韩国等地区和国家的著名演员，打造出一部融枪战与武打为一体的时装动作片《猛龙》。该片叙事节奏明快、动作场面火爆，尤其是片尾洪金宝与对手的决战，被很多观众誉为经典武侠片与现代警匪片的完美融合。

李：其实这种方式很多人谈过，只是没有太多人去做。很多时候，现在警匪片、武侠片，其实很多人谈过，我也说不清楚谁做过，谁做得好谁做得不好，反正都会有这种尝试，这是我的一个尝试，把一个警匪片变成武侠片。很多角度，洪大哥最后跟那个韩国的刀客对台的时候完全是一个武侠片。

贾：在上世纪六七十年代的武侠电影中，影片的主人公大多是反抗暴政的自由侠客。那么，到了现代的法制社会中，这种表现仁侠精神的影视作品，究竟应当有怎样的认识呢？

李：我希望一个人出来，他有一个梦的追求，人性的追求。有些时候在法律上来讲，看到这个人明明是坏的，但是他找一个很好的律师把官司打掉了。他逃出来了。给人的印象好像有钱的就没罪，没钱的一定坐牢。在这种情况下，人们都希望要是真有一个人出来做这件事情就好了，有一个大侠出来做这个事情，其实这就是我拍《锦衣卫》的原因。里头的对白说要是有一个大侠出来主持正义多好。我拍《三国之见龙卸甲》的时候，人家会感觉把历史搬出来，说历史不是这样的。拍一个电影，有些时候它是心里头的真实，它不是纪录片。所以有些时候比方说我们现在拍《锦衣卫》，马上把锦衣卫历史搬出来，我们不是拍历史的纪录片，我们拍一个故事片，只是拿那个背景。然后借那个背景讲一些我们认为值得讲的故事。我们挑这个题材一定是有它的原因，不会说拿锦衣卫的题材说历史上的事情。

所有胜败已经不影响我了

贾：您好像总是心仪古装历史题材的作品，您还导演了由刘德华和洪金宝主演的古装大片《三国之见龙卸甲》。透过赵子龙的传奇人生，您是否也在传达自己对于历史与英雄的理解呢？

李：我们都是现代人，我 1960 年出生，现在 21 世纪，我这样长大的。无论是我父亲讲的一些三国的故事，还是长大了我自己看的，我对那个故事很有感受，我喜欢那个故事。但是我拍的时候不可能越旧的东西越好，要是这样的话永远有一种戏最好，我们 21 世纪拍的应该有 21 世纪的角度，跟以前不同，这是最宝贵的地方。

贾:《三国之见龙卸甲》，您在精彩的动作背后，同时刻画出细腻的人物形象，其中赵子龙“单

《三国之见龙卸甲》（2008），洪金宝任动作指导，刘德华主演，影片讲述了三国时期蜀汉名将赵云的传奇一生。影片延续李仁港电影风格，犀利硬朗、动作场面火爆、人物刻画不失细腻

骑救主”的一段场景，是否包括您对这位历史英雄的深厚情感？

李：我拍那个单骑救主的时候其实有一点考虑，就说它书里头，小说是小段，观众很喜欢看，我也很喜欢看那段。有一天你要拍成电影的时候，要是你光拍他救主，他真的救了主，感觉也不错，拍得不错。但是我感觉他应该多一些设计在里头，让我们熟悉的单骑救主变得更精彩一点。所以，我又加了一段，他能逃跑的原因不是他想到怎么跑，他其实豁出去了。他晓得今天我不会跑掉，那么多军队不可能的，但是我死之前我应该把曹操干掉，这就是英雄跟非英雄的区别。窝囊是怕，怕得要死，死掉了窝囊。普通的大汉就是杀，杀一大堆死掉，也是一个汉子。英雄是不白费，他了解大对头是曹操，今天这个环境是曹操作祟，所以他死之前要把曹操干掉。

贾：赵子龙从百万军中救出主公，浑身是伤地飞越峡谷，对着曹操回首大笑，这是对赵子龙英雄气概的绝佳描写，让很多观众感动得流泪……

李：那天拍那个笑，他一笑眼泪淌下来了，很精彩，因为他很真挚。我完全没有想到能完成这个任务，然后给我做到了。你看那是个英雄，刚出来是见龙在前，现在是我龙现形了。哪怕我没有飞上天但是我成形了，所以在这里我今天做到了我要做的事情。

贾：与一般的三国题材影视剧不同，影片《三国之见龙卸甲》的视角并没有集中在三国之间的政治斗争，而是将主要笔墨放在了常胜将军赵子龙兵败凤鸣山的前前后后。这样的剧情设计，更显得悲壮沧桑，似乎有透过人物述说历史，假借历史反思命运的意图。

李：我不应该单看常胜将军，常胜将军只是一个表面，其实常胜将军最好看是怎么面对有一天他败的事情，要是你不这样去看这件事情其实你等于就没有看过《三国演义》。人的胜败是必然存在，只是有一天在我常胜的时候就让我看见败，我只是按照这个大规律来做事情。只是你安排我胜，有一天你安排我败也不是真的败，老天安排我就这样。所以我胜要不是真的胜的话我何来败？我也不会败。所以，我对败不应该气馁。我常胜那么多年我今天这样败我肯定会很不开心，所以他走的时候应该是潇洒的，所有胜败已经不影响他了。

贾：您从导演处女作《94 独臂刀之情》到表现自我理念的《三国之见龙卸甲》，您的导演之路始终离不开武术、英雄、侠义这些关键词，在您的艺术世界里，侠义精神究竟代表着怎样的人格品质呢？

李：侠义定位是指那些面对不能为、不敢为的事而为之的人，有一些事情总是要有一些人要做。当然它是正义的事情，应该付出很大的代价，很多时候就是生命，有些时候甚至是多个生命，因为包括你朋友的生命，包括你家人的生命。

（2009 年 6 月 6 日于浙江横店影视城）

我们要把最好的给观众

陈木胜

陈木胜（1961 年 10 月 7 日—2020 年 8 月 23 日），中国香港著名导演、编剧、监制。他从电影界最低端的工作做起，当场记、当助理、当副导演，逐步坐上导演的椅子。1981 年进入香港无线电视台工作。1990 年，执导首部影片《天若有情》（1990）。1993 年，执导了由徐克电影工作室制作，徐克任制片人和编剧，关之琳、梁朝伟主演的古装玄幻武侠片《新仙鹤神针》。1996 年，编导并监制了他自己最满意的动作电影《冲锋队怒火街头》，2003 年拍摄警匪动作片《双雄》，2004 年执导的动作电影《新警察故事》重新定义香港警察形象。2007 年拍摄现代阳刚电影《男儿本色》，立志重现昔日功夫电影的风光。2008 年，编导、监制了警匪动作电影《保持通话》，2013 年，其执导的动作电影《扫毒》，总票房近 2.2 亿元并获得第 33 届香港电影金像奖最佳影片、最佳导演等 8 项提名。2011 年，涉猎中国武侠电影的经典题材，拍摄影片《新少林寺》，2019 年拍摄了电影《怒火战》……

在近 40 年的创作历程中影片涉猎多种类型、不同题材，其中以动作电影为主要片种。他的动作电影风格承传了香港电影阳刚美学的传统，尽管疏于对女性的刻画，但是在激烈的搏击与惊险的动作中常常揭示人性的本色，在传统的电影叙事方式中凸显出现代的人文关怀。本文是我们 2007 年 7 月对于陈木胜导演的专访，现在发表于此以表达我们对于这位中国动作电影导演时代贡献的历史追忆。

我是动作片导演。每个人讲起我，老板也好，观众也罢，想起陈木胜，是动作片类型的一个导演。可是，每个导演应该有自己独特的风格，我希望我的电影可以给观众一个连续性、动感性的感觉。希望观众一看这部片子，差不多就知道是陈木胜拍的，就是我想要的风格。我自己现在还在追求更强、更好的电影风格。

——陈木胜

拍动作片对导演是挑战

贾磊磊（以下简称“贾”）：陈导演您好，我们想先了解一下您正在拍的这部新片，我们知道叫做《男儿本色》，您拍这部影片的创作背景是什么？

陈木胜（以下简称“陈”）：其实创作《男儿本色》是一个挑战。因为很多人都说现在的动作片已经很难拍了。最起码没有从前那么好，在90年代我们的前辈导演拍动作片，那个时候很风光，资源也很丰富，现在市场对动作片也收紧。所以我们拍动作片的资源也没有从前那么好。还有好莱坞的动作片拍得比我们现在厉害得多，他们在加强特技。尽管如此，我想我们香港拍的动作片，从前都是最棒的，所以我想可以拍动作片的年代，可以拍一些，可以跟从前的导演来一个比较，很多香港动作片的水准真的已经慢慢地下降了，所以我真的很想拍一部能够代表我们香港创作水准的动作片。

贾：那能简单给我们介绍一下，这部新片里演员阵容是什么样的，然后包括这部戏的动作指导是谁？

陈：有谢霆锋、余文乐、房祖名，三个男主角，都是当警察的。三个年轻的警察，主要是表现人有时做了很多事情，做了很多工作，可是很容易忘记了那个工作的本质。他们三个都忘记了为什么要当警察。在这个故事里面，他们分别在找回自己。当初为什么要当一个警察呢？不单单是为了一份工资，不是单单为了威风，这个主题在三个男生中相继出现。还有吴京是反派，

《男儿本色》（2007），在传统港产片的警匪斗法之外，将动作场面发挥到极致，节奏紧凑、场面火爆、动作凌厉，几位主演的动作看起来拳拳到肉，质感十足

都是动作，打的部分戏份很重的。武术指导是成家班的李忠志，他跟我合作已经差不多有十年多了。

贾：您每部电影的动作导演都是他吗？

陈：自从 1998 年的《我是谁》开始，我是跟成龙大哥合作，之后成龙大哥去了好莱坞。我就跟李忠志继续在香港拍片。

贾：我们知道您这部戏拍摄周期非常长，已经 60 多天了。我想知道您在处理武戏的时候，您和动作指导是怎么合作的呢？就是您会不会将打戏交给武术指导，让他来做？

陈：我自己拍的动作片都是我自己构思，每一个动作场面都跟武术指导先去探讨怎么去处理，可是当中往往都是要有文戏并重，就是武跟文一起去拍才能成功，单单去看动作也看过很多遍，所以每一次的变化都是看文戏跟动作怎么加起来好看，所以两者都重要的。每次我想到一场动作戏份的时候，我都要先想那个最主要的戏份的文戏是什么，反而不是想动作，每一次的变化都不同，我相信武术指导对文戏的感觉也很重要。

期望重现昔日功夫电影的风光

贾：这次拍的《男儿本色》追求的是一个什么样的风格？

陈：算是另一次挑战。因为我的一个想法就是真真正正拍一次拍功夫片。戏里面拳脚打斗的戏多，开枪爆破的少。从前我都有很多枪战、爆破的大动作，这一次拍的就是讲功夫。之前我的戏很少这样，这一次很讲求拳脚功夫。跟从前的那些动作片的风格很接近。希望可以拍回他们从前的水平。我们现在很多人都忘记了过去是怎么去拍动作片。其实我自己也不确定我百分之一百就可以拍出很好的动作片，可是我会尽力可以把从前的动作片的风光重现出来，最起码可以接近一点，但不能说可以好过从前前辈拍的。现在很多动作指导啊，或者是演员啊，也没有从前的洪金宝、成龙大哥那么深的功夫根底。所以，拍起来就很困难。

贾：现在有很多数字特技，您这部电影里会不会使用？

陈：可以用一点点，因为特技是来帮助戏里面一些我们做不到的动作，我相信特技去帮助是可以的，是有必要去用的。因为有一些真的是我们想得到可做不到的。这时特技可以帮到我们。为什么不用呢？现代化的技术与我们传统的方式也可以共存。

贾：您刚才说到这部电影中主演是三个非常有名的男明星，那这里面女性角色有谁呢？

陈：可以说是没有的，都是三个男生做主角，女主角是没有的。

贾：我们看到您的一些电影，其中男性的角色往往都刻画得很好，而且大家都很喜欢，而一些女性的角色，在您的电影中一般只是点缀，包括您这部新戏，好像也是这样子的，对于这个您怎么看？

陈：其实在我拍的电影里面，尤其是这几年主要是拍动作片，因为动作片要再兼顾女生那个爱情部分，有刚也有柔的部分，我感觉比较困难。我自己是专注去拍一些比较男性化的主题。所以，我不想在当中再把它加很多爱情啊，如果我想拍爱情我就去拍一个爱情故事，因为我很清楚我要拍的是动作片。当然动作片里面也可以有爱情，有人性。可是每一次我在创作期间都想加，可是我会发觉一个多小时不能讲太多的故事。正派，反派，他们怎么来一个大对决，已经蛮难处理，所以往往最后一个部分就是那个女生的部分我都把它放得轻一点，我想对我来讲是有个好处。就是来看动作片的，都希望看一些视觉上的刺激比较多的观众，他们也不会一定想戏里面有一些特别的爱情啊，或者是特别的感情世界，如果他们要看爱情片，他就不进场去看动作片了。所以，我每一次创作都会面对这一个平衡的问题。

从"红裤子"一步一步做起

贾：我们知道您一开始是从做电视开始的，做电视编导，您能够谈一下您做电视的那段时间，学的那些东西对日后都有哪些帮助吗？

陈：很有帮助，因为我是电视出身，从 1981 年我已经开始在电视台工作。我先后在三家电视台工作，那个时候学了很多东西。当时还没想过自己可以拍电影。一开始就是想如果可以当电视台的导演就很好了。我们那个时候机会很多，有很多机会都可以给年轻人去发挥。那个年代也没有太多外国的留学生回香港，都叫我们从"红裤子"做起。

贾："红裤子"是什么意思？

陈：就是从低端的工作做起。当副导啊，当场记啊，每一个人都一步一步地上来。我也是这样的。所以，没有想过可以拍电影，就是努力去学拍电视。当时有很多电视的导演都是很棒的，像杜琪峰，也是我在电视台跟他当过副导，然后很快就可以当电视台的导演了。

贾：香港电影新浪潮的主将很多都是从电视台闯出来的，包括徐克、卓伯棠……

陈：我 1987 年已经在电视台当导演了。几年之间，可以当上一个电视台的导演也是蛮幸运的。到 1989 年，我拍了第一部戏《天若有情》，是我跟杜琪峰、王晶、林岭东一起拍的。当时王天林先生退休，我们几个徒弟合作拍一部电影送给他。我是最年轻、最小的一个，辈分也是最低的。他们都是我的师父、前辈，所以我来了，就让我拍。杜琪峰监制，每一个监制都是大牌，那是我第一次拍电影的机会。

贾：您当时拍的时候，还记不记得心情是什么样的？就是自己第一次做导演？

陈：我刚拍电影的时候心情是蛮轻松的，因为那个气氛很好。气氛好，电影就不会亏本。在那个时候，只要有明星，有刘德华，有三个大监制，一个新导演，差不多不会亏本的了，你就放轻松点儿去拍。我的责任就是这样，他们给我说的就是这些话，不用担心去拍吧。我就当电视一样去拍。那个时候我很喜欢飙车。所以，我想就是拍自己最喜欢的一个题材，我就带杜琪峰去看那个时候在西贡的飙车。每个星期六的晚上在一个地方一群人就飙赛车。那可是地下

《天若有情》（1990），陈木胜独立执导的第一部电影作品，收获 1000 万港元票房，凭借此片，陈木胜一举打响了自己的导演名号

的，哇！很过瘾的，所以拍就拍这个题材。就找刘德华去做那个华弟，就是我看的一个人物，赛车非常厉害的一个年轻人，叫华弟，让刘德华去演这个华弟，就这样开始了我的第一部电影。

贾：您有没有想过您拍飙车的电影特别好看，但是会给青少年有一些不良的影响？会不会造成他们觉得这样也很好，那大家都去模仿。这个毕竟是有危险的？

陈：飙车？

贾：对呀。

陈：那个时候我自己真的没有想过。现在我常常回想自己曾经拍过的电影，就是飙车和刘德华所在的黑社会，就这一部戏。我第一部戏，你刚刚问的问题就是我曾经也有想过。后来我拍的全都是警匪的故事，都是比较正面的。我没有拍过黑社会，我也有想过啊，在戏里刘德华是一个黑社会，可是他在戏里面也很有情啊。可是，当时我是没有想过的，因为我自己也在影片的剧情当中，我自己也在那个飙车的世界里面。我感觉速度快，开车快，这是年轻人想看的，兴奋的一点。我就朝着这一点去拍。一个新导演，我想那个时候我还没成熟，就是想拍自己想拍的东西，也是自己蛮喜欢的一种欢乐。所以也有想过，可是那个时候真的没有想那么清楚。

李小龙对我影响很深

贾：您拍了那么多动作片，而且从一开始到现在主要都是拍动作电影。那么这是跟您个人的喜好有关？小时候有没有受到过一些影响？

陈：有的。因为我小时候看的电影都是动作片。我是90年代开始拍片的。80年代是武打片、功夫片最棒的一个年代。有李小龙，那一代前辈他们拍的古装武打片，我都看过。还有看金庸的武侠小说，脑袋里面都是充满着动作，充满着武侠世界的人物。我戴眼镜就是看武侠小说看的。我全家都不戴眼镜的，就我一个人戴。我爸爸就说，为什么我全家眼都没有近视的？我就是看武侠小说看的，所以对武侠动作片的感觉也是从小感受出来的。

贾：您刚刚提到的李小龙也是武侠中的动作片一个特别重要的人物，您怎样评价他的电影？

陈：可以这么说，如果没有他就没有我们的动作片在全世界电影市场里的位置。就是因为他，中国的动作电影才开始被世界所认识。所以，他的地位在我心中真是最高的。真的，你去世界的每一个角落，都知道这个人，你就知道他有多重要了。我记得小的时候，十多岁回家就啪啪啪啪乱踢，然后我哥哥跟我说了一句话，我就不敢再踢了。

贾：哪句话？

陈：就是你再踢，我就不带你去看下一部李小龙的电影，我就不敢踢了。因为我想再看嘛。就是在家里踢踢踢，学他的动作，他影响了很多年轻人，对他的那种感觉，对他的那种动作的兴奋，对我们的影响是蛮深的。

贾：后来您就拍了徐克做监制的一部电影《新仙鹤神针》。这是我们看到的您导演的唯一一部古装动作片，之后就再也没拍古装电影，对这部电影您怎么评价？

陈：拍《新仙鹤神针》的时候，香港武侠片刚刚走下坡，差不多是90年代最差的时候。那个时候我跟徐导演拍电影，他人在北京，同时间要拍《黄飞鸿之三：狮王争霸》（1993）。我在香港，我们是没有剧本的。所以每一天我都在等他把北京的剧本发到香港。我们就跟梁朝伟、梅艳芳去开工。有些时候我们还在等他写，因为编剧也是他。所以，那个时候我可以说是没有真真正正地跟他合作过，只是大家在两个地方，他在忙，我也在忙。我在等他的剧本，然后就根据他的剧本去拍。完完全全的是两个地方的沟通，就是靠电话。所以，没有真真正正地跟他合作过一部电影。

贾：这种拍电影的方法有点不可思议……

陈：那个时候动作片已经严重泛滥了，每一部电影都是动作。武侠、古装，拍得最多。所以，那个时候给我的感觉就是不太好。现在我也有这个经验，就是往往很多人去拍一个题材的时候我就不去拍了。好像现在很多人也开始拍古装武侠片，武侠电影也开始流行了。可是，我就偏偏拍我喜欢的时装片。可是，我已经听说有很多人准备去拍武打片了，有五六个片场已经准备开场了。刚刚说《新仙鹤神针》的气氛好像就是当天那个气氛，每一部电影都是同一个题材，都是同一个类型，那就不太健康。

《新仙鹤神针》（1993），讲述六扇门主事曹雄召开武林大会欲统领江湖的故事，是武侠电影中别具仙风道骨的一部，尤其是梅艳芳白衣持箫驾鹤高飞的设计

贾：当时拍这个的时候，徐克导演为什么这么信任您？把这部电影的拍摄全都交给您？

陈：因为他看过我拍的电视剧，那个时候我全部电视剧都是古装片。他可能也想找一些新导演。那个时候我的电视剧刚刚拍完，应该是拍完《雪山飞狐》（1985），还有我忘记那个时间，他跟我说看见我拍的电视剧才找我的。

贾：后来你们拍的这个戏影响怎么样？就是票房？

陈：一般，我也忘记了。刚刚说的是武侠片已经走下坡路了，太多、太烂了，所以观众每一部都觉得差不多。看起来打的方法，灯光布景啊，每一个导演拍得都好像差不多，也没有一个特别的风格。所以，观众就开始不太喜欢看武侠片了。

我要的是连续的、动感的电影风格

贾：那您刚才说到风格，就是我觉得您一直也比较强调导演一定要有自己的风格，那您觉得您自己的导演风格是什么呢？

陈：动作片导演，就是每个人讲起我，老板也好，观众也好，想起陈木胜的东西，都是想起是动作片类型的一个导演。可是，每一个导演应该有自己的风格，我就希望我的电影可以给观众一个连续性、一个动感性的感觉。希望观众一看这个片子，差不多就知道是陈木胜拍的，这就是我想要的风格。我自己现在还在追求，追求更强的、更好的电影风格。

贾：我们觉得如果看您的动作片，它在情节上比较复杂，同时又特别重视对于心理和社会的追究。您觉不觉得您特别重视那种心理的表达？包括像您导演的《双雄》（2003）啊，或者《三岔口》（2005）……

陈：是，因为对我来讲这些年分成好几个阶段。比如说《天若有情》之后，是《新仙鹤神针》。以后几乎每一部电影题材都是不同的，古装片、时装片、爱情片什么都有。到 1996 年拍《冲锋队之怒火街头》时，我就跟自己说，不要再分散太多注意力，要集中精力拍一个自己想拍的类型片，走自己应该走的一个导演的路。所以，我就放弃了很多其他题材，专注去拍动作片。这是我给自己对电影的一个很重大的决定。从 1996 年，往后我几乎全都是动作片，不想其他的。

贾：这种想法持续了多少年？

陈：在 1999 年，我拍完《特警新人类 2：机动任务》，就再一次决定不单单是拍动作片，要有文戏，要拍好看的电影。我觉得文戏一定要比动作好看。所以我就在将自己拍的动作片再分一个阶段，就是先是文戏，然后是动作戏。1999 年之前，我是动作第一，文戏第二。我还记得 1999 年，那一年我拍了《特警新人类 2：机动任务》，我在开机前两个星期老板跟我说，导演这个戏我要加两个外国人，然后就加一个机器人，还有两个星期开工了，要把那个剧本改过来，比起原来的剧本要改得很厉害。

贾：为什么呢？

陈：因为我们有外国的资金嘛。所以，有外国的资金要改一下。我很清楚，自己是一个拍商业电影的导演。商业电影不仅艺术要讲，商业的风险也要规避。所以，我就对老板说好吧，就马上改剧本。你想，两个星期把这么重要的一个动作片改加两个外国人，加两个从外国来的警察，香港警察加外国警察都一场做，就是要有动作，就可以卖钱了。然后以动作为先，文戏不太重要的，很多场面打，很多场飞车，很多动作场面就可以把它推到外国市场。从一个商业角度去说是可以的，不过从一个导演的艺术路途来讲，是勉强的。所以我停了两年，2001 年、2002 年我没有拍戏。再拍就是《双雄》，之后我就想动作片应该也是以文戏为主，武打是配合，所以我现在构思剧本，构思题材，都是以文戏为先，是我第二次改变自己对动作片的看法。

我们要把最好的给观众

贾：我们知道，香港的电影长期处在一个非常商业化的生态之中，在这种语境中拍电影，怎么样保证它的艺术质量呢？

陈：其实，有些电影拍的素材很多，要分为两集去放映也成。可是怕观众会觉得不值得，因为观众一定要看好的。把不好的也放进去，做第一集，第二集也有不好的再放进去，观众就会不满意。如果把它剪成一集也就最好的全都在，不好的一律剪掉。这是我们决定把最好的给观众看。可能老板会感觉太可惜了！当然两集可以赚很多钱，可是最后的决定都是以观众为先。这个我自己蛮开心的，因为两集我反而不开心。《宝贝计划》（2006）就这个问题，其实都是一集好看。最好的给观众去看，就是我们做电影应该永远把观众放在第一位。

贾：中国电影这些年最惊险的镜头，应该是成龙在《新警察故事》里从香港世贸中心楼顶上滑下来的镜头。我们想知道当时拍那段戏的时候，您是怎么拍出这么危险的动作？

陈：那个景点我们看过很多遍。当时我们先不拍那一场戏，要晚一点才拍。在有心理准备去拍的时候，就是差不多整部电影拍完，最后的一段时间去拍这个镜头。成龙很勇敢，一点不

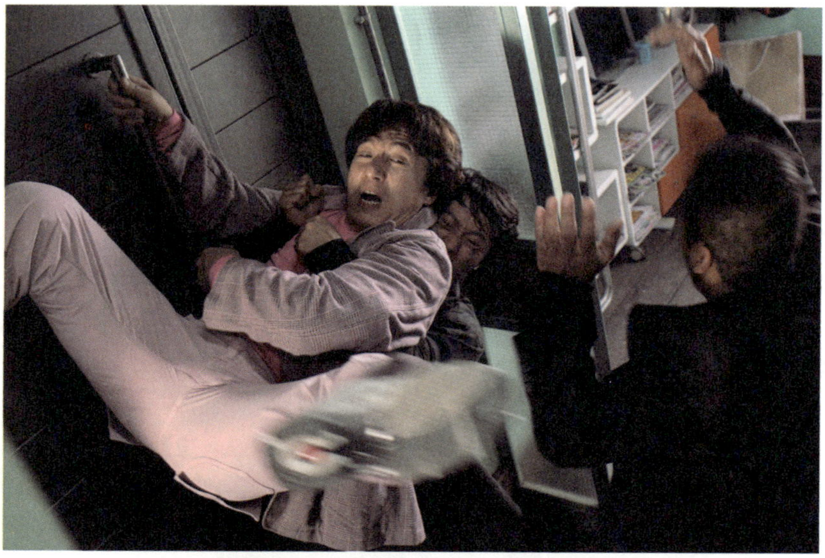

《宝贝计划》(2006),陈木胜和成龙的第三次合作,融陈木胜的紧张激烈与成龙的功夫喜剧于一体,打斗戏惊险刺激但又不乏生动有趣

夸张,就一气呵成地把那个动作做完了。当然,我们是多台机器一起拍的。

贾:拍了几遍?

陈:我记得是拍了差不多两遍,不能拍得太多,因为那个玻璃有危险,可能会破裂。所以我们拍了差不多两遍就不敢再拍了。成龙对他的动作,对自己的要求从来都是很高的,尤其是他自己做,一定要自己去做的动作。我跟他合作三部电影,他对动作的要求从来没有降低过,都是往上去要求。

贾：那在拍《宝贝计划》里面，有没有一些比较危险的场景？

陈：有比较危险的。他在23楼跳那面空调墙的时候，他就是自己这样跳下去，一个镜头拍的。

贾：是您要求还是成龙大哥自己要求一个镜头拍的？

陈：其实基本上是我们一起设计的。我跟他安排，当然动作他一定要以安全为原则。他自己感觉能做得到，他就去做，然后我会给他很多时间去想，怎么调整。我们一天晚上就拍一个镜头，有时两天拍一个镜头，因为现在真的很难有演员可以做到这些高难度的动作。

我感觉最难拍的喜剧

贾：当时是怎么构思《宝贝计划》这样一个故事？让大家觉得不得不喜欢这部电影。因为首先来讲那个宝贝太可爱了，而且这是您第一次拍有点儿喜剧风格的动作电影，是不是对您自己也是一种新的尝试？

陈：是。第一次尝试去拍喜剧，也是我感觉最难拍的一个类型电影。因为拍动作片，你有很多吸引观众的方法，可是你要让观众笑就只有一个方法，你就要拍得很好笑，要配合很多人、很多场景和时间。所以对我来讲，最困难就是要怎么样让观众开心去笑，不是让他们紧张，紧张我用打或其他方法，对我来讲比较容易。一开始我们想这个题材本来是拍《新警察故事》续集的，可是我们跟成龙大哥谈，就是可以想一些新的题材，不要再拍从前拍过的。因为老板很喜欢拍《新警察故事》，票房也都不错。老板就想我们再拍另外一个动作片，可是我们两个都有同感，就是想一些新的东西，不要再是警察，不要当什么英雄人物。

贾：可是动作片通常都要塑造一个英雄呀。

陈：我们就是不想拍一个重复的故事。所以，就先想了一个贼。可是，贼偷什么呢？偷全世界最名贵最贵重的东西就是手表啊，珠宝啊，黄金啊，最后想到原来最宝贵的是一个宝贝，对人来讲，你是一个人，小朋友是最宝贵的，真金都不会换的。所以，我们从一个贼开始，偷什么呢，偷一个Baby。再加上他身边的人物，古天乐、许冠文、陈宝国，每一个人都是从成龙这个人物开始加上去。

贾：您对陈宝国这个人物的设计是怎么想的？在您的电影里总要会表现心理上的这种问题，您觉得陈宝国演的这个人物，也能代表现实生活中的一部分的人呢？

陈：可以这样说，其实每个人都有问题的，只是说各自的问题有多大。有时问题之大会把它变成一个不是自己的一个人，这就是一个人的心理平衡出了问题。现实里面每个人都很讲究平衡的，如果你失掉了平衡，你就会走上歧途。对吧？所以都讲求人生的平衡的问题，之前我拍的电影里面，像《双雄》啊，都是从这个角度去看每一个人，他的生命里面一定要出现一些问题，看它大还是小，然后从中把那个问题提出来，把那个戏份找出来去拍成故事。

贾：您觉得动作电影在整个的电影产业里面处于一个什么样的位置呢？

陈：对我来讲是很重要的位置，如果从全世界的市场来讲，我相信动作片到现在来讲都是第一位的。对我自己来讲，因为我去过很多国家，他们第一句的就是动作片。因为全世界爱看动作片的观众确实比较多，所以它的位置就比较高，这个很自然的。从商业角度去看，常常最卖座的都是动作片。这证明爱看动作片的观众比较多一点。第二我相信是爱情电影，我自己也喜欢看爱情电影。我感觉海外市场要求我们拍的，首先都是动作片，可能老板都找我拍动作片，所以我没有感觉其他类型的电影比较比动作片重要。所以，动作片在我心中可能在那个市场都是要求最重要的一个类型片。

文戏第一，武戏第二

贾：您刚才说您现在拍电影是文戏第一位，打戏是第二位。那就会牵扯到一个问题，就是对于一部电影来讲，剧本肯定是最重要的，那您对剧本的要求或者说您会不会参与到剧本的创作呢？

陈：会，我会参与剧本创作。只有一部戏没有参与，就是《三岔口》。《三岔口》的演员是郭富城，我把这个人物交给编剧，说郭富城做什么角色最好看，就按照这个角色去写他。然后他想一个故事给我，我中间没有参与过任何创作的部分。

《三岔口》（2005），陈木胜的另一部动作片力作，剧情流畅，动作场面刺激，也让大众看到郭富城演技上的蜕变，郭富城凭借此片首捧金马影帝桂冠

贾：说到郭富城，我发现您是一个特别善于培养演员、使用演员的导演。好多演员拍您的戏，提升特别快。那么，在现场您都是怎样指导他们、怎样跟他们说戏，会不会自己做示范呢？

陈：我跟演员是沟通方面就是我先让他自己发挥，当然之前我们沟通过这个人物，戏里面那个角色应该怎么去做，到现场我通常都要他自己演一遍给我看，原来他演的并不是我想要的，我才跟他谈。不过因为我合作的演员通常都很专业，应该跟我想的距离不会很大，比如说跟郭富城合作，我只有做一件事，就是跟他说，很有型的POSE都不用，要求简单一点。这是拍《三岔口》我要求他给我的。因为演戏他们一定很有经验。我发觉他们因为是明星、歌星，有一些动作，比如唱歌的那动作，往往在戏里面表达出来。我尽量把这些歌星、明星的状态去掉。去掉以后，要的是演员，要演戏的一个演员，我这样子要求他。他就明白他有这个缺点。因为他唱歌的时候这些动作是蛮多的，所以到演戏的时候往往就把这些动作带出来。其实我跟他们就是平常在现场都很自然地沟通，没什么特别。

《冲锋队之怒火街头》是我最满意的电影

贾：那您到目前为止，您觉得自己最满意的作品是哪一部呢？

陈：我自己目前最满意的是《冲锋队之怒火街头》。《冲锋队之怒火街头》我最满意就是我拍戏的过程，最开心，最没有压力，最放纵自己去拍的一部电影。

贾：当时的票房或者各方面的反应怎样的？

陈：票房方面，因为当初每个人想就是一部小成本的电影，不太看好，那个时候票房有900多万港元，香港900多万已经不错了。演员包括刘青云、陈小春，我还是一个新导演。我们拍的时候很开心，这个是我最满意的。就是因为这一部电影，嘉禾的何先生就找我去拍成龙。就是因为这一部电影，何先生就跟我说，你可以拍成龙了。我说为什么？他说你看你自己拍的这个，有很多动作片的元素，你都可以控制，所以下一部你就去拍成龙吧。

贾：您当时怎么想？

陈：那个时候我害怕。因为我还没跟大哥合作过，不过何先生都在加强我拍成龙的信心。就是因为他跟我讲的一句话，就是你可以的。我真的很感动，因为我就是一个小导演，就是因为《冲锋队之怒火街头》，他感觉你有能力去拍成龙的片子。所以，就把我放在成龙身边去导演他的戏。成龙大哥那个时候已经是天王巨星，我只是个新导演，是何先生给我这个机会。

贾：您说片场的气氛，就是创作气氛是非常重要。您在创作电影的时候，这个片场的气氛是什么样子？

陈：片场的气氛，现场的气氛，每一部电影都不同的。因为每一部电影跟不同的演员合作，影片有影片的风格，演员有演员的风格，有表现自己的方式，每个人都不一样。这次我跟谢霆锋，他们年轻一辈的没有什么明星的架子，在街头溜达，吃东西啊，什么都做。跟成熟一辈的演员气氛就不同。那我也要把自己年轻化一点，大家气氛就轻松多了。跟成龙大哥合作，那个气氛就严肃一点，紧张的，也可以说笑，可是要分时间。所以每一次都不同。其实做导演有很多时候要去处理演员、工作人员之间的关系，当然，最重要的是想这场戏怎么拍。

贾：您刚才说现在香港的电影没有以前那么红火，因为它经历过一个低潮，现在慢慢在恢复。您觉得现在的香港电影和以前比，在拍摄上有什么不同吗？

陈：在拍摄上有很大的不同。从前拍动作片，吴宇森导、徐克他们导演一部动作片，起码还有成龙大哥，一部动作片起码要用 100 天至 120 天，有时还没拍完，也有拍一年的。可是我们现在拍六十天已经是大片了。所以，有些时候的要求很难达到从前的那个水准。市场给我们的预算，都没有从前那么高，是真的。可是就算没有从前那么多钱去拍，也要希望有从前他们拍的水准。这个是现在香港片的问题，可能内地方面没有，内地我看到很多导演一个亿，哇！一个亿的制作这么大，我在香港还没有机会。因为每一部电影都会计算，计算大概有几个演员，这些演员、这个题材可以拍几千万，计算起来一定没有从前那么容易。所以你刚才说我们经过一个低潮，那个低潮就把我们拍摄的水准，也一同拉下去了，然后我们现在希望慢慢地再走上去，就一定比从前困难得多。

贾：您看现在像好莱坞也在拍一些动作片，包括请一些香港的导演或者武术指导去，他们也学会了一些咱们这边的东西，而且他们还有特别先进的数字特技。那您觉得我们影片的优势在哪儿？

陈：这么多年我们香港拍动作片的优势其实都是来自我们的文化传统。我感觉到，他们想的我们也能想到。可是他们钱真的很多，有时候拍一场戏，他们可以用我们一部电影的钱去拍一场戏。

贾：因为他们的市场始终比我们大，好莱坞电影是全球战略。

陈：对，但我们中国有武术这个优势，他们是没有的。他们要拍类似我们中国的武打片，也要过来找我们的武术指导、动作导演去拍。虽然他们学了很多，可是里面还有很多小的细节，怎么讲啊，很多精确的动作，他们都是要靠那个场面，靠特技去跟我们相比。当然他们比我们好的就是他们的特技，我们有的就是功夫拳脚，都是我们的优势，我相信。

《三岔口》是我最难拍的电影

贾：现在观众看电影只希望看到一些比较简单的类型，他们不太喜欢还要动很多脑子去理解的电影。可是，过于简单的故事他们又不满足。那么，您觉得这种消费的心理平衡是怎么掌握的？

陈：我们拍的《三岔口》严格来讲不是一部动作片，而是一部文艺动作片。因为刚刚说整个剧情都是很戏剧化的，可是我不得不从商业角度去看这部电影。所以，那其实是有一点问题的。

我要做的就是把原来构思的那个题材，变成一个商业性蛮重的动作片。所以，我就尽量去改编原来的剧本。但是他不喜欢别人改他的剧本，可是他的元素就比较文，刚刚说的就是它复杂，很复杂，三个男主角，三个故事怎么去变成一部电影？我当导演就有责任去改。可怎么去讲一个故事给观众去看，又要简单，又不要太复杂，要观众看得明白。

贾：这是对电影的高要求，因为电影最终是用画面讲故事，它是具体的，对内心看不见的世界怎么表现一直是电影的挑战。

陈：看书可以，看书的细节，每个人看书都可以幻想，书里面的主角他那个心情怎么复杂，可以用文字去形容，可是拍电影就不同，要用一个画面去表现。比如说郭富城吃一个包子，一边吃一边流眼泪。我叫他想十年来女朋友不见了，他从来没有哭过，没有流下泪。在这个时候你终于流下来了！又不是大哭的戏，就是一行眼泪。哇，这就是这个剧本给我的最难的部分，怎么处理？每个人心里的错综复杂的感情世界。《三岔口》可以说是我这几年最难拍的一部电影。

贾：为什么？

陈：因为拍《宝贝计划》很简单，我知道内容，我知道要表现的是什么，要观众去笑，去打，很简单，我知道观众要求什么。可是看《三岔口》，其实我剪片剪了三个月，原因就是我剪了不同的版本，很多调来调去，剪来剪去，把那三个故事调来调去很多遍，就是最后的版本，是我尽很大的力气去表达郭富城戏里面这个人物的内心世界，其实还没完完全全地表达出来。所以，我这部戏的合作可以说是各走各的，他想的跟我想的不一样，可是我没有错，他也没有错，他是自己构思的，当然不想改，比如说他用一个非常非常文艺的案子，就是一个法庭，法庭完了，几句对白就讲完这个事情。那对老板来讲就不行，我要复杂的，我要对市场、对投资者做出一个深加印象的行为，就是要拍一个动作，用一个动作去完成这部电影，跟一个作家真的是两回事。

拍电影最重要的是要有决定权

贾：我们跟很多香港的导演都会提到一个问题，就是拍电影要考虑它的商业性，或是从根本上就是要拍商业片。我特别想知道您拍商业片是您迫于投资的要求不得不拍呢，还是您也从心底很乐意拍商业电影？

陈：自己一定要清楚你拍的什么戏，商业片的导演，文艺片的导演，如果有一天我有一个文艺片的题材，我一定要把自己变成一个文艺片的导演。可是现在我自己拍的都是商业片，我一定清楚自己拍的是商业电影。我认为商业片，第一重要的是决定权，谁去决定你拍什么呢，第一个当然是老板，因为是老板给钱；第二个是监制，监制说这个动作片我们应该是拍什么类型，什么品种，什么演员；第三个才是导演，导演再想拍警察，警察动作片，导演可以决定，如果导演都不知道要拍什么，那就是编剧，编剧想一个题材给导演。这是我们拍商业片的制作流程。

贾：我们原来研究电影老是把电影看成是导演的艺术，好像什么都是导演说了算，对于一个商业化的电影体制而言，看来这是个误判。

陈：看一部电影应该谁第一个做决定，谁第二个做决定，接下来是第三、第四的。我很幸运的。因为通常我拍的动作片都是我自己决定拍什么戏，因为老板都支持我。老板都是导演，你想拍什么题材你去决定，这个我很幸运。所以很多时候我都说我的每一部电影都对老板负责。我决定每一个镜头、每一场戏，每一部电影我都是对它负责。当然观众是我的对象，然后我对老板是要负百分之一百的责，全力去拍电影就是对老板负责。因为现在还有另外一个想法，就是每一部电影都很困难，投资一部电影是真的不容易，所以要把风险控制在老板的预算中。我们在这个预算内安安全全地拍好一部电影，是我对老板责任。如果我有机会拍文艺片的时候，我还是拍一个爱情文艺片，什么浪漫的，我就把自己变成文艺部分、商业部分我就加一起把它平衡，把这个平衡点再调一调，一定要清楚，拍电影一定要清楚你拍的是什么类型的电影，这个很重要。

失败的作品永远在我心中铭记

贾：我看您导演的作品，从各方面来看，好像从来都没有失手过。每一次电影都非常成功，但是，我想知道在您的内心，自己有没有觉得哪部作品有遗憾或者说觉得拍的不好的？

陈：其实一定有的，不过往往都是失败的作品很容易就给人家忘记了。我们去买 DVD，卖家会说这些好，那些好，其实不好的他已经拿走了嘛。所以往往通常都是卖钱的 DVD 还在那里卖，就是很有趣的，就是好的仍然放着在卖，不好的拿走了。这就是我不好的作品都给拿走。

贾：您那个被拿走的作品是什么呢？

陈：我也拍过《愿望树》（2001），我是监制，莫小辉导演。我们也失败过，这个失败给我们的教训真的很大。第一天上片十万。十万票房？是很大的教训。这是他想拍一个爱情片，然后我去监制，然后找老板，老板相信我们。

贾：那您觉得当时的失误到底在哪里？

陈：那个时候最大的错就是选错角。选女主角时我们选了一个模特，漂亮啊，可是不怎么会演戏。模特跟演员是真的不同，不是她的错，是我们选她，我们选错了。然后出来，原来观众对模特去当一个演员是没有兴趣的，没有感觉的。原来你选择的是一个角色，让演员去演一个角色是这么重要。可能也是因为那个时候还可以，电影圈还可以，没有现在这么困难去拍一部电影。这是轻视的结果。这个教训我自己永远都会记得的。可能人家外面都说你每一部电影都成功的，其实没有，也有很失败很失败的作品。可是，每一个失败的作品永远永远都在我自己心中铭记的。

贾：现在的演员都没有真正会打的，或者会武术的越来越少了。您觉得我们还需不需要这种传统的练武班，就是您觉得还需不需要这样真正会打的，还是说用特技就可以替代？

陈：我相信一定需要训练一些会打的演员，因为只要我们需要看动作片，也就需要这些演员出来。如果没有新人学，我们往后就没有接班人也是一个问题。所以，我很希望有新的武打演员可以一个一个地走出来，就起码我们多一些动作演员去选择。如果往后没有了就不敢想象了，我相信光是用特技是拍不好动作片的，一定拍不好的。不懂打的拍出来跟懂打的拍出来区别是很大的，那是很大很大的区别。要一个演员懂得一点，懂得两三个动作，和一点点都不懂，那是完全不同的。

贾：那回到您的《男儿本色》，像您找演员，除了吴京之外，还有谢霆锋，怎么让他们达到您的要求？

陈：全都要自己打。区别可能就是会打的演员打两三次可以了，其他不会打的，他们可能要打十几次，直到我要求他们做的可以做到了，可能他们已经很累了，所以拍起来就慢了。可是要求是一定要的。吴京可能一看就懂了，就不用练了，我就打给你看。房祖名可能要多一个小时，多两个小时才能把那个几招打出来，还要打得好看。所以，就是我相信一定需要动作演员，要不然往后动作片就不好看了，动一动就是一个替身，或者是一个漫画，一个机器人，就跟看卡通片一样。这个问题也很严重，因为我去北京也有去过上海，去找一些动作演员，都没有，都很困难，没有什么特别出色的演员。希望慢慢慢慢地可以找到，因为年轻的一辈在内地，我问过他们的学校，他们现在练功已经没有从前李连杰、吴京那么勤奋，没有了。打打打，练功一个小时就打电话，游戏机也多了，所以连内地的动作演员也在慢慢减少。

《男儿本色》（2007），谢霆锋在这部戏里，表现得敢打敢拼，不论什么样的镜头，他都敢上，尤其是跳楼、跳车等镜头几乎不用替身，都是实打实拍

我就是要把上面的价值观带出来

贾：我们知道这回的电影您选择在香港本地来拍摄，香港这个城市的现代感很强，景色也好像特别适合在电影中出现，您觉得这个戏选择在香港是出于什么？您觉得香港本地的景象能够被取代吗？

陈：我自己很喜欢在香港拍片，这是其中一个主要的原因。还有我还想拍出香港味儿，我的电影应该说香港味道蛮重的。我还想在我的电影里面多表达一些香港的情感，因为我本身是香港人，我想在我的戏里面也可以多表达一些香港的景物，人情啊。我知道香港也有很多有趣的地方，起码我拍过爆破，我也拍过顶楼打斗，很多香港的风貌我还想在我的电影里面表达。

贾：那我想知道在您的电影中，除了体现出一些人文精神和人性之外，您有没有在电影中要表达一些社会责任？

陈：我从《双雄》开始，已经在戏里面有表达某种社会的责任。每一部我都想说一些给观众听，比如说做人，不单单是哀伤，不单单是痛苦，《新警察故事》我是瞧着成龙这个角色的悲痛——你跌到最低不重要，你是怎么站起来才是最重要的。所以《新警察故事》我要谢霆锋做他的伙伴，把他慢慢慢慢地活起来，把他变回一个警察。这是戏里面需要动作以外，我想让观众知道你遇到什么问题，遇到什么难题，一定要先要站起来，去面对发生的问题。

贾：这对人的人格要求就很高了。

陈：《宝贝计划》，我是从反派开始讲述的。三个贼，他们偷了一个宝贝，之后发觉原来一个 Baby 这么难养。你会想爸爸妈妈怎么带你，怎么逗你，养活你，你为什么要做贼呢？把他们的人生带出来。当然最后就一定要后悔，我就是把一个正面的价值观带出来。每一部电影我都有一种想法去表现。比如这一次我拍三个警察，这是刚刚说很多人都忘记原本他们人生的想法，慢慢做了很多很多的事情，感到每一个人都忘记了自己最初的原则，这个电影我就想把他们最初的原则——为什么当警察表现出来，也是要把一些想法放在我的电影里面的。

贾：您有什么想传达的，可以跟观众说一下。

陈：首先我在这里很感谢观众们对我的拥戴！喜欢我的电影，然后我也希望中国电影可以跟外国电影比拼一下，现在香港拍戏遇到很多困难，我们现在香港的电影工业虽然是在一个困难的时期，我也希望我们能够继续去拍一些好的电影，观众继续支持我拍的电影。我在这里再一次谢谢大家！谢谢各位观众！

（2007 年 1 月 12 日下午于香港《男儿本色》拍摄现场）

侠就是为了无数的生命放弃自我

李连杰

李连杰，1963 年 4 月 26 日生于北京，从小习武。十六岁初涉影坛，自《少林寺》（1982）开始了他的光影之路，36 岁闯荡好莱坞，成为继李小龙、成龙之后又一位享誉中外的功夫影星。演绎了数不胜数的豪侠义士形象，无论是英雄救美、肝胆仗义的觉远，还是为国谋出路、为民除暴安良的黄飞鸿；无论是劫富济贫、苦心修炼的张三丰，还是赴汤蹈火、献身大义的无名。1988 年 23 岁的李连杰执导了人生第一部电影《中华英雄》，片中对人性的敏锐思考、对动作的精心设计、对家庭伦理的侧重都使得这部处女作别具一格。1998 年首次出演好莱坞电影《致命武器 4》并在北美取得了 1.3 亿美元票房，从好莱坞配角到主角，李连杰仅仅用了两年，2000 年他首次主演电影《致命罗密欧》并获得了第十届 MTV 电影最佳打斗场面提名。银幕之上，李连杰以行如流水的武打动作、虎步生风的侠者风范演绎了无数个名垂影史的侠士。银幕之外，他为实现“尽我所能，人人公益”的愿景，创立了国内第一家民间公募基金会——壹基金。

所谓的对、错和暴力，就是大家审视的价值观不一样的时候产生的不同结果。导演是通过艺术创作表达对“武”的理解。我认为武术或者动作只是一门在电影中体现的技术，导演、编剧和演员是主创人，特技师、武术师是配合主创人的一种工具。

——李连杰

武学少年

贾磊磊（以下简称“贾”）：武术讲武德，对人心境和性格的历练是历来很重视的。听说当年尼克松让你去给他做保镖，被你拒绝说要保卫十亿中国人民，这个事你还记得吗？（李11岁时获得全国武术冠军，随北京武术队进行全球访问，并在美国白宫为当时的美国总统尼克松表演）

李连杰（以下简称“李”）：记得，中国有几千万人练武术，是不是每个人都有武德，是不是每个人都知道做人的方法？我觉得并不一定。现在所说的武术是一个很简单的运动竞技项目，武术运动员学的是运动竞技。从中国历史来看，武术是相当广的一个概括，它包括武德，但现在通常的武术就是制止格斗的技术。

贾：止戈为武。

李：这是技术，是术。武德就是另外一个内容了，是学武人的德行。武术其实只是整个武的系列里的一部分。武道、武学是比较偏重身体的一方面。所以我并没有看到所有练武术的人都有一个能够按武者的要求去从事对待自己生命的现象，各行各业都有这种人，并没有直接的关系。

贾：但是武术本身，因为中国人讲究练武的人都要像少林寺一样注重禅武合一，把武术作为修炼禅宗的一种方式，这在很多电影都有所体现。《少林寺》最后的结尾，觉远并没有驰骋江湖，而是皈依了佛祖，出家修行。

李：我觉得达摩祖师在创立少林寺的时候就是一种禅修，去了解自己的心这么一个过程。你在那儿禅坐时间太长了，起来活动活动筋骨，打出一套拳，其实它就是一种来活动筋骨的运动，完了之后最主要的目的是修行。现在的人大部分提到少林寺都是“武”，电影也比较偏重“武”，根本没有谈“心”的过程。我是一个很冷静、很客观的人。你去问问少林寺的孩子，你们学武的真正目的是什么？我听到大部分的都是说拍电影，去表演武术，去向世界传播中国武术、中国文化，这是一种社会现象的问题，跟修行没有直接的关系。

片场逐梦

贾：你什么时候有了拍电影的想法？

李：“文化大革命”时期，香港的左派电影受到了伤害。改革开放时是廖承志负责港澳的事务。廖公倡导的启动内地的人才来推动电影。在这个大环境下就产生了进入电影行业的机会。

贾：张鑫炎导演谈到《少林寺》提了四个字：禅武合一。实际上《少林寺》也是在宗教环境下产生的一个传奇故事，当时拍《少林寺》的时候，你有没有受到佛教精神的一些影响呢？

《少林寺》(1982),无论对于李连杰个人还是对华语功夫片来说,《少林寺》都是一部里程碑式的作品。年轻的李连杰在影片中展现各种少林绝学,鹰拳、螳螂拳、三节棍、九节鞭等。影片在 80 年代初公映,观影人次达到 5 亿,可以说,当时全国有一半的人在影院看过这部电影

李:没有,因为拍《少林寺》的时候太小了,跟现在的年轻人一样抱着拍电影的梦想去拍电影。我记得少林寺内部破坏得还蛮厉害的,所以有一部分是在浙江的天台寺拍的。那时我们要学很多的礼仪,不能一来就拍戏,要学怎么走,怎么烧香,怎么磕头。当时寺庙的主持就说:“孩子,你跟佛有缘,你就从这儿出家吧。”张导演就跟主持说,他要出家,这个电影就拍不完了。

贾:《少林寺》这部电影使你步入了电影界,从武术界到电影界,实际上它是两个行当。从一个武术的运动员过渡到一个演员,有没有一些困难?

李:当时我 17 岁左右,根本不知道有没有困难,天不怕地不怕的。到现在这个年龄重新思考也许会想起很多障碍,但那个时候根本不管,你让我做什么我就做什么,你让我打什么我就打什么,其实蛮单纯的一个状态。不会有现在这么复杂的逻辑或者情感的琢磨,其实那时候很简单。

贾：就凭着直觉。

李：就凭着直感的，你让我拍我就拍。因为第一次有人让我拍电影是 11 岁的时候，当时我去美国表演，回来路过（中国）香港。

贾：是纪录片吧？

李：不是，长城公司总经理也是演员叫傅奇，当时我在香港表演武术，他问我长大了以后要不要演电影啊，你的功夫这么好！我说好啊。后来他每年都来看我。十二三岁的时候，他跟我说第一个剧本想给我写的是动作版的《三毛流浪记》，后来我们体育单位不放人，就一直拖到我 16 岁。

贾：武侠电影总会有打斗，在暴力面前如何分对错呢？

李：你站在武当就说少林，站在少林就说武当，根本没有审视对和错。电影讲述两派人的故事，正义打败邪恶这是基本的一个价值观，正义的不管出不出手，最后表现的是一个善的行为。恶是因为自私、贪婪，为了达到自己的目的伤害他人。

贾：像《英雄》（2002）、《黄飞鸿之壮志凌云》（1991），其实都讲的是怎么样能够让一个暴力的行为合法化？

李：我觉得张艺谋导演的《英雄》是提到了更高的高度。黄飞鸿是一个传奇人物，在电影中更加演绎了他的传奇色彩。根据每一个导演对待人物的理解都演绎不同的黄飞鸿。所谓理解

《黄飞鸿之壮志凌云》（1991），李连杰从《少林寺》出道之后，也曾一度陷入低谷，直到动作影片《黄飞鸿之壮志凌云》将他送入艺术顶峰

的对、错和暴力，就是大家审视的价值观不一样的时候产生了不同的结果。导演是在通过一个艺术创作去表达对“武”的理解。大部分的动作电影我都觉得是一种手段，动作就是一种元素。

贾：你认为有动作元素的电影就是动作片吗？

李：因为电影所要求的目的不一样，我自己分的是武术电影、武侠电影、动作电影。我在西方一直说，只要身体在动中，不管你用的是什么拳、什么法，日本的、美国的，都是动作电影，因为你在用动作说话，这就是一个动作片。

贾：大家非常喜欢你早年的一些作品，特别是《黄飞鸿之壮志凌云》这样的影片，这种英武且有正义感的形象。一般你在接受一部电影拍摄的时候，对这个角色有要求吗？

李：其实演员基本上都是很被动的，演员要尊重导演，人家请你，你就要根据导演的创作和你的理解去把那个角色创作出来。导演心目中已经有一个形象，你去完成导演心目中的想法而已。只是你自己做制作的时候，你会想我为什么要拍这个电影？

贾：通常您接一部戏就按照制片方的要求来完成一个角色吗？

李：有时候我做制片，有时候我做演员，不同的年龄段有不同的思考，因为有的电影是很商业的，那么商业电影就完全出自商业的考虑。有的电影是要表达一些东西，不会出自商业的考虑，完全是你觉得希望表达一样东西就做，结果就不重要。

贾：如果你演的某一个角色太残忍，你有没有从演员的角度提出来一些质疑？

李：演员能够说的东西很有限，除非你是很大牌的演员。我跟史泰龙拍了一部戏，一开始我就告诉他有两点要改。第一点是打中东恐怖分子的部分，换一个大家公认的东西，全世界都公认索马里海盗就是非法的。再一个，我的角色不能是中国人，一定改成越南华侨，因为这样的话，才能避免敏感话题。

贾：和西方人一起拍电影，你会有文化交流上的障碍吗？

李：没有，西方拍电影是赚钱，只要不影响这个前提改什么都是理解的。我记得拍《致命武器4》，描述很多黑社会的人，还是跟清朝似的。我说你去了解一下，如果在亚洲真的有黑社会，人家都是喝红酒、玩股票的，都是很绅士的，你的描述得跟上时代。

老板未必喜欢你，但是一定喜欢你帮他赚钱

贾：后来你在香港组建了正东（香港）电影有限公司，从演员这个职业跨到制片这个行业，这是一个很不容易的事。从出演电影变成经营电影，你为什么要做这样一个转变呢？

李：我刚才说过演员比较被动，基本上是等待有人找你工作。做导演你可以去想一些创意，找一些优秀的合作伙伴，你思考的这个主题大家共同完成。当然还需一个商业的运作过程，这个过程里你可以学到电影怎么发行，你拍什么样的电影市场才需要？从发行、制作到整套的宣传，你可以学到很多东西，人的视野会开阔很多。做演员只跟剧组人打交道，你根本不知道这

个世界谁是真正的老板，谁在那儿控制着整个产业，有多少人控制着产业。

贾：现在《少林寺》这个团队基本上成为中国的武侠动作导演的一批中坚力量，比如计春华、于承惠、于海，你觉得整个电影的成长经历，跟这个团体在经验构成上是不是有一个重要的连接？

李：我觉得是一个缘起。大家做了一件事，被这个社会所认同，大家就分头做了。我很感恩张鑫炎导演劝我说，你应当跟徐克导演去合作，把你提升到更高的层面。如果我是一个把你捧红的人，是不是希望你来帮我拍拍戏？其实他是一个很无私的人。至于其他对整个产业推动了多少我就不大清楚，你们可能比较清楚。

贾：当时内地还是计划经济的电影体制，香港则有个比较商业化的一个电影运作体制，两者在运作体制上有很大不同，那你在香港能适应他们这种方式吗？

李：我觉得没有什么，外面没有什么敌人，也不是每个人都可以成为你的朋友，但是你要自己很努力地为投资你的老板赚钱。我一直说这句话：那些老板未必喜欢你，但是一定喜欢你帮他赚钱，所以你要很努力地去充实自己，去完成每一个电影的创作，你就有生存的空间。

贾：主要是提升自己吗？

李：一定是。外面没有敌人，你自己能力不够，你怎么样托关系、大家都没办法帮你，因为你自己不具备这个能力。提升自己是最重要的，在我个人的经历中一直都是这样的。早期我不参加任何颁奖仪式，不参加任何活动，我只在幕后。我在幕后干吗呢？跟那些拍电影的人在聊天喝茶，所以大家看到的演艺界和背后的是两回事。

贾：您在内地所饰演的角色一般是比较正面的，但是后来演像《笑傲江湖之东方不败》中令狐冲这种角色，开始从正剧风格过渡到喜剧的表演风格，你觉得是怎么样完成的？

李：基本上按照导演的要求去拍。我记得拍《笑傲江湖之东方不败》的时候，角色身边五个女人都爱我，我一个都搞不清楚。我还问徐克导演为什么我要爱她，为什么我突然一转头又跟她拥抱？到底发生什么事情？怎么一个人可以爱五个人，或者跟五个人发生感情，这是怎么回事？香港电影比较简单，按照导演的要求去做就是了。

贾：这些年你与（中国）内地、香港和美国的导演，包括跟其他人合作有什么样的区别？

李：当然有区别了。一个是电影工业，一个是电影商业，两个世界，完全不在一个游戏规则里。我认为八九十年代一直都处在一个商业电影的模式里，什么电影赚钱就拍什么。你拍了《黄飞鸿》赚了钱，大家都拍《黄飞鸿》，《笑傲江湖之东方不败》出来之后，几十个导演都拍《东方不败》。美国电影的工业体制有百年的历史，每一个部门都是一个产业，每一年产出的剧本四十万个，真正能拍的只有两千部。我们中国人从来拍电影都是等剧本，编剧同时在帮三个人在写。所以我们在等待着很多事情发生。我们还是在一个很混乱的商业概念里边运作。

贾：工业化体制下会不会遏制一些有艺术价值的东西？

李：我不能说会或者不会。是不是我们看到所有西方的电影都是纯商业的，其实也会冒出很多有反思的、有深度的东西。因为有这么大一个庞大的工业体系，他们也会支持一些为理想

《笑傲江湖之东方不败》（1992），李连杰在片中的动作兼具飘逸和凌厉，当他使出独孤九剑时，那种力量、速度、柔韧的完美结合，华语动作演员无人能出其右

而拍电影的人。你有思想，有理由会投资给你去拍，就算他知道这部戏要亏本也值得去做。电影工业里有两种类型，一种是为了赚钱把所有的元素加在一起，把它制作成一部赚钱的电影；另一种电影就是专门是为理想而拍的，根本不理赚不赚钱。

让世界认同的必定是最简单的

贾：无论美国电影还是中国电影，除了赚钱之外，都试图在传达一种生活的价值观，一种生活方式或者一种社会理念。怎样通过电影的方式来传达自己的文化？我们的生活方式怎么样能够让美国人来接受呢？

李：比较难。拿武功来讲，美国喜欢先发制人，我们中国人喜欢后发制人。中国人忍无可忍，忍到没办法忍的时候才出手。我们会觉得是一个了不起的高人。美国则相反，你对我 50 年后有威胁，我现在就把你干掉。第二个，我们东方是以国家为前提的，为了国家可以奉献一切，这样才叫英雄。西方不是，所以我们对英雄的定义都不一样。比如《黄飞鸿》，我们觉得十三姨跟黄飞鸿有辈分的隔阂，他们隐隐约约的爱情是一种很美丽的事情。西方人则认为你喜欢她上床就完了。你喜欢他，他喜欢你，就没有伤害任何人。

贾：这之间不觉得有障碍吗？

李：有什么障碍呢？两国人的思维不在一条线上。但是它有相同的地方，比如说对忠诚、对义气、除暴安良，它们也有共同的东西。北大清华包括美国的十五所大学的最优秀的研究生和我们聊天，他们问中华民族最大的弊病是什么？我说就是太丰富多彩了，太丰富多彩。

贾：不好整合。

李：不是，读不懂，中国人自己都没把自己的历史读懂。武术，十八般兵器，几百种拳法，中国人自己都没弄清楚，怎么可能让全世界认同呢？所以我鼓励年轻人，如果想对得起祖先的话，你就把烦琐的中华文化留给中国人用，从中国文化当中找出最精华的东西推向世界，让世界认同这个东西，它必定是最简单的，不能太复杂。

贾：就是说容易让人理解的。

李：对，西方不能把它的价值观强加给亚洲人，我们也不能把我们的价值观强加给别人。我们必须从中提取一些精华，用那些精华再变成一种世界文化，比如说中国的中医在全世界不错，中国的太极拳在全世界不错，为什么？谁都想长命，太极拳是很好的一个方法，那它就非常容易普及。

贾：你觉得世界电影是不是可以从侠义精神中汲取的一种力量或者一种元素？我们做了一个调查，在西方电影中，编剧、导演包括道具、美术都是美国人的，但是武术动作指导是中国人，动作设计本是中国原创的，那么武术能也不能作为一种元素？

李：我个人认为武术或者动作只是一门在电影中体现的技术，导演、编剧和演员是主创人，特技师、武术师是配合主创人的一种工具。1997 年到 2003 年左右，美国大电影都需要请中国的动作导演，从 2003 年以后，哪还有几个中国导演被请去呢？因为美国人全学会了，他的特技和威亚比你现在还好，他干吗还要请你？所以永远要提升自己，不能因为我们有这个东西，世界没有，就认为世界永远需要我们。

侠就是为了无数的生命放弃自我

贾：您对侠义的定义是什么？什么样的电影才能称之为武侠电影，什么样的人称得上是具有武侠精神的人？

李：我真的很难分。武侠片在中国一般提到的都是古装电影，可以阐述武侠世界的情怀都可以是武侠世界的电影。比如《黄飞鸿》《方世玉》系列的电影，就必须有很好的武术动作导演，因为它们属于拳脚功夫片。至于侠义精神，作为演员创造一个角色我觉得没有什么侠义精神，因为你在杀富济贫，整个过程我觉得是一个去了解生命的阶段，我到现在还认为《英雄》是一个我非常认同的主题。

贾：就是天下的主题吗？

李：就是可以牺牲自我为了天下无数生命，为了无数的生命放弃自我，这是一个蛮高的层次。

贾：很高的一个境界。

李：我觉得是比江湖仇杀，你杀我、我杀你，没止境的江湖要高一个阶段。

贾：《英雄》后来在国内也受到非常强烈的反响，当时你主要是因为认同这个构想才来拍这部电影的吗？

李：对，认同故事的价值观，认同故事想宣扬的一种境界吧。

贾：后来你主演了《投名状》（2007），这部电影涉及兄弟之间的矛盾和仇杀，像这种电影你现在怎么看呢？

李：它就是一个商业电影的运作。我喜欢导演通过艺术的手法去表达这个故事。比如我们有时候喝白水，有时候喝点茶，有时候喝点果汁，在不同的状况当中它都是饮料。在电影行业中有些电影是为了信念去拍的，有些电影为了商业而拍的。一个人认同电影是艺术不可能永远就喝白开水。《投名状》是我认同的导演，他信任我，我就去拍了。至于大家喜欢不喜欢已经是后事了。《英雄》是我认同的价值观。《霍元甲》（2006）完全是想抒发自己的情感和自己对武侠世界、武术的认知去拍的。

贾：《霍元甲》这部电影内地观众也非常喜欢，因为它表现了一个真实的英雄。你觉得霍元甲跟你的精神境界或者你们的信仰中有没有一致的地方？

李：这个比较难解释，我更希望把它理解成更高、更广、更宽的一个胸怀。霍元甲他是一个人，不是一个神。在这个世界上，我觉得没有一个完人，因为完人就不需要做人，做神仙就行了。角色和人一样有成功、有狂躁、有自我满足，但是经过人生的转折他悟到了生命的价值，通过人生去认知武术的真正敌人是谁？认清他为什么要练武术，把想表达的东西都表达了。

贾：这部片子，从剧本阶段你就开始参与的吗？

李：这部片子是我做的，是我制作、主演的。

贾：你投资的。

李：对啊，我一开始就找一个合作伙伴把自己的东西讲完美，到现在还没有更高于那个时期对武术的理解。功夫，严格来讲是一种时间的概念，对不对？你写作的功夫很好，他画画的功夫很好，你花了很长时间做出来一个作品，这个就叫功夫到家，它不一定只用在武术上。就说功夫电影，什么意思？是不是下了功夫拍的电影呢？还是那电影有功夫呢？我觉得功夫是一个形容词，只要你付出了很多的时间，都可以叫功夫。

贾：记得你还跟成龙合作过《功夫之王》（2008）。那么我们现在的武术，过去南方叫功夫，北方叫武术，后来翻译成英文就直接成功夫了。

李：这是李小龙先生所说的功夫。其实南方的功夫也是要下功夫的意思，练武下功夫，功夫就是这么形成的。一个高手功夫好，肯定是下了很长时间。花了很长时间功夫才会好嘛，就这个意思。

贾：光从动作上来理解功夫，会不会把某些精神的东西放在功夫外面了？会不会让西方人

《投名状》（2007），此时的李连杰已不再单纯满足于靠拳脚赢得观众认可，也开始注重表演细节的精雕细琢，不仅协助导演完成了部分动作戏，也奉上了演艺生涯以来的最佳表演。李连杰也凭此片首次收获金像奖最佳男主角奖

误解咱们武术仅仅是一种动作呢？

李：这是一个太专业话题了。大家说要把武术推向奥运，各门各派就有不同的表述。但武术有那么多门派和类别到底哪种可以推向奥运？比如电影就是推广武术的一个方法。

贾：电影中的武术包涵侠义。

李：在一部电影中我用了武术，把它当做一个工具。用工具创造一个厉害的角色，它有什么侠义？不需要的，因为我想表达的就是白开水啊。您说这部电影是讲侠义的那可以调一杯咖啡加茶。我们在辩论的时候或者在阐述一个观点的时候，是笼统地说呢，还是清晰地说？有的武术电影专门为侠义而写，有的电影仅仅将武术作为一种工具。

贾：中国的武术改变了世界电影对动作处理的方法。现在泰国也出现了像《拳霸》这样的电影，会不会形成一种竞争的格局？

李：什么人都练，什么人都拍，那是我最开心乐见的事情。因为祖先的东西经过我们这几代人的努力传播到全世界了，说明这个文化对世界有价值。其实我们很高兴地看到了泰国出了一个非常出色的动作演员。天空就是我的被，大地就是我的床。祖先说胸怀天下，我说这个天下就是 960 万平方公里吗？肯定不是！印度产生几个动作明星，俄罗斯产生几个，那就说明这个文化变成了世界的文化。

贾：《功夫之王》是一个西方孩子的武侠梦想，你是否是在通过电影的方式来传播我们的武侠文化？

李：那时候我有女儿了，就希望拍给孩子看。我要拍四种观众都会看的电影，叫父亲、母亲、男孩、女孩。

贾：合家欢式的家庭电影。

李：就是家庭电影，这个市场是很大的。暴力的电影只能给 18 岁以上的观众群体看，有些电影只拍给男性观众看。我们现在还没有这么细，基本上每部电影都可以（和所有观众）见面，其实在工业社会运作的时候它已经分得非常细了，但为整个观众群体希望拍一个家庭的电影，父母、孩子，儿女都能看的电影不是很好吗？

贾：你所要拍的电影通常是从什么角度出发的？

李：2006 年时要开拍了，听到成龙大哥也要拍，好啊，一起来拍吧。从中国角度还是西方角度来拍，是有一些矛盾和困扰的。比如说中国人说干吗不把它拍成一个纯中国的东西？你拍一个纯中国的东西就不能出去了。从另外一个角度去看问题，它就会变成一个世界的电影，世界都会想了解这个电影。

《功夫之王》（2008），两位功夫皇帝真正意义上的合作，两人的对打戏既兼顾了成龙偏重杂耍式的武打风格，也照顾了李连杰套路舒展的武打模式，挥洒自如，整体配合十分默契

慈善是希望人人都做一点点事，出一点点力

贾：我们关注到你这些年做了好多公益性的活动，比如设立壹基金、赈灾义演，等等。这是否与中国传统文化的侠义精神有联系？为什么放弃了很多电影的拍摄，做一些这样的工作？

李：我觉得跟侠义精神并没有太大的关系，侠义精神很容易给人一种感受，就是一个带有英雄气质的人能够改变社会，但是公益、慈善是不会的。其实公益慈善是希望整个社会人人做一点点事，出一点点力，继而会改变我们的生活，并不是出于侠义的考虑。

贾：现在的公益事业跟过去的电影，您觉得有没有内在的联系呢？

李：没有。从 1997 年我开始思考生命，后来用七年时间去学习佛教的一些智慧，感受到生命从生到死的这个过程。因为全世界的朋友都很关注我，所以我想把自己从电影积累来的能量用最朴实的方法回馈给社会。

贾：您原来是在一个艺术的世界完成了很多理想，比如说做一个好演员。从壹基金开始，您开始从现实生活的角度来履行一些真正的公益（侠义）行为，是否可以来讲述一下您为什么要创立壹基金？

李：每一个阶段都努力去打造一个梦想。武术是我人生的第一个阶段，武术使得我在全世界跑了一圈，影响了我后来的人生。电影是第二个阶段，在（中国）香港拍、在美国、欧洲都有拍过，不同的年龄段会看到不同的东西。那创立壹基金是第三个人生阶段，重新创业的一个阶段。因为大部分人可能看公众人物做慈善，大家会觉得呼吁性比较大，呼吁环保，呼吁救灾，公众人物的推动作用是非常大。

贾：创立壹基金最重要的目的是什么？

李：一开始我认为更重要的是创立一种机制，每个人、每个企业通过这个平台可以看到有多少人关心环保，多少人关心教育，多少关心救灾。每个人都有机会，只要你愿意，拿一块钱也好，多过一块钱也好，可以通过这些渠道帮到社会。传统的来讲只是有钱人或者大公司在承担这些责任，今天中国大部分人都有能力，只要你愿意就可以把这种力量加在一起变成一个有效的机制来回馈社会，将慈善变成一种产业。

贾：变成一种什么样的产业？

李：变成一种工业的产业，像我一直说的美国电影产业一样。有人捐钱，有人运作，有人监督，这个产业才建立起来。现在我们是捐钱赈灾，是一个比较感性的行为。我希望做一个理性的行为，理性的就是早有准备，提升大家对灾难的意识。怎样保护自己，怎样帮助别人，这样一个专业的产业才是我想做的，它不是一个商业的行为。

贾：立足长远。

李：长远的，新中国成立头 30 年比较偏重于精神文明建设，后 30 年比较偏重于物质文明建设。但最好的是精神和物质文明建设并行。我的梦想是未来的三十年把中国的文化变成产业、体育变成产业，那么公益慈善也可以变成产业，也就是大家常常说的软实力。我希望在未来 30 年能够提升起来，让中华文化变成世界文化，这是我的一个梦想。

贾：作为世界文化的一部分。

李：对，就是产自中国的。这是我经常考虑的事，所以比较冷静，我是一个喜欢思考的人。

贾：如果它是一个工业的话，那么将来这个平台的搭建就意味着可能还有投资。

李：没有，这是在推广壹基金，中影集团一直在做壹基金的推广。慈善比较偏重于感性，公益事业会更加向专业面去做，公益是为了公众的利益，我们来做一个平台。

贾：这个平台包括什么？

李：这个包括就比较广了，不一定是身体或者是急需帮助的那类人。我们去年资助六个老年疗养院，那么我们希望它可以做十个疗养院，就像麦当劳一样，可以在不同的城市复制，都有疗养院。

贾：您觉得与国外的公益平台相比，我们有哪些优势？

李：目前我们慈善起步得比较晚，欧洲有四百年，美国有一百年，但是同样我们面对一个新的课题，就是社会企业。企业是什么？产业最大化，利润最大化，为了给更多人创造就业的机会，同时企业必须承担相应的社会责任，回馈一些钱给予社会、报答社会，这是企业的社会责任。西方也是在研究人类未来的发展可能产生第三种力量，第三种力量叫社会的企业。社会企业的出发点不是利润最大化，社会企业是为了公众的利益，以企业经营的理念来运作。

贾：是为了辅助社会。

李：辅助社会，但它应当产生利润来提升它的专业团队。德兰修女代表着慈善，把一生都奉献给了需要帮助的人。还有一种就是企业的代表人物，比如比尔·盖茨，其实这两者之间会产生一种新的模式，就是壹基金在寻找和创造的模式，这将会整合社会各种资源更透明地让人人都可以参与公益慈善。它是一个整体的思考，需要非常多的时间和专业去学才能做。

贾：当初在拼命练武的时候那种心情和你现在开始做慈善工业的这种心情，你觉得有很大的差别吗？

《海洋天堂》（2010），功夫皇帝李连杰首次弃武从文，演绎一个平凡又伟大的父亲

李：当然有很大的差别。第一个，你是基本上是听从前辈的指导，说你要拿冠军，拿冠军有什么好处？在中国就你一个。第二个，父母脸上会有光彩，就是为了很简单的梦想去付出无限的代价去拿这个冠军。

贾：那主要是听别人的。

李：基本上听别人的。所以到我16岁的时候就不想做了，所有人都很失望。培养了这么多年，你16岁就不做了，是对武术事业的一种伤害。我说真的不做了，后来由于机缘拍了电影，拍了《少林寺》。

我是在寻找内心的快乐

贾：从学武、从影、做公益，你是在什么时刻做出重要决定的？

李：学武从影，是为了传播武术，这是我的一部分信念，希望世界上更多人了解中国的武术。当然自己要创造更大的财富，去证明自己的与众不同。其实我最大的转变是1997年，开始思考生命的意义？我们所谓创造的财富，名利权情能代表多少？

贾：是不是经历了一次海啸？

李：1997年没有，名利权情都是一个量的区别，有人比如在为几十万着急，有人为几千万在着急，量是有不同，但是着急的心是一样的。

贾：实质一样。

李：谁拥有名利权情？2500年前的一个印度人，他是王子，当然有名望，财富、国家都是他的。他当时痛苦。他痛苦的什么呢？他放弃一切寻找六年才真正找到了开心的方法，那又是什么呢？为什么那个方法又影响了两千多年的许多人？包括了普通百姓、学者、政界和商界。奥运会期间，是当国旗升起的时候，你看扫垃圾的、监狱的、亿万富翁等所有人都开心，只不过比较短，过去了就会思考怎么不多拿两块金牌。我们这次拿了53块，下一届奥运希望60、70。那再往下走你就失望了。

贾：快乐不能长久。

李：不能长久。比如说你买了一个小房子，你拥有了自己的房子非常开心。过了两年以后，你发现你同学的房子比你的大多了，你就不开心。那个给你带来快乐的东西在不同的时空就能给你带来痛苦。1997年我带着玩儿的心态去好莱坞，我没有认真学习英文，我把很多的时间放在修行上，怎样使24小时分分秒秒都快乐。靠外在的一种力你会快乐，这是很被动的。我是在寻找内心的快乐，不然的话一个记者写几篇坏的文章就可以把你打倒。

贾：你觉得这个快乐来源于佛教吗？

李：佛教的智慧，是几千年来很多人寻找的这种快乐的方法，因为人生活的最大的目的就是幸福快乐，为了幸福快乐我们才好好学习，因为什么？好好学习让你有好的工作，我们认为这样才能够创造幸福嘛。这是我们大部分人去寻找的一个方法，而我是从内心去寻找快乐。

贾：现在壹基金是不是在把这种快乐传播给更多的人。

李：对啊，分享给更多的人快乐的方法。

贾：你讲得很好，那么关于电影、关于哲学，或者关于其他方面，您还有什么需要补充的内容？

李：没有，这个可能会让大家失望的，我一般都会让大家失望，因为在想象的武侠世界里，侠义精神我都会把它打散掉，因为我觉得都不是常态的，有人有难了你才去行侠仗义。

贾：对，是这样。

李：必须有一个负面的东西支持你去挽救他人。拍《英雄》并不是喜欢英雄，因为看到英雄的时候就一定有危险，为什么他成英雄？他付出自己的生命去挽救他人。如果我们大家都开开心心地生活不需要别人救，是不希望看到英雄的。所以李连杰比较有病，说话就是比较远，但确实我把我对生命的感受说出来了。

贾：您追求的是这种终极性的快乐，从内心升华出来的那种快乐是需要很长的修炼才能够实现的。

李：去了解自己是谁吧。真正了解了自己是谁，你就快乐了，因为我们终极的目的是什么？幸福快乐嘛。我们一直觉得物质才能保证我们幸福快乐，但是从事这条路的人，你会发现，不同的阶段你要求的物质的量是无止境的，你有一个 300 平方米的房子你会希望 800 平方米，它是无止境的一个东西，所以真正的快乐是从心里升起快乐。

贾：有些根本性的问题我们考虑得太少。

李：因为近代历史的关系，我们比较喜欢马上看到伟大的成果，希望我们的梦想今天就能实现，比如中国电影是不是影响世界了。我们喊口号说希望有一天实现这个梦想对不对？好，对，但是我们要脚踏实地，可能需要 10 年、15 年之后才能完成，不可能今天就完成……

（2009 年 6 月 14 日于北京某酒店电影《海洋天堂》开机现场）

武打总是为戏服务的

赵 箭

赵箭，陕西宝鸡人，出生于梨园世家，豫剧武生。10岁跟随父母学习武生，练到十几岁就进入宝鸡市艺术团。1985年参与电视剧《七侠五义》的拍摄。在徐克导演的影片《黄飞鸿》（1991）中饰恶贯满盈的赵天霸，后来凭借着一身精湛武术技艺，相继担任了电视连续剧《水浒传》（1998）、《燕子李三》（1999）、《太平天国》（2000）、《射雕英雄传》（2003）、《天龙八部》（2003）、《神雕侠侣》（2006）的动作导演。

他的武打设计动作威武迅猛、刚劲有力，带有北派少林的特点。尤其在处理群体的武打场面时，在局部与整体的配合上错落有致。他所带领的武师不能说是像"袁家班""成家班""洪家班""唐家班"那样久经沙场，但是也可以说是在中国走南闯北、驰骋江湖了。多年来他一直担任张纪中电视剧的动作导演，与文戏导演于敏并称张纪中的左膀右臂，张纪中称"赵箭是内地最好的动作导演"。

看动作适不适合这个人物，比如说把乔峰拍成边舞蹈边武打的形象肯定不合适。而有些角色就需要加进舞蹈的动作，美化画面，比如杨过和小龙女，他们比较浪漫，在武打中加入舞蹈的动作就比较飘逸，所以武打设计得适合角色。

——赵箭

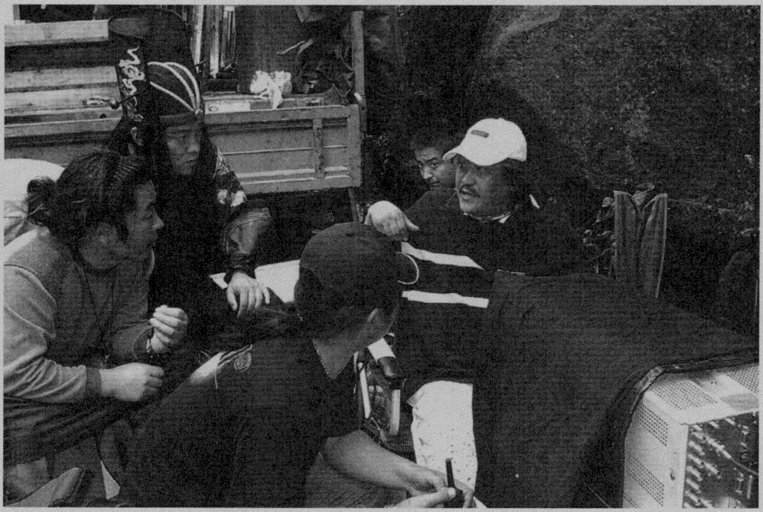

电影表演出梨园

贾磊磊（以下简称“贾”）：赵导演，您好，很高兴您能接受我们的采访，能不能先讲一下您是怎么走上电影这条路的？

赵箭（以下简称“赵”）：我是戏曲出身。我父母和亲戚朋友都从事戏曲工作，主要是河南豫剧。从小就跟随父母练功，其实当时是为了找个工作，毕竟有这方面的优越条件。

贾：您大约是在多大的时候跟父母练功的？

赵：十岁左右，练到十几岁就到了宝鸡市艺术团，开始的时候是当学生，几年之后就开始在舞台上演出，我的行当是武生。

贾：您其实是从一开始就和武侠电影有渊源。

赵：可以这么说，演了几年武生之后，戏曲行业不太景气。1984 年左右我就回到了西安，碰到了同学的叔叔，他问我愿意不愿意参加一个电视剧的拍摄。其实我一直对影视很着迷，但一直没有机会。

贾：在您拍这个电视剧之前有没有参加考试？

赵：有，碰到那位叔叔的第二天早晨，我就骑车到西安市京剧团考试了。

贾：是什么电视剧？

赵：《七侠五义》，就是 80 年代在录像厅里放的，演的展昭，从那时候开始就走入了影视的行列。如今我做动作导演也好，做导演也好，都和从小练戏曲是分不开的。

贾：您觉得戏曲中的武打动作和传统的武术有什么关联吗？

赵：这两者有相通的地方，武术中没有的东西戏曲中会有某些元素，因为它是需要编排的。戏曲的武打范围非常广，吸收了很多武术和舞蹈的东西，也可以吸取各个方面的东西。

贾：具体来说在动作方面武术电影有没有借鉴戏曲的地方？

赵：有。因为戏曲要编排很多对打的戏，比如两个人对打，要枪对刀，或者刀对枪，或者枪对圈、圈对钩，这些都是武术值得借鉴的。

贾：您从小就学习戏曲，您觉得对您从事影视工作用处大吗？

赵：用处很大。我拍第一部戏的时候有武打，我完全不会，所以就把戏曲中的东西变成了武打动作。影视作品中很多武打动作也是借鉴了戏曲动作，并且内在的精神方面也得益于我从小练戏曲。

贾：看来您走上影视这条路要非常感谢小时候学戏曲的经历。

赵：对，从我的思想来说，武打的创作和构思都来自小时候的学习，其实我对于武打只是平时爱好，学得不多。我现在从事的影视工作也是来自学戏曲的基础，加上在拍戏的时候和老师前辈学习的方法。

成功得益于集体的配合

贾：拍完这部戏之后您又继续拍戏了吗？

赵：演了很多戏，甚至在西安电影制片厂演了两三部男一号。我一开始就是演员出身，在剧团也是演员，慢慢地我会打也会演，这影响了我以后做动作指导和导演，对我来说是个锻炼。

贾：您最早拍的什么戏？

赵：1989 年西安电影制片厂和汉山（香港）影业公司合拍的《夜走鬼城》，还有程小东的《古今大战秦俑情》（1989），之后还有《深宅奇剑》（1990）等。我一开始在西安发展，还有很多小的电视剧。

贾：当时是什么机会能和徐克导演合作？

赵：我在北影厂拍《无名三侠客》（1992）的时候，徐克导演来北影厂选武行，他需要大量的武师，就是咱们所说的武打演员。

贾：抱着什么样的心态去参加这次选拔？

赵：当时的心态是想跟香港那边多学点，比如武打方面和拍摄技巧方面。那次选拔也是我偶尔听到的，因为要想得到这个消息很难，就和我几个哥们儿说要去试试。

贾：您在参加选拔之前准备了什么武术动作没有？

赵：在家里我们编排了一段对打，还有自己的一段动作。

贾：当时是怎样选演员？

赵：在一个练功厂里选秀，选武行。他们拿着DV每人录了一段，我把我的基本功演示了一下，和一个同去的哥们儿对打了一番。人家看完之后说，好，叫什么？我说，赵箭，然后问了一些基本情况之后就走了。

贾：当时您在做演员，为什么会想去做武术演员呢？

赵：就是想多学点东西，香港的武打片非常强，而我们国内的武打片刚起步。20 多天后元彬就来找我，说我运气很好，我可以去他们那个戏里做一个反面角色。

贾：是徐克的哪部电影？

赵：《黄飞鸿之狮王争霸》（1993），我在里边演一个大反派。徐克对这个角色很重视，化装师给我化了两遍妆才满意。最后觉得整个人都很怪异，他说好，要有特点。

贾：当时香港武侠电影应该已经进入了市场化，您的片酬是多少？

赵：他们当时问我想拿多少钱？我说无所谓，看你们的规矩。我只是想参加这部戏，多少钱没多想。

贾：被选上饰演这么重要的一个角色的时候有什么感觉？

赵：能让我演一个角色就很满足了，我不像别人说的那么飘，在心底里感觉很高兴，尤其是能在跟香港合拍片里担任角色，觉得自己还不错，能够看上咱。

贾：拍完《黄飞鸿之狮王争霸》之后，您又继续和徐克合作的？

《黄飞鸿之狮王争霸》（1993），赵箭饰演片中的大反派赵天霸，和李连杰饰演的黄飞鸿有精彩的对打戏，他把赵天霸的狂妄和嚣张展现得淋漓尽致

赵：差不多快拍完的时候一个武术指导找到我，问我愿不愿意签约，我说当然愿意了。他就说，我们和徐老板商量一下，商量之后徐导演就觉得可以，我就签到了他的电影工作室。

贾：签约的条款您还记得吗？

赵：条款我忘了，签了两年，一是为他拍摄，二是如果要参加别的戏就跟他打招呼。不过1993年到1995年那段时间电影不景气，我只跟着他拍了几部戏，比如《黄飞鸿之王者之风》（1994）、《书剑恩仇录》（1994）、《铸剑》（1994）等，后来合约就到期了。

贾：和徐克先生的合约到期之后，你就在内地接拍一些电视剧了？

赵：1989年的时候张绍林拍了太原电视台的《杨家将》，我做动作指导。1995年张绍林拍《水浒传》，把我推荐给了制片人张纪中说让我和他一起拍《水浒传》，我来做动作导演。

贾：1995年的时候内地的武术指导职责都是负责什么？

赵：当时内地武戏刚刚发展，到了剧组之后开始培训演员，练功、练健美、打斗。练了两三个月之后就开始陪着演员演戏、练功。从那时候起我就开始和张纪中合作，到1997年初，《水浒传》才拍完。

贾：您和张纪中导演合作《水浒传》之后又有过一些合作是吧？

赵：对，在这之间，我拍了《燕子李三》。1999 年他打电话给我，说要拍《笑傲江湖》了，让我去做动作导演。我们在一块儿合作得也不错，所以就去了，从那开始我们就连续不断地合作到今天。

贾：拍《铸剑》的时候您是动作导演吧？

赵：我担任的动作指导，和张扬一起。当时拍得比较粗糙，因为种种原因，不是十分满意。

其实每个动作心里都有底

贾：您做动作指导的时候自己掌机呢，还是您来指导摄影师拍？

赵：一开始也自己拿机器拍，因为有些动作的起幅、落幅有些摄影师不一定能掌握，难度比较大，所以拍《铸剑》时我自己掌机。

贾：我们看到拍《铸剑》的照片资料，当时您吊着威亚在两个人的上方拍，当时危险吗？

赵：对，《铸剑》中有一个镜头是两个人在做梦，梦中皇上和妃子两个人在空中飞。我就想这个镜头该怎么拍，两个人都带着翅膀，我就想通过他俩飞的过程能够让底下的人看到。

贾：所以您想到在演员的上方去拍？

赵：对，想让底下的人有那种怎么有人在天上飞的感觉，所以就想把我吊得更高，他俩已经吊得很高了，当时 30 多米高的吊车。当时的条件不像现在，没有电脑，我们就直接拍了。

贾：在拍摄过程中有没有发生过意外？

赵：拍摄过程中有的时候需要拎着机器跑，跑太快就收不住了，我直接一头脑撞到了地上，因为我搞过武戏，就直接把机器抱在怀里在地上滚了一圈，站起来了。当时年轻，很灵活。拍《天龙八部》的时候也经常跑着跑着收不住撞地上。

贾：动作导演自己掌机虽然很危险，但是对动作的把握应该比较大。

赵：对，动作导演掌机是正常的，因为他对动作的起伏，以及打斗双方的动作都比较有把握。如果是搞摄影的，对动作熟练可以，如果对动作和招数不熟练的话就跟不上。

贾：您觉得您在拍这些动作电影的过程中对危险动作的把握大吗？

赵：其实每个动作心里都有底，都是在肯定没事儿的情况下才拍的，比如吊威亚，一般情况下都没事。

贾：有没有出现在特别危险的状况下出意外的？

赵：有一次拍摩托车冲人悬崖，演员吊着威亚往下落，钢丝断了，摔得浑身是伤。当时是在十米左右的高处俯冲下来的，摔到了石头上，不过现在好了，前些年一直跟着我拍戏。

贾：那么如果像演员受伤或者出意外，剧组会赔偿吧？

赵：我们拍之前都会实验，一般情况下没事。很难遇到意外的情况，医药保险和人身保险是每个摄制组必须要办的，这是规定，包括住院、看病之类的。

武戏只是点缀，文戏还是主要的

贾：您从影这么多年，怎么对自己的电影之路进行评价呢？

赵：我的经历其实比较顺的，没有太多曲折，运气很好。人的发展就是这样，一靠机遇，二靠能力，缺一不可。有些话说起来容易，做起来特别难。并且电视和电影艺术是集体的艺术，不是自己的艺术。

贾：您觉得您的成功离不开整个集体的配合？

赵：对。如果没有高水准的剧本、服装、化装等，导演再好也成功不了，影视艺术指望导演一个人是干不成的。各个部门比较优秀的人，或者有想法的人在一起就能创造出一个好作品来。

贾：中国的武侠电影中有两个行当，一个是动作导演，一个是武术指导，您觉得这两个职务有什么区别？

赵：分两类，在台湾和香港的很多电影剧组中，有两个文戏组和一个武戏组，文戏中间如果

2006 年 10 月赵箭在横店影视基地拍摄现场

穿插动作，武戏组就会去指导动作，这叫动作指导。我如果来设计一场动作，就叫动作导演，有时候导演和动作导演两个名字都可以挂。

贾：您觉得您拍摄过的影片是做哪方面的工作比较多？

赵：我是文武戏导演，经常半天文戏，半天武戏。这几年拍金庸的作品锻炼得什么都能承受了，因为有些武戏镜头不比文戏镜头难控制，甚至还要花哨，难度还要大。

贾：您对整场戏的把握应该还得益于您有演员的经历吧？

赵：对。我是演员出身，懂得戏，我知道人物性格的走向。不仅可以给演员讲戏，还可以表演出来示范出来。有些导演只是会理论，遇到不成熟的演员就没办法掌控了。总之，会总结很多经验。

贾：您和张纪中合作的过程中有没有能和我们分享一下的事情？

赵：我们的制片人张纪中要求非常严格，拍得好他会说OK，拍得不好甚至会受到警告。我们要求拍出来的质量各个方面要好，钱也很紧张，大部分都用到了制作方面，演员的稿酬不是很多。

贾：一般张纪中会在哪些地方要求严格？

赵：拍摄之前会比较注重故事，拍摄过程中也会提一定的要求，要求还比较高。

贾：对于动作的表现张纪中先生也会提出要求吗？

赵：他有时候会把电视剧的动作和电影中的动作进行比较，但我们也会反驳说我们的周期比较短。时间和周期的问题其实在整个制作过程中影响很大。

贾：您觉得经过这么多年的武侠电影和电视剧的发展，我们是处于什么样的水准呢？

赵：我们现在武打的水准总体来说比较高，因为很多演员都出自各省市专业的武术队。一些武师的水准也很高，他们很多都是参加过国际比赛的。最重要的是演员的素质也很重要，有些演员即使不会打，但是动作什么的都非常像。

贾：现在影视作品中，很多很有名气的演员不是学武打出身的，比如章子怡，比如杨紫琼，那么对于这些演员是要在拍摄之前训练吗？

赵：我们要经过一番训练的，让这些演员练功，至少能摆个姿势耍个剑法，起码让观众看起来像那么回事。但是实在不像的话，我们就找替身，运用镜头来弥补，这就得看导演的本事了。

贾：您印象较深的没有武术底子但演打戏很优秀的演员都有谁？

赵：比如《天龙八部》中的胡军，他从小没有练过功，但是他可能练过拳击，打出来的动作就非常像。真正的武侠电影中成龙、李连杰、赵文卓这些演员真正会武术，拍出来会更好。

贾：现在很多泰国的电影都在表现泰拳，您对泰拳和泰国电影怎么看？

赵：比如说泰拳，真正会武功的人，拍出来的功夫片确实相当有一手。我们很多演员只会皮毛，所以武术导演就得去培养和指导他们，用镜头来弥补缺陷。另外，武戏只是一个点缀，文戏还是主要的。

贾：您在进行电影和电视剧创作的时候比较注重什么方面的问题？

赵：我比较注重剧本的问题，一部戏的整体风格是什么。比如《神雕侠侣》的风格就比较浪漫和飘逸，另外就是在人物性格上如何区分。主要是小说中的意思能够表现出来，目的就达到了，

《射雕英雄传》（2003），梅超风的饰演者众多，杨丽萍版本的梅超风被视为最经典也是最好看的。她在剧中的一招一式和她的舞蹈完美结合，而且她俏美的脸庞和灵动的身姿为梅超风增添了几分仙气

观众也就认可了。

贾：您刚才说到了小说中的人物和演员，那么在《射雕英雄传》中，怎么想到让杨丽萍来饰演梅超风这个角色呢？

赵：我们的制片人张纪中的意思是希望有一个搞舞蹈的人来演，因为这样身体各方面就比较好看，所以他第一个就想到了杨丽萍。

贾：杨丽萍是一个舞蹈演员，那么请她来演电视剧会不会特别困难？

赵：对。很不容易，一是她对影视这方面不是特别爱好，另外她也比较忙，但是张先生想尽一切办法把她请到了我们这个戏里来。

贾：我们看过她的表演，真的很惊艳，也很符合金庸小说中的形象。

赵：我们利用她的长处，用她舞蹈生涯中最好的一面来展现九阴白骨爪这一招，她的手法很好，我们也很惊喜。

贾：那么您对她的要求有没有提到把舞蹈的元素融入武打动作中？

赵：因为她本身是一名舞蹈编导，她的想象力比我们好得多，她能感觉到，我们把我们大体的想法告诉她之后她能创作。并且她很能突出这个人物，比如手的姿势等各方面，她领悟得很快。

武戏就是表现一种想法

贾：在武侠小说中有很多招式动作，比如降龙十八掌啊之类的，那么您是怎样把文字性的东西搬上荧屏的？

赵：剧本中有一些提示，我编导的时候就想怎样来展示降龙十八掌，光有动作不行，还得用电脑来配合。比如在沙滩上，降龙十八掌会发出什么效果，我们就用鼓风机把沙子吹起来，然后再用电脑编成一个龙头容器的感觉。

贾：您设计这些动作的时候都是根据剧本来的？

赵：对，都是按照剧本上来的，比如说双方在树林里打，我们利用树叶和环境来变化武功的招数，来体现人物。就是为了让观众看着更明确，更好看。

贾：您觉得武术指导在创作一部影片时最重要的是什么？

赵：一是现场，二是提前得有想法，武戏就是表现一种想法，想要达到什么目的，突出整个主题。比如《鹿鼎记》（2008）中海大富和毛东珠的打戏，首先这两个人的功夫探不到底，所以要有一种神秘感。那么整场戏的主题就是很神秘，人物很有威力，功力很玄妙的感觉。

贾：您在设计动作来塑造电视剧或者电影中的人物时有没有什么经验？

赵：主要是看动作适不适合这个人物，比如说把乔峰拍成边舞蹈边武打的形象肯定不合适，而有些人就需要加进舞蹈的动作，可以美化画面。比如杨过和小龙女，他们比较浪漫，可能在武打中加入舞蹈的动作就比较飘逸比较好，所以得适合这个人物。

贾：您觉得这么多年从事影视作品的创作，是什么能够使您这么顺利地完成多部作品？

赵：其实我是受我的老师们的影响，我和他们学了很多东西，像元奎、元彬、元德、程小东、袁和平，等等，他们经验非常多，在和他们合作的过程中真的学到很多，尤其是元彬、元奎和袁和平。

贾：武侠电影不可避免地会有一些暴力或者血腥的镜头，这个方面您是怎么认为的？

赵：在这个问题上也有规定，一是血腥的镜头不允许，比如血浆啊现在也要尽量少点。但是有些东西避免不了，打戏中砍来砍去的镜头很多，如果一点血不见，感觉好像气氛上达不到想象的效果。

贾：您用什么样的方式去处理这种血腥镜头？

赵：如果打戏拍出来不见一点儿血腥效果，没有一个导演能做到。如果让孩子们看到，他们应该也能理解，因为我们身上都有血嘛。

贾：您是觉得血腥在动作电影中是不可避免的？

赵：对。只要不太张扬地追求和表现血腥味，我觉得就行，如果连一丝意思都没有，气氛就没法出来。

贾：我们之前听说过，很多武行因为会功夫，有时候会打架，是这样吗？

赵：之前这些事情避免不了，因为年轻啊，武行他们会点功夫就会打架。但是现在不会这样了，观念都变了，因为出来一要拍戏，二要工作，三是要赚钱，这是有严格规定的。

贾：如果有打架的情况一般会怎么处理？

赵：规定是，如果打架伤人了，一要自己赔偿；二就不能在这个剧组工作了，规定得很严格。

贾：通常什么时候会发生这种情况，在剧组里吗？

赵：不是，跟游客有时候会说着说着打起来，我小时候经常打架，但自从拍戏之后就没有过，因为是工作嘛。

我希望能够拍得更好

贾：作为动作导演和导演，您觉得您这份职业比起一个剧组的其他职业是不是非常辛苦？

赵：我觉得我这份工作就是要踏踏实实地做事，我拍了这么多戏除了圈里人认识我的比较多之外，观众了解我的很少。说实话我们这份工作要比演员辛苦很多，演员还有休息的时候，我们没有休息时间。

贾：以后打算拍什么片子，您有没有一个规划？

赵：我古装片拍得太多了，想拍30年代的影片，比如《智取威虎山》之类的，有枪，有功夫，发挥的余地就比较多一点，拍摄就更有意思。

贾：您带的赵家班大概多少人？他们现在是不是都在从事动作指导的行业？

赵：多年都是我自己带的一些兄弟，无所谓叫什么赵家班，意义不大。这些人起码有十来个在做动作指导和动作导演，从出道开始跟着我，等到有能力了之后再去和别人一起合作。

贾：有哪些比较出色的人是您带出来的？

赵：比如宋亚平、郭建勇、李强、凌锋、史晓东，等等，十几个人。像凌锋现在刚刚拍完《苏州巷》，他们现在都去到各个地方做动作导演，我感觉内地的动作导演我带出的人最多。

贾：有没有想过办一个武术学校？

赵：感觉顾不上也承担不起，是误人子弟，其实也可以办一个学校教点东西让学生做武行或者演员，但是真的比较忙，顾不上这事儿。所以还是专心致志地去拍片子就好了。

贾：您执导了这么多部影视作品，有没有对您自己的作品进行过一次评价？

赵：拍动作片我希望拍得更好，能让观众更真实更有娱乐性，让观众看了心里高兴。我很希望得到观众的认可，希望观众看到我的作品之后觉得我拍的片子是正儿八经的。

贾：您时刻把观众的感受放在第一位。

赵：对，我的目的是让观众看了之后有新鲜感，让观众朋友们更喜欢我的作品。拍了这么多年戏现在压力越来越大，我觉得武打是为戏服务，武打都是有原因的，不是莫名其妙的。

贾：最近一段时间有没有什么拍摄计划？

赵：这段时间先把《三国演义》拍完，明年还会再商量剧本、投资，和地方商量赞助之类的。

贾：您拍了这么多部金庸先生的作品，您有没有一些感触？

赵：这么多年拍金庸的作品感觉特别累。因为不是一部，而是很多部，并且难度越来越大，因为我希望有所突破，最起码我希望在原有的基础上有所提高。

贾：说到突破，您想在哪方面有所突破？

赵：不仅在动作上有所突破，而且在想法上我想有所突破，但是很难，所以我一直都想转变拍些现代片，比如说 30 年代的或者另外有新想法新感觉的戏。

贾：您觉得拍一部戏成功的关键是什么？

赵：不管拍什么戏，主要的是责任心，想干得好，就很辛苦，当然想凑合也行，不过既然决定要做这件事了，还是要做到最好。

（2006 年 10 月 26 日下午于浙江横店影视城拍摄基地）

『侠』不见得非要借以武力来实现

徐浩峰

徐浩峰，1973 年 3 月 16 日出生于北京市，导演、编剧、武侠小说家，毕业于北京电影学院导演系，北京电影学院导演系副教授、硕士生导师。2004 年，在剧情片《旅程》中饰演行脚僧。2006 年，创作纪实文学小说《逝去的武林》。2008 年，创作武侠小说《国术馆》。曾经和邹静之一起给武侠电影王家卫导演《一代宗师》当编剧。2011 年，执导个人第一部电影《倭寇的踪迹》，从而开启导演生涯，凭借该片入围第 48 届台湾电影金马奖最佳新导演奖。2013 年，凭借动作片《一代宗师》获得金像奖、百花奖最佳编剧奖。2015 年，凭借自编自导的武侠片《师父》入围第 52 届台湾电影金马奖最佳改编剧本奖。2015 年小说《道士下山》被陈凯歌拍成电影。2017 年，执导的武侠片《刀背藏身》获得第 41 届蒙特利尔国际电影节最佳艺术贡献奖。

徐浩峰的武侠电影具有很强的作者风格，动作设计一招一式都讲究循规蹈矩，将高度风格化的武打动作与高度人格化的人物形象相互融合，构成了与其他武侠电影从内到外明显的差异。

我希望《师父》在武打形态上跟港台的主流和非主流电影都拉开距离。《师父》的武打形态的渊源是民国天津武行。这个打斗形态跟别的打斗形态最大的区别是——它不具有拳脚相加时的姿态美，是你来我往中时间差的美，差一点就没命了，美是美在凶险。

——徐浩峰

想象的武林

贾磊磊（以下简称“贾”）：我们了解到您的电影新作《师父》快要面世了，眼下由您的原著小说改编而来的电影《道士下山》正在上映，可以说您在武侠创作上是经历了一个由文学创作到电影创作的演变，我们今天的对话能不能先聊一下您的从业经历？

徐浩峰（以下简称“徐”）：我大学毕业后在《电影艺术》评武侠片，贾老师您那会儿在《当代电影》评武侠片。一部武侠片公映，我写稿时，一定会想到您，好奇您会怎么评。那时，您是我的“假想敌”。我正式当导演已37岁，一个投资方看上我一个写当代生活的小说，但我劝他投拍我的武侠小说《倭寇的踪迹》。按说一个导演在年轻时会写青春、写都市、写离自己最近的题材，之后普遍尝试各类题材，再找到自己的专长。比如黑泽明在拍武士片之前拍过侦探、爱情、黑帮、社会写实、名著改编等影片。但我37岁了，错过了这个时间。打不了游击战，只能给自己找一个阵地，固守一处地打仗了。我选择了武打片，和我当时做武侠文化研究有很大关系。我写小说没有受过老师指导，写影评也是。当时看了看郑洞天老师的文章以及您的，就放胆写了。以小说为例，不见得非得是中文系出身的人才能成为大家，如果一个人对文学史有很深研究，转行当作家往往会很厉害，因为他知道当代文学现象的前因后果。既然自己青春时代没有去做普遍题材的尝试，而是在做武侠电影的文化研究，那我何不利用自己的优势呢？于是有了《倭寇的踪迹》。

贾：这确实是一个很好的选择。在从事电影文化研究之前，您的青春时代是怎样的？您在文学或电影启蒙上是怎样一个状况，跟家庭环境有关吗？

徐：我们这代人大学一毕业就赶上了本土电影的崩盘，由于没人看电影，很多电影院都给拆了，从90年代到新世纪初，是没有电影的一个时代。

贾：那个时代和现在确实不同，那时真正看电影的人很少，观众到电影院不是去看电影，而是去社交。电影院前厅已然变成了喝咖啡、卖冰棍的地方。电影院是谈恋爱的一个交际场所。那时候感受很深的是电影不景气，加上电视开始兴盛，可以说那是一个电影没落的时代。

徐：电影没落的大环境对我的从业经历有影响。电影学院类似黄埔军校，军校毕业进军队，电影学院毕业进电影厂，军队是军校的升级版，电影厂是学院的升级版。但电影厂改革、中国电影崩盘，我毕业，电影厂不接收。电影厂也变了，学院味渐少，江湖气日多。我也就不太愿意接触电影人了。当时想法是，与其拍电影，不如去写文章。在电影学院受过纪录片训练，我就做了武术界和道家圈的口述历史。兴趣所在，我从人间弄些自认为有价值的东西，倒也乐此不疲。说来好笑的是，最初我因为讨厌当代的江湖气而想逃遁，结果没承想却坠入了民国的江湖。

贾：有种误入藕花深处的意味。刚才的言谈之间，您提及了对宗教文化和武术文化的兴趣，您自身是有宗教信仰还是把它视为一种文化在研究？

徐：八九十年代，整个美院系统受美国装置艺术和西藏文化影响很深，或多或少都对佛教感兴趣，可以说每人都看佛学书。我高中在美院附中，西藏热正浓、南怀瑾刚开始，所以熟悉

《倭寇的踪迹》（2012），徐浩峰坚持“真刀真枪”，动作一板一眼，全是硬桥硬马，他要的是一种新式的真实的硬派武侠，功夫快而直接，往往一招致命，有古龙武侠小说的神韵，同时也加入了冷幽默与黑色风格，有趣、令人捧腹大笑，却不流于低俗

宗教不是我刻意去求的，身边所有的人都熟悉，宗教文化是我们生活的一部分。我自己做文化研究主要关注的是道教人物。道教不是“人格、神格”这种形而上的东西，道士们像是一伙化学系讲师，他们不跟你讲“天人合一”这种文人总结出来的道家理念，而是跟你讲特别实在具体的东西。

贾：道教文化里很多部分很有意思，对世人的影响也很大，它是中国土生土长的，真正的中国宗教。佛教、基督教都是外来的。我有朋友跟一个道长学太极，我跟着他去白云观见过那个道长。通过交谈，我发现道长虽然跟这个现实的社会表面上看没有什么关联，尽管他有百分之八十的时间都在练太极拳，但实际上他对现实社会的感悟和判断是非常准确的。

徐：说到白云观，那里有一本道教协会办的杂志《中国道教》，发表过我的文章。听说能登一篇文章，在他们的体系里就被视为是有地位的，所以觉得荣耀，去领样刊时张口说：“给我 20 本，我好送人。”编辑说他们自己留的也没 20 本。

贾：我们现在感兴趣的是宗教文化和武侠文化，这两者是如何融合和关联于您的作品中的？相比之下，金庸和古龙，哪一个勾勒的武林更符合您想象中的武林，或是另有其他？

徐：我们这一代有个奇特现象——最早一批疯狂看金庸的人都是战士。我第一次看金庸是在小学五年级，当时住院，病房里刚好有个战士，在看从兵营里转了几手的《天龙八部》，我就借着看了。战士看金庸跟我看金庸的兴趣点是一样的，主要看少男少女的情感，以至于陆川曾总结说金庸的小说是他的性启蒙书。金庸笔下的男性，哪怕是个四五十岁的人，行为依然是小学四五年级的，喜欢占女孩便宜，男人之间像男孩们一样互损，是一个不成熟的世界。香港文化里的男性是要扮小孩的，带有童真。吴宇森英雄片里的男性会出现幼儿园的行为举止：甜甜一笑，然后回忆童年，美国和法国的硬汉谁回忆童年啊？香港电影里的成年人要带有童年迹象，被视为男性魅力很重要的一点，周润发、周星驰、刘德华、梁朝伟都这样。这个脉络从金庸小说一直延续到香港电影里。

贾：这个思路挺有意思。在阅读前辈如金庸的作品以及以学者的视角去重新理解武侠文化这个过程中，您是如何建构属于自己的武侠世界的？对此您是否有非常清晰的定位？

徐：不是设计出来的，他人的特点我不具备，我想有也有不了。我只是能总结，自己给自己找说辞，毕竟我曾经跟贾老师您一样，是个影评人啊！电影理论的思维训练，让我说话会显得有理些。跟金庸不同，古龙是另一个路数，这得结合具体的历史背景。日本电影一直对（中国）台湾电影影响巨大，日本人战败走了，但（中国）台湾人还是在看日本电影，所以古龙的武侠小说实际是日本浪人小说的变体。他写的醉侠、豪放女，有强烈的浪人特征。古龙作品在80年代初的北京，影响力强过金庸，因为北京那时处于“顽主”时代晚期，顽主和浪人都是街头人物，横死街头的相同命运，让他们将古龙视为同道，极其尊重，古龙金句是顽主们的心灵鸡汤。而对于金庸，他们一句“我们不这么泡妞”，就给简单否定了。我揣摩，十年前王朔写文批判金庸，是30年前京城“厚古薄今”的遗风在作祟。

贾：那时候特别是中学生对古龙作品的追捧，可以说是一个普遍的风气。

徐：是的，古龙的作品里有一个硬核，就是里面有街头因素。当时北京街头突发暴力频繁，走着能刺激四五十个男孩打架的蛇蝎美人。

家传的武德

贾：在您的作品里更多的是对民国武林的呈现，这是我们自己的传统文化的东西，所以不妨讲一下您的这种创作题材的来源。

徐：主要有两个原因，一是我们父母这一代是跟传统文化隔绝的一代，他们不是他们父母的孩子，而是党的孩子。从小受的教育不是家庭教育，受学校教育，成人后受单位教育。当时社会上有一个口号：“不要让孩子影响父母工作”，造成我们这一代孩子生下来后跟父母是隔绝的，父母的全部时间要奉献给四化建设。

贾：回想我们小的时候，那时候在是“文化大革命”时期，父母教育我们时就说过，“你们可以对我们不好，但是不可以对国家、对党不好”。他们对孩子的教育和他们自己的信仰是国家的政治取向，而不是传统的文化取向。这是一个文化的断裂。

徐：孩子无权跟父母一块生活，有两条出路可选——如果你是北京人的话，就去上周托的幼儿园，要不然就是被送到爷爷奶奶或是姥爷姥姥家去养。我童年见父母的机会很少，整个童年是跟上一代在一起，隔了辈。我姥爷这一支没落得比较早，原是京津一个书香官宦之家。我姥爷一辈子是个书呆子，我成天跟传统文化色彩浓厚的他待在一起，这就是我的传统文化基因的由来。另外，因为我姥爷是长孙，中国有“长子文化”。长子长孙要对他的家族负责，做榜样，给家族里的事做评判、当仲裁。在我们的历史中，“长子思维”最典型的就是司马光写的《资治通鉴》。《资治通鉴》跟《史记》最大的不同是：写《史记》的司马迁兴致勃勃地出各种主意，他的自我定位是个谋略家——这就是“太史公曰”的系统。但是司马光的“臣光曰”系统，口吻跟思路完全是另一种。他否定了权谋，他要定事情的是非。当代好多人都说一个人要学坏就去看《资治通鉴》，说明谁都没真看过这本书。司马光写的是“耍阴谋诡计会亡国灭种”，苦口婆心地教大家怎么用公理公德来办事。司马光是这种人——哪怕你说我迂腐，但是我得把公理公德说出来，把评判是非的标准写出来，让大家知道。晚清好多文人评《资治通鉴》时，认为司马光老先生太不变通了——我们是希望从您这学到政治手段，结果您告诉我们的都是无法实现的道德准则。司马光是非常明显的“长子思维”，要对族群和未来负责，要做榜样，不管能不能实施，先把“道理上该怎样做”讲清楚。

贾：看到资料说您二姥爷那边有某一门派的功夫传承。

徐：他们老一辈的人有道德操守，他是不能收徒弟的，当年年轻的时候有这么一个誓言，我只是帮他整理回忆录。他在北京武术协会的《武魂》杂志上登出来，说他死以后如果有人说是他的徒弟，就是冒名者。这是对我的约束。

贾：怎么称呼您二姥爷，他擅长什么拳种？

徐：李仲轩，他练的是形意拳。《一代宗师》里面的台词提道：“我的师哥李存义创建了中华武术会”，李存义就是我二姥爷的师爷。

贾：您在《一代宗师》《道士下山》这两部电影中，分别担纲的具体工作是什么？

徐：《道士下山》是我的原著小说。《一代宗师》，我是编剧。

贾：我很喜欢《一代宗师》，也写过一篇文章，登在《当代电影》上。《一代宗师》里展现的不是一个门派、一个人或者一个家族，而是一部武林的史诗。从民国到现在，其精神的承传也很深厚，不是一个随想。在创作这部电影时，除了参与了剧本创作，您还做了其他的工作吗？

徐：我一开始是王家卫导演的武术顾问，主要是关于武术习俗方面的内容。我所了解的习俗就是我二姥爷那个时代的。写那时候的人物，如果不知道习俗就没办法写这个戏。我当了一年的顾问，最后跟邹静之老师一块儿写，所以就成了这部电影的编剧。

贾：学校是一个外在的或者说是社会性的教育，但是一个家庭对孩子的影响，上一代人对下一代人的承传和教育具有根本、现实的意义，特别是从小受到的这种教育的影响很深。袁和平的父亲是袁小田，程小东的父亲是程刚，他们都是有家传的。由此看来，您做武侠文学和电影的创作是有家传背景的。

徐：对。我决定给二姥爷整理回忆录时并没有明确和强烈的诸如对国家和文化传承的责任感一说。我那时是一个在家闲着的人，不太可能有那么远大的理想。虽然我放弃了电影，但还会技痒，加之纪录片思维爆发，特别是看到二姥爷风烛残年，时日不多了。

贾：能够记录下这些宝贵的资料应该和您在电影学院学习的经历是密不可分的，您当初是很明确地想考电影学院还是一些机缘巧合才去的？

《一代宗师》（2013），徐浩峰：“我觉得整个电影可以用七个字来概括——里子、面子、刀和鞘。”徐浩峰凭该片获得第33届香港电影金像奖最佳编剧奖

徐：我是后来才知道电影学院导演系有在美院附中选人的传统，路学长、娄烨、王小帅都是出自美院附中。我当时一直在写纯文学，二姥爷激活了我受过的纪录片训练，拿笔做纪录片，没有文化历史的责任心，有的是个人快乐。二姥爷会把这件事想得很崇高，但也不是文化历史的概念，是对他师父的个人情感，他觉得是“报师恩”。

贾：做武侠电影的人有一个共性，就是特别注重武德。他们对一个作品传播的价值观，或者说他们对一个作品的精神导向非常看重。我曾问成龙：“你觉得什么是好电影？”他说：“我的电影就是要一家人坐在一起看不脸红。”我仔细看了成龙所有的电影，他导演的电影从来不渲染血腥。在他的电影里人物会被人击打，但是不会像美国电影那样鲜血四溅。这种电影的文化价值如果能一代一代地承传下去，就非常难得、也非常有意义。

“侠”的文化基因

贾：现在，我对武侠电影研究比较在意它的现代意义，就是说我们都认同武侠的精神意义是有价值的，但是这种价值和意义在现代人身上怎么体现？这是个很重要的问题。我们在做《中国武侠电影人物志》的时候，每采访一个人都会和他讨论“什么是侠”“侠对你意味着什么”，或者“你理解的侠是什么”。过去从文字上来讲，“侠”的含义一个是善武，一个是搏命，再一个是重义。在当代很多电影中，“侠”的精神其实还是存在的，就是为了那些看似跟自己无关的事情，他会舍身赴死，挺身而出。这种人我觉得在某种意义上就是“侠”。您刚才说司马光所写的《资治通鉴》里面的这种东西，我想其实侠是不考虑它的可行性的，或者“能不能成功”“会不会死”“会不会受伤”这些情况不是他们行为的出发点。他们是为了所谓的一诺千金，他们为了自己的承诺会去赴死。在现在这样一个商业或者功利的社会语境下，这种追求和现实还是有根本的差异。但是，我们为什么会认为这东西有意义呢？比如说倘若街上出现了一个正在行窃或者行抢的劫匪，要光等着警察可能并不能当即改变人的危险境遇，但是如果有很多人聚集起来挺身而出去制止犯罪行为，这种行为在某种意义上就是“侠义”——事不关己却挺身而出的行为有时候依然需要。

徐：“侠”也不见得非要借以武力来实现。《资治通鉴》对宋朝之后的民间文学影响非常大，很多小说都本着此书的思路走。有美国学者问我：“好莱坞电影的价值观来自《圣经》，你们的（指大众电影）来自哪里？”我想了下，回答是《资治通鉴》。这本书记录了那么多黑暗的事，但司马光的评判带来光明。他要在大众意识里造成“公理战胜势利”的价值取向，哪怕再有势力，但你不占理，我就可以用空头的几句话将你击退，得到大多数人的支持。元明清的通俗文学是《资治通鉴》的千灯映照，形成了大众共识。

贾：其实这一部分在武侠电影里面也有展现，就是不用暴力但最终能决定成败。李连杰演的《方世玉》里，他的父亲被清兵抓住放在一个巨大的铡刀下、脑袋被锁在铁扣里。赵文卓饰演的清廷恶势力九门提督鄂尔多要方世玉交出手里的革命党名册，否则就铡死他的父亲。最后在铡刀往下放的时候方世玉把名册扔了出去，鄂尔多立即就冲着名册去了。这个时候铡刀开始往下落，而且在此之前鄂尔多把绳子给点着了。方世玉赶紧去抓绳子，想在它烧断之前把铡刀拉起来，但那个铡刀特别沉，仅凭方世玉一个人的力量是拉不起的。眼看着铡刀一边拉一边往下掉，他的父亲很绝望，对他说：“儿子，我很为你骄傲，你别管我了，快走吧。”就是在这个时候，非暴力的东西就起作用了：此时围观的一群人里走出来一个老太太，她在片中的功能暗合您刚才表述的那种价值取向。她看到方世玉是这么一个舍生忘死的孝子，被感动了。这也说明电影不一定非要去强调社会的意义，也可以强调一种伦理文化的力量。于是，老太太就帮方世玉去拉绳子，她后面跟着的两个未成年的小孩看到奶奶上去了，也跟着上前去帮奶奶，然后成年人成群结队地冲破了清兵的防卫去帮方世玉拉起了铡刀，把他父亲救了出来。像这种设计在好莱坞电影里是很少见的。西方电影比如在《侠盗罗宾汉》的叙事逻辑里，主人公一定要通过暴力夺回他失去的王位，同时拥有一个女人在他身边，才是他认同的一个美满结局。而我们中国电影，比如《少林寺》中李连杰饰演的觉远最后胜利了，但是他没能跟他喜欢的姑娘在一起，而是皈依了佛门；《侠女》的结尾也是这样，最后两人归隐山林了。可见我们的武侠电影中对暴力的否定不是一个循环地用暴力去解决暴力的方式，中国的武侠电影里有第三种力量，它是介乎正义和邪恶之外的宗教力量。像《侠女》一开始是不介入世俗的冲突的。就是说一开始并不介入明朝的忠良之后和邪恶的清廷之间的冲突。那什么时候出现呢？就是在弱小的人要被杀死的时候，以一种对生命的拯救或呵护的姿态出现，最终和善良正义的人站在了一起。需强调的是，最初它一定是在这两种力量之外的。美国电影则不一样，美国电影把政治理念和宗教理念合二为一，像《与狼共舞》的口号就是“为自由而战，为上帝而战”。这与我们的电影是极不相同的，中国武侠电影里最终是放弃暴力而不是以暴制暴。在美国电影里鲜有美国人用和平的方式或是放弃暴力的方式来最终解决问题，所有问题最终都是诉诸暴力来解决，事情的最终完结是用暴力去遏制暴力，而不会存在第二种方案。武侠电影中诸如《刺客新传》以及徐克的《狄仁杰》系列，主人公在最终完成了使命之后是会隐退的。有时我们来互相比较一下两个文本，美国人的这种文化就比较崇尚实力，而我们所崇尚的从理论上来讲或许比他们更超脱。

徐：的确，有很多外国人对中国人的判断，往往来自对殖民地区里中国人的观察。

贾：他们的想象是那个时代的。

徐：殖民地区里的中国人不能代表中国人。鲁迅笔下的阿Q，是整个镇子里唯一的半流浪者，但史密斯写的《中国人的德行》里尽是阿Q！他写的是租界天津的城乡接合部，所以他对中国人习性与道德的判断，是源于对中国流民阶层的观察。中国并不是流民文化，是居民文化。80年代，有一种比较中国人和西方人的说法——西方人能做长远规划，因为有宗教情怀；而中国人太现实，无宗教情怀，所以干事不长远。但我观察我姥爷那一代人后发现，中国社会的实情是高度宗教化的：从《清明上河图》中画的寺院部分可以看出，中国寺院是养老院、自由市场、庙会、医院、图书馆、考前班，秀才在庙里读书，赶考在庙里住宿。寺庙是世俗化的，而世俗核心的家庭反而是寺庙化的，家里女人管事，男人在家里，跟和尚道士差不多，男主人每天早上四点钟起来念经，夫妻生活近乎相伴修行。传统中国社会里，男人其实是以一种出家人的方式度过自己的一生。

贾：您这么一讲，我发现自己受这种文化的影响也很深。武术的渊源其实也是根植在很多中国人的家庭里的。我小时候看到姥爷身材魁梧高大，也跟一些习武的人一起练太极拳，唱京戏。有时候因为我们看的这是非常遥远的东西，对它里面的东西就不是很了解了。但是现在想来，中国人的血液里、中国人的文化记忆里，有很多跟太极、武术以及这些文化的东西还是很有关联的。早前华罗庚说过一句话“武侠小说是成人的童话”，这句话影响了很多人对武侠文化的判断。有的人以为侠的意义仅此而已。我认为在某种意义上“侠”其实是被误读了、贬低了，所以我们还是寄希望于能多拍这种类型的电影。

武侠电影的本土探寻

贾：您的很多小说是经由其他导演拍摄出来以电影的面目示人的，这其中或多或少进行了一些改编，如果说您想要再去创作的话，会是哪部作品？

徐：首先，要尊重导演。小说和电影是完全不同的，既然决定交给别人，那就是导演的作品，因为影像的审美和文字叙述的审美是完全不一样的。

贾：那么在作家到电影导演的转化过程中，做导演对您而言是更加自如的状态还是一个纠结的状态？

徐：对我来说做导演是很新鲜的，因为小说和电影是完全不同的。比如《倭寇的踪迹》和《箭士柳白猿》，包括《师父》在内，小说结构跟电影结构差异非常大。在小说创作的时候，是以写小说的思维方式去写的，但当我做电影导演时，就不能再用小说思维了。

贾：所以这个转换对您而言是很轻松的？

《师父》(2015)，徐浩峰硬派武侠电影的又一力作，零威亚、零替身、零特效，一拳一脚都真是打斗，刀起刀落干脆利落，绝不拖泥带水。徐浩峰凭该片获得第52届台湾电影金马奖最佳动作设计奖

徐：比较顺畅。因为我一开始受的就是电影导演的训练，反而是建立小说思维耗费了我十多年时间，写小说对我来说是难一些的。

贾：和《倭寇的踪迹》相比，《师父》最大的变化是什么？

徐：《倭寇的踪迹》一片把时间背景推到了明朝，推得远，可以简单化、象征化；而《师父》的时间在民国，民国的事情我了解不少，可以融入很多生活的细节。另外，在武打形态上，我认同内家拳的武术体系。于承惠大半生和香港影人合作，港式武打片和国家武术队武打形态结合后，产生一种舞蹈化、法术化的打斗审美。其实于老追求的武术理念和他的电影表现不是一套东西。我在拍《倭寇的踪迹》时，发现于老的真实功夫跟我的武打片理念天然应和，可惜的是于老在他过世前三年才遇到我这样的导演，而我在于老过世之后也没有找到一个跟于老有同样特质的武打演员。

贾：我们对于承惠的印象非常好，他的离世真是非常可惜。于承惠既写书法也写诗，我有非常多的他给的资料，有个专门的文件夹收录了他的诗文。他不仅写古诗也写现代诗，除此之外也还有他的学术论文，他在1994年就发表过研究中国审美体育的论文。现在把于承惠仅仅看作是一个武打明星，这对他是严重的贬低，他本身是山东体育学院的教授。在黑泽明时期的日本电影里罕见有人单手持刀，直到后来黑泽明的《七武士》出现了人骑在马上单手持刀的画面。而于承惠在中国练的是双手持剑，他在《少林寺》《险恶江湖逍遥剑》里面更多的是双手持剑，但也有单手持剑，从这个意义上讲，他在电影里也很有创举，所以说于承惠在武术界、电影界、体育界其实都是非常有影响的人。

徐：《师父》反映的是一个初到中年的人，这个角色不适合于老。既然遇不到这样的演员，我就只能自己教出这样的演员。正好廖凡是一个体验派演员，为创造人物，他习惯了做大量准备，让他下功夫他一定会下，所以我选择让他担纲。

贾：您没有考虑直接起用有功底的年轻苗子？

徐：我很早就想用廖凡。我比较幸运，当我想跟廖凡合作时，他刚好拿了柏林影帝，制片人愿意选他。我看过廖凡的《一半是海水，一半是火焰》，觉得廖凡跟李小龙在形象和狂态上比较接近。李小龙最后一部电影叫《死亡游戏》，李小龙在里面登塔比武，层层高手，打一条纵线。在《师父》的武打动作上，我让廖凡打一条长巷，等于把塔放平，变成一条横线。重打李小龙的塔，我希望是和香港电影里带儿童特征的李小龙形象不一样，想拍一个成熟形象的李小龙，所以选了廖凡。

贾：《师父》的动作导演是谁？

徐：就是我自己。

贾：那您一个人就得统筹考虑整个的电影拍摄过程，不仅仅做导演这一部分，还得做武术的设计，类似追车、爆炸的效果，身兼数职，这项工作还是挺繁重的。

徐：我希望《师父》在武打形态上跟港台的主流和非主流电影都拉开距离。我认为香港电影的主流武打形态在 1992 年的《笑傲江湖之东方不败》里就已经完成了，它是戏曲打斗和法术的完美结合。成龙来自戏班，成龙的好多打斗是舞台化的，京剧编排的痕迹明显。刘家良是以戏曲打斗作为底子，再加些实战武术，但是他的编排思路还是戏曲式的。吊威亚、翻跟头都是刘家良在 20 世纪 60 年代发明的。在戏曲编排的底子上，刘家良往武技上变，成龙往杂技上变。除了戏曲基因，港式武打的另一个基因是法术，《如来神掌》《火烧红莲寺》一类的，它是神怪法术，《笑傲江湖之东方不败》是这两大基因的完美结合。武打片在好莱坞没有发生历史演进式的变化，顶多是更漂亮了，拿电脑特技取代威亚，但是在形态方面没有创新。香港武打片还有非主流的，一个是张彻的武打片，像古龙武侠小说一样，受日本黑帮任侠片的影响重，所以主演姜大卫、狄龙这些人的性格总让人觉得有点怪，因为是日本人性格。李小龙的电影是非主流的，因为他独一无二，是个人化的动作明星，他一死，电影界就开始要培养第二个李小龙，直到现在，谁都没能复制出一个。另一个非主流是胡金铨，他是文艺武打片。

贾：武术指导，或称动作导演，是中国电影界在世界电影行业中独创的电影工种，这些人对中国电影的发展做出了极大的努力，中国电影界需要用一个奖项表达对他们的敬意。做《中国武侠电影人物志》的时候，我们已经意识到这么一个工作岗位的重要性，当时我就曾写信给电影主管部门希望引起电影界对“武术指导”（动作导演）这一工种的重视。2004 年，我在海南参加“金鸡奖”评选时，也在会上表达了希望增设专门针对武术指导的奖项的愿望。由于种种原因，国内的评奖到现在也还未设立这么一个奖项，可以说是一个遗憾。中国应该尽快把这个奖项补上。这件事不做，华语电影圈就始终缺一块。美国人曾把他们设置的最佳视觉效果奖颁给了袁和平。袁和平先生曾以动作指导的身份帮他们做过《霹雳娇娃》和《黑客帝国》。

徐：我在做《师父》的时候，武打形态的渊源是民国天津武行。这个打斗形态跟别的打斗形态最大的区别是——它不具有拳脚相交时的姿态美，是你来我往中时间差的美，差一点就没命了，美是美在凶险。

贾：确实，有些武术是走向艺术舞台的，有的是走向历史战场的。就像您说的，像成龙这些人，他们从戏曲套路转化到电影，转化的过程非常值得研究。而且成龙有个成家班，袁和平有个袁家班，程小东有个程家班。包括像陈德森过去就是在成家班里跟成龙学武打，他们承传的这些东西都特别值得研究，完全是自成一体的。但是，像这种“班”，目前在我们本土还没有形成这样的一种传承模式，所以也还是挺可惜的。

徐：天津武术不走向戏台，走向战场。在北方的保定军校，河南、山东的军队里，刺刀术用的是天津武术，也就是说它跟战场实搏密切相连。拳打脚踢是香港武打形态的特色。我的电影从第一部开始，就是以兵器打斗为主，拳脚很少。这个理念其实也是民国天津的。一般的武术讲“拳成兵器就”：就是说，同样是这套拳，我拿上刀就是刀法，拿上枪就是枪法。正是由于有这样的武术理念，所以就先练拳，兵器就好像是延长的手臂。山西、河北是北方武术重地，高手到天津成名。天津武术跟“拳成兵器就”相反，一开始就要练兵器：练类似于长矛的一丈二或一丈四的大杆，你会使这个大杆子了，你也就会拳脚功夫了。日本沿袭了这个特点，拳打脚踢不是武士风格：空手道是渔民的，柔道是捕快的，武士用的是戟剑兵器。练兵器，你就能体会到比较长的杠杆，拿一个长的杠杆来发力，所以容易成就。

贾：通常写小说、写剧本的人去拍电影和一般的导演不太一样：一般的导演是把自己看作一个职业导演，因为我是导演，所以我要拍电影。但是写小说的人，他是有话要说才拍电影，他要表达。我看了《倭寇的踪迹》，就像您说的，其中意念性的象征很强。但是，从电影市场、从国家的电影产业发展来讲，我们又特别希望能有一些商业性特别强的电影能和美国的商业电影博弈。通常在对学术或历史进行一种表述的时候，很容易把一个人类型化。这个类型化体现在，比如说我们看您的成长轨迹、您的家庭跟武术界的联系、您学美术跟视觉的东西的联系。尽管这种联系是很必要的，但是我们有时候还是要注意类型化的习惯，或者在文化研究中叫作“文化的模式”。比如我们说北京人有一种特点，上海人有一种特点，或者说中国人有什么特点，日本人有什么特点，这种类型化的研究也受到很多的诟病。因为一个人的成长或者说一个人的内心其实有很多特别独特的东西，这是很难被类型化的。所以，我们在做研究的时候，其实一直在寻找一个人独特的东西，这是最宝贵的，无论是作为学者还是作为创作者。中国武侠电影的导演其实是很稀缺的资源。从世界电影史上来看，有很多所谓的艺术电影，比如新德国电影、法国新浪潮、新好莱坞，包括中国所谓的“第五代”，所有的这些艺术电影最后全部进入主流电影的序列里。所以我也特别希望徐浩峰导演能够尽快地进入主流的、大片的潮流当中。建立在商业信誉上的当今中国的主流电影，是我们最缺乏的。比如说在节假日我们如果要选择一部电影来看的话，很多人的首选会是美国电影。美国电影的品牌效应很强。如果现在能慢慢建立对中国电影的信心，培养出一批优秀的中国导演，这对于中国电影非常有益。

（2015年7月9日下午于北京朝阳区惠新北里甲一号中国艺术研究院贵宾室）

武者的侠骨仁心

吴 京

吴京，1974年4月3日生于北京的一个武术世家，在父辈的耳濡目染下，他很早便开启了自己的武术生涯，6岁习武，15岁进入武术队，17岁便获得枪术、对练冠军。年少的习武经历不仅锻炼了吴京强健的体魄和过人的胆识，习武之人刚正不阿、重情重义的精神特质也在他身上日渐彰显。从影20多年以来，吴京以精湛的演技、强劲利落的武打动作为观众呈现了《功夫小子闯情关》（1996）、《杀破狼》（2005）、《双子神偷》（2007）、《男儿本色》（2007）、《新少林寺》（2010）、《战狼》（2015）、《战狼Ⅱ》（2017）、《长津湖》（2021）等许多精彩作品，其间固然有过低谷和挫折，但他在困境之中仍然坚持不断挑战自我，以《狼牙》《战狼》系列电影完成了从演员到电影导演的转型，其中《战狼Ⅱ》更是以56.8亿元雄踞当时中国电影史票房冠军。从青涩小生到银幕硬汉，从演员到导演，吴京不仅让我们看到了一位电影从业者的执着坚守，更体现了一位武者的侠骨仁心。

新的时代，武侠需要新的定义。抗疫医生、护士是侠义，军人、警察是侠义，戴着口罩、冒着生命危险救助他人的人更是侠义，但是用什么样的细节去表现当代的侠义，用什么样的反派去衬托当代的侠义，这是我们要思考的问题。现在是热兵器时代，那如何用“武”去衬托“侠”？这应该也是一个课题。

——吴京

从习武少年到片场硬汉

贾磊磊（以下简称“贾”）：您从少时就进入什刹海体校习武，在体校待了多少年？

吴京（以下简称“吴”）：1980 年到体校，2000 年退役，将近 20 年。

贾：最后是以什么身份离开的？

吴：武术教练，当时退役之后就留在那里当了武术教练。

贾：您是从什么时候开始对武侠电影感兴趣的？

吴：每个人都有一个武侠梦嘛。我想去演武侠片的时候没赶上武侠电影的辉煌时代，当我能想到有表现的东西的时候，这个时代过去了。当自己开始有想法的时候，这个市场开始对武侠的东西疲倦了。而且随着科技发展，随着当下对动作的驾驭能力越来越强，电影中就全是动作了，没有“侠”了。

贾：没有侠的精神了。

吴：对，没有内涵在里边，不知道你想表达的核心情感是什么。时代在变化，当下中国的动作电影人没有找到一种新的武侠形式来包装我们的民族文化，每一个时代都有，可是我们现在这个时代没有找到。以前，无论是上一辈的金庸，再往上的“七侠五义”，他们的作品中都有对民族文化的表达。

贾：现在找到这种包装方式是很难。

吴：太难了，我们必须找到一种外在包装的东西，年轻人才能接受，可是现在没有人找。而且现在中国电影进入一个市场化、产业化的阶段，在这种环境里想要去找到这种包装就更难了。

贾：现在中国电影跟我们形容的电影的理想是不是在同一个纬度？

吴：是有偏离的。中国现在有三分之一的武行都经过我手，但现在并不是全都在拍电影，拍网大、电视剧的也有很多，这也是当前电影行业面临的一个人才流失的问题。我现在搞了一个基地，弄了 30 间房，一个演武厅，叫“影武堂”。一千多平方米的训练馆，我培养自己的班底。分成几个系列，比如你适合古装的，你就去钻研古装。我给你命题，你去设计，用现在简单的合成技术弄出来。你适合现代的、你适合军事的，我先要你设计，你设计完了，我看你合格了，你成为我的班底。比如说贾老师您有一个电影想找我合作，我给你设计动作，您看完觉得合适就拿走，不合适找别人。量身定制动作，看你想要哪种风格，我们可以一步一步地往前试。

贾：您有没有想过把这种培养模式植入大学里边呢？

吴：现在大学里的影视表演教育是存在问题的，据说有 2000 多所大学都有影视表演专业。以前有专门的武校培养武指、武行，一帮孩子被带走拍戏，告诉他吴京当年就是《杀破狼》两场戏，一句对白，他就成了今天了，我也给你这个机会，你能像吴京一样吗？……我们想踏踏实实的，但是现实情况不是这样。三个 20 来岁的孩子，凑个两三百万就拍戏了，太缺乏专业性了。所以，现在就想培养一些自己的专业人才，干点自己的专业事，给功夫电影的情怀留下一点种子吧，

《太极宗师》（电视连续剧，1998），吴京因饰演古装剧《太极宗师》中杨昱乾一角而真正走红

尽力去保留功夫电影原本的纯粹吧。

贾：希望有些人是可以这样。

吴：现在大家都衣食无忧了，我不能像当年我那样去要求你，放下所有东西去军队训练，一下就是十几个月，我不能这样要求，但是是不是可以为自己的理想去做一些有意义的事情。

贾：现在的人都很忙啊！

吴：非常忙。今年疫情结束之后，忽然之间全中国各种网大、网剧数量猛增，没有人沉下心来做事情。

贾：您觉得现在培养武侠／动作电影人才的这种模式有没有可能纳入国家的教育体系中，比如在电影学院设置一个武术指导专业，或者叫动作导演专业？

吴：每一个动作导演都希望找到自己的一个动作公式，但现在这种公式是没有的。

贾：是动作套路吗？

吴：不是，是动作电影的公式，但是它不是很死板的 ABCD 的步骤，它是罗伯特・麦基那一套，它是一套理论，但是到目前为止，几乎没有人能独立地形成自己的理论，很多人不见得能够做得到，谁都想啊，这是自己毕生追求的东西，但我们现在有没有这个时间、有没有这种资源来做这样的事情。

贾：中国武术指导的传承有这样几个方面，一个是过去像你们的什刹海体校，培养了很多人，获得了很多国际奖项，不仅给武侠电影、电视剧输送了很多人才，也给武术界输送了很多人才，这是一路；还有历史上“七小福”、于占元那一波人，这又是一路；还有就是在片场，比如说唐家班、刘家班、洪家班、成家班，这也是一个系列，现在电影界包括影视院校中，有摄影指导、录音指导、美术指导，但是为什么就没有武术指导呢？

吴：武术指导要有武术基础，还要有拍摄经验，市场化、产业化的年代有了这两样，出来就能赚钱，再去接受院校教育的可能性就不大了。我这几年把EMBA拿下来了，因为我们想利用市场帮助我们成就自己的梦想的话，只有名气是不行的，只懂打不行，只懂拍不行，你还要有市场的思维能力才行。

贾：对。

从影遇良师

吴：我的三位老师，吴彬老师、张鑫炎导演、袁和平导演，这三位老师对我的指导和影响非常大。张鑫炎导演对我影响大是为什么，我第一次拍戏的时候，摇臂断了，摄影机在上边，他一步跑上去抱着机器摔下来。张鑫炎导演的第一反应是快看看机器有没有事？前几天我跟袁和平导演聊天的时候，就是这次的《我和我的父辈》（2021）他帮我做指导，聊到当年老师傅只要接了这个活，当时气温41度，在片场他拿着汗巾，全身心地投入工作。第二个他教会我的是要有责任，要对全组人负责，因为他们成就的是你这个人。对每个人，对端茶的阿姐也需要感谢人家。他们是一群人，在背后支撑着你。我要去尊重每一位剧组的人，因为这是一个共同的团队，每个人的工作都是有价值的。张鑫炎导演让我们干吗你知道吗？你是男主角，今天没你戏了，现场穿着群众演员的衣服去跑龙套。

贾：那是《功夫小子闯情关》吗？

吴：对，为什么呢？你要知道群众演员是很辛苦的，你去试试。我们收工的时候，无论怎样，手不能空着，你帮摄影师扛一个三脚架，你帮道具扛一个木箱，你也得帮着一块、一起，所有人在成就你这个男主角，所有人在烘托你呀，你有责任、有义务让他们开心地为你服务。而现在呢，这种意识变淡了。比如你看现在，下雨了，给演员打伞，应当的，因为怕妆花了，这是必要的工作，但是不应该那么多人去伺候一个演员，这就不对了。但是最近我们这部戏，真好。

贾：您说的是《长津湖》吗？

吴：对，所有的演员一点都不矫情，现在演员是越来越好了，越来越有功了，越来越勤奋了，

《新少林寺》（2011），吴京饰演少林武僧净能，与刘德华、谢霆锋、熊欣欣、延能等都有对打戏。为演好净能，吴京特意到嵩山少林学习武功

越来越没有怨气了，这种气氛开始好转。真的给电影界注入一种新的生命力，讲究吃苦耐劳，手在地上弄完土抓着馒头就吃，气氛变好了，大一步说，是演员自我的修养问题。所以，我也更希望我们的动作演员起码能讲职业精神，把自己这行做到极致的这种劲还有没有。

贾：您刚才提到的三位老师是袁和平、张鑫炎和吴彬，其实吴彬是我们不太熟悉的，您觉得他是怎样的一个人？

吴：他老说让我别装大尾巴鹰，就是要谦虚。另外我觉得他很霸气，身高不高，但是霸气十足。他是一个“坏老头”，当然这个坏是褒义词，就是聪明，是一种智慧，所以他会化解很多东西。和他不熟的人可能会觉得他是一个冷冰冰的人，和他走近了会发现他是一个老小孩。

贾：您认为武侠电影这个类型到底是什么？它的类型规律是什么？

吴：我相信您一定总结得特别多，但是落到实战上，我们在现场拍的时候，我记得看过一篇文章分析《精武英雄》（1994），说那个镜头怎么切的，动作怎么设计的，说是一回事，但现场不是这么拍的。现场的时候，威亚放在了哪儿，我做哪个点才能够做得到，绑腰点还是绑顶点，威亚怎么走的，走的哪个位啊，如果连这些都不能告诉别人的话，如果不能形成一个理论，不能告诉别人的话，那是不行的。

贾：现在好像是没有人总结的，完全是靠实战。

吴：我在想一个问题，中国武侠电影是不是类型片，它的类型标准是什么样的，它的类型理论是什么，这其实是我们的财富。这几年我想拍片的时候，成龙大哥、李连杰大哥、甄子丹大哥都在顶上，他们珠玉在前，我觉得很难超越，所以我只能开辟一个新的领域，军事动作片，这些年我一直在研究这些东西，我们是有参考依据的。可我们中国以往的功夫类型电影的类型标准在哪儿？它的理论基础在哪儿？它的结构点在哪儿？我们可以遵从《故事》《救猫咪》，都可以往上套，你套完之后表面好像是那样的，但是你永远还会觉得有一个东西没有进去，就是“魂”。

贾：中国应该有一部武侠／动作电影制作宝典。

吴：为什么外国的电影中动作越来越炫，那是他们的科技进步了，他们每 10 到 15 年，一定会把他们的核心情感忽略了，通过场面、动作去炫一些东西。中国电影在科技上、工业上与他们相比还是有一些距离的，那我们靠什么样的“魂”去提振我们的电影呢？我们的核心情感是什么？这是要探索的。

贾：拍武侠电影或者当武术指导时，其实有很多潜在的危险，甚至有些危及生命。您在拍摄时，会不会遇到过这种情况？

吴：以前觉得是好玩，但是谁不怕死啊？我记得有次拍摄是从第七层，大概是 75 米的高度撞玻璃，来回拍摄了好多次。但是当时要说有多害怕？不会，刚开始还挺好玩的。但是时间久了，长期处在这样的高难度工作之下，也会有所顾虑，尤其是有了家庭之后。我曾经有一次拍摄，脖子一晚上被踢了 500 多次，可能是出于武术的本能或者好面子吧，当时我就觉得应该坚持下去。只不过我会觉得委屈，但是你不干就得走人，不是非你不可。曾经也有人过来向我道歉，说：“吴京，我要向你道歉，因为我之前跟你经纪人说你红不了。”我说：“大家都有低谷的时候，只不过在我低谷的时候不幸被您看到了。”委屈也有，屈辱也有，包括贫穷也有。但是我还是那句话，你得不到自己想要的，再端着有用吗？

贾：在香港拍摄电影时，您觉得哪位香港导演对您影响最大？

吴：除了刚才提到的几位老师，陈木胜导演对我有很大的影响。我跟他拍了《男儿本色》《危城》《新少林寺》，还有《全城戒备》。他首先认可了我，给我提供了很多的空间和平台，我很感激他，也很想念他。

贾：那么您觉得与这些香港导演的合作中，学到了什么东西？

吴：我觉得是对这个行业最基本的尊重，每一位导演的专业性就是对这个行业的尊重。香港导演永远是在解决问题，并且他们对出现的问题反应很快。反而外国导演比较按部就班，他们是在走一个电影流程，但是和中国人合作之后慢慢也学会了变通。电影毕竟不是一个人的事情，所以导演、演员等人员要学会变通，这样才能表现出一个导演的专业性。其实中国现在有很多导演也意识到了这个问题，慢慢在各种规则的约束之下学会变通。

低谷一跃，战狼重生

贾：从演员到导演的变化，您是从什么时候开始萌生了要做一个导演来掌控全局这样的想法？

吴：为什么做导演呢？两个原因，第一呢，别的导演不拍你；第二呢，没钱，请不起。那个时候谁也不可能那样陪着你两三年弄一部低成本的电影。《战狼》的第一部成本很低，不到3000万人民币，而且还超支了。

贾：也就是说当时不是为了自己本身就想当导演。

吴：我想当明星，导演多没有光环呢。当时在片场，几位老先生教会了我很多现场的把控能力。我做过摄影师，推过轨道，弄过道具，做过场记，等等。其实香港电影给我们带来很大的影响，也给世界带来两样东西：一个是动作指导，另一个是制片。现在内地电影取得了不错的效果，是因为很多影人最初都是在香港历练过的，他们学到很多，在香港片场慢慢进步，到了内地足以指导某一个部门的工作。另外现在香港武侠电影拍的不多了，老一辈的规矩香港的年轻人没有继承，反而好的东西被内地的工作人员继承下来了。当然也有好多人按照好莱坞电影的工业化模式来创作，这是不对的。

贾：《战狼Ⅱ》获得了非常好的收益，不仅仅是经济方面的收益，就像你说的，它体现了一些类型化的标准，您认为它成功的原因是什么？

吴：首先，赶上了好时代。第二呢，大家一直不相信中国可以做类型电影，为什么呢？所有的文艺片导演，他们都在国外获奖，被观众认同，所以所有的导演都想用获奖来获得认同，这就变成了获奖是认同，而商业市场不是认同。尤其是再往前追溯，许多大导演一定要获奖才能有商业属性。我们现在可能存在一个误区，现在大家总在说“主旋律商业类型”，主旋律也可以拍商业片，我觉得这是没错的。但是商业片必须坚持主旋律，如果商业片的价值观念不是主流的，那父母是不会带着孩子去买票的。可是以前拿了奖才叫正确，才叫导演，商业类型、动作类型在市场上是不被认同的。现在《战狼》让大家看到，原来是可以这样的，但事实上主旋律必须正确，你必须歌颂真善美，反而现在有人嘲笑主旋律电影，我觉得这是没有想清楚。其实武侠电影也是这样的，武侠电影必须主旋律正确，但是外在的表现形式可以进行创新，当年我是用《战狼》去包装主旋律，把商业和主旋律结合，武侠电影也是可以用这样的方式的，但是这样的方式需要沉下心来，需要专业，需要经验，需要重新找到情感。

贾：当时有人说《战狼Ⅱ》在总体设计上跟美国的一些战争电影在类型上是有些相似的，我们也把它称为重工业电影，包括其中坦克、枪械的使用，以及一些战争场面，把中国电影向前推进了一大步，你们当时是怎么设计的呢？

吴：以前我没有听过“重工业”电影的概念。但是像坦克这些设计它就像是打怪升级嘛，它所有的类型规律都在这嘛，在整个123分钟里按照结构可以严格地卡到所有的点上。大家来看这部影片的时候很少从类型结构上来分析，都觉得你是拍红色主旋律，你卖爱国情怀就能赚钱，但其实是没看到。所以中国的武侠电影、功夫电影能不能走这样的路，我觉得是可以的。现在疫情还没有完全过去，大家的心态都有一些变化，那我们是不是可以趁这个机会拿回武侠电影的“侠”，要有时间去思考。现在很多时候你再写侠义，很多人都不信，他们会感觉哪有侠义啊，你如果讲手足情，都是独生子女，他又很难体会到。那写什么？现在女性也独立，你还用以前的方法去诠释侠义，我觉得就不对了。抗疫那帮英雄是侠义，那些医生护士是侠义，那些军人是侠义，那些警察是侠义，那些戴着口罩冒着生命危险的人是侠义，但是用什么样的细节去表现现代的侠义，用什么样的反派去衬托现代的侠义，这是我们要去思考的问题。如果讲侠义要不要变，还是打吗？我们的真善美跟侠义还是相通的，现在是热兵器时代，那又如何用“武”去衬托“侠”？这应该也是一个课题，而且这个课题会很深的，但是没有人去研究。

贾：这些其实挺重要的。中国的武术与南少林有着很深的渊源，南方的很多拳种都是从那儿生发的，而且南少林的历史本身也是非常有趣的，那有没有可能以南少林为题材进行创作呢？

吴：那个年代可以，现在观众对这种题材的接受度可能不高。新时代的武侠也需要新的定义，“武”与“侠”如何进行全新嫁接？当代情感如何与武侠进行嫁接？如何进行类型转换？我们有没有找好自己的定位？这是现在我们需要考虑的。

贾：现在有没有这样一种可能，就是虽然你的东西是正确的，但是观众就是不接受。

吴：我觉得总会有小部分人不接受的，但是大部分人一定还是接受真善美的，不然我们读书干什么，我们读书不就是为了把身体里那点儿兽性给去掉吗，用理性战胜感性。

贾：你还记得《画皮》吗？当时宁夏电影厂赚了一亿人民币，让这个小厂起死回生。后来杨厂长谈成功经验的时候？他说：“不吃不喝不睡觉。”在美国他们也是通宵达旦来拍片，现在的片场工作都是这么高强度吗？

吴：其实都是这样的，只要真正爱电影的人是不会计较这些的。人家有人家的规章制度，我们有我们的无奈之处。我认为没必要按照死板的安排来规定工作时限。当然在拍摄过程中，

《战狼Ⅱ》（2017），吴京自导自演的军事动作电影，吴京的打戏拳拳到肉，而且各种先进武器装备轮番亮相，重头戏水下憋气打斗、生死大逃亡、单臂挂飞车、坦克速度与激情，等等，每段打斗都极富新鲜感，场场充满新意

《杀破狼》（2005），吴京饰演杀手阿杰。吴京通过一系列动作戏和格斗场面，展现了他的身体素质和拳击技巧；他的动作设计充满力量和爆发力，每一次打斗场面都让人紧张得喘不过气来，视觉冲击力超强

我也遇到一个孩子直接说：“我该倒休了。”我跟他说：“这么大的剧组，这么多值得你去学习的，你愿意倒就自个倒去吧，就该轮到你倒霉了。”

贾：他没有这个爱好是没办法完成的。

吴：对，现在就是太优越了，他不愿意吃苦，是因为天天吃甜的。我之前说人得不到自己想要的，那你要脸有什么用？

贾：您这句话挺有意思的。

吴：我在部队时一天在泔水池里面泡着，不就是要体验感受吗？你要脸还是真实呢？我知道了泔水的味道，尝到了馊馒头的味道。那我就知道怎么演了，我不用演就能做到了。到底想要什么？你想清楚就行了，很多东西只有付出了，才有这个能力得到一些想要的东西。

贾：如果条件允许的话，现在您能拍自己特别喜欢的电影吗？

吴：可以了。

贾：就是说无论是经济，还是能力把控之上都是没问题的。

吴：其实最主要的是资源，一方面是您所提到的经济和能力资源；另一方面是自己的经历。现在年纪大了，不会像之前那样太过于冲动，我有了沉淀的东西想要释放出来，并且要一种比较稳重的方式来表达出来。所以说在这方面我认为自己还是有一点点进步。

贾：您这个进步可不是一点点。

真实是电影的姐妹

贾：您认为一部影片中的表演动作怎样推动着叙事发展的？

吴：其实编剧在做每一场戏的时候都有一个编剧意图，做编剧时，我特别希望通过一个表演细节让观众不要看到我们的编剧意图，这是高明之处。最好是用生活化的东西，或者是生活细节部分将编剧意图带出来。也就是说，潜台词到底讲的是什么？

贾：其实最好的技巧是看不出的技巧。

吴：对的，这个不仅编剧要有，导演也要有，演员也要有。什么是看不出的技巧？那就是真实，要用真实的东西让观众感受其中。比如说武侠电影，观众知道你不会飞，这就是浪漫而非真实的东西。所以他需要剧情把真实给表现出来，只不过这个时代还没回来。那动作呢？现在的武术和传统武术其实已经不一样了。再说电影的真实性这个问题，我记得有人说过："真实是电影的姐妹"，在电影中表现真实性其实是最能吸引观众眼球的东西，而动作电影、武侠电影怎样能观众觉得是真的？是一刀杀死人吗？是漂亮的招式吗？也许都不是，也许是影片中的真实情感，也许是一点都不华丽的动作，也许是某个一闪而过的细节，可能这才是真正能让观众产生真实感受的东西。

贾：您出演了很多作品，也拍摄了一些电影，有没有想过出一本关于自己拍摄电影经验的书？

吴：原来想过，只不过不是关于武侠电影的，是关于坐月子的。因为我老婆生老大的时候，我有很多初次当爸爸的体验。从怀孕，生产到养他，作为丈夫怎么照顾老婆，作为父亲怎样照顾婴儿，我记下了很多感受和经验。我其实是想编辑成册留给自己看的，但是当时的人跟我说没市场，不给做。后来也没有完成。

贾：这是追求生活的真实。

吴：再说到电影的真实，我记得当时看过一部片子《侏罗纪公园》，里面有一个球来回转动，到最后在球体里的那个人出来直接就吐了。大家就会觉得很好笑，但是他一定是通过这样的手段来告诉观众，这是人所发生的事情，是人所作出的反应，这样就足够真实。比如说李安的《卧虎藏龙》，章子怡往上追杨紫琼，把她拉下来使劲儿用手一摁，然后用腿锁住，两个人的动作是相互的，一方是躲一方是闪。袁和平这几个动作设计，是通过物理打斗的方式来告诉观众这是真实的对抗。这种真实性，其实应该是我们一直追求的东西。不过有的电影，人在天空中飞，但并不能看到人飞的真实痕迹。怎样才能让观众觉得这些侠客真的存在，侠义也都是真实的，这必须得精心设计，要不然就是呈现出看起来像是假的东西，这是再给武术丢脸啊！

贾：我觉得您可以把这些对电影的见解出一本书来，包括您个人的经历也都可以囊括其中。

吴：您让我再拍三部戏，我一直有三部戏的梦呢。我跟袁和平也讲过，我一定要拍一部古装片，我想拍马战。但是没人感兴趣，所以我在刚拍好的电影中稍微拍了部分关于马战的片段，就作为一次探索。慢慢来，等时机成熟了我再去拍这样类型的电影。我现在是不敢急于求成，慢慢地把马戏拍得更真实、更生动。比如拍关于马中枪的戏，我从来没有看过马真的中枪，那怎么拍出来比较真实的效果呢，这也是需要慢慢地学习。做这件事情就得慢慢积累。

贾：蒙古人其实有很多关于马的场面的电影，像塞夫、麦丽丝夫妇所拍的电影。

吴：关于马的戏，我也有看过。但和我想要的不一样，我要的不是这种表达效果。之前麦导跟我提过让我演成吉思汗，我说我不行，我长得一点都不像蒙古人。再回来谈武侠电影，如果我要拍动作片或者武侠片的话，我要回到最根本的东西，或者说最初的目的。就是说影片想呈现出的情感是什么？我要先找到故事的内核，刻画好动作的细节，然后再考虑这部电影中我要呈现什么不一样的东西。现在很多东西都是仓促上阵，当然这也锻炼了演员们的反应能力，可以迅速解决问题。但是谁都想按部就班地、深思熟虑地来做电影，这样才能做好。也许我的担忧多了，但是总得这么去做一些事情。

真心未改，外圆内方

贾：您认为在当前的历史境遇下，中国电影怎么去走？

吴：前几天我跟几个著名编剧有聊这个问题，他说这种命题作文怎么怎么，我说不是不是，我说如果有这个东西，想想你当初做这行的初心是什么，如果您愿意的话咱们聊聊价值观，咱俩价值观统一了咱俩聊，如果是命题作文的话，对不起，我不用找您，您得有创作冲动了，您再来跟我聊剧本，您没有这个创作冲动，对不起，咱别聊。做武术也是一样，文人也有侠气，那做武侠电影更得讲究啊。你想，从原来的冷兵器时代到热兵器时代，再到现在的信息时代，从吃不饱到温饱，从温饱到享受，我们一直在执着地追求，一直在路上，但它必须有一个过程。我觉得在当前的历史境遇下，中国电影需要多经历一些，经历一些坎坷是好事，经历一些夭折也是好事，经历喧嚣也是好事，如果都是顺顺利利的，那这个东西也是不健康的。我们这次经历的《长津湖》投资大概 13 亿元人民币，不管我们拍摄过程中遇到过多少问题，我由衷地希望这部电影能够激励到中国电影工业化的发展。不只是说一部戏能够培养多少人，能够多专业，而是不管遇到了多少问题，不管出现了多少困难，从制片的角度来讲从中吸取经验，未来避免这些问题，这才是宝贵的财富啊。中国武侠电影、动作电影也一样，它必须要经历磨难，以后才能够知道什么是美好的。现在的很多网大、网剧我不知道您看了没？

贾：没怎么看。

吴：我看了。我觉得现在不管做网大也好，做网剧也好，做系列也好，我希望每部作品都能够把中国文化中的精髓表现出来，多提升一点点，哪怕百分之五，你让人认同，就行。

贾：那就不得了了。

吴：比如说，能不能给那些长得不那么好看的人一点点魅力，让观众看到他们也是好看的。好看来自哪里？来自内心的善，真善美的东西，能不能转变一点点我们的审美观念，我在想做这个。

2007 年 1 月 14 日，陈木胜导演、吴京主演与本书作者在香港《男儿本色》拍摄现场

贾：那实现你这个目的的路径在哪呢？

吴：撞墙。

贾：撞墙啊？

吴：对。最近这些电影理论的书，如果你不了解一些正确的电影理论的话，你如何去说服你的同行。如果我去教一些小孩，那我拿什么教他们，名气吗？不是的，我一定是把我以前的一些经历，通过电影理论来总结，总结了之后，形成我自己的东西，再告诉你，我的说服力才在这儿。比如说你和希区柯克怎么结合在一起，昆汀为什么那么厉害呢，他的音乐用得很好啊，李安拍的《卧虎藏龙》为什么那么好看，这些东西哪个是跟电影理论结合在一起的，吴京你的电影理论呢？哪个理论你拿出来能告诉大家我是依据这个做的，你拿出这个东西来你才能告诉别人。

吴：其实拍电影就是拍人情世故，一个人的话在不同的环境、不同的时间对同一个人说的同样的话都是不一样的。所以拍电影是要重视体验生活、体验情感、体验人情世故的过程，这样我拍电影时才能有更多的真实经验。在生活中，我也经常将自己的“刺”收起来，不要无意中伤人。我最近买了一个铜钱挂在我床头，是用来时刻提醒我自己要做到“外圆内方”，当然这个圆并非指的是圆滑，而是不要让自己的行为或语言无形中伤害到其他人。

贾：那也是一种境界啊。

吴：可不。

贾：正如你刚才所提到的，过去的武术和现在的武术不一样了，过去的武侠电影和现在的动作类型也有很大不同。

吴：现在的观众群体是以年轻人为主的，未来的世界是他们的，影片风格的变化也会随着观众的口味变化而变化。如果一直像之前那样拍武侠电影，没人喜欢看的。比如年轻的学生自己有想法，但在学院派面前不敢表达这些看似新颖的观点。所以说武侠电影不会只有以前那种唯一的表现方式，现在有更好的观众、更好的演员、更好的设备，每一个电影类型都会随着整个大环境的进步来调整，或者是革新自己。

贾：是的，我曾经写过一篇关于詹姆斯·卡梅隆的文章，那时候他的大片还未引进，大家对他很陌生。可是，慢慢地他的片子也不断被中国观众所认可。

吴：说到詹姆斯·卡梅隆，我们的电影思路有那么点相似。他设计自己的电影故事时是从后往前推。其实我拍《战狼》的时候也有几个部分是从后往前推。慢慢地尝试各种方式，你才会把故事变得灵活，把自己的思维逻辑打开，去寻找最适合电影表现的方式，使电影中想表达的东西更清晰地呈现出来。

贾：现在您觉得这代导演和演员拍摄的主旋律电影有什么特点？

吴：每一个时代都有主旋律，每一个时代的影人拍出来的影片也都不一样。我们这代演员是以怎样的新视角来拍摄主旋律的，这也给电影提供了许多新思路，这也是一个大胆的尝试。

贾：现在很多人都有自己的梦想，不管是孩子也好，成人也好，那您现在回过头去看，您自己原初的梦想是什么？或者说这些东西还在吗？

吴：我不知道，您这个问题问住我了。我最早看的第一本武侠小说是《笑傲江湖》，我特想演令狐冲，看完《笑傲江湖》看的《神雕侠侣》《射雕英雄传》，想演杨过。《射雕英雄传》我看了香港黄日华那版，还有《雪山飞狐》（1985），小时候就有武侠梦。但我第一次拍完之后感觉武侠好像也不是这样的，后来可能还是武术带给我的影响比较大，想在电影里表现正义，可能是克制吧，而不是进攻。

贾：武术里面是很讲究克制的，正所谓止戈为武。

吴：可能大家想到“武”就会觉得是进攻，可是我觉得你拥有了“武”这项能力你要学会克制，不能伤人，不能恃强凌弱。我也不确定我最初的梦想还在不在。

（2021 年 5 月 18 日下午于北京朝阳区吴京工作室）

希望我的电影是东方的

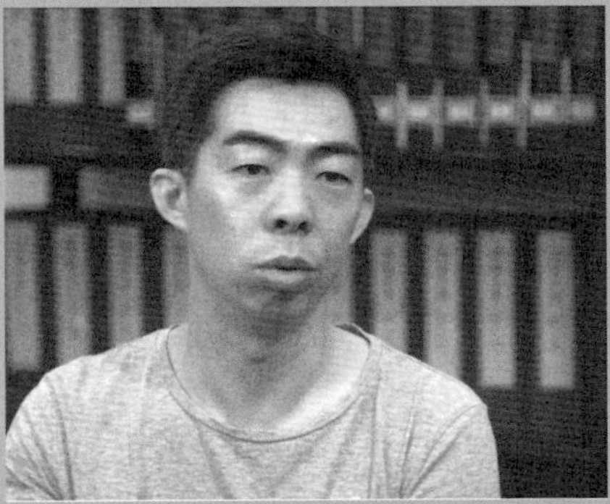

路阳

路阳，1979 年 11 月 23 日出生于北京市，2007 年毕业于北京电影学院导演系，导演、编剧、自由酷鲸影业董事。2010 年凭借导演电影处女作《盲人电影院》，获得韩国釜山国际电影节新浪潮单元 KNN 奖、中国金鸡电影节最佳导演处女作奖等奖项。2012 年完成《房车奇遇》入围韩国釜山国际电影节亚洲之窗单元。2014 年执导武侠片《绣春刀》，并因此获得第 16 届华鼎奖最佳新锐导演。2017 年执导武侠片《绣春刀 II：修罗战场》。2021 年执导电影《刺杀小说家》。2021 年担任电视剧《风起陇西》导演。2023 年监制电影《我经过风暴》。

路阳的武侠片与传统武侠片不同，他在传统武侠动作片方面加入了悬疑的元素，还加上历史背景、王权斗争，有了新的血液。

我不想用太萧瑟、看起来太沉重悲怆的质感。我还是想要鲜活的、有生命力的画面。其实它的色调还是丰富的，只是说没有那么强烈的红色或蓝色的冲击，在自然色调下，它是生动的。有些场景我希望有中国画的感觉，虽然不一定完全做到，但我希望是东方的。

——路阳

创意缘起

贾磊磊（以下简称“贾”）：《绣春刀 II：修罗战场》这部影片最初的构思是怎么形成的？

路阳（以下简称“路”）：最开始构思好的，是沈炼和画师北斋在山上的相遇。其实沈炼是北斋的粉丝，但是，在山上见了画师之后并不知道这个人就是自己的偶像。一个喜欢画的、每天去杀人办案的锦衣卫，与一个美女画家不期而遇，故事就是从这个意念开始的。

贾：就是说你们是从人物入手的。

路：想到这样的人物，这样相遇，会挺有意思。然后再去寻找人物与历史的接点，把人物放进去。当时是希望能够比《绣春刀》更进一步，让我们的主人公参与历史。当然一个人是不能改变历史的。但是，有时他也许能够深刻地影响一个能够改变历史的人。

贾：你们是先写的文学故事，那后来在拍摄当中，文学的故事变成影像的故事，这个过程你们觉得有没有障碍，有没有不尽如人意的地方？

路：通常来说，从文学剧本到影像的转换肯定是需要过程的。但是，我们这个问题好像不是很突出，因为剧本的写作工作，我从一开始就参与了。我是跟编剧一起写剧本，经历了整个的编剧过程，所以，在写剧本的过程中，基本上已经把文字到画面的转换，消化得差不多了。剧本完成之后，我们看完景，回来就可以直接做分镜头剧本了。因为如果你不参与剧本的话，同样要经历一个转化的过程，还不如从一开始就参与。

贾：一开始你们就考虑到文学故事影像化的可能性了。

路：对，在做剧本的时候就考虑了画面的问题。

文戏武戏都是戏

贾：武侠电影不可避免会涉及很多暴力场面的设计。这个片子的动作导演桑林，在整个电影的拍摄过程中跟他的合作是什么样的一种状态？

路：桑林导演是一个非常有想法的武术指导，他早期跟着香港的动作导演一起拍戏学习，后来去好莱坞拍了很多电影，但他又是一个很有人文情怀的动作导演。他本科是学中文的。所以，他跟别的动作导演特别不一样，我们沟通起来也会很好玩。他对历史典故、兵器来源如数家珍，我们一开始就确定了写实的拍摄风格。动作要写实，要有真实感，同时我也跟他说，我们在动作场景里面要持续地保持戏剧的推进，人物刻画不能停下来，不能因为打戏而丢掉人物刻画。因为我觉得，文戏和武戏对我来说都是戏，这个戏的节奏是不能断裂的。

贾：有些电影经常爱把文戏和武戏分开拍摄，你怎么看这种文戏和武戏的创作方法？

路：包括像在火烧案牍库那场戏里面，其实是文武戏穿插的，是平行叙事，两条线索归一之后，再发生打斗。为了坚持更纪实的手法，把武戏拍摄中威亚的使用部分拿掉了非常多。其实当时拍的时候拍了很多，但后面我把威亚部分能剪的都剪掉了。动作场景也是，人不可以一跳就跳到墙，飞那么高，或者飞得很远，这个都是我觉得不舒服的，不像这个电影里应该有的东西。特别是认为看起来画面上违反了物理规律的部分，全部拿掉了。

贾：这个还是对的，否则很容易想到别的电影。

路：为这个我跟桑林也争论了很长时间，他最后还是接受了。我想不要去打破这个电影目前的一种氛围，我希望营造一个真实的世界，就是沈炼是不敢轻易杀人的，因为杀人会犯法，别人会来找他，会有很多麻烦。

贾：现在的演员有很多不会武术，你们在选择演员的时候，都有哪些方面的考虑？

路：我们考虑演员的标准，首先还是完成表演。还是那个概念，文戏和武戏都是戏，首先在戏里面得对。因为在动作场景里，我们也拍摄很多演员的中近景，脸的状态，不完全是靠身体的展示，我甚至觉得，有的时候表演对动作是有更多帮助的。因为它能从情绪上刺激观众，让他更相信这个动作的发生，更相信这个动作的道理，更为这个动作的结果感到畅快。所以，在前期选演员的时候，还是希望他们一定是非常棒的、能表演的人。

贾：作为一部古装刀剑的武侠电影，《绣春刀Ⅱ：修罗战场》里面几乎没有一个专业武术家，这怎么完成动作戏的拍摄呢？

路：这里唯一找了一个运动员，一个武术家，就是那个东厂公公。他是一个专业的武术家。他的文戏表演也不错，很有灵性。这个角色空间不是很大。他完成得很好，一个有京味的宦官形象，一个东厂的中层干部，但又没有刻画得非常邪恶，他尽忠职守，直到死亡。另外，我们

《绣春刀Ⅱ：修罗战场》，影片摒弃了传统武侠片的美学形式，通过细致考究的明代服饰与硬桥硬马的打斗场景构造了一个真实可信的暗黑历史世界

所有的演员都是在前期提前进行动作训练。因为考虑到大家平时都是以文戏表演为主的演员，有的甚至接触动作不多，所以前期需要花时间进行训练。训练的同时，主要演员会在一起聊聊剧本，再去讨论每场戏里面的节奏，戏份是什么的，人物的心理线索是什么？前期还是很细致地去准备。

贾：演员汇集起来一起讨论剧本，现在也不容易啊。

路：不容易，确实不容易。我们当时围拢起来读了一周啊！我已经觉得非常棒，很幸福了。当然如果时间更长的话，会更好。因为在其中有几场戏的拍摄，是我们提前一天会去排练这场戏。里面有一场永安寺里吃斋饭的戏，那场戏是提前一天去排练的。我们把这场戏排练了整整一下午，第二天拍，那个时候演员的熟练度已经完全不一样了，对每个细节他们都非常清楚了。哪有戏点，哪爆发冲突，哪该收哪该放，非常清楚了。如果说能够每场戏都这样拍，肯定会更好。

贾：那个戏看着很舒服，很流畅。

路：但是条件所限，我们没有办法做到每场戏都提前演练。

贾：主要是档期问题吗？

路：是的，我们的拍摄期实在是太紧了，日景很难控制，夜景前期准备的时间长，但是好控制一点。日景的时候，一会儿阴天一会儿下雨，一会儿出太阳，演员还会中暑。拍摄吊桥戏的时候是很崩溃的。一天下五六场雨，下了只能等，你也不知道雨会下多久，下完了赶紧拍，你不拍的话，可能两天之后演员杀青就要走了。像张震其实非常帮忙，张震多给了我们将近 10 天的时间，也没有收取额外的费用，所以我们必须抓紧时间拍，时间真的非常非常紧。

数字技术支撑的武侠动作：10 ：1

贾：这部片子一共多少个镜头？

路：全片大概 4000 个镜头。

贾：除了最后的色彩处理，用数字技术处理的镜头达到多少个？

路：最后的 DI 调色是全片都调的，现在的流程一般都是所有镜头都调一遍。我们调色师是非常厉害的。也有一个前期拍的基础，摄影指导对颜色控制得很好，包括光的控制都非常好。所以，很多时候是去还原前期拍摄的效果。因为原素材的调子是偏灰的，留下了很宽泛的宽容度，让你有办法去还原出前期在监视器上看到的色调。有些地方再根据现场环境去做一个统一的色调。

贾：三维动画的部分，你们用了多少？与整个影片的镜头比例大概是多少？

路：CG 的部分大概有 500 个镜头，其中有 200 个左右是比较简单的擦除，比如威亚痕迹的擦除、环境的擦除，还有 100 多个是环境的增补，比如有些景是棚内拍的，我们需要一个建筑群，但只能盖一栋的一半，绿幕拍完之后，全部进到 CG 的环境里面，把环境搭建出来。其实这里面特效非常多，有些地方观众不一定能看得出来。像火烧案牍库那部分，整个的大建筑群其实都在棚里拍摄的，周围小的建筑全部是特效做上去的。

贾：特效的制作经费在整个片子的制作经费里占多少？

路：不到10%。

贾：哦，那是很小的一部分。

路：对，大概8%。

贾：主要是在后期？

路：对，这个量比我们前期预估的得还是要多了一些，主要在一些擦除的部分，比前期要多了。因为前期我们有完整的分镜头剧本，知道每个镜头里面要做的，还是能做相对精确的估算。

贾：你们前期的剧本是做成拍摄用的镜头剧本对吧。

路：对，做分镜头本。

贾：分镜头做好之后，你到现场以后修改的部分大概占多少？

路：修改不超过10%。

贾：基本上还是按照分镜头剧本拍的？

路：对，因为前期的分镜头剧本，我们这次做了50天的时间，前期在每场戏里面，我们做分镜头是这样，先会完成剧本，完成之后会跟美术部门，包括其他的服装部门复景，因为在做剧本的同时，美术就出去看景了。确定好所有场景，包括内、外景，美术部门给出所有场景的平面图，包括尺寸、陈设、房间布局，全部出好后，我们根据所有的图来做分镜头，做这些图的目的是在做分镜的时候，我们去设计场面调度，可能每场戏的调度会设计七八种，从中选取我们认为最好的一种调度。这个调度可能也是跟镜头配合最舒服的。我们根据这个调度才设计镜头，把它做出来。

贾：有许多武侠电影在现场拍摄的时候都会改动原来的文学剧本。

路：我们在前期分镜头时已经反复考虑过了，所以在现场改动的可能性不大。但有的时候会根据现场，比如演员提出的建议，其他的主创提出的建议和即兴发挥，会做一些小的改动。还有因为一旦涉及调度改变的话，整场的镜头都要全部重新设计。一般在拍摄的时候，我们有了完整的分镜头剧本，在拍摄之前，比如前一天晚上，会根据分镜把机位图画出来，然后考虑每组镜头的拍摄顺序。因为在现场的时间非常紧，镜头跟镜头之间的排布顺序，是至关重要的，直接影响到你的拍摄效率和节奏。

贾：你们的武戏、重场戏，最多几台摄影机拍？

路：最多是3台。因为摄影机太多的话，没有特别好的角度，就是你拍完之后有的角度可能是废的。大部分时间是两台，拍动作场景时，甚至是1台。因为要想多机位拍摄的话，就没办法追求最好的光线和角度。需要几台摄像机互相妥协，都不太舒服。有时候反而两三台机器一上来拍摄，然后说不行，撤掉，还是一台一台拍。

拍出属于我们的电影

贾：胡金铨也拍了很多以明代作为历史背景的武侠电影，像《忠烈图》《龙门客栈》，包括《侠女》都是写一个大的历史朝代背后的故事，您对胡金铨的古装刀剑电影怎么看？

路：我小的时候最开始接触的香港电影，是 80 年代初的一批电影。其实看胡导的电影是在我上了电影学院之后，才发现那时候有很多关于明朝锦衣卫的影片，或者讲东厂、西厂的电影。他们的美学体系完全是沿用了胡金铨导演创立的那一套。我才知道胡导真的非常厉害。他做电影的方式和他建立的构架一直影响到现在。

贾：他对你的影响在哪儿？

路：当时我们在做武侠电影的时候，是希望考虑怎样能够跳脱出香港电影的路数，用其他的方法来做动作片。因为无论是胡导也好，徐克也好，李安也好，他们的电影对我都影响很大。我从小看动作片，是个动作片迷。但是，因为每一代导演对世界的看法和角度其实是不一样的。我们目前所站的角度肯定跟胡导也是不一样的，就看在汲取经典电影的营养成分之后，学习了以前的厉害导演之后，能不能拍些属于我们的电影，所以，我们是这样做《绣春刀》的。

贾：《绣春刀》有一些人性的闪光在里面。关于个人的存在的价值，这在过去的武侠电影是很少涉及，它在基本的社会正义层面上就终止了。那么，到《绣春刀Ⅱ：修罗战场》，陆文昭和沈炼两个人，陆文昭可能更偏向于个人价值的一面，是追求自我价值的负面方向，而沈炼是回到正义的方向。但是，他又不仅仅是单纯讲社会正义，只在社会层面和历史层面完成使命的，他对个情感的笃诚有时甚至会超越他的正义使命，这是延续了第一部《绣春刀》的创作思路。

路：我们在创造第二部的时候，也似乎有些意识到沈炼这个人物，他自身的觉醒和思考。可能有了那么一点点哲学的意味，但不是我们的初衷。但他确实具备了一个可能性，他在思考

《绣春刀》（2014），摒弃了华而不实的特技，推崇真实的功夫，真刀实剑，拳脚功夫，用不同的冷兵器之间的碰撞，从音效、视效、配乐上将真刀真枪比试中的那种凌厉、紧张感完美地呈现出来

怎样的灵魂才是自由的灵魂，他在思考关于信念的问题，思考个体和团体的利益到底哪个更重要，如何去平衡这个关系。

贾：电影不仅仅是在动作层面，更是在思想层面上追求人的个体价值。这种思想或者说这样一种表达，在某种意义上来讲，有哲学的意趣在里面。

路：因为在面对权力和情感的选择时，信王选择的是大义。他需要国家的正义，需要去挽救这个王朝，那么，他可以牺牲很多人。从沈炼的角度来说，他认为，信王想的可能是对的，我没有说你不对。但是，这些要牺牲的个体难道就没有价值吗？跟你的国家相比这些人的价值就不重要吗？我觉得这个可能是我们这代人会去想的问题，就是说为了整体去牺牲个体，这个是不是绝对的正义？

贾：对此你怎么看？

路：我认为从个体来看，他应该具有更加自主的、独立的思考，更加完整的人格，他可以有坚定的信念。因为沈炼的这种质疑，直接导致他面对的是整个世界，所有人都会质疑他——你那样想是不对的。他坚持自我，其实需要付出巨大的代价。这样的话，你是否还要坚持这种信念。我想不是所有观众在看完电影之后都能够意识到这一点，有一部分观众会意识到。毕竟它是作为一个类型片来呈现的，所以主体还是故事、人物、类型等。但是，会有一部分观众会跟我探讨这些东西，我觉得还挺开心的。

《绣春刀》才是我特别想拍的电影形态

贾：我们现在说说你的世界观吧，你对人的自由灵魂或者对个体价值的这种确认，这个思想的形成大概在你人生的什么阶段？

路：可能会很小。因为其实我们这拨人挺特别的是，在青少年时期看了大量的漫画，漫画其实是一种外来文化，但是，那个时候在漫画里就已经有了这种价值观，就会带来跟我们接受的教育不一样的东西。其实，无论是漫画还是游戏，小说还是电影——徐导也看漫画啊，我们肯定是吸收了很多我们觉得有益的养分。因为从漫画的题材选取来说，不光是少年热血的漫画，还有很多社会题材的漫画，很多是社会、伦理、家庭的，也非常有意思，选材非常丰富。这个对我们来说也是有帮助的。

贾：我们前一段时间去了福建、广州，对艺术教育进行考察，中小学、大学都有。我们跟那些老师讨论这些问题，现在孩子的世界观究竟在什么阶段形成？慢慢觉得，这些孩子的世界观实际上在小学的高年级就形成了。

路：是，差不多。

贾：到中学，到高中就完全定型了。像我们这代人，后来也仔细想过我的世界观，包括我对电影的认知，我们的红色记忆也是在小学四五年级，看《小兵张嘎》啊，《平原游击队》啊，《白毛女》啊，看这些电影，可能就跟你们看一些漫画似的，从中确立了您的价值判断。

路：是的。

贾：有一部美国电影叫《萨利机长》，我看过他写的一本书，叫《最高职责》，当时我还推荐给我的学生看。他是在13岁的时候，听到了一个女孩在家里被人杀了，当时是美国一个特别大的新闻，女孩家周围有30多户人家听到了她的呼救和叫喊的声音，但是没有一个人出来拯救她。萨利机长那个时候13岁，后来他就下定决心，将来他遇到这种事情一定要挺身而出。最后到50多岁他开着飞机，完成了这么一个使命，把飞机平稳地降在河面上了。所以，你小的时候那些漫画，或者动画片，对人的影响还是蛮大的。你们现在掌控了电影叙事的工具，实际上讲述了一个带有少年、童年时代的梦想，很有意思。

路：确实很有意思。

贾：另外，我们做电影史发现一个特点，有很多艺术导演，一开始都是拍艺术电影，后来就纳入主流电影创作了。对你来讲这个过程是怎么样的一个转向，能不能简单描述一下。我主要指的是心理上，您对这样的价值的认可，是怎样转换过来的？

路：其实应该说《绣春刀》才是我特别想拍的电影的形态。但是一开始的时候，因为拼命想抓住任何能拍电影的机会，所以就只要能拍，拍什么都可以。当时正好有投资，而且那个故事我也挺喜欢的。其实在《盲人电影院》的时候，我就尝试在那样的电影里用一些类型片的拍法去讲故事。

贾：你的电影初衷是在《绣春刀》这种类型的电影里面？

路：是，因为《盲人电影院》的时候，我们大量使用手持摄影，似乎是有意识地为以后《绣春刀》的拍摄做一些准备。

贾：波兰斯基说他所有的电影都是为《钢琴师》做准备的，他最执着的就是那一种题材。第五代最开始想拍的都是他们的少年故事，但是《黄土地》拍了那么多年，陈凯歌才去拍《孩子王》，每代人可能都有这个心结。

电影的重点是人看到真相后的选择

贾：咱们回到武侠电影的范畴里，因为有很多以刀剑命名的电影，像《独臂刀》《碧血剑》啊。现在回到《绣春刀》，“绣春刀”在这个片子里更像一个话茬，这部电影以《绣春刀》命名，对“刀”却没有刻意描述，这是基于一种什么考虑呢？

路：在创作的初始想写的还是人物，本来很希望叫“锦衣卫”。

贾：叫“锦衣卫”？

路：对，但是那个时候因为李仁港导演那部《锦衣卫》已经上映了，不能用重复的名字。最后只能选取叫《绣春刀》。

贾：你说第一部就想叫“锦衣卫”？

路：对，构思的时候就想叫“锦衣卫”，但是后来没办法，选取《绣春刀》，但是《绣春刀》

有一个好处，刀其实可以代表这些穿飞鱼服的人，而且“绣春刀”这个名字，自身带有一种冲突的感觉。听起来也是一个挺浪漫的兵器，刀是杀人的嘛。但是又有一个“绣春”的名字，挺符合我们在最开始构想角色本身时，他的人性和自身职业选择的冲突，有一种浪漫气息。听着对大部分观众来说是挺陌生的一个名词，但我们坚持用这个。

贾：就是说一开始还是准备用“锦衣卫”这个名字的。

路：“锦衣卫”足够通俗，足够直白。

贾：而且质感也很强。

路：对，但是已经用过了，就没办法了。

贾：《绣春刀Ⅱ：修罗战场》最后有20家的投资商，我们觉得在现在这样一个市场环境下，对一个年轻导演的市场信任很重要，基于这样的信任，未来还会拍第三部吗，或者电影创作的方向会更倾向于哪个层面？

路：我想可能从主题上，目前的阶段还会延续，但不一定会马上拍《绣春刀Ⅲ》，或者继续拍古装动作片，也可能尝试其他的类型，但是主题上应该还会在这个方向上去探讨。之后会做一部现代题材的电影。

贾：还是动作片吗？

路：有动作，有悬疑，有相当一部分是魔幻的元素。它不是魔幻现实主义，是现实魔幻主义，它是有魔幻的。

贾：这样也好，转换一下感觉。关于类型的杂糅，你刚才说你想把它做成一个特别标准的，或者特别好的一个类型片。那你也杂糅了很多东西，我觉得有一点，从一开始看这个电影，我觉得跟《琅琊榜》特别接近，因为《琅琊榜》一开始写一场血战，赤焰军20多万人被葬送了，感觉也带有一点魔幻。你是怎么建构这种武侠的类型的？

路：最开始的概念，还是从那两个人物开始的，那两个人物势必会撞人一个阴谋里。这个阴谋可能对那个时代来说，会产生翻天覆地的变化，会涉及非常多的人，会有权力的争夺。其实这个阴谋比《绣春刀》庞大许多，也要复杂许多，背后涉及利益会更深重。那么《绣春刀Ⅱ：修罗战场》在原来的动作和悬疑的类型基础上，可能会加入一些探案和推理。这次沈炼可能承担了更多的侦探的角色，故事前半段是作为侦探的角色，一直在拨开迷雾寻找真相。但实际上电影本身不是关于真相的，而是在看到真相之后如何作出选择的问题。所以说，更多的推理集中在电影前三分之二的部分，实际上是在真相显露之后，才是我们的重点。

贾：后半部分的内容。

路：是。

贾：其实一部电影会有一个观众认同的对象。对你来讲，沈炼肯定是更倾向于正向的。但陆文昭，我个人感觉来讲，他其实更能牵动观众个体的愿望，他最后死得很惨。一开始他是一个人的价值的觉醒，要摆脱芸芸众生的命运，寻找自我价值，这个自我价值大家很认可，但他最后导向另一方面，使命、信念这些东西他已经不太在意了，更在意自己的存在方式，或者说自己为什么这样活着的方式。我总觉得是价值在流动的状态下。像《绣春刀Ⅱ：修罗战场》的陆文昭，他好像是一种价值在浮动的状态，一开始朝一个方向，后来又朝另一个方向。但可能普通的观众对这种人认同度会比较高。

路：我当时是希望把陆文昭写得更入世一点，更实一点。因为沈炼是一个相对理想化的价值取向。他很绝对化，有很浪漫自由的价值观，陆文昭是很实际的。他觉得为了他们的价值的实现，情义和气节都可以舍弃掉。他有一个大的目标，希望去改天换地。这里面就有他个人对权力的诉求，当然最后他也没有做到，其实通常意义上来说，有比较正面的价值观和比较模糊的价值观。正面价值观代表了一种理想的普世价值，是我们需要广泛传播的；模糊价值观是更接近于真实的。

有一部电影叫《怪物召唤》，一个父母离异的小男孩在学校受了很多欺负，妈妈得了病没有人照顾他，他自己很苦闷，就从内心召唤了一个巨大的怪物来陪伴他。怪物给他讲了三个故事。通常我们给小朋友讲的故事就是王子公主，好人坏人，英雄恶魔，但是，怪物给他讲的故事里面是不存在善恶的，听了之后小孩就崩溃了。说为什么好人干的事情也听起来不那么好，坏人听起来没那么坏。怪物跟他说这是一个真实的世界，你要看清楚真实的世界，没有那么多王子和公主，没有那么多善恶，人性很多时候是在灰色地带，大家是差不多的人，关键是在某个时刻你做了怎样的选择。

贾：没错，而且一开始这里面也有探案的人，后来被杀了。他说他为什么要抓沈炼呢？因

《绣春刀Ⅱ：修罗战场》（2017），张译在影片中首次挑战古装造型，其娴熟的演技和对人物精准的拿捏，将锦衣卫千户陆文昭这一角色驾驭自如

为你杀死的那个人是他的朋友。他有一种情义，后来沈炼到最后也跟他说，说那个人也是我的朋友。实际上情义一直是中国武侠电影特别重要的一个价值导向。不仅是武侠电影，还有战争片，难道仅仅写战争的社会归属，把它写成正义战争大家就喜欢看吗？大家现在已经不太满足于单纯地对正义的描写，更感兴趣的是跟他平行的人内心的自我表达。我觉得能够吸引这么多人，是很有意义的。我不认为咱们的观众现在就只去看个脸蛋，他们是注重武侠电影里的意义的。

路：是的，因为这个其实是江湖区别于庙堂的根本。就是在规则之外，去秉承的一些东西。沈炼也是这样的人，他作为一个锦衣卫，还是有一些底线不能打破的，这个底线是有光彩的，是我们需要在那个环境里看到的东西。

希望我的电影是东方的

贾：就你个人来讲，总体上你想要什么样的影像风格？

路：其实在拍摄之前都是模糊的，我和摄影师探讨过。因为涉及很多在电影里面不太常见的场景，比如说竹林的夜戏，很少有导演拍过。我们知道无论是李安导演、张艺谋导演，还是胡金铨导演，他们拍竹林都是日戏，因为夜戏的竹林很难拍。竹子特别密，灯很难打进去，打进去之后特别假。一看就不是自然光，我们又希望拍夜戏的时候，拍出自然光的效果。所以很多东西我们是在尝试，去研究怎么办才可行。包括这次北京城的戏份——街道、胡同、运河的外景，大部分是在山东的台儿庄拍摄的，因为那个地方有一个完整的复原台儿庄的庄子，从色调和质感上都是接近明末的北京城色调，像偏灰色啊，褐色啊，深红色啊。但是那个地方有个问题，它不是一个影视基地，它不是为拍戏设计的，而是个公园，有很多小桥，连接一个个岛，发电车和吊车都过不去，根本开不到你要拍的场景旁边。包括我们拍院子，整个的房屋结构是房子很大，把院子包在中间，然后房子后面是河道，前面是条窄街，吊车根本到不了打光的位置，所以需要想各种办法解决。我们搭了三面巨大的脚手架，把那个房子包起来，灯放到脚手架上面，要比房子高，因为房子都是20多米高，本身就很高了，打灯有巨大的困难。

贾：你们在拍摄过程中对灯光的要求是什么？

路：前期的时候，我们会对画面有一些初步的想象，色调也好，一些颜色的对撞也好，但古装片我们还是尽量用火光去照明，以火、蜡烛、月光为主，你不能出现非自然光以外的白炽灯、日光灯的效果，那就不对了。很多时候摄影师会选择火光，它很跳跃、很生动，看起来很舒服，跟月光的冷色会形成一种色差，前期会主动设计好这些部分，关于造型和美术的色彩搭配，其实我们没有选用那种特别丰富的色块，我们是想尽量去还原颜色的生动程度，比如说竹林的色彩，黄色也好绿色也好，还有人物衣料的质感。在这种高级灰的色调基础上，尽量找它的丰富性。大概是这样去做的。

贾：没有刻意要达到什么样的风格，主要根据拍摄的环境来决定。

路：其实开始也有想过，我们不要用太萧瑟、看起来太沉重悲怆的质感。我还是想要鲜活的、有生命力的画面，其实它的色调还是丰富的，只是说没有那么强烈的红色或蓝色的冲击，在自然色调下，它是生动的。有些场景是希望有中国画的感觉，不一定完全做到了，但我希望是东方的，而且不是香港武侠片的那种质感。

贾：山林里打着伞，那种感觉。

路：对，我想说的是一种特别东方的，同时又很年轻的一种呈现，不太好说。现在呈现出来的东西，我还是挺喜欢的。它有的时候带着一种刚下完雨湿漉漉的透彻感。

电影的每个环节我都喜欢

贾：一个导演在组里是核心人物，导演每个人带领团队的方式都不一样。但是有一点特别重要，就是他要建立大家对团队的信念，我的意思是你现在带领你们的团队，能凝聚起来拍电影，最重要的您觉得是什么样的东西吸引大家？

路：其实我们这个团队绝大部分的主创是大概从十几年前，在我还是20多岁的时候就一起拍东西。我们都热爱电影，为了拍我们喜欢的电影，凑在一起慢慢地去形成了一个团队。我们的摄影师跟我认识已经快十年了，现场录音师已经认识十三年了，剪辑师也七八年了。我们一直在一块，合作好了之后，是超越了工作的关系，我觉得我们是志同道合的同志。可能说出去别人会不太信，觉得你在唱高调，但是这样的。因为热爱电影凑在一起，只要说我们要拍东西，大家都会来。

贾：这个确实很难得。但是也有一种考虑，因为团队在一起，总是有一种习惯，这种习惯可能会形成一种风格或者说形成一种模式，作为导演来说，您有没有考虑到在创作上，怎么能够弥合这个习惯带来的东西，把它有所变化？

路：对我来说，这个是电影乐趣的一部分，跟一群很投缘的人一起拍电影，是电影的乐趣之一。因为我很享受这个过程，我希望在这个过程中大家是一起来享受它的，所有人都很快乐地在做这个事情。不是直奔结果和目的去的，在过程中能足够享受的话，就必须得是这些人。因为他们在，所以这个电影是这个样子。有可能换了其他团队，电影会变成另外的样子，我是喜欢目前电影的样子。可以这样说。

贾：这个团队是在大学学电影期间逐渐形成的？

路：是，我们是一起在成长。大家是同步地往前走。一起在追寻拍电影的梦想。始终都觉得我们距离成功很远，我们还要不断地往前去攀登的状态，我喜欢这种状态。

贾：你刚才说团队合作是你的乐趣之一，拍电影对您来讲，还有什么特别喜欢的环节呢？

路：几乎电影的每个环节我都很喜欢，当然都很煎熬，很累，包括这次剪辑，我们花了7个月才剪完，但是那个过程也是有趣的。你不断地去变换方式，尝试不同的剪辑方案，可能最终观众看了，根本意识不到这样剪有什么差别，但是我们自己清楚，可能一个镜头调换了，逻辑就变化了，情绪就不一样了。我们试了很多种方法让电影最终变成这个样子，包括在电影完成之后，去跟观众见面、交流，看各种评论，全都是电影的一部分。真的是所有的部分都很喜欢。

我不愿意为了别人去拍电影

贾：在这样一个商业化的电影环境，你们或者您自己，在这个环境里遇到的问题，以及克服问题的方法，可以总结一下吗？

路：在产业里面经常遇到的问题可能就是，大家会说你应该尝试更商业一点的。然后呢，有的时候去电影节大家就说你明明是奔票房去的电影，为什么要来电影节？其实有的时候很矛盾。我是想拍好看的电影，但往往变得两边都不是特别贴。我也搞不清楚。但是我不愿意为了别人去拍电影。这样的电影卖座，就拍这样的；或者这样的电影可以去电影节，就拍这样的。有一位老师跟我说，你为什么拍电影？他说拍电影应该是有一种原始的创作冲动去拍，而不是有很多限定条件和功利条件，为这些条件去拍电影。所以我想，还是应该保持一种自由，一种自觉，甚至是一种自我。如果对自己都不诚恳的话，没法去诚恳地面对电影观众。所以，也就不管那些了，无论别人怎么看我的电影，我都想还是用我喜欢的方式去拍。

贾：你现在拍电影有困惑吗？

路：困惑是一定有的，有时候会想，我们也挺努力去做，但是好像就没卖那么多钱，这是为什么？我们去考虑那个，并不能帮助到我们以后怎么拍电影。因为我们依然如故，还是照样任性，所以想也没用。

贾：你觉得中国电影整个的产业环境，缺陷在哪儿？

路：其实，可能是几个方面吧。一方面是产业自身的。我是觉得中国有可能向好莱坞学习和靠近，而且相比全世界其他的电影市场来说，中国是最有希望的，因为中国的市场大。这种肯定是由供需关系来决定的，有这个市场就会刺激这个行业的发展，但我们确实从行业体系来说是不够科学和健全的。好莱坞的电影工业能够形成，是因为它有非常科学的电影生产流程。我们还有很多作坊式的、不专业的方式来做电影，说白了很多时候是懵着做，大概是这样，但是具体精确的、科学的方法是什么，这个是没有的。

贾：你遇到的问题是……

路：现在中国没有任何一个制片人可以非常精确地说出全部的后期流程：为什么要用这个指标？为什么要用这种编码方式？他们是不知道的，我觉得这个是需要花时间去解决，可能是五年、八年甚至十年，解决了之后，我们的电影行业会有一个很大的改观。当然还有其他的在发展中的一些弊端，这个是任何电影市场都遇到的问题，就不说了。另一方面可能是市场，是观众。观众的能量是巨大的，但是我觉得中国的观众很像是美国的观众，是一种粗放的观赏习惯，他们可以欣赏很好的东西，也可以欣赏非常一般的东西。有时候我们也在考虑，我们是不是应该把电影拍得更通俗，或者舍弃一些表达，这样观众会更接受。但是纠结之后还是觉得，因为这样的类型已经有很多人在做，我们是不是还要这么做？是不是做一些自己坚持的东西。中国这个巨大的市场，在这种电影的选择上，是远远不及日本和韩国的。确实，我们有非常艺术的观众，因为我们能看到像《冈仁波齐》卖到 1 亿元人民币，这是特别让人欣喜的事情。但是能看到这样电影的观众群体还是少，主要集中在一线或者是一些二线城市，三线城市的人群是远远不够的。但实际上目前中国电影的增量还是在三四线城市，你看《战狼Ⅱ》那么多高的票房，不是靠一二线城市的观众，这是个现实，是没办法的。但是，这部分观众是不看《冈仁波齐》的。他可能也不看《绣春刀》，这也是个现实。我们要考虑如何去调整跟观众的关系，如何去引导观众。我认为观众一定是看通俗电影的，但问题在于，如何引导观众逐渐变成影迷。

贾：扩大他们的接受面。

路：对。

贾：这是很艰巨的事。

路：非常艰巨，尤其在好莱坞电影进来之后。有时虽然观众也会骂好莱坞电影烂，但实际上，对国产片和好莱坞电影是有双重标准的，说白了好莱坞的制作达到一定规模，观众会忽略掉很多其他的问题。但对国产片的要求，因为我们达不到那种规模的制作，达不到那种级别的特效，其他地方即使好也显得不那么好。

贾：这点倒是，我们很少见到有观众在抱怨美国电影。

路：也会抱怨，但是前提是《变形金刚》被骂成那样，他还卖了十几亿呢。在抱怨和愤怒的结果之下，还是卖了十几亿。像《木乃伊》一片骂声还是卖了六亿多。

贾：可能成为一个消费的习惯了。

路：甚至有一种声音的引导，一到七八月份，我就把钱留着等到 9 月份再进电影院看。这种声音是有失偏颇的，也对国产片不公平。一旦你形成这种舆论之后，影评人再去说这部电影其实还不错，但是人家会说那我可以等上网之后再去看。我可以花两块钱去优酷上看一下，但是我的电影票留给进口片。

贾：推广是有双重结果的。

路：对，其实对国产片来说，观众的眼睛是雪亮的，烂的话就是烂，观众就不会买账。但是认真做电影的话，应该还是可以护犊子一点。我是这么想的。

不能别人说不行就不行

贾：最后我们讲讲发行。在推广上，你们侧重放在哪儿？

路：对《绣春刀Ⅱ：修罗战场》来说，我们想打暑期档，主打学生群体，但实际来看这次我觉得学生群体还没太打透，因为《绣春刀Ⅱ：修罗战场》真正有排片的上映是一周，就第一周。

贾：只上了一周？

路：对，从第二周开始，排片就掉到了4%以下，因为第一周我们是卖了将近2.5亿元人民币。

贾：那个排片是多少？

路：20%多。如果我们能在10%的排片再坚持一两周的话，过4亿元或者3.5亿元是没有问题的。但第二周其实是因为上来了很强的电影，直接被腰斩了，所以我们真正有价值的排片就是一周时间。所以按说一周卖了2.4亿元不是一个不好的成绩，跟预估的确实还有差距，但是还行吧。

贾：你对这部影片的发行满意吗？

路：我在这部电影之前对宣发是没有概念的，因为《绣春刀》的时候，我完全没有参与到宣发中去。但这一次，参与之后真的学到很多东西。一方面我觉得这种类型片的宣传上，应该以固有的类型观众基础为主，先把这部分观众打透，就是动作片、古装片的观众打透之后，再去做一些增量。比如想做争取女性观众的宣传，情感上的，但这次可能是我们在类型的固有基础观众上还没太打透，可能过于着急地想去争取增量了。可能是存在这样的问题，但这次整个的宣发配合都还不错，宣传和发行团队都很专业，效率非常高，大家群策群力。当然从第一周的表现来看还行，但是第二周的时候，其实我们跟《战狼Ⅱ》是同一个发行方，所以也存在一些资源的分配问题，肯定是第二周的时候发行方就更侧重《战狼Ⅱ》，这个我们也理解，但是下一次我们肯定会去注意这类的问题。

贾：其实对《绣春刀》本身的期待也是一种，看完第一部以后，对第二部还有期待。

路：但确实跟我们想的还有点差距。差距不大，但是有的。

贾：确实很难。

路：对，因为我觉得我心里面的及格线是卖到3（亿元），我觉得及格了。现在差4000万元，估计是比较困难了。如果说《绣春刀Ⅱ：修罗战场》在第二周还能保留一定的有效排片的话，到3（亿元）其实不难。

贾：这样的话确实是不难。

路：现在基本到第二周就没有了。而且还存在有一些电影偷票房的情况，真的是有，很多人跟我说，确实是有，但是没有办法。

贾：《绣春刀Ⅱ：修罗战场》在国外上映，您听到外国人对这部片子最直接的判断是什么，他们能理解或者他们喜欢吗？

路：在上海电影节之前，其实邀请了圣塞巴斯蒂安的选片方来看电影。他邀请我们去，但是那个电影节是在9月份，他要求世界首映，所以我们就没有办法，因为我们是暑期档的电影。其实我觉得他们完全能看懂，也没有任何理解的障碍，不需要他们对这段历史提前准备，背景知识都没问题。电影节还挺欢迎这种中国电影，对他们来说挺新鲜的。包括在上影节的时候，也有一些国外的买家、选片人，他们兴奋点在于，这样的电影是完全由内地的团队拍出来的，而没有香港电影人的帮助，这个是让我挺开心的事情。因为拍动作片的话，根本拍不过香港导演，他们已经做到了巅峰。我们能做什么样的电影？在最开始做《绣春刀》的时候，所有的电影公司都说你别拍这个，这个东西不卖座，古装片已经死掉了，观众不买账。我就说凭什么它就不行呢？你们说不行就不行了？我就非要做这个（笑）。就那种挺不服的心态。

贾：吴宇森监制的《剑雨》确实票房不太好，但是可能原因也很多。

路：是，原因是综合的。但是我觉得电影卖不卖座不是类型的原因，不能去怪这个类型。很可能是说这个类型没有好的作品，观众才不看的。

贾：好电影不管什么类型，什么题材。

路：对，我觉得有的时候可能行业里面的一些声音会给观众一些不好的引导。还是要去尝试，不能就这样放弃了，不能别人说不行就不行。我想这种想法也会带到电影里，所有人都说沈炼你这样做是不对的，他说，我就要这样做。可能会有一些我们自己的想法投射在里面。

贾：人有时候越不让做的事，有的时候就越要去做。大家都让你做的事，可能就觉得没意思。

路：对，还挺相信这个东西的，挺相信我们应该是在努力做一个有意思的东西。

贾：做个假设，这个假设有点极端，如果让你做一个决定，要么拍自己不喜欢的电影，可以卖钱；要吗你永远拍自己喜欢的电影，但是不卖钱。如果做一种选择，你会选哪个？

路：我会选一直拍电影，但可以不卖钱。就是我觉得卖不卖钱只是一个结果，但是我更在意那个过程。有结果当然更好啊，谁都想要好结果，并不是不想要，但是过程是更重要的。

（2017 年 8 月 8 日上午于中国艺术研究院贵宾室）

2017 年 8 月 8 日，路阳与本书作者贾磊磊在中国艺术研究院

后记

POSTSCRIPT

为中国武侠电影的历史立言修志

《中国武侠电影人物志》自2005年10月7日我们对陈凯歌的采访起，至2021年5月18日下午与吴京的对话止，这个项目其间历经18年之久。如果把我们对武侠电影人物的研究再往前推，1996年在西安电影制片厂采访导演张子恩，后来1997年8月12日在电视连续剧《拳行天下》拍摄现场采访于荣光，这本书里已经记录了25年时间里中国武侠电影人物的创作历程，其间我们访谈了50多位中国武侠动作电影的创作者。目前收录书中的有39位。现在通过整理、编纂与这些武侠电影一线人物的谈话，我们仿佛又回到了当年与他们面对面地回顾历史、畅叙创作的情景，重温与他们在心灵深处的一次次对话。尽管我们有的访谈已经时隔十几年，甚至二十几年的时间，可是，岁月不仅没有遮蔽我们谈话的意义，反而随着时间的流淌，使我们之间的交流更为珍贵……

在过去的十几年间，由于自己工作岗位的变化，公共的事务曾经占据了我主要的正课时间，学术研究又因为担任了国家社科的重大课题，自己个人的研究项目不得不放在了后面。今天，当这个项目完成之日，不仅可以让自己多年来的一项使命即告结束，更重要的是我们可以告慰那些已经逝去的中国武侠先驱者的在天之灵……

一、当代修志是中国史学的学术传统

志书，一直是我们中国人记载历史的一种庄重的方式。在历史学的著作中它比史书更注重对事实的详实记录，更注重提供第一手资料，也更注重对于客观事实的掌握。中国志书古时称为地志、地记、时光，直到今天，我们国家从中央到地方依然还设有主管地方志的专门办事机构。志书除了包括省志、州志、县志、乡之志外，还包括禅林、寺庙、书院、古迹，特别是人物等方面的内容。在古代志书中内容较多的是对地方自然地理的记载，其中也包括山川物产、风俗民情的记述。[1]迄今为止，中国的志书已经有8500多种。清代的志书最多，共有6000多种10万余卷。在中国历史学卷帙浩繁的史书中志书别具一格。

中国古代的志书，又称“方志”。该词最早见于《周礼·地官·涌训》，有“掌道方志，以诏观事”的记载。[2]中国第一部具有比较完整内容的方志书为东汉袁康所撰的《越绝书》，该书被誉为是“地方志鼻祖”。它记载的是古代吴越地方的各种历史。所谓越绝，即有越国的终止之意。尽管对其作者究竟谁属史学界依然存在争议，但是，对其内容为专门记述吴越民族的历史典籍并不存疑。志书，特别是专志在中国历史的学术著述中之所以获得史家的格外器重，是由于其所记载的详实确凿的客观事实，是因为能为历史的写作奠定了不可摇撼的史料基础。中国古代最早提出志书有“资政、教化、存史”[3]作用的是宋代的郑兴裔。他将志书提高到一种与史学著作相同的高度来看待，强调志书在历史上的镜鉴作用。由于中国古代的特定社会性质，那时志书的教化作用主要体现在宣扬三纲五常、表彰忠孝节义这样的封建文化，其中所记载的社会政治观念更未必都能够被我们所接受。不过，志书对于历史事实的敬重，对于考据精神的信守，对于事件的辨识，以及对于自然地理的记录都是我们可以继承与借鉴的一种学术传统。志书与一般历史写作的重要区别在于：

首先，志书尽管存在着如上所说的资政、教化的作用，但是，其最终的目的依然是存史，确切地说是对于历史事实的记录留证。它不主张对所记载的历史事实做更多的价值判断，最起码这不是志书的重点。中国的史学著作向往的是“究天人之际，通古今之变，成一家之言”[4]——司马迁正是在这种文化使命下完成了中国历史上第一部纪传体通史《史记》。这部被列为“二十四史”之首的史学巨著，就其历史写作的主旨而言，是在寻找中国社会发展的规律，探究中国历史变化的内在缘由。其中带有大量的对于历史事件与人物的各种判断与推测。志书的写作则不同。像明代颁布的《纂修志书凡例》中规定的志书尽管内容包罗万象，可全部都是对撰述对象的客观记录，而没有任何论、评、说之类的要求。民国政府颁发的《修志事例概要》同样强调的是对历史事实的系列化、分类化的编纂。

1 高平如：《平鲁文物图志》，三晋出版社，2018，第326页。
2 姬旦：《周礼·地官·涌训》，钱玄等注译，岳麓书社，2001，第154页。
3 郑兴裔，宋元进士，庐州及扬州太守，曾先后主修《合肥志》与《广陵志》。
4 班固：《赵一生点校〈汉书·卷六十二·司马迁传第三十二〉》，浙江古籍出版社，2000，第839页。

其次，志书一般都是当代人写的，史书则是由后代人写的。中国人讲究隔代修史，当代修志。隔代的历史写作可以避免很多是非利害的牵扯，更容易以一种客观的立场撰述历史，符合历史写作的相对客观的学术精神。由当代人来撰写志书，是因为当代人对于亲身经历的事记忆犹新，有真实的现场记忆，不容易混淆真伪。特别是对于那些需要多重视点、多向维度来验证的事实更需要不同亲历者的当代讲述才能够抵近它的客观真相。

另外，志书的写作主要是依靠调查采访、积累素材、分门别类地进行。史书的写作主要的依据文献资料、考古发掘证物来记述过去。在历史写作的种类上,《中国武侠电影人物志》基本是按照中国当代修志的史学传统，根据对人物面对面的采访来完成。这是中国电影史上第一次对中国武侠电影动作导演、武术指导的全面访谈与记录。整个项目涉及50多位一线的武侠动作电影的创作者，横贯整个中国武侠电影半个多世纪的历史脉络。其采访的影像部分已经在中央电视台电影频道分50集陆续播出，并且在1905网站上可以随时点播。目前，我们看到的这个文字版，是精选了其中著名人物将他们的访谈整理出来的。书中所记述的这些武侠电影人物，他们的是非功过，荣辱沉浮，自有历史评说——我们要做的仅仅就是讲他们的谈话一一记录下来，传之于世。

二、中国历史学的千年之恨

说到武侠，在战国末期“喜刑名法术之学”的韩非曾以“儒以文乱法，侠以武犯禁”（《五蠹》）来抨击当时的儒者与游侠。他认为二者既不能以武力维护国家的法纪，又不能用文化恪守世俗的纲常。他们不仅对社会没有什么用处，反而还是社会动乱的根源。西汉的司马迁站出来为两者鸣不平，称游侠“其行虽不轨于正义，然其言必信，其行必果，已诺必诚，不爱其躯，赴士之厄困，既已存亡死生矣，而不矜其能。”[1] 基于游侠言必信，行必果，诺必诚的精神品格，司马迁对游侠给予了很高的道德评价。他还强调说：“布衣之徒，设取予然诺，千里诵义，为死不顾世。此亦有所长，非苟而已也。”[2] 这就是说，豪侠义士以生

1 司马迁：《史记·游侠列传》，太白文艺出版社，2006，第591页。

2 司马迁：《史记·游侠列传》，太白文艺出版社，2006，第591页。

死砥砺的品德，以诚信塑造的名节，使他们扬名天下。可是，令司马迁痛心的是，世人并不能正确地认识这些游侠的品德，反而将他们与那些朋党豪强、横暴之徒混为一谈。加上先秦的儒家与墨家对游侠的共同排斥，致使游侠的身影在史书上“湮灭不见”，司马迁对此难平自己的史家之恨……

除了汉代司马迁的《史记》和班固的《汉书》中关于游侠的人物传记，此后便有了唐人传奇、诗歌和宋人话本中短篇的剑侠故事。到明清之际，《水浒传》《儿女英雄传》《三侠五义》等长篇武侠、公案小说的出现，即形成了中国古代文学史上武侠小说的勃兴。直至民国中国武侠电影终于在中国文化的传统根脉上转世为一种影像构筑的现代神话，从此以后，对于武侠电影的评说、论述与研究渐渐进入中国的文化著述之中。尽管，其间对于武侠义士的评价兼有褒贬、各有短长，但是，人们终于可以在著作中、在文章里、在讲台上开诚布公地讨论武侠问题。我们期望现在出版的《中国武侠电影人物志》，也成为中国武侠文化历史长河中的一簇浪花，随着时光的河流奔涌而下，让中国史学界的千年之恨永远成为过去……

也许，有些学者对于对话体的文体是不是能够作为历史文献抱着存疑的态度。固然，个人的讲述在失去了同代人的印证与史实的参照之后，仅靠讲述者本人的主观记忆，确实很难有百分之百的可信性。但是，任何亲历者本人的现场讲述，最起码都带着无可置疑的在场的真实性，而这些真实的场所讲述的历史恰恰又是后人仅靠纸面的转述写不出来的。总之，对话为我们认识那个我们未曾经历的时代，那些未曾接触过的人留下了宝贵的史料。他们对于历史真实境遇的叙述，特别是对于当事人的所想、所为，提供了确凿的历史依据。况且，人类历史上许多学术思想的传承，都是以对话体的方式进行的。在中国被儒家奉为经典的《书经》（亦称《尚书》）记载的是自尧舜至东周的历史，其中的内容除了帝王的文告就是君臣之间的谈话记录。《论语》中孔子的许多思想的表达都是在与其弟子的问答（对话）完成的。还有《墨子》书中的论述也有许多是以“天下之士君”与墨子的对答形式展开的。固然，我们不能说凡是对话体的历史讲述都是真实可信的，但是，这种以对话的方式进行的思想交流，恰恰为我们认识历史提供了一种言说本身的真实性——至于其中所涉及的内容是不是基本真实，那就要看对话者本人的历史站位和学术操守了。

三、电影史写作的内在逻辑

在中国电影史学的范围内，内地、台湾与香港、澳门的学术研究，就研究的历史学逻辑路径而言，各有侧重，兼有春秋。就香港的中国电影史研究而言，他们更加注重对史料的系统性、专业性的整理编纂，其中包括对电影志书的出版。记得在香港参加第一届海峡两岸电影学术讨论会时，笔者曾经问过香港国际电影节主席罗卡先生，香港学者为什么不写一部香港电影史呢？罗卡先生说，他们自己能够把目前香港电影的史料搞清楚就不错了。言下之意，他们首先要做到的是为香港电影的历史研究提供一种详实可靠的史料。他所强调史料其实就相当于香港电影的志书。后来我们看到了罗卡先生所说的电影的“史料”，那就是由香港电影资料馆出版的《香港影片大全》，该书收录了香港自1913年摄制的第一部影片《庄子试妻》以来所有生产影片的基本信息。目前已经出版了七部，其治史修志的雄心是要将香港的全部影片收入其中。我们内地也编纂出版《中国影片目录》《中国影片大典》这样类似于志书的电影历史工具书。我们在北京电影学院的鼎力支持与帮助下，带着志同道合的学术团队连续5年编辑出版了《中国电影批评年鉴》这样的学术性、年度性的专业志书，就中国电影学术的现状而言，该书可以说覆盖了一个年度电影理论批评领域的全部相关问题，为中国电影理论批评留存了一部年度性、专业性、权威性的历史文献。现在还有的地方展开了电影年鉴的编辑出版工作，像广东省出版的《2019广东电影年鉴》[1]，其中的第一部分就是“广东电影志”，涉及广东省年度性的电影政策、市场票房、院线影院、创作生产、技术基地、教育研究等方方面面的完整数据和基本情况。可以说，这已经是非常规范的地方电影志书了。这些对于中国电影的历史研究而言都是难能可贵的文献资料。

中国电影史研究的卓越学者李少白老师在生前曾经跟我们讲过，中国电影史学界应当有一部志书。他讲话的深切意义在当时并没有引起我们应有的关注。20世纪80年代末90年代初，他正带领着国内顶级的电影史研究团队重新修订《中国电影发展史》，其中所遇到的问题和困难可想而知。其中之一也包括中国电影系列化的志书尚付阙如。我们在此无意对前辈的电影史学研究进行评说，我们想强调的只是，我们当时并没有理解李老师的言谈话语中关于中国电影历史写作需

1 广东省电影局指导、南方影视产业研究中心编：《2019广东电影年鉴》，南方日报出版社，2021。

要在一种内在逻辑的递进结构中来逐步完成的深刻意义。直到自己开始撰写《中国武侠电影史》，才渐渐地明白了志书对历史写作的重要作用。我们那时候是翻着《中国影片大典》在里面一部一部地找武侠电影，一页一页地在里面翻阅前人的记载。这种方法虽然传统得近乎原始，可是在连许多电影都看不到的情况下却是一种详实可靠的方法。此后，我们不论是为中央电视台电影频道制作的大型电视纪录片《中国武侠电影人物志》，还是编纂这部历史文献访谈录，其实，一直都在想着李少白老师的这种治史修志的学术思想。始料不及的是他过早地离开了我们。有时前辈对我们短短的一句话，却使我们获益终生。我们现在编纂的《中国武侠电影人物志》其全部诉求就是要为中国武侠电影的历史研究提供一部人物志书，让大家知道这些为中国电影历史做出了历史贡献的人，他们当时是怎么想的，怎么做的，进而为中国武侠电影的历史提供一部详实的文献资料。我们相信，就是我们不做这项工作也必然会有人来做，只是历史让我们遇到了中国武侠电影这座令世界仰望的山峰——我们没有望而却步，开始一步一步往前走。

四、为“没有历史的”人写历史

自己步入中国电影研究的学术行列时，正是中国第五代导演如日中天的年代。当时许多人都对当代新锐电影顶礼膜拜，中国电影的历史研修相对来说非常边缘。现在想来，在中国艺术研究院，身边进出的有中国电影史学界的泰斗，也有“电影大百科全书式”的人物，以及中国电影美学的前行者他们每个人都在自己选定的领域内默默耕耘。对我们这些年轻人总是那么和蔼、亲切，即便向我们讲述那些我们茫然不知的电影历史，也没有任何好为人师的感觉。如果说，我们这些人在恭王府浓郁的绿荫下，渐渐悟出了电影的博大精深，那么，点化我们电影学术之光的就是李少白、邢祖文、俞虹、郑雪来、李小蒸这些电影学界先驱者。他们的语言与行动共同引领着我们向着那个遥远而又神圣的学术彼岸不断前行。冥冥之中，他们给了我们一种学术至上的精神感召。就像北京人艺倡导的“戏就是天”，我们则把学术看作是天。所以，对我们而言，老一辈的学者给我们最宝贵的不是知识，不是观点，甚至也不是方法——他们给我们最宝贵的是一种学者赖以存在的学术立场。我们脚下站在这样的立场上，头顶上是朗朗的晴空从事着电影的研究，不论是疾风暴雨的时刻，还是艳阳高照的季节，我们面对着历史的叩问、现实的挑战，日复一日、年复一年……我们无法想象当年如果没有这种学术的立场，我们电影的生命将会漂泊到何处？

人最宝贵的是生命，科学最宝贵的是其得以生存的学术空气，在这种空气中孕育的是一种学术至上的科学理性的精神——而不是科学主义的倾向，这种精神渐渐地渗入我们的心灵里，注入我们的血液中，融贯到我们的行动上。尽管，我们不能说自己的一言一行都符合学术的最高要求，但是，我们却可以说，在研究中国电影的学术道路上我们始终将学术的使命放在第一位，也正是在这种精神的激励下我们才在中国武侠电影当时被人鄙视、被人不屑的时代将自己的学术方向锁定在中国武侠电影这个"没有历史"的历史领域——所谓没有历史，并不是说他们在客观的现实世界上没有存在过，而是说在历史学的著述中他们未曾被命名。萨义德在研究19世纪的西方文学时曾经指出，在西方文学史上有很多人物从来就没有被人关注过、研究过。他们的存在在历史上也许具有意义，但是他们的名字和身份却毫无意义。他们是那些季节工、半时工，是大户人家里的仆人。他们被认为是渺小而不值一提的。他们的工作被认为是理所当然的。不论在现实世界还是在虚构的文化中这些人都未被关注过，他们是社会的边缘人，是"没有历史的人"。[1] 在中国相对于那些古代的帝王将相，侠客有真正的历史吗？陈山先生在1992年出版了《中国武侠史》是中国史学界真正的开山之作。此后有陈默先生的《中国武侠电影史》和笔者的《中国武侠电影史》，都在力图对中国武侠电影进行历史的建构。中国武侠电影自20世纪初问世以来，历经半个多世纪的风霜雪雨有了自己的历史。现在，我们这部历史文献类的人物访谈录，可以说是对中国武侠电影历史志书进行了一次拾遗补阙，从而使那些没有自己历史的中国武侠电影创作者，特别是武术指导和动作导演有了他们自己讲述的历史，我们所有参与这项课题的同仁，为此而感到莫大的欣慰和荣耀。

我们之所以将这部以访谈形式为主要内容的书，命名为人物志，是因为在他们自己的讲述中往往都对自己从事电影艺术创作的过程进行了历史的回望，特别是对他们所创作的电影进行了自我评说。我们中国人经常爱把传记的主人公称之为"传主"，我们这部由中国武侠电影人物自己作传的历史著作，我们反复地推敲了它的名称，最后定名为"中国武侠电影人物志"。坦率地讲，我们真想将武侠电影创作者们说的每一句话，甚至每一个字都记录下来传之于世。当年为制作电视纪录片由于播出时间所限，就已经将他们的讲述压缩了80%左右，使他们的

1　爱德华·W.萨义德：《文化与帝国主义》，李琨译，生活·读书·新知三联书店，2003，第86页。

真实讲述不能够完整面世。现在为了出书的篇幅所限又将他们的讲述再度压缩，不知道什么时候他们那些被删除的历史才能够重现天日？

五、中国武侠动作电影的血色篇章

中国武侠电影有着极其辉煌耀眼的一面，与此同时，它还有极其艰辛苦楚的一面，甚至还有危及生命的一面。我们平时更多地看到的是其光鲜亮丽的一面，对其隐忍甚至危险的另一面所知甚少。这就像电影《孔雀》，我们平时看到的总是孔雀开屏的美丽，而看不到开屏背后是什么样子。在影片的结尾我们恰恰就站在孔雀开屏的背后，看到了支撑着它美艳无比的是无数根像枝干一样的羽毛。如果我们看不到生活中这另外一面，则是我们认知世界里的悲哀。我们不能只看到黑看不到白，只看到黑白看不到灰色……特别是对于一种历经百年的风雨而依然挺立在中国电影历史巨流中的类型影片，我们更有必要正视它的完整形貌。

大家都知道成龙是享誉世界的武侠巨星，可是，我们过去并不知道他是一位浑身是伤的动作演员。他为了拍电影，确切地说为了创造那些别人无法企及的高难度动作，一次又一次地向着身体的极限挑战。他说："拍电影，我什么都不怕。我能为电影而死。"在被商业的逻辑所制约的电影市场上，并不是每一位动作演员都能够将自己的生命置之度外，而中国的武侠动作电影演员为什么会有这种生死两忘的拼搏精神呢？我们在武侠动作电影的拍摄现场，对这个问题找到了答案——那是在香港《男儿本色》的拍摄片场，我们与谢霆锋不期而遇。他尽管并不是一个专门从事武打表演的动作演员，但是，他在现场要从五层楼的楼顶被对手一脚踢到底下的一辆厢式货车的车顶上。可是，由于对手用力过猛，他的身体一下从楼顶摔在货车的车沿儿上、紧接着掉到地上。虽然他身上绑着威亚，可是毕竟是从五层楼的楼顶上掉下来呀！当我们走上前去看着他负伤的样子，问他为什么这么"玩命"时？他说："我们没有好莱坞那么多的制作经费，我们的电影要好看，就只有玩真的！"同样的话在《悲情布鲁克》的拍摄现场也出现过。那时影片有一个蒙古族的义士从悬崖上与坐骑一起纵身而下的镜头。导演麦丽丝为了演员巴音的安全提议取消这个场面的拍摄。但是，这位蒙古族骑手几乎是跪下来求塞夫和麦丽丝导演。他们看过好莱坞的西部电影《关山飞渡》，看过美国的历史巨制《宾虚》，"别人能拍的我们为什么不能拍"？就是这样他们完成了人和马一起从七十多米的悬崖上落下来的镜头。最后战马葬身谷底，演员在有效的保护下安然无恙。那是一部全部投资只有300万元的动作影片。还有他们拍摄的《东归英雄传》里面有一场戏是五位演员连人带马同时从被毁坏的桥上掉下来！桥下是湍急的河流。当时落入水中的人和马瞬间随着激流翻滚而下，索性大家都平安无事。中国武侠/动作电影中这样的场面虽然不是部部都有，但是，它却经常出现。可以肯定地说在电影的不同行当中唯有武术指导、动作演员的工作最为危险。回望他们的历史，几乎总是看见那些生死两忘的血色篇章。我们在此想强调的只是，中国古代侠义之士的那种舍生取义的精神品行，已经深深地影响了其艺术创作者的内在精神。通过这些宝贵的历史记录，我们可想而知，中国武侠电影中那些蕴涵着生命力的影像，是汇聚了多少天、地、人之间可知与不可知的力量最终才得以完成……

六、敬守职业操守

就电影艺术的类型发展而言，中国武侠电影是对此做出了重大的历史贡献。武侠电影之所以能够创造这种巨大的历史功绩，是因为在其创作过程中中国人创造了许多独特的行规。尽管电影在我们的心目中是一种神圣的艺术，可是支撑这种神圣艺术的法则却严格得近乎残酷。

我们知道，导演王晶一度成为香港喜剧电影的票房保证，我们想他一定会有很多喜剧创造的金科玉律，最起码他能够与我们分享他创作灵感的来源。可是他却说，这世界上没有灵感，你要靠灵感，你就不是职业写手。你要当职业高手，就把灵感这个词从你心里拿走。因为专业编剧的要求就是早上你爸爸去世了，晚上请你写喜剧，对不起你也得写，这就是你的职业操守。王晶从20岁就恪守这种职业的操守直到今天，对我们来讲这种职业的操守真是严酷地令人难以置信。

电影既是一种艺术，同时，它还是一种文化产业、一种商业活动。你要进入这个领域就得按照它的独特规则来运作。陈嘉上导演的《画皮》创造了上亿元的票房收入，使宁夏电影制片厂起死回生。笔者曾向宁夏的杨厂长求教他们的制胜之道。他竟然说的是，“不吃，不喝，不睡觉。”这个话换个说法不就是玩儿命吗？在美国电影的演员可谓五花八门，扮演什么都可以雇人演。可是中国就不像老外那边有专业的跳水员、开车司机、潜水员等，这些在电影界统统没有，我们只有武行——当刘家辉对我们说以上这番话的时候，我们觉得在中国电影界武行几乎就代表了要去做所有危险的动作。

武术指导、武打演员长期处在这样高难度的危险工作之中，他们也有家庭，也有孩子，也会有所顾虑，有恐惧。吴京有一次在香港拍打戏，脖子一晚上被踢了500多次。他说可能是出于武术的本能，当时他咬着牙坚持了下去。如果换了别人，能够坚持下来吗？在香港所有人身的意外险包括汽车的保险都不会卖给武行。可见，中国武侠电影的工业美学与好莱坞那种工业美学完全不是同一个概念。如果按照他们的标准，我们电影工业的产业链还远远没有建成。然而，我们却拍出了那么多彪炳千秋的优秀影片。我们在此并没有颠覆电影工业化生产的意思，而只是在强调每个国家电影的生存境遇不同、文化传统不同、工业基础不同，最重要的是从事电影创作的人不同。所以，必然存在着不同的创作生产方式，对于中国电影工业生产的这种差异性研究是我们真正认识中国电影产业发展机制的逻辑前提。

我们所记录的这一代武术指导，他们对武侠电影不仅有一种笃诚的敬业精神，而且对电影怀有深深的情感，以至于在香港电影的市场逐渐被电视取代的时候，他们并没有为了生计放弃电影去做电视，就像唐佳宁愿成天陪着夫人雪妮在电视剧的片场忙里忙外，自己也不去拍电视，他对电影的执著，颇有商朝的伯夷、叔齐不食周粟的遗风。我曾经问唐佳是不是只喜欢做电影不喜欢做电视？他说，因为自己是随着电影一起长大的，不愿意再去做电视。我们很难想象他们这样一代开创了中国武侠电影风范的武术指导，会愿意成天给拍电视剧的夫人做“跟班”。我至今清清楚楚地记得从新加坡赶来接受我们采访的刘家良，他对我一字一句地讲：“我拍摄了四百多部戏，每个打斗动作都不一样”。我当时觉得我们对面的简直就是一个武神。《墨攻》的导演张之亮，自称不是一个好导演，也不是一个好老板。他说当一个导演可以拍不成功的戏，但是绝对不能拍让人走错路的戏，这就是他始终不渝的艺术观与人生观。

如果说，自己这些年在学术上曾经有什么始终牵挂的事情的话，那么，《中国武侠电影人物志》这部书就是其中之一。我对它之所以难于忘怀，不只是因为这部书是中国电影史上第一部关于武侠电影人物生平与创作记录的著作，而且因为这部书中的许多人物，在接受了我们的采访之后，还没有来得及见到采访的文字成果，就已经离我们而去。像何梦华、刘家良、李文化、丁善玺、于承惠，我们与他们倾心交谈的情景至今还历历在目……他们的离世使这部书成为一部绝版的中国电影历史文献。我们在他们有生之年没有能够让他们看到这部关于他们创作历程的书稿，感到对他们有一种深深的愧疚！特别是在武侠电影人物对于中国电影历史的卓越贡献在国家级的评奖中一直还没有得到确认的历史情况下，我们岂能让他们的不公的历史待遇再度延续呢？我们不能做那种泯灭武侠电影人物历史功绩的学术罪人。

在中国武侠电影创作者的行列中，他们的秉性与气质不尽相同，设计的武打动作的风格也不尽一致。但是，他们却有一种共同的侠者风范，这种可贵的风范就是千百年无数豪侠义士用生命铸就的言必信、行必果、诺必诚的精神品格。这种来自内心的精神自律，超过了任何外在的行业规范与法律契约。笔者此生的电影研究，遇到的是这样一批人，我们怎能不把他们的事迹记录下来、传承下去呢……

七、致谢

在《中国武侠电影人物志》即将问世之际，我们要特别感谢的是为这部书的出版而做出历史性贡献的人。他们当中有当年决定制作这部大型人物纪录片的电影频道节目中心主任阎晓明，他凭借对电影艺术历史的真切把握，对于选题意义的深刻洞悉，就在我俩一起乘车从人民大会堂到复兴门的路上，他就做出了实施这个项目的决定。我们还要特别感谢的是张丕民部长，他在百忙之中不辞辛劳为本书作序，缘于我们1996年在西安电影制片厂的相识。从他的序中，我才得知他8岁时也曾经拜师习武，练就了一身的英武之气。我们还要感谢香港电影导演会会长吴思远先生，他不仅接受了我们的采访，向我们讲述了他从事武侠电影创作的经历，而且他还慷慨允诺凡是香港拍摄的武侠电影都可以提供给我们无偿使用，为我们这样一部以香港的武侠电影人物为主体的纪录片提供了版权方面的法律保障，他还欣然允诺为《中国武侠电影人物志》作序。

另外，在大型人物传记片《中国武侠电影人物志》完成之后，中国艺术研究院又将它作为院里的科研项目给予立项（2016-2-20），为它的文字版的出版提供了宝贵的资金支持。要感谢当时的谭平副院长出于公心、摒弃行业壁垒，为这个项目主持公道、给予相助，以及后来出任中国艺术研究院院长的连辑部长，他对这个项目也始终给予高度的关注与支持。

还有曾经参与这个项目的志同道合的合作者，在此向他们表示衷心的感谢！他们是北京电影学院摄影系2003级的连仲凯，现在是福建中凯影视制作的导演、莆田市电影电视家协会副主席；还有他的同班同学张健生，现任职于中国艺术研究院宣传中心；2004级电影学硕士王乙涵，现为中国艺术研究院电影电视艺术研究所副研究员、电视剧《跨过鸭绿江》《巡回检查组》的编剧；2005级电影学硕士林锡淙，现为万年影业制片人；2007级电影学硕士靳凯元、张劭昱、张京；2008级电影学硕士张文静；2019级博士肖远参与了全书的统筹和部分校稿工作，她现在是阿里巴巴的制片人；2019级电影学硕士王韩彬，2019级广播电视艺术学硕士马一涵，2020级博士王雪聪，2020级电影硕士刘秋韵、石凯璐都参与了这部书的审稿、校对工作。我们这个团队的成员不是在校的老师就是在读的学生，我们挤压出宝贵的时间来进行这项创作。我们曾经以一则广告语作为鞭策大家的队训：impossible is nothing。我们就是要做那种旁人看来几乎不可能完成的任务。特别是在我们采访的过程中，每次听到中国武侠电影的武术指导和动作导演在片场上笃诚敬业的事迹，感受到他们舍生忘死的精神，我们都会受到一种无形力量的激励，驱使着我们将这项工作进行下去。通过这次合作我们真正感受到建立在一种共同信念和志向之上的艺术创作与学术研究是何等愉快与神圣。

贾磊磊

2023年12月